Richard Cloutier
Sylvie Drapeau

Psychologie de l'adolescence

3e édition

gaëtan morin
éditeur

CHENELIÈRE ÉDUCATION

Psychologie de l'adolescence
3e édition

Richard Cloutier, Sylvie Drapeau

© 2008 **Les Éditions de la Chenelière inc.**
© 1996, 1982 gaëtan morin éditeur ltée

Édition : Luc Tousignant
Coordination : Dominique Lapointe
Révision linguistique : Jean-Pierre Leroux
Correction d'épreuves : Danielle Maire et Paul Lafrance
Conception graphique : Josée Bégin
Infographie : D.SIM.AL
Recherche de photos : Maxime Forcier
Impression : Imprimeries Transcontinental

**Catalogage avant publication
de Bibliothèque et Archives nationales du Québec
et Bibliothèque et Archives Canada**

Cloutier, Richard, 1946-

Psychologie de l'adolescence

3e éd.

Comprend des réf. bibliogr. et un index.

ISBN 978-2-89105-951-0

1. Adolescents – Psychologie. I. Drapeau, Sylvie. II. Titre.

BF724.C463 2008   155.5   C2008-940696-6

**gaëtan morin
éditeur**

CHENELIÈRE ÉDUCATION

7001, boul. Saint-Laurent
Montréal (Québec)
Canada H2S 3E3
Téléphone : 514 273-1066
Télécopieur : 514 276-0324
info@cheneliere.ca

ISBN 978-2-89105-951-0

Dépôt légal : 2e trimestre 2008
Bibliothèque et Archives nationales du Québec
Bibliothèque et Archives Canada

Imprimé au Canada

3   4   5   6   7   ITG   15   14   13   12   11

Nous reconnaissons l'aide financière du gouvernement du Canada par l'entremise du Programme d'aide au développement de l'industrie de l'édition (PADIÉ) pour nos activités d'édition.

Gouvernement du Québec – Programme de crédit d'impôt pour l'édition de livres – Gestion SODEC.

Tableau de la couverture :
L'ombre de soi-même
Œuvre de **Maryline Lemaître**

Maryline Lemaître est née en 1958 en France. C'est en Asie, où elle a vécu pendant neuf ans, qu'elle entame sa démarche artistique. Depuis, l'expérience magique et exaltante de la peinture l'entraîne chaque jour davantage, par ses investigations dans la couleur et la matière, sur les chemins de l'harmonie.

Voici comment elle décrit elle-même son art :

« Ma peinture est une invitation au voyage et à la méditation. Elle n'est pas faite pour soutenir un discours et ne se nourrit pas de dogmatisme. Elle relate des moments particuliers de ma propre histoire que je transcris en une poésie indépendante de mots, une poésie qui, dans sa spontanéité, résout tous mes doutes, et possède un pouvoir de révélation libératrice. Fascinée par l'esthétisme de la calligraphie chinoise et japonaise, je trace une route, j'insuffle des rêves dans mes toiles en y incorporant papiers et vieux documents authentiques glanés au cours de mes voyages. Je construis une nouvelle vision de la réalité en explorant la matière, en luttant aussi parfois avec elle. Mes toiles sont donc des créatures de l'accident et du hasard, des superpositions de mes visions mentales, des portraits de mon inconscient que j'explore en sculptant des empreintes, des traces et des explosions de couleurs. Mes toiles sont comme des jardins enchantés où je désire faire transparaître la part intuitive, imaginaire, mystique et magique de l'être humain. Elles sont la convergence entre transcendance et immanence d'un divin que chacun porte en soi. »

On trouve les œuvres de Maryline Lemaître à la Galerie Desja de Montréal.

DANGER

LE PHOTOCOPILLAGE TUE LE LIVRE

Nous dédions ce livre aux ados
et aux adultes qui vivent avec eux,
en souhaitant que l'adolescence
illumine leurs vies.

Remerciements

La réalisation de ce livre est tributaire de plusieurs contributions. Chez l'éditeur, nous remercions Madame Dominique Lapointe et Monsieur Jean-Pierre Leroux pour leur travail professionnel comme chargée de projet et réviseur linguistique, de même que Monsieur Luc Tousignant pour sa bonne gestion du projet d'édition. À l'Université Laval, nous remercions Stéphanie Fortin, Danny Roussy, Marie-Ève Rousseau, Émile Piché et Laurie Tremblay pour leur apport documentaire.

Avant-propos

Cette troisième édition du livre *Psychologie de l'adolescence* propose une vision contemporaine de la psychologie des jeunes de 12 à 18 ans telle qu'elle est reflétée par les connaissances disponibles. Comme le monde qui les entoure, la réalité psychosociale des adolescents connaît une évolution rapide. Dans sa transformation continuelle, la culture occidentale qui nourrit le développement des jeunes vit elle-même une intense transformation, sous l'impulsion de la mondialisation, des nouvelles technologies, des valeurs en émergence entourant l'éthique des droits humains, de la protection de l'environnement, des rapports hommes-femmes, de la nouvelle économie, etc. L'ensemble des citoyens fait face à de sérieux questionnements et les 12-18 ans sont loin d'être les seuls à devoir se trouver une identité. Dans ce contexte, les jeunes ont plus que jamais besoin de guides fiables et présents, car les messages qu'ils reçoivent manquent souvent de cohérence. En ce début de XXIᵉ siècle, l'adolescence est certainement mieux connue qu'elle ne l'était il y a cent ans ; toutefois, il est loin d'être sûr que notre société contemporaine puisse prétendre mieux réussir avec ses jeunes que ne le faisaient nos grands-parents. Les connaissances se sont considérablement accrues et le monde des 12-18 ans est maintenant abordé avec plus de nuances. Il n'en demeure pas moins que certains mythes sont tenaces. Il suffit de penser, par exemple, au mythe du « vide intérieur des 12-18 ans », à celui des « jeunes sans projets d'avenir » ou encore à ceux des « adolescents hypersexualisés, sexuellement actifs dès 14 ans » et « de plus en plus violents ». Pourtant, de nombreuses enquêtes d'envergure menées dans différents pays occidentaux concluent que la grande majorité des adolescents réussissent bien, sont bien dans leur peau et entrevoient leur avenir avec optimisme.

Ces mêmes études observent cependant qu'il est normal de vivre des problèmes à l'adolescence, que la plupart des jeunes en vivent, mais qu'ils parviennent à s'en sortir sans séquelles durables. En revanche, une minorité d'adolescents sont aux prises avec des difficultés plus graves, qu'il s'agisse d'un mal-être personnel, de l'abandon scolaire, de la délinquance, de la violence, des conduites suicidaires, des comportements sexuels à risque, de la toxicomanie, etc. La précocité et la gravité de leurs problèmes sont parfois troublantes. La situation de ces jeunes est tellement préoccupante qu'ils sont nettement surreprésentés dans l'image publique des 12-18 ans. Déficients dans leur processus de socialisation, les adolescents en proie à des difficultés graves constituent de 3 % à 15 % de l'ensemble, selon la question en cause, mais ils sont très visibles dans les médias où, plus souvent qu'à leur tour, leurs problèmes et ceux qu'ils occasionnent font la manchette.

Il y aurait donc deux adolescences : celle de la majorité des jeunes, qui est bien vécue, et celle de la minorité, comparable à un terrain miné. Cette dualité de la réalité adolescente n'est pas encore bien comprise. En effet, on arrive mal à imaginer qu'une même période de vie puisse donner deux tableaux opposés : l'un positif, l'autre négatif. Il y a deux adolescences, mais on n'en perçoit qu'une seule à la fois.

La synthèse sur l'adolescence que propose ce livre résulte de choix importants puisqu'un bilan complet des connaissances acquises n'y est pas possible. Il s'agit d'une introduction à la psychologie de l'adolescence de niveau universitaire. On y aborde la plupart des aspects importants de la vie adolescente, mais la place accordée aux controverses entre les différentes visions scientifiques a été volontairement limitée de façon à privilégier une certaine cohérence du tableau d'ensemble, au détriment parfois des nuances ou en mettant en veilleuse certaines contradictions plus subtiles amenées par la recherche. Bref, cet ouvrage présente un tableau de l'adolescence brossé à grands traits. Du côté de la forme, nous avons cherché à privilégier la synthèse de manière à limiter le nombre de pages. Sur le site Internet de l'éditeur, les étudiants trouveront des questions d'autoévaluation pour chacun des chapitres afin de soutenir leur apprentissage des contenus offerts dans le livre. Il leur suffit de se rendre à l'adresse : www.cheneliere.ca/cloutier-drapeau.

Richard Cloutier et Sylvie Drapeau

Table des matières

CHAPITRE 1

Les théories
de l'adolescence

1

1.1 L'adolescence

L'adolescence est la période qui sépare l'enfance de l'âge adulte. Du point de vue psychologique, cette période marque le passage entre la dépendance enfantine et l'autonomie adulte. Mais où se situent précisément la fin de l'enfance et le début de l'âge adulte ? Les limites exactes de l'adolescence sont malaisées à établir étant donné qu'elles diffèrent selon que l'on considère la dimension biologique, la dimension psychologique ou la dimension sociale du développement. Le tableau 1.1 propose quelques critères pouvant servir à établir le début et la fin de l'adolescence.

1.1.1 L'adolescence : une définition

« Adolescence » vient du mot latin *adolescentia,* de *adolescere* qui signifie « grandir vers » (*ad* : vers, *olescere* : croître, grandir). On peut concevoir l'adolescence comme un stade intermédiaire durant lequel l'individu, qui n'est plus un enfant et pas encore un adulte, n'a pas de responsabilités sociales en propre, mais où il peut explorer, s'exercer, expérimenter des rôles. Il s'agirait en quelque sorte d'un temps d'arrêt, d'un délai que la société accorde au jeune pour lui permettre de choisir une voie, une personnalité, une identité, une carrière, etc. Mais lorsqu'on examine l'importance du développement qu'on observe durant l'adolescence, on peut facilement substituer à la notion de stade intermédiaire celle de stade à part entière. En effet, sur une période de sept ans seulement, des bouleversements considérables se produisent : le corps se transforme, les pulsions sexuelles apparaissent, la façon de se percevoir et de comprendre les autres se modifie, une identité sociale différente prend forme à l'extérieur de la famille, etc. L'adolescence se caractérise par la diversité et l'intensité des changements qu'elle apporte.

Dans le présent ouvrage, nous situerons l'adolescence entre 12 et 18 ans[1], bien que certaines jeunes filles soient déjà menstruées à 10 ans et que, à 19 ans, on soit souvent loin de répondre à tous les critères de la maturité adulte.

1.1.2 L'évolution récente des connaissances sur l'adolescence

La reconnaissance de l'adolescence en tant que tournant dans le développement humain est chose faite. La psychologie et l'éducation ne sont plus les seules

TABLEAU 1.1 Critères pouvant servir à marquer le début et la fin de l'adolescence

Dimension de l'adolescence	Critère du début de l'adolescence	Critère de la fin de l'adolescence
Biologique	Début des changements sexuels physiques	Capacité de faire un enfant
Cognitive	Apparition des premiers raisonnements abstraits	Maîtrise de la pensée formelle
Émotionnelle	Premières tentatives pour affirmer son intimité, pour garder ses secrets et pour affirmer ses choix individuels	Capacité de se définir en tant que personne indépendante, d'affirmer et d'assumer son identité et ses choix personnels
Juridique	Période où les parents peuvent laisser le jeune seul à la maison pour quelques heures sans être considérés comme négligents selon la Loi sur la protection de la jeunesse (12 ans)	Âge de la majorité impliquant par exemple l'accession au droit de vote
Sociale	Apparition des comportements de participation autonome aux rôles collectifs (travail, engagements personnels, etc.) et construction d'un réseau social personnel indépendant de la famille	Accession à la maîtrise de soi avec l'exercice des pouvoirs et des responsabilités que cela comporte envers les autres (autodiscipline, réciprocité, etc.)

---

1. De nombreux auteurs divisent l'adolescence en deux périodes, l'une allant de 12 à 14-15 ans (*early adolescence*), l'autre, de 15 à 18 ans (*later adolescence*). Tout en reconnaissant que les expériences du début et de la fin de l'adolescence peuvent différer considérablement, nous envisagerons l'adolescence en une phase unique de développement.

disciplines contribuant à faire la preuve des besoins spécifiques de cette période de la vie : la médecine (Alvin et Marcelli, 2005) et la sociologie (French, Seidman, Allen et Aber, 2000 ; Furstenberg, 2000 ; Gauthier, 2003) sont maintenant clairement du nombre. Force est de constater que plusieurs réalités adolescentes sont mieux cernées par des approches pluridisciplinaires : la migration des jeunes, l'influence de la biologie sur l'adolescence, la santé des adolescents, l'intégration en emploi, les influences ethniques sur le passage à l'adolescence et les différences de sexe en sont des exemples.

Brown (2005) relève quatre consensus sur l'orientation récente de la recherche sur l'adolescence : 1) on s'accorde sur le fait que l'atteinte d'une bonne compréhension du développement et du comportement à l'adolescence ne peut pas faire l'économie de la prise en considération des contextes dans lesquels les jeunes vivent ; 2) il est plus utile d'avoir une compréhension fonctionnelle de l'adolescence qu'une description catégorielle des phénomènes qu'on y observe. Par exemple, le fait de confirmer que les adolescents issus de milieux défavorisés, de familles séparées ou de certaines minorités ethniques réussissent moins bien en classe est moins utile à l'adaptation de l'école que l'explication des facteurs particuliers de mobilisation scolaire de ces mêmes jeunes ; 3) les grandes théories ayant émergé au XXe siècle (celles de Freud, de Piaget, d'Erikson) n'ont pas comblé toutes les attentes, notamment en conduisant à des généralisations abusives à tous les individus et en négligeant de tenir compte de la grande diversité des trajectoires. Brown (2005) précise cependant que ces grands modèles n'ont pas encore été remplacés : des théories capables d'une meilleure intégration n'ont pas encore émergé, de sorte que le défi de l'intégration demeure entier ; 4) l'accent que les chercheurs ont placé sur l'explication des problèmes d'adaptation chez les jeunes (52 % des articles publiés dans le *Journal of Research on Adolescence,* de 2000 à 2005, portent sur des comportements inadaptés à l'adolescence) a renforcé l'image « problématique » de cette période du développement encore trop souvent perçue comme une étape de crise dans la vie. Pourtant, cette image continue d'être contredite par les données empiriques concernant l'ensemble de la population des jeunes.

Dans la même veine, Steinberg et Morris (2001), qui ont étudié l'évolution des connaissances sur l'adolescence au cours des 20 années précédentes, affirment que l'importante augmentation de l'intérêt scientifique pour ce domaine est attribuable à quatre grandes tendances. Premièrement, l'influence croissante de la perspective écologique du développement (Bronfenbrenner, 1979, 2001 ; Bronfenbrenner et Morris, 1998) au cours des années 1980 et 1990 a amené la communauté scientifique à se préoccuper de l'influence des contextes dans lesquels le développement humain a lieu (la famille, l'école, les groupes d'amis, la communauté, etc.) et non pas seulement du contenu du développement (les acquis, le fonctionnement, les différences individuelles, etc.). Or, comme l'adolescence est une période de changements rapides, elle est devenue un moment privilégié d'étude du rôle des contextes sur le développement humain. Deuxièmement, l'amélioration des méthodes d'étude de la puberté a permis aux chercheurs de tester des modèles « biosociaux » du développement humain dans le cadre de l'adolescence, une période marquée par des changements biologiques et sociaux complexes mais nettement reconnaissables. Troisièmement, Steinberg et Morris (2001) sont d'avis que la montée de l'intérêt pour les problèmes sociaux et la dynamique de leur émergence (la délinquance, la consommation de drogue, la violence, la séparation parentale, la grossesse adolescente, etc.) a conduit plusieurs chercheurs à se pencher sur l'adolescence, période critique dans l'émergence de ces problèmes. Enfin, quatrièmement, ces auteurs croient que plusieurs grandes études longitudinales amorcées auprès de jeunes enfants en sont venues à embrasser l'adolescence avec la maturation de leurs échantillons au fil des ans. Selon eux, trois thèmes de recherche dominants expliquent à eux seuls environ les deux tiers des articles publiés aux États-Unis sur l'adolescence de 1990 à 2000 : la famille, la puberté et les problèmes de comportement.

La famille, en tant que contexte de développement, exerce notamment son influence à travers les liens et les rôles, ce qui donne aux relations parents-adolescents une place privilégiée en tant qu'objet de recherche. De façon générale, les travaux sur l'évolution des relations parents-adolescents confirment une tendance typique : au début de l'adolescence, ces relations sont marquées par une augmentation des tensions et des petits conflits entre les parents et l'adolescent, ce qui donne lieu à une distanciation relative entre les deux générations ; toutefois, avec les années, cette turbulence laisse la place à des relations plus égalitaires et moins volatiles qu'au début de la période. Ce patron normatif de l'évolution de la relation ne doit pas occulter l'observation répétée sur de grands échantillons selon laquelle, pour plus de trois adolescents sur quatre, l'adolescence ne provoque pas de crise dans la famille (Choquet et Ledoux, 1998 ; Cloutier, Champoux, Legault et Giroux, 1991 ; Cloutier, Champoux, Jacques et Lancop, 1994 ; Steinberg, 2001). Suivant une autre observation robuste, le style d'autorité parentale exerce une influence importante sur le processus de socialisation des jeunes dans leur famille. À l'instar des travaux de Diana Baumrind (1978, 2005), plusieurs auteurs ont ainsi observé que les parents appelés « démocratiques » (engagés dans leur rôle de soutien et de superviseur, sensibles et chaleureux mais aussi exigeants, conséquents et affirmés face à leur jeune) avaient plus souvent des adolescents adaptés, compétents et mûrs, comparativement aux parents désengagés, autocratiques ou permissifs (Steinberg, 2001) (voir le chapitre 8 pour plus de détails). Un important courant de recherche a émergé, lequel a porté sur les enjeux des transitions familiales associées à la séparation des parents, comprenant une documentation abondante des risques liés à cette réorganisation du premier contexte de vie du jeune et des stratégies pour mieux vivre cette crise (Cloutier, Filion et Timmermans, 2001 ; Hetherington, Stanley-Hagan et Anderson, 1989 ; Hetherington, Henderson et Reiss, 1999 ; Saint-Jacques, Turcotte, Drapeau et Cloutier, 2004).

La puberté est le processus biologique qui entraîne le passage à la phase reproductive de la vie, transition marquée par une série de changements corporels apparents, notamment sur les plans de la taille, des caractéristiques sexuelles secondaires et de la proportion des tissus corporels (adipeux, musculaires, etc.). Les travaux sur la puberté ont été stimulés par l'apparition de nouvelles méthodes statistiques et par la disponibilité de bases de données populationnelles de grande envergure (Ellis, 2004 ; Mustanski, Viken, Kaprio, Pulkkinen et Rose, 2004) permettant de mieux scruter les contributions spécifiques de la génétique et de l'environnement, et aussi de mettre les changements corporels en relation avec les changements relationnels dans la famille, à l'école et avec les pairs selon une perspective biosociale du développement (Booth, Johnson, Granger, Crouter et McHale, 2003 ; Brennan et Raine, 1997 ; Moffitt, 2005).

La recherche sur l'impact psychosocial du caractère précoce ou du caractère tardif de la puberté a permis la confirmation d'un certain nombre d'observations. D'abord, la puberté apparaît plus tôt chez les filles et le moment de la puberté n'a pas le même effet chez elles que chez les garçons. Les filles précoces risqueraient plus de vivre certains problèmes de santé physique et psychologique que les autres. Par exemple, elles seraient plus susceptibles de développer un surplus de poids plus tard dans leur vie, de contracter un cancer du sein ou un cancer associé au système reproductif, de vivre une grossesse adolescente, de donner naissance à un bébé de petit poids. Sur le plan psychologique, les filles précoces seraient plus populaires, mais elles auraient tendance à avoir une image plus négative d'elles-mêmes, à être plus sujettes à la dépression, à l'anxiété, aux problèmes de comportement, à une activité sexuelle précoce, à des problèmes scolaires et à la consommation de la drogue, risques qui ne sont pas étrangers à leur fréquentation de pairs plus âgés qu'elles. Du côté des garçons, la maturité précoce est associée à une image de soi positive et à une popularité plus grande, comparativement aux individus tardifs qui présentent une estime de soi et un sentiment d'efficacité personnelle moindres. Comme chez les filles, certains risques viennent avec la précocité des garçons : ils seraient plus à risque pour ce qui est des comportements antisociaux, de la délinquance, d'une sexualité mal protégée, de la consommation de drogue, comparativement à leurs pairs tardifs (Ellis, 2004 ; Mustanski et coll., 2004 ; Steinberg et Morris, 2001).

Même si ce profil de tendances est assez bien connu maintenant, les causes de ces risques ne font pas l'objet d'un consensus ; certains auteurs remettent même en question la direction des effets, à savoir que, selon eux, il est possible que le fait de vivre des problèmes psychosociaux tels les conflits sérieux dans la famille accélère la maturation pubertaire chez le jeune (Kim et Smith, 1998a, 1998b ; Steinberg et Morris, 2001). Aussi, certains problèmes méthodologiques de base restent encore présents aujourd'hui dans l'étude du moment de la puberté. Par exemple, Ellis (2004) rapporte que nous connaissons mieux la transition pubertaire des filles que celle des garçons parce que les premières menstruations, en tant que critère fiable de la puberté, n'ont pas d'équivalent chez les garçons ; cela a pour conséquence que les recherches sur la puberté des filles sont plus nombreuses de même que les connaissances disponibles sur leur réalité.

Les problèmes de comportement à l'adolescence continuent de faire l'objet d'un nombre considérable de travaux de recherche malgré la démonstration empirique du fait que la grande majorité des individus ne vivent pas de crise digne de ce nom entre 12 et 18 ans. Le coût social énorme des problèmes des jeunes n'est certainement pas étranger à cela, même si les jeunes présentant un problème de comportement sont très minoritaires. Selon Steinberg et Morris (2001), l'idée voulant que l'adolescence soit intrinsèquement une période problématique et que l'étude des problèmes de la vie soit plus séduisante que celle du développement normal contribue de façon importante au maintien de ce mythe de la crise obligatoire entre l'enfance et l'âge adulte. Selon ces auteurs, il n'existe pas encore de théorie intégrée du développement normal à l'adolescence comme il existe des modèles des problèmes de comportement (Dodge et Pettit, 2003; Granic et Patterson, 2006; Jessor, 1998; Patterson, DeBaryshe et Ramsey, 1989). Dans la pratique cependant, les intervenants font couramment face à des problèmes sérieux chez les jeunes à risque et il se dégage une impression que des difficultés graves liées à la consommation, à la sexualité et à l'agressivité apparaissent de plus en plus tôt chez un certain nombre de jeunes. Deux tendances contradictoires coexistent dans la société : d'une part, la majorité des adolescents ne vivent pas de crise grave au cours de leur transition vers l'âge adulte et, d'autre part, une faible minorité de jeunes ayant des difficultés sérieuses présentent des problèmes extrêmes plus tôt et occupent une place importante dans les médias. Une des conséquences de cette double tendance est que le grand public ne saisit pas bien les grandes tendances documentées pour l'ensemble des jeunes (la diminution de la criminalité, la stabilité du tabagisme, de la consommation d'alcool et de drogue, des taux d'abandon scolaire, etc.[2]), se centrant plutôt sur les problèmes ayant un impact social élevé caractéristiques de la minorité « clinique » de ce groupe d'âge (l'incidence de la victimisation, des crimes violents, des décès par suicide ou par accident, etc.[3]).

1.2 Les nouveaux ados

Les adolescents d'aujourd'hui sont-ils différents ? Les modèles théoriques de l'adolescence élaborés en psychologie au XXe siècle sont-ils encore valables au XXIe siècle ? Les nouvelles réalités des jeunes trouvent-elles une place dans ces théories de l'adolescence ?

Il est évident que l'image des ados de 2010 est différente de celle des ados de 1970. Vêtements, coiffure, objets personnels, langage, look, codes, choix musicaux, loisirs, tout cela évolue rapidement. Il faut dire que l'image des ados de 1970 était elle-même fort différente de celle des jeunes de 1930. Dès maintenant, on peut affirmer avec certitude que les ados de 2050 vont regarder les photos de ceux de 2010 comme de véritables antiquités. Certes, 40 ans pour un adolescent, c'est une éternité, mais est-ce que, pour l'essentiel, les nouveaux adolescents sont si différents que cela ?

1.2.1 Les adolescents actuels sont-ils moins bien adaptés que leurs parents ne l'étaient ?

L'impression voulant que les jeunes d'aujourd'hui soient différents de leurs parents est une constante dans l'histoire humaine. Déjà 400 ans avant Jésus-Christ, Socrate (470-399 av. J.-C.) affirmait que les jeunes étaient mal élevés et manquaient de respect envers l'autorité. Depuis très longtemps, bien des adultes ont le sentiment que « dans mon temps c'était bien mieux » et que pour les jeunes « ça va de mal en pis ». Est-ce vraiment le cas ? Non, ce n'est pas vraiment le cas puisque plusieurs indicateurs de santé et de bien-être présentent des tendances positives : à plusieurs égards, les jeunes d'aujourd'hui font aussi bien, sinon mieux, que leurs aînés. Si l'on base notre appréciation sur l'ensemble de la population des 12-18 ans et non pas sur des échantillons cliniques, les jeunes se trouvent dans une situation plutôt positive : un sentiment de bien-être personnel, une qualité relationnelle avec les parents et la fratrie, le sentiment d'être heureux, l'optimisme face à l'avenir, le désir de vivre en couple et d'avoir des enfants, des aspirations scolaires et professionnelles élevées, etc. Tout au long de ce livre, nous accéderons à différentes informations sur la situation des jeunes et les défis auxquels ils font face. Dès maintenant cependant, jetons un coup d'œil sur quelques indices de l'adaptation psychosociale des adolescents afin de voir comment ils vivent leur parcours.

En matière de criminalité juvénile, par exemple, même si le public croit que la situation s'aggrave d'année en année, les données canadiennes montrent que la situation s'améliore au pays. Ainsi, la figure 1.1 indique

---

2. Institut de la statistique du Québec (2005b).

3. Le nombre total de jeunes accusés au Canada est 21 % plus bas qu'il y a une décennie. Cependant, le taux de crimes violents chez les jeunes est 41 % plus élevé qu'il y a une décennie, et le taux national de crimes violents commis par des jeunes filles est aussi à la hausse (à titre de comparaison, le taux de crimes violents commis par des adultes est 4 % plus bas qu'il y a une décennie) (Dell et Boe, 2001); Statistique Canada indique que dans toutes les tranches d'âge, les jeunes de 14 à 19 ans ont le plus de risques de commettre des crimes contre la propriété et des crimes violents (Conseil canadien de développement social, http://www.ccsd.ca/cpsd/ccsd/f/d_age.htm; Statistique Canada, « Les enfants et les jeunes au Canada », Ottawa : Série de profils du Centre canadien de la statistique juridique, 2001, http://www.statcan.ca/english/freepub/85F0033MIE/85F0033MIE01005.pdf).

qu'entre 1992 et 2002, les crimes juvéniles ont baissé de façon relativement constante chez les adolescents. Cependant, il est vrai que le taux de criminalité des filles a augmenté de façon appréciable au cours de cette même période (voir le chapitre 11 pour plus de détails). En même temps, il s'avère qu'une petite minorité de jeunes va plus loin que jamais dans l'agir extrême et colore toute l'image médiatique des ados avec ses conduites antisociales, ses débordements de violence contre les autres et contre soi-même.

1.1 **Taux de jeunes de 12 à 17 ans inculpés, selon la catégorie d'infractions, Canada, 1977 à 2002**

Taux pour 100 000 jeunes

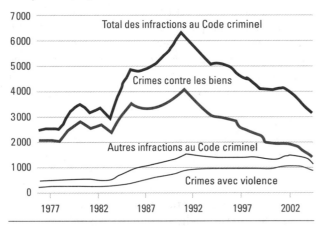

Source des données : Statistique Canada, Centre canadien de la statistique juridique, Programme de déclaration uniforme de la criminalité.

Source de la figure : Statistique Canada (2005c).

Ces données canadiennes ne peuvent toutefois pas être généralisées à tous les pays puisque les informations émanant de l'Organisation des Nations unies (2004) traduisent une augmentation de la délinquance juvénile dans la majorité des pays du monde depuis 1990, y compris dans les pays dits « émergents », et les délits des mineurs sont souvent liés à l'abus de drogue et d'alcool. En rapport étroit avec cette tendance, on souligne la croissance de la victimisation des jeunes dans l'univers de la délinquance.

L'école, le principal « emploi » des adolescents

Parce que la scolarisation constitue la première fonction sociale des jeunes, le décrochage scolaire représente un autre indicateur important de leur adaptation dans la société. Des tendances variables y sont observées

---

La délinquance juvénile : la situation dans le monde

L'état actuel de la criminalité juvénile et de la délinquance dans le monde peut être caractérisé par les faits et tendances suivants :

- On observe une augmentation des crimes violents chez les jeunes.
- Le nombre de crimes liés à la drogue augmente.
- Le processus de mondialisation et la plus grande mobilité de grands groupes ont conduit à une augmentation de l'activité criminelle en relation avec l'intolérance envers les membres d'autres cultures.
- Les difficultés éprouvées par les immigrants et leurs descendants dans certains pays sont parfois liées aux niveaux élevés de crimes de groupe résultant des activités de groupes délinquants ethniques.
- Dans plusieurs cas, les crimes juvéniles sont liés à des causes moins évidentes : différents actes peuvent refléter, par exemple, les standards particuliers d'une sous-culture, les enseignements ou traditions issus du radicalisme religieux ou la tendance à utiliser la violence comme moyen de construire son identité de sexe.
- Très souvent, les comportements criminels agressifs sont décrits de façon positive dans les médias, ce qui crée une image confondante des normes sociales acceptables dans certaines sous-cultures de jeunes.
- Les enfants et les adolescents en difficulté représentent une main-d'œuvre disponible pour le crime organisé, pour la participation à des conflits armés, le trafic humain ou de drogue et l'exploitation sexuelle.
- La désintégration des familles, la pauvreté et la mort des parents dans les conflits armés ou en raison du sida ont provoqué l'indépendance forcée de beaucoup de jeunes à travers le monde.

Source : Organisation des Nations unies (2004, p. 206-207).

---

depuis 30 ans au Québec. Ainsi, entre 1975-1976 et 1995-1996, le taux d'obtention d'un premier diplôme du secondaire augmentait de 57,0 % à 88,0 %, un progrès fulgurant. Par la suite, ce taux diminuait de façon troublante pour atteindre 78,8 % en 2002-2003 (Institut de la statistique du Québec, 2005). Ici, toutefois, il faut noter l'écart important entre les garçons et les filles puisque 31,4 % des premiers sortent du secondaire sans diplôme, comparativement à 18,5 % pour les filles (MELSQ, 2006). Mais tout compte fait, la situation québécoise actuelle est bien meilleure que celle qui existait en 1975 sur le plan de l'obtention d'un premier diplôme secondaire.

Le tabagisme

La consommation de tabac chez les adolescents québécois constitue un autre indice psychosocial intéressant puisqu'il est en corrélation avec toutes sortes d'autres risques (alcool, drogue, sexualité non protégée, etc.; Granic et Patterson, 2006) en plus d'être un indice de la santé physique. Les données disponibles traduisent une amélioration de la situation chez l'ensemble des jeunes québécois: de 1998 à 2004, le taux de tabagisme chez les élèves du secondaire est passé de 34 % chez les filles et 26,8 % chez les garçons à 22,9 % et 14,8 % respectivement (Institut de la statistique du Québec, 2004).

Le surplus de poids

Le surplus de poids et l'obésité définissent une zone sombre du profil de santé des jeunes au Canada: en 1978, 12 % des enfants et des adolescents de 2 à 17 ans avaient un surplus de poids (indice de masse corporelle [IMC] se situant entre 27 et 30) et 3 % étaient obèses (IMC de plus de 30), alors que, en 2004, 18 % avaient un surplus de poids et 8 % étaient obèses, ce qui donne un taux combiné de 26 %. Le problème de l'obésité chez les jeunes a donc presque triplé en 25 ans au pays! Le tableau 1.2 fournit la ventilation par province du taux combiné de « surplus de poids et obésité ». L'alimentation inappropriée et le manque d'exercice physique chez les adolescents sont les causes relevées, mais les correctifs efficaces sont moins faciles à déterminer. Cette tendance pondérale n'est pas qu'une question d'esthétique personnelle puisqu'elle augmente les risques de diabète, de problèmes cardio-vasculaires, digestifs et articulaires, et qu'elle réduit la longévité en fin de compte, sans parler des coûts afférents des soins de santé à long terme. Il ne suffit peut-être pas d'interdire la vente des boissons gazeuses à l'école pour renverser cette tendance, mais toutes les actions positives sur les habitudes de vie des adolescents ont leur pertinence.

1.2.2 Qu'y a-t-il de changé chez les adolescents d'aujourd'hui ? Cinq constats

Les adolescents d'aujourd'hui vont-il mieux ou plus mal que ceux d'autrefois ? Plusieurs indices montrent que leur situation est meilleure, quelques-uns révèlent

TABLEAU 1.2 Surplus pondéral des jeunes canadiens* par province en 2004	
Terre-Neuve-et-Labrador	36 %
Nouveau-Brunswick	34 %
Nouvelle-Écosse	32 %
Manitoba	31 %
Île-du-Prince-Édouard	30 %
Saskatchewan	29 %
Ontario	27 %
Colombie-Britannique	26 %
Québec	23 %
Alberta	22 %

* Les pourcentages correspondent au cumul de la catégorie « surplus de poids » (IMC de 27 à 30) et de la catégorie « obésité » (IMC de plus de 30) chez les jeunes âgés de 2 à 17 ans dans chaque province canadienne. L'indice de masse corporelle correspond au poids corporel (kg) divisé par la taille au carré (m^2); IMC = poids/(taille^2).

Source des données: Rapport du Comité permanent de la santé de la Chambre des communes (2007).

qu'elle est moins bonne, mais une chose est sûre, les adolescents d'aujourd'hui ne vivent pas comme ceux d'autrefois. Les jeunes sont directement influencés par les contextes dans lesquels ils se développent. Or, ces contextes ont changé; le monde dans lequel les ados se développent est différent de celui dans lequel leurs parents et leurs grands-parents ont grandi, et cela modifie leur réalité. Voici quelques constats en rapport avec l'univers des adolescents d'aujourd'hui.

La figure 1.2 permet de constater que les familles comptent moins d'enfants et cela a fait diminuer le poids des jeunes dans l'ensemble de la population. Au 1er juillet 2006, la tranche d'âge des 0 à 19 ans représentait 24 % de la population totale, alors qu'en 1946, elle en représentait 36,6 %. Parallèlement à cette rareté relative des enfants, la population a vieilli rapidement, comme en témoigne le trait pâle de la figure 1.2. En fait, la tranche des 65 ans et plus représentait 13,2 % de la population totale en 2006, alors qu'elle en constituait 7,2 % en 1946. Donc, les jeunes d'aujourd'hui vivent dans un monde où il y a proportionnellement plus d'adultes qu'avant et ceux-ci sont plus vieux (Statistique Canada, 2006a). Quels sont les enjeux psychologiques d'un tel environnement social où les enfants sont plus rares et où la fratrie a fondu ?

* L'âge médian est l'âge qui sépare la population en deux groupes d'âge égaux : la moitié est plus jeune que cet âge et la moitié est plus vieille que cet âge.

Le deuxième constat concerne le travail des deux parents. En 2003, plus de 7 mères sur 10 âgées de 25 à 44 ans occupaient un emploi au Québec (Asselin, 2005). Cette situation parentale, qui comporte plusieurs avantages sur le plan financier et sur celui de la carrière des adultes, implique néanmoins que l'enfant doit fréquenter un service de garde tôt dans sa vie. Au fil des ans, cela augmente le nombre de personnes qui interviennent dans son éducation. Si on fait le décompte des différents arrangements de garde qu'aura connus le jeune avant d'atteindre ses 18 ans, il est clair que le nombre de personnes significatives qui seront intervenues dans son éducation est nettement plus grand que ce n'était le cas pour un adolescent des années 1950 ou 1960. Aujourd'hui, un adolescent a donc accumulé proportionnellement moins de temps de contact avec ses parents et il a vécu une relation avec un nombre plus élevé d'agents éducatifs, chacun ayant laissé une empreinte psychologique plus ou moins importante sur sa trajectoire personnelle. Malheureusement, cette pluralité des agents éducatifs intervenant dans l'éducation des enfants et des adolescents n'a pas été accompagnée d'un investissement proportionnel dans la cohérence du message éducatif qui leur est transmis. Parmi tout ce qui a été présenté au jeune comme modèles, comme valeurs, comme interdits, peu de messages auront vraiment été partagés par tous les intervenants, promus d'une même voix. Il est vrai que les parents demeurent les adultes les plus importants pour les adolescents d'aujourd'hui et que leurs messages transcendent ceux des autres, mais sans un engagement ferme en vue de développer la cohérence entre les différents intervenants, les jeunes apprennent vite que ce qu'un adulte leur interdit maintenant pourra vraisemblablement être permis tout à l'heure par le prochain adulte détenant l'autorité.

Le travail des deux parents est sans doute là pour rester. Mais dans un monde de compétition et de productivité obligatoire, le fait d'occuper un emploi apporte une dose de stress supplémentaire dans la vie des parents et cela modifie la façon dont ils accompliront leurs rôles auprès de leurs jeunes. Le climat familial n'est pas étranger aux tensions que les membres vivent à l'extérieur et les tensions ne manquent pas dans le monde du travail d'aujourd'hui (Ford, Heinen et Langkamer, 2007).

Le troisième constat concerne les changements dans la structure parentale des familles. Aujourd'hui, comme l'indique le tableau 1.3, plus d'un adolescent sur trois a vécu au moins une séparation de ses parents, alors qu'il y a 20 ans, c'était moins de un sur quatre.

Quel est l'effet de la séparation des parents sur le développement des jeunes ? Comment les réorganisations viennent-elles influer sur la trajectoire du jeune ? Ces questions seront creusées davantage dans le chapitre 8, mais dès maintenant, disons qu'elles se posent pour une grande proportion des adolescents. Certes, la séparation des parents n'est plus quelque chose d'exceptionnel dans notre société, mais la rupture qu'elle peut provoquer dans les attachements familiaux, notamment avec l'un des deux parents (typiquement le père), demeure un enjeu très important à l'adolescence. La recette magique pour contrer les méfaits de la séparation n'a pas encore été mise au point ; le défi est toujours d'actualité et un adolescent sur trois y fait face, tantôt avec succès, tantôt plus difficilement, parce que chaque famille a son profil unique (Saint-Jacques et coll., 2004).

Le quatrième constat, lié lui aussi au portrait de famille, concerne la rareté des repères partagés et l'individualisation des transactions dans la famille. Les repas pris ensemble, les rites familiaux du dimanche et les activités

TABLEAU 1.3 Évolution de la répartition des familles au Québec selon la structure parentale

	1987	1993	1998	2004	2006
Familles intactes	80,9	74,6	69,4	66,1	65,6
Familles recomposées	5,5	8,5	10,4	11,0	9,5
Familles sans enfants communs		4,2	6,1	7,8	
Familles avec enfants communs		1,3	2,5	2,6	
Familles monoparentales*	13,5	16,8	20,3	20,9	22,9
Parent féminin	11,7	14,3	16,8		
Parent masculin	1,8	2,5	3,5		
Autres				1,9	

* Pour 2004 et 2006, cette catégorie inclut les adolescents vivant une garde partagée entre leurs deux parents : 8,2 % en 2004 et 10,5 % en 2006.

Source des données : Pour 1987, 1993, 1998 : Institut de la statistique du Québec (2001) ; pour 2004 : Institut de la statistique du Québec (2004) ; pour 2006 : Institut de la statistique du Québec (2006).

en famille sont à la baisse, surtout chez les ados. Chacun a son agenda (très chargé), chacun a son réseau et ses préférences. On se voit rapidement entre deux portes et les échanges sont brefs. Les membres prennent souvent leurs repas en séquence, tour à tour, entre la table, le four à micro-ondes et la télé. La déritualisation familiale, c'est-à-dire le fait que les membres fassent moins de choses ensemble selon des scénarios prévisibles, est associée à des patrons de sommeil, d'alimentation, de consommation télévisuelle et de sorties moins désirables chez l'adolescent, ce qui en retour nuit à son rendement scolaire (Adam, Snell et Pendry, 2007). Entre 12 et 18 ans, la diminution du temps de contact entre le jeune et ses parents n'est pas nouvelle : la distanciation est normale, voire souhaitable. Cependant, lorsque la cellule familiale n'arrive plus à protéger des espaces communs, c'est tout le climat qui écope, y compris les habitudes de vie des jeunes. Le parent ne peut pas jouer son rôle de guide auprès de son adolescent s'il y a déconnexion mutuelle.

Le cinquième constat concerne l'influence de l'environnement technologique dans lequel baignent les jeunes. Les jeunes ont accès à une quantité phénoménale d'informations et de stimulations, ce qui peut représenter un moteur précieux de développement personnel. Par exemple, le langage et les concepts présentés à la télévision sont susceptibles d'enrichir le répertoire du spectateur, les modèles humains diversifiés et leurs contextes de vie peuvent ouvrir à de nouvelles réalités psychologiques et relationnelles, les informations sur le monde peuvent enrichir la représentation de l'humanité de ses réalités interculturelles. Toutefois, si aucun contrôle n'est

exercé sur le flot médiatique qui les touche, les jeunes d'un monde sans silence risquent d'être victimes d'une « surstimulation » pouvant nuire non seulement à leurs capacités auditives si le volume dépasse les limites acceptables, mais aussi à leur capacité de concentration, et le contrôle volontaire de leur attention peut en souffrir à long terme. Il y a aussi un risque que ce gavage de stimulations affaiblisse leur sens critique et leur réflexivité, leur capacité de distinguer l'accessoire de l'essentiel. Nous mesurons encore mal les effets cumulés de cette invasion de stimulations, mais il est clair que les valeurs commerciales y sont plus fortes que les saines valeurs éducatives.

Une fois atteints les 18 ans, peu d'agents humains de socialisation, y compris les mères, auront eu autant de temps de contact accumulé avec le jeune que la télévision, à laquelle s'ajoutent maintenant l'ordinateur porteur d'Internet et des jeux vidéo. Compte tenu des contenus présentés à la télévision (une mort violente toutes les 15 minutes en moyenne), quel peut bien être l'effet psychologique de l'accumulation de 3 heures et plus par jour de contact avec cet « agent de socialisation » ? Sachant que les foyers où la télévision trône en reine, du matin jusqu'au soir, sont aussi ceux où la supervision parentale des contenus observés est la plus faible, quel recul critique les jeunes acquièrent-ils à l'égard de ce qui leur est offert à l'écran ? Nous savons que le fait d'avoir une télé dans sa chambre a un effet négatif sur le temps de sommeil de l'adolescent, mais lorsqu'en plus, il y a un ordinateur dans la même chambre, quel est l'effet combiné sur la vie psychique du jeune ? La télévision existe depuis plus de 50 ans et la psychologie n'a pas encore vraiment cerné son influence réelle sur le développement psychologique des enfants et des adolescents. Que dire alors de l'influence d'Internet, du MP3 et autres supports médiatiques insérés dans l'intimité quotidienne des jeunes, en plus de la télé ?

Zabinski, Norman, Sallis, Calfas et Patrick (2007) ont mesuré la sédentarité des adolescents au moyen des variables suivantes : « temps de télé », « temps de jeux sur l'ordinateur », « temps d'écoute de musique assis », « temps de conversation au téléphone assis », « temps consacré aux devoirs scolaires », « temps de lecture autre que scolaire ». Les auteurs constatent d'abord que des écarts importants existent dans la population des jeunes puisque, entre leur groupe « peu sédentaire » et leur groupe « très sédentaire », la moyenne de temps total consacré à ces activités sédentaires passe de 3,5 heures à 19 heures par semaine. Ils observent ensuite que les ados les moins sédentaires ont de meilleures notes à l'école, moins de graisse sur le corps, font plus d'activités vigoureuses et mangent plus de fibres que ceux qui ont un indice plus élevé de sédentarité. Les adolescents d'aujourd'hui vivent dans un monde très stimulant et les activités qui leur donnent un rôle de producteur plutôt qu'un rôle de consommateur ont du mal à gagner leur attention ; les sirènes de la consommation sont très séduisantes.

Nous pourrions sans doute allonger la liste des constats sur l'environnement des nouveaux adolescents, mais les cinq précédents suffisent à nous permettre de nous rendre compte du fait que le monde où les jeunes se développent aujourd'hui est différent de celui où leurs aînés ont grandi. Le processus de socialisation des jeunes en est certainement modifié, mais l'impact est loin d'avoir été cerné : nous ne savons pas exactement comment ces nouvelles réalités touchent les jeunes psychologiquement. Si les adolescents actuels sont biologiquement semblables à ceux des générations antérieures, leurs contextes de développement ont changé.

1.2.3 Quelles sont les préoccupations personnelles des adolescents ?

Est-ce que les préoccupations personnelles des jeunes reflètent cette évolution rapide de leurs contextes de vie ? Reginald Bibby et Donald Posterki ont mené trois enquêtes successives sur cette question auprès des 15-19 ans canadiens en 1984, 1992 et 2000. À chacune des enquêtes, leur échantillon variant de 3 500 à 4 000 répondants était tiré des écoles secondaires des différentes provinces canadiennes (Bibby et Posterki, 2000 ; Bibby, 2001). Le tableau 1.4 fournit la liste des préoccupations personnelles et l'importance accordée selon le sexe des répondants. Bibby (2001) fait remarquer le maintien de l'ordre d'importance des préoccupations des jeunes sur cette période de 16 ans au Canada avec, de façon notable, des pondérations systématiquement plus élevées en 1992, phénomène que l'auteur associe aux tensions socioéconomiques du début de la décennie 1990 au pays. Cette suite de sondages menés auprès de larges échantillons de jeunes montre que les deux préoccupations les plus importantes, chez les garçons comme chez les filles, gravitent autour de la réussite, présente et future, ce qui révèle un net souci de s'actualiser. Il faut souligner que cette tendance forte et stable va directement à l'encontre de la démobilisation souvent reprochée aux adolescents par rapport à leurs études et à leur avenir.

1.2.4 Quelles sont les valeurs importantes pour les jeunes ?

Pour les adultes observateurs, il n'est pas toujours facile de se retrouver dans les choix et les valeurs qu'adoptent les adolescents. D'un côté, le changement fait partie de leur projection de vie. La permanence d'une niche professionnelle associée à la sécurité d'emploi ne fait pas vraiment partie de leurs espérances et ils ne semblent pas s'en faire parce qu'ils savent que les transitions de carrière seront inévitables. Sur le plan du milieu de vie, ils n'ont pas peur d'explorer des langues, des modes de vie, des échanges internationaux et ils souhaitent que les voyages fassent partie de leur trajectoire. Dans leur intimité, ils savent que les relations amoureuses que l'on veut « pour toujours » peuvent se terminer sans que l'on s'y attende et leur crainte de l'engagement s'inscrit parmi les causes de l'augmentation de l'âge moyen de la conjugalité et de la parentalité. D'un autre côté pourtant, vivre en couple et avoir des enfants constitue un de leurs projets prioritaires. Une enquête CROP révélait en 2004 que la famille et la réussite de la carrière viennent en tête de liste chez les 15-18 ans québécois (*L'Actualité*, 2004). Roy, Gauthier, Giroux et Mainguy (2003) ont demandé à 726 étudiants de niveau collégial de choisir parmi cinq énoncés celui qui correspondait le mieux à leur vision d'une vie réussie plus tard. Le tableau 1.5 fournit l'ordre d'importance obtenu pour ces aspirations. La famille vient en premier, avant le succès au travail, l'engagement

	Garçons			Filles		
	1984	1992	2000	1984	1992	2000
La pression pour réussir à l'école	**	73	84	**	70	69
Quoi faire une fois les études terminées	67	70	63	71	74	70
L'argent	53	71	52	56	71	54
L'incompréhension de la part de mes parents	**	52	41	**	64	48
Le manque continuel de temps	47	69	52	51	78	61
La perte des amis	**	49	39	**	64	53
L'ennui (boredom)	41	**	44	45	**	41
Le sens de la vie	41	**	38	49	**	46
Le fait de ne pas avoir de « blonde » ou de « chum »	**	40	36	**	37	32
Mon apparence	38	**	38	52	**	51
La solitude	31	**	26	40	**	33
Taille/poids	31			56		
Taille	**	21	19	**	22	21
Poids	**	26	21	**	53	45
Le sexe	29	32	30	27	28	22
Un sentiment d'infériorité	23	**	27	35	**	43
Le mariage de mes parents (leur séparation)	17	**	24	24	**	29

* Les pourcentages indiqués correspondent au cumul des catégories « me préoccupe beaucoup » et « me préoccupe passablement ».

** Cet item n'était pas inclus dans le sondage de cette année-là.

Source : Bibby (2001, p. 180).

dans le milieu et l'argent. Cette importance prépondérante de la valeur « famille » se retrouve de façon stable dans d'autres enquêtes menées ces dernières décennies (Cloutier et coll., 1991 ; Cloutier et coll., 1994 ; Pronovost et Royer, 2004).

TABLEAU **1.5** Indice déterminant l'importance accordée par les étudiants à cinq énoncés portant sur des aspirations de vie

Rang	Énoncés *Plus tard, tu penseras avoir réussi dans la vie si...*	Indice
1er	tu as une famille unie.	3,79
2e	tu obtiens du succès dans ton travail.	3,55
3e	tu t'engages dans ton milieu.	2,63
4e	tu fais beaucoup d'argent.	2,61
5e	tu es important et influent.	2,42

Source : Roy, Gauthier, Giroux et Mainguy (2003).

Au terme de ses travaux sur les cégépiens québécois, Roy conclut :

Le portrait du cégépien se situe à mille lieues des mythes et des représentations populaires voulant que, casquette, tatouages et anneaux compris, il soit une sorte d'exilé de l'intérieur, pétri dans son errance où seuls le distraient la consommation et le divertissement. Selon les résultats de diverses enquêtes qui ont été recensées ainsi que ceux de nos propres travaux, il a plutôt été constaté au contraire que les cégépiens, majoritairement, sont bien à leur affaire et bien dans leur peau, engagés dans leurs études et ayant un intérêt manifeste pour le savoir. Tout en fréquentant le monde de la consommation et du divertissement, ils maintiennent une distance critique à son endroit, résolus qu'ils sont à réussir leurs études (Roy, 2006, p. 105).

Le portrait des adolescents actuels est certainement teinté par ce qui est devenu la « religion universelle » des pays développés : la consommation. L'argent est le premier carburant des pratiques de consommation, mais il y a aussi des sphères qui n'en sont pas complètement dépendantes, et les préférences musicales en sont un bon exemple. Les sections qui suivent jettent un coup d'œil sur les rapports qu'entretiennent les adolescents avec ces deux univers que sont l'argent et la musique.

1.2.5 Les jeunes et l'argent

Les jeunes de 12 à 18 ans sont de plus en plus reconnus comme un groupe de consommateurs importants parce qu'ils participent plus activement qu'auparavant au cycle de l'économie. Plus d'un élève du secondaire sur deux a un travail rémunéré, et cette proportion monte à trois sur quatre au niveau collégial (Pronovost et Royer, 2004 ; Roy, 2006 ; Marshall, 2007). Pour l'ensemble du Canada, la figure 1.3 permet de comparer l'évolution du travail rémunéré depuis 1990 chez les 15-19 ans.

Dans leur étude menée auprès de 744 étudiants de trois cégeps québécois, Roy, Mainguy, Gauthier et Giroux (2005) constatent que 71 % des ces jeunes occupent un emploi rémunéré pendant l'année scolaire et y consacrent 15 heures par semaine en moyenne. Cette pratique, semblable pour les garçons et les filles, est quatre fois plus importante qu'elle ne l'était en 1970 (Roy, 2006). Elle entraîne un revenu hebdomadaire de l'ordre de 100 $ par semaine et plus dont l'affectation est moins orientée vers la nourriture et le logement que vers les

zones comme les vêtements et les sorties. Le soutien des parents est encore bien présent pour les besoins de base et l'argent gagné aide à acquérir une indépendance par rapport à eux et à se payer les choses qu'ils veulent sans leur demander l'autorisation (Roy et coll., 2003). Le travail rémunéré fait donc partie des moyens d'acquérir une autonomie personnelle face aux parents, mais il peut aussi contribuer à développer des habiletés à organiser son temps, à apprendre à s'adapter au marché du travail, à se réaliser sur le plan personnel, à développer un autre réseau social (Roy, 2006). Roy et ses collaborateurs désignent cependant le seuil de 25 heures de travail rémunéré par semaine comme le point où les études deviennent clairement menacées : la minorité qui dépasse ce niveau risque nettement plus de décrocher et aussi de subir les inconvénients liés à des semaines qui dépassent les 60 heures de temps de travail (travail scolaire et travail rémunéré).

Étant donné la place du travail rémunéré dans leur vie, il n'est pas étonnant d'apprendre que plus de la moitié des adolescents canadiens ont un téléphone cellulaire et que la communication téléphonique est devenue une culture omniprésente dans leur société (Caron et Caronia, 2005 ; Réseau Éducation-Médias, 2007). À la culture du téléphone cellulaire s'ajoute celle du lecteur numérique (MP3, etc.), les deux entrant en compétition au point de vue budgétaire avec les vêtements et les sorties. Signe des temps, le quotidien économique japonais *Nikkei* publiait en 2007 les résultats de la reprise d'un sondage indiquant que seuls 13 % des jeunes habitants

---

FIGURE

1.3 Évolution du travail rémunéré depuis 1990 chez les 15-19 ans

Depuis les années 1990, les adolescentes qui fréquentent l'école ont plus tendance à avoir un emploi que les garçons…

Taux d'emploi (%)

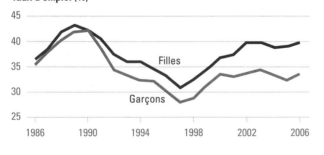

… mais les garçons occupés travaillent en moyenne une heure de plus par semaine que les filles

Heures hebdomadaires habituelles*

* Pour ceux qui occupent un emploi.

Source : Marshall (2007).

de la région de Tokyo possédaient une voiture en 2007, alors qu'ils étaient 23,6 % en 2000 ; seulement 25,3 % des répondants disaient avoir envie de posséder une voiture, contre 48,2 % en 2000. Les voitures seraient maintenant perçues comme une ancienne technologie qui engendre des problèmes environnementaux et des pertes de temps dans les embouteillages (Alibeu, 2007). D'autres aspects du rapport des jeunes à l'argent évoluent rapidement, par exemple en ce qui concerne les cartes de débit bancaire et les achats sur Internet.

La capacité de dépenser représente donc un passeport permettant d'entrer dans ces zones « technologiques » de participation sociale. Pour y accéder, les adolescents ont besoin d'argent, et cela les amène au travail rémunéré, ce qui, en retour, aide au développement de certaines habiletés, mais peut aussi nuire à leur réussite scolaire s'il y a dépassement d'un certain nombre d'heures rémunérées, que Roy et ses collaborateurs (2005) situent entre 15 et 20 heures par semaine. La gestion de cet équilibre fait partie des défis que doivent relever les nouveaux ados.

1.2.6 Les jeunes et la musique

Dans l'histoire humaine, la musique n'a probablement jamais été aussi disponible à l'ensemble des adolescents qu'aujourd'hui. Radio, télévision, baladeur, MP3, cellulaire, musique en ligne sur ordinateur, CD, DVD, etc., toute une batterie technologique s'ajoute aux moyens plus traditionnels de production (instruments, chorales, logiciels, etc.) ou de consommation musicale (récitals, spectacles, etc.) pour les jeunes. De l'enfance à la fin de l'adolescence, le temps d'écoute de la musique augmente constamment, avec une moyenne passant de moins de 1 heure par jour à l'âge de 10 ans à 1 h 43 entre 11 et 14 ans, puis à 2 h 38 entre 15 et 18 ans (Roberts et Foehr, 2004). Manifestement, l'importance de la musique augmente à l'adolescence. La façon d'y accéder présente cependant une évolution rapide, parallèlement à l'émergence de nouveaux moyens techniques. La radio, considérée auparavant comme le moyen par excellence d'accéder facilement à la musique pour les jeunes, a connu une baisse marquée du temps d'écoute hebdomadaire chez les 12-17 ans au Canada, passant de 11,3 heures en 1996 à 8,6 heures en 2005, puis à 7,6 heures en 2006 (Statistique Canada, 2007a). Comme ce n'est pas le temps total d'écoute de musique qui est considéré comme étant en baisse, cette diminution de l'écoute de la radio par les jeunes est associée à l'entrée en force d'autres moyens d'écouter de la musique.

Quel est le sens de la musique pour l'adolescent ? Bien sûr, les jeunes écoutent de la musique pour le plaisir, mais cette activité omniprésente dans leur vie joue aussi un rôle dans les sphères individuelle et sociale du développement. Sur le plan individuel, la musique peut contribuer au développement de l'identité personnelle, à l'adaptation au stress, à la régulation émotionnelle et à l'actualisation personnelle. Sur le plan social, elle peut contribuer au développement de l'identité sociale et culturelle du jeune, dans son intégration auprès de ses pairs (Bakagiannis et Tarrant, 2006).

Aujourd'hui, la musique est plus que jamais accessible aux adolescents, en raison notamment de l'émergence de nouveaux moyens techniques.

« Dis-moi ce que tu écoutes et je te dirai qui tu es. » Dans quelle mesure la musique est-elle le reflet du profil personnel ? Les sous-cultures de jeunes se sont depuis fort longtemps définies à partir de préférences musicales qui viennent se coller aux règles du look à travers les vêtements, la coiffure, les accessoires divers, etc., en plus des comportements et des valeurs particulières. Miranda (2007) distingue cinq grandes sous-cultures musicales chez les jeunes des années 2000 : *metal*, *soul*, pop, électronique et classique (qui inclut le jazz et le blues en plus de la musique classique comme telle). Dans son affiliation à l'un ou l'autre de ces courants, le jeune ne manifeste pas nécessairement une fidélité exclusive puisque l'écoute de plusieurs types de musique est très répandue, mais au final, force est de constater que ce qui entre librement dans le MP3 est une sorte de reflet identitaire de l'individu où, par le jeu de la différenciation et de l'imitation, le profil d'une culture particulière émerge. La musique a constamment été un moyen de se démarquer de la génération précédente et de se trouver une personnalité culturelle à travers une combinaison de sons, d'idoles, de rythmes, de looks, de mots. Elle est peut-être aussi un indicateur du niveau d'autonomie atteint, au moment où les choix musicaux cessent d'être influencés par un militantisme d'image pour ne traduire que des préférences personnelles spontanées.

La musique a-t-elle une influence sur les adolescents ?

Un certain nombre de recherches rapportent un lien important entre l'écoute de musique et le comportement des adolescents. Ainsi, Martino, Collins, Elliott, Stracman, Kanouse et Berry (2006) ont mené une étude longitudinale comparant la relation entre l'écoute de pièces musicales ayant un contenu sexuel dégradant avec les comportements sexuels de 1 242 adolescents américains âgés initialement entre 12 et 17 ans. L'étude a comporté trois collectes de données au moyen d'entrevues téléphoniques sur une période de trois ans. Elle comparait les comportements sexuels de jeunes écoutant des pièces musicales au contenu sexuel non dégradant avec les comportements sexuels de jeunes écoutant des pièces au contenu sexuel dégradant, c'est-à-dire des textes qui présentaient explicitement les hommes comme sexuellement insatiables et prêts à tout pour le sexe et les femmes comme des objets sexuels disponibles et sans valeur, de même que les relations sexuelles comme des gestes anodins sans conséquence. Le type de contenu musical était basé sur l'écoute de 16 artistes connus et typés selon les deux catégories (contenu sexuel dégradant et contenu sexuel non dégradant). On demandait aux répondants de quantifier leur temps d'écoute de ce matériel. Les résultats ont montré un lien important entre l'écoute active de pièces au contenu sexuel dégradant, tant chez les garçons que chez les filles, et une plus grande précocité des relations sexuelles ainsi qu'un engagement dans des comportements sexuels sans coït (fellation, pénétration anale, etc.). L'écoute de pièces musicales à caractère sexuel mais non dégradant ne présentait pas cette relation. Cette étude appuie donc l'hypothèse d'un lien entre la consommation musicale et le comportement sexuel des adolescents.

Miranda et Claes (sous presse) ont mené une étude sur le lien entre les préférences musicales et la dépression chez 339 adolescents montréalais. Leurs résultats indiquent que, chez les filles, une préférence pour la musique *metal* est liée significativement à la dépression, tandis que des préférences pour la musique *soul* et pour la musique pop sont liées à moins de dépression. Ces liens n'ont pas été retrouvés chez les garçons. La question est de savoir si la musique engendre ces états

psychologiques ou si les préférences musicales découlent de ceux-ci. À ce sujet, Lacourse, Claes et Villeneuve (2001), dans l'enquête qu'ils ont conduite auprès de 275 adolescents montréalais de 14 à 18 ans, ont observé qu'une préférence pour la musique *heavy metal* n'était pas un déterminant important du risque suicidaire. En revanche, en matière de pensées et de sentiments violents, Anderson, Carnagy et Eubanks (2003), avec la collaboration d'étudiants universitaires de 1er cycle, ont montré que l'écoute de chansons rock comportant des textes violents augmente les sentiments d'hostilité, alors que cet effet n'est pas constaté après l'écoute de chansons rock équivalentes mais non violentes.

Les données disponibles actuellement permettent donc d'affirmer que certains messages véhiculés par des vedettes de rock et de rap peuvent avoir une influence négative sur les garçons et les filles à l'adolescence parce que leurs contenus :

- valorisent l'abus de drogue et d'alcool ;
- présentent le suicide comme une solution de rechange valable des problèmes de la vie ;
- proposent des images explicites de violence ;
- miment en concert des rites sataniques avec parfois des simulacres de sacrifices humains ;
- font des gestes à caractère sexuel avec des composantes sadiques ou masochistes, adoptent des attitudes qui dévalorisent, violentent ou humilient les femmes ;
- encouragent des attitudes et des conduites antisociales.

Les jeunes risquant le plus d'adhérer à ce type de modèles sont ceux qui vivent dans des contextes sociauxpeu favorables à l'autocritique, à la remise en question et à la promotion de valeurs positives.

Les adolescents sont différents parce que leurs contextes ont changé

Les tendances que nous venons de décrire brièvement ont un point en commun : elles émanent principalement de transformations des milieux de vie des jeunes. Si la transition adolescente se profile différemment aujourd'hui, c'est davantage parce que l'environnement se transforme autour des jeunes que parce qu'ils sont devenus des êtres différents. Les théories de l'adolescence qui arrivent à transcender les effets de ces nouvelles couleurs pour continuer de fournir un éclairage sur l'essentiel du passage de l'enfance à l'âge adulte conservent leur pertinence, ce que nous serons à même d'apprécier dans les prochaines sections de ce chapitre où, avant d'aborder les visions contemporaines de l'adolescence, nous survolerons leurs racines dans l'histoire des représentations de cette période de la vie.

1.3 L'adolescence dans l'histoire

En tant que période de transition de l'enfance à l'âge adulte, l'adolescence existe sans doute depuis aussi longtemps que l'être humain lui-même puisqu'elle s'inscrit dans le cycle physique de sa vie. Toutefois, l'idée qu'on a de ce phénomène développemental a beaucoup évolué au cours de l'histoire. Les grands philosophes et les éducateurs anciens ont activement réfléchi sur le développement humain et ses enjeux pour notre compréhension de la nature humaine, mais ils ne concevaient pas l'adolescence comme une période distincte du développement humain (Muuss, 1996).

Telle qu'on la conçoit aujourd'hui, l'adolescence est un phénomène récent qui, sous certains aspects, évolue encore d'une décennie à l'autre. Même au regard de ses caractéristiques physiques, l'adolescence est influencée par l'histoire : l'âge de la maturation et les normes de croissance varient d'un siècle à l'autre (voir, dans le chapitre 2, la sous-section intitulée « La tendance séculaire »). Cependant, c'est sur le plan du caractère psychosocial de l'adolescence que les changements historiques sont les plus marqués.

Dans les sociétés modernes, on a souvent tendance à laisser croire que tout ce qu'on vit vaut mieux que ce qui avait cours dans le passé. Pourtant, sous certains aspects, la vie d'autrefois comportait des avantages par rapport à celle d'aujourd'hui. De nos jours, par exemple, les adolescents aimeraient pouvoir occuper une place véritable dans leur société, être de vrais acteurs sociaux, plutôt que d'être placés « en attente » jusqu'à l'âge de 25 ans. Dans son intégration fonctionnelle des jeunes, la société contemporaine réussit moins bien que celle d'autrefois.

Il y a cent ans à peine, dans la plupart des pays occidentaux, ceux-là mêmes où la scolarité est maintenant obligatoire jusqu'à l'âge de 16 ans, la majorité des jeunes n'atteignaient pas le niveau d'études secondaires. En effet, l'école était loin de constituer la principale source de connaissances et le travail des adolescents, voire celui des enfants, était chose courante. « On apprenait à vivre en vivant. » Si les 12-18 ans d'aujourd'hui se trouvaient soudainement à l'époque de leurs arrière-grands-parents, ils découvriraient un monde où les valeurs, les usages, les techniques et les rôles sont complètement différents des leurs. Ce monde exercerait peut-être un attrait sur bon nombre de ces voyageurs modernes. Il y a cent ans, on commençait à travailler plus jeune et l'on n'était pas traité en enfant jusqu'à 18 ans. La technique était certes moins avancée, mais on n'était pas tenu de fréquenter l'école pendant des années avant d'être considéré comme une personne compétente, capable d'assumer un vrai rôle dans son milieu. L'allongement de la période qui sépare l'enfance de l'âge adulte, par contraste avec la précocité de certains comportements des jeunes (la sexualité, la consommation, etc.), suscite de multiples débats explicatifs où l'on présente souvent l'adolescence comme une sorte de témoin-pilote de la société de demain (Pinquart et Silbereisen, 2005).

1.3.1 La conception de l'adolescence chez les Grecs

Il semble que ce soit au XVe siècle que l'usage du mot « adolescence » tel qu'on le conçoit maintenant ait fait son apparition (Muuss, 1996 ; Katchadourian, 1977). Toutefois, dès l'époque des philosophes grecs, il existait une conception théorique du développement humain de l'enfance à l'âge adulte.

Platon

Platon (427-347 av. J.-C.) croyait que le caractère d'une personne se développait très tôt en fonction des habitudes prises, de telle sorte que les règles de conduite proposées à l'enfant par l'environnement étaient très importantes pour son évolution future. En outre, il croyait en la dualité du corps et de l'âme ; cette dernière était, selon lui, constituée de trois couches : la première comprenait les désirs et les appétits ; la deuxième, le courage, la persévérance et l'agressivité ; et la troisième, qui représentait l'essence de l'âme, était indépendante du corps et se composait de l'esprit, de l'immortalité et du surnaturel. À ses yeux, le processus de développement de l'enfance à l'âge adulte consistait en une maturation graduelle qui transformait la première couche, inhérente à l'homme, en une deuxième caractérisée par l'acquisition des convictions et de la compréhension des choses, pour enfin atteindre l'évolution de la raison et de l'intelligence, éléments de la troisième couche apparaissant à l'adolescence et à l'âge adulte (Muuss, 1996). Selon Platon, cette troisième couche de l'âme n'était pas accessible à tous.

D'autre part, il croyait que les idées étaient innées et que l'apprentissage consistait à redécouvrir ces pensées oubliées. L'étendue de cette « redécouverte » n'était toutefois pas la même pour tout le monde. En effet, certaines personnes n'accédaient qu'à une infime partie de leurs idées, tandis que d'autres, les sages, accédaient à de larges contenus.

De nombreux concepts platoniciens sont comparables à ceux qui sont utilisés dans les théories modernes du développement humain. Ainsi, la structuration freudienne de la personnalité selon le « ça », le « moi » et le « surmoi » se rapproche sous certains aspects des trois couches de l'âme définies par Platon. De même, on pourrait faire le parallèle entre la pensée formelle décrite par Piaget, et qui ne semble pas être accessible à tous les adolescents ou adultes, et la troisième couche de l'âme proposée par Platon. Enfin, l'importance accordée par le philosophe aux expériences vécues en bas âge concorde avec l'intérêt attribué à certaines notions comme l'attachement dans les théories contemporaines du développement psychologique.

Aristote

Aristote (384-322 av. J.-C.), autre grand philosophe grec et disciple de Platon, ne croyait pas à la dualité du corps et de l'âme ; selon lui, ces deux structures étaient reliées fonctionnellement. Il concevait le développement vers la maturité adulte comme le résultat de trois périodes de sept ans chacune : la petite enfance, de 0 à 7 ans ; l'enfance, de 8 à 14 ans ; et la jeunesse, de 15 à 21 ans. D'après Aristote, le développement s'effectue de façon hiérarchique, c'est-à-dire que les derniers stades de développement comprennent les éléments élaborés au cours des premiers stades. Ainsi, les jeunes enfants sont dominés par leurs appétits et leurs émotions. Ils sont capables d'actions volontaires, mais non pas de choix réels. Sur le plan psychologique, ils sont semblables aux animaux.

Dans l'optique aristotélicienne, ce n'est qu'à l'adolescence qu'apparaît la capacité de choisir, non pas parce que les appétits et les émotions disparaissent, mais plutôt parce que ces derniers sont subordonnés à un contrôle et à des règles acquis entre 7 et 14 ans. À cela s'ajoute une capacité de discernement permettant des jugements éclairés. Quant à la période de 15 à 21 ans, elle est, pour Aristote, caractérisée par les passions (dont la plus puissante est la sexualité), l'impulsivité, le manque de contrôle, mais aussi par le courage, l'idéalisme, le goût de la réussite et l'optimisme (Muuss,

1996). À l'époque du philosophe, l'éducation des adolescents grecs était fondée sur les mathématiques, l'astronomie, la géométrie et la musique. Plusieurs siècles devront s'écouler après la fin de l'Empire grec pour qu'une description aussi articulée du développement humain soit avancée.

1.3.2 L'adolescence au Moyen Âge

Au Moyen Âge, c'est-à-dire la longue période située entre la fin du IVe siècle et la fin du XVe siècle, on voyait l'être humain à travers le prisme de la théologie. L'homme était d'abord une créature de Dieu déterminée par lui. En conséquence, la croissance physique correspondait simplement à l'agrandissement graduel de la création divine. L'enfant et l'adulte étaient qualitativement semblables ; leur différence résidait sur le plan quantitatif : le jeune était considéré comme un adulte en miniature. Ainsi, la notion de stades dans le développement n'existait pas. Tant physiquement que mentalement, le développement consistait en une croissance quantitative. Cette manière de voir devait trouver son point extrême dans la croyance que le sperme contenait un homme adulte en miniature (l'*homunculus,* petit homme) qui, lorsqu'il était implanté dans l'utérus, grandissait naturellement sans différenciation des tissus ou des organes.

1.3.3 L'adolescence aux XVIIe et XVIIIe siècles

Aux XVIIe et XVIIIe siècles, de nouvelles façons de concevoir le développement humain sont apparues, notamment avec les contributions de Comenius, John Locke et Jean-Jacques Rousseau.

Comenius

Comenius (1592-1670), un évêque tchèque de Moravie, proposa une organisation scolaire axée sur le développement de l'enfant selon quatre stades de six ans chacun. Aux yeux de Comenius, la séquence des programmes scolaires devait être établie suivant la succession naturelle des facultés telles qu'elles étaient observées.

Au cours des six premières années de la vie, l'enfant devait rester à la maison pour recevoir une éducation de base et exercer ses facultés sensorielles et motrices. De 7 à 12 ans, tous les enfants, garçons et filles, riches et pauvres, devaient recevoir une éducation élémentaire dans leur langue maternelle (et non en latin comme cela était plus courant à l'époque) de façon à acquérir une bonne connaissance de leur langue, des usages sociaux et de la religion, et aussi pour développer leurs facultés mentales (mémoire, imagination, etc.). À l'exemple de Platon, Comenius estimait qu'au cours de l'adolescence, c'est-à-dire durant la période de 12 à 18 ans, l'éducation devait favoriser l'évolution du raisonnement grâce à l'apprentissage de disciplines comme les mathématiques, la rhétorique et l'éthique. Enfin, le système d'éducation devait susciter chez les jeunes de 18 à 24 ans le développement de la maîtrise de soi et de la volonté, notamment en leur permettant de voyager et de fréquenter l'université.

Plusieurs notions adoptées par Comenius sont reprises dans la théorie de Piaget et dans les objectifs éducatifs des systèmes scolaires que nous connaissons aujourd'hui, en particulier l'idée d'adapter la séquence des contenus enseignés à l'évolution naturelle des capacités mentales de l'enfant à travers les stades (Muuss, 1996).

John Locke

Aux XVIIᵉ et XVIIIᵉ siècles, John Locke (1632-1704), en Angleterre, et Jean-Jacques Rousseau (1712-1778), en Suisse, apportèrent de nouvelles vues sur le développement. Pour Locke, il n'existait pas d'idées innées comme le proposait Platon; les idées que nous avons en tête proviennent soit directement de nos sens, soit des opérations mentales que nous avons faites sur des idées provenant de nos expériences sensorielles passées. Il s'agit d'une vision clairement empiriste puisqu'elle envisage le savoir comme le résultat de l'expérience. D'après Locke, l'esprit du nouveau-né est comparable à une page blanche sur laquelle s'impriment les expériences vécues depuis la petite enfance, marquée par la **passivité** mentale, jusqu'à l'adolescence, caractérisée par son **activité** cognitive. Les êtres humains étant égaux à la naissance, ils atteindront des degrés de perfection variables selon l'environnement dans lequel ils auront évolué.

Jean-Jacques Rousseau

Tandis que Locke concevait la raison comme l'élément primordial de la nature humaine, Rousseau croyait plutôt à la prépondérance de l'émotion. Selon lui,

Pour Jean-Jacques Rousseau, l'être humain naît bon et la société se doit de respecter le développement naturel de l'enfant afin d'éviter de le corrompre.

l'enfant est fondamentalement bon et la société doit se garder de le corrompre en ignorant sa nature au profit de normes et de règles limitatives qui viennent à l'encontre de l'harmonie du développement naturel. Rousseau proposa quatre stades de développement: la petite enfance ou stade « animal » (de 0 à 4 ans); l'enfance ou stade « sauvage » (de 5 à 12 ans); la jeunesse (de 12 à 15 ans); et l'adolescence (de 15 à 20 ans).

Au premier stade, l'enfant est comme un animal, il est dominé par ses besoins physiques et ses émotions. L'éducation doit donc stimuler chez lui l'exploration sensorimotrice et respecter sa nature. Au stade sauvage, l'expérience des sens doit être l'objectif premier de l'éducation et il n'est pas bon, au cours de cette période, d'enseigner des contenus formels comme la lecture et l'écriture. L'idée est de munir le cœur de l'enfant de défenses contre le vice et de protéger son esprit contre l'erreur. Rousseau était d'avis que l'éducation rationnelle devait se faire à compter de 12 ans et qu'elle devait mettre au premier plan le processus d'apprentissage autonome et la découverte active plutôt que l'enseignement de contenus déjà structurés. Selon Rousseau, à l'adolescence, la conscience se développe et laisse ainsi apparaître la morale. La personne acquiert une maturité émotionnelle qui lui permet de s'ouvrir aux autres et d'aimer vraiment.

Par sa conception développementale, Rousseau s'est fait le véritable avocat du respect de la nature humaine, au risque de reléguer au second plan le rôle de l'environnement, des méthodes d'éducation ou de la culture dans l'évolution personnelle.

1.4 La théorie de l'évolution biologique de Darwin

Le naturaliste anglais Charles Darwin (1809-1882) est l'un des savants les plus importants du XIXᵉ siècle. Sa théorie de l'évolution, aujourd'hui appelée le « darwinisme », repose sur la sélection naturelle des espèces à travers les âges. Darwin propose une vision intégrée de l'évolution biologique des espèces depuis les organismes unicellulaires jusqu'à l'homme. Selon ses observations, tous les représentants d'une même espèce ne pouvaient survivre étant donné l'insuffisance de nourriture et la présence de prédateurs ; une lutte pour la survie se jouait à l'échelle phylogénétique. Seuls les organismes les mieux adaptés survivaient et se reproduisaient. De même, les espèces les moins adaptées à l'environnement avaient tendance à s'éteindre ou bien donnaient naissance à de nouvelles lignées, à de nouvelles races mieux équipées et pourvues de meilleurs mécanismes adaptatifs pour survivre. C'est le principe de la sélection naturelle des espèces.

Selon la théorie de Darwin, la vie biologique s'étend sur un continuum d'évolution, depuis la simple cellule jusqu'aux cerveaux complexes des primates, ce qui constitue un des principes fondamentaux de notre compréhension moderne de l'homme et de son évolution biologique. Au cours des millénaires, l'être humain a évolué et, graduellement, le poids et le volume de son cerveau ont augmenté, d'où le développement de la pensée et du langage. En ce qui concerne l'évolution de la connaissance, c'est-à-dire d'un point de vue épistémologique, on admet aujourd'hui que l'homme a accumulé au cours des générations un bagage de notions transmissibles lui permettant d'agir de plus en plus efficacement sur l'environnement. Un des problèmes majeurs du monde moderne tient justement au fait que la capacité d'intervention de l'homme s'accroît plus vite que sa capacité de comprendre les conséquences de ses interventions. Une des plus grandes menaces qui pèsent actuellement sur l'humanité provient de l'inconscience des effets écologiques découlant de l'intervention humaine.

Avec la publication de ses principaux ouvrages[4], Darwin entrait en flagrante contradiction avec les puissants préceptes religieux de l'époque touchant à la création de l'homme par Dieu. Les adeptes de plusieurs courants de pensée avaient beaucoup de mal à accepter que l'homme soit une espèce animale, peut-être plus évoluée que les autres, mais soumise aux mêmes lois.

Bien que Darwin n'ait pas proposé de vision intégrée de l'adolescence en tant que période particulière de la vie, sa théorie biologique de l'évolution a permis d'envisager les changements développementaux sous un jour nouveau. La théorie de Jean Piaget, notamment, épouse une perspective qui prolonge bien la conception biologique darwinienne selon laquelle l'adaptation est essentiellement un équilibre fondé sur un processus d'interaction sujet-milieu.

1.5 La théorie de Stanley Hall

On attribue à Granville Stanley Hall (1844-1924[5]) la paternité de la psychologie scientifique de l'adolescence en raison de son ouvrage intitulé *Adolescence : Its Psychology and its Relations to Physiology, Anthropology, Sociology, Sex, Crime, Religion, and Education* (Hall, 1904). Hall avait d'abord étudié en Allemagne avec Wilhelm Wundt, fondateur du premier laboratoire de psychologie expérimentale à Leipzig, et aux États-Unis avec William James, considéré comme le premier psychologue américain. Véritable pionnier de la psychologie moderne, Hall a exercé une influence théorique importante et a contribué à jeter les bases d'organismes encore très actifs aujourd'hui. Il est l'un des organisateurs de l'American Psychological Association et le fondateur, en 1887, de l'*American Journal of Psychology*. Mais c'est dans son ouvrage publié en deux volumes, et qui a été cité précédemment, que ses idées sur l'adolescence ont été précisées. Il y aborde une grande quantité de sujets — comme le titre en témoigne — et fait alterner ses opinions personnelles avec diverses données statistiques.

Pour Hall, le plan de développement de l'espèce humaine est inscrit dans la structure génétique de chaque individu. L'évolution, depuis la conception jusqu'à la maturité, correspond à la récapitulation pour chaque personne des stades par lesquels l'humanité est passée depuis les débuts de son évolution et qui ont laissé une trace génétique. C'est la théorie biogénétique de la récapitulation[6].

---

4. *De l'origine des espèces au moyen de la sélection naturelle*, 1859 ; *De la variation des animaux et des plantes domestiques*, 1868 ; *De la descendance de l'homme*, 1871.

5. Granville Stanley Hall est né à Ashfield, au Massachusetts. Il s'est distingué par ses publications importantes sur le développement de l'enfant et de l'adolescent et sur les problèmes en matière d'éducation.

6. Lerner et Steinberg estiment que la théorie de la récapitulation de Hall est la traduction, dans une théorie du développement couvrant l'ensemble de la vie, des idées de l'embryologiste allemand Ernst Haeckel (1834-1919) qui affirmait que « l'ontogenèse est une récapitulation brève et rapide de la phylogenèse, générée par les fonctions physiologiques de l'hérédité et entretenue par l'adaptation » (Lerner et Steinberg, 2004, p. 3 ; traduction libre).

Selon Hall, chacun des stades que nous traversons, depuis la naissance jusqu'à l'âge adulte, correspond à la reproduction ou à l'image d'une période traversée par l'humanité au cours de son évolution phylogénétique. Les idées de Darwin ont certainement stimulé les tentatives visant à démontrer la similitude entre l'évolution de l'ensemble des humains au cours des millénaires et l'évolution de chaque personne prise individuellement[7]. Hall (1904) propose quatre stades de développement : la petite enfance (de 0 à 4 ans) ; l'enfance (de 5 à 7 ans) ; la jeunesse, ou préadolescence (de 8 à 12 ans) ; l'adolescence (de 13 à 24 ans).

D'après Hall, le jeune enfant vit comme un animal (à l'exemple de nos ancêtres à l'époque où ils marchaient à quatre pattes) et, poussé par ses forces de maturation internes, codées génétiquement, il évolue graduellement vers un comportement plus articulé, mieux contrôlé. Dans cette perspective, l'environnement n'a pas beaucoup d'importance puisque tous les hommes traversent les mêmes étapes sans égard au contexte socioculturel dans lequel ils évoluent. Hall prétend que l'enfance correspond à l'époque où l'homme vivait de la chasse et de la pêche, comme en témoignent les jeux de cache-cache, les poursuites et les constructions de cabanes et de cavernes. Entre 8 et 12 ans, c'est-à-dire pendant la jeunesse ou la préadolescence, une prédisposition à l'apprentissage du contrôle de soi et d'habitudes diverses se manifeste. Selon Hall, c'est un moment privilégié pour l'apprentissage de la lecture, de l'écriture, de langues étrangères, d'habiletés mécaniques, etc. La période de l'adolescence, quant à elle, pourrait se comparer à l'époque où l'homme vivait dans des sociétés tribales ignorant la technique mais connaissant des transitions fréquentes et turbulentes. C'est l'époque antérieure à la civilisation, époque de tumulte et de stress (*storm and stress*) caractérisée par les contradictions, par l'oscillation entre l'activité passionnée et la léthargie indifférente ainsi que par le passage de l'égocentrisme étroit à l'altruisme noble. L'adolescent désire tantôt s'isoler dans la solitude, tantôt ne plus quitter ses amis.

Hall considère l'adolescence comme une période très importante, susceptible de changer le cours de la vie future. C'est le moment où les rôles sociaux se déterminent, où les valeurs se forment suivant les capacités nouvelles de raisonner et d'entrer en relation interpersonnelle.

On reproche souvent à la théorie de Stanley Hall son défaut de tenir compte de l'influence du milieu pour expliquer le développement de l'enfant et de l'adolescent. Dans sa position extrême, Hall soutenait que même les comportements socialement indésirables étaient le reflet de la récapitulation d'une époque de l'histoire phylogénétique, et que parents et éducateurs n'avaient pas à s'en inquiéter puisque ces comportements disparaîtraient comme ils étaient apparus, c'est-à-dire avec le développement génétique, sans intervention de l'environnement (Muuss, 1996).

1.6 Arnold Gesell : la perspective normative

Influencé par l'approche biogénétique de Hall avec qui il a étudié, le psychologue et médecin américain Arnold Gesell (1880-1961) a proposé une théorie normative du développement, à savoir un modèle de l'évolution normale basé sur l'observation des événements développementaux généralement vécus d'une année à l'autre de la vie. À titre de directeur d'un centre pour enfants à l'Université Yale, il a recueilli une quantité impressionnante de données issues de l'observation de plus de 10 000 enfants en situation normale de jeu et d'interaction sociale.

Gesell a ainsi pu constituer une série de séquences rythmiques ou de cycles développementaux pour expliquer les variations dans la vitesse apparente des

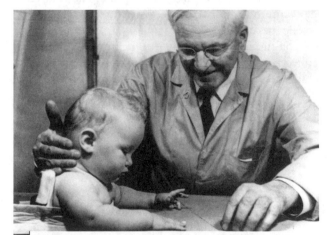

La théorie normative du développement d'Arnold Gesell a été largement critiquée, mais demeure un apport important à la psychologie du développement.

---

7. White (1968) rapporte que Hall s'est déjà présenté comme le Darwin de l'esprit.

changements ontogénétiques[8]. Pour lui, malgré des irrégularités apparentes, l'adolescence est un processus cohérent de maturation; chaque individu est unique dans sa structure de croissance, mais partage une structure génétique de développement avec tous les autres membres de son espèce. Gesell nomme « morphogenèse » le processus de changement de maturation. Ce processus peut se concevoir comme une spirale déterminant des moments de progrès rapides et des moments de régression utiles pour consolider l'acquis, suivis à leur tour par des pointes de progression, et ainsi de suite, de l'enfance à l'âge adulte.

La contribution de Gesell la plus notoire, et peut-être aussi la plus critiquée, est sans doute l'établissement de ses normes de développement selon l'âge chronologique. En effet, on a reproché aux profils psychologiques de Gesell: 1) de ne pas tenir compte des différences entre les garçons et les filles (les filles devançant les garçons d'environ deux ans dans leur développement biologique au début de l'adolescence); 2) d'être trop dépendants de l'âge chronologique et, de ce fait, de négliger les différences existant entre la maturation précoce et la maturation tardive; 3) d'avoir limité sa collecte de données à des enfants blancs issus de la classe moyenne de la ville de New Haven (Connecticut), en Nouvelle-Angleterre; 4) de ne pas tenir suffisamment compte de l'influence de facteurs socioculturels tels que la famille, l'école, la culture et les amis (Thelen et Adolph, 1992; Lefrançois, 1981). L'apport de Gesell consiste donc principalement en la description d'une structure génétique commune qui, si elle ne colle pas exactement au développement de chaque individu, constitue néanmoins la norme collective servant de référence. Thelen et Adolph concluent leur analyse approfondie de la contribution de Gesell à la psychologie du développement de la façon suivante:

> Nous percevons Gesell et son influence comme pleins de contrastes et de contradictions. Sa grande dévotion à la maturation en tant que cause ultime du développement était inébranlable, mais il se comportait comme si l'environnement avait de l'importance et son œuvre est parsemée de descriptions de processus d'adaptation. Il croyait en l'individualité de l'enfant, mais il préféra les diktats des gènes aux influences de l'environnement. Il a voulu libérer et rassurer les parents, mais il n'a fait qu'ajouter à leur culpabilité. Il était engagé à promouvoir le bien-être des enfants, mais à travers son zèle à tout classifier en fonction de l'âge, les enfants ressortaient comme des entités passives et sans vie. Il n'a laissé que peu de disciples reconnus, et pourtant ses postulats continuent d'être à la base du travail d'un grand nombre d'intervenants. Ce qui n'est pas discuté, cependant, c'est sa très grande contribution à la psychologie du développement (Thelen et Adolph, 1992, p. 379; traduction libre).

1.7 Les théories psychodynamiques de l'adolescence

Le courant psychodynamique regroupe diverses contributions théoriques qui partagent certains principes de base dans l'explication du comportement humain. Par exemple, ces approches théoriques accordent une grande importance à l'expérience affective de l'enfance et de l'adolescence (les stades de développement) dans la construction personnelle, aux pulsions en tant que moteur de l'adaptation et du changement, à l'inconscient en tant que dimension importante de la vie psychique, etc. Dans ce courant de pensée, l'adolescence est une période d'intense évolution où le nouveau moteur pulsionnel de la sexualité, la transformation des attachements aux figures parentales et amicales et les nouvelles habiletés cognitives entrent en synergie pour renouveler l'identité personnelle.

1.7.1 Sigmund Freud

Le principal auteur de la conception psychodynamique du développement humain est sans contredit Sigmund Freud (1856-1939), le père de la psychanalyse. Pour lui, l'activité mentale et le comportement sont commandés par une énergie libidinale responsable du développement psychologique. Le psychisme s'organise selon trois structures qui s'élaborent au cours du développement: 1) le **ça**, le réservoir des pulsions et des instincts, la structure dans laquelle les deux autres structures puisent l'énergie utile à leur développement; 2) le **moi**, qui assure la gestion des pulsions et l'adaptation de la personne à la réalité extérieure; il régit les fonctions mentales telles que le raisonnement, la mémoire et le jugement; 3) le **surmoi**, c'est-à-dire la

---

8. L'ontogenèse renvoie aux transformations qui surviennent dans l'organisme individuel depuis la fécondation jusqu'à l'âge adulte, tandis que la phylogenèse renvoie à l'évolution de l'espèce au fil du temps.

structure morale, qui détermine le bien et le mal, les aspirations et les interdits. Freud croyait que le monde psychique comporte non seulement ce dont nous sommes conscients, mais aussi tout un univers inconscient qui, indépendamment de notre volonté, influe sur notre comportement. L'inconscient est accessible grâce au rêve ou à l'hypnose.

La théorie freudienne[9] du développement distingue deux processus de maturation interdépendants: 1) le développement du moi, qui se traduit par la différenciation progressive de la personnalité et par l'apparition du principe de réalité qui permettent à la personne de maîtriser ses pulsions et de s'adapter à son environnement; 2) la progression selon cinq stades de développement psychosexuels dont la succession est déterminée génétiquement, indépendamment du milieu (Baldwin, 1980; Strachey, 1953-1974).

De la naissance à 12-18 mois, l'enfant est au **stade oral**. La bouche, alors le principal instrument de gratification libidinale, joue un rôle important dans les contacts avec le monde extérieur (la nutrition, le contact avec la mère, la succion à vide, l'exploration d'objets, etc.). Cette période se divise en deux sous-stades: le **sous-stade oral dépendant**, allant de la naissance au sevrage, et le **sous-stade oral agressif**, commençant au sevrage, à l'apparition des dents et, conséquemment, à l'apparition de la capacité de mordre.

Le **stade anal** (de 12-18 mois à 3 ans) est marqué par le déplacement de la source principale de plaisir de la bouche à la zone anale. Le contrôle des sphincters associé à l'apprentissage de la propreté est un phénomène caractéristique de cette période où la recherche du contrôle des objets exerce une influence sur l'ensemble des relations du jeune avec son environnement.

Le **stade phallique** apparaît à partir de 3 ou 4 ans; au cours de cette période, les organes génitaux deviennent

Pour Freud, l'activité mentale et le comportement sont commandés par une énergie libidinale responsable du développement psychologique.

le centre principal de satisfaction. C'est à ce moment que le garçon vit le complexe d'Œdipe, c'est-à-dire qu'il désire inconsciemment sa mère et envie son père qu'il craint comme rival (peur de la castration). Le complexe d'Œdipe se résorbe par l'abandon du désir de la mère et par l'identification au père. Chez la fille, un conflit analogue existe sous le nom de complexe d'Électre. Le père est désiré et des sentiments hostiles sont éprouvés à l'égard de la mère. La résolution du complexe d'Électre se traduit aussi par l'abandon du désir du père et par l'identification à la mère.

La **période de latence,** qui s'étend de 6-7 ans à 11-12 ans, se caractérise par un assoupissement des pulsions sexuelles et une forte identification au parent du même sexe. La relative accalmie pulsionnelle fait de cette période un temps privilégié d'apprentissage et d'acquisition de compétences.

Enfin, le **stade génital,** qui couvre l'ensemble de la période adolescente (de 12 à 18 ans), se distingue par une grande préoccupation à l'égard des moyens adultes de satisfaction sexuelle et par une croissance marquée des pulsions sexuelles.

Selon Freud, cette longue période de développement psychosexuel inclut une régression au stade phallique. La masturbation apparaît de nouveau comme mode de gratification sexuelle et le retour du conflit œdipien débouche non plus sur l'identification au père, mais sur l'identification aux pairs et sur l'établissement de relations hétérosexuelles avec des contemporains plutôt qu'avec la mère (ou le père dans le cas du complexe d'Électre).

À chaque stade correspond donc un mode privilégié de gratification libidinale[10]. Une fixation plus ou moins importante des modes adaptatifs de chaque stade traversé s'imprime sur la personnalité de l'individu. Ainsi, la bouche en tant que zone érogène conserve un rôle important dans la satisfaction sexuelle d'une personne

---

9. Pour un bon résumé de la théorie de Sigmund Freud, voir A.L. Baldwin (1980, p. 327-395).

10. La libido est l'énergie psychologique de base issue de l'instinct sexuel dirigé vers la recherche du plaisir.

adulte même si elle ne constitue plus la source dominante de la satisfaction libidinale comme c'était le cas chez le nouveau-né; il en va de même pour le stade anal. Lorsqu'il se produit une fixation excessive d'énergie libidinale sur les mécanismes d'adaptation d'un stade précoce du développement (inadéquats dans la réalité adulte), il y a psychopathologie.

D'après cette théorie, le but principal de l'adolescence consiste à atteindre le stade génital comme mode principal de gratification sexuelle et à réussir à investir des objets libidinaux non incestueux (Spiegel, 1951).

1.7.2 Anna Freud

Il est manifeste que l'adolescence n'est pas la préoccupation centrale de la théorie freudienne du développement. On considère d'ailleurs que la contribution de la fille cadette de Freud, Anna Freud (1895-1982), a donné beaucoup plus de signification à la conception psychodynamique en ce qui concerne l'adolescence (Gallatin, 1980). Cette psychanalyste a mis en évidence la différence existant entre les pulsions sexuelles de l'enfance et celles de l'adolescence : les premières sont dirigées vers une satisfaction individuelle, autoérotique, tandis que les secondes ont une fonction de reproduction comportant une dimension de survie biologique.

Selon Anna Freud, l'augmentation de l'énergie sexuelle qui s'opère à la puberté peut se révéler une menace pour le contrôle de soi. En effet, il arrive que les pulsions du ça soient si fortes que le moi se trouve débordé dans sa fonction adaptative; c'est alors que l'impulsivité et l'intolérance face à la frustration peuvent devenir des traits fonctionnels dominants chez la personne. Parallèlement, une autre forme d'inadaptation menace l'adolescent; elle consiste en une domination excessive des pulsions sexuelles susceptible d'entraîner une accumulation explosive de tensions personnelles. Ces deux tendances contraires, à savoir celle où le sujet est dépassé par les pulsions et celle où il les domine de façon excessive, se reflètent dans plusieurs zones du comportement adolescent (amour-haine, solitude – hyperactivité sociale, égocentrisme – générosité extrême, etc.) et traduisent, selon Anna Freud, la lutte intérieure que mène l'adolescent pour assurer un équilibre entre la domination de ses pulsions et les satisfactions libidinales.

Dans leurs descriptions de la dynamique adolescente, Sigmund et Anna Freud mettent davantage l'accent sur la fonction de défense contre les pulsions, tandis que Peter Blos, un psychanalyste ayant contribué activement à l'explication psychodynamique de l'adolescence, a ajouté à cette fonction défensive du moi une fonction adaptative, essentielle dans le processus développemental.

1.7.3 Peter Blos

Blos (1979) explique certains états psychiques contradictoires de l'adolescence comme étant le résultat d'un processus fondamental de « désidéalisation » des objets libidinaux de l'enfance. Au cours de ce processus, la jeune personne défait les images parentales idéales (père et mère) de son enfance par la découverte de toutes leurs imperfections; en outre, par la découverte de ses propres limites personnelles, elle défait aussi l'idéal de soi qu'elle s'était forgé. Cette désidéalisation fait partie intégrante du processus de croissance puisqu'elle est l'unique chemin menant à la construction de nouveaux objets plus adaptés à la réalité de la condition humaine.

Toutefois, c'est à l'adolescence que Blos perçoit la phase la plus intense du changement; il compare ce processus à la révolution copernicienne, où l'homme a perdu sa place au centre de l'univers dans la pensée scientifique (Blos, 1979, p. 486). Pour lui, l'adolescence constitue un processus dialectique de tension entre la régression et la progression (entre les pulsions et le moi), l'une et l'autre étant nécessaires à l'individuation. Ainsi, le tumulte adolescent est l'effet normal de la croissance et témoigne de la reconstruction d'une nouvelle personnalité où les objets d'amour de l'enfance perdent leur perfection imaginée et sont réintégrés avec leurs bons et leurs mauvais côtés dans une mosaïque personnelle différenciée et autonome. Blos (1979) parle d'**ambivalence mature** pour expliquer cette intégration de forces contradictoires : la réalité est intégrée comme elle est, avec ses bons et ses mauvais aspects.

Selon Blos (1962), l'adolescence comprend trois étapes : le début de l'adolescence, l'adolescence proprement dite et la fin de l'adolescence. Au départ, une perturbation développementale se manifeste, marquant ainsi la fin de la période de latence. Cette perturbation est alimentée par l'écart entre le degré de la maturité biologique et la conscience psychologique, la croissance personnelle étant fonction de l'intégration de ces deux dimensions existentielles. À l'adolescence, la personne remet en question les images de son enfance et réévalue ses investissements libidinaux, abandonnant d'anciens objets pour utiliser l'énergie ainsi libérée dans la création de nouvelles amitiés. La fin de l'adolescence se caractérise par la consolidation :

> Les structures psychiques acquièrent alors un haut degré d'irréversibilité. Elles perdent pour ainsi dire la fluidité et l'élasticité uniques de l'enfance qui facilitent, encore à l'adolescence, les corrections adaptatives du passé. La stabilisation structurale de la fin de l'adolescence est caractérisée par la terminaison de la formation du caractère. Cette acquisition de la personnalité à la fin de l'adolescence marque le passage de l'enfance ou, en langage courant, de l'adolescence. Conséquemment à tout ce qui a été dit, je considère que l'adolescence ne peut se prolonger indéfiniment. Comme tous les autres stades de l'enfance, l'adolescence perd son momentum développemental sans égard au degré d'achèvement des défis que comporte cette période. La fin de l'adolescence survient de façon normale ou anormale à un moment déterminé selon la biologie et la culture. Le fait que des points de fixation à divers stades antérieurs soient transportés vers les stades suivants, maintenant ainsi constamment actif l'effort que le moi déploie pour harmoniser la sensibilité, la vulnérabilité et les idéaux qui constituent l'essence de chaque individu, semble être une loi du développement. Dans ce sens, nous pouvons dire en citant Wordsworth que « l'enfant est le père de l'homme » (Blos, 1979, p. 496-497 ; traduction libre).

Coleman (1980) résume en quatre points la perspective psychanalytique de l'adolescence :

> Premièrement, l'adolescence est vue comme une période où il y a une vulnérabilité marquée de la personnalité résultant principalement de la résurgence des instincts à la puberté. Deuxièmement, l'accent est mis sur la probabilité des conduites inadaptées en raison des défenses psychologiques inadéquates pour faire face aux conflits et aux tensions internes. Des exemples de ces conduites se trouvent dans les fluctuations extrêmes de l'humeur, l'inconsistance des relations interpersonnelles, la dépression et le non-conformisme. Troisièmement, le processus de désengagement y prend une importance spéciale car il est considéré comme nécessaire à l'établissement de relations émotionnelles et sexuelles mûres à l'extérieur de la famille (Coleman, 1980, p. 6 ; traduction libre).

Enfin, Coleman mentionne la formation de l'identité comme quatrième élément important associé à l'adolescence par la théorie psychanalytique. L'auteur estime que l'apport de ce courant théorique amplifie la notion de difficulté à l'adolescence, comme si l'adolescence se passait dans un milieu hospitalier ou clinique, ce qui n'est pas représentatif de ce que vit l'ensemble de la population adolescente (Coleman, 1980).

1.8 Erik Homburger Erikson : la crise d'identité

Erik Homburger Erikson[11] est né à Frankfort, en Allemagne, en 1902, de parents danois. Il a étudié la psychanalyse avec Sigmund Freud à Vienne et a suivi une analyse didactique avec Anna Freud. À cette époque, il est devenu l'ami et le collègue de Peter Blos. Au début des années 1930, il a émigré aux États-Unis ; là, il a travaillé dans plusieurs universités importantes comme chercheur et analyste d'enfants et a publié différents ouvrages (voir Coles, 1970, pour une biographie détaillée). Son nom est habituellement associé à l'approche psychodynamique. C'est en raison de l'importance de son étude sur l'adolescence qu'il est considéré ici de façon indépendante.

Erikson propose huit stades de développement pour décrire l'évolution au cours de la vie. Chaque stade se caractérise par des conflits et des tensions que la personne doit surmonter en s'adaptant aux exigences du milieu tout en préservant son identité. À l'instar de Blos, Erikson perçoit la tension et les conflits entre des tendances contradictoires comme générateurs de croissance. La personne peut sortir grandie de chaque stade si le conflit se résout par une solution constructive ; la tendance positive est alors intégrée au moi pour construire une nouvelle identité personnelle. Toutefois, si le conflit n'est pas résolu de façon satisfaisante, c'est la tendance négative qui s'intègre au moi en freinant le développement et en donnant lieu éventuellement à une psychopathologie.

Le tableau 1.6 présente sous forme schématique les huit stades d'Erikson d'après les tendances qui s'opposent pour chacun d'eux. L'auteur y décrit le développement humain dans un contexte socioculturel proposant un élargissement important par rapport au triangle

---

11. Homburger est le nom de son beau-père. Le couple Erikson s'étant séparé avant la naissance d'Erik, sa mère a épousé ce médecin alors que l'enfant n'avait que cinq ans (Coles, 1970).

père-mère-enfant (comprenant le complexe d'Œdipe) défini par Freud. À chacun des stades, l'identité personnelle fait face aux attentes et aux aspirations influencées par le monde social et culturel de l'individu. Chaque stade constitue une crise psychosociale à résoudre qui met en jeu des tendances opposées, présentes pendant les autres stades mais atteignant leur apogée, c'est-à-dire la crise, au cours d'une phase déterminée du développement. Pour Erikson, la qualité de l'interaction sujet-milieu ne dépend pas entièrement de l'environnement puisque, selon les moyens dont il dispose, le sujet contribue activement à son développement (Erikson, 1959, 1968).

1.8.1 La reconnaissance mutuelle : la confiance contre la méfiance

Au cours du premier stade d'Erikson, soit la reconnaissance mutuelle (24 premiers mois environ), la confiance et la méfiance sont en opposition. Cette phase du développement correspond au stade oral de Freud,

c'est-à-dire à la petite enfance. Le moyen privilégié de satisfaction et de contact avec le monde est la bouche. Le bébé doit alors faire suffisamment confiance au monde pour accepter de s'ouvrir à lui, de recevoir. La mère, ou son substitut, exerce une grande influence dans l'élaboration de cette confiance de base (*a sense of basic trust*).

Ainsi, selon ce qu'il vivra au cours de la première année de sa vie, l'enfant intégrera le sentiment qu'il peut ou non faire confiance aux autres et, réciproquement, que lui-même mérite la confiance des autres. Cette idée aura une influence considérable sur notre compréhension du rôle des premières relations importantes dans la vie, des premiers attachements. Erikson insiste sur le fait que l'enfant a besoin d'un attachement inconditionnel à une personne pour explorer son monde avec assurance. Si un enfant sent qu'une personne lui voue un amour absolu et l'accueillera quoi qu'il advienne, quoi qu'il fasse, il sera en mesure d'explorer sans crainte le monde qui l'entoure. Au contraire, l'enfant qui n'a pas

TABLEAU 1.6 Description des huit stades du développement humain selon Erikson

Stade	Âge	Tendances opposées	Enjeu psychosocial du stade
1. La reconnaissance mutuelle	0-24 mois	Confiance – méfiance	Acquisition d'une confiance de base permettant de s'ouvrir sans crainte au monde
2. L'autonomie : la volonté d'être soi-même	2-3 ans	Autonomie – honte et doute	Affirmation de soi dans les premières zones de contrôle (les sphincters, l'acceptation ou le refus de demandes parentales, etc.) afin de devenir une personne distincte
3. L'initiative	4-5 ans	Initiative – culpabilité	Utilisation de ses capacités de langage, de locomotion pour s'introduire, entreprendre des choses, se faire une place, atteindre des buts
4. La compétence : la détermination des tâches	6-11 ans	Habileté – infériorité	Accès au monde du savoir et du travail qui permet d'accomplir des choses : lire, compter, dessiner, trouver, construire, etc.
5. La crise d'identité : l'adolescence	12-18 ans	Identité – diffusion dans les rôles	Définition des frontières personnelles ; parmi une série de rôles possibles, exploration puis adoption de ceux qui conviennent le mieux
6. L'intimité	Jeune adulte	Intimité et solidarité – isolement	À partir d'une identité permettant de savoir qui on est et qui on n'est pas, capacité de s'ouvrir à une relation d'intimité et de solidarité pour ainsi briser l'isolement
7. La descendance	Adulte	Perpétuation – stagnation	Procréation ou réalisation de projets assurant une certaine perpétuité
8. La transcendance	Âge mûr	Intégrité – désespoir	Acceptation des limites de notre vie et de nos réalisations sans regret ni désespoir

Source : Inspiré d'Erikson (1968).

ce sentiment d'être aimé inconditionnellement sera porté à se méfier ; il craindra pour sa sécurité, et la découverte de son nouveau monde s'accompagnera toujours d'une certaine anxiété.

1.8.2 La volonté d'être soi-même

Le deuxième stade, qui se présente à 2 ou 3 ans environ, correspond à la phase anale de Freud et se caractérise par la lutte pour l'autonomie, l'acquisition d'un équilibre entre les fonctions de rétention et d'élimination :

> Ce stade devient donc décisif en ce qui concerne le rapport entre la bonne volonté aimante et l'insistance hostile, entre la coopération et l'obstination et entre l'expression de soi et l'autocontrainte compulsive ou l'obéissance soumise. Un sentiment d'autocontrôle sans perte de l'estime de soi est la source ontogénétique du sentiment de libre arbitre. D'un sentiment inévitable de perte de la maîtrise de soi et d'une domination parentale excessive naît une tendance persistante au doute et à la honte (Coles, 1970, p. 109-110 ; traduction libre).

1.8.3 L'initiative

Après avoir acquis, au cours du deuxième stade, la conviction d'être une personne distincte, pouvant s'affirmer en disant « non » ou « oui » à l'entourage, l'enfant doit dès lors définir ses ambitions : quels rôles désire-t-il assumer ? Le troisième stade d'Erikson, où la maîtrise du langage et de la locomotion favorise le développement du sens de l'initiative, correspond à la phase phallique de Freud. L'enfant y utilise un mode fonctionnel caractérisé par l'intrusion : intrusion dans l'espace par une motricité vigoureuse, intrusion dans l'activité des autres par une voix et un langage potentiellement agressifs, etc. L'initiative de l'enfant peut cependant entraîner des rivalités avec ceux qui occupent déjà le champ dans lequel il s'introduit ; c'est ce qui se produit, par exemple, dans le cas du complexe d'Œdipe. L'enfant peut alors connaître le sentiment de culpabilité en contrepartie de son initiative :

> La contribution indispensable du stade de l'initiative au développement ultérieur de l'identité est évidemment de libérer l'initiative de l'enfant et sa détermination à l'égard des tâches adultes futures, ce qui rend possible l'accomplissement des capacités personnelles sans toutefois le garantir (Coles, 1970, p. 122 ; traduction libre).

1.8.4 La compétence

Selon Erikson, le quatrième stade est le moment où l'enfant est le plus ouvert à l'apprentissage. Au cours de ce stade, qui correspond à la période de latence chez Freud, l'enfant s'intéresse à tout ce qui lui semble important autour de lui dans l'espoir de devenir quelqu'un. Son industrie et sa méticulosité face à l'apprentissage, à l'acquisition de toutes sortes d'habiletés dans divers domaines amènent à terme des réussites et une reconnaissance qui estompent le sentiment d'infériorité pouvant se trouver à l'origine même de cette avidité d'apprendre. Cependant, dans son désir d'apprendre, il y a danger d'un trop grand conformisme où l'imagination risque d'être sacrifiée au profit d'une vocation trop vite choisie, ce qui peut inhiber l'épanouissement ultérieur ; c'est le cas de certains pré-adolescents qui parlent et se comportent comme des adultes avant l'heure.

1.8.5 La crise d'identité

Le cinquième stade, celui de l'adolescence, correspond à la crise d'identité chez Erikson. Pour lui, c'est une période de recherche, d'introspection et d'exploration à partir de laquelle surgit l'identité. Celle-ci constitue un phénomène d'intégration des éléments composant les stades précédents (la confiance, l'autonomie, l'initiative et la compétence), du potentiel et des habiletés actuelles ainsi que des aspirations futures. Le défi d'établir une identité personnelle en évitant la diffusion des rôles ou la confusion de l'identité implique d'abord l'établissement d'un bilan personnel de la part de l'adolescent : Qui suis-je ? D'où est-ce que je viens ? Où vais-je ? Ces questions sont individuelles et privées, et personne ne peut y répondre pour autrui. Cependant, la présence dans l'environnement de points de repère pour établir la tradition ou l'histoire personnelle pourra aider le jeune à effectuer ce bilan et à choisir des valeurs qui y correspondent. Par exemple, l'absence de famille ou la présence de tumultes sociaux majeurs rendront ce bilan plus difficile à faire.

L'échec dans l'établissement d'une telle identité personnelle se solde pour Erikson par une diffusion des rôles, une confusion et un sentiment d'aliénation durable. Cette diffusion des rôles se trouve par exemple chez les jeunes qui changent de personnage selon le contexte social immédiat dans lequel ils évoluent : soumis et rangés à l'école, obstinés et capricieux avec leurs parents, prêts à tout en groupe de pairs, etc. Lorsque ce stade « caméléon » n'est pas dépassé et subsiste à la fin de l'adolescence, la diffusion persiste comme un obstacle à l'établissement de relations intimes et vraies ; en revanche, lorsque le jeune adulte parvient à se reconnaître dans son personnage, cette phase « caméléon » n'aura été qu'une expérimentation constructive sur le plan développemental.

Le groupe de pairs constitue un milieu très favorable pour expérimenter des rôles, pour présenter des images différentes et en connaître l'effet social à l'intérieur de relations interpersonnelles réelles. Les premiers amours sont aussi perçus par Erikson comme des passages utiles pour tester le moi ; ils sont pour lui davantage « interpersonnels » que « sexuels », comme en témoigne la préférence pour les longs échanges entre adolescents amoureux : « Voilà pourquoi plusieurs jeunes préfèrent converser et régler des questions d'identification mutuelle à s'embrasser » (Coles, 1970, p. 132 ; traduction libre).

Selon Erikson (1959), tous les adolescents ne passent pas par le même processus de recherche d'identification. Ainsi, il appelle « identité forclose » (*forclosure identity*) l'identité qui survient sans expérimentation réelle. C'est le cas, par exemple, des jeunes personnes qui jouent très tôt un rôle social ou qui occupent un emploi sans avoir connu autre chose, ni s'être questionnées sur leur propre orientation future. Ces personnes sont souvent devenues ce qu'elles sont non par un choix véritable, mais sur les décisions de leurs parents (ou autres intervenants), prises en fonction de valeurs religieuses, culturelles ou politiques. Par conformisme et respect de l'autorité, ces jeunes ont accepté tacitement ce type d'avenir sans réellement participer à leur choix personnel. Encore aujourd'hui, il existe des cultures où les jeunes évoluent dans un chemin tracé à l'avance par leurs parents.

Par ailleurs, les adolescents qui se sentent exclus de la culture dominante et qui ont l'impression d'être rejetés par la société se construiront ce qu'Erikson appelle une « identité négative », c'est-à-dire qu'ils se définiront par leur marginalité, qu'ils valoriseront les comportements antisociaux, qu'ils aspireront à devenir d'habiles escrocs, etc. L'identité négative peut être à l'origine de comportements antisociaux et aussi de névroses profondes :

> Par exemple, une mère dont le fils aîné est décédé et qui, à cause de sentiments compliqués de culpabilité, n'a jamais réussi à s'attacher à ses autres enfants

de façon comparable à l'importante dévotion qu'elle consacre à la mémoire de son fils suscita chez l'un de ses autres fils la conviction que le fait d'être malade ou mort constituait une meilleure assurance d'être « reconnu » que d'être en bonne santé. […]

> Une [autre] mère, animée d'une ambivalence inconsciente à l'égard de l'un de ses frères qui avait sombré dans l'alcoolisme, ne répondait chez son fils qu'aux caractéristiques qui semblaient constituer une répétition du sort de son frère. Il en résulta que cette identité négative semblait parfois avoir plus de réalisme pour le fils que ses tentatives naturelles pour être bon ; il travailla fort pour devenir ivrogne, mais manquant des éléments nécessaires pour y parvenir, il finit par se trouver dans un état de paralysie décisionnelle générale (Coles, 1970, p. 175 ; traduction libre).

1.8.6 La relation intime

Le stade six, ou sixième crise, est celui de l'intimité. Pour Erikson, l'intimité réelle, en tant que fusion de deux identités, n'est possible que lorsque l'identité individuelle est formée. Selon lui, l'intimité sexuelle n'est qu'une partie de cette relation : « La jeune personne qui n'est pas certaine de son identité évitera de se compromettre dans des relations intimes ou se lancera dans des actes intimes liés à la promiscuité mais sans abandon réel de soi » (Coles, 1970, p. 136 ; traduction libre).

Le jeune adulte incapable d'établir des relations intimes s'en tiendra à des relations interpersonnelles stéréotypées qui risquent de le maintenir dans un sentiment profond d'isolement. Selon le modèle d'Erikson, l'isolement est la tendance opposée à l'intimité, celle-ci ne pouvant exister de façon viable et saine que si les personnes en cause affirment leurs frontières personnelles, ce qui leur permet de se rapprocher sans fusionner avec les autres, sans perdre leur identité comme individus.

1.8.7 La descendance

Le septième stade, qui correspond à la maturité de l'âge adulte, se caractérise par le souci d'avoir des enfants et de les aider à se développer de façon adéquate. Cette motivation à l'égard de la descendance peut être dirigée vers d'autres projets que la procréation, par exemple vers des réalisations d'ordre communautaire par lesquelles la personne laisse son empreinte, se perpétue en quelque sorte. La tendance opposée à ce désir de créer est le sentiment de stagnation. La personne se traite alors comme son propre enfant unique ; elle se préoccupe excessivement d'elle-même, parfois par le biais d'un handicap physique ou psychologique. Le désir de créer, de s'actualiser, de se perpétuer est donc une motivation centrale de la vie adulte selon Erikson.

1.8.8 La transcendance

Dans la théorie d'Erikson, le huitième stade correspond à la dernière partie de la vie. Cette phase ultime concerne l'attitude adoptée à l'égard de la vie passée. D'un côté, il y a le sentiment d'avoir fait de son mieux ce que l'on avait à faire, dans les bons moments comme dans les moins bons, avec l'idée que les membres des générations plus jeunes sont des partenaires de vie à qui l'on peut confier les commandes et permettre aussi d'autres réalisations. C'est le sentiment d'intégrité par rapport à l'ensemble de sa vie qu'on perçoit comme un cycle unique auquel l'âge mûr appartient de plein droit. De l'autre côté se trouve le désespoir qui résulte de l'incapacité d'effectuer cette intégration de la vie passée. Le désespoir provient de l'impression que le temps a été trop court et qu'il n'en reste plus suffisamment pour entreprendre autre chose, pour commencer une autre vie. Selon Erikson, ce désespoir se cache parfois derrière l'expression du dégoût, de la déception, de l'amertume à l'égard de la vie, de certaines institutions, symboles ou personnes.

La théorie d'Erikson n'est sans doute pas toujours aussi précise qu'on pourrait le souhaiter, mais elle a le rare mérite de décrire du début à la fin le développement de la personne. Elle propose une perspective complète de la vie et l'adolescence y tient une place cruciale. Dans ce scénario en huit actes de l'évolution psychosociale humaine, l'adolescence a pour rôle de modeler le visage adulte de la personne en définissant son identité.

1.8.9 La perspective psychodynamique et l'adolescence contemporaine

Dans le courant psychodynamique, c'est aux néofreudiens tels que Blos et Erikson que l'on doit l'explication la plus élaborée du développement à l'adolescence, stade où l'état de crise est présenté non seulement comme le résultat d'une défense contre les pulsions, mais aussi, et peut-être davantage, comme une phase adaptative, une recherche de soi-même impliquant normalement des essais ratés, une intégration difficile mais intense du passé et de l'avenir dans la conscience présente.

Bien que l'explication psychanalytique du développement humain en général et de l'adolescence en particulier semble s'être précisée avec les contributions postfreudiennes, certaines dimensions restent encore obscures. Par exemple, si Erikson a aidé à définir notre conception de la personne en attribuant à celle-ci une autonomie plus grande quant à l'adaptation à son milieu et en se détachant ainsi de l'idée de l'existence d'une tension intérieure qui s'exerce entre les défenses et les pulsions libidinales, entre le conscient et l'inconscient, etc., son œuvre ne couvre peut-être pas complètement ce que vit l'adolescent d'aujourd'hui.

La théorie freudienne nous donne parfois l'impression de vivre à l'heure des années 1920 pour ce qui touche les relations hommes-femmes tant le complexe d'Œdipe tient une place importante par rapport au complexe d'Électre, notion dont la pertinence n'est pas claire dans l'explication du développement de la fille à l'aube du XXIe siècle. Parallèlement, avec la vision d'Erikson, on a parfois le sentiment d'être en contact avec une culture d'après-guerre où s'opère une ouverture de la triade père-mère-enfant sur l'ensemble de la société, mais de laquelle est absent tout modèle auquel la femme contemporaine pourrait s'identifier de façon satisfaisante. La libération de la femme et la reconnaissance empirique de la différence de trajectoire entre les sexes à l'adolescence étant récentes, la conception psychodynamique n'a pas encore complètement traversé ce stade (Elder, 1980). On doit cependant porter au crédit d'Erikson le fait d'avoir augmenté considérablement la crédibilité de l'approche psychanalytique de l'adolescence :

> Il a ajouté le psychosocial au psychosexuel, le culturel au biologique, l'identité du moi aux défenses du moi, le normal à l'anormal, l'interculturel à l'intraculturel, l'observation d'enfants à la reconstruction de l'enfance depuis des souvenirs d'adultes et le développement adulte au développement de l'enfant (Miller, 1989, p. 192 ; traduction libre).

1.9 L'anthropologie culturelle et l'adolescence

Toutes les théories modernes présentées jusqu'ici, depuis celle de Hall jusqu'à celle d'Erikson, en passant par les conceptions de Gesell et de Freud, s'inspirent plus ou moins de la pensée darwinienne dans la mesure où elles accordent la prépondérance à la biologie comme moteur du développement humain en soutenant que les mécanismes décrits à l'adolescence sont universels puisqu'ils sont inscrits dans le code génétique. Dans cette optique, tous les individus de l'espèce passent à travers les mêmes stades de développement. Or, dès les années 1930, on a sérieusement remis en question l'universalité de certaines notions en tant que parties intégrantes de la biologie humaine par les découvertes de l'anthropologie culturelle.

Margaret Mead (1901-1978), la célèbre anthropologue américaine, a assumé un rôle d'avant-garde dans cette voie. L'anthropologie culturelle ne s'est pas uniquement opposée aux explications biologiques ou dynamiques du développement, elle a aussi permis de démontrer que les phénomènes observés dans les cultures occidentales n'existaient pas dans toutes les sociétés humaines et elle s'est souvent inspirée des concepts de la psychanalyse pour interpréter les données recueillies sur le terrain (Mead, 1928, 1973). Les travaux de Margaret Mead ne contiennent cependant pas de théorie explicite du développement à l'adolescence bien que des notions telles que le relativisme culturel aient contribué à évaluer l'influence de la culture sur le déroulement de cette période de la vie, notamment par la description des rites de passage à l'adolescence dans les sociétés primitives (Muuss, 1996).

Les travaux de Ruth Benedict (1887-1948), autre célèbre anthropologue et amie de Margaret Mead, ont permis de préciser de façon notable la perspective anthropologique de l'adolescence (Benedict, 1934, 1938).

Alors que les théories biologiques et dynamiques du développement proposent des stades qui établissent une discontinuité dans l'évolution humaine (chaque stade définissant un palier dans un ensemble formant un « escalier développemental »), Mead (1933) et Benedict (1938) conçoivent le développement comme un processus graduel et continu. Pour elles, la transition de la dépendance quasi totale du nouveau-né à l'autonomie de l'adulte peut s'effectuer selon une progression uniforme ; c'est la culture qui crée les stades :

> Les théories basées sur des stades développementaux devraient aussi subir de sérieuses révisions si elles étaient soumises aux tests des sociétés primitives. Non seulement les théories plus grossières relatives au stress et aux difficultés inévitables accompagnant la puberté physiologique ou relative

à un « stade collectif » vont alors par-dessus bord, mais plusieurs variations plus subtiles surviennent (Mead, 1933, p. 918 ; traduction libre).

Ainsi, dans la culture occidentale, il existe une différence marquée entre un enfant et un adulte. Par exemple, l'enfant n'a pas accès à la sexualité : on restreint l'expression de sa sexualité, il n'assiste à aucune pratique sexuelle, il n'a que très rarement l'occasion de voir une naissance, etc. Cela n'est toutefois pas le fait de toutes les cultures. En effet, Mead (1928) a observé qu'aux îles Samoa (Samoa-Orientales), en Polynésie, les enfants avaient accès à la sexualité parce qu'ils n'étaient pas considérés comme différents des adultes. En Occident, l'enfant se distingue facilement de l'adulte par le fait qu'il n'a pas de responsabilités et qu'il est placé sous l'autorité de ce dernier. En raison de son statut, la culture ne lui reconnaît pas le droit de tenir un rôle de dominance. Or, aux îles Samoa, Mead (1928) a observé une alternance contextuelle dès l'enfance dans l'exercice des responsabilités et des fonctions dominantes : « Aucune mère ne s'occupera de discipliner l'un de ses jeunes enfants si l'un de ses plus vieux peut s'en voir confier la responsabilité » (Mead, 1928, p. 24 ; traduction libre). Les filles, surtout, ont la responsabilité de s'occuper des enfants plus jeunes ; dès 6 ou 7 ans, elles peuvent vivre une situation de dominance et non plus être simplement des dominées. Aux îles Samoa, dans des activités telles que le transport de la nourriture, les garçons ont aussi très tôt des responsabilités concrètes. Mead a ainsi décrit une société dans laquelle l'adolescence n'apportait pas de changements brusques, mais une augmentation graduelle des responsabilités dont l'enfance avait déjà permis l'exploration et l'exercice.

Cet aspect progressif contraste avec la conception de l'adolescence qui a cours dans les sociétés occidentales, où cette période est associée à l'expérience de changements majeurs sur trois plans psychosociaux : 1) le passage d'un rôle sans véritables responsabilités à un rôle de responsabilités ; 2) la transition d'un statut de soumission à un statut de dominance ; 3) le contraste entre l'exclusion du monde de la sexualité et l'accès à celui-ci.

La perspective anthropologique de Mead et de Benedict place la culture avant la biologie comme facteur de conditionnement de l'adolescence. Sans nier les mécanismes biologiques fondamentaux dans la maturation pubertaire, elle présente l'adolescence comme un phénomène d'abord social en appuyant cette hypothèse sur l'observation de sociétés primitives où les problèmes de l'adolescence occidentale ne se posent pas de la même façon (ou ne se posent pas du tout) ni aux mêmes moments. Dans ces sociétés primitives, la culture est plus homogène, l'âge n'est pas un facteur de changement brusque dans les rôles, et les différences individuelles sont moins marquées que dans les sociétés modernes. Selon cette théorie, c'est le morcellement des statuts, des rôles et des responsabilités des sociétés modernes qui cause le stress de l'adolescence. La vie y est compartimentée et les individus sont confinés dans des rôles qui les spécialisent et les distinguent entre eux en raréfiant les expériences communes et en cloisonnant les générations par la discrimination fondée sur l'âge. De cette façon, chaque passage d'un « compartiment » à un autre provoque le stress normal qu'entraîne tout changement d'environnement ; l'individu doit changer de fonction, de statut, de rôle et souvent d'environnement physique et social : la succession maison familiale – garderie – école primaire – école secondaire – école postsecondaire – travail en est un bel exemple.

Le nombre de compartiments distincts auxquels les adolescents contemporains doivent apprendre à s'adapter est-il réductible ? Peut-on diminuer l'importance de la discontinuité dans le processus de socialisation ? Si oui, de combien ? Peut-on concevoir une organisation sociale moderne selon les lois d'une société primitive ? Voilà autant de questions qui se posent encore, même lorsque l'on attribue un rôle prépondérant à la culture comme agent de conditionnement de la crise adolescente. La perspective anthropologique permet en tout cas d'envisager la possibilité que l'adolescence soit autre chose qu'une crise nécessaire, notamment en rendant la société plus homogène, moins sectionnée en fonction des rôles, des statuts ou des espaces discrets.

1.10 La théorie des rôles sociaux : l'approche sociologique de l'adolescence

Comme les adeptes de la perspective anthropologique, les partisans de la théorie des rôles sociaux ne considèrent pas que les expériences propres à l'adolescence sont avant tout biologiques. Sans nier l'importance de la puberté, cette perspective met l'accent sur le processus de socialisation par l'intermédiaire des rôles joués par l'individu. Pour des auteurs tels que Davis (1944), Brimm (1965, 1966, 1976), Elder (1968, 1975) et Thomas (1968), l'adolescence se caractérise par une transition générale dans les rôles que la personne assume. Pendant l'enfance, les rôles sont déterminés et assignés par les adultes (les parents ou d'autres agents de socialisation) ; à l'âge adulte, c'est la personne qui assume elle-même les rôles qu'elle tient ainsi que la manière dont elle les assume. Or, comme l'adolescence est la période de transition de l'enfance à l'âge adulte, elle constitue le moment où s'élabore un nouveau répertoire de rôles sociaux. À cette période, certains rôles de l'enfance sont maintenus mais évoluent d'après les implications personnelles. Ainsi, l'adolescente conserve son rôle de « fille » dans la famille, mais des attributions nouvelles et plus complexes y sont désormais associées. Cette même adolescente peut par ailleurs jouer le rôle de partenaire dans un couple, rôle qu'elle n'avait pas connu jusque-là. Les rôles de fils, de fille, d'élève et d'ami continuent donc d'exister mais évoluent en s'amplifiant et en se complexifiant. Des rôles nouveaux apparaissent aussi : responsable d'équipe ou de projet à l'école, gardienne d'enfants, client responsable payant ses factures, employé rémunéré, etc.

Ces changements dans les anciens rôles de l'enfance et l'accès à de nouveaux rôles peuvent s'accomplir de façon plus ou moins harmonieuse. La discontinuité associée aux changements implique parfois des alternances paradoxales de statut (enfant-adulte-enfant) ; à ce titre, elle est considérée comme une source importante de stress pour les jeunes. Par exemple, l'adolescente qui, éloignée de sa famille, fréquente régulièrement et librement un garçon dans la ville où elle étudie peut éprouver un vif sentiment de discontinuité lorsqu'elle retourne dans le village familial où ses parents la traitent toujours comme leur « petite fille chérie » qu'il faut protéger. De tels écarts entre les attentes du milieu provoquent des tensions internes chez les jeunes, mais peuvent aussi stimuler le processus d'identification personnelle lorsque la personne arrive à surmonter l'ambivalence. La réussite de cette fonction du rôle, si importante dans le cheminement vers l'autonomie adulte, exige que le milieu soit à l'écoute du jeune : combien d'adolescents doivent constamment se battre avec leurs parents pour que ceux-ci mettent leur montre à l'heure et cessent de les traiter en bébé, comme s'ils ne savaient pas être parents autrement ?

Selon l'approche sociologique, plusieurs facteurs conditionnent le vécu de l'adolescence. Certes, la culture imprime ses valeurs, mais la classe sociale et la famille exercent également une influence considérable compte tenu de toutes les dimensions subordonnées à ces agents de socialisation. Le besoin de réussir, par exemple, pourra varier de façon notable d'une personne à l'autre selon les attentes de la classe sociale (Davis, 1944). Le soutien et la compréhension de la famille peuvent aussi avoir une incidence majeure sur l'anxiété que suscitent les changements de rôles adolescents (Baumrind, 1975). La période historique au cours de laquelle se vit l'adolescence constitue en outre une source importante de variation du stress provoqué par les changements de rôles. Selon Elder (1980), le processus de socialisation qu'a vécu la jeunesse pendant la Seconde Guerre mondiale n'est pas comparable à ce que vivent les adolescents d'aujourd'hui; tout le concept d'adolescence est transformé par la décennie dans laquelle il s'inscrit. Le défaut de tenir compte de cette dimension historique serait d'ailleurs à l'origine du fait qu'on comprenne encore mal l'adolescence à l'heure actuelle.

L'optique sociologique conçoit donc l'adolescence comme un tournant dans le processus de socialisation qui implique des tensions liées aux changements de rôles, aux pressions extérieures et intérieures que subit la personne. Ces tensions sont plus ou moins grandes selon: 1) l'interaction qui s'exerce entre le jeune et ses principaux agents de socialisation (les parents, les enseignants, les amis, etc.); 2) le contexte socioculturel dans lequel il vit; 3) le moment de l'histoire où se déroule son adolescence.

1.11 La théorie focale de John C. Coleman

Après un examen de la littérature théorique et empirique relative à l'adolescence, Coleman (1980) convient de l'existence de deux grandes théories de l'adolescence: l'approche psychanalytique et l'approche sociologique. Malgré des divergences fondamentales, ces deux courants s'accordent pour assimiler l'adolescence à une période de crise.

Pour la psychanalyse, comme nous l'avons précédemment, le stress de l'adolescence est causé par la résurgence des pulsions et des instincts sexuels liés à la puberté, résurgence qui crée un déséquilibre que la personne doit résoudre en se redéfinissant, d'où la crise d'identité adolescente. Dans l'optique sociologique, l'adolescence est stressante en raison des changements, des cloisonnements et des conflits qui surviennent dans les rôles. Les jeunes doivent changer de fonction sociale, autrement dit redéfinir et augmenter leur participation au sein de la société. Le stress qu'ils vivent provient de la complexité de cette tâche développementale rendue plus difficile encore par la discrimination associée à l'âge (le cloisonnement des rôles) et par les contradictions qui existent entre les valeurs et les modèles sociaux proposés.

Coleman (1980) estime que ces deux approches théoriques sont mal appuyées empiriquement. Selon lui, peu d'études récentes nous autorisent à affirmer qu'une grave crise d'identité accompagne l'adolescence. D'après la plupart des études empiriques, il n'existerait pas réellement de fossé entre les adolescents et leurs parents, mais bien une relation positive et constructive de même qu'un partage important des valeurs de base. Qui plus est, les études empiriques réfutent l'idée que le groupe de pairs encourage les comportements antisociaux, et les ouvrages que Coleman (Coleman, 1974, 1980; Coleman et Hendry, 1990) a passés en revue n'indiquent pas une incidence de psychopathologie plus forte à l'adolescence qu'à d'autres moments de la vie. Aujourd'hui, la liste des travaux contribuant à rejeter l'hypothèse de la crise adolescente obligatoire s'est considérablement allongée, ce qui a renforcé la perspective de Coleman (Choquet et Ledoux, 1994; Cloutier et coll., 1991; Cloutier et coll., 1994; Roy, 2006).

Pour Coleman, ces deux grands courants théoriques présentent une vision déformée de la réalité adolescente: ils consistent en des conceptions de l'anormalité qui ne répondent pas aux besoins d'une théorie sur l'adolescence normale. Tandis que les psychanalystes rencontrent une population non représentative des jeunes dans leur travail clinique (hôpitaux, cabinets, etc.), les sociologues ont du mal à faire le partage entre les mouvements de jeunes (les groupes de pression) et les jeunes en général. Voilà ce qui peut expliquer l'écart entre ces deux courants théoriques et les données empiriques de la recherche voulant que ces théories soient inadéquates pour expliquer le développement de la majorité des adolescents, c'est-à-dire le développement normal.

Coleman (1974) propose une théorie de base sur l'étude du concept de soi, des relations avec les parents et les pairs, etc.: la théorie focale du développement. Selon celle-ci, les relations avec les parents, l'attitude à l'égard des pairs et les relations avec l'autre sexe se modifient pendant l'adolescence, mais ces facteurs atteignent des sommets d'importance distincts et se manifestent à des moments différents (voir la figure 1.4):

> La théorie propose qu'à différents âges des patrons, ou types de relations précis, se focalisent, c'est-à-dire deviennent plus importants, mais qu'aucun patron n'est particulier à un âge donné. Ainsi, les patrons se chevauchent, différents sujets deviennent plus captivants à des moments précis, mais ce n'est pas parce qu'une problématique n'est pas le sujet le plus important d'un âge donné qu'elle ne peut pas être critique pour certains individus (Coleman, 1980, p. 184-185; traduction libre).

FIGURE

1.4 **Conception focale du développement de Coleman: les problématiques dominantes se succèdent en se chevauchant partiellement**

Proportion du groupe total des adolescents concernés par le phénomène

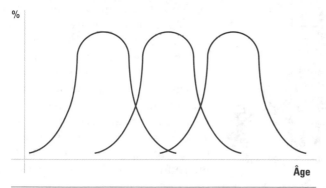

Selon Coleman, cette perspective par étapes dominantes, par vagues, n'est pas si différente des théories qui proposent des stades, mais elle lui apparaît plus souple. Pour lui, la résolution d'un problème n'est pas une condition essentielle au passage à une autre étape puisqu'une majorité de jeunes sont aux prises avec plusieurs problèmes à la fois (les conflits avec les parents, la peur d'être rejetés par le groupe d'amis, l'anxiété à l'égard des liens hétérosexuels, etc.). De plus, selon cette théorie focale, la séquence des événements de l'adolescence n'est pas invariable et peut être influencée par le contexte socioculturel. Coleman estime qu'on peut expliquer le fait que la plupart des jeunes passent sans heurts importants à travers les

nombreux changements de l'adolescence par leur tendance à vivre un problème à la fois en étalant le processus de changement sur des années.

Coleman (1980) considère que sa théorie focale offre l'avantage de reposer sur des données empiriques et d'expliquer la contradiction qui semble exister entre l'importance des processus adaptatifs requis par les changements nombreux et rapides de l'adolescence et le fait qu'une majorité de jeunes passent avec succès l'imposante transition de l'enfance à l'âge adulte.

Voici comment Jackson et Bosma (1992) situent la contribution théorique de Coleman parmi les connaissances sur l'adolescence à la fin du XXe siècle:

> Les notions piagétiennes relatives aux opérations formelles ont continué à influer sur la pensée concernant le développement cognitif à l'adolescence, de même que les idées axées sur le rôle actif du sujet dans son propre développement. Celles-ci mises à part, la seule théorie d'importance apparue au cours des années récentes est la théorie focale de Coleman. Cette dernière retient certaines caractéristiques des théories par stades en ce qu'elle soutient que, durant l'adolescence, la difficulté liée à une préoccupation développementale donnée est typiquement focalisée à un stade particulier et, avec le temps, en vient à être remplacée par une autre préoccupation devenant à son tour le centre d'attention principal (Jackson et Bosma, 1992, p. 331; traduction libre).

1.12 L'explication cognitivo-développementale

Jean Piaget a été à l'origine du courant théorique appelé « cognitivo-développemental ». Les travaux du psychologue d'origine allemande Heinz Werner (qui a émigré aux États-Unis sous le régime hitlérien) et ceux des Américains John H. Flavell, David Elkind, Jerome Bruner et Lawrence Kohlberg font aussi plus ou moins intégralement partie de cette conception du développement humain. Baldwin (1980) considère que quatre propositions théoriques réunissent les tenants du courant cognitivo-développemental: 1) le développement donne lieu non seulement à des additions quantitatives d'habiletés, mais aussi à des changements qualitatifs du fonctionnement cognitif; 2) à chaque changement qualitatif correspond un palier développemental, de sorte que le développement ne s'accomplit pas de façon continue mais par stades; 3) l'impulsion du développement provient de conflits posés par un problème donné dont la résolution entraîne une nouvelle organisation, un nouvel équilibre, c'est-à-dire un nouveau stade; 4) le développement est un phénomène transactionnel en ce qu'il est la conséquence d'une interaction constante entre l'individu et son milieu physique et social.

Le nombre de psychologues du développement que l'on pourrait qualifier de néo-piagétiens s'est considérablement accru au cours des 30 dernières années, mettant à profit les idées énoncées par Piaget ou suscitées par ses travaux. La force de cette perspective du développement humain réside non seulement dans l'explication très articulée qu'elle fournit, mais aussi dans les bases empiriques reproductibles sur lesquelles elle repose. En effet, bien que Piaget ait été fréquemment critiqué sur le plan méthodologique (Baldwin, 1980; Diamond, 1982), son approche clinique de l'enfant et de l'adolescent a permis la description d'une séquence développementale qui n'a pas encore été infirmée.

Bien que les normes développementales soient parfois soumises à d'importantes variations interindividuelles et interculturelles, les stades de développement piagétiens semblent se succéder selon une séquence invariable dans plusieurs cultures (Dasen, 1972; Dasen et Mishra, 2000; Baldwin, 1980). Si on trouve chez Piaget des idées déjà émises par ses prédécesseurs, notamment en ce qui a trait aux fondements biogénétiques de l'évolution du comportement, il n'en demeure pas moins que le psychologue suisse a réellement innové dans sa façon de comprendre le développement. Son œuvre gigantesque, qui a d'importantes ramifications dans plusieurs disciplines (psychologie, épistémologie, éducation, biologie, philosophie, sociologie, mathématiques, etc.), repose non seulement sur une réflexion active et cohérente, mais aussi sur des données empiriques abondantes issues d'une observation originale de l'enfant et de l'adolescent. On déplore parfois le fait que le courant cognitivo-développemental compte plus de reproductions des idées piagétiennes que d'études originales mettant sa théorie à l'épreuve (Diamond, 1982).

La théorie du développement de Piaget aura été à l'origine du courant cognitivo-développemental, très utile à la compréhension de l'adolescence.

Heinz Werner a formulé un principe général du développement des organismes qui résume bien la vision des développementalistes. Il s'agit d'un principe ontogénétique selon lequel les organismes vivants se développent depuis un état de globalisme et d'indifférenciation relatif jusqu'à des états progressifs de différenciation et d'articulation accrues (Werner, 1957). Le fœtus, qui, à partir d'une cellule unique, se différencie en plusieurs systèmes distincts mais interdépendants sur le plan fonctionnel (systèmes nerveux, squelettique, musculaire, endocrinien, etc.) constitue un bel exemple d'application de ce principe général de développement.

Pour Piaget, l'intelligence, aussi bien que le corps, évolue de cette façon. Il propose un modèle du développement cognitif dans lequel une différenciation et une articulation de plus en plus grandes sont attribuées à la pensée dont les structures se modifient suivant les stades traversés. Comme Stanley Hall, Piaget croit que l'enfant franchit, au cours du développement de sa connaissance, les mêmes stades que l'humanité au cours de l'histoire et que, par conséquent, l'observation de l'enfant peut apporter un éclairage épistémologique très enrichissant. Toutefois, à la différence de Hall qui croyait en une récapitulation des stades de l'histoire humaine transmise génétiquement, Piaget soutient que c'est par le biais de la filiation des structures cognitives que le développement ontogénétique a une signification épistémologique. En d'autres mots, c'est parce que les structures de la pensée se transforment selon une séquence unique et que l'intelligence n'a qu'un seul chemin structural pour se développer, que l'enfant passe par les mêmes étapes que nos ancêtres et non, comme le croyait Hall, parce que l'histoire de l'humanité est codée génétiquement. Ce sont les mécanismes fondamentaux de l'adaptation humaine qui sont transmis génétiquement et qui donnent lieu à ce « plan » de développement invariable, et non les événements de l'histoire.

Pour Piaget, l'intelligence est une forme d'adaptation de l'organisme à son milieu au même titre que l'adaptation biologique. La connaissance est une **construction** qui résulte de l'interaction de l'individu avec son milieu. Ainsi, chacun de nos actes dépend de l'équilibre entre ce que nous sommes et ce qu'est notre milieu. Le milieu pose des exigences auxquelles nous devons nous accommoder (accommodation), mais notre organisme a des façons de faire, ou des structures propres, qui influent sur le milieu et le transforment (assimilation).

L'adaptation résulte donc de cette interaction sujet-milieu. Or, les façons de s'adapter évoluent selon le degré de maturation biologique et l'influence que le milieu physique et l'environnement social exercent sur la personne. Les mécanismes d'adaptation se structurent selon ces facteurs de développement (maturation, milieu physique, environnement social) et suivant une tendance innée à chercher l'équilibre : l'équilibration. Ils s'organisent selon des stades qui définissent des structures plus ou moins différenciées et plus ou moins généralisables.

L'approche cognitivo-développementale est considérée comme l'une des approches les plus utiles à la compréhension de l'adolescence, notamment à cause de ses enseignements sur le plan éducatif, et ce, en dépit du fait qu'elle retient presque exclusivement le point de vue cognitif dans son explication du développement humain. Le chapitre 4 présente plus en détail la théorie de Piaget et les stades de développement qu'il propose.

1.13 L'approche écologique du développement humain

La perspective écologique se distingue des perspectives biologique et sociologique en ce qu'elle ne privilégie pas nécessairement un pôle au détriment de l'autre comme source de conditionnement du développement.

[...] à la base même de l'orientation écologique et la distinguant très nettement des approches dominantes dans l'étude du développement humain se trouvent l'intérêt pour l'accommodation progressive entre l'organisme humain en croissance et son environnement immédiat et la façon dont cette relation est transmise par les forces émanant des régions plus éloignées dans les milieux physique et social plus larges. L'écologie du développement humain se situe à un point de convergence entre les disciplines des sciences biologique, psychologique et sociale dans leur étude de l'évolution de l'individu dans la société (Bronfenbrenner, 1979, p. 13; traduction libre).

Cette approche se distingue des autres théories par l'importance qu'elle accorde au **contexte global** dans lequel s'accomplit le développement. Ses tenants estiment que la seule considération de l'individu ou de l'environnement n'a pas de sens dans la recherche d'une explication du développement. Chacun de nous serait différent s'il s'était développé dans un autre milieu, ou si les milieux physiques et sociaux qui ont encadré notre développement étaient apparus à des moments différents de notre vie.

C'est le contexte momentané de la rencontre du sujet avec son milieu qui explique le comportement. Il existerait des lois écologiques régissant les relations de l'individu avec son environnement, et c'est dans l'observation du comportement en milieu naturel, dans son **contexte** seulement, qu'il devient possible de l'expliquer. Cette conception critique vivement les études du comportement qui proposent des modèles développementaux élaborés à partir d'expériences menées en laboratoire où l'écologie humaine est complètement modifiée, pour ensuite énoncer des principes explicatifs censément universels.

L'environnement écologique correspond à un ensemble de structures qui s'emboîtent les unes dans les autres et au centre desquelles se développe la personne. La famille, l'école, le groupe d'amis, la colonie de vacances, le village, l'usine, la province, etc., sont autant de cellules écologiques qui, à des degrés divers selon le moment développemental, influent sur la vie de la personne et influent les uns sur les autres : « L'habileté d'un enfant à apprendre à lire dans les classes de l'élémentaire peut dépendre de la façon dont on lui enseigne mais aussi du type de relation entre l'école et sa famille » (Bronfenbrenner, 1979, p. 13; traduction libre).

Les travaux de Barker sont à l'origine de cet intérêt pour l'étude du comportement dans son contexte naturel (Barker et Wright, 1955; Barker, 1963, 1968; Barker et Gump, 1964). Pour Barker, le comportement observé est le résultat d'un lien écologique entre les caractéristiques de la personne et celles du contexte dans lequel elle se trouve au moment de l'observation. Certains contextes environnementaux sont liés de façon privilégiée à certains comportements : la classe, une soirée dansante, une joute de hockey sont autant d'exemples de contextes comportementaux adolescents.

Pour Barker et Wright (1955), l'étude du comportement dans son contexte doit tenir compte : 1) du nombre d'heures passées dans le contexte (par année) ; 2) du degré d'engagement de la personne dans le contexte et des responsabilités qu'elle y assume ; 3) des schèmes de comportements, c'est-à-dire des façons de faire typiquement associées au contexte ; 4) des fonctions comportementales (ce qui inclut la fréquence et le rythme des conduites), des exigences situationnelles sur les plans du raisonnement, des échanges verbaux, des activités motrices, des implications émotionnelles, etc. Pour cerner l'ensemble complexe que représente ce spectre de variables, on a adopté la méthode de l'observation directe en milieu naturel.

Barker (1968) décrit des courants de comportements (*behavior stream*) apparaissant en fonction du contexte : dans certaines situations, des conduites peuvent surgir selon les attentes du milieu, indépendamment des individus pris isolément. Selon Barker, l'adolescence se traduit notamment par une augmentation importante du nombre de contextes auxquels l'individu a accès en raison de sa mobilité et de sa maturité plus grandes ; conséquemment, la jeune personne est appelée à jouer un plus grand nombre de rôles, donc à élargir son répertoire comportemental.

Avec les travaux de Urie Bronfenbrenner, l'approche écologique du développement humain a connu un nouvel essor (Bronfenbrenner, 1970, 1979)[12]. Le tableau 1.7 présente les concepts centraux de cette approche tels que formulés par Bronfenbrenner (1979) ; on y expose non seulement les valeurs importantes de ce courant théorique du développement humain, mais aussi les critiques de ce courant à l'égard des autres théories. Les quatre sous-systèmes qu'on y définit sont en relation hiérarchique entre eux, le microsystème s'intégrant dans le mésosystème, lui-même inclus dans l'exosystème, et ainsi de suite.

Même si elle ne fournit pas une théorie de l'adolescence spécifiquement, l'approche écologique offre une perspective globale du développement où tous les éléments responsables du changement sont envisagés. Il s'agit d'une contribution théorique moderne qui ne peut pas être ignorée. Sur le plan méthodologique, cette perspective « écologique » peut avoir des effets considérables. Ainsi, dorénavant, il n'est plus acceptable de réduire un champ d'étude pour des raisons de commodité expérimentale,

pas plus qu'il n'est admissible d'agir sur le milieu comportemental sans tenir compte de la distorsion ainsi créée systématiquement par rapport à ce qui est observé. Le développement n'est plus vu comme un phénomène qui se produit à l'intérieur d'une personne sans égard au contexte ; il s'agit du résultat d'une transition écologique reconnaissable à des modifications dans les conceptions et dans les rôles à divers paliers structuraux.

La recherche en milieu naturel devient la seule qui puisse refléter l'interdépendance entre les systèmes et les sous-systèmes qui influent sur le comportement, pourvu qu'elle-même ne constitue pas un élément intrusif qui modifie l'équilibre du milieu.

L'approche écologique du développement humain n'a pas encore produit une théorie de l'adolescence comme telle, mais les principes qu'elle sous-tend de même que le soutien empirique qu'elle s'est acquis nous permettent de concevoir d'une nouvelle façon la transition qui s'opère entre 12 et 18 ans. À la lumière de ces travaux, l'adolescence doit être envisagée comme le résultat d'une interaction longitudinale sujet-environnement. Bronfenbrenner et Morris (1998) proposent quatre grandes dimensions autour desquelles s'articule le développement : les processus, les personnes, les contextes et le temps. Les processus renvoient aux interactions dans lesquelles l'individu s'engage, joue un rôle, s'adapte aux exigences sociales du milieu. Les personnes, à commencer par le jeune lui-même, mais aussi ses parents, ses amis et ses enseignants, ont des caractéristiques (des forces, des limites, des motivations, etc.) qui façonnent les relations, les choix, les lieux et leurs conséquences sur le développement. Les contextes définissent les cadres dans lesquels se situent les interactions entre les processus et les personnes. Quant aux personnes, elles sont influencées par les contextes, mais elles y exercent aussi une influence à travers leurs choix, leurs réalisations, leurs attachements, etc. Enfin, cette interaction processus-personne-contexte se fait dans le temps comme le développement lui-même, avec son accumulation, ses gains et ses pertes au fil des ans. Chez Bronfenbrenner, le temps renvoie non seulement à la mesure linéaire de l'écoulement des années, mais aussi au « chronosystème » défini par les moments de rencontre entre les différents événements de notre vie : puberté, déménagement, changement d'école, séparation parentale, premier amour, etc. (Muuss, 1996 ; Hamilton et Hamilton, 2004).

---

12. Pour une revue détaillée et synthétique de la littérature concernant cette approche, voir Belsky (1981, p. 2-23).

Ainsi, l'individu qui se développe évolue à travers différents contextes (famille, école, travail, communauté, etc.), et l'expérience vécue dans chacun peut être influencée par les expériences vécues dans les autres. L'élève qui vit de la violence dans sa famille en subit l'influence à l'école ou avec ses pairs. L'adolescent dont le père a perdu son emploi peut voir ses loisirs transformés par cette situation nouvelle.

L'étude de l'évolution de la personne entre 12 et 18 ans ne peut omettre ces relations contextuelles et intercontextuelles. En théorie, l'approche écologique du développement permet d'intégrer et de respecter ces diverses sources d'influence dans l'étude de l'adolescence ; en pratique, cependant, elle pose à la recherche un défi d'intégration qui n'a pas encore été relevé, et certaines questions demeurent sans réponse claire. Par exemple, comment décrire de façon cohérente et précise la dynamique complexe des différentes sources d'influence sur le développement humain ? Comment évaluer de façon sûre l'incidence de chaque contexte sur la trajectoire personnelle du jeune ?

TABLEAU 1.7 Exemples de concepts centraux de l'approche écologique du développement humain selon Bronfenbrenner

1. L'étude écologique du développement humain

« L'écologie du développement humain implique l'étude scientifique de l'accommodation mutuelle et progressive entre, d'une part, la personne en croissance et en action et, d'autre part, les propriétés changeantes des milieux immédiats dans lesquels l'individu vit, ce processus d'accommodation étant influencé par les relations entre ces milieux et les environnements plus vastes dans lesquels ces derniers sont intégrés. »

2. Les quatre niveaux structuraux de l'environnement écologique sont le microsystème, le mésosystème, l'exosystème et le macrosystème.

a) « Le microsystème est un patron d'activités, de rôles et de relations interpersonnelles connus par la personne dans un milieu d'activités donné qui possède des caractéristiques physiques et matérielles particulières. » La garderie, la maison familiale et l'école sont des exemples de milieux avec les interactions concrètes qu'elles permettent selon les rôles, les activités et les contacts interpersonnels qui s'y trouvent.

b) « Le mésosystème correspond aux relations qui existent entre plusieurs lieux de participation tels que, pour l'enfant, sa famille, son école, ses amis du voisinage, ou, pour l'adulte, la famille, le travail et la vie sociale. » Il faut comprendre le mésosystème comme un réseau de microsystèmes. À l'adolescence, le mésosystème s'accroît considérablement puisque la personne étend et intensifie sa participation à diverses cellules sociales dans divers rôles.

c) « L'exosystème concerne un ou plusieurs milieux (*settings*) qui n'impliquent pas la participation active de la personne mais dans lesquels des événements surviennent qui modifient ce qui se produit dans le milieu propre de l'individu en développement ou qui sont modifiés par cela. » Le milieu de travail du père ou de la mère, le réseau d'amis des parents, le comité municipal des loisirs, le conseil d'administration de l'école, etc., sont autant d'exemples d'éléments de l'exosystème d'un adolescent. La conscience que peut avoir la jeune personne de l'influence de tels éléments se développe considérablement au cours de l'adolescence grâce aux outils conceptuels nouveaux et à l'accroissement de la diversité des expériences.

d) « Le macrosystème est le système de croyances, de valeurs, de façons de faire caractéristiques d'une société ou d'une culture telles que véhiculées dans les sous-systèmes. Par exemple, la place qu'occupent les 12-18 ans dans chacun de ces sous-systèmes définit une perception culturelle d'ensemble à l'égard de l'adolescence ; cette perception globale fait partie du macrosystème. »

3. La transition écologique

Bronfenbrenner estime qu'une transition écologique survient chaque fois que la position écologique se modifie à la suite d'un changement de rôle ou de milieu. Pour lui, la transition écologique est l'élément de base du changement développemental et conséquemment devrait être le principal point d'intérêt des études sur le développement humain. Dans cette optique, l'adolescence peut être perçue comme une période de transition écologique intense compte tenu des changements nombreux qui surviennent dans les rôles et les milieux de vie (changement d'école, responsabilités nouvelles, rôles sexuels, etc.).

4. La nature du développement humain

« Le développement humain est le processus par lequel la personne acquiert une conception plus étendue, mieux différenciée et plus valide de l'environnement écologique et devient motivée et apte à entreprendre des activités qui font connaître, soutiennent ou restructurent cet environnement à des degrés égaux ou plus grands de complexité quant à la forme et au contenu. » Cette définition très complexe de la nature du développement humain est peut-être moins directement applicable à ce que vit le nouveau-né, mais est certes pertinente à l'adolescence à cause du renouvellement de la conception sociale qui se produit en même temps que la participation plus intense et mieux différenciée à diverses structures sociales.

Source : Inspiré de Bronfenbrenner (1979, p. 21 et suiv.).

1.14 L'adolescence n'est pas qu'une transition

Dans le monde des adultes, ce qui inclut la psychologie dite scientifique, l'adolescence est représentée comme une transition, une période marquant un passage rapide de l'enfance à l'âge adulte. Cela a pour conséquence que le présent du jeune est un peu mis de côté au profit de la construction de l'avenir. Nous savons tous que l'adolescence passe vite, mais elle n'en renferme pas moins un présent extrêmement important. Bouchard (2007) affirme que l'adolescence n'est pas qu'une transition vers l'avenir, une époque d'attente d'autre chose, mais qu'elle constitue un présent intense et plein de sens et de lumière. Il fait le parallèle entre cette période d'intense construction et l'époque des « années lumières », ou le siècle des Lumières, soit le XVIIIe siècle, où l'organisation sociale a été remodelée sous l'impulsion d'expérimentations extrêmement fertiles.

> Les Années lumières auront été l'adolescence de la civilisation moderne comme l'adolescence sont les années lumières de la vie.

Devons-nous craindre ces années, les harnacher, les contraindre, les tolérer, les ignorer, les guérir ou au contraire les chérir, les enrichir, les alimenter, en reconnaître la force et mettre cette force à contribution dans la construction d'une société plus juste, plus égalitaire, plus riche et plus heureuse ?

En préparation à cette conférence, j'ai relu avec bonheur les travaux de ma collègue Brooks-Gunn et ceux de Peter Benson. J'y ai trouvé là un appui à une approche intuitive qui me conduit invariablement à adopter une posture fondée davantage sur les atouts et les forces des adolescents que sur leurs déficits.

Non pas que j'en ignore l'existence. Les problèmes des adolescents sont réels et j'apprécie les efforts que nos institutions déploient pour en réduire à la fois l'intensité et la fréquence.

Mais il nous manque, je crois, une approche résolument axée sur le développement qui reconnaît la capacité des adolescents de se prendre à main si on leur en fournit les occasions, si les communautés se mobilisent autour de cette capacité et si nos actions mettent l'accent sur l'acquisition d'habiletés, de compétences et sur leur participation appréciée, voire indispensable à la vie de la communauté (Bouchard, 2007, p. 29-30).

CHAPITRE 2

Les transformations physiques à l'adolescence

2.1 Les mécanismes biologiques du déclenchement de la puberté

Depuis sa conception jusqu'à la fin de sa vie, le corps humain est en développement. Cette croissance est toutefois marquée par des périodes d'accélération et de décélération, à des étapes précises de l'existence. Ainsi, au cours de la première année de la vie postnatale, la croissance du corps est très rapide en comparaison des huit ou neuf années suivantes où l'on observe une décélération progressive du développement physique.

À l'adolescence, le corps se développe de façon spectaculaire. À aucun moment de la vie postnatale, exception faite de la première année, la croissance n'est aussi rapide. Le corps subit alors une véritable métamorphose. De nouvelles fonctions apparaissent, les capacités physiques sont modifiées, l'enfant se transforme en adulte. Subjectivement, ce processus est imprévisible et il se réalise indépendamment de la volonté de l'individu qui le vit. Or, comme le corps est la base concrète de notre identité, sa transformation est à l'origine d'une certaine dose d'anxiété et d'interrogations qui ont leur importance pour l'adaptation future : Quand cela va-t-il commencer pour moi ? Quand cela va-t-il s'arrêter ? Qui vais-je devenir ? Les personnes de l'entourage réagissent à ces transformations physiques qui donnent à l'adolescent toutes les apparences d'un adulte. Toutefois, la maturité psychique ne correspond pas nécessairement à l'apparence physique La puberté comportant à la fois des dimensions biologique, psychologique et sociale, on dit qu'elle est un processus bio-psycho-social. Les transformations physiques ou biologiques associées à la puberté sont universelles, mais les dimensions psychologique et sociale de ces transformations varient, quant à elles, selon les cultures et les périodes historiques.

Ce chapitre présente les mécanismes biologiques qui accompagnent la puberté, les influences de ces changements biologiques sur le plan des comportements des adolescents, l'impact du rythme de la maturation pubertaire sur l'adaptation des garçons et des filles et, finalement, les implications du développement pubertaire sur le plan de l'image corporelle. Il fournit ainsi un portrait intégré des principales facettes du développement pubertaire de l'adolescent.

Sur le plan biologique, la puberté s'exprime par un développement des caractères sexuels primaires et secondaires et par une accélération de la vitesse de croissance de la stature. Elle conduit à la maturité sexuelle, ce qui correspond à la capacité de procréer.

Par quel mécanisme le développement relativement calme de l'enfance fait-il subitement place à une poussée de croissance et à une métamorphose fonctionnelle du corps ? Malgré les apparences, la puberté n'est pas un phénomène soudain, mais la phase finale d'un processus qui commence dès la conception (Cameron, 2004 ; Casenave, Martin et Renondeau, 2000 ; Fechner, 2003). Les hormones et les systèmes qui commandent les changements pubertaires sont déjà tous présents dans l'organisme à la naissance et ce n'est pas la puberté qui en provoque l'apparition. Le système nerveux et le système endocrinien jouent un rôle central dans le déclenchement et l'évolution de la puberté. Le système endocrinien est responsable de la production, de la circulation et de la régulation des hormones dans le corps. Les hormones sont des substances chimiques qui sont sécrétées principalement par les glandes endocrines et qui portent des messages vers différentes cellules de l'organisme pour y provoquer des changements fonctionnels.

La thyroïde, les parathyroïdes, l'hypophyse, le pancréas, les surrénales et les glandes sexuelles ou gonades (ovaires et testicules) sont des exemples de glandes endocrines. Ces glandes endocrines n'ayant pas de système circulatoire particulier qui les relie, elles utilisent le système sanguin pour transporter leurs hormones. Les hormones voyagent donc dans le sang. La quantité d'hormones en circulation et la sensibilité des cellules réceptrices à ces hormones sont deux facteurs importants dans le fonctionnement hormonal. On sait, par exemple, que l'adrénaline est une hormone qui influe sur le système cardiovasculaire. Ainsi, quand une personne ressent une peur intense, son cerveau commande aux glandes surrénales de sécréter plus d'adrénaline, ce qui aura pour résultat d'augmenter le rythme cardiaque, de dilater les bronches, les pupilles, etc.

2.1.1 Le déclenchement de la puberté

Les phénomènes de la maturation pubertaire sont principalement sous la dépendance d'un axe neuro-hormonal qui implique plusieurs glandes, soit l'hypothalamus, l'hypophyse et les gonades ou glandes sexuelles (Brauner, 1999 ; Casenave et coll., 2000). Cet axe, au cœur des transformations qui s'opèrent sur le plan de la maturité sexuelle, entraîne des changements hormonaux en cascade. Ce processus, que l'on appelle la gonadarche, débute vers 8-10 ans pour les filles et vers 10-11 ans pour les garçons. L'hypothalamus synthétise tout d'abord la gonadolibérine (Gn-RH). Cette hormone était initialement active durant la grossesse et les premiers mois suivant la naissance, mais elle était réprimée durant l'enfance jusqu'au début de la puberté, où elle est alors réactivée sous l'action d'une sorte d'horloge interne. La production de la Gn-RH entraîne à son tour la sécrétion, par la partie antérieure de l'hypophyse, des gonadotrophines FSH (*follicle stimulating hormone* ou hormone de la stimulation folliculaire) et LH (*luteinizing hormone* ou hormone lutéostimuline). La FSH et la LH agissent à leur tour sur les gonades, entraînant la sécrétion des hormones sexuelles : la testostérone par les testicules chez le garçon et l'œstrogène par les ovaires chez la fille.

Les tissus sensibles à l'œstrogène, tels que les seins et l'utérus, se développent alors chez la fille. Une seconde hormone féminine, la progestérone, est aussi produite par les ovaires. Chez les garçons, sous l'effet de la testostérone, les testicules augmentent de volume. Cette hormone est aussi responsable du développement des autres organes sexuels mâles (les vésicules séminales, la prostate, l'épididyme, le pénis et le scrotum). La spermatogenèse devient alors possible.

Il est intéressant de noter que les hormones masculinisantes (testostérone) et féminisantes (œstrogène) sont présentes chez les deux sexes : c'est par la quantité relative de ces hormones que les garçons et les filles se distinguent (Cameron, 2004). Ainsi, à la fin de la puberté, les garçons ont presque 10 fois plus de testostérone dans le plasma sanguin que les filles, tandis que celles-ci ont environ deux fois plus d'œstrogène que les garçons (Toublanc, 1993).

Un deuxième processus de changement hormonal, appelé « adrénarche », intervient aussi dans les transformations pubertaires, même si son rôle est moins bien connu (Auchus et Rainey, 2004 ; Susman et Rogol, 2004). L'adrénarche implique des changements dans

FIGURE

2.1 Glandes et changements hormonaux intervenant dans la gonadarche et l'adrénarche

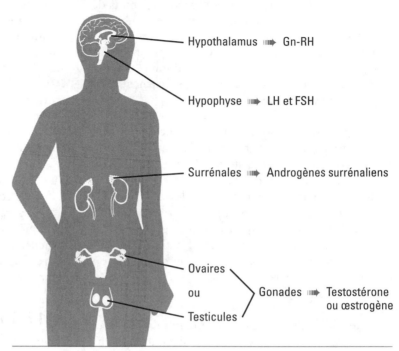

Source : Inspiré de Cobb (2007).

les glandes surrénales (situées au-dessus des reins). Les changements hormonaux provoqués par ces glandes surviennent vers l'âge de 6 à 8 ans, soit plus tôt que ce que l'on considère généralement comme le début de la puberté. L'augmentation de la concentration d'androgènes surrénaliens (DHEA et DHEA-S) contribue aux changements corporels qui se produisent à la puberté, tels que l'augmentation de la pilosité pubienne et axillaire, la maturation du squelette, les changements d'odeur corporelle et parfois l'apparition de l'acné (Auchus et Rayney, 2004 ; Dorn et Rotenstein, 2004). L'adrénarche est souvent plus prononcée chez les enfants obèses (Dunger, Ahmed et Ong, 2005).

2.1.2 Le développement des caractères sexuels

Les transformations pubertaires sont souvent divisées en deux catégories : les caractères sexuels primaires et les caractères sexuels secondaires. Les caractères sexuels primaires concernent directement la fonction de reproduction, soit le fonctionnement du cycle ovarien chez la fille et la possibilité d'éjaculer chez le garçon.

Mais ce sont surtout les caractères sexuels secondaires qui, parmi les transformations pubertaires, se prêtent le plus facilement à l'observation. Ceux-ci n'influent pas directement sur le système reproductif, mais déterminent la différence d'apparence entre les hommes et les femmes. C'est l'apparition des caractères sexuels secondaires qui fait en sorte que les corps des filles et des garçons, relativement semblables durant l'enfance, prennent une apparence générale radicalement différente à la fin de l'adolescence.

Les étapes du développement des caractères sexuels ont été précisées par Tanner (1962), qui a proposé une classification en cinq stades. Cette classification, qui est reconnue internationalement, est utilisée régulièrement par les chercheurs et les cliniciens. Le stade 1 correspond à l'aspect prépubère et le stade 5, au développement complet adulte. Les figures 2.2 et 2.3 présentent respectivement les cinq stades du développement des seins chez les filles et du développement de la pilosité pubienne et des organes génitaux chez les garçons.

Chez les filles, c'est le développement d'un bourgeon mammaire qui est la première manifestation visible de la puberté, en moyenne vers 10-11 ans. Le début du développement des seins est associé à une poussée de croissance, tandis que chez les garçons, la poussée de croissance survient dans la seconde moitié de la puberté. La pilosité pubienne apparaît dans les six mois qui suivent le développement des seins. Les filles ont leurs premières menstruations un peu plus de deux ans après le début de la transformation des seins, soit en moyenne entre 12 et 13 ans pour les jeunes d'origine caucasienne (De Rose et Brooks-Gunn, 2006 ; Irwin, 2005). Chez les garçons, les premiers signes de la puberté sont une augmentation du volume des testicules et du scrotum. La sécrétion de testostérone entraîne aussi une augmentation des dimensions de la verge, des érections et une mue de la voix.

Le tableau 2.1 décrit la séquence probable d'apparition de certains changements physiques chez les filles et les garçons à l'adolescence. Les périodes d'âge mentionnées ne représentent que des moyennes et peuvent facilement différer d'un individu à un autre, mais l'ordre d'apparition des caractères sexuels est généralement respecté.

2.1.3 La poussée de croissance

Nous avons vu que la glande hypophysaire sécrète des gonadotropines (LH et FSH) qui stimulent les ovaires et les testicules. De plus, en interaction avec l'hypothalamus, l'hypophyse sécrète l'hormone qui est

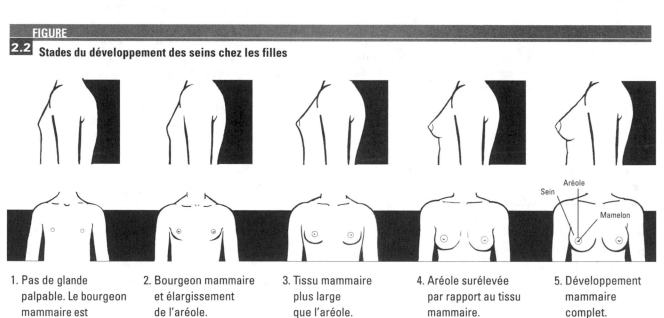

FIGURE 2.2 Stades du développement des seins chez les filles

Sein
Aréole
Mamelon

1. Pas de glande palpable. Le bourgeon mammaire est un peu surélevé.

2. Bourgeon mammaire et élargissement de l'aréole.

3. Tissu mammaire plus large que l'aréole.

4. Aréole surélevée par rapport au tissu mammaire.

5. Développement mammaire complet.

Source : Inspiré de Santrock (2007).

Pénis
Scrotum
Gland
Testicules

1. Aucun poil pubien. Testicules et verge prépubères.

2. Début de l'augmentation des dimensions des testicules. Pigmentation du scrotum. Quelques poils sur le scrotum.

3. Début de l'augmentation des dimensions de la verge. Les testicules et le scrotum sont plus bas qu'au stade 2. Extension des poils du pubis.

4. Poursuite de l'augmentation des dimensions de la verge et des testicules. Pilosité presque adulte.

5. Pilosité adulte. Développement adulte des organes génitaux.

Source : Inspiré de Santrock (2007).

TABLEAU 2.1 Séquence typique des changements physiques chez les filles et les garçons

Séquence observée chez les filles	Âge moyen		Séquence observée chez les garçons
Début de l'accélération de la croissance	10 à 11 ans	11,5 à 13 ans	Début de l'augmentation de la taille des testicules, du scrotum et du pénis
Début du développement des seins			Début de l'accélération de la croissance
Apparition du poil pubien			Apparition du poil pubien
Apparition du poil sous les aisselles et renforcement du poil pubien	13 à 15 ans		Apparition du poil sous les aisselles et renforcement du poil pubien
Croissance rapide du vagin, des ovaires, des lèvres et de l'utérus			Premières modifications de la voix
Croissance physique maximale			Croissance physique maximale
Poursuite du développement des seins			Poursuite de l'augmentation de la taille des testicules, du scrotum et du pénis, de la prostate et des vésicules séminales
Premières menstruations			Premières éjaculations de spermatozoïdes
Ralentissement marqué de la croissance physique	14 à 16 ans	15 à 18 ans	Ralentissement marqué de la croissance physique
Achèvement de la maturation des seins			Mue de la voix
Pilosité adulte			Apparition de la barbe adulte
			Pilosité adulte

Source : Inspiré de Rice et Dolgin (2005).

associée à la croissance et à la maturation du squelette. La synergie de cette hormone de croissance, en relation avec d'autres hormones, détermine la poussée de croissance à la puberté. Le gain annuel passe de 5 centimètres environ avant la puberté à 7 à 9 centi-

mètres durant le pic de la croissance pubertaire. L'âge moyen de ce pic est de 12 ans chez la fille et de 14 ans chez le garçon (Casenave et coll., 2000). Ce décalage chronologique fait que les filles sont habituellement plus grandes que les garçons entre 10,5 et 13 ans, alors que leurs dimensions corporelles étaient légèrement plus petites auparavant au cours de l'enfance (Tanner, 1961). La poussée de croissance plus tardive mais plus longue des garçons les amènera à rattraper puis à dépasser les filles. La vitesse de croissance maximale est d'ailleurs un peu plus grande chez les garçons. Au terme du processus, la différence moyenne de la taille adulte entre les garçons et les filles est d'environ 13 centimètres, soit 10 centimètres attribuables aux deux années supplémentaires dont les garçons profitent avant la poussée de croissance proprement dite et 3 centimètres attribuables à l'amplitude plus grande de cette poussée. La différence de croissance est un des éléments importants du dimorphisme sexuel (voir la figure 2.4).

Généralement, la poussée de croissance se termine environ cinq ans après les premiers signes pubertaires. La jeune fille atteint donc sa taille adulte vers l'âge de 15-16 ans, alors que le jeune homme en aura fait autant vers 17-18 ans. C'est la maturation sexuelle qui provoque la cessation de la croissance en hauteur : les os longs du corps (tibia, fémur, humérus, radius, etc.)

croissent par leurs extrémités, au niveau des épiphyses ; or, l'abondance des hormones sexuelles à la puberté stimule la fermeture de ces extrémités, ce qui met un terme à la croissance en longueur de l'os.

Le gain de poids suit approximativement la poussée de croissance. En effet, un gain de poids considérable coïncide avec la puberté. Jusqu'à 50 % du poids adulte est pris durant l'adolescence ! Au plus fort de cette prise de poids, soit vers 12 ans, les filles prennent en moyenne 8 kilos en un an. Le pic de la prise de poids survient vers 13-14 ans pour les garçons, qui prennent en moyenne 9 kilos en un an.

Plusieurs autres changements corporels se produisent durant cette période. Les proportions de muscles, de tissus adipeux et d'os changent durant le développement pubertaire. Les filles voient notamment leurs hanches s'élargir et leurs tissus adipeux augmenter, tandis que chez les garçons on observe un élargissement des épaules et une augmentation de la masse musculaire et de la masse osseuse.

FIGURE

2.4 Courbes illustrant la croissance typique des filles et des garçons

a) Hauteur du corps

b) Poids

Légende : ——— Garçons
         - - - Filles

Source : Tanner, Whitehouse et Takaishi (1966).

La poussée de croissance à l'adolescence varie selon les individus, mais elle survient plus tôt chez les filles que chez les garçons.

2.1.4 Les critères de la maturité sexuelle

On sait que l'adolescence est la période qui sépare l'enfance de l'âge adulte. La puberté n'est pas un événement isolé survenant un beau jour entre 12 et 16 ans. Toutes les composantes requises pour le fonctionnement sexuel sont déjà présentes à la naissance chez les individus normaux, mais certaines d'entre elles sont immatures. En fait, le développement de la capacité reproductive commence dès la conception. Dans ce processus graduel de maturation, la puberté se distingue comme l'étape finale et la plus rapide du cheminement vers la maturité reproductive (Petersen et Taylor, 1980).

Un des jalons les plus importants de cette démarche correspond donc à l'accession à la maturité sexuelle, qui s'exprime notamment par l'apparition des premières menstruations chez la fille et par les premières éjaculations chez le garçon. Ces indices ne sont toutefois pas des critères absolus, bien qu'ils soient les plus couramment utilisés.

Ainsi, les premières menstruations ne constituent pas un indice infaillible de la capacité d'engendrer un enfant. En effet, selon les observations, l'irrégularité des premiers cycles ovariens réduirait les probabilités de fécondation. Il semble qu'au début, une proportion

élevée de cycles menstruels se déroule sans ovulation : entre 25 % et 50 % des cycles sont anovulatoires, et ce, jusqu'à quatre ans après les premières règles (Lalwani, Reindollar et Davis, 2003). Le concept de « stérilité adolescente » a été associé à ce phénomène. Cependant, l'observation de cas de grossesses dès les premières menstruations enlève beaucoup de solidité à cette notion de stérilité comme moyen de contrôle des naissances.

On croit habituellement que, chez les garçons, la première éjaculation nocturne est le critère de la maturité sexuelle. Pendant le sommeil, le pénis entre souvent en érection et le sperme, c'est-à-dire le liquide contenant les spermatozoïdes, est parfois éjaculé. Il s'agit là d'un processus normal qui consiste, pour l'organe de reproduction mâle, à se départir d'une accumulation excessive de sperme. Ces émissions nocturnes n'apparaissent toutefois qu'un certain temps après le développement pubertaire et ne peuvent donc pas servir de critère irréfutable pour juger de la maturité sexuelle mâle, c'est-à-dire de l'accession au pouvoir de fécondation. La détection de spermatozoïdes dans l'urine au moyen de l'analyse microscopique semble être l'une des techniques les plus sûres pour attester cette maturité.

Les deux critères employés le plus souvent pour établir l'état pubertaire des jeunes, c'est-à-dire les premières menstruations chez la fille et les premières éjaculations chez le garçon, posent un problème de précision puisque ces phénomènes surviennent relativement tard dans le processus général de puberté. Ainsi, les premières menstruations se produisent après le sommet de croissance, lorsque les quatre cinquièmes de l'ensemble des changements pubertaires sont opérés (Marshall et Tanner, 1969), et les premières éjaculations ont lieu habituellement au début de la deuxième moitié des changements.

Petersen, Crockett, Richards et Boxer (1988) ont proposé un test pour mesurer l'état pubertaire des filles et des garçons. Au cours d'une entrevue, les adolescents sont invités à coter leur croissance personnelle pour chacun des points. La cotation se fait selon une échelle Likert allant de 1 à 4 (1 = non, pas du tout, et 4 = oui, tout à fait). Chez les filles, les six aspects évalués sont la croissance en hauteur, la longueur des pieds, les changements de la peau, le poil sur le corps, le développement des seins et les menstruations ; chez les garçons, les aspects évalués sont la croissance en hauteur, la longueur des pieds, les changements de la peau, la mue de la voix et l'apparition de la barbe. Le score total permet d'augmenter le niveau de précision de l'évaluation de l'état pubertaire et de situer les jeunes comme prépubères, mi-pubères ou pubères. Cette mesure, fondée sur plusieurs variables, montre à quel point l'utilisation d'un seul aspect risque de mal refléter le stade du développement pubertaire de l'adolescent, la puberté se faisant sur plusieurs fronts à la fois et les possibilités de variations individuelles étant nombreuses.

2.1.5 Les facteurs qui influent sur le début de la puberté

Qu'est-ce qui explique le développement pubertaire plus ou moins hâtif des adolescents ? Dans ce domaine, on en sait plus sur les filles que sur les garçons. La puberté chez les filles est marquée par un événement singulier, nommément l'apparition des premières règles, ce qui aide les chercheurs à reconnaître celles qui sont pubères et celles qui ne le sont pas. Chez les garçons, on ne dispose pas d'un marqueur aussi précis du développement pubertaire.

Les facteurs génétiques interviennent certainement pour expliquer les différences sur le plan de la maturation pubertaire des garçons et des filles (Delemarre-van de Waal, 2005 ; Mustanski, Viken, Kaprio, Pulkkinen et Rose, 2004 ; Dick, Rose, Pulkkinen et Kaprio, 2001). Il faut cependant noter que les corrélations entre les membres d'une même famille sont attribuables non seulement aux facteurs génétiques, mais aussi à l'environnement et aux comportements que ces personnes partagent. Cela peut inclure, par exemple, les comportements alimentaires pour lesquels le parent sert de modèle à son enfant (Graber, Archibald et Brooks-Gunn, 1999 ; Mustanski et coll., 2004). Parmi ces facteurs environnementaux, la nutrition est effectivement un facteur très important associé au rythme de la maturation pubertaire. Un faible apport nutritionnel, à des degrés extrêmes, peut retarder le début de la puberté. Les enfants ayant un excès de poids présentent, en revanche, des signes de maturation pubertaire plus précoces que leurs pairs (Tremblay et Frigon, 2005b ; Dunger et coll., 2005). On a même prétendu que le corps de la fillette devait inclure un certain pourcentage de graisse pour que débute la puberté. À ce sujet, les études récentes ont mis l'accent sur le rôle de la leptine en relation avec la régulation des graisses corporelles et le début de la puberté. Il est vrai que le taux de leptine augmente rapidement durant la poussée de croissance et que cette hormone joue un rôle dans la production de gonadotropine. Cependant, il semble que son rôle soit plus de l'ordre d'un signal permissif que de l'ordre de la causalité. Autrement dit, la leptine permet à la puberté de débuter et de progresser, mais elle n'en est pas la cause (Dunger et coll., 2005).

Au cours des dernières années, plusieurs études ont aussi démontré que le développement pubertaire était associé au stress, notamment dans la famille. Ainsi, l'absence du père durant l'enfance est associée à une maturation plus précoce (Belsky, Steinberg et Draper, 1991 ; Graber, 2003 ; Mustanski et coll., 2004). La qualité des liens familiaux, particulièrement un manque de chaleur dans les relations familiales, est aussi associée à la puberté, et ce, même si le père est présent (Graber, Brooks-Gunn et Warren, 1995 ; Graber, 2003 ; Moffitt, Caspi, Belsky et Silva, 1992 ; Ellis, McFayden-Ketchum, Dodge, Petit et Bates, 1999).

Par ailleurs, on sait également que chez certains sous-groupes, les menstruations apparaissent plus tôt. C'est le cas des adolescentes d'origine africaine qui commencent le processus de puberté avant les jeunes filles d'origine caucasienne ou d'origine hispanique. Pour les garçons, cela est moins clair, mais il semble que les jeunes d'origine afro-américaine pourraient eux aussi commencer leur processus de maturation pubertaire plus tôt que leurs pairs d'origine caucasienne (Herman-Giddens, Wang et Koch, 2001).

2.1.6 La tendance séculaire

Pendant les derniers siècles, le rythme de croissance des enfants et des adolescents s'est accéléré, ce qui a entraîné à la fois une maturation plus précoce et une augmentation de la taille adulte. Les armures des chevaliers du Moyen Âge en Europe illustrent de façon évidente la tendance séculaire puisqu'elles semblent avoir été faites pour des Américains de 10 ou 12 ans aujourd'hui. Les fauteuils de la fameuse salle d'opéra de la Scala de Milan, en Italie, construite entre 1776 et 1778, avaient 33 centimètres de large.

Cette tendance séculaire, qui se traduit par l'apparition plus précoce de la maturation d'un siècle à l'autre et par une augmentation progressive de la taille et du poids de la population, est intimement liée à l'amélioration des conditions de santé et de nutrition (Tanner, 1961, 1962, 1972 ; Brooks-Gunn, 1988, 1991 ; Delemarre-van de Waal, 2005). En Europe, depuis 1900 environ et jusqu'à maintenant, la taille moyenne des enfants de 10 à 14 ans a augmenté de 2 à 3 centimètres par décennie. C'est donc dire que les adolescents qui avaient 14 ans en 1970 étaient, selon la moyenne statistique de l'ensemble de la population, de 4 à 6 centimètres plus petits que les adolescents âgés de 14 ans en 1990. La taille adulte a aussi progressé depuis un siècle, mais à un degré moindre. En Europe de l'Ouest, de 1880 à 1960, la stature moyenne des adultes aurait augmenté de 0,6 centimètre par décennie. Ces chiffres montrent bien que la précocité représente une composante majeure de la tendance séculaire : la différence de taille est plus marquée chez les adolescents de 14 ans (plus précoces) que chez les adultes (taille définitive).

La tendance séculaire fait en outre ressortir l'abaissement de l'âge des premières menstruations au cours des siècles. Ainsi, à partir de données provenant de plusieurs pays occidentaux, Tanner (1962) indique un abaissement de l'âge moyen de l'ordre de quatre mois par décennie depuis 1850. En Norvège, par exemple, l'âge moyen des premières menstruations était de 17 ans en 1840, contre 13 ans et 3 mois en 1960 ; aux États-Unis, il était de 14 ans en 1900, comparativement à 12 ans et 8 mois en 1960 ; en Angleterre, de 13 ans et 6 mois qu'il était en 1947, il était rendu à 12 ans et 7 mois en 1960.

Le premier à observer ce phénomène séculaire a été un dénommé Roberts, médecin anglais du milieu industriel, qui écrivait en 1876 : « un enfant de 9 ans travaillant à l'usine aujourd'hui pèse autant que celui de 10 ans qui travaillait en 1833 […] chaque âge a gagné un an depuis quarante ans » (Tanner, 1972, p. 22 ; traduction libre). À l'échelle millénaire, certaines données indiqueraient que l'âge moyen des menstruations était à l'époque gréco-romaine de 13 ou 14 ans, et qu'il serait passé progressivement à 18 ans en Europe au début du XIXe siècle (Zacharias, Rand et Wurtman, 1976). La qualité de vie des civilisations grecque et romaine serait à l'origine de cette maturation plus précoce.

Les causes de cette tendance seraient : 1) une alimentation de meilleure qualité pouvant fournir aux jeunes en croissance une réponse plus appropriée à leurs besoins nutritifs ; 2) une meilleure santé générale due à une amélioration de l'hygiène, des soins médicaux et de la qualité de vie ; 3) des croisements génétiques plus diversifiés provoqués par une mobilité géographique accrue (Tanner, 1973 ; Muuss, 1975 ; Conger, 1991).

La tendance séculaire fera-t-elle qu'au XXIe siècle, les filles auront leurs premières menstruations vers l'âge de 9 ans ? Il n'y a pas de réponse définitive à cette question, mais tout porte à croire que cette tendance connaîtra des limites, celles que lui imposera la génétique. Dans les pays occidentaux, il existe des indications suivant lesquelles la tendance séculaire est encore à l'œuvre actuellement, bien que cette question soit controversée (Delemarre-van de Waal, 2005 ; Irwin, 2005 ; Herman-Giddens, 2006).

2.2 Les hormones et les comportements

Est-ce que les changements hormonaux associés à la puberté influent sur les comportements et l'humeur de l'adolescent ? Il s'agit d'une question que plusieurs se posent. Dans l'imagerie populaire, on invoque même souvent la « tempête hormonale » pour montrer à quel point les jeunes (et leurs parents) traversent une période difficile. Il se produit en effet chez l'adolescent plusieurs changements comportementaux ou d'humeur coïncidant avec les transformations corporelles qui surviennent à la puberté. Il est donc tentant d'attribuer l'irritabilité et les problèmes de comportement de certains adolescents à cette augmentation de leur taux d'hormones. Un des problèmes liés à la compréhension du rôle des hormones sur le plan du comportement humain réside toutefois dans la complexité du système endocrinien. Plus d'une dizaine d'hormones importantes interviennent dans le développement pubertaire. Ces hormones peuvent agir en combinaison les unes avec les autres et avoir des effets à court terme et à long terme. Cela dit, la technologie actuelle permet de détecter de manière fiable et non intrusive de toutes petites quantités d'hormones dans la salive, ce qui a facilité grandement la recherche sur ce sujet au cours des dernières années. Cependant, il reste que l'autre membre de l'équation, c'est-à-dire les comportements et l'adaptation, n'implique pas non plus des concepts simples à mesurer. Bref, il n'est pas facile de répondre avec exactitude à cette question et de démontrer, hors de tout doute, la relation de causalité entre le statut pubertaire, les hormones et l'adaptation.

2.2.1 Les comportements agressifs

À l'adolescence, les comportements agressifs, les problèmes de délinquance et les conduites antisociales augmentent, surtout chez les garçons. Le rôle des hormones, et plus spécifiquement celui de la testostérone (T), a été étudié en association avec ces comportements. Par exemple, des chercheurs ont comparé des jeunes ayant commis des actes délinquants avec des jeunes n'en ayant pas commis afin de vérifier leur taux de T. Ces études, sans donner toujours des résultats concluants, indiquent que les délinquants ont des taux de T généralement plus élevés que les non-délinquants. D'autres recherches ont aussi été réalisées auprès de sportifs ou d'amateurs de sports pour vérifier le rôle de cette hormone dans un contexte de compétition qui exige une certaine forme d'agressivité. On a alors mesuré la testostérone avant et après l'activité sportive chez les vainqueurs et les perdants. Les premiers avaient effectivement un taux plus élevé de testostérone. En outre, le niveau d'hormone des vainqueurs était plus élevé avant même que ne débute la partie. Plus encore, il semble que le fait de regarder un match où notre équipe favorite l'emporte est associé à un taux plus élevé de testostérone. On gagne par procuration !

Sur le plan éthique, l'étude du rôle causal des hormones n'est toutefois pas facile à effectuer. Peut-on en effet injecter des hormones à des adolescents pour mesurer ensuite l'incidence de ces injections sur leurs comportements ? Plusieurs recherches sont donc réalisées auprès d'animaux, notamment des rats et des souris. La question se pose cependant en ce qui concerne l'application de ces résultats aux humains (Archer, 2006). Cela dit, certaines études expérimentales sont tout de même acceptables sur le plan éthique auprès de populations chez qui un retard du développement pubertaire est observé. Il est alors possible de procéder à des injections d'hormones à des fins médicales. L'évolution des comportements par suite de ces injections est mesurée et on peut la comparer à celle d'autres groupes. Par exemple, une étude a été menée auprès de garçons et de filles qui ont été traités avec des doses de T (Filkenstein, Susman, Chinchilli, Kunselman, D'Arcangelo, Schwab, Demers, Liben, Lookingbill et Kulin, 1997). Les résultats montrent effectivement une augmentation de l'agressivité physique et des comportements impulsifs chez les jeunes ainsi traités. Cependant, la relation n'est pas linéaire. Ainsi, chez les garçons, ce sont aux doses moyennes que l'on observe le plus d'agressivité par rapport aux doses faibles ou élevées d'hormones.

En somme, les écrits disponibles sur cette question permettent de conclure que la testostérone joue réellement un rôle, bien que limité, dans les comportements agressifs (Archer, 2006 ; Ramirez, 2003). Ce rôle serait plus particulièrement apparent dans certains contextes. Par exemple, un jeune dont le taux de testostérone est élevé réagit plus promptement lorsqu'il se sent provoqué, mais il n'y a pas de lien entre l'agressivité et cette

hormone lorsque le jeune n'éprouve pas de provocation. En fait, il semble que cette hormone soit davantage liée aux comportements de dominance sociale qu'aux comportements agressifs ou antisociaux proprement dits (Archer, 2006). Certains y voient même une sorte d'indicateur du succès social plutôt qu'un marqueur de problèmes d'adaptation. En effet, lorsqu'un adolescent est entouré d'amis non déviants, ou encore lorsque la qualité des relations familiales est bonne, la testostérone est associée à une bonne capacité de leadership et aux compétences sociales (Rowe, Maughan, Worthman, Costello et Angold, 2004 ; Updegraff, Booth et Thayer, 2006).

2.2.2 Les émotions et l'humeur

Il n'est pas rare d'entendre les parents d'adolescents se plaindre des sautes d'humeur de leur progéniture. L'image des montagnes russes ne semble pas trop forte pour exprimer ce que peut parfois ressentir l'entourage des adolescents. Le lien entre l'adolescence et les changements d'humeur constitue peut-être la partie la plus ancienne et la plus durable de la thèse du tumulte et du stress invoquée par Hall (voir le chapitre 1). Mais est-ce vrai et, si oui, est-ce attribuable à la poussée hormonale ?

La recherche montre, en général, que les adolescents sont d'humeur plus volatile que les enfants ou les adultes. Les adolescents expérimenteraient plus d'humeurs dépressives, plus d'humeurs extrêmes et passeraient plus rapidement d'un extrême à l'autre (Arnett, 1999). Par exemple, une étude (Larson et Richards, 1994) a été menée auprès de préadolescents, d'adolescents et d'adultes. Ces participants devaient décrire leurs émotions, comportements et pensées, et ce, à différents moments de la journée choisis aléatoirement. Les résultats révèlent qu'il y a du vrai dans cette partie de la thèse de Hall : les adolescents rapportent, plus que les adultes, des émotions extrêmes, principalement négatives mais aussi positives. Ils se sentent plus embarrassés, bizarres, seuls, nerveux ou ignorés des autres. De plus, comparés aux préadolescents, les adolescents mentionnaient beaucoup moins souvent qu'ils étaient très heureux, fiers ou maîtres de la situation. Ces expériences émotionnelles en dents de scie sont particulièrement observables au début de l'adolescence, comparativement à la fin de cette période (Larson, Moneta, Richards et Wilson, 2002).

Outre ces variations d'humeur, une augmentation considérable de la dépression et des symptômes dépressifs est observée, particulièrement chez les filles, au moment de la puberté. Le statut pubertaire, plus que l'âge en lui-même, serait associé à cette augmentation (Susman et Rogol, 2004). À ce sujet, des études indiquent qu'il existe bel et bien un lien entre les hormones, notamment l'œstrogène, et la dépression chez les adolescentes (Angold, Costello et Worthman, 2003 ; Susman et Rogol, 2004). Cependant, comme c'était le cas sur le plan des comportements agressifs, il est clair que les hormones ne sont pas les seules responsables de la dépression chez les adolescents. Plusieurs recherches montrent plutôt que l'apparition des caractères sexuels secondaires, combinée avec des facteurs psychologiques et sociaux, tels que l'estime de soi et les événements stressants, explique la hausse de la dépression chez les adolescentes. En d'autres termes, les facteurs biologiques et les changements hormonaux qui surviennent à l'adolescence ne pourraient expliquer à eux seuls l'augmentation des symptômes dépressifs.

Les adolescents expérimentent, plus que les adultes, les humeurs extrêmes, et les filles sont plus sujettes à la dépression.

En somme, un lien peut être établi entre les hormones et les comportements ; cependant, ce lien n'est pas aussi linéaire et important que ce que les croyances populaires laissent entendre. Le lien entre les hormones et les comportements paraît plutôt réciproque, circulaire et dépendant du contexte (Ramirez, 2003). Il est en outre possible que l'impact des hormones sur les comportements passe par un chemin indirect rattaché à la réponse sociale plutôt que par un chemin direct. Ainsi, les changements hormonaux agissent sur la transformation du corps ; cette transformation qui donne à l'adolescent toutes les apparences d'un adulte incite l'entourage à traiter différemment l'adolescent ; ce dernier réagit alors en fonction de cette rétroaction. Le lien entre les hormones et les comportements pourrait aussi être inversé. Par exemple, les comportements agressifs créeraient un stress qui, en retour, pourrait causer un changement hormonal. Dès lors, les changements hormonaux ne sont plus la cause mais la conséquence des comportements. De plus, dans certains cas, les changements hormonaux sont plutôt susceptibles de jouer un rôle intermédiaire dans l'apparition des comportements. Par exemple, certaines expériences ou certains contextes, notamment sur le plan familial, peuvent amener des changements hormonaux qui sont à leur tour responsables de l'apparition des comportements. Une vision simpliste des liens entre les hormones et les comportements n'est donc certainement pas de mise.

Le saviez-vous ?

Les adolescents sont en manque chronique de sommeil !

L'adolescence est caractérisée par des changements majeurs sur le plan du cycle du sommeil. Le temps passé à dormir diminue dès l'âge de 10 ans et cette diminution se poursuit tout au long de l'adolescence. Plus précisément, c'est le temps à dormir *la nuit* qui diminue car le temps passé à sommeiller durant les heures de classe augmente considérablement pendant cette période.

Est-ce parce que les adolescents ont moins sommeil ? Est-ce que les matières scolaires les intéressent moins ? Il semble bien que les réponses à ces deux questions soient négatives. Des bases biologiques, notamment sur le plan des mécanismes de la régulation du sommeil en provenance du cerveau, expliquent plutôt ce phénomène. Physiologiquement, les adolescents ressentent l'endormissement plus tard le soir et devraient, en conséquence, se coucher plus tard et rester au lit plus longtemps le matin pour combler leur besoin en sommeil. Les demandes sociales, telles que l'heure du début des cours au secondaire, limitent toutefois leurs possibilités sur ce plan. Bref, les exigences de la société entrent en contradiction avec la biologie des adolescents. On comprend mieux pourquoi ces derniers peuvent parfois être irritables ! Plus sérieusement, le manque de sommeil est associé à l'absentéisme scolaire, à des difficultés d'apprentissage et à des performances scolaires moins élevées.

Source : Carskadon, Acebo et Jenni (2004) ; Knutson (2005).

2.3 Le rythme de la maturation pubertaire et l'adaptation

Il faut tout d'abord distinguer ce que l'on entend par « statut pubertaire » et « rythme de la maturation pubertaire ». Le statut pubertaire fait référence au degré de la maturation physique d'une personne à partir des indicateurs que l'on a vus dans les pages précédentes, comme le stade du développement des seins, des poils pubiens ou des organes génitaux. Le rythme de la maturation pubertaire, quant à lui, renvoie au statut pubertaire d'une personne par rapport au statut atteint par les autres personnes de son groupe d'âge. Qualifier un adolescent de précoce ou de tardif sur le plan pubertaire est donc un jugement porté au regard de ce qui est attendu chez les filles et les garçons dans un groupe d'âge donné. Sur un plan clinique, la puberté précoce est généralement définie par le développement de caractères sexuels avant l'âge de 7-8 ans chez la fille et de 9-10 ans chez le garçon (Brauner, 1999). En recherche, on parlera plutôt d'écart par rapport à la moyenne du groupe.

Au Québec, environ 7 % des filles de 9 ans affirment avoir eu des menstruations. Or, on se rappelle que l'avènement des menstruations arrive relativement tard dans le processus du développement pubertaire, soit environ deux ans après le début du développement des seins. Ces jeunes filles ont donc eu leur premier signe de maturation pubertaire très tôt, soit vers l'âge de 7 ans. À 13 ans, presque tous les jeunes, garçons ou filles, rapportent au moins un signe du début de la puberté. À cet âge, 80 % des filles ont eu des menstruations. À 16 ans, plus du tiers des filles sont considérées comme postpubères, alors que seulement 3 % des garçons le sont (Ledoux et coll., 2002).

Durant cette période de la vie où « avoir l'air comme les autres » est si important, être différent peut s'avérer très stressant. Depuis environ cinq décennies, les chercheurs s'intéressent à la question du lien entre le rythme de la puberté et le développement de l'adolescent. Deux hypothèses explicatives ont servi d'assises à ce questionnement.

La première hypothèse, celle de la *déviance*, précise que la précocité et le caractère tardif de la puberté peuvent tous deux comporter des risques pour les jeunes. C'est la déviance par rapport à la norme qui, selon cette hypothèse, mène à des difficultés d'adaptation chez l'adolescent. Dans cette perspective, l'adolescent qui va le mieux est celui qui se développe au même rythme que la majorité de ses pairs.

La deuxième hypothèse explicative est celle de la *précocité*. L'argument qui soutient cette hypothèse est que la puberté précoce interrompt le cours normal du développement. Le jeune manque de temps pour accomplir les tâches développementales liées à l'enfance et à la préadolescence. Il n'aurait donc pas tous les acquis ni toutes les expériences nécessaires pour relever les défis que lui pose l'accession à la maturité physique et sexuelle. Des pressions s'exercent sur le jeune pour qu'il se comporte à la manière d'un adulte alors qu'il n'a pas la maturité sociale, émotionnelle, comportementale et cognitive qui correspond à son apparence. Autrement dit, son âge chronologique et son apparence physique ne concordent pas. Voyons maintenant si ces hypothèses sont confirmées ou non par les études sur ce sujet.

2.3.1 Le rythme de la maturation pubertaire chez les filles

De très nombreuses études rapportent que la maturité précoce chez les filles constitue un risque sur le plan adaptatif. Ainsi, la précocité pubertaire est associée à des symptômes de dépression, à l'usage de drogue, de cigarettes et d'alcool, à des activités sexuelles plus précoces, à des troubles de la conduite et à des troubles alimentaires (Bratberg, Nilsen, Homen et Vatten, 2005 ; Ge, Kim, Brody, Conger, Simons, Gibbons et Cutrona, 2003 ; Kaltiala-Heino, Marttunen, Rantanen et Rimpelä, 2003 ; Tremblay et Frigon, 2005a). À plus long terme, des études montrent également que les adolescentes précoces sont susceptibles de se maintenir dans une trajectoire problématique (Graber, Seeley, Brooks-Gunn et Lewinsohn, 2004). Bien que les études puissent établir des nuances au sujet de l'ampleur des effets rapportés, un patron se dessine : la précocité est associée à des difficultés chez les jeunes filles.

On se rappelle que les filles que l'on qualifie de précoces entreprennent le processus de transformations pubertaires durant une période où elles sont encore considérées par leur entourage comme des enfants. Elles ont effectivement autour de 7 à 9 ans et sont donc en troisième ou quatrième année du primaire. L'entourage, comme les fillettes d'ailleurs, est moins préparé à ces transformations. Les jeunes filles peuvent éprouver des sentiments ambivalents face aux changements qui surviennent dans leur corps, en être à la fois fières et embarrassées. On sait notamment que les jeunes filles précoces sont plus secrètes ; elles parlent moins à leur mère et à leurs amis des changements qui s'opèrent dans leur corps.

Il y a moins de résultats disponibles en ce qui concerne la puberté tardive des filles ; cependant, quelques études montrent que cette dernière pourrait être associée à une adaptation plus positive, se manifestant notamment par la persévérance et la réussite scolaire (Graber et coll., 2004). Mais ces adolescentes peuvent, quoique temporairement, être moins populaires auprès des garçons et éprouver des problèmes liés à l'image de soi et même des problèmes de comportement (Bratberg et coll., 2005 ; Haynie et Piquero, 2006).

Globalement, toutefois, en ce qui concerne les filles, l'hypothèse de la précocité semble la plus plausible. La majorité des études révèlent que celles qui sont précoces éprouvent plus de difficultés d'adaptation alors que celles qui sont tardives présentent plutôt des indices d'adaptation positifs.

2.3.2 Le rythme de la maturation pubertaire chez les garçons

Les études portant sur le rythme de la maturation pubertaire chez les garçons sont moins nombreuses que celles réalisées auprès des filles ; en outre, leurs résultats sont moins cohérents. Les premières études sur le sujet indiquaient que la maturation précoce chez le garçon avait plutôt un impact positif. Ces garçons bénéficiaient des changements corporels, associés à leur puberté, tels que l'augmentation de la musculature et de la force, car ces changements étaient valorisés dans la société. Ces premières études montraient que ces garçons avaient plus de chances de devenir des leaders, d'être populaires auprès des filles, d'avoir une bonne image d'eux-mêmes et d'être perçus favorablement par les adultes.

Cependant, plus récemment, la précocité chez les garçons a aussi été associée à des difficultés, notamment à une augmentation des symptômes dépressifs, à la détresse psychologique, à la prise d'alcool, à la délinquance et à des problèmes extériorisés (Ge et coll., 2003 ; Kaltiala-Heino et coll., 2003). La maturation tardive chez les garçons semble aussi présenter des risques, tels que la détresse psychologique, une image de soi négative, la prise d'alcool, ces problèmes pouvant survenir pendant la transition à l'âge adulte (Bratberg et coll., 2005 ; Dorn, Susman et Ponirakis, 2003 ; Graber et coll., 2004). L'hypothèse de la déviance paraît donc la plus plausible chez les garçons puisque ce sont ceux qui se développent au même rythme que leurs camarades qui éprouvent le moins de difficultés d'adaptation durant cette période.

Ne pas suivre le même rythme que celui de ses pairs semble donc constituer un risque, mais ce ne sont pas tous les jeunes dans cette situation qui vont vivre des difficultés. Deux mécanismes permettent d'expliquer ces variations individuelles. Ces mécanismes viennent enrichir les hypothèses de la déviance et de la précocité qui ont été présentées précédemment.

L'amplification contextuelle est proposée en tant que premier mécanisme. Selon celui-ci, les difficultés éprouvées durant cette période peuvent être amplifiées ou au contraire atténuées par le contexte dans lequel le jeune vit. Ainsi, la maturation précoce est particulièrement difficile pour un sous-groupe de jeunes qui fréquentent des pairs plus âgés qu'eux ou des pairs déviants. Dans ce contexte, les jeunes plus précoces pourraient adopter des comportements pour lesquels ils ne sont pas préparés. D'autres auteurs ont insisté sur le fait que ce serait l'accumulation de stress qui accentuerait les difficultés du jeune durant cette période. Par exemple, si la transition scolaire du primaire au secondaire survient au même moment que les transformations pubertaires, on pourrait s'attendre à ce que le jeune connaisse plus de difficultés d'adaptation.

Les facteurs de vulnérabilité qui existent préalablement à l'adolescence augmentent aussi la probabilité de difficulté au cours du développement pubertaire. Ce deuxième mécanisme s'appelle l'accentuation. Peu importe leur rythme pubertaire, les jeunes qui n'ont pas d'histoire de vulnérabilité préalable à cette transition ne présenteront pas de problèmes d'adaptation. Autrement dit, la puberté accentue la trajectoire problématique déjà présente avant cette transition.

2.4 L'image corporelle et l'apparence physique

L'apparence physique joue un rôle de premier plan dans le processus de la valorisation sociale et de l'élaboration de l'image personnelle des adolescents. Les transformations corporelles qui se produisent à cet âge rendent le jeune particulièrement sensible au regard que les autres portent sur lui. L'image corporelle est, de fait, une des composantes les plus importantes de l'estime de soi durant cette période (Harter, 1999 ; Levine et Smolak, 2002). Ce concept a d'ailleurs fait l'objet d'une attention soutenue de la part de la communauté scientifique, particulièrement ces 20 dernières années (Cash, 2005). En 2004, une revue scientifique lui a même été entièrement consacrée (*Body Image : An International Journal of*

Research). Une des motivations qui se trouvent derrière cet intérêt est certainement le lien entre l'image corporelle et les désordres alimentaires graves, tels que l'anorexie nerveuse et la boulimie. L'insatisfaction corporelle est aussi rattachée à plusieurs autres problèmes, comme une faible estime de soi, l'anxiété, les régimes à répétition, l'exercice excessif et l'usage de stéroïdes chez les garçons. Elle est donc considérée comme un facteur de risque important sur le plan de l'apparition des problèmes d'adaptation à l'adolescence (Choate, 2005).

L'image corporelle désigne la perception cognitive, affective, consciente et inconsciente qu'un individu a de son corps. Elle renvoie donc à la perception qu'une personne a de son corps en fonction des réponses aux deux questions suivantes : Est-ce que j'aime l'apparence de mon corps ? Est-ce que les autres aiment l'apparence de mon corps ?

On mesure l'image corporelle à l'aide d'instruments qui consistent, par exemple, à présenter deux séries de sept silhouettes de garçons et de filles (Collins, 1991). Ces silhouettes que l'on peut voir dans la figure 2.5 vont de très minces à obèses. L'adolescent doit indiquer à quelle silhouette il correspond le plus (la silhouette actuelle) et à quelle silhouette il aimerait ressembler (la silhouette idéale). Un jeune est considéré comme satisfait de son image corporelle lorsqu'il choisit deux fois la même silhouette.

Au Québec, on constate qu'environ 60 % des jeunes de 13 à 16 ans sont insatisfaits de leur corps alors que la majorité d'entre eux présentent un poids normal ou même inférieur à la normale (Ledoux et coll., 2002). C'est donc plus d'un jeune sur deux qui choisit une silhouette idéale ne correspondant pas à sa silhouette actuelle. La silhouette la plus souvent choisie par les adolescents, garçons et filles, soit celle à laquelle ils s'identifient, est la silhouette numéro 3 (environ 40 % des adolescents), suivie par la silhouette numéro 4 (environ 30 % des adolescents). Quelle silhouette désirent-ils avoir ? La grande majorité des filles souhaiteraient avoir la silhouette numéro 3 et près du quart, la silhouette numéro 2. Les filles souhaitent donc très majoritairement être minces. De leur côté, la majorité des garçons souhaiteraient ressembler à la silhouette numéro 4, ce qui implique qu'ils désireraient avoir une stature plus imposante.

FIGURE 2.5 Choix de silhouettes présentés aux adolescents de 13 et 16 ans

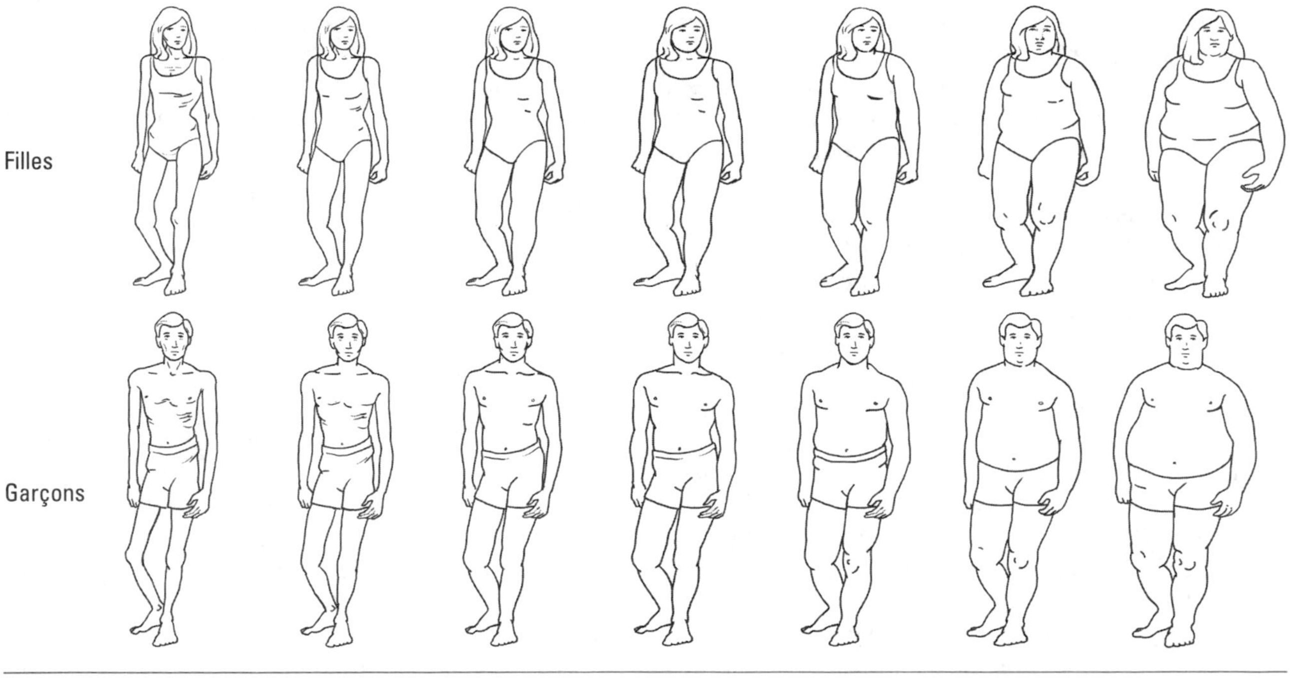

Filles

Garçons

Source : Inspiré de Collins (1991).

Durant l'adolescence, les jeunes peuvent ressentir fortement les pressions socioculturelles afin de se conformer à certains standards en ce qui a trait à leur apparence. Ils sont, il est vrai, bombardés de messages liés à l'apparence corporelle.

Ces messages sont ensuite intériorisés et adoptés par bon nombre de personnes qui en font un idéal à atteindre ou un point de référence. En se comparant à la silhouette « idéale » (par exemple, celle des mannequins ou celle des vedettes de cinéma), ces personnes en viennent à être insatisfaites de leur image corporelle. De plus, ces standards ne sont pas présentés dans un vacuum mais plutôt dans un contexte culturel qui lie la minceur et la beauté au bonheur, à la désirabilité et au statut social élevé (Tiggemann, 2002). L'acceptation de ce schéma culturel signifie que la valeur que l'on s'accorde passe par l'atteinte de cet idéal social. Or, à l'adolescence, cette pression peut s'exercer de manière particulièrement forte car les jeunes de cet âge sont en pleine recherche de leur identité. Cette période a aussi ceci de particulier qu'elle permet la découverte, chez soi et chez l'autre, de l'interdépendance de l'apparence physique et de la popularité dans les relations interpersonnelles.

2.4.1 L'image corporelle des garçons et des filles

Les filles et les garçons se distinguent clairement quand il s'agit de l'image corporelle (Feinglod et Mazzella, 1998 ; Levine et Smolak, 2002). Les filles ont une image de leur corps plus négative et différenciée que les garçons. Par exemple, la jeune fille parlera de ses hanches, de son nez, de son visage, de ses jambes, de son ventre, etc., alors que le garçon parlera de son corps de manière plus globale. La jeune fille énoncera aussi des opinions plus tranchées et négatives à propos des diverses parties de son corps. Comparativement aux garçons, les filles se trouvent aussi moins attirantes.

De plus, les différences entre les garçons et les filles sur le plan de l'insatisfaction corporelle sont particulièrement marquées durant l'adolescence. Des études ont ainsi montré que chez les filles, la satisfaction vis-à-vis de l'apparence décline significativement entre 12 et 15 ans, alors qu'elle demeure plutôt stable chez les garçons de ce groupe d'âge (Levine et Smolak, 2002). En général, les recherches indiquent aussi que le développement pubertaire est lié à l'insatisfaction corporelle chez les filles, tandis que chez les garçons, c'est plutôt l'inverse ; le développement pubertaire augmente la satisfaction face au corps (Stice, 2003).

L'une des causes les plus fréquentes de l'insatisfaction corporelle chez les filles concerne leur poids, qu'elles jugent trop élevé. Les standards proposés actuellement, dans les sociétés occidentales tout au moins, sont pratiquement inatteignables pour la plupart des femmes et sont bien inférieurs à ce que l'on qualifie de poids santé. On explique aussi l'image corporelle plus négative des jeunes filles par le fait qu'au cours de leur socialisation, elles sont amenées à croire que l'apparence est une base importante de leur valeur personnelle (Thompson, Heinberg, Altabe et Tantleff-Dunn, 1999). Cela dit, bien que les garçons aient typiquement une image d'eux-mêmes plus positive que celle des filles, il n'en demeure pas moins qu'eux aussi expriment une insatisfaction face à leur poids, à leur musculature et à leur apparence, et qu'ils ne sont pas à l'abri des désordres liés à l'alimentation tels que l'anorexie ou la boulimie (Labre, 2002 ; Levine et Smolak, 2002). Les messages s'adressant aux hommes transmettent l'importance d'une allure athlétique et d'une musculature bien développée. Des études montrent que la promotion de cette image masculine s'est intensifiée au cours des dernières décennies, notamment dans les magazines et dans les jouets présentés aux garçons (Jones et Crawford, 2005).

2.4.2 Les facteurs associés à l'image corporelle

Aujourd'hui, dans notre société, le surpoids est stigmatisé ; bien souvent, les personnes dans cette condition font l'objet d'épithètes négatives et de commentaires désobligeants de la part de leur entourage. Il en découle que les personnes souffrant d'embonpoint ou d'obésité sont généralement plus insatisfaites de leur apparence (Wardle et Cooke, 2005). Dans le même sens, un indice de masse corporelle (IMC) élevé est associé à des sentiments négatifs vis-à-vis de l'apparence corporelle (Jones, 2004 ; Jones et Crawford, 2005 ; Stice et Whitenton, 2002).

Plusieurs autres facteurs exercent une influence sur le développement de l'image corporelle. À ce chapitre, les médias jouent un rôle de chef de file. En effet, ils sont une des sources les plus importantes et les plus influentes sur le plan de la communication des standards de beauté dans notre société. Les images répétées de femmes très minces et d'hommes très musclés transmettent des modèles du corps idéal même si elles ne reflètent pas les proportions réelles de la population. Non seulement les médias présentent ces images, mais ils donnent aussi des instructions explicites sur la manière d'atteindre cet idéal. Les magazines féminins, par exemple, regorgent d'articles portant sur les régimes amaigrissants ou sur la valeur de tel ou tel produit de beauté. Ces messages inculquent la croyance qu'on peut, sinon qu'on doit, contrôler son poids et son corps pour être plus attirant et plus heureux.

Or, de très nombreuses études indiquent que les adolescentes qui lisent plus de magazines de mode et qui regardent beaucoup la télévision sont plus insatisfaites de leur corps (Levine et Smolak, 2002 ; Hargreaves et Tiggemann, 2004 ; Tiggemann, 2002). Par exemple, dans une étude menée en 1999, près de 70 % des adolescentes interrogées rapportaient que les images proposées dans les magazines influaient sur leur conception du corps idéal et près de 50 % affirmaient que ces images les ont incitées à suivre un régime amaigrissant (Field, Cheung, Wolf, Herzog, Gortmaker et Colditz, 1999). Une étude prospective réalisée auprès de 12 000 jeunes de 9 à 14 ans a aussi montré que l'exposition à ces images entraîne des préoccupations à l'égard du poids. Ce n'est donc pas le fait de se soucier de son apparence qui amène les jeunes à regarder ces magazines, mais l'inverse (Field, Camargo, Taylor, Berkey, Roberts et Colditz, 2001). Des chercheurs ont aussi comparé des groupes à qui on présentait des photos de femmes très minces avec des groupes qui regardaient des photos de femmes présentant un poids santé. En mesurant l'image corporelle de ces deux groupes de femmes, avant et après l'exposition à ces photos, ils ont constaté une détérioration de l'image corporelle chez les premières. Ainsi, même de très courtes expositions peuvent augmenter l'insatisfaction des jeunes filles face à leur corps et à leur apparence (Groesz, Levine et Murnen, 2002).

Le poids constitue une source d'insatisfaction corporelle plus importante chez les filles que chez les garçons, mais ceux-ci ne sont pas à l'abri des désordres liés à l'alimentation.

Il semble que les hommes adultes puissent aussi être sujets à l'impact négatif des images idéalisées que véhiculent les médias (Agliata et Tantleff-Dunn, 2004 ; Leit, Gray et Pope, 2002). Cependant, les recherches réalisées auprès des adolescents révèlent que ces derniers sont affectés de manière moins directe et moins forte que les adolescentes par cette source de transmission des standards de beauté (Hargreaves et Tiggemann, 2004 ; Humphreys et Paxton, 2004 ; Jones, Vigfusdottir et Lee, 2004).

Les médias n'expliquent cependant pas tout ; les personnes de l'entourage jouent un rôle de courroie de transmission non négligeable. À cet égard, les membres de la famille remplissent un rôle de premier plan puisqu'ils peuvent communiquer, souvent sans même en être conscients, les pressions exercées par les médias.

Ainsi, des messages en provenance du père, de la mère et des membres de la fratrie au regard de l'apparence, de la silhouette ou du poids idéal peuvent agir de manière importante sur l'image corporelle des enfants et des adolescents et les inciter à adopter certains comportements, tels que les restrictions alimentaires (McCabe et Ricciardelli, 2005 ; Stanford et McCabe, 2005). Il faut noter toutefois que c'est l'interprétation du message par le jeune, plutôt que l'intention du messager, qui influe sur les attitudes et les comportements du jeune. Par exemple, si une mère complimente sa fille à propos de formes plus mûres et féminines de son corps, il n'est pas dit que l'adolescente entendra ce message comme un compliment. Elle peut y voir une remarque sur sa prise de poids récente. Certaines attitudes envers les aliments, les préoccupations excessives du parent à l'égard de son propre poids et l'adoption de régimes alimentaires sont aussi des façons plus indirectes de transmettre des messages aux enfants (Choate, 2005 ; Stanford et McCabe, 2005).

À l'inverse, les jeunes qui reçoivent des messages positifs concernant leur corps développent une image corporelle positive (Choate, 2005). Les commentaires des parents à propos des réussites de leur jeune dans plusieurs domaines, autres que l'apparence physique, peuvent aussi agir comme des facteurs de protection puisqu'ils indiquent que l'apparence n'est qu'un des aspects de l'identité.

Par ailleurs, il ne faut pas négliger le rôle des pairs puisque ces derniers représentent aussi un contexte social important sur le plan du développement de l'image corporelle. En effet, qui n'a pas été l'objet de moqueries ou de critiques de la part de ses amis ou de son groupe de pairs à propos de l'une ou l'autre des parties de son anatomie ? Ces moqueries, plus ou moins constantes et plus ou moins graves, peuvent modifier sérieusement l'image qu'un jeune se fait de son corps (Jones et coll., 2004 ; Jones, 2004).

De plus, on sait que certains adolescents ont fréquemment des conversations avec leurs amis à propos de leur apparence, de la peur de grossir, de la mode, des vêtements ou de telle ou telle partie de leur corps qui ne leur semble pas parfaite. Or, ces jeunes sont plus susceptibles d'être insatisfaits de leur apparence que ceux qui n'abordent pas souvent ces sujets de conversation (Jones et coll., 2004; Jones, 2004). Ces conversations entre amis, alimentées notamment par les magazines, procurent en effet un contexte qui permet de construire, d'interpréter et même d'amplifier les standards proposés (Levine et Smolak, 2002). Elles encouragent aussi une forme de comparaison avec les autres pour ce qui est des attributs physiques. Ces conversations, qui peuvent paraître anodines, sont particulièrement influentes étant donné l'intimité qui lie les amis de cet âge.

2.4.3 Des facteurs de vulnérabilité individuelle

Tous les adolescents ne sont pas également touchés pas les pressions sociales à propos de l'apparence physique. Certains sont plus vulnérables que d'autres et trois caractéristiques psychologiques en particulier semblent jouer un rôle à cet égard, soit la tendance à la comparaison sociale, l'intériorisation des normes de beauté et l'investissement dans l'apparence physique. Ces caractéristiques paraissent plus présentes chez les filles que chez les garçons, ce qui les rend donc particulièrement vulnérables aux pressions sociales (Jones et coll., 2004).

En ce qui concerne la comparaison sociale, les personnes qui ont plus tendance à se comparer aux autres, que ce soit à leurs pairs ou à des célébrités, sont plus vulnérables à la pression venant de la société. Ce processus cognitif implique à la fois la recherche d'information et un jugement à propos de soi par rapport aux autres.

D'autre part, certains jeunes intériorisent aussi davantage les normes véhiculées par la société au sujet de l'image corporelle idéale. En effet, on peut être conscient des normes proposées par une société, sans pour autant les intérioriser. À l'opposé, pour certains, ces normes deviennent des buts personnels. Or, un jeune qui a intériorisé le modèle proposé dans la société risque plus de développer une image corporelle négative, car il y a peu de probabilités qu'il parvienne à atteindre ses buts (Cafri, Yamamiya, Brannick et Thompson, 2005; Jones, 2004).

Finalement, l'apparence physique revêt pour certaines personnes une importance capitale, ce qui entraîne une forme de vulnérabilité face aux messages véhiculés dans la société (Hargreaves et Tiggemann, 2004). Cet investissement dans l'image corporelle fait référence à l'importance psychologique, cognitive et comportementale que les personnes accordent à leur apparence physique. Se préoccuper de son apparence et chercher à paraître à son avantage n'est pas néfaste en soi; cela reflète plutôt un soin et une fierté face à son apparence corporelle. Cependant, certaines personnes voient dans leur apparence une partie fondamentale et intégrante de leur conception d'elles-mêmes et de leur valeur personnelle. Cette facette de l'investissement dans l'image corporelle est nettement plus problématique (Cash, 2005). Elle implique un surinvestissement dans l'apparence, à travers le temps, l'argent et l'énergie consacrés à l'amélioration de cette image. Elle peut détourner le jeune d'occasions intéressantes de développer d'autres aspects de son identité. La beauté devient alors, aux yeux de cette personne, un gage de bonheur, de succès social et d'approbation. Or, plus ces croyances sont élevées, plus les personnes sont susceptibles de développer des problèmes alimentaires (Choate, 2005).

Actuellement, dans notre société, être préoccupé à l'égard de son poids est devenu banal. Il faut dire que cette préoccupation est encouragée par d'imposantes industries, comme celles des produits amaigrissants et des produits de beauté. À une époque où les responsables de la santé publique insistent sur les problèmes de santé réels associés à l'obésité qui touche, il est vrai, environ 25 % des enfants et des adolescents du Canada (Conseil canadien de la santé, 2006), on pourrait croire que l'accent mis sur la minceur et l'aspect athlétique est positif. Cependant, le modèle actuellement préconisé représente, tant pour l'homme que pour la femme, un objectif qui n'est certainement pas requis pour être en bonne santé, voire qui peut être nuisible. C'est pourquoi des programmes destinés aux adolescents ne mettent pas l'accent sur la nécessité de maigrir, mais plutôt sur le maintien d'un poids santé et sur l'importance d'être bien dans sa peau. Il faut se rappeler qu'une préoccupation excessive à l'égard du poids entraîne toutes sortes de comportements qui présentent des risques pour la santé: des cycles de régimes à répétition, la consommation de produits amaigrissants, l'abandon ou l'excès de la pratique d'activités physiques, la consommation de produits liés à la musculation, l'usage du tabac et le recours à la chirurgie esthétique. En outre, les préoccupations excessives à l'égard du poids et de graves insatisfactions face à l'apparence physique sont considérées comme des facteurs précipitant l'apparition des désordres alimentaires que sont l'anorexie mentale et la boulimie (Chamay-Weber, Narring et Michaud, 2005).

CHAPITRE 3

Le développement de l'intelligence à l'adolescence

3

3.1 L'activité mentale et l'expérience de vie

La poussée de croissance du corps, l'apparition des caractères sexuels secondaires et la maturation sexuelle ne sont pas les seuls phénomènes qui marquent le tournant que constitue l'adolescence. L'ensemble de l'activité mentale connaît également une restructuration importante. De nouveaux outils de pensée se développent et permettent d'explorer des dimensions jusqu'alors inaccessibles, tant sur le plan physique que sur le plan social.

Au regard de l'environnement physique, l'adolescence ouvre l'accès à des notions que l'enfant ne pouvait saisir dans toute leur réalité en raison de leur grande complexité. Les concepts d'accélération, de proportion, de probabilité et de corrélation en sont des exemples. L'environnement social donne aussi matière à évolution : ce que les autres pensent de nous, de notre image, la qualité morale de la conduite d'autrui et la justice sociale deviennent des objets de réflexion plus présents dans la vie mentale. L'adolescent découvre progressivement les facettes complexes des relations interpersonnelles. Sa propre théorie explicative du comportement des autres évolue à mesure qu'il apprend à se connaître lui-même, à comprendre sa personnalité. Les réflexions du type « je me demande ce qu'il pense que je pense de lui » ou « j'espère avoir le courage de lui dire vraiment ce que je pense d'elle » surgissent à l'adolescence. L'adolescent peut réfléchir sur des concepts, penser à ses pensées ; il s'agit d'un phénomène nouveau pour lui.

Ainsi, l'activité mentale connaît des transformations profondes et, de la même façon que le corps d'enfant devient un corps d'adulte, la pensée enfantine devient une pensée adulte. C'est comme si la réalité physique et les relations sociales n'avaient été jusque-là envisagées qu'en deux dimensions et que, à partir de 12 ans, la troisième dimension apparaissait pour remettre en question l'ensemble de l'équilibre notionnel. Comme la croissance physique qui, outre quelques changements malheureux, apporte tout un univers de possibilités nouvelles et heureuses, l'évolution de l'activité mentale de l'adolescent implique non seulement des périodes de tumultes et de remises en question, mais aussi l'accès à une nouvelle capacité de raisonnement permettant de considérer le monde avec des yeux d'adulte. L'adolescence apporte avec elle un bagage cognitif grâce auquel l'activité mentale de l'enfant se transformera progressivement en une pensée adulte.

C'est par la pensée que nous prenons conscience de ce que nous vivons. Toute dimension de la vie, qu'elle soit physique, sociale, émotionnelle, sexuelle, professionnelle, etc., n'existe que dans la mesure où elle a sa place dans l'activité mentale. À l'adolescence, les transformations de l'activité cognitive ne sont pas de simples changements parmi d'autres, elles constituent le centre évolutif de l'expérience de vie. La pensée est le cœur de la vie subjective.

Souvent, à tort, on réduit la pensée au raisonnement scientifique ou à la stricte logique, supposant ainsi que tout ce qui n'est pas régi par une règle, une loi, une numérotation ou un nom n'appartient pas à la pensée, mais plutôt à quelque autre dimension qu'on appelle l'émotion, l'affectivité ou l'instinct. Les langages distincts qu'utilise la psychologie pour parler d'intelligence, d'affectivité ou de socialisation sont en partie responsables de ce clivage artificiel. Pourtant, on sait que c'est par son activité mentale que la personne se rend compte de ce qui lui arrive, qu'elle prend conscience de ses expériences dans toutes les sphères de la vie.

Or, si les outils de base de cette activité mentale sont modifiés, transformés pour devenir plus puissants, toute l'expérience de vie est également touchée. C'est précisément ce qui se produit à l'adolescence, moment où s'accroît la capacité d'établir des relations mentales. L'adolescent est beaucoup mieux placé que l'enfant pour comprendre des situations complexes étant donné qu'il a la faculté de considérer simultanément plusieurs aspects. Il peut élaborer des projets dans l'abstrait, tout comme il peut faire des analyses et des déductions plus complexes, ce qui lui permet de comprendre et de critiquer certaines positions des adultes. Toutefois, au-delà de cette capacité mentale plus grande, on ne s'étonnera pas de voir subsister chez le jeune des indices de naïveté, parfois charmante, qui révèlent que la pensée du jeune (comme celle de l'adulte d'ailleurs) ne fonctionne pas toujours sur le plan formel. Le texte suivant illustre cette cohabitation des niveaux dans un même récit.

Texte écrit par un adolescent d'environ 15 ans*

Je vais vous raconter une histoire qui est arrivée il y a longtemps, quand j'étais encore un jeune homme d'affaires célibataire. Il y avait une fille de mon village qui avait été abandonné par sa famille parce qu'elle avait eu un enfant. C'était une honte public dans ce temps là. Elle c'était caché dans une petite pièce au fond d'une de mes usines. Je l'avait trouvé un matin par hasard, sa fesait des mois qu'elle vivait là. L'air était frisquait, il y avait une grosse odeur et une caisse remplis de déchèts tombé sur le côté. Elle avait les pied tout sale, son bébé avait les yeux sèché. Elle m'avait souri avec de la peur dans le regard, car à l'habitude, personnes ne pénétraient dans sa cachette. Elle c'était tapisser dans un coin, certaine que je lui donnerait un de ses coup de pied, mais je déscida de ne pas la chasser, de lui laisser au moins ce recoin sous mon toît. Même si tous l'avaient reniés, cela m'étais égal.

Peu à peu, les gens du village avait sus qu'elle se cachait chez moi. Ces parents étaient venu me demander mainforte pour continuer à la garder, car même si la tradition disait de la renier, ils lui apportait de la nourriture en cachette. Avec le temps, je tombis en amour avec elle et son petit garçon, qui était remplis d'afection a revendre. Un jour je lui déclaris mon amour, alors elle me dit : Ah ! Mon bon ami, si seulement ce petit ange aurait pu être le vôtre ! Je lui répondis « Tes prochains enfants nous les feront ensemble, devant Dieu et les hommes, et tous tes enfants porterons mon nom. » Et bien cette femme, mes cher enfants, c'est votre mère.

* Reproduit tel quel à partir du site du Centre de communication écrite de l'Université de Montréal.

L'adolescence amène donc une transformation profonde de l'appareil mental qui, à son tour, modifie l'ensemble de l'expérience subjective en lui accolant des dimensions nouvelles. La vie affective, l'image de soi, la personnalité sociale et la pensée logique sont autant d'aspects du vécu influencés par le développement cognitif à l'adolescence. La théorie du développement cognitif élaborée par le psychologue suisse Jean Piaget constitue encore aujourd'hui l'explication la mieux structurée des changements qui touchent l'appareil conceptuel au cours de l'adolescence. Après un bref rappel de l'évolution du raisonnement au cours de l'enfance, nous tenterons, dans la section suivante, de faire ressortir les grandes lignes de l'explication piagétienne du développement cognitif à l'adolescence.

3.2 Le développement cognitif à l'adolescence selon Piaget

Jean Piaget a d'abord été biologiste. Sa formation dans cette discipline a influé sur l'ensemble de son œuvre consacrée au développement et au fonctionnement de l'intelligence humaine. Né en 1896, Piaget a obtenu en 1918 un doctorat en zoologie de l'université de Neuchâtel et sa thèse traitait des mollusques[1]. S'intéressant à l'adaptation biologique, Piaget a étudié le développement de l'intelligence chez l'enfant afin d'apprendre comment évolue la capacité d'adaptation au milieu. Pour Piaget, l'intelligence humaine correspond à une forme d'adaptation qui est en quelque sorte un prolongement des mécanismes adaptatifs biologiques : « Dire que l'intelligence est un cas particulier de l'adaptation biologique, c'est donc supposer qu'elle est essentiellement une organisation et que sa fonction est de structurer l'univers comme l'organisme structure le milieu immédiat » (Piaget, 1963, p. 10).

L'intelligence a pour fonction d'organiser la réalité selon des structures dont le point de départ se situe dans des actions très concrètes (les schèmes réflexes du nouveau-né ou les schèmes sensorimoteurs du bébé). Ces structures trouvent leur point d'achèvement dans le raisonnement formel de l'adolescent et de l'adulte. L'œuvre de Piaget couvre une partie considérable de cette évolution de l'activité mentale humaine qui passe du simple réflexe au raisonnement abstrait. Dès les années 1920, Piaget était convaincu que la connaissance humaine posait le problème des relations entre l'organisme qui agit et les objets de son expérience, c'est-à-dire entre le sujet et son milieu. Jusqu'à sa mort, en 1980, Piaget n'a jamais cessé de s'intéresser au développement de la connaissance. Son œuvre titanesque en fait un des tout premiers psychologues du XXe siècle. Au chapitre du développement de l'intelligence, sa théorie demeure encore aujourd'hui la principale référence.

Il existe plusieurs ouvrages qui présentent une vue d'ensemble de cette théorie et nous invitons le lecteur désireux d'en savoir davantage à s'y référer (Beilin et Pufall, 1992 ; Brainerd, 2003 ; Cloutier, Gosselin et Tap, 2005 ; Flavell, 1963, 1985a, 1985b ; Larivée, 2007 ; Piaget, 1970 ; Smith, 2004).

---

1. Sa thèse a été publiée en 1921 sous le titre *Introduction à la malacologie valaise*.

3.2.1 Deux grands invariants fonctionnels: l'adaptation et l'organisation

La théorie de Jean Piaget s'articule autour d'une série de mécanismes fondamentaux appelés « invariants fonctionnels ». Il s'agit de fonctions de base du développement à partir desquelles les comportements, aussi bien moteurs qu'intellectuels, évoluent en s'ajustant graduellement.

Le développement se traduit par une équilibration progressive des conduites. À la base de ce cycle développemental se trouvent les fonctions d'adaptation et d'organisation. L'adaptation est l'équilibre que l'organisme établit entre lui-même et son milieu. C'est la fonction externe du cycle développemental. L'organisation, c'est-à-dire la fonction interne du développement, est inséparable de l'adaptation en ce qu'elle structure les mécanismes internes nécessaires à l'adaptation.

L'adaptation et l'organisation sont complémentaires: en s'adaptant au milieu, le sujet s'organise, il articule son fonctionnement autour de structures de conduites de plus en plus différenciées (les schèmes). Ce faisant, il augmente sa capacité d'adaptation au milieu. Ainsi, une meilleure organisation permet une meilleure adaptation.

3.2.2 L'adaptation fondée sur l'équilibre entre l'assimilation et l'accommodation

Deux mécanismes se trouvent à la base de l'adaptation: l'**assimilation** et l'**accommodation**[2]. L'assimilation correspond à l'incorporation d'éléments du milieu à la structure de l'organisme. Cela signifie que le sujet transforme les éléments pour les intégrer, les assimiler à ses structures. L'accommodation, quant à elle, consiste pour le sujet à modifier ses structures (ses schèmes), à se transformer en fonction des pressions qu'exerce sur lui le milieu extérieur.

L'adaptation résulte d'un équilibre relatif entre l'assimilation et l'accommodation. Selon Piaget, ce cycle adaptatif est présent tant dans les processus biologiques que dans le mode de fonctionnement de l'intelligence.

Le tableau 3.1 propose des exemples d'adaptation en matière d'assimilation et d'accommodation.

Les fonctions d'adaptation et d'organisation sont intimement liées dans le développement de l'intelligence. L'interaction sujet-milieu est conditionnée par le degré d'organisation atteint par l'intelligence, et ce degré évolue grâce à une construction progressive renforcée par l'activité du sujet, c'est-à-dire par l'interaction entre son milieu physique et son milieu social. C'est pour cela que la théorie de Piaget est dite **interactionniste** et **constructiviste**. L'auteur propose quatre facteurs responsables du développement cognitif: 1) la maturation physique; 2) l'interaction avec l'environnement physique; 3) l'influence du milieu social; 4) l'équilibration. Ce dernier facteur, plus particulier à la théorie de Piaget, correspond à une tendance innée de l'organisme à rechercher un équilibre adaptatif, à intégrer les données du milieu à ses structures et à ajuster ces dernières aux impératifs de l'environnement. Par l'équilibration, le sujet améliore l'organisation de ses conduites, ce qui lui permet des adaptations mieux réussies.

Certaines conduites sont moins adaptées en raison d'un déséquilibre entre les deux pôles dû à l'excès de l'un par rapport à l'autre.

Exemple d'excès d'assimilation. C'est le cas d'une personne qui effectue un sondage d'opinion par téléphone et qui, à force de répéter des centaines de fois les mêmes phrases dans le même ordre, en vient à fonctionner « automatiquement », sans faire de distinction d'un répondant à l'autre. Ici, les schèmes, ou habitudes, de l'enquêteur commandent sa conduite et font que son comportement est moins adapté par excès d'assimilation. À l'entendre, on a l'impression qu'il s'agit d'un message enregistré qui n'est pas ajusté à la situation du sujet interrogé. C'est la rigidité de la personne qui n'écoute pas.

Exemple d'excès d'accommodation. C'est le cas de l'adolescent qui a peu d'amis et qui, en groupe, désire tellement établir de bonnes relations avec tout le monde qu'il approuve à peu près tout, au risque de se contredire à plusieurs reprises. Il y a alors un excès d'accommodation. Il néglige sa personne en se pliant abusivement aux courants d'opinions extérieurs.

---

2. On peut aussi parler de ces mécanismes dans la fonction interne du développement, c'est-à-dire dans l'organisation. L'assimilation correspondrait alors à l'intégration par un schème A d'un autre schème B, tandis que l'accommodation correspondrait à l'inverse, soit la transformation du schème A au profit du schème B.

TABLEAU 3.1	Définition de l'adaptation d'après les mécanismes d'assimilation et d'accommodation selon Piaget
Adaptation	L'**adaptation** est l'équilibre entre l'**assimilation** et l'**accommodation**. Elle est le résultat de l'**assimilation** d'éléments selon des structures préexistantes dans l'organisme, et de l'**accommodation** des structures aux situations nouvelles. Théoriquement, la recherche d'équilibre, c'est-à-dire l'équilibration, est constante pendant le développement et ne s'achève qu'une fois constitué un système stable d'adaptation. L'adaptation combine donc les transformations que l'organisme imprime sur son milieu (assimilation) et celles qu'il subit lorsqu'il incorpore les éléments nouveaux (accommodation). C'est l'équilibre entre ces deux pôles qui constitue l'adaptation.
Assimilation	L'**assimilation** est le mécanisme par lequel l'organisme incorpore les éléments extérieurs en fonction de ses structures propres.
Accommodation	L'**accommodation** est le mécanisme par lequel l'organisme modifie ses structures afin de s'adapter à une réalité ou à une expérience nouvelle.

L'ensemble des conduites humaines met en œuvre une combinaison des processus d'assimilation et d'accommodation, depuis les comportements biologiques jusqu'aux activités mentales complexes. En voici quelques exemples:

Exemple 1	**La digestion** – Lorsqu'une personne se nourrit, les éléments incorporés sont digérés, c'est-à-dire **assimilés** par le corps, par ses structures. Cette incorporation s'effectue toutefois de façon différente selon le type d'aliment. Le fonctionnement digestif s'**accommode** ou se plie aux caractéristiques des aliments, de sorte que la transformation peut durer de deux à trois fois plus longtemps selon qu'il s'agit de viandes crues ou de potages légers.
Exemple 2	**Le manche de hache** – Anciennement, les bûcherons se sculptaient parfois un nouveau manche de hache au début de la saison de la coupe. S'imposait alors une certaine période d'**adaptation** à l'outil au cours de laquelle la main de l'homme (c'est-à-dire la structure de l'organisme) **assimilait** l'outil par frottement et en usait les parties de façon distinctive. La main s'**accommodait** par ailleurs à la carrure du manche en développant des ampoules puis de la corne à des endroits précis selon le point de frottement. La main et le manche de hache s'**adaptaient** l'un à l'autre.
Exemple 3	**La résolution du problème** – La solution d'un problème posé suppose au préalable que les données du problème soient **assimilées**, c'est-à-dire intégrées aux structures mentales, lesquelles, à leur tour, doivent s'**accommoder** aux caractéristiques particulières de ces données. La solution du problème, c'est-à-dire l'**adaptation**, est le résultat de la combinaison des opérations mentales dont le sujet est capable (pôle d'assimilation) et de l'application appropriée de ces structures au contexte du problème (pôle d'accommodation). Si l'on demande à un travailleur d'indiquer la distance qu'il doit parcourir quotidiennement pour se rendre à son travail, il devra multiplier la distance qui sépare son domicile de son lieu de travail par le nombre de trajets quotidiens qu'il effectue. Ici, l'**assimilation** concerne l'intégration des éléments de la question aux structures mentales disponibles (par exemple, le travailleur pourra utiliser sa structure d'addition ou de multiplication pour transformer les trajets individuels en une seule distance quotidienne), ainsi que l'ajustement de la structure (addition ou multiplication) aux caractéristiques des données, c'est-à-dire le nombre précis de kilomètres par trajet et le nombre de trajets par jour.

Sur le plan cognitif, Piaget décrit donc le fonctionnement de l'intelligence comme une adaptation résultant d'un équilibre entre deux pôles fonctionnels (l'assimilation et l'accommodation), cette adaptation étant conditionnée par le degré d'organisation, ou de structuration, de l'intelligence. Dans la vision piagétienne, le développement des structures de l'intelligence s'effectue graduellement selon des stades et des sous-stades; quatre grandes périodes marquent ce développement: 1) la période sensorimotrice (de 0 à 2 ans); 2) la période préopératoire (la pensée symbolique de 2 à 5 ans, puis intuitive de 5 à 7 ans); 3) la période opératoire concrète (de 7 à 12 ans); 4) la période opératoire formelle (de 12 ans à l'âge adulte). Le tableau 3.2 décrit plus en détail les caractéristiques de l'activité mentale de chaque période.

Intelligence sensorimotrice
(de 0 à 2 ans environ)

Au cours des deux premières années de sa vie, l'enfant pense par le biais de son action. D'abord limité à une activité essentiellement réflexe, à la naissance, l'enfant prolonge graduellement son interaction avec le monde qui l'entoure. Les réflexes lui servent de base pour acquérir des comportements nouveaux. Ses premières explorations lui permettent de découvrir son propre corps.

Ensuite, l'enfant établit des relations entre ses actions et les objets extérieurs, puis entre les objets extérieurs eux-mêmes. Les perceptions de l'environnement et les actions sont au départ indépendantes mais vont bientôt se relier, se coordonner pour donner lieu à de nouvelles combinaisons augmentant le potentiel d'action. La coordination de la vision et de la préhension en est un exemple.

Fondé sur une **intelligence d'action,** le monde sensorimoteur est limité à l'«ici et maintenant». Les événements antérieurs et postérieurs ne peuvent être intégrés dans le raisonnement puisque celui-ci ne dispose pas de support symbolique pour représenter ce qui n'est pas immédiatement perceptible. La pensée sensorimotrice est aussi «privée» et non communicable étant donné qu'il n'existe pas de langage différencié pour en faire état. Graduellement, le monde extérieur (physique et social) sera intériorisé. Les objets seront «représentés», c'est-à-dire qu'une image pourra les évoquer même en leur absence. Ainsi, vers 2 ans, les objets ont acquis une permanence pour l'enfant: ils peuvent demeurer présents à son esprit même en leur absence; c'est la «permanence de l'objet». Petit à petit, l'enfant dépassera l'observation du monde, et son exploration, de plus en plus systématique, lui permettra de découvrir de nouvelles relations causales, d'inventer des moyens nouveaux pour atteindre des buts.

Pour Piaget, la période sensorimotrice est donc marquée par le développement des fonctions sensorielles et motrices et par le passage d'une activité dominée par les réflexes (à la naissance) à une activité symbolique lui permettant de se représenter le monde par des images mentales (vers 2 ans).

Intelligence symbolique et intuitive (période préopératoire)
(de 2 à 7 ans environ)

Entre 2 et 5 ans, l'évolution cognitive se caractérise par une activité symbolique. L'intelligence de perception et d'action de la période précédente fait place à une **intelligence d'images** qui en viendra à utiliser des symboles pour représenter le monde. Les personnes ou les choses n'ont plus à être présentes physiquement pour être objets de réflexion puisque l'enfant peut dorénavant se représenter leur image même en leur absence.

La fonction symbolique permet le développement du langage, c'est-à-dire l'ouverture à un système de symboles conventionnels permettant de communiquer. Au cours de cette période du développement, la communication demeure toutefois très centrée sur le point de vue de l'enfant, encore incapable de se mettre à la place de son interlocuteur. L'expression «égocentrisme opératoire» sert à désigner ce phénomène. La communication et la pensée de l'enfant demeurent centrées sur son point de vue propre.

La pensée symbolique peut se transformer au gré des désirs de l'enfant. Le jeu symbolique constitue d'ailleurs une activité mentale importante à cette période. L'association entre objet réel et image mentale de l'objet reste alors discrète et ne se généralise pas en concepts.

La pensée intuitive, qui apparaît vers l'âge de 5 ans, permet un certain dépassement de l'image unique pour englober des ensembles plus larges (on parle de configuration d'objets). Elle demeure cependant incapable de réversibilité. L'enfant à ce stade n'a pas encore la possibilité d'agir mentalement. Il ne peut combiner plusieurs aspects d'une même réalité (par exemple, il ne pourra pas combiner la hauteur avec la largeur d'un contenant pour évaluer la quantité de son contenu; il sera «centré» sur une seule de ces dimensions dans son évaluation). L'enfant est aussi centré sur son propre point de vue, puisqu'il n'a pas la capacité d'adopter une autre perspective que la sienne dans l'espace.

Progressivement, les centrations seront dépassées et l'enfant pourra considérer non pas simultanément, mais séquentiellement, plus d'une dimension (par exemple, la largeur puis la hauteur du contenant, et non pas les deux en même temps de façon intégrée). Cette étape dite «de régulation d'un aspect à l'autre» est préalable à l'acquisition de la réversibilité.

Intelligence opératoire concrète
(de 7 à 12 ans environ)

Vers l'âge de 7 ans, une évolution très importante se produit sur le plan de l'activité mentale. Il s'agit de l'avènement de l'**opération mentale,** ou de la capacité d'agir par la pensée. Le système symbolique développé au cours de la période précédente est dès lors utilisé pour effectuer des transformations mentales sur les objets. Ces opérations pouvant se faire et se défaire mentalement, elles sont dites «réversibles».

Par exemple, l'enfant pourra imaginer l'action de transvider un liquide d'un contenant à un autre, puis l'inverse, c'est-à-dire l'action de retransvider le liquide dans le premier contenant.

Cette réversibilité permet à l'enfant de sortir de l'apparence immédiate des choses et de retourner en arrière dans le temps. Si, par exemple, on transforme une boule d'argile en galette devant l'enfant, celui-ci pourra dépasser l'apparence de cette nouvelle forme et retourner mentalement à la boule initiale pour établir l'équivalence de la quantité d'argile sous les deux formes (cette opération s'appelle la conservation de la substance par réversibilité). Au cours de la période opératoire concrète, les notions de conservation du nombre, du poids, du volume sont progressivement acquises en même temps que les structures logiques relatives à la classification, à la sériation, etc.

À partir de 7 ans, l'enfant commence à passer du particulier au plus général. Il peut organiser des objets en classes et en sous-classes. Si on lui montre par exemple un jeu de ferme miniature, il est capable de diviser les éléments selon les classes « hommes », « animaux », « objets inanimés ». Dans la classe « animaux », il peut créer des sous-classes « vaches », « cochons », etc., et distinguer la double appartenance d'une vache à la sous-classe « vaches » et à la classe « animaux ».

Plus mobile, l'intelligence concrète n'en demeure pas moins reliée à la représentation physique des objets sur lesquels portent les opérations. La pensée concrète est restreinte aux opérations appliquées au réel, et ce n'est qu'à la période suivante que les opérations pourront porter sur des propositions abstraites ou sur des hypothèses. L'adolescent ne sera dès lors plus limité à réfléchir sur des choses et pourra songer à des idées, manipuler des concepts, définir des stratégies, etc.

Intelligence opératoire formelle (de 12 ans environ à l'âge adulte)

La pensée formelle permet l'établissement de relations entre le réel et le possible. Vers l'âge de 12 ans, la pensée **hypothético-déductive** émerge et habilite progressivement l'adolescent à élaborer ses hypothèses devant une situation donnée et à tester systématiquement leur véracité pour finalement en tirer les conclusions appropriées. Le raisonnement formel permet de traiter plus de deux catégories de variables à la fois.

L'adolescent pourra ainsi résoudre un problème concernant la durée du vol d'un avion, en tenant compte de la distance, des conditions atmosphériques qui influent sur sa vitesse et de la durée d'une série d'escales. La capacité de raisonner sur des propositions abstraites libère l'intelligence du réel et la rend indépendante du contenu sur lequel porte la question. L'avion peut ainsi être remplacé par le symbole « X » sans que la question soit modifiée pour autant. La maîtrise des actions concrètes à partir des actions abstraites permet d'envisager tous les cas possibles dans une situation donnée. En examinant l'ensemble des actions virtuelles avant d'exécuter les actions réelles, l'adolescent peut agir selon un plan d'ensemble organisé ; il n'a plus à passer d'une opération concrète à une autre, comme c'était le cas au cours de la période précédente.

L'adolescence s'accompagne donc d'une réorganisation de l'appareil conceptuel. L'innovation principale de ce changement réside dans la capacité de passer du réel au possible, c'est-à-dire de sortir du concret pour accéder à l'abstrait, à l'hypothèse, à la déduction. Formuler des hypothèses, planifier des activités, établir des stratégies, tirer des conclusions à partir de l'examen systématique de données, estimer les chances de succès ou d'échec d'une activité, etc., sont autant d'exemples d'opérations dorénavant possibles pour l'adolescent.

Toutefois, il convient de préciser que plusieurs études ont démontré que les adolescents n'avaient souvent qu'une maîtrise partielle de la pensée formelle et que les jeunes ne présentaient pas tous l'ensemble des caractéristiques mentionnées précédemment dans leur façon de raisonner (Byrnes, 1988 ; Dale, 1970 ; De Lisi et Staudt, 1980 ; Lagacé, 1981 ; Larivée, 2007).

3.2.3 Une organisation qui évolue par étapes

Pour Piaget, l'organisation de la pensée humaine s'effectue toujours dans la même séquence de l'enfance à l'âge adulte ; tout le monde passe par les mêmes stades. Si l'intelligence peut progresser plus ou moins vite selon les individus, les milieux et les domaines d'opérations mentales, elle évolue nécessairement à travers les stades. Chaque stade se caractérise par une organisation qui lui est propre, une structure fonctionnelle particulière. Chaque nouveau stade de développement donne lieu à une réorganisation des structures antérieures de la pensée par l'intégration des nouvelles acquisitions aux données du stade précédent. Le nouveau stade diffère donc quantitativement du précédent en ce qu'il réunit plus d'éléments et, qualitativement, en ce qu'il possède une organisation structurale particulière.

La pensée formelle est l'une des acquisitions les plus importantes de l'adolescence. Elle ouvre l'accès à un monde mental plus vaste permettant l'élaboration de nouvelles stratégies de résolution de problèmes. Nous vous proposons ici une brève étude des caractéristiques de la pensée formelle ; pour en faciliter la compréhension, nous tenterons d'en appliquer quelques-unes à la résolution de problèmes pratiques.

Problème n° 1 – Les montres défectueuses

Un fabricant de montres a reçu de nombreuses plaintes selon lesquelles certaines montres seraient défectueuses. Le directeur de l'usine demande alors à un technicien de faire une enquête à ce sujet. Au bout d'un certain temps, le technicien informe le directeur du résultat de ses recherches : « J'ai constaté que toutes les montres fabriquées en septembre étaient défectueuses. » Le directeur demande alors qu'on lui apporte une série de montres de façon qu'il puisse les examiner personnellement.

a) Au sujet d'une montre fabriquée en juillet, le directeur déclare : « Elle ne peut pas être défectueuse puisqu'elle n'a pas été fabriquée en septembre. »

À partir des renseignements obtenus du technicien, le directeur a-t-il raison de dire cela ? Pourquoi ?

b) Examinant une deuxième montre, le directeur constate qu'elle retarde. Il déclare : « Cette montre est défectueuse, elle a donc été fabriquée en septembre. »

Peut-il affirmer cela ? Pourquoi ?

c) Ayant examiné une troisième montre, le directeur constate qu'elle fonctionne parfaitement. Il dit alors : « Cette montre fonctionne très bien, elle n'a donc pu être fabriquée en septembre. »

Cette affirmation est-elle fondée ? Pourquoi ?

Dans ce problème, la proposition importante à retenir est la suivante : si une montre a été fabriquée en septembre, elle est défectueuse. Toutefois, si une montre n'a pas été fabriquée en septembre, elle pourra être soit **défectueuse,** soit **non défectueuse.** Des trois affirmations du directeur, seule la troisième (c) est exacte. La première affirmation erronée, soit (a), suppose la transformation de « toutes les montres fabriquées en septembre sont défectueuses » en « toutes les montres défectueuses ont été fabriquées en septembre ». Cette confusion, plus fréquente chez les sujets qui sont au stade préformel, amène à tort à la conclusion qu'« une montre qui n'a pas été fabriquée en septembre ne peut pas être défectueuse ».

Problème n° 2 – L'oscillation du pendule

Un pendule est composé d'un objet suspendu au bout d'un fil. L'objet est mobile par rapport à un point fixe de suspension. Qu'est-ce qui détermine le rythme d'oscillation du pendule ? On sait que le poids, la forme, la composition, etc., de l'objet suspendu peuvent varier. Il en va de même pour la longueur du fil, la hauteur de chute de l'objet lui-même, etc. Comment trouver le facteur qui détermine le rythme d'oscillation du pendule ? Ici, l'approche formelle typique consiste à poser des hypothèses et à **vérifier systématiquement leur valeur.** Pour arriver à n'omettre aucune possibilité, un plan d'expérience est élaboré avant la vérification concrète.

Longueur	Poids	Oscillation
1re Longue	Lourd	?
2e Longue	Léger	?
3e Courte	Lourd	?
4e Courte	Léger	?

Après avoir soumis ces hypothèses à l'expérimentation, vous obtenez les résultats suivants :

Longueur	Poids	Oscillation
1re Longue	Lourd	Lente
2e Longue	Léger	Lente
3e Courte	Lourd	Rapide
4e Courte	Léger	Rapide

Quelle conclusion peut-on tirer de cette expérience ?

C'est la longueur du fil qui détermine le rythme d'oscillation du pendule. Le poids n'influe pas sur le rythme.

Ainsi, dans cette démarche à caractère formel, un **plan d'expérience systématique** a été élaboré à partir de la formulation préalable d'**hypothèses,** une **expérience** a été entreprise selon le plan de départ et les **résultats** ont permis la déduction d'une **conclusion.** Le sujet préformel typique entreprendrait immédiatement des essais concrets avec le matériel, sans organisation de l'ensemble de son expérience, de sorte qu'il pourrait très bien oublier des possibilités et répéter le même essai sans s'en rendre compte. Le raisonnement formel organise l'action de façon hypothético-déductive, alors que le raisonnement concret procède par tâtonnements, en passant d'une opération concrète à une autre.

Problème n° 3 – Les arrangements de chiffres

On vous donne deux piles de petits cartons sur lesquels sont inscrits des chiffres. Des « 1 » sont imprimés sur les cartons de la première pile et des « 2 », sur les cartons de la deuxième pile. Combien de nombres différents de deux chiffres pouvez-vous former avec ces « 1 » et ces « 2 » ? _____

Et si vous disposez de trois piles : des « 1 », des « 2 » et des « 3 », combien de nombres différents de deux chiffres pouvez-vous former ? _____ Avec quatre chiffres ? _____ Avec cinq ? _____

Pour arriver à résoudre ces problèmes, il faut procéder systématiquement, surtout lorsque le nombre de possibilités augmente. Une méthode consiste à fixer un chiffre et à faire varier les autres.

Cette approche, que l'on pourrait appeler « fixation-variation », combine deux opérations systématiques : la première consiste à **fixer** un chiffre, la seconde, à **faire varier** l'autre. En effet, il s'agit d'effectuer une opération sur une opération, autrement dit d'effectuer une opération du second degré, laquelle est caractéristique du raisonnement formel.

Une fois qu'est apparue la progression des nombres (4, 9, 16) lorsqu'on passe de 2 à 3 puis à 4 chiffres disponibles, le raisonnement formel permet de dépasser la vérification concrète et de **dégager une loi** régissant cette situation.

Si 2 chiffres donnent 4 nombres à 2 chiffres, que 3 chiffres donnent 9 nombres à 2 chiffres et que 4 chiffres donnent 16 nombres à 2 chiffres, on peut déduire que le résultat correspond au carré des chiffres disponibles. Ainsi, avec 5 chiffres, nous obtiendrons 25 nombres à 2 chiffres ; avec 6 chiffres, 36 nombres ; avec 9, 81 ; etc. L'application de la loi du carré fait véritablement appel aux opérations formelles de la pensée, grâce auxquelles la résolution des problèmes est beaucoup plus rapide qu'elle ne le serait s'il était fait usage d'un support concret. Imaginez le temps qu'il faudrait pour former les 81 nombres de 2 chiffres que supposent nos 9 piles de cartons…

Maintenant, combien de nombres différents de 3 chiffres peut-on former avec des « 1 » et des « 2 » ? Réponse : 2^3. Combien de nombres différents de 9 chiffres peut-on former avec des « 1 », des « 2 », des « 3 », des « 4 » et des « 5 » ? Réponse : 5^9.

Le raisonnement formel permet de dégager des principes de l'observation du réel, de dépasser la situation concrète et de tirer des lois généralisables, c'est-à-dire applicables à tous les cas possibles. Imaginez le temps qu'il faudrait si, pour répondre à la dernière question, on se mettait à construire concrètement tous les nombres de 9 chiffres que l'on peut obtenir avec des « 1 », des « 2 », des « 3 », des « 4 » et des « 5 » ! Or, la maîtrise de l'algorithme approprié permet de trouver la solution exacte en quelques secondes, avec un risque d'erreur négligeable comparativement à celui associé à l'opération concrète. Voilà un bel exemple de dépassement du concret par l'abstrait.

Fixe	Variable
1	1
1	2
2	1
2	2

Total : 4 nombres de 2 chiffres avec des « 1 » et des « 2 »

Fixe	Variable
1	1
1	2
1	3
2	1
2	2
2	3
3	1
3	2
3	3

Total : 9 nombres de 2 chiffres avec des « 1 », des « 2 » et des « 3 »

Fixe	Variable
1	1
1	2
1	3
1	4
2	1
2	2
2	3
2	4
3	1
3	2
3	3
3	4
4	1
4	2
4	3
4	4

Total : 16 nombres de 2 chiffres avec des « 1 », des « 2 », des « 3 » et des « 4 »

Problème n° 4 – Les proportions

a) Partage

Voici deux groupes d'individus : A et B. Chacun a un certain nombre de tartes à manger. Dans quel groupe chaque individu aura-t-il la plus grande quantité de tartes à manger ? À moins que tous les sujets n'aient une quantité égale à manger ? Cochez la case de votre choix.

Groupe A

Groupe B

□ Quantité plus grande à manger ici
□ Quantité égale
□ Quantité plus grande à manger ici

b) Hasard

Imaginez que, les yeux fermés, vous devez prendre une bille dans l'une des boîtes ci-contre. Y a-t-il une boîte de laquelle vous auriez plus de chances de retirer une bille noire, ou avez-vous le même nombre de chances avec les deux boîtes ?

Boîte A

Boîte B

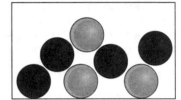

□ Chances plus grandes ici
□ Chances égales
□ Chances plus grandes ici

c) Concentration[3]

Sur les plateaux A et B, on a déposé des verres remplis d'eau (verres blancs) et d'autres remplis de jus d'orange (verres foncés). Si l'on transvidait tous les verres du plateau A dans un pot, et tous les verres du plateau B dans un autre pot, est-ce qu'un mélange goûterait davantage l'orange que l'autre, ou les deux mélanges auraient-ils le même goût ?

Plateau A

Plateau B

□ Goût plus prononcé ici
□ Même goût
□ Goût plus prononcé ici

---

3. Exemple inspiré de Noelting (1980).

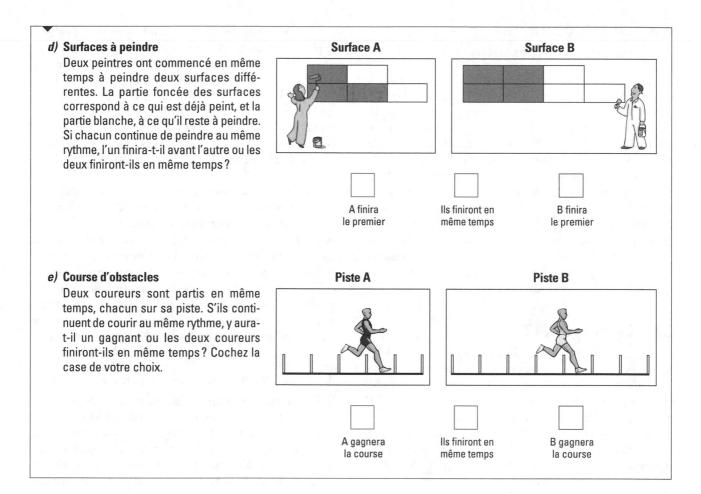

d) Surfaces à peindre

Deux peintres ont commencé en même temps à peindre deux surfaces différentes. La partie foncée des surfaces correspond à ce qui est déjà peint, et la partie blanche, à ce qu'il reste à peindre. Si chacun continue de peindre au même rythme, l'un finira-t-il avant l'autre ou les deux finiront-ils en même temps ?

Surface A

Surface B

☐ A finira le premier   ☐ Ils finiront en même temps   ☐ B finira le premier

e) Course d'obstacles

Deux coureurs sont partis en même temps, chacun sur sa piste. S'ils continuent de courir au même rythme, y aura-t-il un gagnant ou les deux coureurs finiront-ils en même temps ? Cochez la case de votre choix.

Piste A

Piste B

☐ A gagnera la course   ☐ Ils finiront en même temps   ☐ B gagnera la course

Les cinq situations du problème qui précède font référence à des contextes concrets différents. Sur le plan de la logique, toutefois, ils font tous appel au même concept : les proportions. On peut aussi remarquer que chaque situation met en jeu les rapports 3/5 et 4/7. Dans les cinq cas, la bonne réponse est A. Le raisonnement formel possède cette autre caractéristique d'être **indépendant du contenu** sur lequel il porte. Ainsi, qu'il s'agisse de billes, de tartes ou de coureurs, la même stratégie d'évaluation des proportions ou des rapports en jeu peut s'appliquer. La même solution vaut dans chaque cas.

Les sujets de niveau préformel sont plus dépendants du support concret et verront plus difficilement la similitude d'un problème à l'autre ; selon le contexte matériel présenté, ils changeront leur stratégie de résolution du problème.

Comme on l'a vu, la pensée formelle possède un ensemble de caractéristiques et toutes sont axées sur une maîtrise plus grande de la capacité de fonctionner, c'est-à-dire de s'adapter. Elle est **hypothético-déductive** ; à ce titre, elle offre la possibilité d'émettre des hypothèses, de les vérifier systématiquement et de déduire les conclusions appropriées d'après les résultats obtenus. Comme elle peut fonctionner à un niveau abstrait, elle est **indépendante du contenu** sur lequel elle porte. Elle peut s'exercer sur des **propositions** hypothétiques aussi bien que sur des éléments concrets. Elle permet de résoudre des problèmes **multidimensionnels** par la possibilité qu'elle donne d'intégrer plusieurs variables à la fois (par exemple, le temps, la distance parcourue et l'accélération). Elle rend aussi possible l'exécution d'opérations du second degré, c'est-à-dire des **opérations sur des opérations** (elle autorise, par exemple : 1) l'établissement de rapports entre des ensembles ; 2) la comparaison de ces rapports entre eux). Elle est enfin **combinatoire,** ce qui permet de dégager tous les cas possibles d'une situation (voir le problème n° 3, « Les arrangements de chiffres »).

3.3 La structure de la pensée formelle

Les périodes de développement de l'intelligence proposées par Piaget donnent lieu à l'établissement de **structures d'ensemble**, c'est-à-dire des cadres d'organisation de la pensée. La période formelle repose ainsi sur deux structures d'ensemble : 1) le système combinatoire ou le réseau de la logique des propositions débouchant sur la capacité de combiner tous les cas possibles d'une situation (autrement dit de faire une combinatoire) ; 2) le groupe INRC, dont les lettres désignent respectivement l'identité, la négation (ou l'inversion), la réciprocité et la corrélativité (qui correspond à l'inverse de la réciproque). En premier lieu, nous étudierons les quatre opérations du groupe INRC ; en second lieu, nous aborderons le système combinatoire.

3.3.1 Le groupe INRC

Piaget croit que la pensée abstraite des adultes intègre les éléments de la pensée concrète des enfants tout en y ajoutant des dimensions qui la rendent plus mobile, plus efficace quant au traitement de l'information. Le groupe INRC illustre bien cette capacité nouvelle de la pensée formelle. Il s'agit d'une structure cognitive qui intègre la double réversibilité. La réversibilité était déjà présente dans la pensée opératoire concrète. Ainsi, les enfants du niveau opératoire concret étaient capables de renverser une action dans leur tête ; ils pouvaient, par exemple, imaginer que l'inclinaison du joug d'une balance à plateaux provoquée par le dépôt d'un poids donné sur l'un des plateaux peut être annulée par le dépôt d'un même poids sur l'autre plateau de la balance. Avec le groupe INRC, cette réversibilité simple est doublée, c'est-à-dire qu'elle intègre la combinaison de deux systèmes réversibles, comme le système des plateaux de la balance qui se combine avec le système du joug de la balance que l'on peut déplacer sur le pivot.

Dans le groupe INRC, les termes « identité », « négation », « réciprocité » et « corrélativité » forment deux paires d'éléments contraires (chacune est donc porteuse de réversibilité) qui se combinent en un seul système de double réversibilité. Le terme **identité** s'applique à une opération initiale donnée, par exemple mettre un poids (P) sur un des deux plateaux d'une balance (voir la figure 3.1). La **négation** correspond à la simple inversion de la première opération, à savoir l'opération d'enlever le poids du plateau A dans notre exemple. L'opération de **réciprocité** consiste à annuler l'effet de la première opération (identité) en modifiant une autre variable du système. Selon l'exemple de la figure 3.1, la réciproque serait de mettre un poids P' sur le plateau B de la balance afin d'annuler l'effet du poids P en A. L'opération de **corrélativité** correspond à l'inverse de la réciproque, c'est-à-dire l'enlèvement de P' du plateau B.

Le groupe INRC constitue donc un réseau d'opérations fermé sur lui-même, autrement dit un réseau où les effets de toute opération (ou combinaison d'opérations) peuvent être contrebalancés par les effets d'une autre opération du groupe. Dans notre exemple de la balance, un autre système de transformation aurait pu être utilisé en interaction avec l'opération de mettre un poids sur le plateau A ou de l'enlever : le mouvement du joug vers la droite ou vers la gauche pourrait annuler ou multiplier les effets de l'identité ou de la négation.

3.3.2 Le système combinatoire

Une deuxième structure d'ensemble sert de pilier au raisonnement formel[4] : il s'agit du système logique combinatoire permettant d'envisager toutes les possibilités d'une situation donnée. Ce système est assez difficile à expliquer verbalement. Les adolescents qui accèdent progressivement à cette façon de raisonner ne sont pas conscients de la structure de leur pensée telle que nous la décrivons ici.

Seize opérations sont obtenues avec 2 signes (logique bivalente), 256 opérations sont obtenues avec 3 signes (logique trivalente), 4 096 opérations sont obtenues avec 4 signes (logique quadrivalente), etc. Le tableau 3.3 fournit la liste des 16 opérations de la combinatoire construite à partir des événements **âge** (jeunes, vieux) et **sexe** (hommes, femmes). Au stade des opérations concrètes (de 7 à 12 ans), l'enfant réussissait à construire certaines combinaisons d'événements. Ainsi, à partir des facteurs « jeune », « vieux », « homme », « femme », il était capable de produire les quatre possibilités suivantes : 1) femme jeune ; 2) femme vieille ; 3) homme jeune ; 4) homme vieux. C'est par sa capacité de dépasser ces premières opérations par des combinaisons nouvelles que le sujet formel se distingue du sujet concret. C'est en cela que le raisonnement formel implique les

---

4. Le terme « formel » se rapporte à l'indépendance du contenu de ce type de pensée, où c'est la forme qui compte ; le contenu peut varier du concret à l'abstrait sans que le schème de raisonnement en soit touché. La pensée formelle porte sur les opérations effectuées sur les contenus plutôt que sur les contenus eux-mêmes.

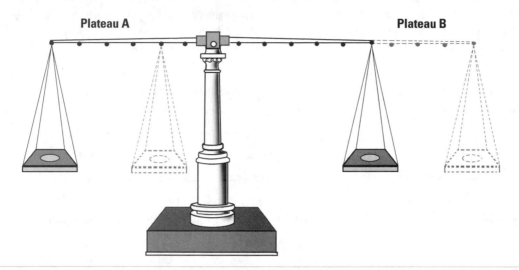

Plateau A　　　　　　　　　　　　　　　**Plateau B**

Autre exemple du groupe INRC

M. Tremblay est employé de chemin de fer. Il est actuellement occupé à travailler sur un wagon ouvert. Le cheminot travaillant sur le wagon de même que le wagon peuvent se déplacer dans un sens ou dans l'autre sur la voie.

1. Si l'opération «identité» consiste en un déplacement du cheminot vers la droite sur le wagon immobile...

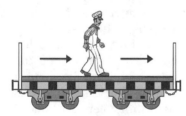

2. ... la «négation» (le contraire de l'identité) pourra consister en un déplacement de M. Tremblay vers la gauche sur le wagon immobile.

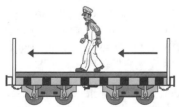

3. La «réciproque» (c'est-à-dire l'annulation de l'effet de l'identité par l'intervention d'une autre variable du système) pourrait être le mouvement du wagon vers la gauche équivalant au déplacement de M. Tremblay dans l'opération «identité» (voir le point 1), de sorte que, par rapport à un signal lumineux fixé au sol, M. Tremblay ne s'éloignerait pas.

4. La «corrélativité» serait l'inverse de la réciproque, c'est-à-dire...? (Indiquez l'opération en jeu sur le système utilisé comme exemple.)

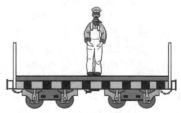

Une épidémie frappe un petit village. Afin de contrer ses effets, une campagne de désinfection générale est organisée. Le maire forme de petites équipes de travailleurs en tenant compte de leur âge et de leur sexe pour équilibrer les forces. Avant de faire les regroupements, il se fait un plan de toutes les combinaisons possibles. Il obtient les résultats suivants :

1) Vieux hommes seulement

2) Vieilles femmes seulement

3) Jeunes hommes seulement

4) Jeunes femmes seulement

5) Vieux hommes et vieilles femmes

6) Jeunes hommes et jeunes femmes

7) Vieux hommes et jeunes femmes

8) Jeunes hommes et vieilles femmes

9) Femmes seulement : jeunes et vieilles

10) Hommes seulement : jeunes et vieux

11) Vieux hommes, vieilles femmes et jeunes hommes

12) Vieux hommes, vieilles femmes et jeunes femmes

13) Jeunes hommes, jeunes femmes et vieux hommes

14) Jeunes hommes, jeunes femmes et vieilles femmes

15) Vieux hommes, vieilles femmes, jeunes hommes et jeunes femmes

16) Aucun travailleur

Cette liste d'apparence assez compliquée se simplifie passablement si l'on remplace les quatre composantes considérées (jeunes, vieux, hommes, femmes) par les chiffres 1, 2, 3, et 4 ; cela illustre le fait que l'indépendance du contenu de la pensée formelle, postulée par la théorie de Piaget, n'est pas complète dans la réalité pratique. Par ailleurs, le contenu de la consigne donnée dans un problème à résoudre peut jouer un grand rôle ici puisque la personne qui ne s'autorise pas à envisager l'absence de certaines composantes dans une possibilité voit sa liste considérablement écourtée. Ainsi, il n'est pas sûr que l'on se permette spontanément d'inscrire la seizième possibilité sur cette liste.

opérations du second degré, c'est-à-dire des opérations sur le résultat d'opérations déjà effectuées. Le tableau 3.4 résume les principales caractéristiques du raisonnement formel selon Piaget.

Nous avons déjà indiqué que l'achèvement du développement de la pensée formelle, c'est-à-dire la parfaite maîtrise du raisonnement hypothético-déductif, n'était pas le lot de tous les adolescents. Une forte proportion de jeunes adultes normaux présentent encore des décalages à cet égard. D'autre part, dans la plupart des situations nouvelles qu'il rencontrera, le sujet formel abordera les questions de façon intuitive, et c'est seulement d'une manière progressive qu'il évoluera vers une organisation systématique de sa pensée (Linn et Songer, 1991).

En effet, lorsque nous observons le cheminement de notre pensée quand il s'agit de trouver la solution d'un problème nouveau, nous nous apercevons que l'intuition est bien souvent présente et que c'est plus tard dans le processus de résolution du problème que l'approche systématique devient apparente. La structure formelle du raisonnement ne se manifeste pas nécessairement dans toutes les conduites des sujets capables de l'utiliser. Les scientifiques les plus productifs n'échappent d'ailleurs pas à cette réalité. Bref, il convient de considérer le modèle piagétien de raisonnement formel comme un point d'arrivée par rapport à l'organisation des opérations mentales à l'adolescence, et non pas comme un acquis survenant subitement à 12 ou à 15 ans.

Avant de terminer cette courte synthèse de la théorie de Piaget sur le développement cognitif à l'adolescence, il y a lieu de préciser que l'accession à la pensée formelle ne marque pas la fin du développement de l'intelligence chez l'humain. Toute la vie durant, l'appareil mental continue d'évoluer et de « construire » de nouvelles connaissances. Différentes recherches ont d'ailleurs pu mettre en évidence des structures « post-formelles » de raisonnement, plus complexes encore que celles que nous avons décrites précédemment. Il va sans dire que l'atteinte du stade formel ne présuppose aucunement de la part du sujet la conscience explicite des nouvelles caractéristiques de sa pensée. Les transformations psychogénétiques de la pensée à l'adolescence s'opèrent sans que les adolescents connaissent la théorie de Piaget...

Caractéristique	Considérations d'ordre cognitif	Exemple
La pensée formelle implique la capacité de passer **du réel au possible**.	Il s'agit de la plus importante propriété de la pensée formelle puisque **toutes les autres en découlent**. C'est la capacité d'envisager toutes les possibilités offertes par une situation donnée en combinant mentalement les différentes relations possibles.	Une équipe de hockey connaît des difficultés sur le plan offensif. Elle n'arrive pas à marquer de buts. Les quatre trios offensifs de l'équipe vont mal. À titre d'entraîneur, vous êtes chargé de réorganiser l'offensive. Votre capacité de dépasser la situation actuelle pour évaluer chaque joueur offensif selon ses qualités, ses défauts et ses relations avec les autres joueurs illustre cette caractéristique générale de la pensée formelle.
La pensée formelle est une pensée **propositionnelle**.	Le raisonnement formel n'est plus limité à des contenus concrets ou perceptibles sur le plan sensoriel; il peut porter sur des hypothèses et des propositions sans support concret et effectuer sur elles des transformations. Le raisonnement formel est indépendant du contenu. Les opérations peuvent donc porter indifféremment sur des chiffres, des symboles nouveaux, des énoncés verbaux, etc.	Dans l'exemple de l'équipe de hockey proposé ci-dessus, la possibilité qu'a l'entraîneur de mettre en relation les qualités de chaque joueur et de trouver l'effet combiné des nouveaux trios offensifs sans que la présence des joueurs soit nécessaire illustre la capacité de raisonner sur des propositions.
La pensée formelle est **hypothético-déductive**.	L'adolescent mis en présence d'une situation peut émettre des hypothèses, en vérifier la véracité de façon systématique et en tirer des conclusions.	Si tel joueur est placé avec tel autre, le troisième joueur du trio sera dans telle situation à l'offensive…
La pensée formelle permet une analyse **combinatoire** des situations.	Mis en présence d'une situation dans laquelle plusieurs facteurs sont en jeu, l'adolescent pourra poser des hypothèses sur toutes les combinaisons d'événements possibles, sans en oublier. Ainsi, la combinatoire de toutes les possibilités peut s'établir.	L'analyse combinatoire permettra à l'entraîneur de l'équipe de hockey de ne pas oublier de joueur, d'envisager toutes les combinaisons possibles.

Source: Inspiré de Piaget et Inhelder (1955).

3.4 Après Piaget: les questions soulevées par sa théorie

La grande majorité des observateurs qui connaissant bien l'œuvre de Piaget s'accordent à lui reconnaître une importance majeure dans l'histoire de la psychologie au XXe siècle: il y fut le développementaliste le plus important (Beilin et Pufall, 1992; Flavell, 2004; Gruber et Vonèche, 1977; Halford, 1989). Pourtant, plusieurs critiques ont été formulées à l'endroit de ses idées sur le développement cognitif. Lourenço et Machado (1996), qui analysent en profondeur ces écrits, en font ressortir 10 critiques dominantes dont ils débattent des fondements en prenant chaque fois la défense de Piaget. Nous utiliserons ici huit de ces arguments pour faire le point sur les questions soulevées « après Piaget » et jeter un coup d'œil sur la pérennité de la contribution piagétienne aujourd'hui. Les huit arguments critiques que nous allons survoler nous

offriront donc un tableau des préoccupations de la recherche actuelle à la suite de Piaget.

1. Piaget sous-estime la compétence des enfants. Plusieurs études sur les épreuves piagétiennes et les âges associés aux stades de développement ont en effet obtenu des données pouvant laisser croire à des compétences plus grandes que celles proposées par Piaget. Selon Lourenço et Machado, une bonne proportion de ces divergences s'expliquerait par des différences de critères employés dans l'évaluation du raisonnement: si on n'utilise pas les mêmes critères d'évaluation du raisonnement, il n'est pas étonnant que les résultats diffèrent. Par ailleurs, ces auteurs soulignent à juste titre non seulement que Piaget ne sous-estime pas la compétence des enfants, mais qu'il est celui qui a le plus directement contribué à reconnaître l'extraordinaire potentiel du raisonnement de l'enfant au XXe siècle.

2. La théorie de Piaget établit des normes d'âge qui ne correspondent pas aux données obtenues. Il est vrai que des écarts dans l'âge d'accession aux stades ont souvent été observés, mais il serait erroné de croire que de tels écarts dans la chronologie des stades invalident la théorie de Piaget. Effectivement, l'intérêt premier de celle-ci porte sur l'enchaînement des structures cognitives au fil du développement plutôt que sur l'âge d'apparition des stades dont il a reconnu qu'ils étaient influencés par la culture et l'expérience personnelle de l'enfant.

3. Piaget décrit le développement de façon négative. En effet, plusieurs indices servant à caractériser certains stades du développement font référence à l'absence d'une capacité (par exemple, la pensée prélogique, le raisonnement préopératoire) ou qualifient le raisonnement d'« égocentrique » ou de « statique ». Lourenço et Machado indiquent que, pour Piaget, le développement ne procède pas d'un niveau d'incompétence vers la compétence, mais qu'il s'agit d'une construction progressive de la capacité d'adaptation qui se complexifie et se raffine, laquelle est reconnue présente dès le début.

4. La théorie de Piaget ignore les facteurs qui influent sur la performance des sujets. Étant donné que Piaget s'est occupé beaucoup plus activement de décrire les mécanismes cognitifs utilisés par les enfants et les adolescents pour résoudre les problèmes qu'il leur posait dans ses tests, cela ne veut pas dire qu'il nie l'influence du contexte sur la performance du sujet. Pour Piaget, il fallait décrire les processus cognitifs avant de chercher à mesurer le rôle des facteurs qui influent sur le rendement brut.

5. La théorie de Piaget néglige le rôle des facteurs sociaux dans le développement. Piaget cherchait en effet plus à comprendre l'émergence des stades qu'à maîtriser les facteurs pouvant accélérer ou retarder leur apparition. Cela ne signifie pas pour autant que l'influence du monde social est négligeable pour l'enfant ; au contraire, il s'agit là d'un des quatre facteurs de développement qu'il propose (les trois autres étant la maturation, l'expérience avec le monde physique et l'équilibration).

6. À un stade donné, Piaget prédit des correspondances de structures d'une notion à l'autre, alors que les données obtenues ne les confirment pas. Ici est critiquée l'idée que chaque stade s'articule autour d'une structure d'ensemble qui régit le raisonnement dans les différentes tâches opératoires (classification, sériation, conservation, proportion, combinatoire, etc.). Plusieurs études ont en effet repéré des différences de niveau (« décalages ») dans le raisonnement selon le problème proposé. On a trouvé de l'hétérogénéité d'une zone de raisonnement à l'autre plutôt que de l'homogénéité et de la synchronie dans les opérations, qu'elles soient concrètes ou formelles. On a aussi reconnu des trajectoires distinctes de développement en fonction des domaines de connaissances, ce qui tend à soutenir une vision multidimensionnelle du développement plutôt qu'un modèle unidimensionnel applicable à tous et dans tous les domaines cognitifs (Larivée, 2007).

Sur la base de plusieurs publications, Lourenço et Machado répliquent que cette critique relève d'une confusion entre le caractère fonctionnel du rendement observé dans différentes tâches opératoires (tests piagétiens) et le caractère formel des structures d'ensemble qui lient les domaines du raisonnement de façon analogique. Insistant sur la présence normale de « décalages » dans le raisonnement observé d'un problème à l'autre, Piaget prévoit des « asynchronies » fonctionnelles entre diverses applications d'une structure d'ensemble qui les relient par une analogie formelle. Il faut cependant reconnaître que l'idée voulant que la construction des connaissances dans différents domaines traduise une trajectoire unique en vertu du « modèle de l'escalier », où chaque palier est défini par la structure d'ensemble qui gouverne l'adaptation dans le stade, continue de poser des problèmes de vérification empirique (Houdé, 2006).

7. La théorie de Piaget décrit, mais elle n'explique pas. Cette critique a d'abord été formulée par Brainerd (1978), qui reconnaît la qualité des descriptions fonctionnelles des stades de Piaget, mais qui lui reproche de ne pas fournir de mesure empirique des antécédents des stades. Pour Brainerd, Piaget décrit des raisonnements, mais il n'offre pas de mesure indépendante des fondements de ces raisonnements. Par exemple, lorsque Piaget propose le principe d'équilibration comme mécanisme de développement, il n'offre pas de base empirique indépendante pour appuyer son rôle ; il déduit l'équilibration de la description de la conduite (Brainerd, 1978). Lourenço et Machado rétorquent à cela que cette critique est une simplification et que les grandes questions ontogénétiques ne sont pas seulement des problèmes de mesure fonctionnelle. Ils ajoutent que, face au défi consistant à comprendre comment de

Selon les critiques, la théorie du développement cognitif de Piaget se limite à l'enfance et à l'adolescence et ignore ce qui se passe ensuite.

nouvelles formes de pensée émergent au cours du développement, Piaget s'est en effet donné comme priorité de décrire finement les raisonnements des jeunes afin de bien comprendre leur logique et leur transformation progressive.

8. La théorie de Piaget ignore ce qui se passe après l'adolescence. Il est clair que les travaux sur l'apparition du raisonnement formel à l'adolescence ont révélé des écarts considérables d'un sujet à un autre et d'un domaine cognitif à un autre. Cela a eu pour effet de remettre en question le caractère terminal de ce stade et la prétendue «indépendance du contenu» de la pensée de ce stade. Le stade formel est-il vraiment le dernier stade? Le développement de la pensée ne se poursuit-il pas après l'adolescence? Piaget lui-même a évolué dans ses positions quant à la chronologie du stade formel. Avant les années 1970, il prétendait que la pensée formelle fait son apparition quelque part entre 11-12 ans et 14-15 ans, mais, par la suite, il a indiqué qu'elle survenait entre 15 et 20 ans (Piaget, 1983, 1986). Cependant, Piaget n'a pas adhéré à la suggestion d'un stade «postformel» faisant suite au stade formel comme plusieurs auteurs l'ont proposé (Koplowitz, 1990; Riegel, 1975; Sinnott, 1984). Il a plutôt affirmé l'ouverture de la structure formelle à une infinité de

contenus, fussent-ils des domaines physique, logique, mathématique ou encore affectif, émotionnel ou artistique. Pour Piaget, au stade formel, c'est la structure qui est finale, mais son évolution et son intégration dans des systèmes fonctionnels peuvent se poursuivre toute la vie (Lourenço et Machado, 1996).

3.5 La pensée sur soi et sur autrui

L'évolution du raisonnement chez l'adolescent a été étudiée non seulement en rapport avec des notions du monde physique (conservation, proportion, espace, logique, etc.), mais aussi en rapport avec des objets liés au monde personnel et social. Ainsi, l'évolution de la pensée sur les pensées et de la pensée sur les réalités psychologiques des autres a constitué les zones d'intérêt de la métacognition et de la cognition sociale, respectivement.

3.5.1 La métacognition

Si les adolescents et les adultes n'ont pas conscience de toutes les caractéristiques de leur pensée, ils n'en développent pas moins, sous l'impulsion de la pensée formelle notamment, des capacités nouvelles de penser à leurs pensées; c'est ce que l'on appelle la métacognition (Flavell, 1985b, 2000; Lefebvre-Pinard et Pinard, 1985; Metcalfe et Shimamura, 1994; Metcalfe et Greene, 2007; Perfect et Schwartz, 2002; Pinard, 1986). Comme nous l'avons vu, la possibilité pour la pensée de dépasser le réel, de se libérer du concret, le pouvoir de faire des plans à l'avance, de formuler des hypothèses, etc., sont autant de forces cognitives qui se déploient au cours de l'adolescence. Ce gain d'indépendance par rapport au concret ou au présent permet à la pensée de porter sur des contenus abstraits dont la pensée elle-même fait partie. L'adolescent devient en mesure non seulement de dégager des règles à partir de ses observations, mais aussi de réfléchir sur les règles elles-mêmes, afin d'en tirer d'autres règles. Il développe une réflexion sur sa pensée, une conscience et une connaissance de sa propre activité mentale; bref, il développe une métacognition. Ses capacités mentales nouvelles ne sont certainement pas limitées aux matières scolaires ou aux notions logico-mathématiques documentées par Piaget. Toutes les sphères de l'activité mentale en bénéficient, tant celle des sentiments intimes que celle des principes régissant l'univers.

La conscience et la connaissance de sa propre activité mentale ont pour l'adolescent des répercussions sous de nombreux aspects: la mémoire, la communication, l'attention, la compréhension des autres, etc. Dès l'enfance, le sujet démontre une certaine connaissance de ses processus cognitifs. Par exemple, l'enfant de six ans qui s'attache un ruban au doigt pour être sûr de ne pas oublier une lettre qu'il doit apporter à l'école fait appel à la métamémoire. À l'adolescence, cependant, les stratégies visant à maîtriser la mémoire peuvent devenir beaucoup plus subtiles et structurées. Il suffit de faire une petite enquête dans le milieu étudiant pour s'en rendre compte. La répétition, l'association des contenus nouveaux avec des contenus anciens, l'utilisation d'idéogrammes, la structuration hiérarchique planifiée des contenus ne sont que quelques exemples de moyens employés pour mieux mémoriser certains contenus d'apprentissage. Les méthodes mnémotechniques, c'est-à-dire qui aident à mémoriser des contenus, sont des stratégies métacognitives.

On assiste au même phénomène dans le domaine de la communication (orale ou écrite), où la personne développe une conscience et une connaissance de sa façon de présenter l'information, de la séquence de présentation adoptée et de l'influence qu'exercent ces facteurs quant à l'efficacité de sa communication. Dès lors, il lui est possible de déterminer ses points forts et ses points faibles et de mettre au point de meilleures stratégies métacognitives.

L'évolution de la pensée chez l'adolescent lui permet de prendre conscience des facteurs qui influencent l'efficacité de sa communication.

Les capacités métacognitives nouvelles sont favorisées dans leur développement par la tendance à l'introspection caractéristique de l'adolescence : la plupart des adolescents passent plus de temps que les enfants à réfléchir sur leurs émotions, leurs espoirs, à élaborer des théories, à s'expliquer leurs relations sociales, etc. Tenter de se comprendre constitue une activité importante à l'adolescence et les nouveaux outils cognitifs disponibles améliorent la base de connaissances acquises sur sa propre façon de penser et sur la valeur des stratégies qu'on emploie. Cela permet l'exercice d'un contrôle plus raffiné de la pensée et des processus de résolution de problèmes (Brown, 1978 ; Flavell, 1979, 1981, 1985b, 2004 ; Keating, 1980). À l'adolescence, la base de connaissances métacognitives vient donc nourrir l'efficacité

de l'autorégulation mentale que constitue la métacognition (Lefebvre-Pinard et Pinard, 1985 ; Huet, Larivée et Bouffard, 2007). Ainsi donc, on pourrait établir un lien fonctionnel entre la pensée formelle telle que décrite par Piaget et le développement de la métacognition : toutes deux s'alimentent réciproquement.

3.5.2 La cognition sociale

La cognition sociale est une autre sphère importante de l'activité intellectuelle qui se transforme entre 12 et 18 ans : il s'agit de la compréhension du point de vue des autres, de leurs pensées, de leurs sentiments, de leurs intentions, de leurs attitudes (Carpendale et Lewis, 2006 ; Cloutier et coll., 2005 ; Flavell, 1985a). Au terme de son enfance, le jeune dispose d'un ensemble d'outils de compréhension sociale, mais, sous l'action de la pensée formelle, la compréhension de soi et d'autrui franchira des étapes importantes à l'adolescence. Dans la sous-section précédente concernant la métacognition, nous avons vu que la pensée peut porter sur la pensée ; évidemment, elle peut aussi porter sur ce que les autres pensent, sur ce qu'ils veulent, sur ce qu'ils ressentent, sur ce qu'ils ont l'intention de faire par rapport à nous, etc. Voilà donc les objets de ce que nous appelons la cognition sociale.

Les inférences, ou suppositions, que l'enfant peut faire en ces matières diffèrent de celles de l'adolescent en ce que son expérience de vie, son bagage de connaissances et ses capacités de raisonner diffèrent. Les enfants plus jeunes arrivent à pressentir les émotions des personnes de leur entourage grâce à leur sensibilité toute particulière (Kirouac, 1993), mais ils auront du mal à prévoir les pensées ou les sentiments des autres dans divers contextes. Leur image des autres est encore fortement influencée par l'aspect extérieur : l'apparence physique, les biens possédés, les comportements directement observables, etc., et ils n'intègrent pas bien les intentions des personnes dans leur compréhension sociale. Entre 6 et 12 ans, cependant, des progrès notables sont accomplis à cet égard et la perception d'autrui devient de moins en moins dépendante des apparences. Il y a intégration progressive des intentions et des attributs personnels dans les inférences sociales (Carpendale et Lewis, 2006 ; Selman, 1980 ; Shantz, 1975, 1983).

Avec l'adolescence, la compréhension sociale du jeune pourra intégrer sa propre perspective, celle des autres personnes concernées et les écarts qui les séparent. Les erreurs ou les malentendus possibles pourront en outre être intégrés dans l'élaboration d'inférences sociales. L'adolescent est conscient du fait que sa propre pensée peut être l'objet de la pensée des autres ; il est à même de comprendre que son point de vue subjectif peut s'écarter de celui d'autrui et que, pour bien saisir ce qui se passe entre les gens, il doit tenir compte de ces écarts d'interprétation. Moins dépendant des apparences dans ses jugements, capable de dépasser la description pour aller jusqu'à l'interprétation des motifs en présence, l'adolescent consacre de plus en plus d'énergie à construire une image nuancée,

relative, de son monde social, un tableau où la complexité des relations interpersonnelles peut être mieux saisie. C'est la poursuite du chantier de construction de la « théorie de l'esprit » amorcée dès l'enfance.

Des travaux de recherche ont par ailleurs montré que l'évolution de la cognition sociale ne suivait pas exactement les mêmes étapes que la cognition relative au monde physique parce que les influences affectives et culturelles y provoqueraient des écarts plus importants d'une personne à l'autre (Astington et Baird, 2005 ; Flavell et Miller, 1998 ; Higgins et Bargh, 1987 ; Greenfield, Keller, Fuligni et Maynard, 2003). Les processus cognitifs de base sont sans doute les mêmes, quel que soit l'objet sur lequel porte la réflexion, mais l'accent que la culture d'origine place sur une réalité sociale conditionnerait plus directement les représentations sociales : « Par exemple, certaines

Le développement de la « théorie de l'esprit »

En psychologie, le développement de la compréhension sociale de l'enfant a été approché de différentes manières au fil des ans, et plusieurs notions se côtoient dans ce domaine. Ainsi, les expressions « causalité psychologique », « cognition sociale », « représentations sociales », « attributions sociales » et « intentionnalité » sont autant d'exemples de concepts qui se rattachent à l'univers de la compréhension sociale et touchent plus ou moins directement la façon dont l'enfant en vient à comprendre les mécanismes psychologiques à la base des conduites, c'est-à-dire à construire sa propre « théorie de l'esprit ». Ainsi, la compréhension du monde mental, lequel est habité par des croyances, des intentions, des émotions, des pensées et des désirs, se développe chez l'enfant et l'adolescent et constitue l'objet du domaine d'étude appelé « théorie de l'esprit » en psychologie du développement (Flavell, 2004).

L'intérêt pour le développement de la théorie de l'esprit chez l'enfant s'est accru rapidement sous l'impulsion de l'étude fondatrice de Wimmer et Perner (1983) qui démontra que, vers trois ou quatre ans, les enfants acquièrent la capacité de comprendre que quelqu'un peut se tromper en agissant sur la base d'une fausse croyance. Par exemple, après qu'un enfant a ouvert une boîte de biscuits au chocolat pour découvrir qu'elle contenait des crayons et non pas des biscuits, on lui demande ce qu'un autre enfant qui n'a pas regardé dans la boîte va penser que la boîte contient. Typiquement, les enfants de trois ans et moins vont répondre que l'enfant dira qu'elle contient des crayons, ce que les auteurs appellent une erreur par « réalisme ». Les enfants

de quatre ans et plus répondront que l'enfant interrogé dira qu'elle contient des biscuits, témoignant ainsi qu'ils tiennent compte de la fausse attribution que l'apparence de la boîte entraînera. Cette réussite présuppose une capacité de penser à ce qu'une autre personne pense.

L'évolution de l'explication des conduites se poursuit pendant plusieurs années, et ce n'est que vers le début de l'adolescence que le jeune se rendra compte que la pensée ou l'« esprit » des gens est un processus actif, changeant, variable selon les contextes d'attribution et que l'interprétation des gens peut être influencée par leurs expériences antérieures et leurs préjugés (Barquero, Robinson et Thomas, 2003 ; Carpendale et Lewis, 2006 ; Wellman et Liu, 2004). L'avènement du raisonnement formel à l'adolescence rend aussi possible une théorie de l'esprit qui intègre l'existence de croyances du deuxième niveau dans ses attributions sociales, c'est-à-dire des « croyances sur les croyances ». Par exemple, l'adolescent pourra interpréter la conduite des autres sur la base d'arguments comme ceux-ci : « parce qu'il croit qu'elle pense... », « même si son opinion était très différente de la tienne, une entente entre vous resterait possible », « ne va pas croire que je pense qu'elle sait », « s'ils découvrent que nous y tenons vraiment, ils monteront leur prix », une capacité qui agrandit considérablement l'espace de la compréhension sociale. L'adolescent peut aussi reconnaître que l'acquisition de certaines formes de raisonnements et de connaissances scientifiques peut répondre à des règles particulières, différentes de celles qui gouvernent les relations sociales (Flavell, 2004 ; Kitchener, 2002).

langues offrent un encodage plus riche des états mentaux que d'autres et certaines cultures (ou sous-cultures) encouragent davantage la pensée et les échanges sur les processus mentaux comparativement à d'autres » (Flavell, 2004, p. 283 ; traduction libre).

Les inférences sociales des adolescents, comme celles des adultes du reste, sont loin d'être parfaites et, comme chacun sait, les erreurs d'interprétation des pensées, des sentiments, des intentions ou des attitudes d'autrui sont nombreuses dans la vie quotidienne. Cependant, les progrès accomplis en ce domaine avec le développement de l'activité mentale sont très importants pour l'adaptation sociale : la façon dont une personne interprète la conduite des autres influe directement sur son comportement à leur égard. Si l'adolescent croit qu'un adulte agit dans l'intention de lui faire du tort, son attitude à l'égard de cet adulte sera certainement modifiée par sa croyance. Il en va de même dans les relations avec les pairs : si l'adolescent décode mal les signes émis par ses pairs, ou s'il ne saisit pas bien les interactions sociales qui se déroulent autour de lui, il pourra interpréter une invitation comme une menace ou, à l'inverse, manquer de voir que sa présence n'est pas souhaitée et s'exposer ainsi à un rejet pénible. La capacité de bien saisir l'entourage social dépend du niveau d'évolution de la cognition sociale ; les progrès importants observés à l'adolescence dans ce domaine sont loin d'en marquer l'achèvement. Le développement de la cognition sociale peut se poursuivre toute la vie.

3.6 L'évolution de la pensée morale à l'adolescence

L'adolescence est, plus que toute autre, la période au cours de laquelle le sujet découvre les principes et les valeurs qui gouvernent les individus et la société. Grâce à ses nouvelles capacités cognitives, l'adolescent est en mesure de déceler plus facilement les contradictions entre ce que les adultes disent et ce qu'ils font, entre la morale qu'on lui sert à la maison et à l'école et celle que la société applique. Appelé lui-même à faire des choix importants pour son avenir, l'adolescent se rend compte qu'entre l'idéal et la réalité, l'écart est souvent important. Cette découverte du relativisme des choses ne va pas sans conflits intérieurs, sans contradictions, sans revirements soudains, sans problèmes de conscience. La réponse à la grande question « qui suis-je ? » suppose la recherche de valeurs, de

principes personnels que l'on désire adopter pour agir de façon cohérente et conforme à ce que l'on veut être. Chaque adolescent a ce défi à relever qui consiste à choisir sa voie.

La pensée morale correspond à l'ensemble des critères utilisés par une personne pour juger du caractère juste ou injuste, bon ou mauvais des comportements. Le développement cognitif exerce une influence directe sur le jugement moral, car ce dernier met en jeu le raisonnement logique de même que la capacité d'intégrer de l'information et de réfléchir sur différentes possibilités. On peut donc dire de la pensée morale qu'elle se développe parallèlement aux structures cognitives, ce qui explique la présence de la sous-section qui suit dans le présent chapitre : la pensée morale est une des zones de la pensée et celle-ci franchit des étapes importantes à l'adolescence.

3.6.1 La distinction entre pensée morale et cognition sociale

La pensée morale et la cognition sociale ont en commun qu'elles présupposent la compréhension du sens des conduites humaines, ce qui explique leur dépendance par rapport au niveau de développement cognitif. Ces deux activités mentales se distinguent cependant quant à leur finalité : la cognition sociale a pour objet de comprendre la dynamique des conduites humaines, tandis que la pensée morale ajoute à cette lecture sociale un jugement sur la rectitude ou la valeur des conduites observées. Avec l'épanouissement moral s'acquièrent un code social, des principes éthiques et des normes de conduite fondées sur des principes fondamentaux comme le droit à la vie, la liberté, l'égalité des êtres humains, la justice, l'honneur, la réussite et le respect.

Les deux exemples suivants illustrent la différence entre la cognition sociale et le jugement moral. Deux individus à la recherche d'un emploi doivent se rendre à une entrevue de sélection. L'un se dit : « Je déteste porter une cravate et un veston, mais je sais que cela pourra faire une forte impression sur cet employeur et augmenter mes chances d'obtenir l'emploi. Je vais donc essayer de me trouver une cravate et un veston. » L'autre postulant se dit pour sa part : « Je sais que cet employeur pourrait valoriser un candidat en cravate et en veston, mais ce n'est vraiment pas mon genre et je n'ai pas l'intention d'être un imposteur. Je dois être choisi pour ce que je suis, tel que je suis et non pas pour mon apparence. » Dans cet exemple, les deux candidats font une lecture sociale équivalente (cognition sociale), mais le deuxième y ajoute une interprétation morale absente de la réflexion du premier.

Dans le second exemple, un candidat à une élection discute avec un ami intime au sujet des experts qu'il doit s'adjoindre en vue de la campagne. L'ami lui dit : « Ce qu'il te faut, mon vieux, c'est un tacticien lucide qui sait comment doser tes munitions au cours de la campagne : quand sortir les promesses électorales les plus percutantes, quand lancer les rumeurs les plus dures concernant tes adversaires, comment mettre leurs activités publiques en échec, etc. » Et le candidat inquiet de répondre : « Tu ne crois pas que ce qu'il me faudrait en priorité, c'est un expert en éthique électorale qui nous protège contre les risques de faire des bêtises que les électeurs ne nous pardonneraient pas par la suite ? » Ici, l'ami intime prise surtout la tactique froidement orientée vers le but (cognition sociale stricte), sans souci du respect de normes morales dans le choix des moyens, tandis que le candidat semble d'abord soucieux de respecter un code d'éthique dans son action électorale.

La recherche sur la moralité, notamment aux États-Unis, existait dès la fin du XIXᵉ siècle, mais, dans la foulée des intérêts psychométriques de l'époque, elle se préoccupait plus de mesurer la quantité de moralité présente chez les individus que de comprendre le fonctionnement du jugement moral comme tel (Wendorf, 2001). Au cours des années 1930, Piaget a été l'un des premiers auteurs à décrire le développement de la pensée morale chez l'enfant (Piaget, 1932-1973). L'observation du comportement d'enfants face aux règles qui gouvernent leurs activités lui a permis de distinguer deux stades de développement : le stade de la moralité hétéronome et le stade de la moralité autonome. Le premier stade (sept ans et moins) définit une moralité centrée sur la lettre des règles, incapable d'interprétation. Selon l'auteur, la pensée statique de l'enfant en période préopératoire ne lui donne pas la capacité de considérer différents points de vue, de tenir compte de l'intention des agents ou du contexte de l'action jugée. C'est la correspondance avec la règle qui indique si une action est bonne ou non, rien d'autre. Pour le sujet de ce premier stade, la justice est immanente, c'est-à-dire que les méchants sont punis par les événements malheureux qui leur arrivent du seul fait qu'ils ont commis de mauvaises actions. Cette façon de juger du bien et du mal s'apparente à celle des sociétés primitives qui voyaient dans leurs malheurs (épidémies, inondations, sécheresses, etc.) une punition des dieux dont ils pouvaient infléchir l'humeur par l'offrande de présents (sacrifices).

À partir de l'âge de sept ans, l'enfant évolue vers une moralité autonome par laquelle il peut considérer l'intention de l'auteur lorsqu'il porte un jugement sur ses actes. La règle n'est plus quelque chose d'immuable, mais une convention utile pouvant faire l'objet d'une interprétation. L'autorité n'est plus perçue exclusivement comme une source de prescriptions ; elle est aussi vue comme une alliée avec laquelle il est possible de coopérer.

Dans ses travaux sur le jugement moral, Piaget proposait des situations à des enfants et étudiait leurs réactions. Dans ses interrogations, il utilisait par exemple des scénarios semblables au suivant. Il était une fois deux petites filles : Louise et Claire. Un jour, Louise constata que l'encrier de sa mère était vide et décida de lui rendre service en le remplissant avec la grosse bouteille d'encre. Or, en ouvrant la bouteille, Louise renversa de l'encre sur la table et fit une grande tache sur la nappe. Claire, elle, joua avec l'encrier de sa mère et fit une petite tache en s'amusant. Laquelle des deux fillettes est la plus fautive ? Pourquoi ?

Généralement, les enfants de moins de sept ans jugent les acteurs suivant l'ampleur du dégât causé, sans tenir compte de l'intention du personnage. À leurs yeux, dans le scénario décrit plus haut, Louise est la plus fautive puisqu'elle a fait une grande tache sur la nappe, alors que celle de Claire est toute petite. Pour les sujets plus âgés, c'est Claire la plus coupable puisqu'elle a fait une tache en s'amusant, alors que Louise voulait rendre service à sa mère. Cette logique est certes lourdement tributaire de notre culture judéo-chrétienne, dans laquelle l'intention de s'amuser est moralement moins appréciée que celle de rendre service... Il est possible que, outre le fait qu'ils axent leur jugement sur les effets des actes, les jeunes enfants ne fassent pas encore de distinction de valeur entre l'amusement et le comportement d'aide. Cette indifférenciation constituerait une explication supplémentaire de leurs jugements.

Lawrence Kohlberg (1958, 1969, 1972, 1981, 1984) a poussé plus loin les travaux initiaux de Piaget et proposé une évolution du jugement moral en six stades regroupés en trois grands niveaux de développement.

3.6.2 Les six stades du développement moral selon Kohlberg

Le psychologue américain Lawrence Kohlberg (1927-1987) est au développement moral ce que Piaget a été au développement cognitif : il a contribué plus que tout autre à en tracer l'évolution de l'enfance à l'âge adulte. Les six stades qu'il a définis sont encore aujourd'hui les principales références dans le domaine. C'est à partir de dilemmes moraux, autrement dit de problèmes pour lesquels il n'y a pas de solution complète, qu'il a cherché à évaluer le raisonnement des individus. À l'instar de Piaget dans ses expériences cliniques, il ne s'intéressait pas tant à la réponse des sujets qu'au raisonnement, à la démarche logique qui les amenait à leur réponse. Les trois exemples présentés dans le tableau 3.5 illustrent le genre de situation utilisée par Kohlberg pour déterminer le stade de développement du jugement moral des répondants.

Le tableau 3.6 représente, sous forme synoptique, les stades établis par Kohlberg. Au premier niveau, la pensée morale est préconventionnelle, c'est-à-dire qu'elle n'a pas encore atteint le niveau des conventions relatives aux bases sociales de la justice. Par exemple, le jeune ne sait pas encore bien distinguer les intentions et les conséquences dans l'évaluation des responsabilités.

Le premier stade de cette période, celui de l'obéissance simple, correspondant à la fin de la période préopératoire, est caractérisé par une pensée morale où la distinction entre le bien et le mal repose surtout sur les conséquences des actes : ceux qu'on punit sont mauvais et ceux qu'on récompense sont bons. Le pouvoir de l'autorité n'est pas remis en question et il faut lui obéir si l'on veut éviter les ennuis.

Au deuxième stade, qui coïncide avec l'acquisition des opérations concrètes et de la réversibilité, les relations interpersonnelles intègrent une première forme de réciprocité, en vertu non pas d'un principe quelconque mais plutôt de la règle du « donnant-donnant », utilitariste et pragmatique : « Je te prête ma bicyclette parce que j'aimerais bien que tu me prêtes la tienne », ou encore : « Je ne dirai pas à la maîtresse que tu as triché si tu me prêtes ton devoir de maths ». Le deuxième stade dépasse celui de l'obéissance simple par le fait que le sujet peut intégrer la perspective d'une autre personne et la recherche d'avantages (récompenses) ou la possibilité d'éviter des punitions. La justice consiste en un échange équitable où chacun trouve son compte. Bref, dans ces deux premiers stades, la morale se situe en dessous des principes conventionnels, d'où le nom de « préconventionnel » attribué au premier niveau qui les regroupe.

TABLEAU 3.5 Exemples de dilemmes moraux utilisés pour déterminer le stade du jugement moral des répondants

La responsabilité du docteur

Le Dr Marois est à la maison en train de regarder une partie de football à la télévision. Soudain, il entend un bruit fracassant venant de la rue. En sortant pour voir ce qui s'est passé, il constate que deux voitures sont entrées en collision. Un des conducteurs repose face contre terre et semble inconscient. Le Dr Marois craint pour la vie du blessé s'il n'est pas soigné rapidement. D'autre part, il est conscient que le fait de soigner quelqu'un dans une telle situation pourrait facilement lui occasionner des poursuites judiciaires.

1. Le Dr Marois devrait-il venir en aide au blessé ?

   Oui _____ Non _____ Pourquoi ?

2. Si le blessé n'est pas en danger de mort mais qu'il souffre beaucoup, le Dr Marois devrait-il l'aider ?

   Oui _____ Non _____ Pourquoi ?

3. Si le Dr Marois sait que les poursuites judiciaires pourraient lui faire perdre son droit d'exercer, comment cela devrait-il influer sur sa décision ?

4. Trouvez-vous qu'il est juste qu'un médecin puisse être poursuivi pour être venu en aide à quelqu'un ?

   Oui _____ Non _____ Pourquoi ?

   Classez les arguments suivants par ordre de préférence :

   a) Le Dr Marois craint pour la vie du blessé s'il n'est pas soigné rapidement. ( )

   b) Lorsqu'il s'agit d'une urgence, le droit de chacun à la vie peut restreindre la liberté de choix du médecin. ( )

   c) Un des principes les plus importants pour un médecin est de conserver la santé et de soigner la maladie. ( )

   d) Le fait de soigner quelqu'un dans une telle situation pourrait causer une foule de problèmes au médecin. ( )

Plagiat

Au cégep, un certain cours est considéré comme très difficile. Il s'agit d'un cours facultatif où l'enseignant exige cinq travaux durant le semestre. Un étudiant à sa dernière année de cégep décide de prendre ce cours. Aux dates convenues, il rend les quatre premiers travaux. Alors que le moment de remettre le cinquième travail approche, l'étudiant a plusieurs autres travaux à préparer pour obtenir son diplôme. Il demande alors à l'un de ses amis qui a suivi le cours deux ans plus tôt et qui a conservé ses travaux de lui en donner un. Il réécrit quelques passages et remet le tout à l'enseignant, croyant que celui-ci ne pourra se souvenir d'un travail qui lui a été présenté il y a aussi longtemps. Or, l'enseignant reconnaît le travail et se rappelle même le nom de son véritable auteur.

1. Que devrait faire le professeur? Pourquoi?

2. Supposons que la punition habituelle en cas de plagiat soit l'expulsion de l'école. Le professeur devrait-il considérer le fait que l'étudiant en est à sa dernière année et qu'il est sur le point d'obtenir son diplôme?

   Oui _____ Non _____ Pourquoi?

3. L'expulsion de l'étudiant constitue-t-elle une punition juste eu égard à la faute commise?

   Oui _____ Non _____ Pourquoi?

4. L'étudiant qui a donné le travail à son camarade est-il coupable de quelque chose?

   Oui _____ Non _____ Pourquoi?

Classez les arguments suivants par ordre de préférence:

a) L'enseignant pourrait tenir compte du fait que l'étudiant en est à sa dernière année de cégep et qu'il a plusieurs autres travaux à préparer pour obtenir son diplôme. ( )

b) Dans un cégep, les enseignants ne tolèrent pas la tricherie car ils veulent donner des chances égales à tous. ( )

c) Ce qui compte pour l'enseignant, c'est qu'il n'a reçu que quatre travaux exécutés par l'étudiant concerné alors qu'il en exigeait cinq. ( )

d) L'enseignant se trouve devant un dilemme: être tolérant face à l'étudiant qui peut finir son cours bientôt ou s'en tenir au règlement du cégep. ( )

Émeutes sur la place publique

Au milieu et à la fin des années 1960, plusieurs émeutes se sont produites dans différentes villes canadiennes. Au cours de la plupart d'entre elles, de nombreux vols ont été commis. Durant une émeute à Montréal, les policiers avaient reçu l'ordre de faire feu sur les manifestants et les voleurs. Ils devaient tirer non pas pour tuer, mais pour blesser. Apercevant un groupe d'adolescents en train de voler, un policier chargé de surveiller une partie du territoire se trouva en conflit avec lui-même, se demandant s'il devait tirer ou non.

1. Qu'aurait dû faire le policier? Pourquoi?

2. Votre décision aurait-elle été la même si vous aviez été propriétaire d'un magasin?

   Oui _____ Non _____ Pourquoi?

3. Votre décision aurait-elle été la même si vous aviez été un des adolescents en train de voler?

   Oui _____ Non _____ Pourquoi?

4. Supposons que le policier ait obéi aux ordres et tué le voleur par accident, est-ce acceptable?

   Oui _____ Non _____ Pourquoi?

Classez les arguments suivants par ordre de préférence:

a) Dans notre société, les policiers ont la responsabilité de faire respecter la loi et l'ordre social de manière à assurer la protection de tous les citoyens. ( )

b) Le policier sait que le fait de désobéir aux ordres dans une telle situation pourrait lui causer des problèmes sérieux. ( )

c) L'action policière, pour être efficace, doit non seulement respecter la vie des gens, mais aussi tenir compte du bien-être de la communauté. ( )

d) Le policier veut bien obéir aux ordres, mais il se rend compte qu'il pourrait blesser les adolescents. ( )

Source: Inspiré de Labelle et Cloutier (1981) et Blatt, Colby et Speicher-Dubin (1974).

Le deuxième niveau de jugement moral est généralement atteint au début de l'adolescence et se caractérise par l'intégration de conventions servant à régir les rapports interpersonnels. C'est la période de la morale « conventionnelle ». Le début de cette période, qui correspond au stade de la « bonne concordance interpersonnelle », se distingue par une morale où prédomine la volonté d'être considéré par l'entourage comme un « bon gars » ou une « bonne fille ». C'est ce souci de paraître correct aux yeux des autres qui expliquerait le conformisme élevé des jeunes par rapport à leurs groupes d'appartenance. Pour la première fois, cependant, les valeurs collectives (de l'entourage immédiat et non pas de toute la société) prédominent sur les intérêts particuliers. La volonté d'agir en conformité avec cet « autre généralisé » témoigne de la capacité de raisonnement abstrait typique de l'adolescence, mais aussi d'une dépendance à l'égard du jugement de l'entourage immédiat. D'une part, l'objectif d'être aimé, approuvé, apprécié par les pairs et les autorités l'emporte comme fondement du jugement personnel, de sorte que, selon les groupes fréquentés, l'individu adoptera une moralité changeante. D'autre part, la capacité de se mettre à la place d'autrui, d'éprouver de l'empathie, est bien présente à ce troisième stade, ce qui lui confère une plus grande valeur éthique comparativement aux stades antérieurs où le sujet a davantage tendance à être centré sur lui-même. Une bonne proportion d'adolescents, voire d'adultes, ne dépasseront pas ce stade dans leur évolution morale.

Le quatrième stade correspond à celui de la loi et de l'ordre social. La convention n'est plus uniquement fonction du groupe d'appartenance, mais de l'ensemble de la société dont les règles, c'est-à-dire les lois, constituent la référence morale. On aurait tort de croire que ce stade reflète une mentalité légaliste étroite selon laquelle l'individu, tel un gardien soumis, obéirait aux ordres de la classe dominante. Il s'agit plutôt d'un endossement des règles sociales en tant qu'outils collectifs servant à faire respecter avec justice les droits des personnes considérées comme égales. Il s'agit d'un progrès par rapport au troisième stade puisque, ici, les références morales et les lois transcendent le groupe d'appartenance pour s'appliquer indépendamment de l'approbation ou de la popularité sociale. En matière

TABLEAU **3.6** Les six stades proposés par Kohlberg		
Niveau de jugement	Stade	Caractéristiques
Préconventionnel	1. L'obéissance simple (de 4 à 7 ans environ)	Le bien correspond à ce qui est récompensé et le mal, à ce qui est puni. L'individu se soumet au pouvoir de l'autorité et juge les actes suivant leurs conséquences.
	2. L'utilitarisme (de 7 à 11 ans environ)	L'action juste est celle qui peut satisfaire les besoins personnels et, à l'occasion, les besoins des autres si cela s'avère avantageux. La réciprocité prend la forme d'un « donnant-donnant » pragmatique.
Conventionnel	3. La bonne concordance interpersonnelle (de 12 à 16 ans environ)	La bonne action correspond à ce qui est approuvé par l'entourage, à ce qui est conforme aux attentes du milieu. La personne est capable d'empathie et considère les intentions lorsqu'elle juge la conduite des autres.
	4. La loi et l'ordre social (de 17 à 20 ans environ)	La bonne action correspond à ce qui est conforme aux lois et à ce qui protège l'ordre social, indépendamment des influences contextuelles.
Postconventionnel	5. Le contrat social	L'action juste correspond à ce qui est conforme aux principes sur lesquels s'appuient les lois ; ces dernières sont utiles et doivent être respectées, mais elles peuvent être améliorées en conformité avec des règles morales plus fondamentales, garantes d'une plus grande justice entre les êtres humains.
	6. L'éthique universelle	Les principes universels qui gouvernent l'action résultent de choix individuels et transcendent les lois, mais la conscience personnelle est le juge le plus sévère de l'action.

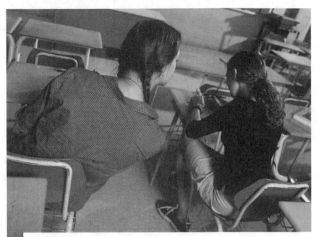
Le plagiat est un des exemples de dilemmes moraux utilisés pour déterminer le stade du jugement moral d'un individu.

de politique, par exemple, le favoritisme à l'égard des amis et des membres du parti serait plus facilement acceptable au troisième stade qu'au quatrième stade, où l'individu est conscient de l'injustice créée par le traitement inégal des personnes, ce qui contrevient d'ailleurs aux lois. Par conséquent, le jugement moral s'intériorise un peu plus au quatrième stade et l'opinion des autres est moins importante que les principes auxquels la personne adhère, au-delà des situations particulières. C'est à ce moment que la morale conventionnelle atteint sa maturité.

Le troisième niveau de développement (stades 5 et 6) fait apparaître une morale dite « postconventionnelle ». Selon Kohlberg (1969, 1981), tous les individus ne se rendent pas à ce niveau dans leur évolution. Avec le cinquième stade, celui du « contrat social », ce ne sont plus les lois elles-mêmes qui représentent les références morales, comme c'était le cas au quatrième stade, mais les principes à l'origine des lois et des règles sociales. La personne prend conscience du caractère relatif des lois, de leurs contradictions potentielles par rapport à des principes de justice sociale. Par exemple, ce n'est pas parce que le pays où il habite tolère la prostitution ou la consommation de drogue que l'individu du cinquième stade adhérera à ces règles. S'il le fait, c'est parce qu'il estimera qu'il s'agit de la meilleure voie pour la collectivité ; au contraire, s'il s'y oppose par principe, il mènera son action en respectant le contrat social, en conformité avec les règles qui permettent de changer celui-ci. Le respect de la vie, la liberté des personnes et les valeurs démocratiques sont des exemples de règles de référence pour la mise au point du contrat social.

Au sixième stade, celui de l'« éthique univ[...] dividu oriente son jugement moral selo[...] moraux éclairés, choisis pour leur c[...] globalité et leur universalité éthique. [...] des valeurs comme celles que l'on trouve da[...] chartes des droits de la personne (respect de la dignité humaine, égalité des personnes devant la justice, etc.) prévalent contre les lois locales, de sorte que si celles-ci violent celles-là, ce sont celles-là qui priment. À ce stade, la morale individuelle transcende les contextes, et le juge le plus sévère des comportements est alors la conscience individuelle.

Les âges associés à chacun des stades de Kohlberg sont très approximatifs et plusieurs stades peuvent être discernés dans une même population d'adolescents (Ward, 1989).

3.6.3 La morale dans la vraie vie

L'accès au monde adulte soulève nécessairement les questions de la position personnelle face aux codes de l'identité individuelle, sociale, morale et politique. La capacité de maîtriser la pensée abstraite permet d'aborder ces réalités avec plus de nuances, plus de cohérence, mais elle n'apporte pas de solutions aux difficultés affectives que les choix identitaires soulèvent. Nous verrons dans notre étude des facteurs psychosociaux qui interviennent chez les jeunes en difficulté que le rapport aux normes et le degré d'intériorisation des règles sont un indice important de la réussite ou de l'échec de l'ensemble du processus de socialisation.

L'influence directe ou indirecte de Kohlberg a continué d'être active jusqu'à aujourd'hui même si une partie très importante de la recherche moderne dans ce secteur critique son modèle (Gibbs, 2006 ; Krebs et Denton, 2005 ; Wendorf, 2001). La faiblesse qu'on reconnaît le plus souvent dans ce modèle découle du caractère hypothétique des situations utilisées pour mesurer le niveau de raisonnement moral. Ce n'est pas parce qu'une personne sait ce qui devrait être fait qu'elle le fera réellement lorsque le dilemme se présentera concrètement à elle. Un bon nombre d'études montrent que dans leur réalité quotidienne, la moralité des gens n'est pas aussi « avancée » que celle qu'ils annoncent dans des situations fictives. Selon Krebs et Denton (2005), cela s'explique par le fait que les dilemmes moraux de la vraie vie se distinguent de plusieurs façons des dilemmes moraux théoriques de Kohlberg :

La plupart du temps dans la vie, les personnes qui prennent des décisions morales connaissent les gens qui sont en cause, elles partagent une histoire avec eux et elles éprouvent des sentiments à leur égard; elles ne sont pas indifférentes aux « objets » de leurs décisions et peuvent adopter un biais positif ou un biais négatif à leur endroit.

2. Le plus souvent, les décideurs sont touchés personnellement par les conséquences de leurs choix moraux. Ils peuvent donc être juges et parties, c'est-à-dire en conflit d'intérêts, de sorte que le choix qu'ils feront pourra différer de ce qu'ils pensent qu'il serait mieux de faire théoriquement.

3. Dans la vraie vie, les dilemmes moraux auxquels nous faisons face sont souvent chargés d'émotions intenses pouvant influer de manière importante sur la qualité du raisonnement moral.

4. Les choix de la vie réelle sont souvent effectués sur la base d'actions spontanées, de comportements immédiats, qui ne sont pas nécessairement précédés d'une analyse morale fine.

À ce sujet, Wark et Krebs (1996) ont observé que le stade moyen du raisonnement moral des 110 participants adultes de leur étude se situait autour des stades 3 et 4 de l'échelle de Kohlberg quand il

Des différences de moralité entre les hommes et les femmes

Plusieurs études empiriques menées dans la foulée des travaux initiaux de Kohlberg, dans les années 1970, avaient observé que les femmes se situaient le plus souvent au stade 3 du raisonnement moral tandis que les hommes se situaient surtout au stade 4 (Fishkin, Keniston et MacKinnon, 1973; Kohlberg et Kramer, 1969; Poppen, 1974). Le stade 3 se caractérise par des positions morales destinées à protéger les relations et à se conformer aux attentes des autres, tandis que le stade 4 correspond à la protection de l'ordre social à travers la recherche de la conformité à la loi (la loi et l'ordre). Ces observations ont fait surgir des critiques suivant lesquelles l'échelle de Kohlberg était discriminatoire pour les femmes.

Carol Gilligan (1977, 1982) fut l'une des critiques les plus actives, affirmant que le modèle de Kohlberg, basé sur des échantillons d'hommes, était insensible aux nuances de moralité selon le sexe. Selon Gilligan, le fait que, dans la plupart des cultures, les femmes soient les principales responsables des soins (aux enfants, aux malades, aux personnes âgées, etc.) et de l'éducation indique que la socialisation des filles porte sur les liens avec les autres et sur les rôles à jouer auprès d'eux dans le contexte d'une identification avec leur mère et avec les rôles féminins. Cela donne lieu à une moralité centrée sur les soins et la protection des liens où l'attachement est une dimension dominante. De leur côté, les garçons construisent leur identité sur la base d'une distanciation par rapport à leur mère, avec une identification aux rôles d'autorité et d'indépendance du père, où le respect des règles, la reconnaissance des différences de statut et la recherche de la justice constituent des dimensions centrales (Gilligan, 1977, 1982; Jaffee et Hyde, 2000). Une orientation morale distincte pour chaque sexe est ainsi privilégiée par le processus de socialisation lui-même :

une orientation morale vers les soins (caring) ou « prosociale » chez les filles, et une orientation morale vers la justice chez les garçons.

> Lorsqu'on la regarde de cette façon, la question des différences de sexe n'implique pas qu'un sexe est moralement supérieur à l'autre, ni que le comportement moral est déterminé biologiquement. Cela renvoie plutôt à deux perspectives morales différentes. Dans la mesure où le sexe biologique, la psychologie du sexe et les normes et valeurs culturelles définissant le comportement masculin et le comportement féminin agissent sur l'expérience de l'égalité et l'attachement, ces facteurs vont vraisemblablement influer sur le développement moral (Gilligan et Wiggins, 1987, p. 282; traduction libre).

Dans le but de tester la valeur scientifique de cette question de la différence de stade et d'une orientation morale distincte (soins versus justice), Jaffee et Hyde (2000) ont effectué une méta-analyse sur les résultats obtenus dans 113 études réalisées entre 1981 et 1996 (70 études publiées et 43 non publiées comprenant au total plus de 12 000 sujets). Cette démarche a confirmé l'existence d'une légère différence seulement selon le sexe : l'orientation morale vers les soins, appelée aussi « orientation prosociale », s'est effectivement révélée un peu plus présente chez les femmes, tandis que l'orientation vers la justice était un peu plus présente chez les hommes. Les auteurs concluent que leurs résultats n'offrent qu'un soutien relatif à l'idée d'une moralité distincte selon le sexe puisque la prédominance de l'orientation vers les soins et de l'orientation vers la justice est faible d'un sexe à l'autre et qu'il reste vraisemblable que les femmes et les hommes utilisent un mélange des deux orientations dans leur raisonnement moral, celles-ci n'étant pas opposées l'une à l'autre.

s'agissait d'enjeux philosophiques impersonnels (par exemple, l'euthanasie ou la peine de mort), mais lorsque les dilemmes les mettaient en cause personnellement (par exemple, transgresser une règle sous la pression sociale de proches, tirer discrètement un avantage personnel d'une position ou mentir à un proche sur le fait qu'on l'a trompé), la moyenne se situait autour des stades 2 et 3 de l'échelle.

3.6.4 Le raisonnement prosocial à l'adolescence

L'intérêt pour le raisonnement moral orienté vers les soins, ou de type prosocial, a donné lieu à des travaux qui ont montré une évolution importante entre 12 et 18 ans. Les résultats empiriques sur l'évolution de la morale prosociale à l'adolescence traduisent une tendance générale, mais les motifs moins évolués ne disparaissent pas nécessairement. Ainsi, quand on leur demande d'expliquer pourquoi certaines personnes manifestent des comportements prosociaux, c'est-à-dire pourquoi elles aident les autres, les félicitent, partagent avec eux, coopèrent avec eux, font du bénévolat, font des dons, etc., les adolescents plus âgés ont globalement tendance à invoquer davantage des valeurs intériorisées ou des principes personnels (pour contribuer au bien-être de la communauté ; pour se réaliser pleinement en se dépassant ; pour donner parce qu'on a reçu beaucoup ; pour avoir le bonheur de rendre les autres heureux ; pour se développer personnellement en se rendant utile ; etc.), comparativement aux plus jeunes qui invoquent plus souvent des motifs hédonistes mettant en cause des avantages personnels (c'est bien vu de se rendre utile ; donner un coup de main, ça peut toujours nous être rendu ; si on coopère avec les autres, on a plus de chances de gagner ; si on partage aujourd'hui, demain on nous aidera si on en a besoin ; etc.). Mais cette progression globale à l'adolescence n'est pas si nette et elle peut être parsemée d'inversions selon les contextes où s'applique le raisonnement (Carlo, Eisenberg et Knight, 1992 ; Eisenberg et Morris, 2004). Comme c'était le cas pour la morale de justice, dans l'évaluation de la morale prosociale, on doit reconnaître que ce qui ressort des questionnaires basés sur des situations théoriques peut être fort différent de ce qui est appliqué dans la vraie vie des adolescents (Jaffee et Hyde, 2000).

L'activité mentale et les différences individuelles

4.1 Quelle est la cause des changements dans l'activité mentale à l'adolescence?

Il est clair que l'adolescence porte d'importants changements intellectuels. Qu'est-ce qui gouverne ces changements? Dans le chapitre 2 qui traite du développement physique à l'adolescence, nous avons été à même de constater que le corps et ses fonctions physiologiques se transforment de façon radicale sous l'influence des hormones. Il est clair que la puberté est un moteur dans cette période de la vie, mais est-ce vraiment elle qui dirige les changements dans l'activité mentale des jeunes? Peut-on présumer qu'il existe un mécanisme unique à l'origine de la transformation de l'activité cognitive à l'adolescence?

Cette présomption d'un mécanisme unique se retrouve dans les approches traditionnelles du développement de l'intelligence: l'approche du «raisonnement adolescent» de Piaget, où l'on cherche à comprendre la façon dont le système opératoire change de structure à l'adolescence; ou encore dans le courant entourant la cognition en tant que «potentiel de traitement de l'information», où l'on tente de mesurer les augmentations de la vitesse ou de la puissance de traitement du système cognitif.

Selon Keating (2004), le problème que posent ces courants de pensée qui ont évolué relativement séparément les uns des autres est lié au fait qu'ils cherchent une seule dimension ou un seul facteur particulier en tant que responsable des transformations cognitives à l'adolescence. Un virage important qui s'est produit récemment a justement consisté à adopter une vision plus large qui associe les changements non pas à un seul facteur, mais à une série de facteurs dont les effets se coordonnent entre eux (Demetriou, Christou, Spanoudis et Platsidou, 2002; Donald, 2001). Cette conception intégrée impliquant plusieurs niveaux de changement combinés a bénéficié d'un appui important des neurosciences, du raffinement des méthodes d'analyse longitudinale et d'une meilleure reconnaissance du rôle des contextes de vie dans le façonnement de la pensée. À la base du développement de l'activité mentale de l'adolescent, on trouverait non pas un moteur unique, mais l'intégration d'une série de capacités opérationnelles nouvelles, générées, d'une part, par la maturation neurologique et par l'expérience du monde physique et des contextes sociaux, et, d'autre part, par l'activité de l'adolescent lui-même doué d'une plus grande conscience, d'une meilleure réflexivité et d'un autocontrôle plus affirmé qu'auparavant pendant l'enfance (Donald, 2001).

L'adolescence, une période critique du développement humain

La science reconnaît depuis un certain temps déjà que la petite enfance est une période critique dans le développement humain parce qu'elle exerce une grande influence sur le développement ultérieur des individus par le biais, notamment, des empreintes biologiques qu'elle laisse chez eux. Selon Keating (2004), l'approche intégrée de l'adolescence a donné lieu récemment à plusieurs séries d'observations empiriques qui permettent de croire que l'adolescence est aussi une période critique du développement humain: 1) le rôle de la puberté dans la restructuration fondamentale de plusieurs systèmes du corps; 2) l'apparition d'importantes transformations neurologiques, sur le plan de la sélection des connexions synaptiques, se traduisant entre autres par la réversibilité de patrons de fonctionnement neuroendocriniens et comportementaux hérités de l'expérience précoce dans l'enfance (certaines traces biologiques de l'enfance peuvent donc être renversées à l'adolescence); 3) la vague de changements dans le cortex préfrontal du cerveau de l'adolescent (la structure servant de gouvernail de la cognition et de l'action) jumelée avec l'amélioration de la communication entre cette zone corticale et les autres régions du cerveau; 4) la meilleure synchronisation de plusieurs grandes fonctions cognitives à l'adolescence, dont la coordination plus fine de la cognition avec les émotions et le comportement.

Cognition et développement du cortex préfrontal chez l'adolescent

Les lobes préfrontaux du cerveau sont connus depuis longtemps pour le rôle central qu'ils jouent dans la coordination et la supervision de l'activité cognitive. «Leur fonction est d'assurer plusieurs opérations métacognitives de haut niveau telles que l'autoévaluation, la planification à long terme, la pondération des valeurs et l'établissement de hiérarchies, l'actualisation de choix facilitateurs de l'activité, la production de comportements sociaux appropriés» (Donald, 2001, p. 198; traduction libre). Les nouvelles techniques d'imagerie électronique contribuent grandement à la reconnaissance du lien entre les changements dans le cerveau et l'évolution des fonctions cognitives. Par exemple, l'imagerie par résonance magnétique permet, de façon non invasive (sans dommage), de tracer des images précises des structures anatomiques du cerveau. La résonance magnétique permet aussi de faire des observations du cerveau en action, les zones cérébrales activées étant illuminées par la tâche: il s'agit de l'imagerie par résonance magnétique fonctionnelle (voir la figure 4.1).

Cognition et développement du cortex préfrontal chez l'adolescent (*suite*)

FIGURE

4.1 Image d'un cerveau en activité obtenue par imagerie moléculaire. Les zones foncées indiquent les régions impliquées dans la production de mots.

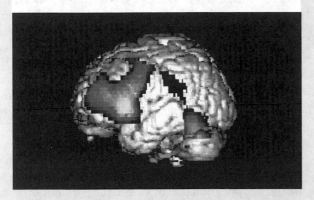

Le rôle important que joue le cortex préfrontal dans le développement, à l'adolescence, des fonctions du contrôle cognitif est lié à la poursuite du processus de la maturation des cellules nerveuses avant 20 ou 25 ans chez l'humain (Casey et coll., 2005). Cette maturation se traduit notamment par la réduction progressive de la densité de la matière grise dans le cerveau donnant lieu à une élimination des connexions nerveuses inutiles, soit la sélection synaptique. En même temps, il y a renforcement des circuits utilisés par la myélinisation des connexions nerveuses, processus par lequel les axones des cellules nerveuses sont enrobés d'une couche de myéline, une matière grasse de couleur blanchâtre (appelée «la matière blanche») qui favorise la transmission du flux nerveux en agissant comme un isolant autour des axones, ce qui empêche le courant de se perdre dans le cerveau. Les zones non myélinisées du cortex sont de couleur grise («la matière grise») et, au fil de la maturation du cerveau depuis l'enfance, la proportion de matière grise diminue au profit des zones blanches myélinisées (voir la figure 4.2).

Cette myélinisation provoque une sélection graduelle des connexions synaptiques, avec pour résultat qu'un cerveau adulte, qui ne compte pourtant pas plus de neurones, est plus rapide que celui d'un enfant: son réseau de connexions est plus efficace dans le transport de l'influx nerveux. Si elle favorise la conductivité de l'influx nerveux, la myélinisation a cependant pour effet de réduire la plasticité neuronale, c'est-à-dire la capacité de modifier ses patrons de fonctionnement, puisque, lorsqu'un axone est myélinisé, l'établissement de nouvelles connexions avec les neurones

voisins est moins probable. Nous savons aujourd'hui que la poursuite de la myélinisation à l'adolescence est associée directement à l'amélioration des fonctions mentales de haut niveau observée à cette période, et les recherches utilisant les méthodes modernes d'imagerie indiquent que les changements de volume et de circuiterie du cortex préfrontal sont rattachés à l'augmentation des capacités du contrôle cognitif (Amso et Casey, 2006; Casey et coll., 2005). Ces connaissances neurologiques récentes, qui s'ajoutent à celles des sciences cognitives, confirment le statut de l'adolescence en tant que période critique du développement humain (Amso et Casey, 2006; Casey, Tottenham, Liston et Durston, 2005; Luna, Thulborn, Munoz, Merriam, Garver, Minshew, Keshavan, Genovese, Eddy et Sweeney, 2001; Luna, Garver, Urban, Lazar et Sweeney, 2004)[1].

La figure 4.2 illustre la localisation du cortex préfrontal dans le cerveau ainsi que les effets de la maturation neurologique depuis l'enfance sur la base de la proportion de matière grise telle que révélée par la résonance magnétique.

FIGURE

4.2 Le cortex préfrontal: localisation et évolution de la myélinisation

Localisation du cortex préfrontal dans le cerveau humain

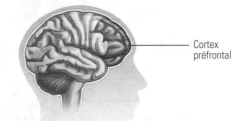

Cortex préfrontal

Proportion de matière grise telle que révélée par résonance magnétique

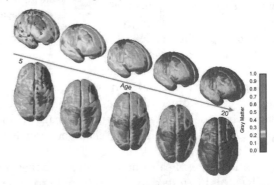

---

1. «La technique IRMf exploite les modifications fonctionnelles des propriétés magnétiques du sang en aval des neurones activés. Les contrastes obtenus sur la base de ces propriétés ont été baptisés "BOLD" (Blood Oxygen Level Dependent). Ils exploitent la diminution de la concentration de la déoxyhémoglobine en aval des neurones activés qui induit une diminution de la différence de susceptibilité magnétique, donc une diminution du champ magnétique perturbateur qui entraîne une réponse IRM positive (augmentation de l'intensité du signal)» (Institut de la communication parlée, UMR CNRS 5009 – INPG – Université Stendhal, INP Grenoble, www.icp.inpg.fr/ICP/IRM_fonctionnelle.fr.html).

4.2 La mesure du rendement intellectuel

La mesure du rendement intellectuel a constamment représenté un champ d'activité important en psychologie et, encore aujourd'hui, nos connaissances sur le développement de l'adolescent sont tributaires des progrès dans ce domaine. Avec l'augmentation de sa capacité intellectuelle, le jeune peut comprendre le détail de phénomènes complexes qu'il ne percevait que globalement auparavant. Cela change son regard sur lui-même et sur son monde, tout en lui ouvrant la porte à de nouveaux rôles dans son milieu. Tous les adolescents ne vivent cependant pas ces changements intellectuels de la même façon ni au même rythme puisqu'il existe d'innombrables différences d'un individu à un autre. Or, dans notre monde de plus en plus structuré autour du savoir, ces différences individuelles en matière de rendement intellectuel conditionnent souvent l'orientation professionnelle et les stratégies d'adaptation privilégiées par les adolescents. Comment mesure-t-on le rendement intellectuel ? Quand on parle de rendement intellectuel, à quelle intelligence se réfère-t-on au juste ? La section suivante fournit un éclairage sur ces questions.

4.2.1 La psychométrie

La fonction cognitive, si elle se développe chez tous les individus selon une séquence unique, comme le propose Piaget, ne donne pas pour autant à tous la même capacité de résoudre des problèmes, c'est-à-dire le même rendement intellectuel. La mesure du degré d'intelligence relève de la « psychométrie ». Le champ d'application de celle-ci ne se limite toutefois pas au domaine de l'intelligence ; de nombreux autres phénomènes psychologiques font l'objet d'études psychométriques, notamment la personnalité, les attitudes, l'image de soi, les capacités sensorielles et les préférences individuelles.

La psychométrie s'est beaucoup intéressée à la mesure de l'intelligence. Les tests d'intelligence sont probablement les instruments les plus utilisés dans toute l'histoire de la psychologie ; ils sont aussi très controversés quant à leur validité, à leur impartialité d'un groupe social à l'autre, etc.

Le psychologue français Alfred Binet a élaboré les premiers tests standardisés d'intelligence.

Au début du XXe siècle, le psychologue français Alfred Binet (Binet, 1903 ; Binet et Simon, 1905) a élaboré les premiers tests standardisés d'intelligence destinés à mieux orienter les élèves dans le système d'éducation. Depuis, la recherche a fait une large part à la mise au point de ces instruments objectifs d'évaluation de l'intelligence que sont les tests standardisés. Conçus pour fournir l'image la plus fidèle et la plus stable possible du rendement intellectuel des individus, les tests d'intelligence n'avaient pas pour but la compréhension des mécanismes cognitifs, mais plutôt la mise en évidence d'un rendement ou d'un « quotient intellectuel » (QI) propre à la personne. Ainsi, ils étaient destinés à évaluer le rendement intellectuel tel qu'observé dans des conditions données où l'interprétation subjective et toute autre source d'erreur étaient réduites au minimum.

Depuis les débuts de la psychométrie, l'attrait qu'exerce la possibilité de mesurer le rendement intellectuel s'est maintenu, phénomène qui s'explique par l'importance qu'on accorde généralement aux capacités intellectuelles dans nos sociétés. Avec la valorisation des savoirs qui n'a cessé de croître au détriment d'autres capacités comme la force physique, le besoin de mesurer les capacités de travail mental et d'éducabilité a fait entrer la psychométrie dans les domaines de l'éducation, de la santé et du travail. Connaître le profil d'aptitudes du jeune pour lui offrir un programme éducatif sur mesure, bien diagnostiquer les difficultés mentales de l'individu pour lui prescrire la bonne intervention ou le bon programme de rééducation, choisir les employés selon la correspondance entre leurs aptitudes et les exigences de l'emploi, voilà autant de raisons justifiant l'idée de procéder à une évaluation standardisée du rendement intellectuel (Flanagan et Harrison, 2005 ; Kamphaus, 2005 ; Wechsler, 1975).

Toutefois, comme l'intelligence que l'on attribue à une personne constitue un déterminant puissant de la place sociale qu'elle occupe et du pouvoir dont elle dispose, la façon dont on mesure cet attribut est une matière très délicate. Qu'est-ce que l'intelligence ? Comment peut-on prétendre la mesurer de façon fiable ? L'évaluation de l'intelligence a constamment fait l'objet de controverses en raison des biais que comportent les tests utilisés : peut-on croire que les tests standardisés couvrent adéquatement le champ de l'intelligence telle qu'elle se manifeste dans la vraie vie ? Déjà dans les années 1920, Vygotsky (1929) exprimait des inquiétudes au sujet de l'évaluation de l'intelligence des jeunes parce qu'il lui semblait improbable que les tests standardisés puissent saisir l'ensemble des façons de résoudre des problèmes dans la vie réelle, défaut que Bronfenbrenner (1995) a appelé un « manque de validité écologique » des mesures (Tudge et Scrimsher, 2003). Encore aujourd'hui, il ne se passe pas une année sans qu'une polémique éclate sur l'interprétation des différences de QI enregistrées en fonction de la race, de la nationalité, du sexe, de la classe sociale ou de quelque autre catégorie sociale (Baldy, 2007 ; Bartholomew, 2004 ; Sternberg, Grigorenko et Kidd, 2005). Il y a plus de cent ans, Binet avait peut-être eu raison d'esquiver le problème encore bien actuel de la définition de l'intelligence par la boutade suivante : « L'intelligence, c'est ce que mesure mon test. »

4.2.2 La notion d'intelligence en psychométrie

Alors que Piaget est particulièrement préoccupé par les processus cognitifs et les mécanismes responsables de leur développement, le courant psychométrique cherche à évaluer la capacité dans le rendement intellectuel des individus.

D'abord considérée comme une aptitude générale et unique, l'intelligence s'est progressivement différenciée en psychométrie pour devenir un ensemble de dimensions ou d'habiletés combinées de façon particulière chez chaque individu. Dès le début du XXᵉ siècle, Alfred Binet et Théodore Simon concevaient l'intelligence comme une faculté de base reposant sur trois activités essentielles — bien juger, bien comprendre et bien raisonner — et constituée de trois composantes — la direction, l'adaptation et la critique. Un siècle plus tard, lorsque Sternberg (2000) définit l'intelligence comme « un comportement adaptatif orienté vers un but », il conserve les composantes « adaptation » et « intentionnalité » de Binet et Simon de même que le statut central de la résolution de problèmes dans la mesure de l'intelligence, puisque s'adapter, c'est apporter une solution à un problème. Mais jusqu'à quel point un test qui permet de déterminer le quotient intellectuel peut-il prétendre cerner cet univers immense ? S'agit-il d'une fonction unique ? Il est clair

que même si deux sujets présentent un QI égal, ils peuvent avoir un rendement différent dans diverses sphères, comme le raisonnement mathématique, l'organisation spatiale, la cognition sociale ou la production musicale.

Ainsi, lorsqu'on fait passer un test d'intelligence à un jeune et qu'on établit son QI, on ne suppose pas pour autant que son intelligence est une fonction unique ; le plus souvent, sa note globale regroupe les résultats de plusieurs sous-tests, mesurant chacun une dimension particulière de son rendement intellectuel. Le tableau 4.1 énumère la liste des sous-tests qu'on trouve généralement dans les tests de type Wechsler, tests les plus utilisés encore aujourd'hui pour établir le QI des enfants et des adultes.

TABLEAU 4.1	Liste des sous-tests utilisés couramment dans les tests d'intelligence de type Wechsler*	
Sous-tests verbaux	**Sous-tests non verbaux**
Vocabulaire	Images à compléter
Connaissances	Arrangements d'histoires
Arithmétique	Dessins avec cubes
Mémoire	Labyrinthes
Similitudes	Assemblages d'objets
Jugement	

* Les sous-tests sont habituellement regroupés en deux grandes catégories dans les tests de type Wechsler : 1) les sous-tests verbaux, qui utilisent le raisonnement sur des mots ou des chiffres ; 2) les sous-tests non verbaux, qui utilisent des relations visuelles et spatiales (images, cubes, labyrinthes, etc.).

Source : Inspiré de Chéné (1973).

4.2.3 Le quotient intellectuel (QI)

Le QI est une notion intimement liée aux tests d'intelligence : il s'agit de l'indice standardisé du rendement intellectuel du sujet. C'est en comparant le rendement d'une personne avec celui des autres que l'on peut situer son niveau. Les normes de rendement associées aux tests d'intelligence varient selon l'âge ; on s'attend à ce qu'un adolescent résolve un plus grand nombre de problèmes qu'un enfant. Le rendement intellectuel brut augmente régulièrement jusqu'à l'âge de 18-20 ans pour se stabiliser par la suite. On ne peut donc pas établir la performance individuelle suivant les résultats bruts d'un test, c'est-à-dire le nombre total de bonnes réponses, mais par rapport aux résultats des sujets du même groupe d'âge. En utilisant le rendement moyen des différents groupes d'âge (3, 5, 10, 15, 20 ans, etc.), on obtient donc une échelle du rendement intellectuel selon l'âge permettant de déterminer le rendement des individus. Un adolescent de 12 ans dont la moyenne équivaudra à celle des sujets de 14 ans sera ainsi considéré comme ayant un « âge mental » de 14 ans. En revanche, un adolescent de 14 ans qui obtiendra le rendement typique des jeunes de 12 ans se verra attribuer un âge mental de 12 ans. Le QI est le rapport entre l'âge mental et l'âge chronologique (QI = AM/AC).

Le QI moyen de la population est de 100 ; un indice inférieur indique un rendement intellectuel moins élevé que la moyenne de la population du même âge, tandis qu'un indice supérieur témoigne d'un rendement supérieur à cette moyenne. Le tableau 4.2 présente une classification des niveaux de rendement intellectuel couramment utilisée en psychométrie. La figure 4.3 représente, quant à elle, la courbe normale de la répartition théorique du QI dans la population.

TABLEAU **4.2**	Classification du rendement intellectuel selon le quotient intellectuel	
QI	**Classe de rendement de l'intelligence**	**Pourcentage de la population**
130 et plus	Très supérieure	2,2
120-129	Supérieure	6,7
110-119	Moyenne supérieure	16,1
90-109	Moyenne	50,0
80-89	Moyenne inférieure	16,1
70-79	Zone frontière	6,7
Moins de 69	Déficience mentale	2,2

Source : Cloutier, Gosselin et Tap (2005) ; Wechsler (1967, 1981).

Le QI est-il synonyme d'intelligence ? En tant qu'indice standardisé du rendement intellectuel, la valeur du QI dépend de sa capacité de bien couvrir l'univers de l'intelligence. Or, étant donné qu'aucun test ne peut prétendre cerner complètement cette réalité, la notion de QI ne peut être considérée comme équivalente à celle d'intelligence.

Jusqu'à quel point le QI est-il stable d'une année à l'autre ? Cette question est fondamentale puisque l'utilité pratique d'une telle mesure dépend étroitement de sa stabilité dans le temps. L'examen de la littérature sur cette question permet de formuler des observations intéressantes (Kamphaus, 2005 ; Mackintosh, 2004) :

1. Le rendement intellectuel mesuré en bas âge (avant 7 ans) n'est pas stable, de sorte que les résultats des petits enfants ne prédisent pas bien ceux qu'ils obtiendront plus tard.

2. À partir de 7 ou 8 ans, la mesure du QI se stabilise et est en corrélation assez étroite (0,7 et plus) avec le rendement mesuré à 18 ans.

3. Si l'on exclut l'enfance pour ne considérer que la période de l'adolescence, on remarque que le QI présente une grande stabilité chez la majorité des jeunes bien que certaines variations soient encore observables d'un âge à l'autre chez certains sous-groupes entre 12 et 18 ans.

4. Le rendement intellectuel à l'adolescence est un bon prédicteur de celui de l'âge adulte puisque sa corrélation avec le QI mesuré à 40 ans est supérieure à 0,7.

FIGURE 4.3 Courbe normale (dite « de Gauss ») illustrant la répartition théorique du quotient intellectuel (QI) dans la population*

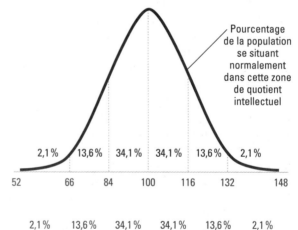

Pourcentage de la population se situant normalement dans cette zone de quotient intellectuel

2,1 %	13,6 %	34,1 %	34,1 %	13,6 %	2,1 %
52	66	84	100	116	132	148

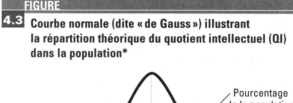

2,1 %	13,6 %	34,1 %	34,1 %	13,6 %	2,1 %

* Dans cette figure, la moyenne du QI est de 100 et l'écart-type est de 16. Le total des pourcentages n'atteint pas 100 étant donné qu'une petite fraction de la population a un QI supérieur à 148 et qu'une autre a un QI inférieur à 52.

Les adolescents d'aujourd'hui sont-ils plus intelligents que ceux d'il y a 50 ans ? En supposant que les tests utilisés pour mesurer le rendement intellectuel soient aussi valides aujourd'hui qu'il y a 50 ans, la réponse est oui. James R. Flynn avait d'abord documenté une augmentation importante des QI aux États-Unis entre 1932 et 1978, et cette tendance a maintenant été confirmée dans plus de 20 pays (Flynn, 1984, 1998 ;

Mingroni, 2007). À quoi est due cette tendance appelée « l'effet Flynn » ? Est-ce une question de pool génétique amélioré sous l'effet de la mobilité accrue des populations ? Est-ce l'incidence d'une démocratisation de l'accès au savoir ? Est-ce en raison d'une stimulation intellectuelle généralement plus grande dans les pays développés ? Il n'y a pas de consensus sur la cause ou les causes de ce phénomène, mais l'effet est solide. De plus, on peut se demander si la preuve d'une telle augmentation des scores aux tests est automatiquement la preuve que la population est vraiment plus intelligente… À ce sujet, en Angleterre, Shayer, Ginsburg et Coe (2007) ont observé qu'aux épreuves de conservation du poids et du volume de Piaget (voir le chapitre 3) les résultats moyens de 69 groupes-classes de 1re secondaire avaient baissé significativement (la moitié d'un écart-type) entre 1976 et 2003, ce qui est contraire à l'effet Flynn. En outre, ces auteurs remarquent que l'avantage des garçons sur les filles que l'on constatait en 1976 en matière de conservation du poids et du volume était disparu en 2003, la baisse des garçons étant deux fois plus marquée que celle des filles au cours de ces 27 années de suivi (Shayer et coll., 2007). Manifestement, l'avenir de l'effet Flynn ne semble pas assuré dans tous les secteurs du rendement intellectuel.

L'utilité pratique du QI

Si le concept de QI occupe une telle place en psychologie depuis 100 ans, c'est sans doute en raison de son utilité pratique. En effet, il s'agit probablement de l'outil le plus facilement accessible pour prédire la capacité d'apprentissage en général et le rendement scolaire en particulier. C'est du reste dans le domaine de l'éducation que sa valeur a été le mieux démontrée. Toutefois, le QI a toujours été l'objet de controverses et de critiques, dont voici quelques exemples :

■ Si un QI élevé est un bon prédicteur du rendement scolaire, un QI plus faible ne veut pas nécessairement dire que la personne concernée n'est pas intelligente, étant donné que des facteurs ponctuels comme la motivation et la maladie peuvent expliquer l'obtention de faibles résultats à un test.

■ Le QI n'est pas un prédicteur absolu de la réussite dans quelque secteur que ce soit. Son utilisation dans la sélection des personnes (postes, programmes, etc.) a souvent été remise en question faute d'un échantillonnage valable des capacités de la personne dans les tests. Par exemple, certains vendeurs exceptionnels ou certains artistes de génie n'avaient pas un QI très élevé.

■ Les conditions censément objectives et neutres de la mesure du QI renfermeraient des biais désavantageux pour certaines personnes. Ainsi, les tests où le sujet doit répondre par écrit (ce qui met en cause l'apprentissage scolaire antérieur) ou les tests utilisant la langue de type « classe moyenne » seraient un handicap pour les gens issus de milieux défavorisés. Le caractère peu familier du contexte dans lequel la personne est appelée à passer un test est un autre inconvénient ; par exemple, certaines personnes, en raison de leur personnalité, sont désavantagées lorsque les séances de test s'effectuent en groupe.

L'utilisation du QI demeure encore très répandue dans les domaines de l'éducation et de la sélection du personnel, mais ces critiques ont été suffisamment prises au sérieux pour entraîner des poursuites judiciaires qui ont eu pour conclusion la mise en place de mesures limitatives strictes. Par exemple, au début des années 1980, en Californie, une cour fédérale de district a interdit l'usage du QI comme base de classement scolaire après qu'on eut constaté qu'il y avait une quantité disproportionnée d'enfants noirs placés dans des classes spéciales pour déficients légers. Cela renvoie à la vieille question de l'influence de la classe sociale sur le QI. On a en effet observé de façon répétée que les enfants et les adolescents issus de milieux défavorisés présentaient un rendement intellectuel plus faible que leurs pairs issus de milieux plus favorisés (Bartholomew, 2004 ; Kamphaus, 2005 ; Mackintosh, 2004). La qualité de la stimulation provenant de l'environnement influe sur le QI, et si les jeunes noirs américains, les jeunes arabes en France ou les Innus du Canada ont des résultats plus faibles, il n'est pas possible d'ignorer le rôle de la pauvreté de leur famille dans cette situation. Le rendement intellectuel est le résultat d'une construction d'habiletés mentales et une des limites du QI est de refléter les acquis plutôt que le potentiel à construire.

4.2.4 L'évaluation dynamique du potentiel intellectuel

L'usage traditionnel des tests psychométriques a donc été remis en question en raison des injustices qu'il peut entraîner. Les tests mesurent-ils des différences ou les créent-ils ? Dans le domaine de l'éducation, on dénonce de plus en plus fortement le tort causé par l'étiquette quasi permanente que l'on accole à certains enfants selon les notes obtenues à des tests à une certaine époque de leur vie. On soupçonne le rendement mesuré de ne pas refléter l'ensemble des potentialités mais seulement une partie, c'est-à-dire celle qui est stable et qui assure un haut degré de fidélité à l'instrument lorsqu'il est appliqué à plusieurs reprises.

> Il est curieux que nous utilisions les tests d'intelligence principalement pour prédire la capacité d'apprendre et qu'aucun de nos tests n'implique quelque apprentissage que ce soit ; ils nous fournissent plutôt un aperçu de ce qui a déjà été appris par le sujet (Vernon, 1969, p. 106 ; traduction libre).

Le psychologue Reuven Feuerstein a mis au point une série d'exercices utilisant l'apprentissage en vue d'évaluer dynamiquement le potentiel intellectuel des sujets. Sa méthode consiste à apprécier ce que le sujet peut apprendre plutôt qu'à mesurer ce qu'il a déjà acquis dans le passé (Feuerstein, 1979, 1980). Autrement dit, si l'on reconnaît que l'intelligence correspond à la capacité de s'adapter et d'apprendre, pour la mesurer, il faut placer le sujet en situation d'adaptation et d'apprentissage et non pas évaluer ce qu'il a acquis antérieurement. La figure 4.4 présente quelques exemples d'exercices utilisant du matériel figuratif proposé par Feuerstein (1979).

Comme il est très sensible aux attitudes de l'entourage à son égard et qu'il se révèle parfois le juge le plus sévère de son propre fonctionnement, l'adolescent risque de tomber dans un défaitisme injustifié. Le renouveau psychométrique place l'éducateur devant les potentialités plutôt que devant les « trous » : désormais, on parle volontiers de « bilan fonctionnel » et non plus de « déficit à combler ».

4.2.5 Apprendre à penser

La conviction que la pensée est une habileté, c'est-à-dire une fonction susceptible de se développer par l'apprentissage, a donné lieu à la création de différents programmes, le plus souvent préscolaires, destinés aux enfants de milieux défavorisés, visant à « apprendre

---

FIGURE 4.4 Illustration de la méthode d'évaluation dynamique de Feuerstein

Feuerstein (1979) a mis au point une série d'exercices utiles à l'apprentissage en vue d'évaluer dynamiquement des sujets. L'objectif est de voir ce que le sujet peut acquérir plutôt que ce qu'il a déjà acquis dans le passé.

Voici des exemples d'exercices utilisant du matériel figuratif tirés de Feuerstein.

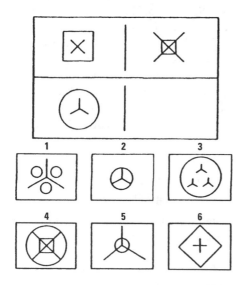

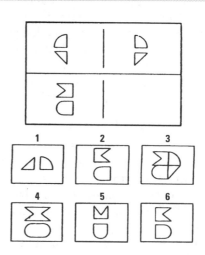

Quelle combinaison de figures doit apparaître dans la case vide ? En haut, à gauche, un quart de cercle est placé au-dessus d'un triangle. En regard, en haut à droite, ces figures ont changé d'orientation, comme dans un miroir. La même chose va se produire en bas, où apparaissent un drapeau et une demi-ellipse. Ils vont aussi changer d'orientation comme dans un miroir. (La bonne réponse est le numéro 6.)

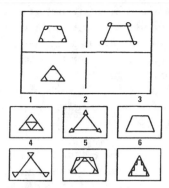

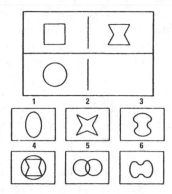

Dans le carré de gauche, en haut, est dessiné un trapèze. Dans chaque coin, on a tracé un petit arc. À droite, on trouve le même trapèze, mais avec les arcs dessinés à l'extérieur. Notez bien leur orientation. La case du dessous comprend un triangle. Dans chacun de ses angles est formé un petit triangle. Qu'obtiendrons-nous une fois que ces petits triangles apparaîtront à l'extérieur du gros ? Le choix numéro 2 n'est pas valable puisque l'orientation des petits triangles n'est pas bonne ; ils ne sont pas renversés. (La bonne réponse est le numéro 4.)

Dans le carré de gauche, en haut, est représenté un carré. Lorsqu'il passe à droite, ses côtés se resserrent. En bas, à gauche, on a dessiné un cercle. Qu'obtiendrons-nous lorsqu'il passera à droite ? Ses côtés vont se resserrer aussi. La réponse numéro 6 n'est pas valable puisque le cercle est rétréci en haut et en bas. (La bonne réponse est le numéro 3.)

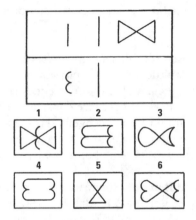

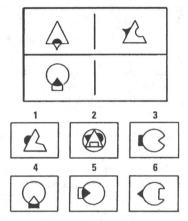

Dans le carré de gauche, en haut, on a tracé une ligne ; dans le carré d'à côté, on a tracé une autre ligne parallèle à la première avec un X reliant les deux. En bas, nous avons un Ɛ (un 3 à l'envers). Qu'obtiendrons-nous lorsqu'il passera à droite ? Nous aurons un autre Ɛ parallèle au premier et un X qui réunira les deux. (La bonne réponse est 6.)

Faites vous-même ce problème.

Source : Inspiré de Feuerstein (1979, p. 374-379 ; traduction libre).

à apprendre », à « apprendre à penser » au moyen de contextes enrichis sur le plan de la stimulation intellectuelle. Diverses initiatives d'envergure variable comme le programme *Head Start*, le *Perry School Project*, le *Milwaukee Project* aux États-Unis (Locurto, 1991 ; Ramey, 1992), ou « Passe Partout », « 1, 2, 3 GO » (Cormier et Bouchard, 2004), « Naître égaux et grandir en santé » (Ouellet et coll., 2000), et même le programme de garde-

ries à 5 $ instauré par le gouvernement du Québec, résultent de cette volonté d'offrir, avant même l'entrée à l'école, de meilleures chances de réussite à tous les enfants.

Aux États-Unis, Bouchard et Segal (1985) ont terminé leur suivi d'une série de programmes scolaires de stimulation intellectuelle en constatant que les jeunes ayant participé à des programmes préscolaires maintenaient des gains en mathématiques jusqu'en 6ᵉ année et qu'à la fin de l'adolescence des indices d'adaptation et de motivation scolaires et d'engagement parental étaient encore perceptibles. Et surtout, seulement 13 % des jeunes avaient été envoyés dans des classes spéciales comparativement à 31 % pour le groupe témoin qui n'avait pas suivi de programme. L'intention est incontestablement bonne, mais les évaluations des effets durables sont limitées face aux coûts de ces programmes. À court terme, les gains sont généralement plus faciles à percevoir, mais à long terme, des questions subsistent. Ainsi, pourquoi certains enfants progressent-ils et d'autres pas ? Quels sont les éléments responsables du succès de certains programmes et de l'échec de certains autres ? La situation est loin d'être claire. Nous savons que la précocité et l'intensité de la stimulation offerte ainsi que la durée de l'intervention éducative et sa qualité sont des clés de succès ; toutefois, plusieurs questions demeurent encore sans réponses, et cela contribue à la difficulté de survie de ces initiatives. Mackintosh conclut son examen des connaissances sur la question des programmes de stimulation intellectuelle en affirmant ceci : « En fait, les données suggèrent qu'il n'y a pas un seul facteur environnemental qui ait un effet magique et durable sur les scores du QI des enfants. Il en ressort un très grand nombre de facteurs, chacun n'ayant qu'un effet minime sur le QI » (Mackintosh, 2004, p. 171).

Dans quelle mesure la scolarisation exerce-t-elle une influence sur le rendement intellectuel ? Dans son examen des écrits sur cette question, Kamphaus (2005) reprend à son compte la conclusion que la commission Coleman avait formulée 40 ans plus tôt aux États-Unis : l'école n'apporte qu'une très faible contribution qui soit indépendante de l'expérience extrascolaire de l'enfant dans son contexte social, ce qui explique que la famille et la communauté laissent leur empreinte sur l'expérience scolaire du jeune (Coleman et coll., 1966).

Selon Greeno (1989), la lenteur des progrès de notre compréhension globale de la pensée humaine s'expliquerait par la façon d'aborder le problème. D'après lui, si les questions étaient posées de manière différente, les progrès seraient probablement plus tangibles. L'auteur précise que trois postulats de base ont dominé la recherche sur l'apprentissage et la pensée humaine :

1. La pensée est une activité qui a lieu dans la tête des gens plutôt que dans le contexte d'une interaction entre une personne et une situation physique et sociale.

2. Les processus de pensée et d'apprentissage sont considérés comme uniformes d'une situation à l'autre et d'une personne à l'autre. Ainsi, on reconnaît que des personnes différentes peuvent avoir des habiletés mentales différentes et que certaines situations peuvent être plus ou moins propices à la pensée, mais on présuppose que la nature des processus cognitifs en jeu est la même sans égard aux personnes ni aux situations.

3. On présume que les ressources servant à alimenter la pensée, le « carburant », sont des connaissances et des habiletés qui dépendent de démarches précises telles que l'enseignement scolaire plutôt que de capacités plus générales résultant de l'expérience globale que le jeune a accumulée dans ses milieux de vie depuis sa naissance.

Greeno (1989) énonce l'idée de « situativité » de l'intelligence pour décrire le caractère essentiellement contextuel de la pensée. Voici trois postulats qu'il propose pour faire avancer notre compréhension de l'intelligence :

1. **La pensée se déroule dans un contexte.** La pensée se déroule dans des contextes physiques et sociaux. La cognition, incluant le raisonnement, la connaissance et l'apprentissage, peut être considérée comme une relation impliquant un agent dans une situation donnée, et non pas comme une activité se déroulant seulement dans la tête d'un individu.

2. **Il existe différentes épistémologies personnelles et sociales.** Penser et apprendre sont des activités qui se déroulent à travers le prisme de croyances et de conceptions qui diffèrent selon les individus et les groupes sociaux, et les propriétés fondamentales de la pensée et de l'apprentissage sont déterminées par ces perspectives.

3. **Les enfants ont des compétences conceptuelles.** Les enfants ont potentiellement de fortes capacités pour se développer au point de vue cognitif, ce qui permet des progrès complexes et subtils sur le plan des connaissances et sur celui des habiletés intellectuelles. La pensée, l'apprentissage et la croissance cognitive sont des activités où les enfants élaborent et réorganisent leurs connaissances et leur compréhension au lieu de simplement acquérir et appliquer des procédures toutes faites (Greeno, 1989, p. 135).

Ces propositions sont intéressantes car elles permettent de resituer le questionnement sur l'intelligence. Prenons, par exemple, le principe voulant que la pensée se déroule dans un contexte et non pas dans un lieu isolé du monde que l'on appelle la « tête ». Il ne s'agit pas de nier que le siège de la cognition est le cerveau, mais de tenir compte du fait que les objets sur lesquels porte la pensée s'inscrivent dans un contexte et que la personne elle-même, lorsqu'elle pense, se trouve dans un environnement physique, affectif et social ; la pensée serait une interaction résultant de la rencontre des processus cognitifs de la personne et des contextes où ils se déroulent. Cette position n'est pas nouvelle puisque l'on a maintes fois démontré que la pensée était influencée par le milieu dans lequel elle avait cours. Elle va cependant plus loin que toute autre idée sur le sujet en affirmant que la pensée « est une relation » entre un sujet et une situation.

Dans la vie courante, certains exemples militent en faveur de cette conception « situationniste » de l'intelligence. Ainsi, il y a quelques années à Montréal, à l'occasion d'une campagne de financement, une association de soutien aux personnes non voyantes organisait des soupers où les invités, tous des voyants, prenaient leur repas les yeux bandés de façon à vivre personnellement l'expérience de la cécité. À chaque table, on avait installé un guide aveugle pour aider les invités. Les comptes rendus de ces derniers étaient frappants : une expérience aussi « automatique » que celle de manger se transformait en une véritable aventure. D'un seul coup, tout devenait matière à s'interroger : Où est ma place ? Où se trouvent mes couverts ? Qui est devant moi ? Que me sert-on ? Ai-je raison d'avoir des craintes quant à la nourriture que l'on me sert ? Où est mon verre ? Comment faire pour le remplir ? De quoi ai-je l'air ? Dans mon assiette, où sont les aliments ? Comment m'y prendre pour les découper ? Est-ce que je mange trop vite par rapport aux autres ? Puis-je faire confiance à l'organisation qui nous accueille ? Voilà autant de questions très pratiques auxquelles s'entremêlaient des craintes primitives, la peur de ne pas être à la hauteur, un dépaysement complet éprouvé pourtant dans un univers de tâches très familières. L'hôte-guide non voyant de la tablée apparaissait quant à lui comme un maître d'œuvre incontestable, rassurant les gens, leur donnant des moyens de s'adapter, les éclairant grâce à son expérience de la situation. Non, l'intelligence n'est peut-être pas seulement dans la tête des gens...

4.2.6 L'utilisation de l'ordinateur en psychométrie

Le développement de la psychologie a été fortement tributaire du développement des instruments scientifiques, qu'il s'agisse de machines à présenter des stimuli à durée contrôlée, de l'enregistrement de mouvements oculaires ou d'activité neurologique (Sturm et Ash, 2005). L'évaluation des aptitudes intellectuelles, qui fait partie de cet univers, a connu un développement majeur au cours des dernières années avec l'utilisation de l'ordinateur dans l'administration des tests. L'accessibilité des micro-ordinateurs et leur grande capacité de traiter l'information ont permis de mettre au point des programmes pouvant administrer les tests d'aptitudes traditionnels (vocabulaire, arithmétique, connaissances, etc.) et de proposer des tâches que les méthodes papier-crayon ne pouvaient offrir. Dans le domaine visuospatial, par exemple, grâce à l'informatique interactive, on peut faire bouger des cibles à l'écran, animer des dessins de manière à rapprocher davantage la situation de testage du monde réel, enregistrer le temps de réaction du sujet au millième de seconde près, etc. Dans une certaine mesure, l'ordinateur a offert à la psychométrie un univers virtuel extraordinaire et permet de simuler, pour les sujets testés, des situations qui s'apparentent davantage à ce qu'ils rencontrent dans leur environnement réel.

Dans cette veine, des chercheurs québécois ont construit une batterie de tests standardisés visant à mesurer les aptitudes intellectuelles des jeunes et des adultes à partir de l'ordinateur (Loranger et Pépin, 2003 ; Parent, Loranger et Sirois, 2007 ; Pépin et Loranger, 1994 ; Pépin, Loranger et Laporte, 2006). Selon ces auteurs, le haut niveau de standardisation et d'automatisation du test augmente la qualité de l'administration et élimine les biais que peuvent entraîner dans les résultats des conditions variables de testage :

> [...] le haut niveau de standardisation et d'automatisation du test a pour effet de faciliter les conditions d'administration. Les bénéfices touchent autant la gestion, soit la manutention et la préparation du matériel, la lecture des instructions, la présentation des items que l'enregistrement et le traitement des réponses. Tout ceci entraîne des répercussions sur le rôle de l'examinateur qui, dégagé de la majorité de ces contraintes, peut consacrer plus d'attention à l'accompagnement et à l'observation de la personne à évaluer (Pépin et Loranger, 1994, p. 1).

Le développement des stratégies de décision à l'adolescence

Il existe plusieurs outils psychométriques spécialisés dans l'évaluation de fonctions mentales spécifiques, et les connaissances sur la fonction du contrôle de l'exécution à l'adolescence en ont bénéficié. L'*Iowa Gambling Task* (Bechara, Damasio, Damasio et Anderson, 1994) est un exemple de test destiné à étudier l'évolution des stratégies de décision. La tâche en cause est couramment utilisée pour étudier le rôle du cortex préfrontal dans le contrôle des décisions. Le test, présenté à l'écran d'ordinateur, propose quatre paquets de cartes virtuelles (les rectangles A, B, C et D dans la figure 4.5). Il s'agit pour le sujet de gagner le plus d'argent possible avant la fin de la partie en choisissant des cartes de l'un ou l'autre des quatre paquets, chaque choix d'une carte donnant lieu à une récompense immédiate que le joueur ne connaît pas à l'avance : 100 $ par carte dans les paquets A et B, et 50 $ par carte dans les paquets B et C. Toutefois, le choix de certaines cartes entraîne une punition en même temps que la récompense. La punition est forte dans les paquets A et B (1 250 $) et faible dans les paquets C et D (250 $). Comme cela est indiqué au bas de la figure 4.5, 10 choix successifs dans les deux paquets de gauche entraînent une perte globale de 250 $, tandis que 10 choix dans les paquets C et D engendrent un gain net cumulé de 250 $. Le joueur ne peut pas prédire exactement quand une punition surgira avec une carte, ni le nombre de choix qu'il lui reste à faire avant la fin de la partie (100 choix possibles au total). Pour gagner, il doit cependant apprendre que le fait de choisir des cartes surtout dans les paquets A et B entraîne une perte à long terme, même si la récompense associée à chaque carte y est plus grande.

Hooper, Luciana, Conklin et Yarger (2004) ont étudié l'évolution des décisions d'élèves âgés de 9 à 17 ans en utilisant l'*Iowa Gambling Task* (Bechara et coll., 1994). La performance à ce test met en cause l'activité du noyau ventromédian du cortex préfrontal en raison, notamment, du jugement et de l'autorégulation qu'il requiert. À l'instar de plusieurs autres études, ces chercheurs ont observé que les adolescents de 14 à 17 ans obtiennent un meilleur résultat global ; ils apprennent plus vite à se tourner vers les paquets avantageux comparativement aux plus jeunes. Même si on constate des différences importantes entre les individus du même âge, avec le temps les adolescents acquièrent une meilleure capacité de saisir les conséquences de leurs choix antérieurs, en intégrant l'information de différentes sources, ce qui leur permet d'éviter les pièges et de prendre des décisions plus avantageuses. Nous savions que des fonctions comme la mémoire ou l'attention présentent des progrès importants entre 12 et 18 ans (Keating, 2004), mais ces résultats viennent appuyer spécifiquement l'hypothèse d'une évolution marquée de la fonction du contrôle de l'exécution associée au cortex préfrontal au cours de l'adolescence.

FIGURE

4.5 Exemple d'écran que voit le joueur dans l'*Iowa Gambling Task* et indications sur la valeur des choix

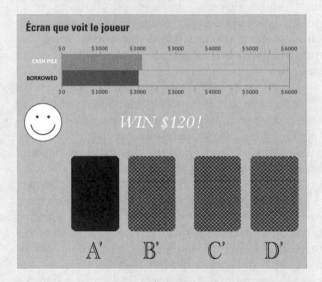

Écran que voit le joueur

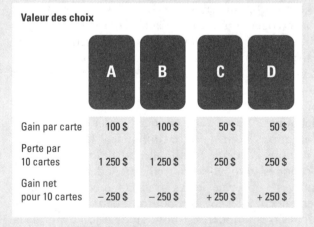

Valeur des choix

	A	B	C	D
Gain par carte	100 $	100 $	50 $	50 $
Perte par 10 cartes	1 250 $	1 250 $	250 $	250 $
Gain net pour 10 cartes	− 250 $	− 250 $	+ 250 $	+ 250 $

Source : Bechara, Damasio, Tranel et Damasio (2005, p. 160 ; traduction libre).

Dans ce type de tests informatisés, la correction des problèmes est généralement automatisée de même que la compilation des résultats et leur normalisation selon l'âge du sujet. En outre, l'ordinateur donne la possibilité de mesurer de façon précise le temps d'exécution des différentes tâches, de tenir compte du nombre d'erreurs commises ou du nombre de reprises effectuées par le sujet, etc. En résumé, l'informatique permet d'atteindre un degré incomparable de standardisation des situations de mesure et de dépasser les limites des tests papier-crayon en intégrant l'image animée, ce qui s'avère précieux dans l'évaluation des aptitudes visuospatiales.

L'ordinateur ne place toutefois pas la psychométrie à l'abri des problèmes de validité. En effet, ce n'est pas parce qu'une tâche est informatisée qu'elle mesure nécessairement ce qu'elle est censée mesurer. Qui plus est, certaines personnes se sentent mal à l'aise devant un clavier et un écran d'ordinateur, et présentent de ce fait un rendement inférieur à leur capacité normale. Enfin, la large diffusion des tests informatisés augmente le danger d'un usage mal adapté de tests par des personnes qui n'ont pas la compétence requise pour faire les bons choix, ni pour les administrer ou en interpréter les résultats de façon appropriée.

4.3 Les facteurs d'influence du rendement intellectuel

Qu'est-ce qui explique qu'une personne est supérieure à une autre sur le plan du rendement intellectuel ? Compte tenu du rôle primordial que joue l'intelligence dans le processus d'adaptation humaine, cette question a fait l'objet d'un très grand nombre de recherches (Kamphaus, 2005). L'hérédité, l'environnement dans lequel s'opère le développement et le sexe sont trois grands facteurs qui ont retenu l'attention lorsqu'il s'agit d'expliquer les différences individuelles. Mais comme, dès l'enfance et l'adolescence, l'intelligence attribuée à une personne ou à une catégorie de personnes constitue une dimension capitale de la valeur sociale, la recherche n'a pas échappé aux procès d'intention. Avancer que les hommes sont plus forts que les femmes en sciences ou affirmer que le QI moyen d'une race humaine est inférieur à celui d'une autre, cela constitue des gestes explosifs politiquement parlant. La recherche scientifique sur l'intelligence humaine, même si elle se veut objective, peut difficilement prétendre être tout à fait neutre puisque les débats qu'elle soulève sont au cœur des polémiques sociales.

4.3.1 L'hérédité

Objet de débats extrêmement polarisés, la question de l'influence biologique par rapport à celle de l'environnement continue de susciter la controverse, alimentée non seulement par la recherche, mais aussi par les contextes sociopolitiques et diverses formes de militantisme. La fameuse comparaison entre le QI des Noirs et celui des Blancs aux États-Unis en est un exemple illustre (Nisbett, 2005 ; Rushton et Jensen, 2005). L'observation souvent rapportée d'un écart de l'ordre de 15 points entre le QI des Noirs et celui des Blancs aux États-Unis amène des auteurs comme Rushton et Jensen à statuer sur des bases génétiques en ce qui a trait à cet écart, avec un modèle d'héritabilité où la génétique se combine avec l'environnement pour produire cet effet. La même explication vaut d'ailleurs pour expliquer le constat que le QI moyen des Asiatiques est de 6 points plus élevé que le QI moyen des Blancs aux États-Unis :

> Certains ont indiqué que la composante génétique n'était pas acceptable aux membres des groupes ethniques concernés par de telles différences de QI ou de comportement. Pourtant, sur le plan des individus et des familles, nous acceptons le fait que dans une même fratrie il y a des individus plus intelligents, plus athlétiques, plus attirants physiquement ou plus charmants que d'autres. Nous acceptons aussi le fait que certaines familles sont génétiquement plus douées que d'autres familles. Nous devrions, par extension, être en mesure de généraliser pour l'ensemble des membres de la famille humaine. Si l'on considère que les écarts entre groupes ne sont que l'agrégat des différences individuelles, la chose devrait être plus facile à faire. [...] La négation de toute composante génétique dans les variations humaines, incluant celles qu'on trouve entre les groupes, n'est pas seulement une pauvre science, c'est probablement injurieux pour les individus et pour les structures complexes des sociétés (Rushton et Jensen, 2005, p. 282, 285 ; traduction libre).

Ce type de position soulève de vives critiques dans la communauté scientifique. D'abord, l'intelligence est une notion encore mal définie et le QI que l'on mesure n'est pas nécessairement représentatif de l'intelligence. Ensuite, les groupes que l'on compare, c'est-à-dire les Noirs, les Blancs et les Asiatiques, reposent sur une notion de race qui est une construction sociale ayant des frontières très floues. De plus, la comparaison ne tient pas compte du fait démontré que cet écart entre le QI des Noirs et celui des Blancs diminue progressivement avec les années et que dans 75 ans il n'existera plus si la tendance se maintient (Nisbett, 2005 ; Sternberg et coll., 2005). Tant que les Noirs américains grandiront dans des environnements défavorisés, on ne peut pas s'attendre à ce que leur potentiel intellectuel se déploie de façon comparable à celui des Blancs privilégiés.

La comparaison entre le QI des Blancs, des Noirs et des Asiatiques soulève des débats très polarisés au sein de la communauté scientifique.

Les sciences humaines appliquées, dont la psychologie et la pédagogie, ont souvent marqué des réticences à l'idée d'un déterminisme congénital des facultés intellectuelles. Il n'est pas très agréable pour un agent du changement humain tel que le psychologue ou l'éducateur de se faire dire que le potentiel de son client est limité génétiquement. Cette crainte est souvent alimentée par la fausse croyance selon laquelle une caractéristique fortement « héritable » n'est pas modifiable, ce qui n'est pas nécessairement le cas. Par exemple, nous savons que la taille du corps humain dépend en grande partie de la taille des parents avec une héritabilité de 0,90 (Nisbett, 2005), et pourtant la tendance séculaire (l'augmentation de la taille moyenne des adolescents au fil des décennies) existe bel et bien. Par conséquent, si le rendement intellectuel d'un adolescent a une relation significative avec celui de sa mère et celui de son père, cela ne veut pas dire qu'il ne peut pas les dépasser sur ce plan.

La perspective environnementaliste est, quant à elle, souvent plus séduisante car elle permet d'entretenir des espoirs de contrôle, pourvu que l'on trouve l'intervention appropriée. Les données les plus fréquemment invoquées en faveur de l'origine génétique du rendement intellectuel sont liées au fait que les jumeaux monozygotes, comparativement aux jumeaux dizygotes, présentent une plus grande similarité intellectuelle et que, même lorsqu'ils ont été élevés séparément, ils ont des QI très semblables. D'autre part, l'enfant adopté a un QI beaucoup plus près de celui de sa mère biologique que de celui de sa mère adoptive. Que l'hérédité joue un rôle de premier plan dans la détermination de l'intelligence ne paraît pas faire de doute (Plomin et Spinath, 2004 ; Plomin, 1989) :

> On recueille plus de données génétiques sur le QI que sur tout autre trait. Un résumé de douzaines d'études menées avant 1980 auprès de 100 000 jumeaux, frères biologiques et frères adoptifs, rend difficile le rejet de la conclusion voulant que l'hérédité influe de façon importante sur les différences individuelles de QI et de personnalité (Bouchard et McGue, 1981 ; Bouchard et Loehlin, 2001). Par exemple, les sujets liés génétiquement mais adoptés puis élevés séparément présentent des ressemblances considérables et, parmi eux, les jumeaux monozygotes sont beaucoup plus ressemblants que les jumeaux fraternels. Un revirement intéressant s'est toutefois opéré : pour des raisons inconnues jusqu'ici, les études menées dans les années 1970, comparativement aux études antérieures, donnaient lieu à des estimations plus faibles de l'héritabilité (environ 50 % contre 70 % respectivement) (Plomin, 1989, p. 106 ; traduction libre).

4.3.2 Le milieu

Il ne faut pas croire que parce qu'un trait comportemental est fortement hérité qu'il ne peut pas être modifié par l'expérience, à la baisse comme à la hausse. Ainsi, plusieurs éléments environnementaux sont étroitement associés au rendement intellectuel. La qualité de l'alimentation et des soins offerts à l'enfant depuis sa naissance, la richesse des stimulations reçues du milieu et la qualité de la scolarisation en sont des exemples bien connus (Campbell et Ramey, 1994 ; Ramey et Ramey, 1999 ; Sternberg et coll. 2005 ; Johnson, McGue et Iacono, 2006). L'observation répétée du lien entre la pauvreté et l'échec scolaire, la démonstration de la relation entre la qualité du milieu familial et le QI et plus de 30 années d'évaluation des effets des programmes d'éducation compensatoire (Campbell et Ramey, 1994) permettent d'établir que le rendement intellectuel dépend dans une large mesure des expériences vécues dans les premières années de la vie et qu'il est possible d'aider de façon durable les enfants issus de milieux défavorisés grâce à des interventions précoces, intensives et suffisamment prolongées.

Sur la base d'un examen fouillé des données empiriques disponibles, Leventhal et Brooks-Gunn (2004) constatent que les adolescents qui évoluent dans une communauté mieux nantie sur le plan socioéconomique présentent des rendements supérieurs dans plusieurs zones de réussite (tests de rendement intellectuel, notes à l'école, risque de décrochage, etc.), comparativement à leurs pairs de quartiers défavorisés, même lorsque les facteurs personnels et familiaux sont contrôlés. L'effet de la communauté serait le plus fort pour le sous-groupe des garçons au début de l'adolescence (Leventhal et Brooks-Gunn, 2004).

Les données soutenant la thèse que le milieu dans lequel les jeunes évoluent conditionne leur intelligence ne manquent donc pas. Il est à prévoir que le débat qui oppose les tenants de cette thèse aux tenants de la théorie génétique est loin d'être terminé, étant donné l'état rudimentaire de nos connaissances sur la nature de l'intelligence et de ses fondements. D'ici à ce que ce débat prenne fin, la proposition de Hebb (1974) demeure pertinente :

> Ce qu'il faut dire, c'est que l'importance de ces variables (hérédité et milieu) est de 100 % ; leur apport n'est pas additif mais multiplicatif. Cela signifie que lorsqu'on s'interroge sur l'influence de l'hérédité et du milieu sur l'intelligence, c'est comme si l'on se demandait quelle est la contribution de la largeur d'un champ à sa surface par rapport à la contribution de sa longueur (Hebb, 1974 ; traduction libre).

4.3.3 Le sexe

Les garçons et les filles ont-ils un rendement intellectuel différent ? L'effet du sexe en matière de rendement intellectuel continue d'être un sujet populaire et toutes sortes de choses ont été écrites à ce sujet. Par exemple, on a utilisé la corrélation faible mais réelle (entre 0,15 et 0,27 selon Rushton et Ankney, 1996) entre la taille du cerveau et le QI pour soutenir l'hypothèse d'une intelligence plus grande chez les hommes. Sachant toutefois que la grosseur du cerveau est en relation avec la taille du corps, « l'avantage » masculin n'est-il pas plutôt lié à un corps

plus volumineux à « desservir » sur le plan neurologique ? En fait, les nombreuses recherches sur l'effet du sexe observent que le QI global des hommes et celui des femmes ne sont pas significativement différents même si, de façon répétée, on a remarqué un léger avantage chez les hommes en ce qui concerne le raisonnement spatial, mécanique et mathématique, et un léger avantage chez les femmes en matière de langage, d'orthographe, de vitesse perceptive et de mémoire associative (Mackintosh, 2004). Il existe donc des zones de différences, c'est-à-dire des différences sur le plan des composantes, mais celles-ci se compensent entre elles pour donner un QI global comparable chez les hommes et les femmes. En outre, même dans une zone cognitive particulière (le raisonnement spatial, le langage ou autre), la supériorité d'un groupe donné de personnes sur un autre ne veut aucunement dire que tous les individus de ce groupe ont un rendement supérieur à ceux de l'autre groupe puisque ce ne sont que les moyennes des ensembles qui diffèrent.

En conséquence, bien que le QI moyen des garçons et celui des filles soient globalement du même niveau, les deux sexes ne présentent pas le même rendement moyen dans toutes les sphères de l'activité intellectuelle. Typiquement, à partir de 10 ou 11 ans, les filles commencent à être plus fortes dans les tâches verbales (impliquant la production et la compréhension du langage), tandis que les garçons se montrent plus habiles dans les relations et l'orientation spatiales ainsi que dans le raisonnement arithmétique (Conger, 1991). Les différences constatées ne sont pas énormes, mais elles sont suffisamment homogènes pour être significatives. On ne sait pas exactement pourquoi ces différences, qui n'étaient pas décelées avant l'adolescence, apparaissent autour de cette période, mais un certain nombre d'explications ont été avancées.

D'abord, il est possible que le clivage plus marqué dans l'expérience socioaffective des filles et des garçons à l'adolescence soit en cause : la société distingue plus clairement les rôles sexuels à partir de cet âge, notamment en matière de choix de métiers. L'éducation et les attentes sociales distinctes selon le sexe interviendraient dans les différences de rendement intellectuel (Conger, 1991 ; Mackintosh, 2004). Une deuxième explication fait entrer en jeu des facteurs biologiques impliquant un degré différent de spécialisation des hémisphères cérébraux d'un sexe à l'autre. On a observé, en effet, que la prédominance de l'hémisphère droit serait plus grande chez les hommes que chez les femmes, dont le fonctionnement cérébral est plus bilatéral. Cette prédominance avantagerait les hommes dans le domaine visuospatial, alors que la répartition plus large des fonctions langagières dans le cerveau favoriserait les femmes au chapitre du rendement verbal. Avec l'apparition des changements hormonaux associés à la puberté, ces différences augmenteraient, ce qui explique qu'elles seraient moins perceptibles pendant l'enfance. Ces différences sont modestes, ce qui a maintes fois été rapporté, mais elles soulèvent tout de même des controverses en raison, notamment, du biais sexiste que certains auteurs attribuent aux mesures en ce qui a trait, par exemple, à la supériorité masculine en sciences (Baron-Cohen, 2003 ; Cloutier, 2004 ; Halpern, 2000 ; Hyde, 2005 ; Newcombe et Dubas, 1987 ; Sax, 2005).

La prévalence du retard mental est plus grande chez les garçons que chez les filles et il y aurait des fondements génétiques à cette situation. Dykens, Hodapp et Finucane (2000) rapportent que plus de 1 200 causes génétiques du retard mental sont maintenant connues et elles concernent directement le tiers des cas. On a formulé l'hypothèse du « syndrome du X fragile » pour expliquer la prévalence plus grande de la déficience légère chez les garçons comparativement aux filles. Selon cette hypothèse, certaines formes de déficience mentale seraient liées au fait qu'une partie du chromosome X aurait tendance à se briser. Ce problème serait transmis génétiquement en tant que trait récessif, mais

L'effet musical

Une des conclusions les plus claires de notre examen des facteurs en cause dans le rendement intellectuel est qu'il y en a plusieurs et qu'ils interagissent de façon complexe. Pourtant, la musique fait peut-être exception à cette règle. Rauscher, Shaw et Ky (1993) avaient marqué un bon coup en publiant, dans la revue *Nature,* un article proposant un lien direct entre l'exposition à la musique classique et le rendement intellectuel. Ils avaient observé que le raisonnement spatial était amélioré pendant au moins 10 minutes après qu'on a écouté du Mozart. Puis, d'autres chercheurs ont expliqué cet effet par l'augmentation de la vigilance et l'amélioration de l'humeur provoquées par l'écoute de la musique que l'on aime, deux conditions favorables au rendement intellectuel. Plusieurs études menées par la suite ont exploré cette relation musique-intelligence étonnamment simple dans un monde si complexe. Ainsi, dans une étude expérimentale, Schellenberg (2004) a offert une formation artistique gratuite à 144 enfants de 6 ans pendant leur première année d'école selon trois conditions : des leçons de musique, des leçons d'art dramatique et un groupe témoin sans leçon (les enfants de ce dernier groupe ont reçu la formation un an plus tard). Comme cela a été maintes fois observé auparavant (Ceci et Williams, 1997), le rendement intellectuel de tous les enfants s'est amélioré à cause de la première année de scolarisation, mais ceux qui ont reçu la formation musicale ont présenté un gain moyen significativement plus grand que les autres (7,0 points contre 4,3). Cette expérience ne nous dit pas combien de temps l'écart s'est maintenu entre les groupes, mais, dans une autre étude, Schellenberg (2005) a rapporté

que le fait de prendre des leçons de musique (des cours privés en dehors de l'école destinés à apprendre à jouer d'un instrument) au cours de l'enfance avait une corrélation positive avec le QI et le rendement scolaire à la fin de l'adolescence (corrélations modestes mais significatives variant de 0,17 à 0,36) (Schellenberg, 2005).

Comment expliquer cet effet de la musique ? L'auteur avance plusieurs explications à cette relation. Premièrement, il est possible que les jeunes ayant un QI plus élevé désirent davantage faire de la musique, mais cet effet sur la motivation ne peut expliquer les résultats de l'étude expérimentale comparant les enfants de première année selon qu'ils ont étudié la musique ou non (Schellenberg, 2004). Deuxièmement, il se peut que l'effet de la musique soit de la même nature que celui de la scolarisation (Ceci et Williams, 1997), mais en plus fort en raison des petits groupes et du caractère agréable de l'expérience d'apprendre à jouer d'un instrument. Les leçons de musique provoqueraient ainsi un « effet scolaire renforcé » sur le rendement intellectuel. Troisièmement, il est possible que les effets positifs de la musique sur le rendement intellectuel soient assimilables aux bénéfices intellectuels que l'on a rattachés à l'apprentissage d'une langue seconde (Bialystok, 2001). Enfin, quatrièmement, il est possible que les gains résultant de l'exercice des habiletés qui interviennent dans la coordination et la hiérarchisation des dimensions de l'expression musicale (lire les notes de musique, contrôler le ton, le volume, le rythme, le timbre, etc.) se généralisent aux opérations exigées par les tests d'intelligence (Schellenberg, 2005).

comme les hommes n'ont qu'un seul chromosome X dans leurs cellules (les chromosomes mâles sont XY tandis que les chromosomes femelles sont XX), la fragilité de celui-ci ne pourrait être compensée par l'autre chromosome X, comme c'est le cas chez les femmes (Crawford, Meadows, Newman, Taft, Petta et Gold, 1999 ; O'Donnell et Warren, 2002 ; Plomin, 1989).

4.4 Les enjeux des progrès intellectuels dans la vie des adolescents

L'adolescence apporte une augmentation notable de la capacité intellectuelle : le rendement brut mesuré par des tests standardisés augmente dans un rapport de 1 à 12 de la naissance à 12 ans, dans un rapport de 12 à 15 au cours de l'adolescence (de 12 à 18 ans) et il se stabilise par la suite. En psychométrie, cette croissance de la capacité brute est compensée par la standardisation des scores dans le but de maintenir un QI moyen constant de 100 pour la population. En réalité, les problèmes qu'il faut résoudre pour avoir un QI de 100 à 18 ans sont plus nombreux et plus difficiles que ceux qui désignent un QI de 100 à 12 ans (Steinberg, 2008).

Parmi les habiletés où l'on constate une nette progression à l'adolescence, on trouve la capacité de mémoriser des contenus, l'aptitude à rechercher une information pertinente en cas de problème et à poser des hypothèses, l'habileté à élaborer des concepts intégrateurs, la capacité de se représenter mentalement l'espace et d'opérer des transformations sur ces représentations et la capacité de coordonner des opérations complexes selon une stratégie planifiée (fonction du contrôle de l'exécution). Il est intéressant de noter l'étroite correspondance qui existe entre ces aptitudes dont l'évolution est confirmée par les mesures de l'intelligence et les caractéristiques de la pensée formelle décrites dans le chapitre 3. En quoi ces progrès mentaux exercent-ils une influence sur la vie de tous les jours des adolescents ?

Pour répondre à cette question, il faut mettre en perspective l'ensemble des changements adolescents et pas seulement une zone particulière comme la mémoire, la pensée hypothético-déductive ou le jugement moral. L'adolescent n'est pas encore un adulte, mais il accède à une capacité intellectuelle comparable à celle de l'adulte. Sa vision du monde, tant sociale que physique, est mieux différenciée que celle de l'enfant ; de même, elle est mieux intégrée dans l'espace et dans le temps. Vers 16-17 ans, la plupart des jeunes possèdent les outils cognitifs des adultes sans pour autant avoir la marge de manœuvre de ces derniers. L'intelligence est disponible, mais l'expérience, qui est insuffisante, ne peut pondérer les estimations. Il faut comprendre aussi que cette intelligence douée d'une nouvelle capacité doit agir sur plusieurs plans à la fois : se comprendre soi-même et se définir une frontière identitaire, se faire une place dans le monde des amis et des amours, gérer la distanciation avec la famille sans trop de heurts, réussir à l'école, se faire de l'argent de poche pour s'offrir les petits luxes devenus nécessaires, etc. Devant cette multitude de « dossiers » à gérer, les questions foisonnent, et comme la jeune personne ne souhaite pas qu'on y réponde à sa place, elle doit trouver elle-même son chemin. D'un côté, cette démarche est souvent inquiétante, incertaine, décevante, risquée et frustrante ; d'un autre côté, elle est parfois passionnante, rassurante, satisfaisante et gratifiante. En contexte de stress, certains adolescents font des choix impulsivement, d'autres stagnent dans l'ambivalence, d'autres encore se laissent porter par l'entourage, mais tous sont en mesure de réfléchir sur eux-mêmes, de formuler des critiques, d'évaluer les situations, de faire des plans plus ou moins réalistes.

En fait, on peut dire que les progrès cognitifs se produisent au bon moment parce que l'accession à l'autonomie, à l'autocontrôle requiert un meilleur éclairage sur la route qui se présente. Vouloir accéder à l'indépendance par rapport à ses parents est une chose légitime, mais cela ne suffit pas à assurer la transition. Il faut pouvoir exercer le contrôle de façon compétente, anticiper les conséquences et assumer les résultats de ses choix. L'intelligence agit comme un phare dans ce processus d'ensemble. Le nombre et la variété des exigences posées au jeune par sa transition adolescente nous aident à comprendre la pertinence des modèles intégrés de l'intelligence parce qu'il ne s'agit pas simplement de réussir l'examen terminal de mathématiques au secondaire.

CHAPITRE 5

L'adolescence et la sexualité

5

5.1 La sexualité adolescente: introduction

La puberté est la force d'impulsion de l'adolescence. Avant d'être un statut social coincé entre l'enfance et l'âge adulte, avant d'être un stade psychologique à la frontière de la dépendance et de l'autonomie affective, l'adolescence est un état somatique amené par l'événement « puberté ». Il ne faut toutefois pas considérer cet « événement » comme instantané puisqu'il s'inscrit de façon dynamique dans le temps, avec un passé, un présent et un avenir. Ainsi, l'apparition des pulsions sexuelles associées à la maturité ne correspond pas au début de la sexualité, étant donné que celle-ci se manifeste déjà pendant l'enfance. Il ne s'agit simplement plus de la même sexualité: si les rôles sexuels prennent racine dès le début de la socialisation enfantine, la maturité sexuelle donne un caractère concret aux différences de sexe. Il y a moins de confusion possible entre les garçons et les filles car, sur le plan de l'apparence, les corps prennent leurs distances.

Mais la dynamique pubertaire joue aussi sur d'autres plans, notamment sur celui de l'orientation sexuelle où les objets du désir sexuel doivent se définir. Dans la plupart des cas, les fantasmes sexuels des adolescents les poussent vers le sexe opposé; il arrive toutefois que le choix de l'objet sexuel s'oriente vers le même sexe. Le cas échéant, le jeune doit relever le défi considérable de construire son identité en intégrant son homosexualité ou sa bisexualité. Pourquoi suis-je comme cela? Qu'ai-je fait pour devenir ainsi? Comment vivre avec cela sans que les autres s'en rendent compte? Voilà la problématique qui se présente alors et qui témoigne du conflit personnel que doivent assumer les personnes qui vivent une orientation sexuelle différente de celle de la majorité.

La maturation sexuelle retentit également sur le plan social, avec les écarts qu'elle entraîne entre ce que l'on voudrait être et ce que l'on est, entre les attributs que l'on souhaiterait avoir et ceux que l'on a, entre les exigences que l'on désirerait respecter et les concessions que l'on se voit faire. En outre, il arrive que les environnements culturel et religieux viennent brouiller les cartes en imposant leurs contraintes, comme si la situation n'était pas déjà suffisamment compliquée. Bref, la sexualité adolescente est d'abord physique, mais elle est aussi psychologique, sociale et culturelle.

En dépit de tous les bouleversements qui en découlent, l'accession à la maturité sexuelle reste pour l'individu un des moments privilégiés de son existence étant donné qu'elle marque une étape cruciale dans la conquête de son autonomie, un rite de passage dans la réalisation de son indépendance émotionnelle:

> La sexualité est une partie inaliénable de la vie personnelle. Les adolescents ont le droit d'accéder à ce monde dans le respect de leur personne et tout détournement de ce parcours par la violence ou l'exploitation sexuelle ou par tout autre moyen peut laisser des séquelles psychologiques durables. Néanmoins, même en voulant sincèrement protéger leur jeune, les parents ne peuvent pas vivre cette transition à sa place, ni empêcher que se produise le phénomène. Leur rôle est donc d'en faciliter l'évolution: si les indiscrétions des parents dans la vie intime de leur jeune ne sont pas indiquées, le fait de nier son éveil ne convient certainement pas non plus (Cloutier, 1994, p. 97-98).

Dans nos sociétés modernes, l'accession à la maturité sexuelle n'est pas synchronisée avec l'accession au stade social et à l'état psychologique liés à la maturité. Le droit inaliénable des jeunes à disposer de leur corps ainsi que la condamnation de la prostitution et des abus sexuels à l'endroit des mineurs sont des positions clairement affirmées par les sociétés occidentales. Le respect de la dignité et de l'intégrité de la personne va de pair avec le respect de son libre arbitre en matière de sexualité. En revanche, les positions sont beaucoup moins tranchées quant à la marge de liberté que l'on peut concéder aux jeunes sexuellement adultes pour qu'ils puissent vivre leur sexualité conformément à leur maturité physique. Or, comme l'indépendance affective ou l'autonomie matérielle survient généralement bien après les premières éjaculations ou les premières menstruations, les adolescents doivent vivre à des niveaux de maturation différents. Et ce décalage ne va pas en diminuant si l'on considère, d'une part, la tendance séculaire à une précocité biologique plus grande et, d'autre part, la durée de préparation à la vie socioéconomique qui augmente continuellement (la durée des études, notamment). Il n'est donc plus rare de voir des adultes de 24 ou 25 ans vivre encore chez leurs parents parce qu'ils n'assument pas leur indépendance socioéconomique et être sexuellement actifs depuis une dizaine d'années. Les deux générations doivent alors trouver le moyen de composer avec une sexualité adulte dans le contexte d'une adolescence sociale qui se prolonge.

La sexualité adolescente est non seulement physique, mais aussi affective, sociale et culturelle. Elle est affective parce que, au-delà des courants de libération sexuelle et des différences de conception entre hommes et femmes, les relations sexuelles demeurent un contact interpersonnel d'une importance majeure vu le degré élevé d'engagement intime qu'elles supposent. Ce qui est vécu à l'adolescence en ce domaine sera probablement inscrit dans la mémoire personnelle toute la vie durant.

La sexualité est aussi sociale et culturelle. Peut-on parler de sexualité à l'adolescence sans tenir compte des différences entre garçons et filles ? Et même dans le contexte actuel où tout se mondialise, peut-on décrire la sexualité des adolescents québécois comme on le ferait de celle des adolescents malaysiens, polonais ou suédois ? Deux adolescentes habitant la même ville, la même rue, connaissent-elles une évolution sexuelle identique ? Sûrement pas puisque chaque personne est particulière, unique dans sa réalité psychologique. Toutefois, les connaissances dont nous disposons actuellement sur la sexualité nous permettent de faire une description relativement précise de la réponse sexuelle sur le plan physiologique. Les comportements sexuels des jeunes ont aussi fait l'objet de nombreuses études. Maints travaux ont porté sur l'influence de la culture sur les pratiques sexuelles et leur contrôle, sur les méthodes contraceptives et sur leur utilisation par les jeunes, etc.

Le présent chapitre est consacré à différentes dimensions de la sexualité à l'adolescence. Nous aborderons tout d'abord le développement psychosexuel, puis les comportements sexuels à l'adolescence. Suivra l'examen du contexte et des facteurs d'influence de ces comportements. La question de l'homosexualité à l'adolescence sera également étudiée. Nous examinerons ensuite les thèmes de la contraception et des infections transmissibles sexuellement (ITS)[1] ou par le sang et, pour terminer, le thème de la grossesse et de la maternité adolescentes.

5.2 L'activité sexuelle prépubertaire

À quel moment peut-on situer l'origine de l'activité sexuelle chez l'être humain ? Sachant que, dès les premières heures de la vie, une érection du pénis est possible chez le garçon, doit-on reconnaître dans ce phénomène le début de l'activité sexuelle ou n'y voir plutôt qu'un réflexe résultant de l'activité des structures nerveuses de l'épine dorsale, sans l'intervention des centres nerveux supérieurs ?

Depuis longtemps, on observe l'intérêt marqué du jeune bébé pour l'exploration de son corps, y compris ses organes génitaux. Cette exploration, plus ou moins aléatoire et étendue à tout le corps, peut-elle être assimilée à la sexualité proprement dite ? Physiquement, on reconnaît que vers quatre mois les bébés des deux sexes répondent à la stimulation de leurs organes génitaux par une réaction qui s'apparente fortement à un plaisir érotique (Gilbert, 2003 ; Katchadourian, Lunde et Trotter, 1982 ; Ryan, 2000). Au fur et à mesure qu'il se développe, l'enfant intègre de nouveaux champs d'exploration qui ne sont plus liés exclusivement à son propre corps. Ce dernier demeure une zone d'intérêt, mais ses organes génitaux n'ont toutefois plus une importance particulière.

Certains enfants de deux ou trois ans cherchent à voir les organes génitaux de leurs pairs et à montrer les leurs. En règle générale, ces explorations relèvent de la curiosité, un peu comme c'était le cas des expériences du jeune bébé sur son propre corps.

La sexualité adulte est constituée de déterminants biologiques qui incluent les besoins innés, conditionnés par l'équilibre hormonal, et les désirs acquis, conditionnés par le plaisir et l'apprentissage du plaisir. En dépit de la présence précoce de réactions sexuelles chez l'enfant, une évolution s'opère sur le plan physique, faisant naître des pulsions sexuelles qui n'apparaissent qu'à l'adolescence. La sexualité adulte ne peut cependant pas s'expliquer par ses seules origines biologiques puisque les comportements sexuels sont aussi largement tributaires de déterminants psychologiques. Ainsi, les émotions et les pensées, intimement liées aux actions pendant l'activité sexuelle, sont le résultat de l'histoire personnelle et du développement psychosexuel de chaque individu.

L'enfant possède-t-il les composantes biologiques essentielles à la manifestation d'une vraie sexualité ? Réunit-il dans son comportement les conditions psychologiques typiquement associées à une sexualité adulte ? Si l'on estime que le but premier et la raison d'être de la sexualité sont la perpétuation de l'espèce, il apparaît à l'évidence que la sexualité n'intervient qu'après la puberté. Par contre, si l'on estime que le plaisir en est l'essence véritable, on doit alors situer l'origine de la sexualité beaucoup plus tôt, au moment où l'on a déjà observé un plaisir érotique.

---

1. On parle maintenant d'infections transmissibles sexuellement (ITS) plutôt que de maladies transmissibles sexuellement (MTS) de manière à inclure les infections asymptomatiques.

D'autre part, si on conçoit la sexualité comme un ensemble comportemental déterminé par des facteurs tant biologiques que psychologiques, on est amené à constater une évolution, depuis l'enfance, où certaines conduites étaient déjà présentes (l'érection du pénis, par exemple), jusqu'à l'âge adulte, où surgissent certains besoins de filiation et d'expression d'amour, en passant par l'adolescence, où apparaissent des pulsions nouvelles en raison des changements hormonaux. Cette dernière perspective « développementale » nous semble plus plausible. Elle nous permet d'intégrer à la notion de sexualité les activités sexuelles prépubertaires, avec la réserve toutefois que celles-ci possèdent un caractère distinct sur les plans biologique et psychologique comparativement à la sexualité adulte.

L'exploration enfantine de la sexualité est amplement subordonnée au degré d'influence exercée par la culture, de sorte que toute discussion de ce sujet doit être située dans un contexte socioculturel. Chez certains peuples, la stimulation sexuelle des jeunes enfants est encouragée car elle est perçue comme un moyen de sensibilisation important pour l'adaptation sexuelle adulte (Ford et Beach, 1951 ; Gilbert, 2003). En Occident, il semble qu'une forte proportion des conduites sexuelles prépubertaires soient motivées par la curiosité et leur forme la plus répandue correspond à des activités érotiques solitaires (masturbation, frottements, etc.). Après l'érotisme solitaire, le jeu sexuel le plus fréquent serait l'exhibitionnisme et la manipulation de ses propres organes génitaux en présence de compagnons du même sexe. Dans la plupart des cas, ces activités homoérotiques sont transitoires (Gilbert, 2003). Chez les filles, les activités sexuelles entre enfants, moins fréquentes que chez les garçons, ne vont généralement pas plus loin que l'examen mutuel des organes génitaux.

En dépit de ce que l'on pourrait croire *a priori,* l'orgasme peut être expérimenté par les deux sexes bien avant la puberté (Katchadourian, 1977 ; Ryan, 2000). Pour le garçon prépubère, l'orgasme se manifeste sans s'accompagner de l'éjaculation, laquelle n'apparaît qu'après la puberté, au moment où la prostate et les autres glandes liées au transport du sperme deviennent fonctionnelles. Dans la mesure où il est possible d'interpréter avec précision l'expérience intime de jeunes enfants, Kinsey estime que plus de la moitié des garçons ont la capacité d'atteindre l'orgasme vers l'âge de quatre ans et que la plupart d'entre eux peuvent l'atteindre de trois à cinq ans **avant** leur puberté. Bien que Kinsey n'ait pas fait d'évaluation similaire concernant

les filles, on a également observé des orgasmes féminins chez des sujets en très bas âge (Katchadourian et coll., 1982 ; Ryan, 2000). Évidemment, l'existence d'un potentiel orgastique prépubertaire n'implique aucunement que les enfants atteignent ou devraient atteindre l'orgasme par une stimulation délibérée. En fait, il ne s'agit pas d'expériences courantes.

5.3 Les comportements sexuels à l'adolescence

De tout temps, la fertilité a représenté l'une des valeurs humaines les plus fondamentales. Le pouvoir de se reproduire, de se perpétuer à travers une descendance qui prendra le relais, de mettre au monde des enfants qui nous aideront à survivre, que l'on aime et qui sont une partie de nous-mêmes, voilà les enjeux qu'elle propose. Dans l'esprit humain, la notion de fertilité a toujours été associée à celle de richesse ; toutefois, depuis longtemps aussi, la fertilité mal orientée, en dehors d'une organisation sociale adaptée aux besoins des enfants, est rattachée à la pauvreté, à la misère ainsi qu'à la marginalisation de la descendance, comme l'attestaient les termes « enfant illégitime » ou « bâtard ». Le mariage et la famille constituent les principaux dispositifs culturels destinés à encadrer la fertilité dans une structure garante de continuité. D'une culture à l'autre, les rites entourant le contrôle de la fertilité en vue du mariage et de la famille varient énormément, mais la stabilité de ces institutions a toujours été considérée comme une force de premier plan étant donné que la qualité de la relève et la transmission de la culture en dépendent.

À partir du moment où les adolescents peuvent procréer, les parents exercent un contrôle sur leur comportement sexuel de façon à contenir leur fertilité avant le mariage ou la cohabitation. La force des pulsions sexuelles émergentes et la volonté de s'affranchir de l'emprise parentale n'ont jamais rendu cette tâche facile, comme en témoigne la diversité des mécanismes employés à cette fin (ségrégation des sexes, chaperonnage, culpabilité liée au péché, punitions sévères, système de dot, valorisation de la virginité, etc.).

Quatre phénomènes sociaux ont surtout contribué à modifier les attitudes et les discours à l'égard du contrôle du comportement sexuel des adolescents : 1) l'apparition sur le marché de moyens contraceptifs sûrs, qui a permis de distinguer l'activité sexuelle de la fonction reproductrice ; 2) la disparition de la croyance faisant de la virginité une valeur symbolique centrale pour la qualité de l'union du couple ; 3) la prolifération des unions libres ; 4) la fragilisation considérable de l'institution de la famille en raison des ruptures conjugales.

Contrairement à la situation qui existait il y a à peine quelques décennies, la sexualité adolescente n'est plus niée en tant que phénomène social. À l'inverse, on exagère parfois le phénomène en laissant croire que tous les adolescents sont actifs sexuellement dès l'âge de 13 ou 14 ans. Aujourd'hui, l'adoption de conduites contraceptives adaptées est probablement le principal objectif social en matière de contrôle de la fertilité des adolescents. Les conséquences potentiellement désastreuses de l'expérience d'une grossesse non désirée à l'adolescence sont bien réelles et l'on reconnaît les risques d'inadaptation psychosociale auxquels font face les adolescentes lorsqu'elles choisissent la voie de la maternité.

Le contrôle des comportements sexuels des adolescents a été et demeure une préoccupation sociale importante, mais les raisons de l'exercer de nos jours ont évolué. Il ne s'agit plus tant de protéger la fertilité comme un trésor à échanger et à exploiter en temps et lieu que de se protéger contre les risques d'inadaptation psycho-sociale liés aux maternités précoces (pour les jeunes mères et leurs enfants) et contre les infections transmissibles sexuellement et par le sang, dont le sida qui tue encore chaque année de nombreuses personnes.

5.3.1 La sexualité adolescente vue sous une perspective historique

Nos connaissances sur la sexualité adolescente dans l'histoire humaine dépendent évidemment de la qualité des témoignages reçus. Pour cerner la réalité antérieure à l'usage de l'écriture, on rassemble les éléments d'information à partir de spéculations archéologiques, alors que les renseignements qui nous sont parvenus par l'écriture doivent être débarrassés des altérations dues aux censures religieuses et culturelles ainsi qu'aux interprétations des auteurs (Endleman, 1989 ; Gies et Gies, 1989). Voici, résumée, la position de Downs et Scarborough Hillje quant à l'histoire précédant le Moyen Âge :

En somme, l'existence de la sexualité adolescente a été reconnue couramment au cours de l'histoire ancienne : les adolescents présentaient de la curiosité

et ils vivaient des expériences sexuelles. Les cultures connues ont adopté différentes attitudes à l'égard de cette sexualité, depuis l'acceptation d'une expression sexuelle libre (les perspectives andine et taoïste), vers des approches androcentriques (à l'avantage des mâles comme les perspectives gréco-romaine et barbare), jusqu'à divers degrés de répression de la sexualité (comme dans les traditions confucéenne et juive). Paradoxalement, les premières doctrines chrétiennes étaient passablement permissives en ce qui a trait à la sexualité adolescente (surtout pour les garçons) et valorisaient activement la notion d'amour. Ce n'est pas avant le XIVᵉ siècle, en Europe, que le christianisme a établi des règles strictes de contrôle de la sexualité adolescente (Boswell, 1980). Les attitudes et les coutumes concernant la sexualité adolescente dans plusieurs, sinon la plupart des cultures anciennes nous sont inconnues, en partie à cause de la destruction de la bibliothèque d'Alexandrie. Nous pouvons conclure que la curiosité et les activités sexuelles ont été observées et reconnues partout dans le monde. Les approches culturelles de cette sexualité ont probablement varié selon la prévalence des modes, des traditions, des mythes, des religions et des besoins sociopolitiques de chaque culture (Downs et Scarborough Hillje, 1993, p. 8 ; traduction libre).

Une constante se dégage de l'examen des documents historiques concernant la sexualité adolescente : le traitement inégal des adolescents selon leur sexe et leur classe sociale. La victimisation des adolescents dans les sociétés anciennes pouvait prendre différentes formes ; on les offrait en sacrifice aux dieux (chez les Aztèques, par exemple), on s'en servait dans les maisons closes, on enrôlait les garçons dans les armées — ce qui a encore cours aujourd'hui —, mais surtout, on les utilisait sexuellement. Depuis le Moyen Âge jusqu'au XXᵉ siècle en Europe, et encore aujourd'hui dans certains pays, la prostitution des mineurs est largement répandue. Les principales victimes en sont les jeunes de classes défavorisées, très majoritairement des filles. Le viol des adolescentes est aussi une composante centrale de ce tableau historique de victimisation : Hall (1904) relève des statistiques françaises indiquant qu'en 1878, à Paris, 68,8 % de tous les viols déclarés concernaient des adolescentes de moins de 13 ans et que 96,3 % de tous les viols déclarés cette année-là touchaient des femmes de moins de 20 ans (Downs et Scarborough Hillje, 1993). En 1994, 11,5 % des adolescentes québécoises avouaient avoir vécu des sévices sexuels (Cloutier, Champoux, Jacques et Lancop, 1994a).

Dans l'histoire récente des pays industrialisés, on a observé une diminution notable de l'écart de l'activité sexuelle entre les garçons et les filles. Traditionnellement, une proportion nettement plus élevée de garçons étaient sexuellement actifs à l'adolescence comparativement aux filles ; toutefois, en 1983, aux États-Unis, on n'observait plus qu'un an d'écart : 60 % des filles étaient actives à 19 ans, c'est-à-dire avaient déjà eu des relations sexuelles, alors que les garçons atteignaient ce pourcentage à 18 ans (Brooks-Gunn et Furstenberg, 1989). En 1994, en France, 73 % des garçons de 18 ans confiaient avoir déjà eu des relations sexuelles comparativement à 59 % des filles (Choquet et Ledoux, 1994). Au Québec, en 1994 toujours, 68 % des filles de 17 ans et 57 % des garçons du même âge révélaient avoir déjà vécu des relations sexuelles. Le rapprochement des conduites sexuelles féminines et masculines, qui se poursuit encore de nos jours, ne signifie pas pour autant que la société soit aussi tolérante envers les filles qu'envers les garçons à l'égard de l'exploration sexuelle ; à âge égal, le « double standard » qui fait que l'on accepte mieux qu'un garçon découche existe encore bel et bien dans les familles.

5.3.2 Les comportements sexuels des adolescents

Les données qui existent sur le comportement sexuel des adolescents sont plus abondantes qu'auparavant, bien qu'elles ne permettent pas encore de brosser un tableau détaillé de la situation. Par exemple, on a sans doute raison de considérer comme sexuellement actif un jeune qui indique avoir déjà eu des relations sexuelles puisque le fait d'avoir eu des relations une seule fois suffit pour qu'il y ait fécondation ou transmission d'une infection sexuelle. Il est cependant aussi possible que des relations sexuelles vécues à 14 ou 15 ans ne soient pas suivies d'autres relations pendant un an ou deux. Ainsi, les données concernant la fréquence des relations sexuelles selon l'âge et le sexe, les pratiques sexuelles privilégiées, les conditions dans lesquelles se déroulent les relations, etc., sont autant de dimensions sur lesquelles il serait utile d'obtenir plus de précisions. Il y a donc lieu d'interpréter le portrait suivant de la situation en tenant compte de ce type de limites des informations disponibles.

La masturbation

La masturbation est sans doute le comportement sexuel le plus répandu et le plus fréquent à l'adolescence. Paradoxalement, toutefois, les adolescents montrent beaucoup de résistance à parler ouvertement de cette conduite sexuelle, ce qui explique que les estimations sur la prévalence de ce comportement demeurent approximatives encore aujourd'hui. En vérité, les jeunes parlent plus volontiers de leurs relations hétérosexuelles que de masturbation, attestant ainsi le fait que celle-ci soit peu valorisée socialement et qu'un sentiment de culpabilité relatif l'entoure encore. Dans une enquête récente menée auprès d'un vaste échantillon représentatif d'adolescents canadiens, Boyce, Doherty, Fortin et MacKinnon (2003) précisent que 61 % des garçons de 14 et 16 ans affirment qu'« il n'y a pas de mal à se masturber » et que 33 % des filles de ces âges disent la même chose. Cette pratique sexuelle solitaire représente typiquement la première forme d'activité sexuelle conduisant à l'orgasme. Les études sur le sujet indiquent de façon constante que les garçons se masturbent plus que les filles. Cependant, il est difficile de quantifier cet écart avec exactitude étant donné que presque tout ce que l'on sait sur la question dépend de ce que les jeunes acceptent de dévoiler et qu'il est possible que les filles soient moins enclines à parler de leur masturbation.

Bien que la masturbation soit condamnée beaucoup moins qu'autrefois, les messages que la société envoie aux jeunes relativement à cette pratique demeurent ambigus. Les théories selon lesquelles la masturbation pourrait ruiner la santé et causer le dessèchement du cerveau des garçons n'ont plus aucun effet, mais cette activité érotique est encore taboue (Aulslander, Rosenthal et Blythe, 2006 ; Crockett, Raffaelli et Moilanen, 2003). D'une part, le monde adulte semble hésiter à donner l'heure juste aux jeunes sur cette question par crainte qu'ils ne se mettent à abuser de ce plaisir solitaire et qu'ils ne soient détournés de la « vraie » sexualité, c'est-à-dire l'hétérosexualité. D'autre part, le même monde adulte en arrive parfois à la conclusion que face à la nonchalance des jeunes vis-à-vis de l'usage des contraceptifs, aux risques d'infections transmissibles sexuellement et à la dizaine d'années qui séparent la maturité sexuelle de l'indépendance socioéconomique permettant de vivre en couple, la masturbation représente la forme la plus sûre d'exutoire sexuel. La question reste à suivre…

Les relations sexuelles

À côté du mythe de la « crise adolescente » voulant que le passage de 12 à 18 ans soit nécessairement marqué par un profond tumulte dans la vie personnelle, un autre mythe concernant les adolescents d'aujourd'hui semble vouloir s'enraciner de façon tenace : celui de leur précocité sexuelle généralisée. Dans une large proportion, en effet, les adultes perçoivent les adolescents comme nettement plus précoces sexuellement qu'ils ne le sont en réalité. Comme nous le verrons, les données disponibles actuellement à partir des grandes enquêtes canadiennes, québécoises et américaines présentent un portrait plus nuancé de la situation, bien qu'elles démontrent clairement que le groupe des adolescents d'aujourd'hui est bel et bien concerné par la sexualité.

Il faut toutefois être prudent dans l'interprétation des chiffres qui seront présentés car, malgré les apparences, du point de vue de la recherche, la réponse à la question « Avez-vous déjà eu des relations sexuelles ? » est loin d'être simple. La perception des jeunes concernant ce qu'est « avoir des relations sexuelles » peut être très variable. En effet, les adolescents, comme les adultes d'ailleurs, n'ont pas tous la même conceptualisation de ce que constituent le sexe et les activités sexuelles. Certains auteurs soulignent notamment que l'équation sexe = pénétration peut être beaucoup plus présente dans l'esprit des hommes que dans celui des femmes (Peplau et Garnets, 2000 ; Rose, 2000). En outre, bien que pratiquement tous les jeunes reconnaissent qu'une pénétration pénis-vagin est une relation sexuelle, tous ne s'entendent pas sur la nature des autres actes sexuels. Vingt pour cent des jeunes participant à une étude menée par Sanders, Reinisch et Machover (1999) ont répondu qu'une pénétration pénis-anus ne constitue pas une relation sexuelle ; 80 %, qu'une stimulation orale ou manuelle n'en est pas non plus. Les garçons, de même que les jeunes ayant une orientation homosexuelle ou bisexuelle, semblent un peu plus flexibles que les filles quand ils définissent ce que sont des rapports sexuels (Sanders et coll., 1999 ; Savin-Williams et Diamond, 2004).

Autrement dit, deux adolescents ayant les mêmes expériences peuvent cocher des cases différentes selon la formulation des questions qui leur sont posées. Si on considère en plus le fait que certaines enquêtes demandent aux jeunes « As-tu déjà eu des rapports sexuels ? », alors que d'autres précisent une période, par exemple dans les 3 ou les 12 derniers mois, on comprend mieux les disparités observées entre les résultats des études. Pour illustrer ce fait, Santelli, Lindberg, Abma, McNeely et Resnick (2000) ont comparé les résultats de trois vastes enquêtes américaines réalisées auprès d'adolescents. Ils ont découvert des différences

entre les enquêtes allant de 10 % à 15 % dans les proportions de jeunes actifs sexuellement. Les recherches actuelles dans ce domaine sont toutefois nettement plus précises que par le passé, car les chercheurs s'efforcent de bien relever les comportements manifestes adoptés par les jeunes de façon à laisser le moins de place possible à l'interprétation.

Au Canada et au Québec, nous disposons principalement de trois vastes enquêtes récentes nous renseignant sur la sexualité des adolescents « ordinaires ». Il s'agit de l'*Enquête longitudinale nationale sur les enfants et les jeunes* de Statistique Canada (ELNEJ ; Garriguet, 2005), de l'*Étude sur les jeunes, la santé sexuelle, le VIH et le sida au Canada* (EJSSVS ; Boyce et coll., 2003) et de l'*Enquête sociale et de santé auprès des enfants et des adolescents québécois* (ESSEAQ, 1999 ; Fernet, Imbleau et Pilote, 2002). C'est à partir de ces données que nous ferons un portrait des pratiques sexuelles actuelles des jeunes d'ici. Gardons toutefois en tête que ces trois enquêtes n'ont pas porté exactement sur les mêmes groupes d'âge et que les questions posées varient d'une étude à l'autre. L'étude pancanadienne de Boyce et ses collaborateurs est la plus précise des trois sur le plan des actes faits, puisqu'elle distingue notamment les relations sexuelles vaginales et les relations sexuelles buccales ; cependant, les données publiées ne sont pas subdivisées selon les provinces et les territoires du Canada.

Selon les résultats obtenus dans cette enquête menée par Boyce et ses collaborateurs (2003), à 16 ans, environ 40 % des garçons et 46 % des filles affirment avoir eu des rapports sexuels au moins une fois au cours de leur vie. Ces chiffres se rapprochent de ceux obtenus au Québec (Fernet et coll., 2002) puisque 32,5 % des garçons et 45,6 % des filles de 16 ans disaient avoir eu des rapports sexuels au cours des 12 derniers mois. Autrement dit, la majorité des jeunes de cet âge ne sont pas encore dans le camp des jeunes actifs sexuellement, c'est-à-dire qui ont déjà vécu des relations sexuelles complètes au moins une fois au cours de leur vie.

À 14 ans, toujours selon l'enquête réalisée par Boyce et ses collaborateurs (2003), ce pourcentage est d'environ 1 jeune sur 5, soit 19 % des filles et 23 % des garçons. Il est toutefois autour de 13 % dans l'ELNEJ ; il y a donc un écart d'au moins 7 % entre ces deux enquêtes. L'ELNEJ ayant été réalisée à domicile, individuellement plutôt qu'en groupe, les jeunes se sont peut-être sentis plus intimidés quand il s'est agi de répondre aux questions sur leur sexualité.

Quoi qu'il en soit, les résultats de l'ELNEJ sont présentés par province, ce qui permet de comparer le Québec au reste du Canada. Sur ce plan, on constate que les jeunes du Québec (et ceux des provinces de l'Est) déclarent avoir déjà eu des rapports sexuels dans une proportion plus élevée que ceux de l'Ontario et des provinces de l'Ouest. Ainsi, au Québec, 22 % des filles et 17 % des garçons de 14-15 ans déclarent être actifs sexuellement (à titre comparatif, l'Ontario obtient des pourcentages respectifs de 8 % et 10 %). Après avoir contrôlé un certain nombre de variables, les auteurs concluent que cette différence régionale serait attribuable aux filles plutôt qu'aux garçons (Garriguet, 2005).

Au début de l'adolescence, soit vers 12-13 ans, les chiffres disponibles montrent des pourcentages variant de 2 % (Boyce et coll., 2003) à 4 % (Fernet et coll., 2002). Les dernières données indiquent des taux de 6 % aux États-Unis (Centers for Disease Control and Prevention, 2006), tandis qu'à l'âge de 18 ans, au Canada et aux États-Unis, au moins les deux tiers des jeunes auront déjà eu des relations sexuelles au moins une fois (Rotermann, 2005 ; Steinberg, 2008).

L'activité sexuelle est-elle plus ou moins importante qu'avant ? Il est clair que les jeunes d'aujourd'hui sont actifs sexuellement dans une proportion plus grande que dans les années 1950 ou 1960. Cependant, s'il y a eu une montée de cette proportion entre les années 1960 et les années 1990, dans les années qui ont suivi, les tendances montrent plutôt un fléchissement des pourcentages de jeunes actifs sexuellement. Les données tirées de l'enquête de Boyce et ses collaborateurs (voir le tableau 5.1) permettent en effet de constater la diminution des proportions des jeunes actifs sexuellement entre 1989 et 2002.

Ce fléchissement est aussi observé ailleurs dans le monde et notamment aux États-Unis (Biro et Dorn, 2006 ; Steinberg, 2008). On peut noter toutefois que cette diminution est surtout apparente chez les garçons, alors que chez les filles les pourcentages restent relativement stables. Ce qui fait que, de nos jours, il n'existe pratiquement plus de différence entre les garçons et les filles sur le plan de l'activité sexuelle. Au Québec et au Canada, à partir du milieu de l'adolescence, on observe même des proportions plus élevées de jeunes actifs sexuellement chez les filles que chez les garçons.

Outre ces proportions, trois indices peuvent nous aider à mieux comprendre le taux d'activité sexuelle des jeunes d'aujourd'hui, soit l'âge moyen au moment des premiers rapports sexuels, la fréquence des rapports et le nombre de partenaires. En ce qui concerne l'âge moyen au moment des premiers rapports sexuels, il est de 14,5 ans chez les jeunes qui ont eu des rapports sexuels complets à l'âge de 16 ans (Fernet et coll., 2002 ; Boyce et coll., 2003). On comprend toutefois que cet âge ne reflète pas la moyenne de l'ensemble des jeunes puisque ceux qui sont encore vierges ne sont pas comptabilisés. On estime plutôt à 16,5 ans l'âge moyen au moment des premières relations sexuelles (Cloutier et coll., 1994a ; Rotermann, 2005 ; Savin-Williams et Diamond, 2004).

D'autre part, l'*Étude sur les jeunes, la santé sexuelle, le VIH et le sida au Canada* (Boyce et coll., 2003) est l'une des rares études canadiennes qui aient interrogé les jeunes actifs sexuellement à propos de la fréquence de leurs rapports sexuels (voir le tableau 5.2). On peut voir, par exemple, qu'en 3e secondaire environ un jeune sur trois a eu des relations sexuelles à une seule occasion. Par contre, en 5e secondaire, ce sont près de 60 % des filles et 50 % des garçons qui ont « souvent » des relations sexuelles. Boyce et ses collaborateurs affirment que les jeunes de 2002, bien qu'ils soient légèrement moins nombreux à avoir des relations sexuelles, en ont plus souvent que ceux de 1989.

TABLEAU 5.1	Pourcentage des élèves de 3e et de 5e secondaire déclarant avoir eu des relations sexuelles au moins une fois, 1989, 2002			
	Garçons 1989	Garçons 2002	Filles 1989	Filles 2002
3e secondaire	31 %	23 %	21 %	19 %
5e secondaire	49 %	40 %	46 %	46 %

Source : Boyce et coll. (2003).

Finalement, les jeunes ayant eu des relations sexuelles affirment majoritairement n'avoir eu qu'un seul ou une seule partenaire au cours de leur vie (Boyce et coll., 2003 ; Rotermann, 2005). Une proportion notable de jeunes, soit environ le tiers des garçons et le cinquième des filles, déclarent toutefois avoir eu trois partenaires sexuels et plus (voir le tableau 5.3). Comparés aux filles, par conséquent, les garçons affirment avoir eu plus de partenaires sexuels au cours de leur vie. Cette différence est d'ailleurs rapportée régulièrement dans les écrits dans ce domaine (Savin-Williams et Diamond, 2004 ; Centers for Disease Control and Prevention, 2006). Signe encourageant, de 1989 à 2002, le pourcentage de jeunes qui disent avoir plus d'un ou une partenaire diminue, et cette diminution est plus apparente chez les garçons.

Il est à noter que l'on qualifie parfois les jeunes de « monogames en série » pour préciser que ces derniers ont rarement plusieurs partenaires à la fois et que c'est plutôt la durée relativement courte de leur relation amoureuse qui explique le nombre de partenaires qu'ils ont fréquentés.

Les contextes des premières relations sexuelles

Le tableau 5.4 présente les motifs invoqués par les jeunes pour avoir des relations sexuelles. Comme on peut le constater, le motif le plus fréquent est l'amour, particulièrement chez les jeunes de 5e secondaire et chez les filles. La volonté d'expérimenter vient au deuxième rang ; ce motif est plus fréquemment mentionné par les garçons. Ces propos sont corroborés par le fait que, généralement, les jeunes filles rapportent avoir eu leurs premières relations sexuelles avec quelqu'un qu'elles aimaient ou qu'elles fréquentaient sérieusement. Chez les garçons, cela est également vrai mais une proportion plus grande d'entre eux déclarent que leurs premières relations ont eu lieu avec une personne qu'ils venaient juste de rencontrer ou qu'ils fréquentaient sans engagement sérieux (Laumann, Gagnon, Michael et Michaels, 1994 ; Savin-Williams et Diamond, 2004). Savin-Williams et Diamond croient cependant qu'avec l'âge, les adolescentes sont de plus en plus à l'aise pour parler de leur sexualité et n'ont plus besoin de « justifier » leurs activités sexuelles en se référant à l'importance du contexte relationnel. Pour les garçons, ce pourrait être l'inverse. Plus ils avancent en âge, plus les motivations relationnelles figurent au premier plan, tandis que l'expérimentation sexuelle et le statut social sont relégués au second plan.

Le tableau 5.5 présente, à l'inverse, les raisons les plus souvent invoquées par les jeunes pour s'abstenir d'avoir des relations sexuelles. L'impression de ne pas être prêtes et de ne pas avoir rencontré la bonne personne sont les deux raisons les plus souvent mentionnées par les filles des deux groupes d'âge. Chez les garçons, le manque d'une occasion propice constitue le premier motif invoqué, peu importe le groupe d'âge.

TABLEAU 5.2 Fréquence des relations sexuelles parmi les jeunes Canadiens actifs sexuellement	Une fois	Quelques fois	Souvent
3e secondaire			
Garçons	30 %	32 %	39 %
Filles	29 %	34 %	37 %
5e secondaire			
Garçons	19 %	33 %	48 %
Filles	13 %	28 %	59 %

Source : Boyce et coll. (2003).

TABLEAU 5.3 Nombre de partenaires sexuels que les élèves de 5e secondaire ont déclaré avoir eus au cours de leur vie, 1989, 2002	Nombre de partenaires			
	1	2	3-5	6+
Garçons 1989	29 %	16 %	30 %	24 %
Garçons 2002	43 %	21 %	21 %	15 %
Filles 1989	47 %	19 %	23 %	11 %
Filles 2002	54 %	18 %	19 %	9 %

Source : Boyce et coll. (2003).

TABLEAU 5.4 Motifs des premiers rapports sexuels

	3ᵉ secondaire		5ᵉ secondaire	
	Garçons	Filles	Garçons	Filles
Par amour	32 %	49 %	39 %	60 %
Par curiosité ou pour l'expérience	23 %	12 %	21 %	14 %
Influence de l'alcool ou des drogues	10 %	9 %	9 %	6 %
N'a pas pu résister	8 %	14 %	11 %	7 %
Pour perdre sa virginité	12 %	4 %	9 %	3 %

Source : Boyce, Doherty-Poirier, MacKinnon, Fortin, Saab, King et Gallupe (2006).

TABLEAU 5.5 Motifs d'abstinence

	3ᵉ secondaire		5ᵉ secondaire	
	Garçons	Filles	Garçons	Filles
N'est pas prêt	29 %	40 %	12 %	30 %
N'a pas eu l'occasion	32 %	11 %	42 %	11 %
N'a pas rencontré la bonne personne	23 %	20 %	27 %	29 %
Veut rester vierge	5 %	11 %	3 %	13 %
A peur de la grossesse	3 %	6 %	3 %	6 %
Religion	3 %	4 %	6 %	6 %

Source : Boyce et coll. (2006).

En général, la majorité des filles et pratiquement tous les garçons mentionnent que leurs premières relations sexuelles ont été souhaitées. Cependant, les filles ressentent plus de pression que les garçons à cet égard. Par exemple, dans l'enquête canadienne réalisée par Boyce et ses collaborateurs (2003), 17 % des filles de 16 ans avouent avoir ressenti des pressions pour avoir des relations sexuelles complètes, alors que 5 % des garçons déclarent la même chose. Au Québec (Lavoie et Vézina, 2002), 11 % des filles de 16 ans disent avoir été obligées d'avoir des contacts sexuels alors qu'elles ne le voulaient pas, soit par le biais de pressions, du harcèlement ou de la force physique.

Les rapports buccaux

Les recherches disponibles sur la pratique du sexe oral chez les jeunes sont rares. Paradoxalement, bien que les jeunes semblent démontrer un intérêt grandissant pour le sexe oral, les chercheurs jugent souvent inapproprié de les interroger à ce propos (voir www.masexualite.ca). La recherche menée par Boyce et ses collaborateurs (2003) fait toutefois exception. On y apprend notamment qu'en 2002, les élèves de 3ᵉ et de 5ᵉ secondaire étaient plus susceptibles de déclarer qu'ils ont pratiqué le sexe oral que de déclarer qu'ils ont eu des relations sexuelles impliquant une pénétration. En effet, plus de 50 % des jeunes de 16 ans (53 % des garçons et 52 % des filles) et environ 30 % des jeunes de 14 ans (32 % des garçons et 28 % des filles) affirment avoir eu des rapports buccaux au moins une fois (Boyce et coll., 2003). Il semble aussi que, au cours des 10 dernières années, les proportions de jeunes indiquant qu'ils ont pratiqué le sexe oral aient augmenté sensiblement (Centers for Disease Control and Prevention, 2006 ; McKay, 2004).

Afin de mettre en perspective ces statistiques sur le sexe oral, McKay (2004) souligne qu'il se peut que plusieurs jeunes ne considèrent pas le sexe oral comme du « vrai » sexe et le perçoivent comme étant moins engageant sur le plan affectif. Cela inquiète d'ailleurs énormément les intervenants du domaine qui soulignent que cette pratique peut constituer une forme d'abus de pouvoir et d'exploitation sexuelle des jeunes filles lorsqu'elles subissent des pressions afin de s'engager dans ce comportement, comme s'il était banal et sans conséquence.

Dans le même sens, ces intervenants déplorent le clivage qui est susceptible d'exister entre cet acte et l'intimité physique et émotionnelle qui s'établit normalement de façon progressive entre les partenaires amoureux. Cette inquiétude vient du fait que certains jeunes pratiqueraient le sexe oral sans même être passés par l'étape des baisers. Cela dit, sans vouloir nier le fait que cette situation existe bel et bien, il n'est certes pas facile d'en établir la prévalence. En outre, la séquence traditionnellement « attendue » de progression sur le plan de l'intimité sexuelle qui débute avec les baisers, les caresses au-dessus de la ceinture, puis en dessous de la ceinture, et qui est suivie du sexe oral puis de la pénétration, est respectée par la majorité des jeunes ayant participé à l'enquête canadienne menée par Boyce et ses collaborateurs (2003). Il faut aussi noter que bien que les médias fassent surtout état de la montée de la pratique du sexe oral chez les jeunes, il appert qu'elle est de plus en plus courante chez les adultes également (Laumann et coll., 1994).

5.3.3 Les facteurs d'influence des comportements sexuels des adolescents

Dans les sections précédentes, nous avons vu que les comportements sexuels augmentaient selon l'âge étant donné que la maturation sexuelle se traduit par des changements hormonaux qui provoquent un accroissement de l'intérêt sexuel. Ainsi, on a observé que, chez les garçons, le niveau de testostérone était lié au niveau d'activité sexuelle. Chez les filles, les taux d'hormones sont associés à l'intérêt sexuel mais pas nécessairement aux comportements sexuels eux-mêmes, ce qui permet de supposer que les filles sont plus sensibles que les garçons aux facteurs sociaux et culturels dans leur conduite sexuelle (Halpern, Udry et Suchindran, 1998 ; Brooks-Gunn et Furstenberg, 1989 ; Baumeister, 2000 ; Savin-Williams et Diamond, 2004).

Cela dit, peu importe qu'il s'agisse d'un adolescent ou d'une adolescente, le contexte social influe beaucoup sur les comportements sexuels. En effet, le début des comportements sexuels demeure étroitement associé à ce qui est perçu comme normal dans un contexte social donné (Graber et Sontag, 2006 ; Savin-Williams et Diamond, 2004). Par exemple, les filles précoces sur le plan pubertaire sont plus susceptibles de fréquenter des amis plus vieux qu'elles, ce qui augmente les chances qu'elles soient actives sexuellement (Graber et Sontag, 2006 ; French et Dishion, 2003). Le lien étroit observé entre la durée des fréquentations et la probabilité d'être actif sexuellement appuie aussi cette hypothèse d'une influence prépondérante du contexte social sur le début des activités sexuelles.

Encore aujourd'hui, il faut reconnaître que le fait d'avoir déjà vécu des relations sexuelles a quelque chose de valorisant, surtout chez les garçons (Tolman, Spencer, Harmon, Rosen-Reynoso et Striepe, 2003). L'expérience sexuelle, un peu comme le rite de passage, permettrait de distinguer ceux qui ne sont plus des enfants de ceux qui en sont encore.

Lorsqu'il est question de contexte social, les parents sont certainement une source d'influence déterminante sur le plan des comportements sexuels des jeunes, mais la façon dont agit cette influence peut prendre des formes diverses. L'autorité parentale, selon le style qu'elle revêt, peut avoir des effets variables sur le jeune. L'adolescent qui est laissé à lui-même par des parents désengagés, qui n'est soumis à aucun contrôle très strict de leur part, a beaucoup plus de chances d'être actif sexuellement et est davantage exposé à toutes sortes d'incidents de parcours malheureux (Miller, Benson et Galbraith, 2001 ; Cloutier, Champoux, Jacques et Lancop, 1994b ; Dryfoos, 1990 ; Wight, Williamson et Henderson, 2006). Les parents permissifs ont aussi tendance à laisser leurs jeunes affronter seuls les pressions sociales qu'ils rencontrent, ce qui favorise la précocité sexuelle. Il n'est pas sûr, cependant, que des parents très stricts, exerçant une autorité tranchante, obtiennent toujours les résultats escomptés ; en effet, au-delà d'un certain seuil d'autoritarisme, la qualité de la communication se dégrade et l'adolescent se rebelle contre les volontés de ses parents. C'est vraisemblablement dans le contexte d'une relation parents-adolescent de qualité, d'une bonne communication, c'est-à-dire d'une communication satisfaisante pour les deux parties en cause, et d'une supervision active que les parents exercent l'influence la plus grande. Un soutien parental constant est certainement favorable à l'épanouissement de l'adolescent, mais, et cela vaut en matière de sexualité surtout, un tel soutien ne peut être accepté s'il est imposé par la force. Pour jouer leur rôle, principalement dans la première moitié de l'adolescence, les parents doivent pouvoir savoir où est leur jeune, avec qui il est, ce qu'il fait et à quelle heure il est censé rentrer.

Si la qualité de la communication avec les parents est étroitement liée à l'influence qu'ils peuvent avoir sur le jeune, elle n'a pas été associée pour autant à l'âge des premières relations sexuelles puisque de tels parents n'ont pas nécessairement pour but de retarder le plus possible ce type d'expérience.

Par ailleurs, on a observé que les jeunes issus de familles séparées, notamment les filles vivant dans une famille monoparentale, ont tendance à être plus actifs sexuellement que leurs pairs dont les parents sont ensemble (Miller, Norton, Curtis, Hill, Schvaneveldt et Young, 1997; Newcomer et Udry, 1987; Hetherington, Stanley-Hagan et Anderson, 1989). Diverses raisons peuvent expliquer cette situation, mais il est probable qu'elle soit liée au stress considérable vécu par ces familles, souvent pauvres, en proie aux conflits et incapables

C'est dans le contexte d'une bonne communication parents-adolescent que les parents peuvent exercer l'influence la plus grande sur le plan des comportements sexuels de leur jeune.

d'assurer au jeune une supervision parentale très active. Ces conditions défavorables stimuleraient chez l'adolescent un besoin de compensation l'incitant à rechercher des gratifications à court terme et à s'engager plus à fond sur le plan émotionnel.

Au-delà de la famille, le groupe de pairs constitue une autre source d'influence en ce qui a trait au début des comportements sexuels chez les adolescents. Ainsi, les adolescents sont plus susceptibles d'être actifs sexuellement lorsque leurs amis le sont ou lorsqu'ils « croient »

que leurs amis le sont. Le groupe de pairs établit des normes ou des attentes concernant les comportements sexuels. Ces normes peuvent se transmettre de manière directe: « Comment? Tu ne l'as pas encore fait! » ou de manière indirecte en créant un climat propice aux contacts sexuels.

Finalement, dans la société d'aujourd'hui, les adolescents sont exposés fréquemment à du matériel sexuel, que ce soit à la télévision, dans les magazines ou sur Internet. De nombreux auteurs s'intéressant à la sexualité adolescente soutiennent à ce propos que la société envoie des messages contradictoires relativement à la sexualité (Blau et Gullotta, 1993; Steinberg, 1989). À la télévision, par exemple, on exploite constamment la sexualité de façon à attirer, à exciter, à séduire le téléspectateur, et l'on passe presque complètement sous silence ce qui concerne les grossesses non désirées et les infections transmissibles sexuellement. La sexualité y est coupée en deux: d'un côté, il y a la majorité des contenus qui la présentent comme une source de bonheur, sans se préoccuper aucunement des conséquences qu'elle peut entraîner; de l'autre côté, on trouve les contenus spécialisés, beaucoup moins nombreux, moins regardés aussi, qui traitent des méfaits des infections transmissibles sexuellement et par le sang. La vedette qui, à l'écran, séduit trois partenaires différents par demi-heure n'aborde pas souvent la question de la contraception. L'environnement médiatique ne permet donc pas aux jeunes d'intégrer toutes les composantes de la sexualité; au contraire, il favorise le cloisonnement entre l'action et la réflexion.

Plus particulièrement, l'accès à Internet a augmenté dramatiquement la disponibilité du matériel ayant un contenu sexuellement explicite. Le mot « sexe » est d'ailleurs le terme de recherche le plus populaire sur la Toile (Brown, 2002). Une étude portant sur des conversations tenues dans des salles de clavardage fréquentées par des adolescents montrent que des commentaires sexuels sont faits à toutes les minutes et que les sujets couverts peuvent être très vastes (Subrahmanyam, Smahel et Greenfield, 2006; Subrahmanyam, Greenfield et Tynes, 2004). Pour certains, l'accès à ce matériel peut avoir des côtés positifs, par exemple en permettant aux jeunes d'explorer des facettes de leur identité et de leur sexualité naissante ou encore en rendant accessibles des sites d'information qui promeuvent des comportements sains en matière de santé sexuelle (voir, par exemple, www.masexualite.ca).

L'accès à Internet a augmenté la disponibilité du matériel ayant un contenu sexuellement explicite.

D'autre part, la Toile comporte aussi de nombreux aspects négatifs, ce qui inquiète d'ailleurs les parents et les intervenants. En effet, selon une très vaste enquête réalisée aux États-Unis, les adolescents qui naviguent sur Internet peuvent faire l'objet de sollicitations sexuelles non désirées, parfois agressives. Ils sont aussi exposés à du matériel pornographique sans l'avoir voulu (Mitchell, Wolak et Finkelhor, 2007 ; Wolak, Mitchell et Finkelhor, 2006). Entre les deux vagues de cette enquête, réalisées en 2000 et 2005, les auteurs remarquent toutefois des signes encourageants puisque le pourcentage de jeunes mentionnant qu'ils ont été sollicités sexuellement a diminué, passant de 19 % à 13 %. Ce n'est malheureusement pas le cas de l'exposition non souhaitée à du matériel pornographique, qui est passée de 25 % à 34 % au cours de la même période.

Comment l'exposition à du matériel sexuel peut-elle avoir un impact sur les comportements des jeunes ? Les médias mettent à l'avant-scène la sexualité et transmettent l'idée que « tout le monde le fait ». Ils renforcent notamment les stéréotypes à propos de ce qui est un comportement approprié ou non dans une culture donnée. En renforçant certaines normes, les médias peuvent nous amener à surestimer la prévalence de certains comportements sexuels et à sous-estimer la fréquence d'autres comportements (Brown, 2002). Ils procurent aussi des patrons de comportements dans certaines circonstances (par exemple, l'utilisation ou non du condom). Ces comportements seront imités d'autant plus promptement si les personnages qui les mettent en œuvre ont une belle apparence, ont du plaisir et ne subissent aucune conséquence négative. C'est donc à la fois par le biais d'observations directes de comportements sexuels plus ou moins explicites et par le biais d'influences plus indirectes, à travers les normes concernant les relations sexuelles, que les médias peuvent influer sur la sexualité des jeunes. Cela dit, ce ne sont pas tous les jeunes qui sont exposés à la même quantité et à la même sorte de messages médiatiques ; ils ne sont pas non plus des récipients passifs de ces messages. Ils les interprètent, les critiquent et les façonnent (Brown, 2000). D'autres recherches sont certainement nécessaires pour permettre de mieux comprendre le rôle des médias dans la vie sexuelle des adolescents de notre époque.

5.4 L'homosexualité à l'adolescence

Période de recherche d'une identité personnelle, d'exploration et de questionnement, l'adolescence donne lieu à la découverte de pulsions, d'affects, d'attachements ou de comportements à l'égard des deux sexes devant s'intégrer dans un modèle sexuel masculin ou féminin. C'est ce modèle qui servira de base aux engagements intimes futurs. Départager l'attachement ressenti à l'égard des amis du même sexe de celui ressenti pour les amis de l'autre sexe, distinguer les expériences sexuelles (hétérosexuelles et homosexuelles) isolées de celles qui révèlent la véritable identité sexuelle, voilà deux exercices indispensables à l'évolution de chaque individu. Lorsque l'hétérosexualité se présente comme la voie unique, sans questionnement ni doutes, ce qui est le cas pour la majorité des jeunes, la lourde question de l'homosexualité ne se pose pas. Mais pour certains adolescents, filles ou garçons, la réponse est loin d'être aussi claire.

5.4.1 La définition et la prévalence des orientations sexuelles

Selon le Conseil permanent de la jeunesse (2007, p. 5) : « L'orientation sexuelle, définie en fonction du sexe des personnes, représente l'attirance tant physique qu'émotive qu'une personne éprouve pour une autre personne. Certains individus sont attirés par les personnes du même sexe qu'eux (homosexualité), d'autres le sont par des personnes du sexe opposé au leur (hétérosexualité) et d'autres encore éprouvent un attrait pour les personnes des deux sexes (bisexualité). » Des auteurs se réfèrent aux termes « minorité sexuelle » (Diamond et Savin-Williams, 2003), « diversité sexuelle » (Dorais et Verdier, 2005) ou « allosexuel » (Regroupement d'entraide pour la jeunesse allosexuelle du Québec) pour désigner l'ensemble des personnes ayant une orientation sexuelle autre qu'hétérosexuelle ou des questionnements face à leur orientation.

Les distinctions entre les diverses orientations sexuelles paraissent limpides ; cependant, le fait de déterminer qui est homosexuel, bisexuel ou hétérosexuel n'est pas aussi simple que ce qu'on pourrait penser de prime abord. Jusqu'au milieu du XXᵉ siècle, on croyait généralement que les personnes étaient soit hétérosexuelles, soit homosexuelles, et ce, de manière dichotomique. De nos jours, on reconnaît que l'orientation sexuelle se situe plutôt sur un continuum, les travaux de Kinsey et ses collaborateurs (Kinsey, Wardell et Martin, 1948 ; Kinsey, 1953) ayant mis en lumière les nuances qui existent sur ce plan. La figure 5.1 illustre ce continuum allant des contacts et des attirances exclusivement hétérosexuels aux contacts et aux attirances exclusive-

ment homosexuels. Entre ces deux pôles se trouvent une variété d'orientations et d'expériences qui peuvent s'exprimer de diverses façons (Gilbert, 2003).

La situation se complique davantage si l'on considère les diverses dimensions pouvant sous-tendre l'orientation sexuelle. Après avoir recensé plusieurs recherches sur la question, Savin-Williams (2006) propose en effet trois dimensions plus précises composant l'orientation sexuelle, soit l'attirance sexuelle et émotionnelle, les comportements sexuels de même que l'identification. La première dimension renvoie au désir d'avoir des relations intimes et sexuelles ou d'établir un lien amoureux avec des hommes, avec des femmes ou avec les deux. La deuxième dimension fait référence aux activités consenties mutuellement comportant des contacts génitaux, l'excitation ou la stimulation sexuelle. Quant à la dernière dimension, elle consiste dans l'identification de la personne en tant que gaie, lesbienne ou bisexuelle. En tenant compte de ces trois dimensions, la classification d'une personne comme homosexuelle, hétérosexuelle ou bisexuelle s'avère beaucoup moins simple. Par exemple, certains jeunes pourront expérimenter des contacts sexuels avec une personne de leur sexe sans nécessairement se définir comme homosexuels. L'inverse est également vrai. Le tableau 5.6 présente ces dimensions, leur définition et quelques exemples de questions s'y rapportant.

5.1 **Éventail des orientations sexuelles sur l'échelle de Kinsey**

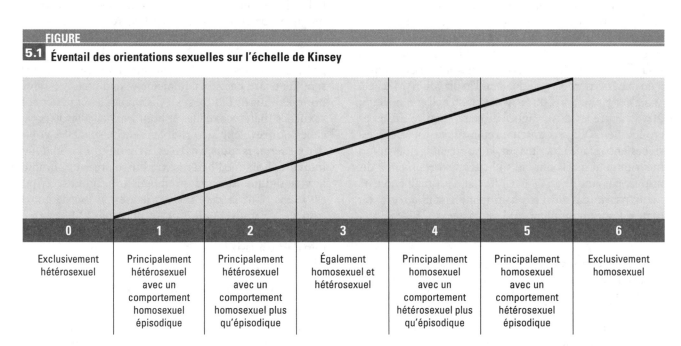

0	1	2	3	4	5	6
Exclusivement hétérosexuel	Principalement hétérosexuel avec un comportement homosexuel épisodique	Principalement hétérosexuel avec un comportement homosexuel plus qu'épisodique	Également homosexuel et hétérosexuel	Principalement homosexuel avec un comportement hétérosexuel plus qu'épisodique	Principalement homosexuel avec un comportement hétérosexuel épisodique	Exclusivement homosexuel

Source : Adapté de Kinsey et coll. (1948), cité par Cobb (2007).

Dimension	Définition	Questions
Attirance sexuelle et romantique	Attirance envers un sexe ou désir d'avoir des relations sexuelles ou d'avoir une relation amoureuse avec un sexe ou les deux sexes	« Sur une échelle de 1 à 4, où 1 est très attirant et 4 pas du tout attirant, comment évalueriez-vous ces activités : […] avoir des relations sexuelles avec quelqu'un du même sexe ? » (Laumann et coll., 1994, p. 293) « Les personnes ont différentes attirances sexuelles envers les autres. Qu'est-ce qui vous décrit le mieux ? Êtes-vous… seulement attiré par les hommes, principalement attiré par les hommes, également attiré par les hommes et les femmes, principalement attiré par les femmes, seulement attiré par les femmes, incertain ? » (Mosher, Chandra et Jones, 2005, p. 9)
Comportement sexuel	Toute activité consentie mutuellement qui implique des contacts génitaux ou une excitation sexuelle avec une personne même s'il n'y a pas d'orgasme	« Avez-vous déjà eu des relations sexuelles avec une personne du même sexe que vous et qui a mené à l'orgasme ? » (Eskin, Kaynak-Demir et Demir, 2005, p. 188)
Identification	Étiquette que les individus sélectionnent personnellement et à laquelle sont attachées des perceptions et des significations sociales et historiques	« Vous considérez-vous comme hétérosexuel, homosexuel, bisexuel ou quelque chose d'autre ? » (Mosher et coll., 2005, p. 9)

Source : Adapté de Savin-Williams (2006, p. 41).

En général, ce sont les questions portant sur l'identification en tant que minorité sexuelle qui amènent les pourcentages les plus faibles et celles portant sur l'attirance pour des personnes du même sexe, les pourcentages les plus élevés (Savin-Williams, 2006). Il faut aussi noter que la plupart des études ne mesurent pas toutes ces dimensions à la fois, ce qui rend difficile l'estimation de la prévalence des diverses orientations sexuelles. En outre, lorsque les auteurs mesurent plus d'une dimension, une même personne peut donner des réponses qui paraissent incohérentes. Par exemple, parmi des adultes américains, seuls 20 % de ceux qui sont classés comme homosexuels par rapport à une dimension le sont par rapport aux deux autres (Laumann et coll., 1994). D'autres études illustrent, pour leur part, l'instabilité des réponses à ce sujet. Ainsi, au cours des sept années qu'a duré son étude qualitative, Diamond (2003) a constaté que plus des deux tiers des répondantes avaient modifié au moins une fois leur réponse au sujet de leur orientation sexuelle, souvent parce que l'étiquette proposée ne correspondait plus à la diversité de leurs expériences et de leurs sentiments.

Le fait d'avoir eu des expériences homosexuelles durant l'adolescence serait un des meilleurs prédicteurs d'une orientation non hétérosexuelle à l'âge adulte.

Cela dit, quelques données sont disponibles actuellement sur la population des adolescents canadiens et québécois. Ainsi, une vaste enquête québécoise (Fernet et coll., 2002) révèle que 3 % des garçons et des filles de 13 ans ont déjà eu des expériences homosexuelles. Ce taux s'élève à 4,6 % chez les jeunes de 16 ans. Si on considère le Canada dans son ensemble, l'enquête menée par Boyce et ses collaborateurs (2003) situe à moins de 3 % les jeunes du secondaire qui ressentent une attirance envers les personnes du même sexe et environ autant de jeunes qui ressentent cette attirance envers les personnes des deux sexes (bisexualité). Finalement, aux États-Unis, environ 8 % des garçons et 6 % des filles rapportent avoir une attirance homosexuelle ou avoir eu une expérience avec une personne du même sexe; cependant, moins de 2 % des adolescents s'identifient en tant qu'homosexuels (Savin-Williams et Diamond, 2004). On estime que, au cours de leur vie, environ de 8 % à 10 % des personnes s'identifieront comme homosexuelles ou bisexuelles (Ministère de la Santé et des Services sociaux, 2003a, 2003b).

5.4.2 La reconnaissance de son orientation sexuelle

On présume parfois que les adolescents qui ont des contacts avec des personnes du même sexe ne font qu'expérimenter ou explorer et qu'ils s'identifieront éventuellement en tant qu'hétérosexuels. Il est vrai que la majorité des adolescents rapportant des expériences sexuelles avec des personnes du même sexe se considèrent comme hétérosexuels (Mosher et coll., 2005; Savin-Williams et Diamond, 2004). À l'inverse, selon Savin-Williams et Diamond, plus de la moitié des hommes gais ou bisexuels et la majorité des lesbiennes ou des bisexuelles auraient eu des relations hétérosexuelles durant leur adolescence. Il existe donc un décalage entre les comportements et l'identification en tant que minorité sexuelle. Étant donné les pressions sociales, la marginalisation et les préjugés contre les minorités sexuelles, ce décalage n'est pas surprenant. À partir des données disponibles actuellement, Savin-Williams et Diamond affirment qu'il est impossible de savoir avec certitude quelle proportion des personnes ayant eu des rapports sexuels avec des personnes du même sexe n'ont fait qu'explorer cette dimension de la sexualité et quelle proportion d'entre elles s'identifieront éventuellement comme homosexuelles ou bisexuelles. Il reste que le fait d'avoir eu des expériences homosexuelles

durant l'adolescence est un des meilleurs prédicteurs d'une orientation non hétérosexuelle à l'âge adulte (Savin-Williams, 2003).

Signalons que les hommes et les femmes semblent se distinguer sur le plan de leur parcours à cet égard. En effet, à partir de données rétrospectives recueillies auprès d'adultes, Laumann et ses collaborateurs (1994) révèlent que le patron des comportements sexuels des adolescents et celui des adolescentes seraient très différents. Parmi les adultes de sexe masculin qui ont eu des contacts homosexuels au cours de leur vie, 42 % ont eu ces derniers durant leur adolescence uniquement. En revanche, toujours selon cette étude, pratiquement toutes les femmes qui ont eu des contacts homosexuels durant leur adolescence ont continué d'avoir de tels contacts à l'âge adulte, ce qui indique que ce type de contacts serait un meilleur prédicteur de l'orientation sexuelle des femmes que de celle des hommes.

Ces chiffres attestent à l'évidence que l'orientation sexuelle n'est pas claire d'entrée de jeu et que le processus d'identification n'est pas toujours linéaire. En fait, la linéarité de ce processus est surtout mise en lumière dans les études portant sur la « sortie du placard » (ou le *coming out*). Ces recherches décrivent un processus de formation identitaire débutant par une prise de conscience de son attirance pour des personnes du même sexe, prise de conscience qui survient habituellement durant l'enfance et le début de l'adolescence. Quelques années plus tard suit une période d'exploration, durant laquelle le jeune cherche de l'information à propos de la communauté homosexuelle. Il s'engage alors éventuellement dans des contacts avec des personnes du même sexe. Par la suite, le jeune peut s'identifier à la diversité sexuelle, dévoiler progressivement son orientation et s'engager dans des relations amoureuses. Les recherches portant sur la « sortie du placard » ont souvent un caractère rétrospectif; pour cette raison, les répondants peuvent avoir tendance à augmenter la cohérence de leur récit. Cela dit, cette progression plus linéaire existe pour certains jeunes; cependant, comme nous l'avons vu, elle n'est pas le lot de tous (Rosario, Schrimshaw, Hunter et Braun, 2006).

Pourquoi devient-on hétérosexuel ou homosexuel ? Est-ce le résultat d'un apprentissage ? Est-ce une orientation déterminée biologiquement ? Ou est-ce un mélange des deux ? La question demeure controversée encore aujourd'hui. Toutefois, force est de constater que, dans la recherche sur le sujet, l'hypothèse selon laquelle l'orientation sexuelle aurait des fondements biologiques résiste au temps parce qu'elle trouve des appuis dans bon nombre de travaux sur le fonctionnement hormonal, sur les structures neurologiques et sur l'hérédité des jumeaux monozygotes. Cela dit, des facteurs non biologiques seraient aussi en cause. En fait, l'orientation sexuelle a certainement de multiples causes qui se combinent différemment selon les personnes (Diamond et Savin-Williams, 2003). Pour certains, les facteurs biologiques peuvent être plus importants que les facteurs environnementaux alors que, pour d'autres, ce peut être l'inverse. Ainsi, l'orientation homosexuelle se développe à différents rythmes, dans différents contextes et chez différents individus.

Une chose est claire: contrairement à la conception qui a prédominé jusque dans les années 1960, l'homosexualité n'est plus considérée comme un désordre psychiatrique, car des travaux sérieux ont justement démontré l'absence de pathologie chez des homosexuels adultes. En outre, les tentatives visant à modifier l'orientation sexuelle par la psychothérapie ne sont plus encouragées étant donné qu'elles se sont révélées inefficaces et porteuses de séquelles potentielles (conflits intrapersonnels, confusion identitaire, honte, etc.).

Certaines sociétés sont tolérantes à l'égard de l'homosexualité, tandis que d'autres y sont complètement fermées et la traitent comme un crime. Dans presque tous les cas, cependant, les personnes dont l'orientation sexuelle n'est pas dirigée vers le sexe « approprié » font encore aujourd'hui l'objet de la réprobation sociale. Cette réprobation prend la forme d'une ségrégation qui s'apparente à celle que vivent les minorités victimes de racisme: elle est marquée par des préjugés, de l'hostilité et des injustices. Pour le jeune qui construit son identité, la tentation est grande non seulement de dissimuler aux autres la vérité sur ses sentiments, mais aussi de se dévaloriser puisque cette « partie de lui-même » n'est pas bonne, qu'elle est un objet de mépris, d'humiliations et de rejet social.

Que doit faire l'adolescent face à son homosexualité ou à sa bisexualité? Quelle est pour lui la meilleure attitude à prendre pour assurer son bien-être? S'accepter tel qu'on est, construire son identité sur une vision réaliste de soi-même, n'est-ce pas là le défi identitaire de tout adolescent? Comment peut-on se sentir bien dans sa peau si l'on se ment à soi-même et que l'on se cache des autres? D'autre part, comment peut-on conseiller au jeune appartenant à une minorité sexuelle de s'ouvrir franchement aux autres sans se soucier de la stigmatisation dont il pourra être l'objet?

Ces questions sont fondamentales. Plusieurs auteurs mettent l'accent sur l'importance de s'accepter tel que l'on est dans le cheminement identitaire, mais ils constatent en même temps que les jeunes peuvent payer cher leur franchise dans des milieux hostiles à la diversité sexuelle (Conseil permanent de la jeunesse, 2007; Dorais et Verdier, 2005). Devant ce dilemme, une des voies recommandées à l'adolescent est d'entreprendre une démarche d'acceptation personnelle favorisant le sentiment d'intégrité et de bien-être, tout en procédant à un dévoilement sélectif, c'est-à-dire informer les personnes dont on est sûr du soutien et de la compréhension, puis attendre d'être socialement plus indépendant (notamment sur les plans professionnel et économique) pour pouvoir soutenir avec plus de force son affirmation en tant qu'homosexuel ou bisexuel. Tous affirment que la véritable solution réside dans la mise en place de politiques sociales et dans l'adoption d'attitudes culturelles moins fermées, surtout pour les jeunes.

5.4.3 Les risques associés à l'homosexualité adolescente

Comme le souligne Pelletier (2007), bien que des progrès aient été accomplis sur le plan de l'acceptation des personnes appartenant à une minorité sexuelle, il reste beaucoup de chemin à parcourir. Encore de nos jours, près d'un Canadien sur deux pense que l'homosexualité est un état « anormal » (Léger Marketing, 2005). Cela démontre la nécessité de mener des campagnes de sensibilisation et d'éducation aux réalités homosexuelles et bisexuelles. Dans cette optique, l'homophobie est de plus en plus dénoncée sur la place publique. L'homophobie est définie comme un sentiment de peur et d'aversion éprouvé par certains envers les personnes qui s'écartent des attentes de la société quant à l'orientation sexuelle. Elle se manifeste par une hostilité psychologique et physique à l'égard des personnes qui appartiennent à la diversité sexuelle. Selon le Conseil permanent de la jeunesse (2007, p. 3), l'introduction du terme « homophobie » dans les années 1970 implique que « le discours ne s'attarde plus qu'aux seuls comportements homosexuels, lesquels ont été le plus souvent identifiés comme l'expression d'une déviance, il aborde aussi désormais le problème de l'hostilité suscitée par l'homosexualité ».

La violence envers les jeunes de la diversité sexuelle est hélas bien présente dans les écoles secondaires québécoises, comme l'indique clairement une recherche réalisée par le Conseil permanent de la jeunesse en 2007. Cette violence peut s'exprimer de diverses manières : par une réprobation à peine voilée, le rejet, le dénigrement et l'agression verbale et physique. Le témoignage suivant extrait de cette recherche du Conseil permanent de la jeunesse illustre éloquemment ce que peuvent ressentir des jeunes gais et lesbiennes face à cette violence :

> « Ce qui me dérange dans mon école, c'est que j'aimerais qu'une seule journée on oublie que je suis gai et que je sois une personne. C'est ça que j'aimerais une seule journée. Si, au moins, il y avait un génie quelque part... Je pourrais même faire un pacte avec le diable pour qu'au moins j'aie ça une journée. J'ai dit à la directrice : je me demande si tu pouvais me donner une journée sans que je me fasse écœurer, sans que je me fasse regarder de travers, sans que je me fasse pousser dans une case, sans que je me fasse... C'est pas vivable ce que je vis, j'ai plus la force. Même ma directrice ne comprend pas, ne me comprend plus. Elle ne sait plus quoi faire avec moi. Dans le fond, je sais même plus quoi faire avec moi. [...] J'ai juste envie de vivre une belle journée. Quand je suis à l'école, je suis comme en enfer » (Conseil permanent de la jeunesse, 2007, p. 29).

Les difficultés liées au fait de devoir composer avec la réalité d'une orientation sexuelle différente de celle de la majorité ne sont pas faciles à surmonter. Certains jeunes acquièrent la conviction qu'ils ont moins de valeur parce qu'ils sont gais ou lesbiennes, et ce sentiment peut s'installer de façon durable :

> Ces processus d'auto-dépréciation chez les gais, les lesbiennes ou les bisexuels constituent les combats développementaux primaires de l'adolescent et sont malheureusement susceptibles de se poursuivre au début de l'âge adulte. L'auto-dépréciation est, selon nous, une conséquence des processus institutionnels, interpersonnels et psychologiques touchant les membres d'un groupe social opprimé (Savin-Williams et Rodriguez, 1993, p. 89-90 ; traduction libre).

En proie à cette difficulté à vivre, l'adolescent homosexuel ou bisexuel est, plus que ses pairs hétérosexuels, exposé aux expériences négatives, comme le fait d'abuser de la drogue, d'adopter des comportements sexuels à risque ou de contracter des infections transmissibles sexuellement. La prévalence de l'anxiété, de la dépression et du suicide est également beaucoup plus élevée chez les jeunes appartenant à une minorité sexuelle que chez les jeunes hétérosexuels (Busseri, Willoughby, Chalmers et Bogaert, 2006 ; Dorais, 2000 ; Meyer, 2003).

5.5 Les pratiques contraceptives chez les adolescents

La sexualité revêt une grande importance sociale chez les adolescents et va de pair avec la préoccupation à l'égard de la contraception. À l'objectif d'éviter les grossesses non désirées s'ajoute celui de prévenir les infections transmissibles sexuellement. Cette double obligation pose un problème sérieux si l'on tient compte du caractère sporadique et imprévisible de leurs relations sexuelles, d'autant plus que la position des adultes relativement aux pratiques contraceptives à promouvoir chez les jeunes est loin d'être toujours claire. En effet, d'une part, il n'est pas facile pour les adolescents de se tenir prêts en permanence pour une relation sexuelle et, d'autre part, les adultes se montrent souvent hésitants entre une attitude incitant à la prévention sexuelle et leur crainte qu'une bonne protection ne soit perçue par leur adolescent comme un permis d'accès à une sexualité libre.

À partir des vastes enquêtes qui ont été menées récemment et dont nous avons parlé précédemment, plusieurs auteurs constatent que les adolescents d'aujourd'hui, si on les compare à ceux des dernières décennies, utilisent de manière plus régulière des méthodes de contraception. Au Québec, par exemple, on estime qu'entre 85 % et 90 % des adolescents ont utilisé un moyen de contraception lors de leurs premières et de leurs dernières relations sexuelles (Fernet et coll., 2002). Dans l'ensemble du Canada, des chiffres similaires sont rapportés (Boyce et coll., 2006). Il y a donc eu de réels progrès sur ce plan puisque des enquêtes réalisées dans les années 1980 et 1990 situaient ce taux autour de 50 %.

Toutefois, la situation n'est pas entièrement rose. Il reste un faible pourcentage, tout de même notable, de jeunes qui utilisent, en partie ou en totalité, le retrait comme moyen de contraception (Boyce et coll., 2006 ; Fernet et coll., 2002). Il ne s'agit certes pas d'une méthode fiable. De plus, certaines méthodes, bien que généralement efficaces sur le plan de la prévention de la grossesse, ne protègent pas contre les infections transmissibles sexuellement ; c'est le cas des contraceptifs hormonaux. Il faut aussi noter que les jeunes ne sont pas toujours constants dans l'utilisation des méthodes de contraception (Manlove, Franzetta, Ryan et Moore, 2006 ; Widman, Welsh, McNulty et Little, 2006).

Le tableau 5.7 présente les cinq raisons les plus fréquemment invoquées par les adolescents canadiens de 13 et 16 ans pour ne pas avoir utilisé de condom lors de leurs dernières relations sexuelles. On peut voir que le caractère imprévu des relations sexuelles chez les adolescents y est pour beaucoup, particulièrement chez les jeunes filles de 13 ans.

L'enjeu de la contraception est plus compliqué pour les adolescents que pour les adultes. Les adultes, particulièrement ceux qui ont des relations de couple durables, ont typiquement des rapports sexuels sur une base prévisible avec un seul partenaire. En revanche, les activités sexuelles des adolescents reflètent souvent une alternance de famine et d'abondance survenant de manière imprévisible. De plus, les couples adultes discutent des méthodes de contraception qu'ils vont décider d'utiliser, tandis que ce type de discussion est beaucoup plus rare chez les adolescents.

5.5.1 Les facteurs d'influence des pratiques contraceptives

Les pratiques contraceptives exigent une forte discipline puisque la sexualité est un domaine où les oublis, les retards, l'imprévoyance, etc., peuvent coûter cher. En outre, elles font appel à la capacité de s'affirmer, notamment pour les filles, chez qui on s'attend trop souvent à ce qu'elles « prennent leurs précautions ». Pour les garçons, la participation aux mesures contraceptives requiert aussi de la discipline et de la maturité.

Plusieurs facteurs sont associés à l'utilisation efficace des contraceptifs chez les adolescents actifs sexuellement. L'efficacité peut être notamment évaluée à partir de la constance dans l'utilisation de contraceptifs. Elle peut aussi l'être au regard de la protection contre les infections transmissibles sexuellement. Voici quelques-uns des résultats provenant d'études effectuées à ce sujet (Manlove et coll., 2006 ; Manlove, Terry-Humen, Papillo, Franzetta, Williams et Ryan, 2001 ; DiClemente, Salazar et Crosby, 2007) :

- **L'âge.** Plus l'adolescent avance en âge, plus il est susceptible d'utiliser de manière constante des contraceptifs. Par contre, les adolescentes plus âgées utilisent davantage les contraceptifs hormonaux que les préservatifs.

- **La précocité sexuelle.** Plus les jeunes commencent tôt leur vie sexuelle, moins ils sont susceptibles d'utiliser des moyens de contraception de manière régulière.

- **La stabilité de la relation amoureuse.** Le fait d'être engagé dans une relation amoureuse stable est associé à l'utilisation régulière des moyens contraceptifs. Par contre, à la longue, les adolescents engagés dans une relation stable sont moins enclins à utiliser le condom. Ces jeunes amoureux privilégient alors la pilule anticonceptionnelle.

TABLEAU 5.7 Raisons les plus fréquentes (en pourcentage) invoquées par des adolescents canadiens pour ne pas avoir utilisé de condom lors de leurs dernières relations sexuelles

	13 ans		16 ans	
	Garçons	Filles	Garçons	Filles
« Je ne m'attendais pas à avoir de relations sexuelles. »	29 %	36 %	28 %	21 %
« J'ai utilisé une autre méthode de contraception. »	23 %	18 %	36 %	38 %
« J'avais consommé trop de drogue ou d'alcool. »	17 %	6 %	6 %	6 %
« J'ai un (une) partenaire dont je suis sûr (sûre). »	5 %	14 %	10 %	24 %
« Je (ou mon partenaire) n'aime pas utiliser le condom. »	5 %	16 %	13 %	8 %

Source : Boyce et coll. (2006 ; traduction libre).

- **La différence d'âge entre les partenaires.** Les adolescents, et plus particulièrement les adolescentes, dont les partenaires sexuels sont plus âgés utilisent des moyens de contraception de manière moins régulière.

- **La communication entre les partenaires.** Une bonne communication entre les partenaires, notamment à propos de la sexualité et de la contraception, est associée à des pratiques sexuelles sécuritaires.

- **La communication avec les parents.** De même, une communication ouverte avec les parents, entre autres au sujet de la sexualité et de la contraception, est associée à une attitude responsable chez les adolescents.

- **Le sentiment de compétence et les aspirations.** Les jeunes qui se sentent compétents, qui présentent de bons résultats scolaires et qui entretiennent des aspirations élevées ont plus tendance à utiliser des moyens de contraception.

- **Le milieu socioéconomique.** Les jeunes dont les parents sont plus scolarisés et ont de meilleurs revenus sont plus susceptibles d'utiliser des moyens de contraception.

Ces dernières années, les connaissances des jeunes sur le plan de la contraception ont nettement progressé ; malheureusement, un fossé sépare encore le savoir et l'action, surtout au moment des premières relations sexuelles où, en plus des connaissances, il faut avoir assez de maturité pour oser aborder la question. Dans le contexte déjà très chargé émotionnellement des premières expériences, certains jeunes préfèrent pratiquer la politique de l'autruche en refusant de voir le danger de leur conduite plutôt que de le considérer en adultes en abordant le sujet de la contraception avant les relations sexuelles. C'est ainsi qu'ils « laissent faire » ou se disent que leur partenaire a bien dû « prendre ses précautions »…

Le maintien de pratiques contraceptives adaptées aux comportements sexuels n'est pas chose facile pour les adolescents ; encore à l'aube de leur vie sexuelle, ils n'ont pas toujours les connaissances ou l'expérience nécessaires pour bien soupeser les risques. La passion, la nouveauté de la situation, le sentiment de ne pas trop savoir jusqu'où on ira, etc., ne favorisent pas le bon jugement. Il convient aussi d'envisager quels

Les adolescents d'aujourd'hui, si on les compare à ceux des dernières décennies, utilisent de manière plus régulière des méthodes de contraception.

comportements sexuels peuvent être associés à d'autres comportements, la consommation d'alcool ou de drogue, par exemple, bien connue pour diminuer la vigilance à l'égard de la contraception.

5.6 Les infections transmissibles sexuellement (ITS) et le VIH-sida

Contracter une infection transmissible sexuellement (ITS) est un des risques les plus importants sur le plan de la santé et du bien-être des adolescents (DiClemente et coll., 2007). C'est d'ailleurs parmi les jeunes de 15 à 24 ans que le taux d'ITS est le plus élevé actuellement au Canada (Boyce et coll., 2003 ; Laberge et Venne, 2006). Cependant, rares sont les adolescents qui avouent en avoir contracté une. Ainsi, seulement 1 % des jeunes de 16 ans interrogés dans l'enquête canadienne sur cette question affirment avoir déjà contracté une ITS. Au Québec, environ 2,6 % des filles de 16 ans ont déjà eu une ITS et aucun garçon ne déclare en avoir déjà eu une (Fernet et coll., 2002). Les jeunes filles québécoises risquent davantage que les garçons de recevoir un diagnostic positif puisqu'elles sont plus nombreuses qu'eux à avoir passé des tests de dépistage. Généralement, les jeunes sont mal à l'aise à l'idée de consulter à ce sujet.

En ce qui concerne plus particulièrement le VIH-sida, les taux sont faibles chez les adolescents; toutefois, cette population préoccupe beaucoup les responsables de la santé publique puisque certains de leurs comportements, comme le fait d'avoir de multiples partenaires, les mettent en danger face à cette maladie, encore mortelle de nos jours. En outre, plus de la moitié des élèves de 3e et de 5e secondaire interrogés dans l'enquête menée par Boyce et ses collaborateurs (2003) croient qu'un vaccin est disponible pour prévenir le VIH-sida, ce qui est faux.

Aux États-Unis, les adolescents et les jeunes adultes risquent de plus en plus de contracter le VIH-sida. Des estimations récentes indiquent, en effet, que 50 % des nouveaux cas d'infections surviennent parmi les personnes de moins de 25 ans (DiClemente et coll., 2007). L'encadré ci-contre illustre quelques données relatives aux ITS au Canada, lesquelles sont particulièrement pertinentes pour les adolescents et les jeunes adultes (Agence de la santé publique du Canada, 2006, 2007).

Les relations sexuelles non protégées constituent le premier facteur de risque de contracter une ITS. C'est donc dire qu'une partie des adolescents courent des risques élevés puisque l'utilisation constante de moyens de protection efficaces n'est pas le lot de tous. En outre, le fait d'avoir des relations sexuelles précoces et d'avoir connu plusieurs partenaires sont deux variables qui représentent des facteurs de risque de contracter une infection.

Les deux extrêmes sur le continuum des risques de contracter une infection transmissible sexuellement ou par le sang se définissent ainsi : d'un côté, il y a la personne qui n'a pas de relations sexuelles et qui n'utilise pas de seringues ; de l'autre se trouve la personne qui a des relations sexuelles non protégées avec des partenaires multiples et qui s'injecte de la drogue au moyen de seringues déjà utilisées par d'autres. Ces derniers comportements sont malheureusement le lot de trop

Le saviez-vous ?

- La chlamydia est l'ITS la plus souvent déclarée au Canada. Les adolescents et les jeunes sont touchés de façon disproportionnée par cette infection. Plus des deux tiers des cas se trouvent chez les 15-24 ans.

- La gonorrhée arrive au deuxième rang des ITS déclarées au Canada. Le taux de déclaration de cette infection a pratiquement doublé de 1997 à 2004. Chez les femmes, qui constituent 40 % des cas déclarés, le groupe d'âge des 15-24 ans est le plus touché, représentant 70 % des cas. Chez les hommes, les jeunes adultes de 20 à 29 ans sont les plus touchés.

- Le taux de syphilis infectieuse, que l'on croyait pratiquement éradiquée en 1996, augmente de façon constante au Canada. Il était, en 2004, presque 9 fois plus élevé qu'en 1997. Ce sont surtout les hommes (90 % des cas déclarés) de plus de 30 ans qui sont touchés.

- À la fin de 2005, on estimait à 58 000 le nombre de personnes vivant avec le VIH au Canada. Le nombre de tests positifs à l'égard du VIH-sida parmi les Canadiens de 15 à 19 ans est faible (1,5 % des cas signalés) (Agence de la santé publique du Canada, 2006). Chez les jeunes de 10 à 19 ans, près des deux tiers des cas sont associés à l'administration de sang et de produits sanguins, 12 % sont transmis par des contacts hétérosexuels et 11 %, par des contacts homosexuels entre personnes de sexe masculin.

- Le virus du papillome humain (VPH) est souvent décrit comme la plus courante des ITS, mais elle n'est pas à déclaration obligatoire, ce qui rend plus difficile l'estimation de sa prévalence. Diverses études montrent toutefois que cette infection culmine chez les adolescents et les jeunes adultes (Agence de la santé publique du Canada, 2007). Ce virus existe sous plusieurs formes et presque tous les cancers du col utérin peuvent être attribués à une infection par des types de VPH oncogènes. Un vaccin est maintenant disponible pour prévenir cette infection.

nombreux individus, notamment dans les milieux de la prostitution et des jeunes de la rue. On remarque cependant des signes encourageants depuis les dernières années puisque les proportions de jeunes actifs sexuellement sont à la baisse et que l'utilisation du condom dès les premières relations sexuelles est aussi plus fréquente qu'avant. En outre, la proportion de jeunes indiquant qu'ils ont eu plus d'un partenaire dans les dernières années a baissé.

5.7 L'adoption et le maintien de pratiques sexuelles favorables à la santé

L'adoption et le maintien de pratiques sexuelles favorables à la santé supposent la réunion d'au moins trois conditions : l'information (I), la motivation (M) et les habiletés comportementales pour agir (C) (Fisher, Fisher, Bryan et Misovich, 2002 ; Santé Canada, 2003). Ces trois composantes, qui servent d'assise à de nombreux programmes efficaces d'éducation en matière de santé sexuelle, constituent le modèle IMC[2].

Premièrement, selon ce modèle, l'information doit être pertinente et facile à traduire en comportements qui aideront le jeune à améliorer sa santé sexuelle et à éviter les problèmes sur ce plan. Elle doit aussi, bien sûr, être appropriée à l'âge, au sexe, au stade de développement, à la culture et aux besoins particuliers des personnes auxquelles elle s'adresse. En outre, de nos jours, il faut tenir compte du fait que les jeunes sont souvent surinformés à propos de la sexualité, mais qu'ils sont mal informés. Internet est souvent montré du doigt pour expliquer ce phénomène.

Il n'y a pas si longtemps, la sexualité était un sujet tabou dans la famille et l'éducation sexuelle consistait en une simple séance au cours de laquelle, ayant été pris à part, la fille écoutait sa mère lui parler des menstruations et le garçon entendait son père lui parler de la « famille ». Et encore, de nombreux parents n'osaient pas donner cette information sommaire. Aujourd'hui, l'éducation sexuelle commence dès l'enfance et les parents répondent généralement aux interrogations de leurs enfants à mesure qu'elles se présentent. Cette évolution des mentalités familiales a probablement été stimulée par le rôle qu'a assumé l'école dans la transmission de l'information sexuelle ; les enfants n'acceptent plus que leurs parents leur racontent des histoires de cigognes qui apportent les bébés sous les choux. Bref, la diffusion des connaissances techniques sur la reproduction, la contraception et, dorénavant, les risques d'infection a fait de grands progrès et les efforts accomplis par les communautés scolaires y sont pour beaucoup. D'ailleurs, dans l'*Étude sur les jeunes, la santé sexuelle, le VIH et le sida au Canada* (Boyce et coll., 2003), la principale source d'information des adolescents au sujet de la sexualité, de la puberté et de la contraception est, de loin, l'école. En outre, de nos jours, les programmes scolaires ne mettent pas exclusivement l'accent sur les informations techniques ou négatives ; ils incluent aussi les aspects positifs liés à la sexualité.

Deuxièmement, toujours selon le modèle IMC, l'information n'étant pas suffisante en soi, la motivation est essentielle pour pousser le jeune à agir. Même si la plupart des adolescents sont conscients des risques liés à certaines pratiques, il est parfois difficile de les convaincre de traduire ces connaissances en comportements sécuritaires. Les stratégies les plus prometteuses sont donc celles qui mettent aussi l'accent sur la motivation des adolescents. À ce chapitre, les réactions émotionnelles de l'adolescent, ses croyances et ses perceptions au regard des normes sociales présentes dans son entourage agiront sur sa motivation à agir. Par exemple, même un adolescent qui se sait vulnérable aux infections sera moins susceptible de se protéger s'il a une attitude négative à propos du condom, s'il est enclin à prendre des risques ou si ses amis s'engagent dans des comportements sexuels à risque. Il est donc important de toucher ces composantes émotionnelles, personnelles et sociales lorsqu'on veut susciter des changements de comportements.

Enfin, troisièmement, l'adolescent doit pouvoir mettre en œuvre les comportements désirés. Il doit, pour ce faire, disposer des habiletés et des ressources pour agir. Par exemple, une adolescente peut savoir qu'elle doit se protéger, être consciente des enjeux d'une grossesse non désirée, avoir la motivation pour agir en conséquence, mais ne pas pouvoir s'affirmer clairement devant son partenaire qu'elle craint de perdre. Les mêmes conditions s'appliquent en ce qui a trait à la prévention des ITS dont le risque est accru par la consommation de drogues injectées à l'aide de seringues contaminées. Les habiletés comportementales comprennent à la fois des habiletés objectives pour réaliser le comportement, par exemple savoir s'affirmer, et le sentiment d'auto-efficacité pour ce faire, autrement dit la croyance en ses capacités personnelles d'adopter un comportement.

Au-delà de ces trois grandes composantes, plusieurs recensions des écrits et des méta-analyses ont permis de déterminer que, pour être efficaces, les programmes doivent toucher des facteurs individuels, tels que les connaissances et les habiletés, mais aussi des facteurs

---

2. Ce modèle suppose que les comportements sont volontaires ; il n'est donc pas applicable aux comportements qui sont forcés par autrui.

environnementaux (McKay, 2004; Otis, Médico et Lévy, 2000). Ces derniers peuvent viser l'entourage des jeunes; par exemple, plusieurs programmes préconisent une action sur les groupes de pairs, les normes et les valeurs qui y sont véhiculées. Ces facteurs peuvent aussi être plus globaux puisque des stratégies visant le réseautage et une action sociale plus large renforcent les changements de comportements qui sont souhaités. À cet égard, il faut se pencher globalement sur les messages contradictoires envoyés aux jeunes, notamment par le biais des médias, sur les déséquilibres de pouvoir entre les hommes et les femmes, et sur des questions plus spécifiques comme la disponibilité des condoms dans les écoles, les barrières qui peuvent réduire l'accès aux services des cliniques par les jeunes ou le refus de certains adultes en position de décider d'accepter la sexualité des adolescents. Sur ce dernier point, par exemple, toutes les études sérieuses montrent qu'au cours de l'adolescence, les jeunes accèdent graduellement à la sexualité. Or, il se trouve encore des décideurs qui, pour diverses raisons morales, refusent de faire face à cette réalité et maintiennent les adolescents dans des milieux qui nient leurs besoins sur ce plan.

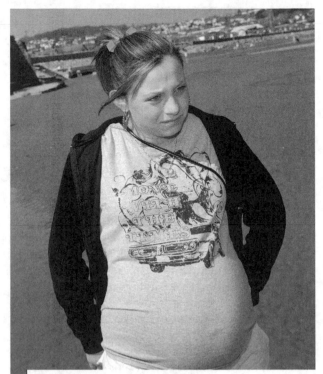

La grossesse chez les adolescentes est souvent perçue comme un problème, mais certaines études la présentent comme une possible source de motivation pour la jeune mère.

5.8 La grossesse et la maternité à l'adolescence

En 1968, Campbell disait : « L'adolescente enceinte qui décide de garder son enfant a déjà 90 % de son plan de vie d'établi » (p. 238 ; traduction libre). On le devine, à cette époque, le plan de vie prédit était bien sombre. De nos jours, les propos à ce sujet sont un peu plus nuancés et on reconnaît que la grossesse et la maternité à l'adolescence peuvent s'inscrire dans diverses trajectoires (Charbonneau, 2003 ; Guilbert, Dufort et Saint-Laurent, 2004).

Dans les écrits relevant de ce domaine, le discours dominant reste toutefois que la grossesse et la maternité à l'adolescence sont des problèmes. Pour Breheny et Stephens (2007), la représentation que certaines personnes se font de l'adolescent comme d'un être insouciant, naïf, irréfléchi et égocentrique et celle qu'elles se font du « bon » parent semblent inconciliables. Dans une société qui valorise les études postsecondaires, la maternité à l'adolescence est jugée comme étant trop précoce ; elle constitue une entrave au développement personnel de la jeune femme. De nombreux auteurs soulignent à ce sujet que lorsque maternité et adoles-

cence se rencontrent, des problèmes bien réels peuvent survenir pour ce qui est notamment de l'abandon scolaire, d'une insertion sociale et professionnelle plus difficile, de l'obtention de plus faibles revenus et de la monoparentalité (Dufort, Guilbert et Saint-Laurent, 2000 ; Miller, Sage et Winward, 2005 ; Goulet, Marcil, Kamdom et Toussaint-Lachance, 2001).

Un autre discours se rencontre aussi dans les écrits de ce domaine, bien qu'il soit moins présent. Pour les tenants de ce deuxième discours, la grossesse et la maternité à l'adolescence ne sont pas vues comme des problèmes, mais comme des événements, et éventuellement comme des points tournants, dans une trajectoire de vie (Charbonneau, 2003). Elles peuvent alors devenir une source de motivation pour la jeune qui se prendra en main et créera, pour elle et son enfant, une meilleure vie. On parle alors de la « grossesse projet » plutôt que de la « grossesse problème » (Guilbert et coll., 2004). Dans des conditions favorables, impliquant notamment le soutien de l'entourage, le bébé à venir peut être une source d'accomplissement personnel et d'acquisition d'un statut social.

5.8.1 Le portrait actuel

La figure 5.2 présente l'évolution des grossesses, des interruptions volontaires de grossesse et des maternités chez les adolescentes québécoises de 14 à 17 ans de 1980 à 2003. On peut constater que le taux de grossesse des adolescentes a connu une hausse de 57 % de 1980 à 1992. Dans les 6 années suivantes, le taux de grossesse est resté stable, avant de diminuer pendant les 5 années suivantes pour s'établir à 16,6 pour 1 000 adolescentes en 2003. En 2004, ce taux se situait à 14,7 pour 1 000 (données non présentées dans la figure) ; il était donc toujours en baisse. Aux États-Unis, bien que le taux de grossesse connaisse également une diminution depuis les années 1990, il est deux fois plus élevé qu'au Canada (Singh et Darroch, 2000).

De nos jours, les deux principaux modes de résolution d'une grossesse adolescente sont l'avortement et la maternité. Ainsi, dans environ les deux tiers des situations, la grossesse se termine par un avortement médical provoqué, tandis qu'un peu plus du quart des adolescentes donnent naissance à l'enfant. Un troisième mode de résolution, l'adoption, est également possible, mais il est très rare de nos jours. En effet, il y a plus de 50 ans, la proportion de mères adolescentes qui laissaient leur enfant à l'adoption dépassait 80 % ; actuellement, elle n'est plus que d'environ 2 % (Charbonneau, 2003), quoique l'exactitude de ce dernier pourcentage soit plus difficile à établir.

Par ailleurs, au Québec, en 1993 (Ministère de la Santé et des Services sociaux, 1993), 32 % des mères de moins de 18 ans n'ont pas déclaré l'identité du père. Plus les mères sont jeunes, plus le père semble absent ; à 15 ans, le taux de non-déclaration grimpe à 45 %. En comparaison, ce taux se situe autour de 4 % pour l'ensemble des femmes québécoises. Il est intéressant de noter que moins de 10 % des pères déclarés sont adolescents eux-mêmes (Charbonneau, 1999 ; Ministère de la Santé et des Services sociaux, 1993).

5.8.2 La résolution de la grossesse

Chez l'adolescente, l'expérience d'une grossesse peut avoir, à court terme, des conséquences très variables selon sa résolution, c'est-à-dire la décision prise quant à son issue. Pour la majorité des jeunes filles, la maternité n'est pas une option envisagée dans leur vie actuellement. Elles choisissent donc d'interrompre leur grossesse. Ces adolescentes voient mal comment elles pourraient devenir mères à un moment où elles n'ont même pas terminé leur propre développement ; pour elles, il y a incompatibilité entre leurs projets personnels et la maternité. Ce profil est plus fréquent chez les adolescentes qui ont un bon rendement à l'école et qui ne pourraient pas réaliser leurs aspirations personnelles sans poursuivre leurs études. Ces adolescentes viennent pour la plupart de milieux familiaux stables et favorisés sur le plan financier. Le plus souvent, elles désirent avoir des enfants, mais plus tard dans la vie.

Sur le plan psychologique, la décision de se faire avorter n'est jamais facile à prendre. Les réactions face à l'avortement varient davantage puisqu'elles sont

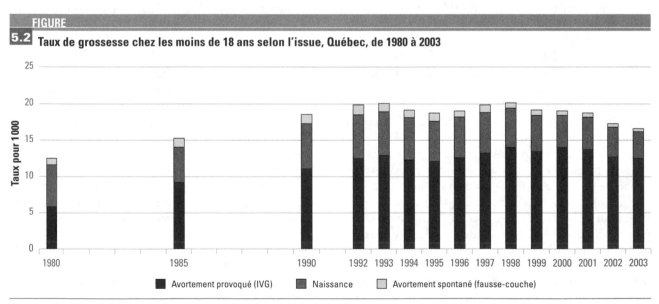

FIGURE

5.2 Taux de grossesse chez les moins de 18 ans selon l'issue, Québec, de 1980 à 2003

Source : Ministère de la Santé et des Services sociaux (2007).

tributaires de l'état d'esprit de la jeune femme et du contexte social dans lequel elle vit cette expérience. Dans bien des cas, toutefois, les séquelles psychologiques sont causées par une mauvaise connaissance de la situation et des enjeux de l'avortement, par les pressions venant de l'entourage, qu'elles soient en faveur ou non de l'avortement, par de forts sentiments de culpabilité à l'égard de la décision prise, par le sentiment de ne pas avoir eu suffisamment de temps pour réfléchir avant de décider et par une ambivalence persistante entre le désir de l'enfant, d'une part, et le constat de son incapacité de lui assurer des conditions de vie décentes, d'autre part. Après un avortement, dont la décision est probablement la plus importante que l'adolescente n'ait jamais eu à prendre dans sa vie, il va de soi que le fait pour elle de se trouver dans un milieu respectueux, non culpabilisant, sécurisant et apte à la soutenir de façon tangible est un gage d'adaptation non négligeable à la situation.

Certaines jeunes filles désirent toutefois donner naissance à leur enfant. Parmi elles, un certain nombre ont planifié la grossesse, mais la plupart du temps, à l'adolescence, cet événement est imprévu plutôt qu'intentionnel (Dufort et coll., 2000). Ce n'est donc qu'après la confirmation de la grossesse que le désir d'enfant prend forme. Dans le cadre d'une thèse de doctorat réalisée au Québec auprès de 46 jeunes femmes enceintes âgées entre 13 et 19 ans, Hamann (2002) met en lumière trois grandes catégories de motivations, à savoir le désir planifié, le « devenir enceinte » accepté et l'accident désiré (voir le tableau 5.8).

Pour les adolescentes qui désirent poursuivre leur grossesse et devenir mères, la perspective d'avoir un enfant peut représenter en soi un plan de vie intéressant, d'autant plus légitime que leur entourage immédiat peut déjà comporter des modèles de maternité précoce (mère, sœur ou amie). Le fait d'être parent leur permet non seulement d'accéder plus rapidement au monde des adultes que le diplôme scolaire, mais aussi d'obtenir une affection dont elles ressentent intimement le besoin. La création d'une famille est susceptible de donner un sens à la vie et une place dans la société (Bérard, 2007). Ce choix est plus fréquent chez les jeunes femmes qui viennent de milieux socioéconomiques moins favorisés, qui n'ont pas de projets précis sur le plan scolaire et professionnel et qui, de toute façon, croient peu en leurs capacités dans ce domaine.

Certains auteurs soulignent cependant que le désir d'enfant peut représenter, aux yeux de l'adolescente, un moyen de résoudre des problèmes dans sa vie : « Ainsi lorsque le désir d'enfant s'apparente davantage à un besoin d'enfant, donc, lorsque l'enfant apparaît comme un moyen de pallier des manques, il est certain que les responsabilités reliées au rôle de parent augmenteront les risques de déception » (Bérard, 2007, p. 4). Cela dit, le « besoin d'enfant » n'est pas le propre des adolescents.

En somme, peu importe comment se résoudra la grossesse, les ressources personnelles de la jeune femme seront fortement sollicitées. C'est d'ailleurs ce qui explique que plus l'adolescente est jeune, plus les risques sont grands qu'elle ne comprenne pas toutes les conséquences de sa décision et que, ultérieurement, elle ait le sentiment qu'on l'a amenée dans une direction contre sa volonté. Plus la jeune femme est proche de l'âge adulte, plus les chances qu'elle assume sa décision augmentent étant donné que, sur le triple plan cognitif, émotionnel et social, elle dispose d'expériences et d'appuis que la plus jeune n'a pas nécessairement. Cette

TABLEAU 5.8	Catégories relatives au désir d'enfant des adolescentes
Désir planifié	• Moins fréquent • Revêt un caractère urgent • Renvoie au besoin de combler un manque dans la vie • Peut résulter d'une interruption volontaire de grossesse antérieure dont le deuil est mal résolu

« Devenir enceinte » accepté	• Mener à terme la grossesse est inévitable en raison
	   – de valeurs personnelles contre l'avortement
	   – du retard à confirmer la grossesse, à la dévoiler ou à en prendre conscience,
	     ce qui fait que cette dernière ne peut être interrompue

Accident désiré	• Désir ambivalent qui se transforme en désir véritable • Acte « manqué… réussi » attribuable, entre autres, à l'utilisation irrégulière de moyens de contraception

Source : Hamann (2002).

dernière doit le plus souvent trouver de l'aide chez ses parents (sa mère, en particulier), le père présumé de l'enfant étant souvent absent et parfois trop jeune pour assurer un soutien approprié.

5.8.3 Les risques associés à la grossesse adolescente

Du point de vue médical, comparativement à la grossesse adulte, la grossesse adolescente présente, surtout chez les plus jeunes, un risque plus élevé de problèmes de santé chez la mère (anémie, hypertension, problèmes urinaires, hémorragies post-partum, etc.) et de prématurité, de petit poids et d'anomalies physiologiques chez le bébé (épilepsie, déficience cérébrospinale, retard mental, etc.) (Institut de la statistique du Québec, 2000; Ministère de l'Éducation, 2002). Du point de vue physique, la maternité qui a lieu dans la première moitié de l'adolescence doit cependant être distinguée de celle qui survient dans la deuxième moitié de cette période. Normalement, une jeune femme de 17 ou 18 ans peut très bien donner naissance à un bébé fort et en bonne santé si elle prend les moyens nécessaires sur les plans nutritif et médical. Si l'organisme qui vient tout juste d'atteindre sa maturité sexuelle n'est pas encore prêt à porter la charge reproductive, une adolescente qui est menstruée depuis trois ou quatre ans et dont la croissance physique est presque achevée possède au contraire une énergie et des capacités de récupération que les femmes de plus de 35 ans n'ont généralement plus. Sur le plan physique, par conséquent, il est possible de réunir des conditions de maternité sécuritaires avant la fin de l'adolescence, ce qui n'est pas nécessairement le cas au début de cette période : plus on avance vers la fin de l'adolescence, plus les risques physiques diminuent.

Cela dit, certains auteurs soulignent que c'est la « clandestinité » des grossesses à l'adolescence qui rend celles-ci plus à risque, car la stigmatisation associée à cet événement est telle que bon nombre de jeunes filles vivent leur grossesse sans le suivi médical approprié (Alvin, 2006). La peur d'être jugées ou critiquées peut effectivement les amener à retarder leur demande d'aide au sujet de la grossesse. Les conditions socioéconomiques défavorables avant et pendant la grossesse et l'absence de réseaux d'entraide sont aussi montrées du doigt (Direction de la santé publique, 2003).

Sur le plan psychologique, comparativement aux femmes qui ont un enfant après 20 ans, les mères adolescentes vivraient plus de stress et de dépressions; elles auraient aussi plus tendance à avoir une faible estime d'elles-mêmes (Ministère de l'Éducation, 2002). L'isolement social, l'éloignement des amis et la perte du partenaire amoureux découlent parfois de cet événement et contribuent à la détresse ressentie. Du point de vue socio-économique, les mères adolescentes ont moins de chances d'obtenir leur diplôme secondaire et collégial ; plus tard, une fois adultes, elles courent plus de risques d'être au chômage, de vivre dans la pauvreté et d'avoir d'autres grossesses non désirées. La conciliation entre les études et la maternité ne va pas de soi et exige de la part des jeunes parents beaucoup de détermination et de persévérance, et ce, d'autant plus lorsqu'ils ne peuvent compter sur le soutien de leurs propres parents. Parfois, la grossesse ne fait qu'accentuer le peu d'investissement préalable de la jeune dans ses études et ses projets de carrière.

À leur tour, les enfants de parents adolescents peuvent éprouver plus de troubles développementaux que leurs pairs nés de parents plus âgés, qu'il s'agisse de difficultés scolaires, de problèmes pubertaires, de risques de grossesse adolescente, etc. Ces séquelles sont attribuables notamment aux conditions matérielles et environnementales défavorables dans lesquelles s'exerce trop souvent la parentalité à cette période de la vie. En outre, l'adolescente n'a pas fini de se développer sur les plans physique, psychologique et social, et elle est amenée à tenir, parfois sans aucune préparation, l'un des rôles les plus exigeants qui soient : celui de parent.

Comme nous l'avons souligné d'entrée de jeu, cet enchaînement d'événements vers une trajectoire de plus en plus problématique n'est toutefois pas le seul possible. Des travaux, comme ceux de Charbonneau (2003), montrent la diversité des trajectoires que peuvent emprunter les adolescentes qui donnent naissance à un enfant. S'il est vrai que vivre la maternité à cette période de la vie peut rendre la jeune plus vulnérable à divers coups du sort, tels qu'une rupture avec le conjoint ou des conflits majeurs avec ses parents, il n'en reste pas moins que ce ne sont pas toutes les histoires qui ont un caractère aussi sombre. Certaines jeunes disposent d'un soutien indéfectible de la part de leurs parents, de leur mère en particulier. Le partenaire, qui n'est pas toujours un adolescent lui-même, peut rester engagé auprès de sa nouvelle famille. Enfin, certaines jeunes verront dans cet événement une occasion de se mobiliser pour se donner un meilleur avenir à elles et à leurs enfants, que ce soit dans un projet de maternité ou dans un projet combinant la maternité avec les études ou le travail.

CHAPITRE 6

Socialisation, autonomie et compétences sociales de l'adolescent

6

6.1 La socialisation à l'adolescence

Dans ce livre sur la psychologie de l'adolescence, le présent chapitre est loin d'être le seul à s'intéresser au développement social des adolescents puisque les chapitres sur la famille, les amis et l'école traitent de thèmes qui sont aussi liés directement à leur développement social. L'objectif de ce chapitre est d'aborder le développement social de l'adolescent sous l'angle du processus de socialisation, du développement de l'autonomie et des compétences sociales, trois piliers de l'émancipation qui se produit entre 12 et 18 ans.

La socialisation se définit comme le processus d'acquisition des comportements, des attitudes et des valeurs nécessaires à l'adaptation sociale de l'individu. Ce processus s'engage dès l'établissement des premières relations humaines et se poursuit jusqu'à ce qu'un équilibre adaptatif stable soit atteint, ce qui peut prendre toute la vie.

L'adolescence n'est donc pas le point de départ de la socialisation, ni son point d'achèvement. Toutefois, sous l'impulsion des transformations physiques et mentales, l'évolution sociale change de rythme à l'adolescence. L'intériorisation des règles, des normes et des repères sociaux y est stimulée par l'augmentation de la capacité cognitive de même que par la plus grande responsabilité que le jeune doit et veut assumer. Le besoin d'indépendance crée une demande de stratégies d'autorégulation adaptées : se comporter de façon autonome exige que l'on puisse se gouverner par soi-même, soit, mais de façon acceptable pour les autres, ce qui implique le respect de règles, de limites et de normes que le jeune doit faire siennes. Évidemment, tout cela ne se fait pas en vase clos mais dans les contextes bien réels de vie sociale que sont la famille, l'école, le réseau d'amis, les emplois, etc. Chacun de ces contextes porte ses exigences, ses règles et ses valeurs, et l'adolescent doit composer avec elles, tout en affirmant ses propres valeurs, ce qui est très gratifiant en cas de réussite mais potentiellement lourd en cas d'échec. Comme nous le verrons plus loin au cours de notre examen du processus d'autonomisation, l'adolescence débouche sur une plus grande marge de manœuvre, mais le jeune n'y accède que s'il réussit d'abord le test du contrôle sur lui-même.

6.1.1 Les tâches de l'adolescence

Plusieurs autres facteurs viennent agir sur le processus de socialisation adolescente. Les transformations que subit le corps influent sur l'apparence physique, elle-même en rapport étroit avec l'estime de soi. La maturité sexuelle modifie l'équilibre biologique et donne lieu à des pulsions et à des réactions psychologiques qui étaient inconnues jusque-là. Comme nous l'examinerons plus en détail dans le chapitre 7 portant sur le développement de l'identité, l'adolescent est amené progressivement à assumer un rôle social masculin ou féminin plus ou moins typé, ce qui entraîne une redéfinition de ses rapports sociaux. En conséquence, socialement, les besoins personnels, anciens et nouveaux, se combinent avec les attentes du milieu, plus exigeantes que jamais, pour placer l'adolescent devant une série de tâches développementales à accomplir. Le tableau 6.1 dresse la liste de ces tâches.

TABLEAU 6.1 Tâches développementales à l'adolescence selon Havighurst
1. Accéder à l'indépendance émotionnelle et comportementale face aux parents et aux adultes.
2. Choisir un métier et s'y préparer.
3. S'assurer une indépendance économique.
4. Se préparer à la vie conjugale et familiale.
5. Développer les habiletés intellectuelles et les concepts nécessaires à l'acquisition des rôles civiques.
6. Adopter un comportement social responsable.
7. Élaborer un système de valeurs et de règles éthiques.
8. Établir des relations nouvelles et plus adultes avec les pairs des deux sexes.
9. Assumer un rôle social masculin ou féminin.
10. Accepter son corps tel qu'il est et l'utiliser efficacement.

Source : Inspiré de Kalafatich (dir.) (1972) ; Havighurst (1972).

L'environnement social s'adresse à l'adolescent dans un langage nouveau : on lui signale qu'il n'est plus un enfant et qu'il doit dorénavant se comporter en adulte. Les parents, l'école, les amis, les employeurs et la société, un peu à la manière de créanciers, revendiquent leur dû à tour de rôle. Chaque sphère impose ses exigences nouvelles fondées sur les notions de responsabilité, de devoir et d'autonomie. La société exige qu'entre 12 et 18 ans, l'individu passe d'un état social de dépendance enfantine à un état d'autonomie. Cette autonomie, indicative de la « maturité sociale », doit se conquérir. Le milieu réclame des progrès mais, en même temps, résiste aux conquêtes des jeunes. L'adolescent doit acquérir son autonomie mû par ses propres besoins intimes tout en observant les principes de sa culture, mais il doit aussi se battre avec calme, constance et souplesse pour chaque centimètre de terrain franchi, car l'agressivité, l'impulsivité et l'inconstance sont socialement condamnées et réprimées.

La socialisation est le résultat de l'interaction d'un réseau complexe de facteurs psychosociaux où les influences des différents agents de socialisation se combinent pour produire des effets qui défient les prédictions les plus savantes. Discuter d'un seul aspect à la fois de ce processus déforme la réalité à coup sûr. Par exemple, parler du groupe d'amis ou des valeurs sans considérer le sexe, l'occupation ou le milieu socioéconomique de l'adolescent limite forcément la portée du discours puisque dans la pratique, ces dimensions sont interdépendantes (Schneider, French et Chen, 2006). Or, il est impossible d'examiner tous ces facteurs en même temps.

6.1.2 Les mécanismes de socialisation

L'assimilation des valeurs et des règles du milieu d'appartenance demande un long apprentissage qui n'est généralement pas l'objet d'une programmation comme ceux que l'on observe en milieu scolaire mais qui repose néanmoins sur des mécanismes psychologiques définissables. L'interaction entre les caractéristiques personnelles (tempérament, potentiel intellectuel, apparence physique, etc.) et celles du milieu social (style parental, niveau socioéconomique de la famille, culture d'appartenance, amis, etc.) est alors actualisée sous l'action de certains mécanismes d'apprentissage que quelques auteurs se sont employés à décrire.

Par exemple, Diana Baumrind propose cinq mécanismes psychologiques comme éléments à la base de la socialisation: 1) le renforcement; 2) l'identification; 3) l'éveil cognitif; 4) l'adoption réciproque des rôles; 5) la réactivité psychologique (Baumrind, 1975, 1991). Le tableau 6.2 présente une description sommaire de ces mécanismes, dont les trois premiers, qui sont bien connus en psychologie de l'apprentissage, s'appuient sur les principes suivants:

- les récompenses offertes à l'enfant orienteront les acquisitions sociales qu'il fera;
- les caractéristiques des modèles importants dans l'entourage pourront influer sur les comportements et les attitudes des adolescents;
- le développement cognitif exercera une influence sur les relations interpersonnelles par les perceptions, les stratégies et les analyses sociales plus ou moins poussées qu'il permettra.

Les deux derniers mécanismes sont moins familiers aux psychologues. L'adoption réciproque des rôles, en tant que mécanisme de socialisation, concerne l'équilibre qui a tendance à s'établir entre les rôles adoptés par des individus qui vivent ensemble. Si, par exemple, la mère fait preuve de dépendance enfantine envers son entourage, il est possible que, en dépit du mécanisme d'identification à l'œuvre chez l'adolescente, celle-ci comble le besoin familial en assumant elle-même un rôle maternel dans sa famille. Dans leur milieu de vie, les individus seraient ainsi portés à tenir des rôles qui visent à établir un équilibre fonctionnel en répondant aux besoins en présence.

Enfin, la réactivité psychologique est le mécanisme par lequel la motivation à l'égard d'un objet ou d'un privilège est augmentée chez l'individu si celui-ci est privé, ou menacé d'être privé de cet objet ou de ce privilège.

TABLEAU 6.2	Mécanismes de socialisation proposés par Diana Baumrind

Renforcement
Récompense ou punition consécutive au comportement de la personne et qui en augmente ou en diminue la probabilité d'apparition. Les conduites récompensées ont tendance à augmenter en fréquence et celles qui sont punies ont tendance à diminuer.

Identification
Mécanisme par lequel une personne intègre dans son comportement les modes de conduite des personnes avec lesquelles elle vit une relation importante.

Éveil cognitif
Développement de la pensée et acquisition de nouvelles notions permettant une compréhension plus approfondie du monde physique et social.

Adoption réciproque des rôles
Mécanisme d'interdépendance dans la répartition des rôles au sein d'une cellule sociale. Le choix des rôles est conditionné par les rôles que jouent les personnes importantes de l'entourage.

Réactivité psychologique
Mécanisme par lequel la motivation de l'individu face à une liberté ou un privilège est augmentée en fonction de la menace (réelle ou imaginaire) de perdre cette liberté ou ce privilège. Par exemple, un adolescent peut être davantage incité à agir selon ses propres idées s'il ressent une restriction soutenue de son autonomie d'action.

Source: Inspiré de Baumrind (1975).

Ainsi, un adolescent qui constate chez ses amis des zones de liberté qu'on lui refuse à la maison peut réagir en attribuant une valeur exagérée à ces privilèges dont il est privé. En somme, une privation ou une menace de privation augmente l'attrait de l'objet de la privation. Si, pour prendre un autre exemple, l'argent est un sujet de préoccupation constante dans la famille parce qu'on craint d'en manquer, il est possible que l'adolescent réalise en recherchant avec avidité toutes les occasions d'en gagner.

6.1.3 La socialisation par les loisirs : activités structurées ou non structurées ?

Les adolescents d'aujourd'hui ont généralement un agenda chargé dont une partie substantielle est occupée par les obligations scolaires et le travail rémunéré. Chaque jour, il reste tout de même un certain nombre d'heures de veille pour les loisirs. Dans le contexte de l'augmentation progressive des obligations scolaires et du travail rémunéré entre 12 et 18 ans, la quantité de temps libre des jeunes n'est pas à la hausse, mais la diversité des contenus et des formes de loisirs augmente sans cesse. L'engagement volontaire des adolescents dans différentes formes de loisirs peut être considéré comme un indice de leur mobilisation et de leur adaptation personnelles. Deux grandes catégories d'activités peuvent être relevées : les activités structurées et les activités non structurées. Les activités structurées impliquent généralement un encadrement et une animation de la part d'adultes, des rencontres régulières et des objectifs de développement d'habiletés personnelles pour les jeunes. Quant aux activités non structurées, elles sont centrées sur le contact entre les pairs ; elles n'impliquent pas de rencontres planifiées, de règles explicites, d'objectifs éducatifs, ni de supervision par des adultes.

Du côté des rencontres structurées, qu'il s'agisse de sports, d'activités socioculturelles (théâtre, arts plastiques,

La participation à des rencontres structurées est liée à des indices d'adaptation psychosociale chez les adolescents.

musique, danse, etc.) ou d'associations (scoutisme, bénévolat, groupes communautaires, politique jeunesse, etc.), le niveau de participation présente une corrélation positive avec plusieurs indices d'adaptation psychosociale : le rendement et la persévérance scolaires, le sentiment de bien-être, des taux plus bas de dépression ou de délinquance, etc. À l'inverse, le taux de participation à des activités non structurées, comme « passer du temps en ville le soir avec des amis sans rien faire de particulier », est lié typiquement à un plus grand nombre de conduites antisociales et de problèmes d'adaptation chez les adolescents (Guilman, 2001 ; Mahoney, Stattin et Lord, 2004 ; Persson, Kerr et Stattin, 2007). Mais ce type de corrélation n'est pas nécessairement causal, puisqu'il peut provenir du fait que les jeunes mieux adaptés ont spontanément tendance à sélectionner des activités structurées, et l'inverse pour les autres. Pour neutraliser cet effet d'autosélection, Stattin et ses collaborateurs (Stattin, Kerr, Mahoney, Persson et Magnusson, 2005) ont contrôlé des variables comme le sexe, les notes scolaires des jeunes, leur niveau socioéconomique familial et différentes caractéristiques personnelles, et il semble que le type d'activités pratiquées continue d'avoir un effet notable sur l'adaptation et le bien-être des jeunes : les activités structurées y sont favorables et les activités non structurées y sont défavorables (Stattin et coll., 2005).

Le taux de participation à des activités structurées a normalement tendance à diminuer à mesure que le jeune avance dans son adolescence (Persson et coll., 2007). Mais pourquoi certains adolescents ont-ils tendance à rester davantage engagés dans des activités structurées tandis que d'autres les laissent tomber plus tôt ? Compte tenu des enjeux que soulève cette question, de nombreuses études ont cherché à trouver des réponses, et Persson et ses collaborateurs (2007) en font la synthèse. Plusieurs raisons d'abandonner les activités structurées sont couramment invoquées par les jeunes, dont la pression ressentie dans l'activité, le manque de compétences pour y réussir, les contraintes de temps et l'attrait qu'ils éprouvent pour d'autres activités.

Les chercheurs ont cependant mis en évidence le fait que les amis sont une importante source d'influence : les adolescents qui ont de bons amis pratiquant l'activité structurée en question ont tendance à s'y engager davantage alors que d'autres la délaissent pour aller retrouver leurs amis qui ne s'y adonnent pas. De même, les recherches ont observé que les parents exercent aussi une influence sur ces choix d'activités. Comme les activités structurées impliquent des interactions avec des adultes en autorité, les jeunes qui s'entendent bien avec leurs parents et se sentent respectés dans leur famille ne voient pas de problème à la présence d'adultes dans leurs loisirs structurés. Au contraire, ceux qui vivent des conflits et un manque de respect avec leurs parents ont tendance à fuir les contextes où un adulte exerce un contrôle sur eux ; les émotions négatives générées par les relations avec leurs parents les amènent à éviter les activités structurées et à préférer des contextes non structurés. En outre, les recherches montrent que les risques d'augmentation de la délinquance associés à la participation à des activités non structurées ont moins d'emprise sur les jeunes qui entretiennent des relations positives et satisfaisantes avec leurs parents dans leur famille (Persson et coll., 2007).

6.1.4 Les racines enfantines de la socialisation

Dans quelle mesure la socialisation adolescente est-elle conditionnée par ses antécédents enfantins ? Si la socialisation correspond au processus par lequel l'individu intériorise les règles et les valeurs de sa culture en vue de s'y intégrer comme acteur indépendant, il convient de reconnaître que ce processus est déjà largement engagé au début de l'adolescence. En effet, dès sa naissance, l'enfant est un être essentiellement social qui s'adapte et apprend au contact des personnes qui l'entourent. Au cours de l'enfance, les interactions entre le jeune et son milieu ont forgé des habitudes, créé des compétences ou des déficits qui définissent un profil psychosocial durable. C'est ainsi que, à l'âge de 12 ans, les acquis sociaux sont déjà suffisamment ancrés pour qu'il soit parfois très difficile de corriger certaines tendances.

Sans nécessairement adhérer à l'affirmation de Dodson (1987) voulant que « tout se joue avant six ans », nous croyons que le meilleur prédicteur de l'adaptation adolescente est, selon toute probabilité, l'adaptation au cours de l'enfance. Il importe toutefois de ne pas réduire la continuité qui s'opère de l'enfance à l'âge adulte à la simple répétition de comportements observables d'une période de vie à une autre. Autrement dit, le comportement est le résultat de l'interaction du sujet avec son milieu, de sorte que tout changement contextuel risque de modifier le résultat de cette interaction sans pour autant que l'individu ait changé radicalement de son côté.

6.1.5 Continuité et changement dans le profil personnel

Le processus de socialisation, qui est actif dès le début de la vie, vient prolonger l'héritage biologique avec toute l'expérience acquise au contact des autres humains. Or, comme l'humain est un être social, ce prolongement joue un rôle capital dans le profil personnel qui résulte de l'amalgame inné/acquis. En psychologie, le tempérament correspond à la partie innée du caractère d'une personne, la dimension héréditaire sur laquelle se greffent les acquisitions issues de l'expérience au cours de la vie (l'acquis). Ainsi, la personnalité intègre le tempérament et y ajoute les résultats de toute l'expérience acquise après la naissance. Quand on s'interroge sur la continuité et sur le changement dans le profil personnel avant et après l'adolescence, la personnalité peut s'avérer un concept utile puisque les traits de personnalité sont considérés comme les bases de l'identité de l'individu, de sa façon unique de s'adapter. Si la fin de l'adolescence marque le début de la maturité adulte, est-ce que les traits de personnalité arrêtent de se développer à ce moment ? Les traits de personnalité restent-ils stables après l'adolescence, ou est-ce qu'ils continuent à évoluer ?

Afin de mesurer le changement dans le profil de traits de personnalité au cours de la vie, Roberts, Walton et Viechtbauer (2006) ont réalisé une gigantesque méta-analyse rassemblant les données de 92 études longitudinales sur cette question. Pour établir le profil de personnalité, ils ont utilisé une version modifiée de la taxonomie la plus répandue maintenant, celle des cinq grands facteurs de personnalité (le *big five*[1]). La modification qu'ils ont apportée consiste à subdiviser en deux le facteur « extraversion » de manière à distinguer deux dimensions de la sociabilité sous-jacente : la vitalité sociale et la dominance sociale. Les six grands traits de personnalité considérés dans cette méta-analyse sont donc : 1) la vitalité sociale (sociabilité, optimisme,

---

1. Les cinq dimensions du *big five* sont les suivantes : 1) l'« agréabilité » ; 2) la rigueur ; 3) l'extraversion ; 4) la stabilité émotionnelle ; 5) l'ouverture aux expériences nouvelles.

grégarité); 2) la dominance sociale (indépendance, confiance en soi en contexte social, tendance à s'affirmer, à dominer); 3) l'« agréabilité » (tendance à être accommodant, à faire confiance aux autres, à être accueillant); 4) la rigueur (tendance à être consciencieux, discipliné, soucieux du travail bien fait); 5) la stabilité émotionnelle (fait d'être maître de ses émotions, constant dans ses réactions, capable de supporter les délais et de surmonter les frustrations, tendance à réfléchir avant d'agir); 6) l'ouverture à la nouveauté (amour du changement, curiosité, recherche d'expériences nouvelles).

La méthode employée a consisté à mesurer les différences dans les scores rapportés sur les six dimensions aux différents temps de mesure des études longitudinales considérées. Par exemple, en ce qui concerne la vitalité sociale, le score obtenu à 18 ans était comparé avec celui obtenu antérieurement à 12 ans et les différences (les scores d) relevées servaient de mesure du changement de ce trait de personnalité en fonction de l'âge. La figure 6.1 réunit les six courbes illustrant l'évolution de chacun des six traits considérés entre 10 ans et 75 ans. Dans ces graphiques, la tendance la plus frappante est que, sauf pour la vitalité sociale et l'ouverture à la nouveauté, les scores obtenus pour les différents traits ont clairement tendance à augmenter avec les années jusque dans la quarantaine avancée. L'adolescence, en tant que période de développement, traduit une augmentation dans l'affirmation de tous les traits, mais elle n'est ni la période du plus grand changement, ni la fin du changement. Ce sont les jeunes adultes qui changent le plus vite (20-35 ans), et ce changement se prolonge pendant plusieurs décennies après 18 ans. Cette recherche démontre donc que le profil de personnalité n'arrête pas de se développer après l'adolescence et que les gens deviennent socialement plus dominants, plus rigoureux et plus stables émotionnellement, surtout au début de l'âge adulte, tandis qu'après 55 ans, ils perdent de la vitalité sociale et de l'ouverture à la nouveauté.

Roberts et ses collaborateurs (2006) se sont interrogés sur les causes de ces changements de personnalité après l'adolescence. Est-ce parce que les humains sont génétiquement programmés pour de tels changements ou est-ce dû à des expériences de la vie? Voici leur réponse:

Notre analyse des données disponibles à ce jour nous amène à croire que les expériences de la vie et les apprentissages qui ont lieu au début de l'âge adulte sont les principales causes des changements que nous décrivons dans cette méta-analyse, plus particulièrement en ce qui a trait à l'augmentation de la dominance sociale, de la rigueur et de la stabilité émotionnelle. Les tâches universelles de la vie sociale au début de l'âge adulte, comme trouver un partenaire conjugal, fonder une famille ou établir sa carrière, ressortent comme des expériences susceptibles de provoquer les augmentations observées dans les traits de personnalité (Roberts et coll., 2006, p. 18; traduction libre).

Quelques années plus tôt, Roberts et DelVecchio (2000) avaient mené une autre méta-analyse destinée à mesurer la continuité des traits de personnalité sur la base de la stabilité du rang des individus dans leur groupe (et non pas de la moyenne des scores comme dans l'étude de Roberts et ses collaborateurs, 2006): est-ce que les individus conservent le même rang dans leur groupe de comparaison (corrélation de rang entre le test et le retest) à différents âges de la vie? Leurs données rassemblaient 3217 coefficients de corrélation entre les tests et les retests provenant de 152 études longitudinales portant sur divers âges de la vie. Dans cette recherche, la constance des traits (corrélation de rang entre le test et le retest) passait de 0,31 pendant l'enfance à 0,54 à la fin de l'adolescence, à 0,64 vers 30-40 ans et à 0,74 entre 50 et 70 ans. Cela veut dire que les traits d'une personne sont de plus en plus stables à mesure qu'elle avance vers la soixantaine; la stabilité du caractère continue d'augmenter pendant l'âge adulte.

Si l'on intègre la signification de ces deux méta-analyses par rapport à l'adolescence, l'une centrée sur le changement des scores et l'autre sur la constance des rangs, il ressort que cette période n'est pas un moment critique pour la mise en place définitive des traits de personnalité. Elle se présente plutôt comme une étape « moratoire » pour la personnalité en raison de la faible stabilité des traits et de leurs changements substantiels. Ainsi, entre 12 et 18 ans, les caractéristiques personnelles d'un jeune peuvent changer; ce qui le distingue à un âge donné peut disparaître à un autre âge car le profil personnel n'est pas définitif. Ce serait plutôt le début de l'âge adulte qui serait la période de mise en place la plus intense du profil personnel permanent, et cela ne serait pas étranger aux défis sociaux qui s'y trouvent (emploi, couple, famille, etc.) (Fraley et Roberts, 2005; Roberts et coll, 2006; Roberts et DelVecchio, 2000).

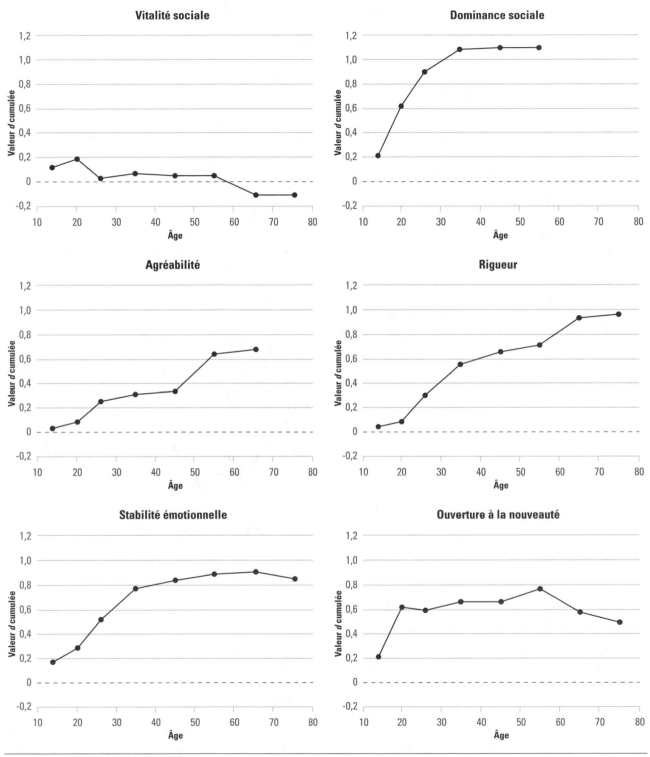

Source : Roberts, Walton et Viechtbauer (2006, p. 15 ; traduction libre).

6.2 Les nouveaux agents de socialisation

À la fin de son adolescence, l'adolescent d'aujourd'hui a accumulé une somme impressionnante d'expériences et il a été soumis à de multiples influences. En tête de liste des changements apparus dans la socialisation des jeunes d'aujourd'hui se trouve l'augmentation du nombre d'agents de socialisation. Le nombre de personnes qui sont intervenues dans la vie du jeune est plus important parce que la famille dont les deux parents travaillent à l'extérieur a davantage recours à des services de garde, et à des services scolaires et parascolaires, pour répondre à ses besoins. Depuis sa naissance, l'adolescent a connu intimement différentes personnes et il s'est attaché à celles-ci, lesquelles l'ont influencé en tant que modèles et en tant qu'éducateurs. Comme nous l'avons dit dans le chapitre 1, cette augmentation du nombre d'intervenants n'a pas nécessairement été accompagnée d'une concertation entre eux pour assurer une cohérence éducative autour de l'enfant. La disparité des modèles, des consignes, des valeurs et des limites donnés à l'enfant par les intervenants qu'il côtoie l'empêche de reconnaître des messages clairs, des règles bien définies à intérioriser afin d'accéder à un auto-contrôle adapté. Voilà le risque associé à la pluralité des intervenants qui entourent les jeunes d'aujourd'hui. Par rapport aux générations précédentes, il y a plus de monde dans la trajectoire éducative de l'enfant et la cohérence n'est pas toujours constatée, surtout lorsque l'affirmation des parents est déficitaire.

À ce « défi de cohérence » que pose la pluralité des personnes qui interviennent dans la trajectoire éducative s'ajoute celui que posent les agents médiatiques de socialisation : la télévision, le cinéma et Internet, notamment. Il est difficile de délimiter l'influence de chacun de ces médias parce qu'ils ne sont pas indépendants les uns des autres : le cinéma est très présent à la télévision, Internet permet de regarder la télévision sur l'ordinateur et de nombreux contenus du Web font référence à des personnages issus d'autres médias. De plus, le profil de consommation des adolescents est très variable et les effets des mêmes contenus ne sont pas identiques chez tous les jeunes, certains d'entre eux étant beaucoup influençables que d'autres.

6.2.1 La télévision

La télévision est présente dans les foyers depuis maintenant plus de 50 ans. Il faudrait se rendre chez les personnes âgées pour trouver des gens qui ont vécu leur adolescence sans la télévision. Bien sûr, la télévision des années 1960 ou celle des années 1980 n'est pas la même que celle d'aujourd'hui, mais il reste que ces 50 années d'histoire télévisuelle traduisent clairement certaines constantes. Une de ces constantes est la course aux cotes d'écoute, qui n'a cessé de s'intensifier et qui détermine les conditions de survie des diffuseurs. L'offre télévisuelle s'est accrue avec le nombre de chaînes accessibles et les entreprises sont prêtes à faire bien des choses pour augmenter leur part du marché. Plus les émissions sont regardées, plus la publicité vaut cher et meilleurs sont les profits. Comment séduire les téléspectateurs ? Voilà une question qui gouverne une bonne partie des programmations. Même les chaînes de télévision d'État y sont sensibles (Rabinovitz, 2003). Les recettes diffèrent, mais elles exploitent souvent les mêmes ingrédients : la violence, le sexe, les sensations fortes, le sport, l'argent, la téléréalité (même dans les bulletins de nouvelles).

Les jeunes d'aujourd'hui passent généralement plus de temps devant la télévision qu'avec leurs parents.

Le tableau 6.3 présente le nombre d'heures d'écoute de la télévision que les jeunes québécois rapportaient en 1999. La moyenne d'environ 3 heures par jour permet d'estimer qu'au moment d'atteindre son 18e anniversaire, l'adolescent aura accumulé plus de 15 000 heures d'observation du contenu présenté. En fonction du temps de contact brut, cela fait probablement de la télévision le premier agent de socialisation pour plusieurs jeunes puisque c'est généralement plus que le temps total qu'il aura passé avec sa mère ou son père.

| | Moyenne d'heures | | |
	Sur semaine*	Fin de semaine**	Moyenne hebdomadaire*
9 ans			
Garçons	2,2	4,4	2,7
Filles	2,1	3,8	2,5
Sexes réunis	**2,2**[1,2]	**4,1**[3]	**2,6**[5]
13 ans			
Garçons	3,1	5,2	3,6
Filles	3,0	4,6	3,4
Sexes réunis	**3,0**[1]	**4,9**[3,4]	**3,5**[5]
16 ans			
Garçons	3,0	4,3	3,3
Filles	2,6	4,0	3,0
Sexes réunis	**2,8**[2]	**4,1**[4]	**3,1**[5]

* Les tests de différence des moyennes d'heures d'écoute de télévision sur semaine selon le sexe et des moyennes hebdomadaires selon le sexe sont significatifs au seuil de 0,05 chez les 16 ans.

** Le test de différence des moyennes d'heures d'écoute de télévision la fin de semaine selon le sexe est significatif au seuil de 0,05 chez les 9 ans et les 13 ans.

1.-5. Les moyennes dotées du même exposant sont significativement différentes au seuil de 0,05.

Source : Institut de la statistique du Québec (1999, p. 243).

Quelle est l'influence de la télévision sur le comportement des jeunes ? De nombreux travaux ont tenté de trouver une réponse à cette question qui, malgré le nombre d'années depuis lequel on se la pose, demeure encore pertinente aujourd'hui. Anderson, Huston, Schmitt, Linebarger et Wright (2001) ont étudié la consommation télévisuelle de 570 enfants d'âge préscolaire qu'ils ont retrouvés au moment de leur adolescence afin de sonder les effets à long terme de l'usage de la télévision au début de l'enfance sur le comportement ultérieur. Cette étude longitudinale montre que l'effet de la télévision dépend du type de contenu visionné et des caractéristiques du jeune. Ainsi, les adolescents qui ont regardé des émissions éducatives à l'âge préscolaire (comme *Sesame Street* ou *Passe-Partout*) ont de meilleures notes à l'école, lisent plus de livres qui ne sont pas liés à l'école, accordent plus d'importance à leur réussite et manifestent moins d'agressivité que ceux qui avaient l'habitude de regarder des émissions ayant des contenus violents. Ces relations se sont avérées plus fortes chez les garçons que chez les filles et ont subsisté après que les caractéristiques familiales des jeunes (par exemple, le niveau socioéconomique, la scolarité des parents) et leurs habitudes télévisuelles courantes à l'adolescence avaient été contrôlées (Anderson et coll., 2001). Dans la même recherche, les auteurs ont relevé les caractéristiques suivantes chez les jeunes qui visionnaient, à l'adolescence, beaucoup d'émissions violentes par rapport aux adolescents qui en regardaient peu : des notes plus faibles à l'école (chez les garçons et les filles), une tendance à surestimer leurs notes (garçons et filles), un intérêt moindre pour les mathématiques (filles), une plus grande imagination (filles), un choix axé davantage sur les classes en art (filles), une plus grande agressivité (filles), un nombre moins important d'activités exigeant du leadership (garçons et filles).

Cela dit, il faut souligner que la consommation télévisuelle des jeunes évolue avec le temps. Ainsi, les données canadiennes de 2003 indiquent que les jeunes adultes et les adolescents passent moins de temps devant la télé depuis une dizaine d'années dans la foulée de l'augmentation de l'utilisation d'Internet :

> Le temps d'écoute des jeunes hommes âgés de 18 à 24 ans, qui se situait à 14,3 heures par semaine en 1998, a connu une réduction considérable, étant passé à 11,1 heures en 2003. Le temps d'écoute des jeunes femmes du même groupe d'âge est passé

de 17,6 heures en 1998 à 15,5 heures en 2003. La tendance a été la même chez les adolescents et les enfants. Les jeunes consacrent davantage de leur temps de loisir à d'autres choses que l'écoute de la télévision. Par exemple, l'utilisation d'Internet dans les ménages ayant des enfants âgés de moins de 18 ans a continué d'augmenter, étant passé de 41 % en 1999 à 73 % en 2003 (Statistique Canada, 2005a).

Les données de recherche montrent que la télévision peut exercer une influence significative sur les comportements des jeunes. Les effets peuvent être positifs ou négatifs selon le type de contenu présenté, et l'influence n'est pas nécessairement la même chez les garçons et chez les filles. Même si les entreprises de diffusion, dans leur course aux cotes d'écoute, continuent de mettre en doute le caractère nocif des contenus violents qu'ils présentent, les enfants et les adolescents qui y sont exposés semblent être désavantagés à long terme.

6.2.2 Internet

Le fait d'utiliser Internet ou pas, chez les adolescents, n'est pas vraiment le résultat d'un choix puisque, chez la grande majorité de ceux qui ne l'utilisent pas, la technologie n'est pas disponible : lorsque les adolescents ont la possibilité d'utiliser Internet, ils le font (Lenhart, Madden et Hitlin, 2005 ; Valkenburg et Peter, 2007). Leur façon de se servir de cette technologie évolue rapidement. Pour eux, il ne s'agit pas d'une technologie fascinante, mais d'un outil que l'on exploite facilement et quotidiennement pour se brancher sur le monde et particulièrement sur leur propre réseau social (Caron et Caronia, 2005 ; Gross, 2004 ; Johnson, 2005 ; Roberts et Foehr, 2004). Internet constitue un formidable outil d'accélération de la capacité de communiquer et de trouver de l'information. Il suffit de penser, par exemple, à la messagerie instantanée qu'une proportion significative de jeunes utilisent couramment.

Les études scientifiques ont beaucoup de mal à suivre l'évolution extraordinairement rapide dans ce domaine, et les effets sur le comportement des jeunes ne sont pas bien connus à ce jour. Les médias sont souvent occupés à rapporter des cas extrêmes d'abus psychologiques, de rencontres inappropriées sur le Web, de fraude, et ainsi de suite, mais, malgré leur importance sociale et clinique indéniable, il ne s'agit pas de phénomènes qui concernent la majorité, et on en est encore à préciser le nombre d'heures d'utilisation de cette majorité de jeunes utilisateurs. Les craintes que l'usage d'Internet soit associé à une réduction des contacts sociaux, qu'il serve à compenser les effets d'habiletés sociales moins développées des jeunes ou qu'il les prive d'un contact précieux avec le réel pour les perdre dans un univers virtuel sont encore présentes dans la littérature, mais les résultats empiriques disponibles ne les soutiennent pas, du moins pour l'ensemble des adolescents (Lenhart et coll., 2005 ; Valkenburg et Peter, 2007).

Dans l'étude sur la communication en ligne qu'ils ont réalisée auprès de 794 jeunes néerlandais, Valkenburg et Peter (2007) observent que 88 % de leur échantillon n'utilise pas Internet pour communiquer avec des étrangers mais bien pour communiquer avec leur réseau à eux. Cela confirme ce que Gross (2004) et Lenhart et ses collaborateurs (2005) ont trouvé aux États-Unis. Ils observaient aussi que l'utilisation d'Internet n'est pas associée à une réduction de l'engagement social des jeunes et sert plutôt à renforcer les liens entre les amis, et ce, tant chez les garçons que chez les filles ou chez les 10-11 ans que chez les 14-16 ans de leur groupe de répondants. Quant à l'hypothèse voulant que les jeunes socialement anxieux (timides) compensent ce fait en recourant davantage à ce moyen de communiquer, l'étude observe au contraire que ce sont ceux qui sont mieux affirmés socialement qui utilisent davantage Internet. Cependant, les jeunes anxieux socialement ont une plus forte conviction selon laquelle Internet a le pouvoir de développer la communication tant quantitativement qu'en profondeur, ce qui va dans le sens de l'hypothèse de la compensation (Valkenberg et Peter, 2007).

Il reste donc à faire bien des nuances dans ce domaine et nous sommes loin d'avoir une image précise des enjeux psychosociaux d'Internet dans la vie des jeunes. Valkenburg et Peter (2007) terminent leur étude en affirmant qu'il faut abandonner la recherche d'un effet global pour tout le monde ; on ne pourra avoir une idée fiable de l'effet psychologique d'Internet que lorsque le « pourquoi », le « avec qui » et le « à quel sujet » des interactions sur le Web seront contrôlés ; les adolescents peuvent avoir des motivations et des pratiques fort différentes dans ce domaine. Bref, l'effet psychologique d'Internet dépend de plusieurs facteurs liés notamment à la nature des interactions et au profil des usagers.

Une chose semble assurée, cependant : l'immense majorité des adolescents occidentaux qui ont déjà entré cet outil dans leurs habitudes de vie ne vont pas s'en départir demain ; il s'agit d'un puissant agent de socialisation avec lequel il faut compter dorénavant et qui, par la place qu'il prend, affecte l'influence de tous les autres agents de socialisation, depuis les parents jusqu'à la télévision. Il est d'ailleurs vraisemblable de penser que, dans quelques années, Internet, le téléphone cellulaire, les vidéos personnelles, le cinéma, la radio, la musique et la télévision seront intégrés entre eux pour créer un nouvel espace social encore plus puissant et dont les effets psychologiques seront encore plus difficiles à cerner.

6.3 Le développement de l'autonomie

Devenir autonome, c'est apprendre à vivre par soi-même, c'est-à-dire à acquérir les habiletés nécessaires pour vivre de façon indépendante et non plus à la charge ou sous la tutelle d'une autre personne. L'autonomie correspond pour l'individu à la capacité et au pouvoir de prendre lui-même les décisions qui le concernent et d'en assumer la responsabilité (Charbonneau, 1994). Dans cette définition, la notion de « capacité » signifie « potentiel », « compétence », tandis que celle de « pouvoir » fait référence à la « liberté » de décider. Ainsi, une personne peut avoir la compétence nécessaire pour prendre une bonne décision mais ne pas en avoir la liberté ou, au contraire, elle peut avoir la liberté de décider, être accréditée pour le faire, mais ne pas avoir la compétence nécessaire.

Les études récentes montrent que le lien d'attachement qui existe entre l'adolescent et ses parents favorise l'autonomie émotionnelle.

On distingue généralement trois types d'autonomie: 1) l'autonomie émotionnelle, qui concerne la maîtrise des affects, des pulsions, des sentiments et des frontières personnelles; 2) l'autonomie comportementale, définie par la maîtrise des actions et de leurs conséquences; 3) l'autonomie idéologique, qui se caractérise par la maîtrise des valeurs et des idées. Pour les besoins de ce chapitre, seules les notions d'autonomie émotionnelle et d'autonomie comportementale seront développées.

6.3.1 L'autonomie émotionnelle

L'adolescent doit conquérir son indépendance émotionnelle: les liens de dépendance affective inhérents à l'enfance doivent évoluer pour laisser la place à la différenciation personnelle sur le plan émotionnel. Ce développement est souvent associé à celui de l'identité,

parce qu'il repose aussi sur la capacité de prendre une distance par rapport aux autres, d'établir des frontières entre ce qui est soi et ce qui ne l'est pas.

L'indépendance émotionnelle dépend, pour sa réalisation, de la satisfaction de certaines conditions. Steinberg (1989; 2008) décrit quatre de ces conditions: 1) la désidéalisation des parents, c'est-à-dire la reconnaissance du fait que les parents ne sont pas parfaits (« Mes parents font parfois des erreurs »); 2) la capacité de percevoir ses parents comme des êtres indépendants, multidimensionnels, c'est-à-dire qui peuvent jouer des rôles autres que celui de parents (« Mes parents peuvent agir différemment au travail et à la maison »); 3) la non-dépendance, en d'autres termes la capacité de se débrouiller par soi-même et de ne plus se fier aux parents (« Lorsque j'ai fait quelque chose de travers, je ne compte plus sur mes parents pour arranger la situation »); 4) le besoin de préserver son intimité, c'est-à-dire d'avoir ses secrets (« Il y a des choses qui me concernent et que mes parents ne savent pas »). Steinberg (1989) explique qu'à l'adolescence, on observe une nette évolution des conditions 1, 3 et 4, mais qu'à la fin de cette période, les jeunes ne perçoivent pas plus leurs parents comme des personnes indépendantes qu'ils ne le faisaient au début.

Les observateurs de l'adolescence s'accordent dans l'ensemble à dire que les relations entre parents et adolescents doivent se transformer entre 12 et 18 ans. Il existe toutefois deux écoles de pensée divergentes en ce qui a trait à la dynamique de cette transformation des rapports parents-adolescent. D'une part, la perspective psychanalytique traditionnelle présente la conquête de l'autonomie émotionnelle à l'adolescence comme une rupture avec les figures parentales (Freud, 1958). L'adolescence, elle-même assimilée à une crise devant se résoudre à travers des conflits nécessaires, est l'occasion d'une remise en question de l'attachement aux figures parentales et d'une distanciation. Dans cette optique, la tension entre les parents et l'adolescent est saine puisqu'elle se résout par le détachement émotionnel progressif du jeune par rapport à ses parents.

D'autre part, les travaux plus récents sur l'indépendance émotionnelle, notamment ceux qui reposent non pas sur de petits échantillons de sujets cliniques en proie à des problèmes, mais sur de vastes échantillons de jeunes normaux, ont remis en cause la vision psychanalytique du « conflit structurel » entre parents et adolescent et laissé de côté l'idée d'une « rupture nécessaire ». Deux constats ont contribué à cette remise en question : 1) la grande majorité des adolescents ne vivent pas de conflits majeurs avec leurs parents (Choquet et Ledoux, 1994 ; Cloutier, Champoux, Jacques et Lancop, 1994 ; Steinberg, 1989 ; 2008) ; 2) selon les observations, ce sont les jeunes qui ont les meilleures relations avec leurs parents qui atteignent plus facilement l'autonomie émotionnelle (Hill et Holmbeck, 1986). Dans cette perspective, on doit donc reconnaître que le lien d'attachement qui existe entre le jeune et ses parents favorise le processus d'individualisation émotionnelle plutôt que de lui nuire.

> Il ne faut pas confondre attachement et fusion. La notion d'attachement renvoie davantage à l'existence d'une confiance mutuelle qu'à la recherche constante de proximité. Ce ne sont pas les jeunes les plus « couvés » par leurs parents qui illustrent le mieux la confiance de base entre parents et adolescents. Par exemple, une relation symbiotique entre une mère et son adolescente étouffe chez cette dernière le goût pour l'indépendance, l'empêche de prendre ses distances et de s'affirmer comme personne. Ce rapport entre la mère et la fille repose davantage sur l'insécurité, sur la crainte de perdre l'autre que sur une confiance mutuelle. Pour accepter que l'autre s'éloigne de soi ou pour accepter de s'éloigner de l'autre, il faut sentir que cette réalité ne brisera pas le lien et que celui-ci sera plus fort que la distance. Cela vaut pour l'enfant qui commence à aller à la garderie comme pour le vieillard qui doit entrer dans un foyer d'hébergement pour personnes âgées (Cloutier, 1994, p. 41).

Les parents peuvent être très attachés à leur jeune sans toujours vouloir le couver et le garder sous leur dépendance. En effet, ceux qui aiment leur jeune pour ce qu'il est et non pas comme un objet utile à conserver près de soi peuvent soutenir activement son émancipation tout en lui restant très attachés. Réciproquement, un adolescent peut prendre ses distances face à ses parents, maintenir une position qu'ils ne partagent pas, sans nécessairement rompre avec eux. L'attachement sécurisant entre parents et adolescent est inconditionnel ; il n'est pas compromis chaque fois qu'un désaccord survient. Au contraire, l'attachement insécurisé est fragile et peut être entièrement remis en cause au premier accrochage. Il est clair que la

façon dont les parents se comportent dans leur rôle, la souplesse qu'ils démontrent dans la remise en question de leurs rapports avec leur adolescent et la maturité qu'ils manifestent dans la transcendance des accrochages momentanés conditionnent fortement le processus adolescent d'accession à l'indépendance émotionnelle.

La recherche a cependant permis de constater que l'autonomie émotionnelle n'est pas un construit simple et que plusieurs dimensions s'y croisent. Par exemple, Steinberg et Silverberg (1986), dans leur Échelle d'évaluation d'autonomie émotionnelle, ont proposé quatre dimensions comme base de ce type d'autonomie : 1) la désidéalisation des parents (distanciation par rapport aux idées et aux façons de faire des parents) ; 2) la non-dépendance (degré de recours à l'aide, à l'avis, à la responsabilité des parents pour résoudre des problèmes) ; 3) le statut d'indépendance des parents (reconnaissance du fait que les parents ont leur vie à eux en dehors de leur statut de parents) ; 4) l'individuation (établissement de soi en tant que personne distincte avec son intimité et ses secrets). Or, Beyers, Goosens, Van Calster et Duriez (2005), à l'instar de plusieurs recherches effectuées sur la mesure de l'autonomie émotionnelle, ont poussé plus loin cette distinction des facteurs sous-jacents à l'autonomie émotionnelle et présenté un modèle en sept facteurs plus à même d'intégrer les données obtenues auprès des adolescents. Le tableau 6.4 présente le regroupement des items de l'échelle selon ces sept facteurs, eux-mêmes rassemblés autour des deux grandes composantes suggérées que sont la « séparation » (dans le sens de « distanciation ») et le « détachement » (dans le sens de « rupture »).

Selon Beyers et ses collaborateurs (2005), le score obtenu par le jeune dans la composante « détachement » de l'échelle est lié négativement à l'habileté d'autorégulation (*self-governance*), tandis que la séparation présente une corrélation modeste mais significative avec cette habileté. Cela veut dire que l'autonomie émotionnelle comprend plusieurs dimensions, certaines étant rattachées à l'adaptation, d'autres pas. D'ailleurs, l'examen attentif des énoncés proposés dans le tableau 6.4 permet de voir comment la composante « détachement » repose sur des non-dits ou des soupçons de l'adolescent à l'égard de ses parents (ce qui est assimilable à la perception d'une rupture), alors que les énoncés relatifs à la composante « séparation » mesurent plus directement la distance perçue à l'égard des parents[2].

---

2. On pourrait peut-être regretter que les noms donnés à ces deux composantes soient si proches l'un de l'autre, les mots « séparation » et « détachement » étant presque synonymes, en français du moins. La composante « séparation » est de l'ordre de la distanciation interpersonnelle, alors que la composante « détachement » est de l'ordre de la rupture entre parent et adolescent.

TABLEAU 6.4 Énoncés de l'Échelle d'autonomie émotionnelle regroupés selon sept facteurs et deux composantes de Beyers et ses collaborateurs (2005)*

Facteur	Sens	Énoncés sur lesquels le répondant doit qualifier son degré d'accord	
Désidéalisation	— **	Mes parents et moi sommes toujours d'accord.	*SÉPARATION/DISTANCIATION*
	—	Même lorsque mes parents et moi sommes en désaccord, ce sont eux qui ont raison.	
	—	J'essaie d'avoir les mêmes opinions que mes parents.	
	—	Mes parents ne font presque jamais d'erreurs.	
	—	Je demande l'aide de mes parents avant d'essayer de résoudre un problème.	
Non-dépendance	+	Pour les jeunes, il est préférable d'obtenir l'avis de leur meilleur ami plutôt que de leurs parents sur certaines questions.	
	—	Lorsque j'ai fait quelque chose de mal, je compte sur mes parents pour arranger les choses pour moi.	
	—	Si j'avais un problème avec un de mes amis, j'en discuterais avec ma mère ou mon père avant de décider quoi faire.	
Non-imitation	—	Quand je serai parent, je vais traiter mes enfants exactement comme mes parents m'ont traité.	
	+	Il y a des choses que je vais faire différemment de ma mère et de mon père lorsque je serai parent.	
Intimité	—	Mes parents connaissent tout ce qu'il y a à connaître à mon sujet.	
	+	Il y a des choses que mes parents ignorent à mon sujet.	
Ignorance attribuée	+	Mes parents seraient surpris de voir comment j'agis lorsque je ne suis pas avec eux.	*DÉTACHEMENT/RUPTURE*
	+	J'aimerais bien que mes parents comprennent qui je suis vraiment.	
Méfiance	+	Je me suis souvent demandé comment mes parents se comportent lorsque je ne suis pas là.	
	+	Je pourrais être surpris de voir comment mes parents se comportent dans une fête (un « party »).	
	+	Mes parents parlent probablement de choses différentes quand je suis là et quand je ne suis pas là.	
Aliénation perçue	+	Mes parents se comportent différemment avec leurs propres parents et lorsqu'ils sont à la maison avec moi.	
	—	Lorsqu'ils sont au travail, mes parents agissent sensiblement de la même façon que lorsqu'ils sont à la maison.	
	—	Mes parents agissent sensiblement de la même façon lorsqu'ils sont avec leurs amis et lorsqu'ils sont à la maison avec moi.	

* Les répondants sont invités à indiquer le degré auquel chacun des énoncés s'applique à eux (tout à fait, un peu, pas vraiment, pas du tout).

** Le signe « plus » ou le signe « moins » devant chaque énoncé indique le sens de la contribution de l'item au facteur concerné. Les énoncés « moins » diminuent la présence du facteur et les énoncés « plus » l'augmentent.

Source : Adapté de Beyers et coll. (2005, p. 153 et 155) et Steinberg et Silverberg (1986).

6.3.2 L'autonomie comportementale

Décider par soi-même de ce qui peut ou doit être fait et en assumer les conséquences, sans supervision des adultes ou en dépit des pressions qui peuvent s'exercer dans le milieu, voilà le défi que pose l'accession à l'autonomie comportementale. Les travaux de recherche sur celle-ci ont abordé en priorité les deux dimensions suivantes : les habiletés décisionnelles et la sensibilité aux pressions des autres.

Les habiletés décisionnelles

À la faveur des progrès cognitifs majeurs (la pensée formelle) qui marquent l'adolescence, les habiletés décisionnelles connaissent une nette progression à cette période. Ainsi, Lewis (1981) explique qu'avant de prendre une décision importante, les jeunes de 18 ans analysent parfois la situation différemment des jeunes de 12 ans quant aux points suivants : 1) ils tiennent davantage compte des risques ; 2) ils se préoccupent plus des conséquences de leur choix ; 3) ils sont plus enclins à demander l'avis d'un spécialiste ; 4) ils sont davantage conscients des partis pris que peuvent comporter les opinions de certaines personnes. Chacun de ces indices s'inscrit bien dans la perspective d'un niveau de raisonnement plus complexe.

Afin d'évaluer les changements dans la capacité de décider entre 8 et 16 ans, Charbonneau (1995) a interrogé des jeunes des deux sexes ainsi que leurs mères au moyen d'un questionnaire (évaluation de deux dimensions – capacité de décider et contrôle décisionnel) dont le tableau 6.5 fournit des exemples d'items. Les résultats obtenus indiquent clairement que la capacité de décider évolue considérablement d'un groupe d'âge à un autre, cette évolution étant perçue tant par les jeunes eux-mêmes que par leurs mères ; aucune différence notable n'a toutefois été observée entre les garçons et les filles.

La sensibilité aux pressions des pairs et des parents

La sensibilité aux pressions correspond à une disposition mentale particulière à se laisser influencer dans sa prise de décision. Cette dimension de l'autonomie comportementale n'est évidemment pas sans lien avec l'autonomie émotionnelle et l'identité personnelle, puisque le fait de s'affirmer dans sa position et de résister aux influences plus ou moins subtiles du milieu requiert de puiser dans ses forces intérieures. « Tenir son bout » quand on croit avoir raison exige en effet d'être capable de prendre une distance émotionnelle par rapport aux personnes qui ne sont pas du même avis que soi, ce qui suppose une indépendance émotionnelle. Pour tenir son bout sans briser les liens, il faut aussi disposer des habiletés de communication permettant d'expliquer aux opposants les motifs de son choix et de leur faire comprendre que la divergence d'opinions qui s'exprime ne met pas obligatoirement la relation en jeu. Enfin, la capacité d'affirmer ses choix implique le respect de soi-même, lequel repose sur l'image que le jeune a de lui-même.

Au contraire, l'incapacité d'affirmer ses volontés, ses choix personnels devant la pression des autres démontre non seulement qu'on n'arrive pas à défendre ses intérêts personnels, mais aussi qu'on fait un plus grand cas de l'image projetée sur autrui que du respect de son image réelle. Par exemple, l'adolescente à qui les garçons qu'elle fréquente font des avances et qui cède à leurs pressions en dépit de son désaccord intérieur attache plus d'importance à l'image qu'elle désire projeter sur eux pour ne pas les perdre qu'au respect de sa volonté intime. De la même façon, l'adolescent de 15 ans qui se laisse entraîner à faire du vol à l'étalage par ses copains malgré la peur que cela provoque en lui, choisit d'épater la galerie à court terme plutôt que de respecter ses propres volontés. Il faut être fort pour affirmer des choix en opposition avec ceux de ses pairs et surmonter la peur d'être rejeté par eux.

Certains travaux ont permis de constater que les adolescents étaient particulièrement sensibles aux pressions de leurs pairs lorsqu'il s'agissait de leurs comportements de tous les jours, mais que les parents exerçaient une plus grande influence sur eux pour ce qui touchait aux décisions à long terme telles que le choix d'une carrière, de principes moraux et d'idéologies. Par exemple, Maguen et Armistead (2006) ont observé que les variables « qualité de la relation avec les parents » et « attitude des parents par rapport à la sexualité » demeuraient des prédicteurs significatifs de l'abstinence sexuelle chez des adolescentes afro-américaines (N = 568) même lorsque la variance associée aux pairs avait été enlevée. De leur côté, Wetherill et Fromme (2007) ont suivi 2003 jeunes sur quatre ans et observé que les parents influaient sur la consommation d'alcool au secondaire et aussi au collégial, mais qu'au collège l'influence des pairs était devenue plus forte. Bref, les parents semblent rester influents jusqu'à la fin de l'adolescence, ce qui n'enlève rien à l'influence des pairs sur les comportements.

Les prises de décisions

Nous proposons ici plusieurs sujets sur lesquels les familles doivent souvent prendre des décisions.

Nous aimerions savoir de quelle façon ces décisions sont prises dans ta famille.

Pour chacun de ces sujets, encercle la lettre qui décrit le mieux comment sont prises les décisions dans ta famille. Réponds conformément à ce qui se passe dans ta famille. Il n'y a pas de bonne ou de mauvaise réponse.

Tes réponses sont confidentielles.

A. Mes parents décident sans en discuter avec moi.

B. Mes parents prennent la décision finale après en avoir discuté avec moi.

C. Mes parents et moi prenons la décision ensemble.

D. Je prends la décision finale après en avoir discuté avec mes parents.

E. Je décide sans avoir à en parler avec mes parents.

1. Le choix des cours que je prends à l'école	A	B	C	D	E
2. Le choix des vêtements que je porte	A	B	C	D	E
3. L'heure à laquelle je peux rentrer le soir	A	B	C	D	E
4. Le choix des amis que je peux fréquenter	A	B	C	D	E
5. Le choix des amies que je peux fréquenter	A	B	C	D	E
6. La façon dont je dépense mon argent	A	B	C	D	E
7. Le temps que je consacre à mes travaux scolaires	A	B	C	D	E
8. La possibilité de sortir avec une fille – un garçon (sexe opposé)	A	B	C	D	E
9. La possibilité de participer à des loisirs organisés (piano, danse, base-ball, etc.)	A	B	C	D	E
10. La façon dont je me peigne ou dont je me fais couper les cheveux	A	B	C	D	E
11. Le choix des endroits où je vais quand je sors	A	B	C	D	E
12. Le temps que je passe à écouter la télévision	A	B	C	D	E
13. La possibilité de partir pour une fin de semaine	A	B	C	D	E
14. La possibilité d'accompagner ou non mes parents pour rendre visite à la parenté	A	B	C	D	E
15. La possibilité d'aller à une soirée	A	B	C	D	E

Évolution de l'autonomie comportementale de 8 à 16 ans

| | Pourcentages moyens par âge | | | | | | | | |
| | Contrôle | | | Capacité | | | Écarts Contrôle-Capacité | | |
Item	8 ans	12 ans	16 ans	8 ans	12 ans	16 ans	8 ans	12 ans	16 ans
1.	38	65	85	52	68	86	**−14**	−3	−1
2.	68	76	91	79	81	94	**−11**	−5	−3
3.	31	34	64	42	53	80	**−11**	**−19**	**−16**
4.	86	90	97	87	88	96	−1	+2	+1
5.	85	92	95	86	89	96	−1	−3	−1
6.	58	75	85	60	66	84	−2	+9	+1
7.	55	77	90	58	61	88	−3	**+16**	+2
8.	74	87	96	78	89	97	−4	−2	−1
9.	60	70	80	67	71	83	−7	−1	−3
10.	55	87	91	67	89	96	**−12**	−2	−5
11.	54	63	84	58	68	88	−4	−5	−4
12.	77	88	96	75	79	96	+2	+9	0
13.	43	47	60	52	55	74	−9	−8	**−14**
14.	31	56	80	51	67	88	**−20**	**−11**	−8
15.	47	59	81	54	70	89	−7	**−11**	−8

Source : Charbonneau (1995).

La partie du bas du tableau 6.5 permet d'apprécier l'évolution perçue de l'autonomie comportementale entre 8 et 16 ans avec les pourcentages moyens que les jeunes s'accordent à chacun des items de l'échelle présentée dans la partie du haut du tableau. La tendance est claire : les adolescents de 16 ans se perçoivent comme ayant une plus grande capacité de prendre des décisions que les plus jeunes et ils rapportent aussi qu'ils contrôlent davantage les comportements concernés. Les colonnes de droite rendent compte des écarts obtenus entre les indices du « contrôle effectif » et ceux de la « capacité de contrôle ». Sauf exception, les jeunes ont le sentiment que leur capacité de décider correctement dépasse le contrôle effectif qu'ils exercent, ce qui renvoie à une sous-responsabilisation perçue. Ce phénomène est positif quant à leur ajustement puisqu'il définit un coussin de sécurité entre la capacité de décider et le contrôle exercé. Or, à 12 ans, au début de l'adolescence, trois items vont dans le sens inverse et définissent des zones de surresponsabilisation perçue : la gestion de l'argent (item 6), le temps consacré aux travaux scolaires (item 7) et l'écoute de la télévision (item 12). Cela veut dire que, sur ces questions, les jeunes ont le sentiment

de disposer d'une liberté de décision qui va au-delà de la compétence qu'ils croient avoir pour exercer cette liberté. Ce sentiment de surresponsabilisation, exprimé par des adolescents qui entrent au secondaire, traduit peut-être la conscience d'un besoin de supervision en ces matières.

6.4 Le développement des compétences sociales

Les compétences sociales correspondent aux « produits psychologiques » du processus de socialisation. La notion de compétence sociale renvoie aux habiletés sociales, émotionnelles, cognitives et comportementales requises pour une bonne adaptation interpersonnelle. Le respect des autres, la capacité d'entrer en contact et de communiquer avec eux de façon appropriée (écoute et dialogue), la capacité d'exprimer convenablement ses émotions, ses positions, ses demandes et d'être sensible à celles d'autrui (empathie), les habiletés de partage, de coopération, d'entraide, voilà autant de facettes qui entrent dans l'univers des compétences sociales.

Caractéristiques personnelles assimilables à de bonnes compétences sociales chez l'adolescent :

- Est généralement de bonne humeur.
- Manifeste un bon sens de l'humour.
- Est relativement indépendant et autonome.
- S'intéresse aux autres et sait demander de l'information et en donner de façon appropriée.
- Est en mesure d'établir et de maintenir des relations chaleureuses avec les autres.
- S'intègre facilement dans les échanges et y contribue de façon positive.
- Participe volontiers aux activités de son milieu.
- Sait partager et coopérer avec les autres.
- N'essaie pas d'accaparer l'attention des autres.
- N'a pas de problème de solitude ou de rejet social.
- Incite les autres, par sa manière d'être, à le choisir pour jouer ou pour travailler.
- Exprime facilement ses goûts et ses préférences et est capable de justifier convenablement ses demandes.
- Est capable de prendre sa place, d'affirmer ses droits et de faire part de ses besoins de façon appropriée.
- Ne se laisse pas facilement intimider.
- Est capable d'exprimer ses frustrations et sa colère efficacement sans escalade ou sans heurter les autres.
- Est capable de surmonter ses frustrations sans se désorganiser.
- Est capable de régler des problèmes interpersonnels de façon pacifique.
- Est capable de manifester de l'empathie à l'égard des personnes qui sont dans le besoin.

Différentes notions connues sont voisines de la notion de compétences sociales et les connaissances scientifiques qui y sont rattachées éclairent notre compréhension de cette réalité ; parmi ces notions, mentionnons la prosocialité, les habiletés interpersonnelles, la popularité, les aptitudes relationnelles, l'empathie et la sociabilité.

Pour le sujet ayant entre 12 et 18 ans, les attentes du milieu à l'égard des progrès à faire sont considérables. Chaque aspect du développement doit être mis à contribution dans l'établissement d'un nouveau répertoire complexe de comportements. Ainsi, le remplacement des attitudes enfantines par des attitudes adultes doit s'opérer sur le plan physique dans la façon de se tenir, de bouger, de se déplacer ; sur le plan intellectuel, dans la façon de résoudre les problèmes, de réfléchir et de poser des jugements ; sur le plan affectif, dans la façon de se situer par rapport aux autres, de maîtriser ses pulsions ou ses inhibitions, d'assumer ses frustrations, de gagner ou de perdre. Tous ces comportements convergent vers l'acquisition de compétences sociales, mais les acquis antérieurs facilitent cette progression, comme si une compétence sociale en attirait une autre.

Le caractère essentiellement transactionnel des compétences sociales confère à l'individu un pouvoir réel sur les situations sociales et pas seulement une capacité réactive face à des stimuli provenant du milieu. Au fur et à mesure de ses progrès, le jeune entreprend de lui-même des actions qui favoriseront l'acquisition de compétences ; il n'attend pas seulement d'être sollicité pour répondre, ou ne pas répondre, aux demandes du milieu, il génère lui-même des interactions réussies, ce qui renforce directement son estime de soi et son image de personne autonome.

Nous ne saurions prétendre couvrir ici toute la réalité rattachée aux compétences sociales ; cependant, nous nous concentrerons sur deux facteurs déterminants qui ne seront plus abordés directement par la suite, soit les qualités personnelles et l'apparence physique.

6.4.1 Les caractéristiques individuelles et les compétences sociales

Les adolescents ne parviennent pas tous au même niveau de compétences sociales. D'où viennent ces différences ? Un grand nombre de tentatives ont été faites pour répondre à cette question. Il n'y a rien d'étonnant à cela puisque le fait de pouvoir expliquer ce phénomène serait déterminant pour le bien-être des individus et l'équilibre social. La démarche suppose toutefois la prise en considération d'innombrables facteurs : les aspects biologiques (le sexe, les aptitudes et l'apparence physique), le tempérament et la personnalité, le rendement intellectuel, la famille, l'école, le réseau d'amis, la culture, la religion, le contexte historique, l'influence des médias, autant d'éléments qui influent sur la façon dont les jeunes apprennent à se comporter de façon socialement adaptée. Nous n'aborderons pas séparément chacun de ces facteurs, dont plusieurs sont du reste examinés ailleurs dans ce livre ; cette énumération vise plutôt à démontrer encore une fois la complexité de la dimension psychologique, dimension qui s'inscrit dans une constellation de réalités humaines et dont le traitement isolé serait nécessairement réducteur.

Peterson et Leigh (1990) distinguent trois groupes de caractéristiques individuelles soutenant le développement des compétences sociales : 1) les ressources internes du jeune ; 2) l'équilibre entre la sociabilité et l'individualité ; 3) le répertoire d'habiletés sociales avec les pairs.

Les ressources internes

Les compétences sociales tiennent à différentes capacités dont les adolescents disposent à des degrés divers : 1) l'estime de soi ; 2) le sentiment d'efficacité personnelle ; 3) la cognition sociale ; 4) la capacité de résoudre des problèmes interpersonnels.

L'adolescent doit avoir une estime positive de lui-même pour établir des relations avec les autres et y participer activement. En effet, c'est à partir de la confiance que procure l'estime de soi que le jeune s'autorise à aller vers les autres, à exprimer ses besoins, à prendre la place sociale qui lui revient en tant que personne à part entière. Rappelons que de nombreuses recherches ont rapporté que les garçons ont une meilleure estime d'eux-mêmes que les filles et qu'ils sont aussi plus satisfaits de leur corps. La discussion sur les causes de cet effet de genre se poursuit... (Cantin et Boivin, 2004 ; Sanchez et Crocker, 2005 ; Seidah et Bouffard, 2007).

Le sentiment d'efficacité personnelle correspond, quant à lui, à l'impression de pouvoir agir sur ce qui nous arrive, de pouvoir atteindre les buts que l'on se fixe (Bandura, 1986). Bien qu'il ait souvent une relation positive avec l'estime de soi, on peut imaginer des situations où, même avec une estime de soi élevée, ce sentiment d'efficacité personnelle sera faible. Supposons, par exemple, que vous vous trouviez dans une réception où tout le monde parle une langue qui vous est étrangère ; votre estime de vous-même n'aura peut-être pas le temps d'en souffrir, mais il est probable que vous aurez le sentiment d'une faible efficacité quant à vos interactions avec les autres et que, par conséquent, votre compétence sociale sera faible.

La cognition sociale implique la capacité de se mettre à la place des autres et de comprendre leurs sentiments, leurs attitudes, leurs intentions, etc. Cette capacité permet au jeune de faire une interprétation appropriée du contexte interpersonnel et d'ajuster sa conduite en conséquence. Sans un degré acceptable de développement de la pensée sociale, c'est l'analphabétisme en matière de rapports avec autrui : les personnes qui interprètent mal le comportement des autres sont fortement handicapées dans leurs relations interpersonnelles et vont de maladresses en malentendus.

La capacité de résoudre des problèmes interpersonnels est un outil fondamental dans les relations interpersonnelles. Selon Shure (1981), les adolescents les plus aptes à résoudre des problèmes interpersonnels se distinguent par : 1) une sensibilité aux difficultés qui se posent dans leur milieu social ; 2) une capacité de proposer des solutions ; 3) une aptitude à déterminer des objectifs sociaux ; 4) une habileté à prévoir les conséquences de leur action sur les plans de l'efficacité et de l'acceptabilité sociale ; 5) une capacité de percevoir les relations de cause à effet dans un contexte social donné.

L'équilibre entre la sociabilité et l'individualité

Les jeunes qui, tout en étant aptes à établir et à entretenir des contacts sociaux, sont capables d'agir par eux-mêmes et ne suivent pas constamment les autres, sont généralement plus valorisés que leurs pairs moins autonomes. Cet état de choses tient au fait qu'ils peuvent apporter des éléments différents, qui leur sont propres et que les autres n'ont pas déjà. Mais même en étant ouverts aux autres (sociabilité), ces adolescents n'offrent pas forcément à tout le monde leurs richesses personnelles : ils ne le font qu'à certaines conditions, dans le respect de leur individualité. Bref, l'équilibre entre la sociabilité et l'individualité est assuré par le rapport de force qui s'établit entre les exigences du monde privé du jeune et celles de son monde social. Si une focalisation marquée s'opère sur un des deux pôles, les compétences sociales en souffrent : le jeune qui ne pense qu'à lui n'est pas intéressant pour les autres, mais celui qui ne pense qu'à autrui ne l'est pas davantage puisque l'on considère qu'il manque de respect envers lui-même. Avec son groupe de pairs, l'adolescent doit arriver à maintenir un équilibre entre sa sociabilité et son individualité.

Les habiletés sociales avec les pairs

Les habiletés sociales avec les pairs consistent dans la capacité de transposer les ressources internes et l'équilibre entre la sociabilité et l'individualité dans les rapports avec les pairs. La transformation de ces matières premières en popularité, en statut social, en acceptation ou en rejet de la part des pairs ne s'accomplit pas toujours de la même façon ; certains contextes sociaux peuvent être plus favorables que d'autres à la mise en valeur des ressources particulières de la fille ou du garçon. Intérieurement, la fille qui doit demander à un garçon de l'accompagner à son bal de finissants perçoit la distance qui sépare sa conscience de posséder des ressources personnelles et leur transposition dans ses rapports avec les autres. Il ne suffit pas de pouvoir les transposer en théorie, il faut aussi trouver le moyen de passer à l'acte. La façon de formuler une invitation, d'assumer un refus, de proposer un projet, de soutenir une idée ou une cause dans son groupe repose sur les habiletés à choisir le bon moment, à doser l'ampleur de la demande, à s'assurer des appuis importants, etc.

Le développement des compétences sociales varie d'un adolescent à l'autre et de nombreux facteurs sont à considérer pour expliquer la popularité d'un jeune auprès de ses pairs.

En dépit de la généralisation de plus en plus grande des idoles adolescentes (de la mode, du disque, du spectacle, du cinéma, etc.), des activités de loisirs (jeux vidéo, télévision, sports, etc.), l'adaptation à un groupe de jeunes donné plutôt qu'à un autre ne requiert pas nécessairement les mêmes comportements. Le répertoire des habiletés privilégiées à l'intérieur d'un groupe d'amis amateurs de compétition sportive (ski, athlétisme, natation, etc.) diffère à plusieurs égards du répertoire de prédilection du groupe qui fait de la musique rock, sort, boit et fume passablement. Les éléments qui constituent les ressources intérieures et l'équilibre

sociabilité-individualité conservent leur pertinence, mais ils doivent se concrétiser dans le milieu selon des formules différentes. Cette transposition correspond aux habiletés sociales avec les pairs ; elle s'apprend, elle se construit avec plus ou moins de facilité selon l'affinité qui existe entre les qualités personnelles de l'adolescent et les exigences de son groupe de pairs.

6.4.2 L'apparence physique et les compétences sociales

L'adolescente dont l'apparence satisfait aux critères d'attirance physique qui prédominent dans son milieu (taille, minceur, chevelure, etc.) n'est pas appelée à vivre les mêmes interactions sociales que l'adolescente dont le visage et le corps ne répondent pas aux exigences de la mode. De nos jours, le garçon beau, grand, élégant et bien bâti ne fait pas le même effet que celui qui est « court » et grassouillet. Cette disparité quant à l'attirance physique, que l'on pourrait appeler « la grande injustice biologique », ne suffit pas à expliquer les variantes observées dans les compétences sociales des adolescents, mais elle joue sans doute un rôle notable. Ce rôle est encore mal connu, bien que nous sachions qu'il est généralement préférable d'être beau et attirant, et que ces attributs sont susceptibles d'influer de façon variable sur le processus de socialisation. Ainsi, la très belle adolescente peut être l'objet d'une telle attention qu'elle risque d'être détournée de ses buts développementaux par des offres reposant sur son apparence physique et exigeant d'elle des engagements à court terme du type « identité forclose ». Le même phénomène peut être observé chez le garçon dont les qualités physiques représentent un potentiel immédiatement exploitable (sport, mode, etc.) : les risques sont grands qu'il abandonne ses études. On connaît de nombreuses vedettes dont la carrière a été déclenchée à cause de leur beauté extraordinaire et qui ont eu par la suite un succès continu et gratifiant ; mais, à côté d'elles, combien d'autres, bien plus nombreuses encore, n'ont pas obtenu le succès attendu ? L'apparence est une donnée avec laquelle le processus de socialisation doit compter ; chaque jeune doit tenter de tirer le meilleur parti de la place qu'il occupe sur le continuum de l'attirance physique.

Les adolescents constituent probablement le groupe social pour lequel l'apparence physique occupe la plus grande place si l'on considère l'importance qu'ils lui accordent dans la confection de leur image personnelle ou dans le choix de leurs idoles. La société valorise beaucoup l'apparence chez les 12-18 ans et les adolescents répondent activement aux pressions exercées en ce sens (Simmons et Blyth, 1987). Ils sont passés maîtres dans l'art de décoder le lien entre l'apparence (le « look ») et les caractéristiques de la personne observée : tel profil corporel, telle proportion entre grandeur et poids, tel type de coiffure, tel type de chaussures ou telle démarche correspond à tel genre de personne. On est plus ou moins *in*, plus ou moins *cool* selon le *look* que l'on projette.

L'apparence physique est donc une dimension importante de la vie des adolescents et, pour certains d'entre eux, la satisfaction à l'égard de leur apparence est un déterminant central de l'estime de soi (Harter, 1999), ce qui leur fait courir le risque de problèmes socioémotionnels puisqu'ils ne contrôlent pas vraiment cette réalité. Seidah et Bouffard (2007) ont mené une étude auprès de 1362 adolescents montréalais (540 garçons et 822 filles) de 12 à 17 ans afin de mesurer la relation entre l'apparence physique et l'estime de soi. Ces jeunes avaient notamment à se prononcer sur ce qui est plus important pour l'estime de soi : la satisfaction à l'égard de la valeur personnelle en tant que personne ou la satisfaction à l'égard de l'apparence physique ? Leurs résultats montrent que 35 % des répondants placent l'apparence physique avant la valeur globale en tant que personne comme déterminant de l'estime de soi. Fait intéressant, la proportion était la même pour les garçons et pour les filles, tandis que c'était au milieu de l'adolescence (vers 14-15 ans) que cette position était la plus fréquente (40 % comparativement à 32 % à 12 ans et à 32 % à 17 ans). Par comparaison à la majorité qui trouvait que c'est la valeur personnelle globale qui est la plus importante, le groupe qui était plus concerné par l'apparence physique se distinguait par un plus bas niveau de satisfaction à l'égard de son apparence, une estime de soi plus faible et un niveau rapporté plus faible de compétences scolaires et sociales (Seidah et Bouffard, 2007).

Les adultes aussi participent à cette vision des choses. Des études démontrent que les enseignants s'attendent à un meilleur rendement de la part des jeunes qui sont beaux et que les parents auraient tendance à se montrer plus positifs avec les enfants plus attirants (Downs, 1990). Toutefois, quand les adolescents doivent évaluer eux-mêmes leur apparence physique, il semble que leur évaluation ne corresponde pas à celle de juges indépendants, adultes ou adolescents (Downs et Abshier,

1982), ce qui appuie l'idée selon laquelle la satisfaction à l'égard de l'apparence physique ne dépend pas seulement de l'apparence physique comme telle.

On n'a pas encore réussi à établir de relation de cause à effet entre l'apparence physique et les compétences sociales, ni à tracer un profil de personnalité particulier d'après une apparence physique donnée, mais la recherche montre que les adultes interagissent de façon différente avec les jeunes selon leur apparence physique. Il apparaît comme probable que, à la longue, cela se reflétera sur le concept de soi et le comportement des jeunes concernés (Downs, 1990).

6.5 L'échec de la socialisation

Certains jeunes vivent des difficultés sérieuses à l'adolescence ; ils n'arrivent pas à s'engager dans un projet mobilisateur pour relever les défis que pose cette période de leur vie. L'adolescence est une période très importante pour l'amorce de la participation sociale puisque c'est à cette époque que la personne s'approprie les clés de son rôle futur. Les problèmes sociaux que vivent les jeunes sont souvent occasionnés par des ratés sur le plan du processus de socialisation, qu'il s'agisse d'abandon scolaire, de violence, de dépendance à l'alcool, à la drogue ou au jeu, de comportements

L'échec de la socialisation peut entraîner des comportements antisociaux mineurs, mais également des délits plus graves.

sexuels non protégés, de délinquance, d'itinérance, de conduites suicidaires, etc. Une foule de causes peuvent être à l'origine de ces difficultés : certaines, d'ordre biologique, provoquent des pathologies que le milieu n'arrive pas à surmonter ; d'autres résultent d'expériences toxiques vécues dans des contextes inappropriés aux besoins du jeune ; d'autres encore résultent de l'interaction entre des vulnérabilités biologiques et l'influence d'un milieu malsain ; d'autres, enfin, résultent simplement de rendez-vous manqués entre les besoins de jeunes normaux et les réponses que leur offre leur milieu. Même si un examen approfondi des divers problèmes de socialisation à l'adolescence déborde le cadre du présent chapitre, nous examinerons une dimension souvent présente dans l'inadaptation juvénile : la violence apprise par le biais de la socialisation.

6.5.1 La violence chez les adolescents

Les indices de criminalité juvénile ont connu une baisse progressive depuis une dizaine d'années au Canada (voir le chapitre 11, section 11.4), mais les comportements violents des jeunes continuent de figurer parmi les préoccupations sociales importantes. Force est de constater que la violence fait partie de l'univers des adolescents, au moins dans leur imaginaire. En fait, cet imaginaire est constamment nourri par une télévision, un cinéma et des jeux vidéo à haute teneur en violence, de sorte qu'il est nécessaire de bâtir des remparts solides pour se protéger contre la banalisation des conduites agressives extrêmes si fréquentes dans les contenus médiatiques. Heureusement, la grande majorité des adolescents sont en mesure de mettre ces choses en perspective et d'établir une différence entre la vraie vie et la fiction des vendeurs de sensations. Malheureusement, toutefois, il existe une minorité de jeunes qui introjectent cette violence au premier degré pour la reproduire dans leur vie réelle parce qu'ils ne disposent pas des moyens de s'en distancer. Il faut dire que dans un contexte de besoins insatisfaits, de dévalorisation personnelle et d'échecs sociaux, la violence peut faire miroiter un sentiment de pouvoir extrêmement séduisant. Dans 8 cas sur 10, les jeunes physiquement violents sont des garçons (Cloutier, 2004 ; Dahlberg et Simon, 2006). Cet effet de genre n'est pas nouveau, mais on se questionne de plus en plus sur sa signification, surtout depuis que les dispositifs de socialisation sont ouverts aux deux sexes et que l'on peut faire des comparaisons directes entre garçons et filles, comparaisons très souvent défavorables aux premiers. Quel est le chemin vers la violence ?

Un bon nombre d'études se sont employées à décrire les trajectoires suivies vers l'enracinement dans la violence et la délinquance de l'enfance à l'âge adulte. Le plus souvent, ces travaux ont été menés auprès de sujets masculins, mais l'agressivité chez les filles est de plus en plus étudiée spécifiquement (Pepler, Madsen, Webster et Levene, 2005). L'agressivité est généralement considérée comme un problème relationnel. Elle se manifeste avec les parents, les frères et les sœurs, les pairs, les partenaires amoureux, à l'école et dans la communauté. Les jeunes, garçons ou filles, qui n'ont pas les habiletés requises pour reconnaître et contrôler leurs frustrations, pour exprimer convenablement leurs émotions et leurs opinions en contexte de tension, risquent de manifester une violence qui, en retour, provoquera dans leur entourage de l'agressivité et du rejet à leur endroit. Des caractéristiques personnelles ayant des fondements biologiques peuvent servir de catalyseurs à l'apparition de conduites antisociales (tempérament difficile, déficience intellectuelle, etc.) (Granic et Patterson, 2006 ; Nagin et Tremblay, 1999), mais celles-ci sont habituellement considérées comme résultant d'un apprentissage inadapté. Dans ce processus, l'âge auquel le milieu tente de corriger un problème spécifique peut changer profondément une situation, puisque les chances de régler ce problème avec succès chez un jeune de 4 ans en garderie sont meilleures que celles de le régler chez un adolescent de 16 ans ayant déjà derrière lui une histoire de délits et d'échecs relationnels.

Les jeunes qui s'enracinent solidement dans les comportements antisociaux, parfois désignés comme « délinquants persistants à vie » (*life-course persistent offenders*), se distinguent des autres délinquants par la précocité de leur engagement antisocial au cours de l'enfance, par la fréquence de leurs méfaits à l'adolescence et par l'escalade constante de la gravité de leurs délits (Dahlberg et Simon, 2006 ; Krohn, Thornberry, Rivera, Loeber et LeBlanc, 2001). Entre 20 % et 45 % des garçons commettant des délits sérieux à 16-17 ans appartiendraient à cette catégorie (Dahlberg et Simon, 2006). Krohn et ses collaborateurs (2001) rapportent que, parmi ceux qui ont commis des délits violents avant l'âge de 10 ans, 30 % étaient encore délinquants au début de l'âge adulte (19-22 ans) comparativement à 11 % seulement de ceux qui avaient commencé à 13-14 ans. La majorité des délinquants juvéniles ne s'enlisent pas dans une carrière criminelle permanente : une bonne proportion d'entre eux commettent des délits sur une période de un à trois ans pour ensuite s'arrêter (William, Guerra et Elliott, 1997). Il existe donc plusieurs trajectoires et il semble que la précocité et la gravité des délits commis quand on est très jeune soient des indicateurs importants du risque d'enlisement. Mais pourquoi des jeunes s'engagent-ils aussi fortement dans la violence et les conduites antisociales ?

Granic et Patterson (2006) proposent un modèle dynamique du développement antisocial fondé sur l'apprentissage de la coercition dans différents contextes transactionnels au cours du développement. Selon ce point de vue, les enfants agressifs obtiennent souvent des récompenses pour leurs comportements hostiles dans leurs transactions courantes avec les proches. À la maison, par exemple, les parents d'enfants agressifs interviennent souvent pour contrôler l'enfant, mais ce dernier répond en chignant ou en faisant une scène, ce qui a souvent pour effet d'embêter le parent au point qu'il laisse tomber sa demande et l'enfant met alors fin à son comportement aversif. L'enfant est récompensé pour son comportement aversif et le parent apprend que, lorsqu'il laisse tomber sa demande, l'enfant cesse de pleurnicher.

Ensuite, ces patrons de conduite s'étendent à l'extérieur de la famille. Par exemple, lorsque, dans une garderie, la victime du comportement agressif pleure et renonce à son jouet, l'agresseur se rend compte de l'efficacité de sa méthode pour obtenir rapidement ce qu'il veut. La prochaine fois, il aura tendance à vouloir appliquer encore cette stratégie gagnante. Il se passe la même chose à l'épicerie lorsque le jeune fait une crise afin d'obtenir un objet désiré (bien en vue près de la caisse…) et que le parent cède et achète l'objet en question pour éviter l'escalade. Cette réaction parentale est efficace pour éviter la crise, mais, ce faisant, elle renforce l'opposition de l'enfant, comme d'ailleurs le recul chez le parent, en tant que moyen d'étouffer rapidement le problème. Du coup, cela augmente la probabilité que, la prochaine fois, l'enfant utilise de nouveau un comportement aversif pour arriver à son but et que le parent cède pour sortir du contexte aversif. Tout cela continuera jusqu'au moment où une goutte fera déborder le vase et où le parent, n'en pouvant plus, explosera de colère pour une bagatelle.

Plusieurs études de l'équipe de Patterson ont porté sur l'observation de ce type de «cycles coercitifs» entre adultes et enfant et entre enfants dans différents contextes d'interaction. Dans leur modèle, Granic et Patterson (2006) indiquent que ces patrons coercitifs initiaux, basés sur le renforcement de comportements coercitifs, s'infiltrent dans les émotions, les attitudes, les choix des

personnes dans la famille d'abord, puis avec les pairs et la communauté. Progressivement, la dynamique coercitive s'étend à l'ensemble des systèmes relationnels et s'ouvre à la contribution d'autres contextes sociaux. À l'adolescence, par exemple, moment où les pairs ont une influence considérable, l'affiliation se fera beaucoup plus probablement avec d'autres jeunes déviants, puisque ceux qui ne le sont pas auront tendance à rejeter les conduites antisociales. Une émulation se produira avec les amis déviants qui fera grossir le répertoire de conduites antisociales de toutes sortes, comme les échanges verbaux négatifs (jurons, grossièretés, paroles blessantes, mensonges, etc.), le vandalisme, l'intimidation, le vol ou la tricherie. Ces jeunes s'encourageront mutuellement dans ce type de comportements, qui contribueront eux-mêmes au recrutement d'autres pairs déviants attirés par ce type de conduites, ce qui augmentera en retour le rejet par les pairs prosociaux irrités par cette déviance. Évidemment, les adultes en autorité dans les différents contextes (l'école, les loisirs, la communauté, etc.) réagiront négativement, voire de façon répressive, à ces conduites, ce qui, dans certains cas, confirmera le pouvoir de les heurter que détiennent les jeunes rebelles et stimulera l'escalade en validant la coercition comme moyen de régler les problèmes.

Cette dynamique de l'engagement déviant a encore plus d'emprise lorsque le jeune éprouve des problèmes dans ses attachements de base. Le jeune qui vit des abus et de l'hostilité dans sa famille a beaucoup plus de chances de vivre des problèmes relationnels à l'école, de s'affilier à des pairs déviants et de connaître toutes sortes d'incidents de parcours avant la fin de son adolescence, phénomène d'autant plus probable lorsqu'il existe des vulnérabilités telles qu'un tempérament difficile, un déficit de l'attention avec hyperactivité ou une déficience intellectuelle légère. Si, en plus, la famille de ce jeune vit des transitions difficiles en relation avec la séparation ou la recomposition des parents, des pertes d'emplois, des changements répétés de résidence, des problèmes de santé mentale, etc., le risque chez l'adolescent peut être fortement amplifié. Une dynamique complexe d'interaction entre les différentes sources d'influence a donc cours pour donner des résultats propres à chaque cas. Enfin, comme nous le verrons au chapitre 11, dans ce cycle de coercition, le jeune déviant est loin de toujours être le roi puisque, très souvent, il a le rôle de victime, de perdant, de personne dont on a abusé, ce qui contribue de façon très importante à renforcer sa déviance, comme nous allons le voir maintenant.

6.5.2 La maltraitance et le cycle intergénérationnel de la violence

Les abus physiques, sexuels et psychologiques ainsi que la négligence grave constituent des formes extrêmes de traumatismes ; de tels traumatismes peuvent affecter l'enfant jusque dans son développement neurologique et laisser des séquelles permanentes. En effet, des études menées avant et après la naissance ont montré que le développement précoce du cerveau est influencé par les agents stressants de l'environnement (Dawson, Ashman et Carver, 2000 ; Huizink, Mulder et Buitelaar, 2004). Devant les mauvais soins et les abus, le système neurologique de l'enfant se protège contre l'intrusion des agents stressants en diminuant sa réactivité et son niveau d'activation, ce qui entraînerait, à plus long terme, des problèmes de régulation des réponses et de traitement des informations sociales. De tels déficits ont été repérés chez certains jeunes adoptant des conduites antisociales graves, ce qui appuie l'hypothèse selon laquelle, en tant qu'expériences traumatiques pour l'enfant, les mauvais traitements répétés laisseraient des séquelles neurologiques contribuant aux conduites antisociales des jeunes (Van Goozen, Fairchild, Snoek et Harold, 2007).

Les personnes victimes d'abus et de négligence grave pendant leur enfance ont nettement plus de chances de commettre à leur tour des abus plus tard dans leur vie ; c'est ce que l'on entend par l'expression « cycle intergénérationnel des abus » (Kitzmann, Gaylord, Holt et Kenny, 2003). Ce retournement vers les autres de la souffrance vécue constitue l'un des paradoxes les plus tragiques en psychologie du développement (Widom, 2000 ; Gagné et Bouchard, 2004). Cependant, ce renversement de rôle ne se produit pas dans tous les cas puisque la grande majorité des enfants et des adolescents qui ont subi des abus pendant leur enfance n'en commettront pas plus tard. En effet, même si une histoire d'abus pendant l'enfance est un facteur de risque très puissant dans la probabilité d'être violent à l'adolescence et à l'âge adulte, d'autres facteurs doivent être présents pour que la transmission de rôle se produise (Widom, 2000).

Afin de mieux saisir la dynamique en jeu dans le cycle de la transmission de la violence, Lisak et Beszterczey (2007) ont scruté l'histoire de vie de 37 condamnés à mort pour homicide aux États-Unis. Ils ont analysé les informations très détaillées que la défense avait rassemblées dans le cadre des procès et qui entouraient la

condamnation de ce groupe d'hommes dans « le couloir de la mort ». Les auteurs ont d'abord été frappés par la multiplicité et la gravité des abus et des traumatismes vécus par ces hommes dans leur trajectoire de développement, avant la fin de leur adolescence. Le tableau 6.6 donne une idée de la prévalence des abus documentés.

TABLEAU 6.6 Proportion des condamnés à mort ayant subi différentes formes d'abus au cours de leur enfance et de leur adolescence, dans l'étude de Lisak et Beszterczey (2007)

Type d'abus*	Nombre sur 37	Pourcentage
Abus sexuels	**22**	**59 %**
Inceste	17	46 %
Abus par un tiers (extrafamilial)	12	32 %
Abus sadiques	6	16 %
Religiosité pervertie**	1	3 %
Abus physiques	**35**	**95 %**
Religiosité pervertie	3	8 %
Humiliation publique	5	14 %
Punition pour résultat d'abus	11	30 %
Négligence grave	**37**	**100 %**
Sujets terrorisés	**23**	**62 %**
Témoins de violence	**31**	**84 %**
Violence domestique	21	57 %
Autres formes de violence	21	57 %
Témoins de violence sadique	4	11 %
Abus verbaux	**33**	**89 %**

* Un même sujet peut avoir vécu plusieurs types d'abus.

** La religiosité pervertie correspond aux activités à caractère sexuel inscrites dans des rites religieux.

Source : Adapté de Lisak et Beszterczey (2007, p. 121).

L'accumulation des abus par les mêmes sujets est impressionnante. Par exemple, 76 % de ces personnes ont déjà subi des abus physiques ou sexuels, en plus d'être victimes de négligence grave, d'abus verbaux et d'être témoins de violence. Dans 59 % des cas, les familles d'origine vivaient des problèmes d'abus physiques ou sexuels et, dans la même proportion de 59 %, une histoire de consommation de drogue et d'alcool avait cours. Plus de 90 % des personnes ayant vécu des abus physiques ou sexuels avaient des histoires familiales d'abus de drogue ou d'alcool. Dix-neuf des 20 hommes venant d'une famille où il y avait une histoire multigénérationnelle d'abus physiques avaient eux-mêmes subi des abus physiques dans leur enfance ou leur adolescence. Cette étude basée sur des histoires familiales de meurtriers condamnés à mort embrasse des réalités de violence extrême qui sont très rares et évidemment non généralisables, mais elle permet de comprendre que le processus de socialisation de ces individus a été marqué par des traumatismes d'une intensité tout aussi extrême, traumatismes portés d'une génération à l'autre. Tous les jeunes qui ont été victimes d'abus dans leur milieu d'origine ne deviennent pas nécessairement des meurtriers ou des personnes qui commettent des abus parce que d'autres médiateurs doivent être présents pour que cela se produise, mais une proportion élevée d'hommes violents ont eux-mêmes une socialisation marquée par la violence.

Le cycle de la violence peut aussi être illustré par le constat de Pollack (1998), qui rapporte que 75 % des adolescents qui admettent avoir fait de l'intimidation (*bullying*) à l'école et dans leur communauté en ont eux-mêmes été victimes dans le passé. Comme nous le verrons plus en détail dans le chapitre 10, les jeunes victimes d'intimidation dans leur milieu scolaire risquent plus de présenter des conduites suicidaires ou autres comportements violents (Cleary, 2000).

6.5.3 Les garçons et la violence

L'histoire personnelle de victimisation pendant l'enfance et l'adolescence représente donc un facteur de risque majeur dans la reproduction d'actes violents. D'autres facteurs de risque s'ajoutent à celui-là, tels que la disponibilité d'armes, l'intoxication par l'alcool ou la drogue ou encore des problèmes de santé mentale. Par ailleurs, on ne peut ignorer le fait qu'à partir de l'âge de quatre ans, les garçons sont beaucoup plus susceptibles que les filles de manifester des conduites antisociales et que la plupart des actes de violence physique dans la société sont commis par des hommes (Feder, Levant et Dean, 2007). Certains facteurs biologiques liés notamment aux hormones mâles sont en cause, mais le processus de socialisation masculine est aussi en cause. Les recherches qui ont été réalisées au cours des deux dernières décennies montrent que la conformité au modèle masculin traditionnel de dureté, d'endurance, de dominance et de restriction de l'expression des émotions serait un facteur intervenant dans la violence des garçons et des hommes parce qu'elle crée des tensions internes et maintient ceux-ci dans l'incapacité de composer adéquatement avec la complexité de leur vie intérieure et des relations sociales d'aujourd'hui (Feder et coll., 2007 ; Pollack, 2006 ; Froschl et Sprung, 2005).

Cette perspective sur la « crise des garçons » n'est pas acceptée par tous, certains y percevant un mythe créé en réaction au succès des femmes dans leur repositionnement social moderne. Un des arguments invoqués par les personnes qui nient le problème de socialisation des garçons est que la pression pour la conformité au modèle masculin traditionnel était beaucoup plus forte autrefois, et pourtant les hommes ne vivaient pas de crise. En effet, en 1950, la pression pour la conformité était au moins aussi forte que maintenant, mais, à cette époque, le simple fait d'être un homme donnait accès à « la place du bout de la table ». Aujourd'hui, l'homme ne détient plus de privilèges statutaires comme autrefois, et le machisme n'est plus une stratégie acceptable pour se faire une place. Les femmes réussissent très bien dans la société basée sur le savoir et les hommes ne peuvent compter sur les comportements antisociaux et la violence pour compenser leurs contre-performances sur ce plan. Une autre avenue que la déviance doit être trouvée pour ces garçons qui ont du mal à se mobiliser dans une voie satisfaisante.

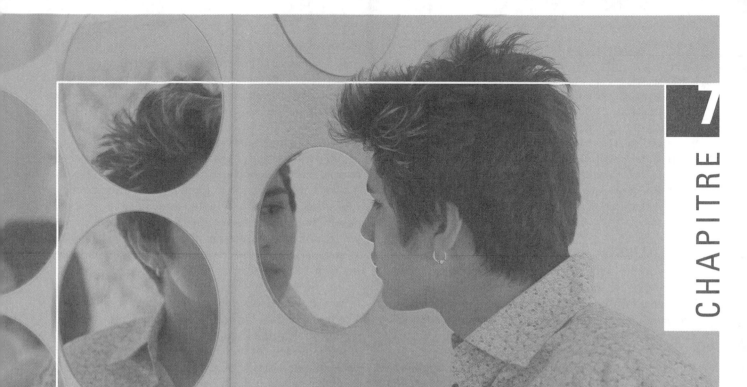

CHAPITRE 7

La recherche
de son identité
à l'adolescence

7

7.1 L'identité

L'adolescence pose aux jeunes le défi de répondre de façon satisfaisante à la question centrale concernant la définition des frontières personnelles : « Qui suis-je ? » Non pas que le processus de construction du monde personnel relève exclusivement de l'adolescence — on sait pertinemment qu'il s'amorce dès l'enfance et qu'il se poursuit longtemps dans la vie adulte —, mais c'est à ce moment précis, alors que l'adolescent s'approche du monde adulte, qu'il s'accélère.

7.1.1 La notion d'identité

L'accession à l'indépendance individuelle exige de la personne qu'elle sache qui elle est et qui elle n'est pas. Devenir autonome signifie pouvoir se situer en tant que personne distincte, avec ses goûts, ses valeurs, ses acquis, ses espoirs. Pour être un « individu » à part entière, on doit se distinguer d'autrui tout comme on doit se poser en tant qu'unité intégrée de caractéristiques, de forces, d'habitudes, de façons de faire. Pour se reconnaître et être reconnu, il faut présenter une certaine constance dans le temps : « Parmi toutes ces façades que je peux afficher, quelle est vraiment la mienne ? »

Prenons un exemple. Deux personnes songent à s'associer pour créer une entreprise. En tout premier lieu, elles s'interrogeront sur l'identité de l'autre, sur ses caractéristiques personnelles, son expérience, ses forces, ses faiblesses, la contribution originale qu'elle peut apporter au projet commun, ses motivations, ses besoins, etc. Chacune de ces questions renvoie à l'identité de la personne et la possibilité d'y trouver une réponse présuppose une définition de l'individu en tant qu'ensemble intégré et inscrit en continuité dans le temps.

Le sentiment d'être un tout unifié et celui de vivre en continuité avec soi-même dans le temps, voilà les deux piliers centraux de l'identité personnelle. Bien connaître une personne signifie pouvoir la reconnaître et situer ce qu'elle fait en rapport avec son identité. Si la personne ne sait pas ce qu'elle veut ni ce qu'elle ne veut pas, qu'elle n'arrive pas à cerner ses forces et ses faiblesses en raison d'un passé éclaté et qu'elle change de motivations et de valeurs selon le contexte dans lequel elle se trouve, sans continuité dans le temps, il lui sera impossible de définir son identité. C'est d'ailleurs en modifiant son apparence et ses habitudes que la personne en fuite peut éviter d'être « identifiée ».

Prenons un autre exemple. Deux pays étudient un projet d'alliance commerciale. De part et d'autre, on se demandera : Qui est l'autre ? Quelles sont ses caractéristiques, ses forces, ses faiblesses ? Que peut-il nous apporter que nous n'ayons déjà (complémentarité) ? Quelles sont ses motivations par rapport au projet d'alliance ? Quels sont ses besoins ? Et ainsi de suite. Si l'un des deux pays ne possède pas de frontières clairement définies, si l'on ne peut déterminer ce qu'il a ou n'a pas comme territoire, comme population, comme ressources, etc., et que son gouvernement ne présente pas de continuité dans le temps, le partenaire éventuel pourra remettre en question sa contribution à l'alliance et sa capacité de respecter un pacte dans le temps, ce qui risque de compromettre l'alliance envisagée.

Il en va de même lorsque deux personnes commencent à se fréquenter. Si l'un des deux partenaires est insaisissable sur le plan identitaire, autrement dit si ses forces et ses faiblesses, ses façons d'être, ses motivations, ses projets, son histoire antérieure ne forment pas un ensemble cohérent, il est probable qu'un engagement intime avec lui comporte des risques du point de vue de la continuité et de la réciprocité.

C'est au psychanalyste Erik Erikson que l'on doit d'avoir proposé une théorie intégrée du développement identitaire à l'adolescence (Erikson, 1956-1959, 1959, 1968, 1982).

> L'intégration qui doit être réalisée à l'adolescence, je l'ai appelée le sentiment de l'identité intérieure. La jeune personne, afin de se sentir unifiée, intégrée, doit ressentir une continuité progressive entre ce qu'elle est devenue au cours des longues années de l'enfance et ce qu'elle promet de devenir dans l'avenir ; entre ce qu'elle pense être et ce qu'elle sait que les autres perçoivent et attendent d'elle. Individuellement parlant, l'identité inclut et prolonge l'ensemble de toutes les identifications successives des années antérieures alors que l'enfant voulait devenir, et souvent était forcé d'être, comme les personnes dont il dépendait.
>
> L'identité est un produit unique qui fait dès lors face à une crise qui ne peut être résolue que par de nouvelles identifications avec les pairs et des modèles extérieurs à la famille (Erikson, 1968, p. 87 ; traduction libre).

Il importe de distinguer ici les notions d'identification et d'identité. Quand Erikson parle d'« identifications successives des années antérieures », il renvoie aux moments où l'enfant assimilait un modèle, c'est-à-dire où il imitait et intériorisait les comportements et les attitudes de celui-ci (un parent, un enseignant, un athlète, etc.). Chacune de ces « assimilations », depuis l'identification à la mère chez la fille jusqu'à l'intégration du modèle que représentait un animateur de camp de vacances dont on se rappelle la gentillesse mais pas le nom, laisse une trace psychique différente. Dans cette perspective, une identification s'inscrit dans l'identité comme un sous-ensemble de dimension variable selon la signification subjective de l'interaction avec le modèle concerné : l'identité peut être l'accumulation d'innombrables identifications passées.

Pour Erikson, dont nous avons présenté la théorie dans le chapitre 1, le développement identitaire dépend de l'évolution de trois composantes chez l'adolescent : 1) l'émergence d'un sentiment d'unité intérieure qui intègre l'agir en un tout cohérent ; 2) l'acquisition d'un sentiment de continuité temporelle reliant le passé, le présent et l'avenir individuels de sorte que le jeune a conscience de suivre une trajectoire de vie qui a une direction, un sens ; 3) l'interaction avec les personnes importantes du milieu de vie qui guide les choix.

Les personnes que l'enfant puis, plus tard, l'adolescent aura connues auront pu donner lieu à des identifications plus ou moins importantes ; en règle générale, les principaux modèles sont les parents. Il ne faut toutefois pas confondre les notions d'identité et d'identification, la seconde étant le résultat de l'interactivité qui fait partie intégrante de la première.

Intégrité, continuité et interactivité constituent donc les trois composantes de l'identité dans la perspective d'Erikson. Pour lui, l'adolescence est l'occasion idéale de se définir comme personne étant donné que les engagements face à l'avenir ne sont pas encore pris ; après une période de recherche et d'expérimentation de rôles, le jeune dispose d'un certain temps pour intégrer en un tout cohérent les composantes dominantes des stades antérieurs (confiance, autonomie, initiative et compétence). Erikson a contribué à démontrer que, pour devenir quelqu'un, il faut se forger une identité permettant de se distinguer des autres.

Le psychologue canadien James E. Marcia a apporté un complément important aux idées d'Erikson en définissant les quatre statuts identitaires que nous verrons dans la section 7.2 et en approchant l'identité selon trois dimensions. Le tableau 7.1 présente les trois facettes de l'identité selon Marcia (1989, 1993) : subjective, comportementale et structurale. L'identité subjective correspond à la conscience d'être une personne unifiée même si l'on est appelé à jouer des rôles variés tout au long de la vie (ami, fils, étudiant, parent, employé, etc.), à la conviction que l'on est plus que la somme des rôles que l'on joue. L'obligation de tenir plusieurs rôles peut favoriser l'unification personnelle. En effet, ainsi placé dans différentes situations, le jeune a l'occasion de s'exercer à demeurer lui-même, à la condition toutefois que les frontières entre ce qu'il est et ce qu'il n'est pas ne changent pas constamment selon le contexte social dans lequel il se trouve.

L'identité comportementale, c'est la continuité dans l'agir, ce qui permet de reconnaître la personne par ce qu'elle fait. L'individu bien identifié aux yeux des autres est perçu comme ayant des habitudes et des motivations qui lui sont propres de même qu'une occupation définie que l'on peut reconnaître, qu'elle soit marginale ou conformiste. À l'inverse, la personne qui n'est pas clairement identifiée sur le plan comportemental apparaît aux autres comme imprévisible, superficielle, instable du fait qu'elle papillonne.

TABLEAU 7.1 Facettes de l'identité selon James E. Marcia		
Facette subjective	**Facette comportementale**	**Facette structurale**
Elle correspond à la conscience intime d'être une personne unifiée, de rester la même personne dans les différents contextes, les différents rôles (fille, mère, épouse, enseignante, etc.).	Elle correspond à la continuité dans la conduite observable de la personne, à ce qui est prévisible dans ses habitudes, ses motivations, ses attitudes.	Elle correspond à l'organisation du fonctionnement personnel par rapport au milieu ; la structure identitaire peut être simple ou complexe selon l'importance des explorations antérieures, et s'adapter plus ou moins bien selon la pertinence des acquis face aux exigences du milieu.

Source : Inspiré de Marcia (1989, 1993).

Enfin, la facette structurale de l'identité concerne l'organisation du mode de fonctionnement personnel par rapport au milieu. Cette structure identitaire correspond au style personnel d'adaptation que l'individu a développé pour interagir avec son environnement. Elle peut être plus ou moins complexe selon les acquis et les expériences qui ont été intégrés, et plus ou moins adaptée selon l'ouverture que le milieu offre à ce style personnel (les niches écologiques disponibles dans le milieu). Cette dimension structurale de l'identité serait l'équivalent psychosocial de la structure cognitive proposée par Piaget en tant que schème d'adaptation au milieu, en tant que mécanisme d'équilibre entre soi (assimilation) et les exigences du milieu (accommodation). Ainsi, une personne dont l'identité structurale est très développée ne s'adaptera pas nécessairement mieux qu'une personne ayant une structure identitaire plus simple. En effet, l'individu qui n'a pas intégré de nombreuses expériences de vie mais dont les acquis sont en rapport direct avec les exigences de l'environnement présente de meilleures capacités d'adaptation que celui qui a beaucoup exploré mais dont les innombrables acquis n'ont aucun lien avec son milieu de vie.

À titre d'illustration, prenons le cas du pêcheur gaspésien qui n'est jamais sorti de son patelin. À court terme, il aurait de meilleures chances de survivre par ses propres moyens en Gaspésie que l'universitaire polyglotte qui ne saurait ni faire un nœud, ni allumer un feu. À plus long terme, toutefois, ce dernier pourrait apprendre et atteindre un bon niveau d'adaptation.

Bien que l'identité soit une construction enracinée dans la vie intérieure, dans le monde intrapsychique, elle se reflète dans la conduite observable et est sensible au milieu social. Plus loin, nous verrons comment les rapports avec soi-même et avec les autres exercent une influence sur le processus d'identification chez l'adolescent et sont influencés par celui-ci. En effet, dans l'ensemble du mécanisme de socialisation qui se déroule entre 12 et 18 ans, l'identité est constamment présente, tantôt comme force motrice, tantôt comme produit.

L'identité est un élément fondamental dans notre compréhension psychologique de la personne. Cependant, les nombreux chevauchements auxquels donnent lieu ce concept avec d'autres également importants, comme le soi, le moi et la personnalité, rendent ce construit difficile à délimiter. Paradoxalement, on pourrait soutenir que le concept d'identité est mal identifié. C'est pourquoi, dans ce chapitre, nous nous efforcerons de dégager les points les mieux affirmés quant au développement de l'identité à l'adolescence.

7.1.2 L'identité et l'équilibre personnel

À quoi sert l'identité ? Quel est le rôle de ce sentiment d'être un ensemble cohérent évoluant selon une trajectoire continue dans le temps ? Pour Erikson, la résolution du processus identitaire est un élément fondamental de la santé mentale. Ne pas savoir qui l'on est, ne pas pouvoir distinguer ce qui est soi et ce qui ne l'est pas, ignorer où l'on va, voilà autant de menaces à un fonctionnement sain. Certains auteurs se sont préoccupés de vérifier le lien qui existe entre le statut identitaire et la qualité de l'adaptation personnelle. L'identité achevée ressort comme le statut permettant la meilleure adaptation à l'environnement psychosocial. La plupart des études signalent une relation significative entre le niveau de développement identitaire et le bien-être psychologique (Meeus, Iedema, Helsen et Vollebergh, 1999 ; Waterman, 1992, 1993) : un statut identitaire achevé est associé à un bien-être personnel élevé qui se traduit par une bonne estime de soi, un degré de satisfaction élevé à l'égard de soi-même et l'absence relative d'états émotionnels nuisibles au fonctionnement tels que l'anxiété, l'irritabilité et la dépression. Évidemment, ce lien dépend de l'âge puisqu'on ne peut s'attendre à ce qu'un jeune de 12 ans présente déjà un statut identitaire achevé, et pourtant, il y a des jeunes de 12 ans qui sont très bien dans leur peau. Meeus et ses collaborateurs (1999) recensent une série d'études montrant que, au début de l'adolescence, l'identité forclose peut être associée à un niveau élevé de bien-être personnel.

Un statut identitaire évolué favorise l'optimisation du fonctionnement psychologique. Une personne qui a le sentiment de savoir ce qu'elle est et où elle va, après avoir exploré différentes avenues, a logiquement plus de chances d'être cohérente dans ses engagements personnels et de perdre moins d'énergie dans la poursuite de ses buts. Au contraire, une personne qui se cherche et dépense beaucoup d'énergie à survoler différentes voies qu'elle abandonne par la suite risque d'aller moins à fond dans ses réalisations personnelles.

7.1.3 Le développement de l'identité

L'identité personnelle, c'est-à-dire la représentation que nous avons de nous-mêmes, ce que nous incluons dans notre « soi », ce que nous appelons notre « style », évolue au contact de la réalité, et cette évolution se poursuit toute la vie durant. Heureusement, peut-être… Il est cependant des périodes où les changements s'opèrent plus rapidement. Des remises en question plus profondes obligent alors à faire des choix qui modifient l'organisation identitaire et transforment la façon de vivre.

Ces périodes de changement identitaire intense font souvent suite à des moments critiques de l'existence : la retraite, un divorce, la mort d'un proche, l'expérience d'aller vivre dans un pays étranger, l'approche de la quarantaine, etc. On parle souvent de « crise » lorsqu'on fait référence à ces moments. L'adolescence correspond à une période de changement identitaire intense. Avec toutes les transformations corporelles, cognitives, sexuelles, sociales, etc., qui surviennent chez les 12-18 ans, il n'y a rien d'étonnant au fait que ceux-ci soient amenés à se poser la question « qui suis-je ? » Toutefois, il convient d'utiliser non pas le terme de « crise », mais celui de « transition » pour désigner ce que vivent les adolescents ; effectivement, bien que l'adolescence s'accompagne de transformations importantes, elle est la plupart du temps vécue sans accrocs majeurs.

L'adolescence est un moment de transition au cours duquel l'identité personnelle change.

C'est à l'adolescence que le sujet devient un acteur autonome, qu'il acquiert les moyens physiques, sexuels, intellectuels, sociaux et professionnels pour s'établir de façon indépendante dans la vie. C'est le moment où il choisit ses valeurs et délaisse celles de ses parents, où il gère son temps en tenant compte de ses activités personnelles et non plus de celles de sa famille, où il bâtit son propre réseau social et ne s'en tient plus à la parenté ou au voisinage immédiat, où il gagne son argent, opte pour une carrière, etc. Tous ces nouveaux comportements contribuent au grand remodelage des frontières personnelles qui a lieu à l'adolescence.

L'importance que revêt le développement de l'identité à l'adolescence tient aussi au fait que les choix que cette période impose conditionnent l'avenir de façon déterminante, sinon irréversible. Abandonner l'école, étudier en vue de devenir musicien ou médecin, déclarer à son partenaire amoureux qu'on vivra ensemble toute la vie ne sont pas des choix irréversibles, mais ils déterminent une façon d'entrer dans la vie adulte en tant que personne. Ces projets qu'on se fixe à l'adolescence ne se réalisent pas toujours — les jeunes qui ont vécu une peine d'amour ou qui se sont vu refuser l'accès à la faculté de médecine en savent quelque chose —, mais ils permettent de se définir des buts et d'en éliminer d'autres, ce qui aide à déterminer le genre d'adulte que l'on deviendra. La façon dont on amorce sa vie adulte peut influer sur cette dernière pendant de nombreuses années. Selon Erikson, le combat principal de l'adolescent se livre sur le terrain de l'identité et il oppose l'intégration des rôles à la diffusion des rôles.

Les jeunes qui réussissent à se trouver, à se situer sur une trajectoire, dans un projet qui leur est propre, sortent vainqueurs de ce combat. Ils sont dès lors munis d'un outil d'adaptation personnel considérable : l'identité, qui leur permet de s'écrier « me voici ! »

En revanche, les jeunes qui n'arrivent pas à se trouver, à cerner leurs forces et leurs faiblesses, à se fixer dans ce qu'ils sont, dans ce qu'ils aiment, vivent une confusion identitaire. Ne sachant pas définir leurs propres frontières, leur rôle social, ils sont incapables de s'engager de façon durable, de s'investir dans une continuité ; ils vont alors d'un petit rôle à un autre, d'un petit attachement à un autre. Certaines personnes passent leur vie à explorer, à se chercher en demeurant à un niveau superficiel d'engagement, tandis que d'autres, après plusieurs années d'errance, trouvent enfin qui elles sont, en quoi consiste leur vraie nature, et se lancent dans un véritable projet personnel.

L'identité peut être conçue à la fois comme un processus et comme une structure. Elle est un processus de définition personnelle basé sur les constantes interactions cognitives et affectives que l'individu entretient avec son monde interne et son monde externe. De ce processus résulte une structure psychique, un « tout unifié et distinct » permettant à la personne d'appréhender sa réalité interne et son monde externe. En tant que processus ou en tant que structure, l'identité est orientée vers l'adaptation personnelle.

La construction de l'identité se fait au gré de pressions ou de tendances rapprochant l'individu de certains états désirables et l'éloignant de certains autres non désirables. Plusieurs travaux indiquent en effet que l'individu est motivé à acquérir et à maintenir différents sentiments servant de piliers à son identité : les sentiments de continuité, d'intégrité, d'être distinct des autres, d'appartenance, d'efficacité, d'estime de soi, d'avoir un sens. Vignoles, Regalia, Manzi, Golledge et Scabini (2006) présentent ces sentiments comme des « motivations identitaires » qui poussent l'individu vers certains états utiles et l'éloignent d'autres états nuisibles. Ces motivations identitaires façonnent ainsi la construction de l'identité.

Si on l'aborde en tant que tendance, l'estime de soi fait partie de ces motivations identitaires : les gens sont généralement enclins à protéger l'estime qu'ils ont d'eux-mêmes, ce qui les amène à accorder plus d'attention et de crédibilité aux évaluations positives à leur endroit qu'aux évaluations négatives. Lorsque leur estime de soi est menacée, ils ont tendance à devenir tristes et ils peuvent chercher à minimiser les conséquences de la menace que subit leur image (Sedikides et Gregg, 2003). En tant que motivation identitaire, par conséquent, l'estime de soi est la tendance à rechercher et à maintenir une conception positive de soi. Cette tendance serait généralisable, mais les stratégies pour y arriver seraient variables selon l'âge, le sexe, la culture, etc. (Muramoto, 2003 ; Sedikides, Gaertner et Toguchi, 2003). Le tableau 7.2 présente une série de motivations identitaires qui ressortent des conceptions actuelles sur le soi et sur l'identité selon Vignoles et ses collaborateurs (2006).

L'estime de soi est un des sentiments qui servent de piliers à la construction de l'identité.

De façon plus ou moins directe, chacune de ces motivations identitaires a été rattachée à des dimensions positives de la vie. Par exemple, des études ont observé une relation significative entre, d'une part, le sentiment d'efficacité personnelle et le bien-être psychologique et, d'autre part, la réduction de comportements à risque chez les adolescents (Bandura, 1997 ; Vignoles et coll., 2006). L'estime de soi, c'est-à-dire la valeur que l'on se reconnaît en tant qu'individu à la suite d'une autoévaluation, donne aussi lieu à une tendance à préserver cette valeur, à promouvoir le côté positif de soi, ce qui est lié au sentiment de bien-être personnel. De même, lorsque le sentiment de continuité fait défaut, la personne vit plus d'affects négatifs et moins de satisfaction sociale (Sani, sous presse). Il se passe un peu la même chose avec la recherche d'un sens à notre vie que plusieurs auteurs ont considérée comme

TABLEAU 7.2 Motivations identitaires ressortant des théories actuelles sur le soi et l'identité

Motivation identitaire	Définition de la tendance
Estime de soi	Tendance à préserver la valeur que l'on se reconnaît en tant qu'individu.
Sentiment de continuité	Motivation à conserver une constance personnelle à travers le temps et les situations (d'un moment à l'autre et d'un contexte ou d'une situation à l'autre).
Sentiment d'être une personne distincte	Tendance à vouloir se distinguer des autres, à se particulariser.
Sentiment d'appartenance	Besoin de se sentir proche ou d'être accepté des autres, de faire partie d'une entité sociale (dyade, groupe, communauté, etc.).
Sentiment d'efficacité	Tendance à vouloir se sentir compétent, à vouloir avoir le contrôle, à vouloir exercer une influence sur ce qui arrive.
Sentiment d'avoir un sens	Tendance à vouloir donner une signification à sa vie, une finalité à son existence.

Source : Vignoles et coll. (2006, p. 309-311 ; traduction libre).

une caractéristique essentielle de la nature humaine. La recherche d'un sens à donner à la vie permet de transcender l'immédiat et de mieux faire face aux grands défis de la vie, comme la maladie, la perte d'un proche ou la mort (Golsworthy et Coyle, 1999 ; Molden et Dweck, 2006). La notion de motivation identitaire apporte donc une explication dynamique à la construction identitaire, processus extrêmement important à l'adolescence, mais qui se poursuit toute la vie au fil de la trajectoire personnelle.

7.2 Les statuts identitaires

Dans la foulée des travaux d'Erikson, Marcia (1966, 1980, 1988, 1989, 1993) propose un modèle permettant de situer le degré d'évolution du processus de formation identitaire à la fin de l'adolescence. Selon lui, la formation de l'identité résulte de l'interaction de deux fonctions : l'engagement et l'exploration. Le tableau 7.3 présente les quatre statuts identitaires suggérés par Marcia, chacun représentant un mode d'adaptation aux problèmes identitaires qui se posent à la fin de l'adolescence ; en tant que mode d'adaptation, chaque statut offre des avantages. Cette typologie des statuts identitaires a plus de 40 ans maintenant, mais elle continue d'être la référence en matière de développement identitaire à l'adolescence (Côté et Schwartz, 2002). La notion d'exploration identitaire renvoie à l'expérimentation consciente de différents rôles, orientations personnelles, buts ou valeurs, tandis que la notion d'engagement correspond au fait de retenir comme siennes certaines avenues spécifiques parmi les possibilités qui s'offrent.

Le statut de l'« identité diffuse » est le moins avancé des quatre états identitaires. Il est caractérisé par l'absence de préoccupation à l'égard de l'orientation de la vie présente et des choix pour la vie future. Dans cet état identitaire, il n'existe pas d'ensemble cohérent de valeurs personnelles et l'exploration des possibilités est faible et peu structurée. Les jeunes qui présentent une identité diffuse se laissent porter par le courant, empruntent les chemins les plus faciles, les solutions qui exigent le moins d'efforts. Ils sont souvent insatisfaits de leur sort et ont un sentiment de vide intérieur. La présence de ces caractéristiques au milieu et à la fin de l'adolescence a été associée à l'échec scolaire, à l'abus de drogue et à une sexualité à risque (Jones, 1992 ; Patterson et coll., 1992 ; White, 2000).

La combinaison d'un degré élevé d'engagement et d'un faible degré d'exploration définit le statut de l'identité forclose. Ce statut est considéré comme plus évolué que le précédent parce que le processus d'engagement y est amorcé. L'adolescent qui correspond à ce type adopte des orientations et des valeurs qu'il n'a pas expérimentées lui-même, celles de ses parents, par exemple. Ce statut identitaire a été lié à des caractéristiques de fermeture d'esprit, d'obéissance, de conformisme et de rigidité (Côté et Schwartz, 2002). Des études ont cependant observé que des jeunes présentant ce statut peuvent avoir un bon niveau de bien-être psychologique (Meeus et coll., 1999). L'adolescent qui autrefois entrait dans une communauté religieuse dès l'âge de 12 ou 13 ans et se dirigeait rapidement, sous l'effet des pressions sociales, vers un engagement définitif est un exemple éloquent à cet égard. Un autre exemple éloquent est celui de la jeune fille de 17 ans qui, étant déjà fiancée avec un homme de 10 ans son aîné, s'apprête à

TABLEAU 7.3	Caractéristiques personnelles liées aux quatre états identitaires de Marcia	
	Exploration faible	**Exploration forte**
Engagement faible	Nº 1 *Identité diffuse* – relations superficielles – faible mobilisation – défenses du moi fragiles – absence de sens donné à la vie – recherche de l'équilibre	Nº 3 *Moratoire (exploration)* – participation élevée – réflexion active – recherche de l'indépendance – résistance facile
Engagement fort	Nº 2 *Identité forclose* – personnalité conventionnelle – maîtrise pulsionnelle élevée – peu de remises en question – grande loyauté à l'égard des règles	Nº 4 *Identité achevée* – conscience de ses forces et de ses limites – valorisation de l'indépendance et de la productivité – capacité de chaleur et d'intimité

Source : Inspiré de Marcia (1980, p. 159-187), Patterson, Sochting et Marcia (1992, p. 12) et Mallory (1989, p. 399-412).

s'engager avec lui pour la vie sans avoir connu d'autres garçons. Selon Marcia, ce statut peut servir de point de départ au cheminement identitaire s'il est suivi d'explorations permettant au sujet de remettre en question les engagements adoptés en bloc sous l'influence des autres. On assiste alors à un retour au statut du moratoire, c'est-à-dire à l'exploration, voire à la crise identitaire. Si, toutefois, l'identité forclose correspond à la résolution finale du processus identitaire, l'adolescent concerné n'a pas vraiment vécu les expériences nécessaires à sa propre définition personnelle : quelqu'un d'autre aura fait le travail à sa place.

Le troisième statut, appelé « moratoire », est plus une étape qu'un mode de résolution du processus identitaire puisqu'il est caractérisé par un faible engagement et une exploration élevée. Typiquement, ce statut doit précéder les engagements dans la formation de l'identité personnelle. Le sujet explore activement : il fait des tests (sur des idées, des attitudes, des comportements, etc.), il joue des rôles, il s'engage à court terme dans des voies qu'il peut quitter par la suite. L'adolescent qui suit des cours de théâtre, puis qui fait de l'athlétisme, qui participe à des organisations bénévoles, qui travaille dans une boutique de vêtements, qui est amoureux d'une personne puis d'une autre, etc., vit une sorte de crise identitaire, mais cette recherche d'expériences peut déboucher sur des engagements éclairés (Meeus et coll., 1999).

Comparativement, le jeune du premier statut, celui de l'identité diffuse, est aussi susceptible de se trouver dans des situations et des rôles différents, mais ceux-ci se présenteront au gré des événements, sans qu'il les ait activement cherchés. En conséquence, il y a peu de chances qu'il profite de ces explorations pour opérer des choix en prévision de l'avenir. Au contraire, l'adolescent qui en est au statut du moratoire génère lui-même ses expériences et profite de ses explorations pour se définir.

Le quatrième statut, le plus avancé sur le plan développemental, est celui de l'identité achevée. Il se caractérise par une période d'exploration active et des engagements sérieux, et correspond à la résolution autonome du processus identitaire. Le statut de l'identité achevée permet à l'individu concerné de répondre par lui-même à la question « qui suis-je ? », ce qui le différencie du jeune qui se trouve au statut de l'identité forclose, lequel n'a pas fait d'exploration active avant de s'engager dans une direction, d'adopter un ensemble de valeurs. Il ne faut pourtant pas considérer ce quatrième statut comme l'aboutissement du processus identitaire, mais plutôt comme un engagement du sujet dans sa propre voie, où tous les éléments sont réunis pour qu'il puisse évoluer, à son rythme, dans la direction qu'il aura choisie et qu'il pourra modifier avec le temps.

Des quatre statuts identitaires de Marcia, les deux statuts qui se trouvent au centre de l'échelle donnent lieu à une plus grande ambiguïté : la place du statut du « moratoire » et de l'« identité forclose » dans la trajectoire de développement n'est pas suffisamment confirmée. Voici comment Meeus et ses collaborateurs (1999) concluent leur examen détaillé des données sur ces quatre statuts identitaires :

> Le modèle des statuts identitaires ne constitue pas une théorie sur le développement de l'identité. Cependant, l'hypothèse de base du développement identitaire est confirmée empiriquement : l'identité se développe progressivement durant l'adolescence, particulièrement à travers une augmentation systématique de l'identité achevée et une diminution de la diffusion et du moratoire. Les études investiguant le statut identitaire et le bien-être personnel montrent que le terme de ce développement n'est pas fixe : les statuts « identité forclose » et « identité achevée » peuvent tous deux servir de phase finale (Meeus et coll., 1999, p. 432 ; traduction libre).

Dans ce modèle à quatre paliers, le retour à un mode antérieur de résolution est possible, notamment au moment des transitions importantes où de nouveaux choix s'imposent. Par exemple, la personne qui vit un divorce se voit forcée de se redéfinir dans une partie de ses rôles conjugaux et parentaux. Le retour au moratoire fait alors partie du processus de recherche d'un nouvel équilibre. L'expérience d'un changement majeur, qu'il s'agisse de la perte d'un emploi qu'on occupait depuis des années, du décès d'un proche avec qui l'on vivait ou encore de l'obligation d'aller vivre dans un pays étranger, pose toujours la nécessité de trouver un nouvel équilibre. Il est alors typique d'observer une régression vers un statut identitaire antérieur : la personne du quatrième niveau régresse, du moins pour ce qui concerne certaines dimensions de son identité, à l'étape exploratoire (troisième niveau), mais si le bouleversement est trop grand, elle pourra retourner à un statut identitaire encore plus primitif : soit l'identité diffuse, où le sujet se laisse définir au gré des événements, soit l'identité forclose, où il prendra un engagement majeur dans la première voie qui se présentera.

7.3 L'identité de genre

Le sentiment d'appartenir au sexe masculin ou au sexe féminin est une dimension fondatrice de l'identité personnelle. Dès l'âge de 2 ou 3 ans, les enfants peuvent dire s'ils sont un garçon ou une fille. Ils acquièrent progressivement la conscience d'avoir un corps de garçon ou de fille, ils apprennent à distinguer l'apparence des hommes et celle des femmes sur la base des vêtements, de la coiffure, de la voix, de la démarche et des gestes. Ce n'est cependant que vers 6 ou 7 ans que les enfants accèdent à la constance du genre, c'est-à-dire à la compréhension du caractère permanent du sexe à travers les situations et le temps, peu importent les apparences (la longueur des cheveux, les vêtements, la taille, etc.). Petit à petit, sous l'influence de leur communauté, ils apprendront à réunir la multitude d'éléments psychologiques, sociaux et culturels qui prolongent subtilement la différence biologique de sexe et se positionneront personnellement dans cet univers. Il s'agit de la construction de l'identité de genre, un processus complexe parce que soumis à une grande quantité d'influences et de pressions, et où chacun doit trouver sa place.

Egan et Perry (2001) proposent quatre grandes constituantes de l'identité de genre: 1) la connaissance de l'appartenance à une catégorie de genre; 2) la compatibilité ressentie à l'égard de son groupe de genre telle que reflétée par le sentiment de concordance personnelle avec sa catégorie de genre (la « typicité » de genre) et par la satisfaction liée à l'appartenance à son genre; 3) la pression ressentie pour se conformer au genre; 4) les attitudes à l'égard de son groupe de genre. Le tableau 7.4 présente une série d'items utilisés par Suzan Egan et David Perry pour évaluer les trois dernières dimensions, la première étant généralement solidement acquise dès l'enfance. Les données obtenues auprès d'élèves de la 4e à la 8e année montrent que ces trois dimensions ressortent, indépendamment l'une de l'autre, et n'ont pas une forte corrélation entre elles, ce que les auteurs interprètent comme un soutien au caractère multidimensionnel de l'identité de genre. Ils observent en outre que l'adaptation des garçons et des filles (mesurée par la perception de la valeur personnelle, le sentiment de compétence sociale, l'acceptation par les pairs masculins de la classe et l'acceptation par les pairs féminins de la classe) présente un lien positif avec, d'un côté, le sentiment d'être un représentant typique de son sexe (échelle de typicité) et, de l'autre, l'impression d'être libres d'explorer des comportements du répertoire associé à l'autre sexe lorsqu'ils le veulent (échelle de pression pour se conformer au genre). Au contraire, ces indices d'adaptation ont une relation négative avec la pression ressentie pour se conformer au genre: les jeunes qui éprouvent une pression sociale pour se conformer aux stéréotypes associés à leur sexe présentent des indices d'une adaptation plus faible. Les auteurs concluent leur étude de la façon suivante:

> Clairement, c'est la pression ressentie pour se conformer qui est nuisible et non pas le fait de se sentir un exemple typique de son sexe. L'adaptation des jeunes est optimisée: 1) lorsqu'ils sont à l'aise face au sentiment d'être un membre typique de leur sexe; et 2) lorsqu'ils se sentent libres d'explorer le répertoire comportemental de l'autre sexe s'ils le désirent (Egan et Perry, 2001, p. 459; traduction libre).

7.4 La masculinité, la féminité et le schème de genre

La féminité et la masculinité correspondent à la tendance d'une personne à adopter soit les comportements propres aux femmes, soit les comportements propres aux hommes dans sa communauté d'appartenance. La question est maintenant de savoir ce que constituent les « comportements propres aux femmes » et les « comportements propres aux hommes ». La recherche utilise plusieurs procédés pour déterminer le caractère masculin ou le caractère féminin des comportements. Certains auteurs ont observé de façon systématique des garçons et des filles de manière à établir quelles activités on privilégiait de part et d'autre et à élaborer ainsi une échelle de comportements particulière à chaque sexe. À partir de ce type d'échelle, on peut évaluer la masculinité ou la féminité de l'enfant selon ses choix d'activités; cette mesure du rôle sexuel est dite « comportementale » (Connor et Serbin, 1977). La plupart des études ont cependant évalué la féminité et la masculinité à partir de mesures verbales des préférences; ils

Le schème de genre varie selon les individus. Pour certaines personnes, ce schème est plus développé et elles sont plus « stéréotypées » sexuellement.

TABLEAU 7.4 Exemples d'items mesurant l'identité de genre

Échelle de typicité de genre

1.	Certaines filles ne pensent pas qu'elles sont comme les autres filles de leur âge. Tout à fait vrai pour moi – Plutôt vrai pour moi	mais	D'autres filles pensent qu'elles sont juste comme les autres filles de leur âge. Plutôt vrai pour moi – Tout à fait vrai pour moi
2.	Certaines filles pensent qu'elles ne s'intègrent pas bien avec les autres filles. Tout à fait vrai pour moi – Plutôt vrai pour moi	mais	D'autres filles pensent qu'elles s'intègrent bien avec les autres filles. Plutôt vrai pour moi – Tout à fait vrai pour moi
3.	Certaines filles pensent qu'elles sont un bon exemple de ce que c'est que d'être une fille. Tout à fait vrai pour moi – Plutôt vrai pour moi	mais	D'autres filles pensent qu'elles ne sont pas un bon exemple de ce que c'est que d'être une fille. Plutôt vrai pour moi – Tout à fait vrai pour moi

Échelle de satisfaction à l'égard du genre

4.	Certaines filles aiment être une fille. Tout à fait vrai pour moi – Plutôt vrai pour moi	mais	D'autres filles n'aiment pas être une fille. Plutôt vrai pour moi – Tout à fait vrai pour moi
5.	Certaines filles pensent parfois que ce serait plus agréable d'être un garçon. Tout à fait vrai pour moi – Plutôt vrai pour moi	mais	D'autres filles ne pensent jamais que ce serait plus agréable d'être un garçon. Plutôt vrai pour moi – Tout à fait vrai pour moi
6.	Certaines filles pensent que ce n'est pas juste qu'il y ait des choses réservées aux garçons. Tout à fait vrai pour moi – Plutôt vrai pour moi	mais	D'autres filles ne pensent jamais que ce n'est pas juste qu'il y ait des choses réservées aux garçons. Plutôt vrai pour moi – Tout à fait vrai pour moi

Échelle de pression ressentie pour se conformer au genre

7.	Certaines filles pensent que les filles qu'elles connaissent seraient frustrées si elles voulaient faire des activités de garçons. Tout à fait vrai pour moi – Plutôt vrai pour moi	mais	D'autres filles ne pensent pas que les filles qu'elles connaissent seraient frustrées si elles voulaient faire des activités de garçons. Plutôt vrai pour moi – Tout à fait vrai pour moi
8.	Certaines filles pensent que leurs parents seraient fâchés si elles voulaient apprendre à pêcher et à chasser comme les garçons. Tout à fait vrai pour moi – Plutôt vrai pour moi	mais	D'autres filles ne pensent pas que leurs parents seraient fâchés si elles voulaient apprendre à pêcher et à chasser comme les garçons. Plutôt vrai pour moi – Tout à fait vrai pour moi
9.	Certaines filles pensent que les filles qu'elles connaissent seraient agacées de savoir qu'elles veulent apprendre à réparer des autos et des bicyclettes. Tout à fait vrai pour moi – Plutôt vrai pour moi	mais	D'autres filles ne pensent pas que les filles qu'elles connaissent seraient agacées de savoir qu'elles veulent apprendre à réparer des autos et des bicyclettes. Plutôt vrai pour moi – Tout à fait vrai pour moi

Échelle d'attitudes face à son genre

10.	Certaines filles ne pensent pas que les filles sont plus sincères que les garçons. Tout à fait vrai pour moi – Plutôt vrai pour moi	mais	D'autres filles pensent que les filles sont plus sincères que les garçons. Plutôt vrai pour moi – Tout à fait vrai pour moi
11.	Certaines filles pensent que les filles sont plus ennuyantes que les garçons. Tout à fait vrai pour moi – Plutôt vrai pour moi	mais	D'autres filles ne pensent pas que les filles sont plus ennuyantes que les garçons. Plutôt vrai pour moi – Tout à fait vrai pour moi
12.	Certaines filles ne pensent pas que les garçons sont plus créatifs que les filles. Tout à fait vrai pour moi – Plutôt vrai pour moi	mais	D'autres filles pensent que les garçons sont plus créatifs que les filles. Plutôt vrai pour moi – Tout à fait vrai pour moi

Source : Egan et Perry (2001, p. 463 ; traduction libre).

demandaient aux sujets d'exprimer verbalement leur choix parmi certaines activités associées à la féminité ou à la masculinité : cuisiner, lire un livre, jouer au hockey, magasiner, construire un radeau, etc. (McCreary, Rhodes et Saucier, 2002). Enfin, d'autres auteurs ont demandé directement au sujet dans quelle mesure il estime posséder différents attributs liés au genre : la gentillesse, l'indépendance, l'affiliation sociale, la réussite personnelle, la recherche de l'intimité, etc. (Bem, 1974 ; Hall et Halberstadt, 1980). La figure 7.1 fournit quelques exemples d'items utilisés pour évaluer la masculinité et la féminité dans les questionnaires.

La notion de « genre » renvoie à la représentation que l'on se fait des caractéristiques masculines et féminines. Il serait erroné d'assimiler cette notion à celle de « sexe » puisque la différence biologique entre les hommes et les femmes — ce que l'on appelle le dimorphisme sexuel — ne donne pas lieu automatiquement à la masculinité et à la féminité en tant que différence psychologique. Certaines femmes adoptent, en plus des comportements féminins, des comportements masculins, et il en va de même pour les hommes. Plusieurs chercheurs ont tenté de découvrir s'il existe une symétrie entre la différence de sexe et la différence de genre. Deux hypothèses principales ont été énoncées à cet égard. La première hypothèse veut que la masculinité et la féminité soient les deux pôles d'un continuum ; dans cette perspective, masculinité et féminité s'opposent, les traits dits « masculins » et les traits dits « féminins » s'excluant mutuellement. D'un côté figurent le leadership, la compétitivité, la dominance et l'agressivité ; de l'autre, l'associativité, la coopérativité, la compassion et la tendresse.

Selon la deuxième hypothèse, la masculinité et la féminité seraient deux dimensions indépendantes ; ainsi, une même personne pourrait exercer des activités associées à la féminité et d'autres associées à la masculinité. Bem (1974, 1977) a grandement contribué à la formulation de cette hypothèse qui a donné lieu à quatre types théoriques. La figure 7.2 présente cette typologie.

Sandra L. Bem (1974, 1977, 1985) a élaboré une échelle comportant 40 items sur lesquels les sujets sont invités à se noter (fiable, athlétique, tendre, coopératif, etc.). La figure 7.1 présente des exemples d'items. Deux scores sont établis à partir des notes attribuées : un score de masculinité correspondant au total des notes attribuées aux items dits « masculins » et un score de féminité correspondant au total des notes attribuées aux items dits « féminins ». La figure 7.2 illustre les quatre types possibles : 1) le type indifférencié, défini par une note basse aux items tant féminins que masculins ; 2) le type sexuel masculin, caractérisé par une note élevée aux items masculins et une note faible

---

FIGURE

7.1 **Exemples d'items utilisés pour évaluer la masculinité et la féminité**

Questionnaire LSRI

Les énoncés suivants peuvent servir à décrire ce que vous pensez de vous-même. Il n'y a pas de bonnes ou de mauvaises réponses. Ce qui compte, c'est comment vous vous décrivez vous-même. Pour chacun des énoncés suivants, indiquez dans quelle mesure il vous décrit en vous servant de l'échelle graduée allant de 1 (jamais ou presque jamais vrai) à 7 (toujours ou presque toujours vrai). Encerclez le chiffre correspondant à votre choix.

	1 Jamais ou presque jamais vrai	2	3	4 Occasionnellement vrai	5	6	7 Toujours ou presque toujours vrai
1. A confiance en soi.	1	2	3	4	5	6	7
2. Est accommodant.	1	2	3	4	5	6	7
3. Est serviable.	1	2	3	4	5	6	7
4. Défend ses convictions.	1	2	3	4	5	6	7
5. Est de bonne humeur.	1	2	3	4	5	6	7

Source : Inspiré de Pelletier (1990) et Lavallée et Pelletier (1992).

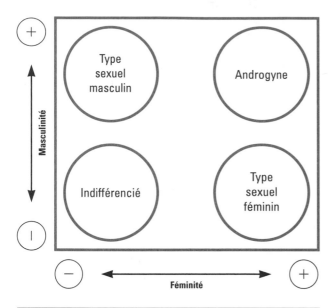

Source : Inspiré de Perry et Bussey (1984, p. 270).

aux items féminins ; 3) le type sexuel féminin, qui se distingue par une note élevée aux items féminins et une note basse aux items masculins ; 4) le type androgyne, défini par une note élevée aux items tant masculins que féminins.

Selon Bem (1974, 1977), chacun de nous possède une structure mentale appelée « schème de genre » qui sépare l'ensemble des activités humaines selon qu'elles appartiennent au domaine masculin ou au domaine féminin. Cette structure est un produit du processus de socialisation qui a cours pendant l'enfance et l'adolescence ; chaque personne possède un schème de genre plus ou moins articulé pour se situer elle-même et situer les autres par rapport aux caractéristiques masculines et féminines. Au contact de notre milieu, nous apprenons à différencier les hommes et les femmes au regard non seulement de leur différence biologique, mais aussi des rôles qu'ils jouent et de leurs qualités personnelles. Les adolescents ont déjà une conception personnelle des comportements féminins et masculins et ils sont en mesure de se situer quant à leur masculinité ou à leur féminité.

D'après Bem, la place que cette structure mentale, ce schème de genre, occupe dans le concept de soi et dans l'interprétation des réalités sociales varie toutefois selon les individus. Pour certaines personnes, ce schème est très développé ; elles sont sexuellement très « stéréotypées » étant donné que leurs perceptions, leurs interprétations et leurs réactions face au milieu reposent largement sur le genre. L'adolescent « macho » est un bon exemple de profil stéréotypé. Le féminin et le masculin sont deux mondes très présents et très distincts pour lui ; certains comportements, traits ou préférences sont, à ses yeux, propres aux femmes, et d'autres, propres aux hommes : « un homme, c'est plus fort qu'une femme », « un homme, ça ne pleure pas et ça ne se laisse pas commander par une femme », « ce n'est pas à l'homme de faire la lessive », « un homme, ça doit faire vivre sa femme », « une femme ne conduit pas un autobus », « une femme ne laisse pas son homme préparer le repas », « la femme doit s'occuper des enfants », etc. Pour le macho, le répertoire de comportements des hommes et celui des femmes s'excluent.

Pour d'autres individus moins stéréotypés au point de vue sexuel, le schème de genre ne domine pas autant dans la manière de concevoir le monde ; le sexe n'intervient pas pour classifier les personnes. Bem définit comme « androgynes » les individus qui n'utilisent pas spontanément le schème de genre comme critère d'interprétation et de jugement des autres. D'après l'auteure, une personne androgyne se perçoit comme ayant les caractéristiques des deux sexes ; de plus, elle serait plus flexible et s'adapterait davantage que la personne limitée aux stéréotypes sexuels.

C'est le processus de socialisation qui détermine l'importance que prennent les stéréotypes sexuels dans le développement des jeunes. Les adolescents qui ont la chance d'explorer différents rôles et comportements sans buter constamment sur la barrière du genre deviennent plus androgynes et échappent aux limitations des stéréotypes sexuels. Bien que cette façon d'être prenne racine dans l'enfance, les comportements qui se consolident à l'adolescence peuvent créer des habitudes durables, notamment dans les rapports hommes-femmes. Faut-il tenter de socialiser les filles comme des garçons, ou l'inverse ? La place considérable qu'occuperont les filles dans la société au XXIᵉ siècle permettra sans doute de faire reculer les frontières de leur rôle sexuel ; il est toutefois possible que la distance à franchir pour atteindre l'androgynie soit plus grande du côté des garçons, que la dominance machiste attirera encore beaucoup dans un contexte social où les filles réussiront mieux qu'eux.

7.5 Les différences identitaires entre filles et garçons

L'importance relative de la catégorie de genre dans l'adoption des rôles sociaux varie d'une époque à l'autre et d'un lieu à l'autre. L'étanchéité des frontières séparant le monde masculin du monde féminin varie selon les attentes et les normes sociales en vigueur dans les contextes où le jeune se développe. Les stéréotypes sexuels reposent sur ces normes définissant plus ou moins clairement le comportement approprié qui est attendu d'un homme ou d'une femme. Sous l'impulsion, notamment, de la nouvelle place que les femmes occupent dans la société, nous assistons aujourd'hui, en Occident, à un repositionnement de ces frontières de rôles. Les stéréotypes sexuels sont de mieux en mieux repérés et leur effet de frein dans la mobilisation sociale des jeunes est dénoncé. Des programmes éducatifs sont instaurés dans les écoles pour promouvoir une prise de conscience de l'enfermement que provoquent les stéréotypes sexuels. Cette évolution n'est cependant pas aussi rapide chez les garçons, chez qui la stéréotypie sexuelle est nettement plus présente, comme le soulignent Bouchard et St-Amant (2002) dans l'encadré ci-contre. La trajectoire identitaire des filles et celle des garçons présentent encore des particularités, que nous examinons maintenant.

7.5.1 L'identité féminine et l'univers relationnel

Par le passé, la résolution du processus identitaire variait clairement selon que l'on était un garçon ou une fille, mais de nos jours, cette distinction n'est peut-être plus aussi nette. Il demeure que l'appartenance au groupe des hommes ou au groupe des femmes dans la société est reliée à des répertoires de comportements spécifiques, à des attentes et à des fonctions particulières, ce qui peut influer sur la construction identitaire à l'adolescence.

Classiquement, on considère que l'identité personnelle se construit chez les filles par des relations interpersonnelles et, chez les garçons, par la recherche de l'autonomie et de l'indépendance et la réussite sociale (Douvan et Adelson, 1966). Cette distinction demeure présente dans les conceptions plus récentes du processus identitaire selon le sexe, mais la cloison entre les garçons et les filles semble moins étanche qu'elle ne l'était auparavant (Rice et Mulkeen, 1995 ; McLean, 2005).

Une revue de la documentation portant sur les différenciations entre garçons et filles a permis d'inventorier 82 stéréotypes masculins ou féminins courants. Nous en avons tiré un questionnaire d'enquête facilement accessible à des jeunes âgés de 15 ans. Ils étaient invités à y réagir sur une échelle allant du « pas d'accord du tout » à « tout à fait d'accord ». Nous avons rejoint plus de 2 000 élèves fréquentant l'une des 24 écoles secondaires québécoises choisies au hasard suivant une procédure assurant la représentativité.

La compilation des réponses montre une plus grande adhésion des garçons aux stéréotypes sexuels masculins (88 %) que des filles aux stéréotypes sexuels féminins (44 %). Dans l'ensemble, les garçons font preuve de plus de conformisme social. L'analyse a ensuite été faite en fonction du rendement scolaire pour montrer que plus l'adhésion est grande, moins les résultats sont bons. Cette conclusion est valide autant pour les garçons que pour les filles et peut se reformuler comme suit : le fait de résister aux assignations identitaires stéréotypées est associé statistiquement au succès scolaire. Les filles ne confirment que 44 % des propositions et obtiennent de meilleurs résultats, les garçons en valident 88 % et leurs performances en sont conséquentes.

L'adhésion aux stéréotypes sexuels a aussi été vérifiée suivant le niveau de scolarité des parents. Encore ici, la conclusion vaut pour les deux groupes : les enfants dont les parents sont le plus scolarisés résistent plus volontiers aux assignations identitaires sexuées. La conformité aux identités sexuelles traditionnelles est plus forte dans les familles où les parents sont moins scolarisés. Ce résultat doit être mis en relation avec un acquis de la recherche, à savoir que les jeunes d'origine sociale défavorisée sont aussi ceux que l'on définit comme étant le plus « à risque » sur le plan scolaire.

Confrontant l'interprétation basée sur la conformité sociale des filles, qu'avons-nous démontré ? Dans l'ensemble, plus que leurs confrères, les filles tendent à résister aux stéréotypes sexuels et montrent moins de conformisme. Elles refusent de se définir comme étant dociles ou soumises et réussissent mieux à l'école. Qui plus est, comme chez les garçons, ce sont celles qui sont le moins conformistes qui réussissent le mieux.

Source : Bouchard et St-Amant (2002, p. 10-11).

Au cours du XXᵉ siècle, dans les pays occidentaux, on a assisté à une conscientisation progressive vis-à-vis des injustices sociales que pouvait entraîner le cloisonnement des sexes par rapport aux rôles sociaux, injustices dont sont victimes les femmes en raison de la dominance masculine et de l'organisation sociale androcentrique (Cloutier, 2004). Il reste du chemin à parcourir à cet égard puisqu'il existe encore des attitudes sociales qui compliquent la construction identitaire chez les filles. La résistance au leadership des femmes en politique ou en affaires, la lenteur des gestes concrets en faveur de l'équité salariale (à travail égal, salaire égal) et la sous-valorisation des rôles de soins (l'éducation des petits, les soins aux malades, etc.) très majoritairement assumés par les femmes en sont des exemples.

Le choix entre la famille et la carrière qui se pose aux adolescentes ne leur facilite pas la tâche d'établir leur parcours de vie. Quantité de femmes optent pour les deux, et le prix à payer est élevé si l'on considère qu'elles doivent non seulement tenir le rôle de parent principal auprès des enfants, mais aussi poursuivre leur carrière parallèlement à leurs responsabilités parentales, qui constituent souvent un obstacle à leur avancement professionnel.

En dépit des difficultés supplémentaires que doivent surmonter les filles dans la recherche de leur identité, elles parviennent à s'organiser pour réussir mieux que les garçons à l'école : ce sont les filles qui sont les plus nombreuses à garnir les rangs des diplômés universitaires (Baudelot et Establet, 1992 ; Cloutier, 2004 ; Conseil supérieur de l'éducation, 1999).

Les modèles proposés par Erikson et Marcia pour expliquer le processus de socialisation ont d'abord été élaborés à partir de l'évolution masculine ; c'est seulement par la suite qu'on les a adaptés aux filles :

> Depuis le début, le concept d'identité portait sur le développement masculin. Sa généralisation aux femmes n'a pas été facile. Erikson s'est penché pour la première fois sur l'identité féminine dans son article controversé intitulé « Femmes et espace intérieur » (1968). Apparemment surpris par les critiques féministes, il reposa la question au début des années 1970 en se reprenant pour établir plus clairement ses principes originaux concernant l'identité des filles et des femmes (Erikson, 1975) (Patterson et coll., 1992, p. 13 ; traduction libre).

La composante relationnelle joue un rôle de premier plan dans la construction identitaire chez la femme, mais la recherche de l'autonomie et de l'indépendance est aussi d'une importance majeure. L'équilibre à trouver entre les deux forces que constituent les rapports aux autres et l'autonomie est peut-être ce qui distingue le style des femmes de celui des hommes dans les activités professionnelles : la femme de carrière accorde souvent plus de considération aux autres que son collègue mâle, et ce, même au cœur de la compétition.

En résumé, la fille aurait plus tendance que le garçon à se définir par ses relations avec les autres, alors que le processus identitaire mâle passerait davantage par la recherche de l'indépendance et de l'autonomie. Cependant, la réussite incontestable des filles dans leur acquisition de l'indépendance laisse supposer chez elles un parcours identitaire axé sur l'équilibre entre les rapports aux autres et l'autonomie. À en juger par le niveau élevé du rendement scolaire, professionnel et humain des femmes d'aujourd'hui, il semble que les garçons auraient intérêt à s'inspirer davantage de ce modèle identitaire féminin.

7.5.2 L'alexithymie masculine

Les garçons qui sont socialisés de façon à se conformer aux exigences de la masculinité traditionnelle ont appris, dans une certaine mesure, à restreindre l'expression de leurs émotions. Parler de leurs inquiétudes, de leur besoin d'aide et de leur vulnérabilité n'est pas bien vu autour d'eux, de sorte qu'ils évitent de le faire et ne développent pas la compétence requise sur les plans conceptuel et social pour départager leurs propres émotions et les communiquer aux autres. Levant (1995, 1998) croit que certains hommes, parce qu'ils n'ont pas appris à bien décoder leurs sentiments et à composer avec eux, ont tendance à convertir leur vulnérabilité en agressivité et à répondre par l'agression lorsqu'ils sont blessés. Ces personnes n'ont pas toutes les habiletés nécessaires pour interpréter correctement leurs empathies et leurs antipathies, leur besoin de soins, etc. Levant appelle ce phénomène « alexithymie normative » des hommes. Le mot « alexithymie » vient du grec *a* (préfixe privatif), *lexis* (mot) et *thumos* (humeur) et désigne les difficultés dans l'expression verbale des émotions (« qui n'a pas de mot pour les émotions »). La figure 7.3 donne des exemples d'énoncés pour évaluer la présence de ce phénomène chez les garçons et les hommes.

Ce phénomène est évidemment relatif : tous les hommes ne sont pas « alexithymiques » et certains d'entre eux excellent même dans les dévoilements intimes et les demandes de soins… Toutefois, globalement, cette notion renvoie à l'idée que les garçons qui

7.3 Exemples d'énoncés utilisés pour évaluer l'alexithymie normative masculine

1	2	3	4	5	6	7
Tout à fait en désaccord	En désaccord	Plutôt en désaccord	Neutre ou indécis	Plutôt d'accord	D'accord	Tout à fait d'accord

– Lorsque je suis frustré ou inquiet, je n'aime pas le montrer de peur de paraître faible.
– Je trouve cela très difficile de pleurer.
– Lorsqu'on me le demande, je peux facilement dire ce que je ressens.
– Je n'ai pas de problème à décrire mes sentiments et à en discuter avec les autres.
– C'est difficile pour moi de révéler mes sentiments, même à mes amis proches.

Source : Levant, Good, Cook, O'Neil, Smalley, Owen et Richmond (2006, 2007, p. 199-200).

Les garçons élevés dans la culture traditionnelle de la masculinité ont appris à restreindre l'expression de leurs émotions ; il est rare de les voir déroger à cette réserve.

sont socialisés sous la pression de normes masculines traditionnelles (être fort, indépendant, courageux, rationnel, meneur, compétitif, radical, persévérant, digne dans l'épreuve, etc.) n'ont pas appris à se représenter finement leurs émotions, à les partager, à composer avec leur besoin d'aide, à reconnaître leur vulnérabilité. La domination masculine, encore si présente dans presque toutes les cultures du monde, se nourrit de cette socialisation mâle qui cache au garçon lui-même ses propres sentiments et favorise son analphabétisme sentimental, appelé ici « alexithymie normative ». Paradoxalement, cette recherche du pouvoir est souvent au cœur de la surreprésentation masculine

dans toutes sortes d'inadaptations sociales et elle agit comme moteur dans la fuite masculine des zones où les filles enregistrent des acquis. L'adolescence est une période déterminante dans la cristallisation identitaire des stéréotypes, mais aussi un moment privilégié pour développer une conscience éclairée de ces dynamiques normatives lorsqu'il est possible d'avoir accès aux contextes de réflexion appropriés.

7.5.3 Le risque masculin

En ce début de XXIe siècle où le savoir est une composante essentielle de la réalisation personnelle, plusieurs indicateurs montrent que les filles réussissent proportionnellement mieux que les garçons à se définir et à se mobiliser. La dominance masculine, encore bien présente dans notre culture, se traduit par la persistance d'une nette surreprésentation des hommes dans presque toutes les zones du pouvoir social. En même temps, les garçons et les hommes sont proportionnellement beaucoup plus nombreux dans les zones d'inadaptation psychosociale.

Une préoccupation grandissante se manifeste à l'égard du parcours des garçons et des hommes dans notre société. Dans plusieurs domaines d'intervention psychosociale, on constate de plus en plus clairement que les individus de sexe masculin risquent davantage de vivre des difficultés au cours de leur vie. Les garçons ont une probabilité plus grande de subir des accidents physiques, d'afficher des comportements agressifs, des problèmes de langage, de l'hyperactivité, des échecs et de l'abandon scolaires, ainsi que de manifester des conduites délinquantes, de vivre un placement dans une ressource d'accueil, d'avoir des problèmes avec la justice, d'afficher des conduites suicidaires, de connaître l'itinérance, etc. La trajectoire masculine semble plus souvent marquée de pannes et elle requiert plus souvent des correctifs que la trajectoire féminine.

De plus en plus d'intervenants en santé, en éducation, et dans le domaine social, sont conscients de cette réalité parce que confrontés régulièrement à elle. Cette problématique est souvent ressentie comme un malaise, avec une vision partielle ou partiale de ses composantes. La réflexion sociale sur le sujet ne fait que débuter puisqu'on en est encore à nommer le problème, sans disposer d'outils d'intégration. Une telle réflexion sociale est cependant incontournable ; la question ne peut être ignorée ainsi qu'en témoignent les tentatives visibles du monde scolaire de faire quelque chose pour se rapprocher de solutions (Cloutier, 2004, p. 5-6).

Afin d'illustrer l'écart de genre dans la mobilisation sociale, le tableau 7.5 fournit le rapport masculin/féminin d'incidence de différents problèmes sociaux. Sans prétendre que la construction identitaire est la cause exclusive de ces difficultés d'adaptation, les proportions n'en traduisent pas moins un échec plus fréquent du processus de mobilisation des garçons comparativement aux filles.

Comment peut-on expliquer les écarts qui sont observés ? Que faut-il faire pour mobiliser cette proportion de garçons et d'hommes qui se marginalisent ? Dans notre société, le virage identitaire que les filles et les femmes ont amorcé il y a plus de 50 ans a redéfini leur participation sociale. Petit à petit, elles sont en voie de réussir à se repositionner de façon que leur identité sociale corresponde à leur potentiel et à leurs aspirations. Pendant ce temps, l'identité masculine ne s'est pas vraiment modifiée ; de même, la socialisation des garçons à risque n'a pas évolué. Pourtant, le statut masculin ne donne plus automatiquement droit au rôle de chef. Les hommes doivent gagner leur place dans un monde dominé par le savoir, auquel les femmes ont maintenant accès. Ce repositionnement féminin dans la société a dévoilé la fragilité d'une proportion trop grande de garçons et d'hommes qui n'arrivent pas à se trouver un rôle adapté et qui se tournent vers la déviance pour se donner une valeur. Quelle solution faut-il adopter ? La première étape consiste à accepter qu'il y ait un problème masculin, et cela n'est pas encore acquis.

Dans le processus de socialisation des garçons, la restriction dans la communication des émotions a retenu l'attention des chercheurs de façon particulière. Levant (1998) conclut son examen des connaissances sur le sujet en affirmant que les garçons élevés dans la culture traditionnelle de la masculinité sont entraînés à restreindre l'expression de leurs émotions. Malgré le fait qu'au début de la vie les garçons aient une réactivité émotionnelle plus grande, dès l'âge de 2 ans, ils sont moins actifs verbalement et, vers 6 ans, ils sont moins expressifs dans leurs émotions faciales. Dans leur enfance et leur adolescence, les garçons sont plus souvent placés dans des contextes de jeux structurés impliquant une compétition directe, de l'endurance, de la rudesse et de la solidarité d'équipe. Dans de telles conditions, l'exercice d'une réserve à l'égard de ses états d'âme, de ses sentiments et de ses craintes est fortement de mise, et ceux qui dérogent à cette réserve sont sujets à une répression de la part de leurs pairs (Levant et coll., 2006 ; Feder, Levant et Dean, 2007).

7.6 Les contextes sociaux et le développement de l'identité

Au cours de l'adolescence, la recherche d'une réponse à la question « qui suis-je ? » s'effectue à l'intérieur du cadre social où le jeune évolue ; par conséquent, plusieurs facteurs peuvent influer sur le résultat de cette quête, dont les relations familiales et l'origine ethnique, qui font l'objet des sous-sections suivantes.

TABLEAU 7.5	Exemples de problèmes psychosociaux où les individus de sexe masculin sont surreprésentés (ensemble de la population)
Problème	Rapport d'incidence chez les individus de sexe masculin/féminin
Abandon scolaire	± 2 : 1[a]
Opposition — conduites antisociales	3 : 1[a]
Dépendance à l'alcool et à la drogue	3 : 1[b]
Jeu d'argent excessif	2 : 1[c]
Décès sur la route	6 : 1[d]
Criminalité juvénile	4 : 1[e]
Itinérance	8 : 1[a]
Suicide	4 : 1[a]

Source : a) Cloutier (2004) ; b) Statistique Canada (2004) ; c) Marshall et Wynne (2003) ; d) Bouchard et Brault (2003) ; e) Statistique Canada (2005).

Les garçons ont une nette surmortalité et surmorbidité par rapport aux filles. Les pairs ont un effet de renchérissement des conduites à cause de la valorisation du risque dans les imaginaires adolescents de la virilité, et par crainte d'une réputation de pusillanimité. Leur présence incite le jeune à aller au-delà de ses appréhensions pour affirmer son identité aux yeux des autres. Le mal de vivre, la difficulté d'éprouver l'évidence d'exister suscitent un repli sur les vieilles antennes de la « virilité ». Il s'agit de montrer qu'« on en a », de ne pas avoir froid aux yeux.

La violence, les incivilités, les émeutes urbaines, les provocations ou les affrontements aux autres participent d'une culture de la « virilité » qui reste l'ultime ressource pour se forger — avec les poings ou l'arrogance — une image de soi positive. L'obsession du « respect » que l'on est prêt à défendre

Montrer qu'« on en a ».

en toutes circonstances témoigne de la fragilité du sentiment de soi. Le souci d'être à la hauteur provoque d'innombrables défis pour savoir qui pisse ou crache le plus loin, ou amène des joutes plus délicates mettant en danger l'existence ou l'avenir.

Se dérober face à l'épreuve est impensable pour l'estime de soi et sa place dans le groupe. Pour les garçons, la peur de passer pour un « bouffon » est rédhibitoire. Le risque pour l'identité est plus redoutable à assumer que le risque pour la santé ou la vie. Perdre l'estime des pairs est le pire des dangers. Le reste n'est que le prix à payer pour maintenir sa place ou prendre de l'ascendant sur le groupe. Cette sociabilité masculine se caricature dans des émissions cultes des jeunes générations, typiquement masculines, comme *Jackass* ou *Dirty Sanchez*.

Source : Le Breton (2004, p. 8-9).

7.6.1 Les relations familiales

La chaleur, le soutien, la valorisation, le sentiment d'appartenance familiale que l'adolescent trouve dans sa famille, ou, au contraire, le rejet, la violence, l'hostilité et le mépris apparaissent comme des matériaux à partir desquels il se construit une identité, un projet personnel.

> Les relations familiales ressortent comme la zone clé de la réalité des jeunes. Nos analyses ne nous permettent pas de parler de cause à effet, mais la façon dont le jeune se sent dans sa peau, les problèmes personnels qu'il vit, son évaluation de l'école, ses habitudes de consommation de cigarette, de drogue et d'alcool et sa perception de son avenir sont constamment apparus comme corrélés significativement à la cohésion et à la discorde familiale, à la relation avec le père et la mère (Cloutier, 1994, p. 118).

La littérature portant sur l'identité à l'adolescence indique globalement que plus les relations entre le jeune et ses parents sont positives, plus il y a de chances que celui-ci s'approche d'un statut identitaire avancé et présente des conduites socialement adaptées à la fin

de son adolescence (Collins, 2005 ; Eisenberg et Fabes, 1998 ; Grusec, Davidov et Lundell, 2002 ; Meeus et coll., 1999).

7.6.2 L'appartenance à une minorité ethnique[1]

Pour l'adolescent, le fait d'être membre d'une minorité ethnique rend plus compliquée la recherche d'une identité puisque deux ensembles différents de valeurs se présentent simultanément à lui : celui de sa minorité d'appartenance et celui de la société majoritaire. Comme tous les autres jeunes de son âge, il doit trouver sa propre réponse aux questions « qui suis-je ? » et « où est-ce que je m'en vais ? » Or, dans son cas, un nouvel élément vient brouiller les cartes : adhérera-t-il au modèle de sa minorité ou adoptera-t-il le modèle majoritaire ? Le choix de se diriger franchement vers les valeurs de la majorité pour profiter pleinement des avantages du groupe dominant risque d'engendrer des conflits intérieurs de déloyauté à l'endroit de sa communauté et une forme de rejet de la part du groupe d'origine, qui y verra une sorte de désertion, de traîtrise. À l'inverse, l'adhésion aux valeurs de l'ethnie d'origine et le rejet des valeurs

---

1. Dans ce chapitre, le terme « minorité ethnique » inclut aussi la notion de « minorité raciale », et c'est pour des raisons d'espace que la distinction n'est pas faite.

du groupe dominant priveront peut-être le jeune des chances de réalisation personnelle que lui offrirait une insertion dans la société majoritaire.

Ce risque supplémentaire se traduit par une probabilité plus grande de vivre des problèmes d'adaptation, comme des problèmes de comportement, de la délinquance, de la violence, de l'abus de drogue ou des comportements sexuels non protégés. Ce risque provient du fait que l'adolescent appartenant à une minorité ethnique, en plus d'établir son identité individuelle (le soi), doit établir son identité ethnique (Spencer et Dornbush, 1993 ; Quintana, Aboud, Chao, Contreras-Grau, Cross, Hudley et coll., 2006), c'est-à-dire combiner le système de valeurs de son groupe culturel d'origine avec celui de la majorité et construire une vision positive de sa condition ethnique, ce que tous ne parviennent pas à faire. La formation d'une identité ethnique positive représente un défi important pour ces adolescents issus de minorités, cette tâche pouvant être considérablement alourdie par la discrimination dont ils sont parfois victimes dans leur communauté. La discrimination ethnique chez les adolescents est porteuse d'une image de soi plus négative, de sentiments de marginalisation et d'aliénation, ce qui contribue au risque d'inadaptation de ces jeunes (Alvarez, Juang et Liang, 2006 ; Anderson, 1995 ; Choi, Harachi, Gillmore et Catalano, 2007 ; Gibbs, 1998).

Dans ce contexte, plusieurs études ont observé que le développement d'un fort sentiment d'appartenance à son groupe ethnique d'origine agit comme facteur de protection pour l'adaptation du jeune. Par exemple, Choi et ses collaborateurs (2007) signalent plusieurs études américaines montrant que des jeunes asiatiques qui s'affilient étroitement à leur culture d'origine présentent des indices de bien-être psychologique et de rendement scolaire plus élevés que leurs pairs de la même origine qui ont plutôt assimilé les valeurs de la majorité, et ce, malgré la pauvreté de leur famille, la faible scolarité de leurs parents et la localisation de leur école dans un quartier défavorisé. Ces constats appuient l'hypothèse voulant qu'une forte adhésion aux valeurs de la minorité ethnique d'origine protège contre les risques et stimule la résilience.

Le tableau 7.6 présente un aperçu des dimensions prises en considération dans l'évaluation de l'affiliation ethnique des jeunes. Cet instrument élaboré par Phinney (1992, 2007) est inspiré du modèle identitaire d'Erikson et de Marcia et combine les dimensions « exploration » et « engagement ». Les items 1, 4 et 5 sont associés à l'exploration, tandis que les autres sont liés à l'engagement du jeune par rapport à son groupe ethnique.

Qu'il soit montagnais à Sept-Îles, haïtien à Montréal, sud-coréen à Québec, marocain à Paris, algérien à Marseille ou québécois à Toronto, l'adolescent doit construire son identité en combinant à son avantage les valeurs de son peuple d'origine avec celles de la société majoritaire. Les jeunes qui n'arrivent pas à composer leur propre combinaison et qui oscillent entre un pôle d'attraction et l'autre sans arrêter leurs frontières personnelles risquent de demeurer au stade de l'identité diffuse.

À cette obligation de créer son équilibre identitaire personnel entre les deux cultures qui entrent parfois en conflit l'une avec l'autre s'ajoutent les obstacles relationnels que constituent une langue ou un accent différent, la ségrégation basée sur la couleur de la peau, les préjugés raciaux, irritants bien présents dans les rapports des adolescents issus de minorités ethniques avec la communauté majoritaire. Dans les minorités numériquement restreintes, Berlin (1986) observe en outre que les jeunes sont souvent limités quant au

TABLEAU 7.6 Échelle d'identité ethnique de Phinney					
1. J'ai cherché à trouver plus d'information sur mon groupe ethnique, comme son histoire, ses traditions et ses coutumes.	1	2	3	4	5
2. J'ai un fort sentiment d'appartenance à l'égard de mon groupe ethnique.	1	2	3	4	5
3. Je comprends bien ce que cela veut dire pour moi d'appartenir à mon groupe ethnique.	1	2	3	4	5
4. J'ai souvent fait des choses pour m'aider à mieux comprendre mon origine ethnique.	1	2	3	4	5
5. J'ai souvent parlé à d'autres personnes pour en connaître davantage sur mon origine ethnique.	1	2	3	4	5
6. Je ressens un fort attachement à l'égard de mon propre groupe ethnique.	1	2	3	4	5

Légende : 1 = tout à fait en accord avec l'énoncé ; 2 = plutôt en accord ; 3 = ni en accord ni en désaccord ; 4 = plutôt en désaccord ; 5 = tout à fait en désaccord.
Source : Phinney (1992, 2007, p. 276).

Dans leur recherche d'une identité, les jeunes membres d'une minorité ethnique doivent composer avec un choix additionnel : adhérer au modèle de leur minorité ou adopter le modèle majoritaire.

nombre de modèles adultes bien adaptés qu'ils peuvent trouver dans leur culture et quant aux possibilités d'exploration qui s'offrent à eux. Ces restrictions, qui s'ajoutent à la discrimination dont le jeune peut être l'objet lorsqu'il souhaite explorer l'espace de la société majoritaire, peuvent représenter des barrières considérables à l'exploration nécessaire (moratoire) à l'achèvement identitaire. À ce sujet, Markstrom-Adams (1992) fait état d'une série d'études démontrant que les adolescents appartenant à des minorités ethniques ont tendance à être moins actifs que leurs pairs de la culture dominante dans l'exploration identitaire (moratoire), ce qui crée un terrain propice à la formation d'une identité forclose (engagement sans exploration préalable).

7.6.3 Une appartenance pluriethnique

Maintenant, qu'arrive-t-il aux adolescents qui viennent d'une famille multiraciale ? L'évolution démographique actuelle au Canada et aux États-Unis traduit un métissage grandissant des couples, de sorte que la proportion de jeunes dont les parents appartiennent à des groupes ethniques différents est en augmentation. Pour eux, l'établissement d'une identité ethnique est rendu encore plus difficile, comparativement aux jeunes de familles monoethniques, en raison de la multiplicité des modèles culturels pouvant entraîner un mélange des valeurs à

privilégier et une confusion des voies à prendre (Choi et coll., 2007). Pour ces jeunes, le choix culturel à faire s'impose dans la famille elle-même avant de se poser dans la communauté élargie (Overmier, 1990). Selon les données disponibles aux États-Unis, les adolescents issus de familles multiethniques portent effectivement un risque d'inadaptation psychosociale plus grand que leurs pairs issus de la majorité ou de minorités monoethniques (Choi et coll., 2007). En outre, il semble que la protection des adolescents concernés ne peut pas découler de l'application d'une vision ethnique unique, mais doit faire l'objet d'une adaptation « sur mesure » selon leur amalgame socioculturel particulier (Quintana, 2007).

Les enjeux du métissage ethnique par rapport au processus identitaire sont encore mal connus malgré l'augmentation du phénomène, et, comme c'est encore le cas pour l'ensemble de la question de l'identité ethnique, les informations disponibles font beaucoup plus état des inconvénients que des avantages rattachés à cette condition. Dans leur bilan des connaissances sur cette question, Quintana et ses collaborateurs (2006) affirment que la recherche doit continuer de tenter non seulement de départager le rôle et l'interaction des nombreuses variables en jeu (race, ethnie, culture, immigration, classe sociale, etc.), mais aussi de comprendre la dynamique d'interaction de ces facteurs d'influence du développement identitaire.

Une appartenance pluriethnique pose un défi identitaire particulier, mais à partir du moment où le jeune arrive à se construire une image positive de lui-même par l'établissement d'un équilibre entre les différentes cultures qui s'offrent à lui, il peut en retirer une richesse personnelle incontestable dont témoigne le parcours interculturel de bon nombre de femmes et d'hommes célèbres (Maria Callas : États-Unis, Grèce et France ; Marie Curie : Pologne et France ; Albert Einstein : Allemagne et États-Unis ; Sigmund Freud : Autriche et Angleterre ; Pablo Picasso : Espagne et France).

7.7 L'adoption et l'identité à l'adolescence

Dans la recherche d'une réponse à la question « qui suis-je ? », la présence de points de repère stables, de modèles solides, constitue un atout indéniable. Même si l'enfant adopté a été mis au fait de sa situation alors qu'il était tout petit, et ce, dans les meilleures conditions, il est probable que, au moment de l'éveil cognitif et identitaire qui se produit à l'adolescence, la question de ses origines resurgira en lui pour être réinterprétée. Le fait de prendre conscience de sa discontinuité généalogique peut susciter chez lui les sentiments d'être seul au monde, d'avoir été abandonné, de n'être pas désiré (Brodzinsky, 1987, 1990). « Qui sont mes parents ? », « pourquoi m'ont-ils mis en adoption ? », « quelles sont les motivations qui ont amené mes parents adoptifs à m'adopter ? », voilà autant de questions qui viennent s'ajouter à celle qui concerne le processus identitaire : « Qui suis-je, moi ? »

Comparant la position de l'enfant adopté avec celle de l'orphelin ou de l'enfant de parents séparés, Brodzinsky (1990) affirme que les six facteurs suivants conditionnent le degré de tension vécu par le jeune qui a perdu l'un de ses parents ou les deux : 1) le caractère universel ou particulier de la perte, c'est-à-dire dans quelle mesure la perte vécue est le lot de tous ; 2) la qualité de la relation entre l'enfant et la personne perdue ; 3) la durée de la perte ; 4) le caractère volontaire ou involontaire de la rupture ; 5) l'étendue de la perte ; 6) la reconnaissance de la perte par le milieu et le soutien apporté à la personne éprouvée. Par rapport à ces critères, l'adoption place le jeune dans une situation assez peu courante ; le caractère réversible de celle-ci peut entretenir les fantasmes de réunion chez la jeune personne adoptée. La question de savoir si la mise en adoption était volontaire ou non peut demeurer ambiguë aux yeux du jeune nourrissant potentiellement le sentiment d'avoir été rejeté. Enfin, l'attitude du milieu face à l'adoption n'est pas toujours claire ni ouverte ; les personnes sont souvent embarrassées à l'idée d'en parler étant donné qu'elles ne savent pas trop quoi en dire parce qu'elles connaissent mal le sujet, de sorte que l'adolescent adopté peut avoir le sentiment d'être isolé dans une situation que les autres ne reconnaissent pas ouvertement et qu'ils ne savent pas comment traiter.

Heureusement, la sensibilité, la chaleur, la présence et la force des parents adoptifs peuvent sécuriser l'enfant sous plusieurs de ces aspects et fournir un soutien incontestable (Jaffari-Bimmel, Juffer, Ijzendoorn, Bakermans-Kranenburg et Mooijaart, 2006). La stabilité et la clarté des repères sont des atouts majeurs dans une telle quête identitaire, surtout en cas d'adoption internationale où les barrières précédemment citées concernant l'appartenance à une origine ethnique minoritaire s'ajoutent à celles qui touchent l'origine biologique.

CHAPITRE 8

La famille

8

8.1 La famille en tant que milieu social

Pendant l'enfance, la famille constitue le principal agent de socialisation. Entre 12 et 18 ans, elle continue d'avoir une très grande importance bien que l'adolescent doive prendre ses distances par rapport à ses parents au cours de cette période. C'est au sein de la famille que se créent les premières relations humaines, et le modèle interpersonnel qu'on y trouve influera sur l'ensemble des relations que l'individu établira par la suite. Les rapports familiaux sont le prototype des rapports ultérieurs. La façon d'entrer en contact avec autrui, de chercher la présence des autres ou de fuir ceux-ci, de s'exprimer verbalement ou non, de donner et de recevoir, de gagner et de perdre, etc., voilà autant de comportements acquis dans la famille et qui pourront être expérimentés et adaptés à l'extérieur du cercle familial.

C'est donc dans la famille que s'élabore la compréhension du monde social. L'enfant y apprend à connaître et à comprendre les motifs qui poussent les autres à agir, la place de chaque individu dans la hiérarchie sociale, les liens d'affection ou d'hostilité interpersonnelle. Les liens et les rôles familiaux sont les premiers matériaux au moyen desquels le jeune se construit sur le plan social : de leur qualité dépend le résultat final.

Si la famille conserve une grande importance à l'adolescence, il n'en demeure pas moins que le jeune doit sortir du cadre familial et se construire une vie sociale autonome. C'est là une tâche développementale incontournable. Un dépassement de l'univers social de la famille doit donc s'opérer. Si la famille s'oppose à ce dépassement en freinant les tentatives d'émancipation de l'adolescent, celui-ci ne réussira pas à s'épanouir socialement ou entrera en conflit avec ses parents.

Bien que, par un phénomène normal, l'adolescent doive prendre ses distances vis-à-vis de la famille dans la conquête de son autonomie, le milieu familial conserve un rôle de première importance dans le processus de socialisation du jeune. D'une part, il continue de modeler et d'encadrer les apprentissages sociaux encore incomplets ; d'autre part, il est le principal cadre de l'individuation. Paradoxalement, la famille qui désire garder l'adolescent dans son cercle doit soutenir sa distanciation et non la freiner. Il est loin d'être facile pour les parents de bien doser le soutien à fournir à leur jeune et le non-interventionnisme qu'exige l'exercice de son indépendance. L'adolescent peut très bien se brûler les doigts si ses parents ne l'encadrent pas assez, mais il peut aussi se révolter contre une emprise qu'il juge abusive. La confiance qui régnera entre les deux générations conditionnera dans une large mesure la qualité des rapports qui seront vécus dans les moments plus difficiles. Si un jeune est convaincu que ses parents agissent contre lui à seule fin de maintenir leur autorité, il agira différemment de celui qui croit que ses parents désirent bien faire malgré leurs maladresses et qu'il y a moyen de leur parler de manière qu'ils comprennent son point de vue. Par ailleurs, les parents qui sont convaincus que leur adolescent fait tout en son pouvoir pour éluder leurs exigences, pour déjouer leur surveillance et pour faire des mauvais coups sont comparables à des chats qui chassent une souris.

Le dépassement social de la famille constitue donc parfois une expérience pénible oscillant entre l'éclatement et l'enfermement, le conflit ouvert et la rancune inhibée. À l'inverse, il peut se traduire par une expérience positive d'accession graduelle et consentie à une autonomie sociale personnelle. Les parents, chacun avec son style, représentent un élément clé de l'expérience adolescente au moment du processus d'acquisition de l'autonomie, expérience qui est susceptible de laisser des traces beaucoup plus profondes que l'adolescence entière.

8.2 Les styles parentaux

Les parents sont généralement les premiers agents de socialisation de leurs enfants, et la façon dont ils exercent ce rôle a des répercussions considérables sur la vie de ces derniers. La relation parent-enfant est en elle-même un contexte de développement étant donné qu'elle définit un espace avec des limites et des ouvertures. Un peu comme une maison qui possède des cloisons infranchissables, ses portes permettant d'entrer, de sortir et de passer d'une pièce à l'autre, ses fenêtres offrant une ouverture plus ou moins grande sur le monde extérieur, cette relation sert de référence de base au jeune en transformation ; lorsque ses règles et ses limites sont claires et explicites, l'enfant sait à quoi s'attendre, mais lorsqu'elles sont floues ou changeantes, il ignore jusqu'où il peut aller. Imaginez une maison où les murs et les ouvertures changeraient d'un jour à l'autre ; il serait difficile de s'y retrouver et ses occupants passeraient beaucoup de temps à « se chercher ».

Le style parental peut être défini comme une constellation d'attitudes qui créent un climat émotif à travers lequel s'expriment les comportements parentaux (Darling et Steinberg, 1993). Diana Baumrind est une figure essentielle dans le domaine de l'étude des styles parentaux. En 1967, elle a proposé une typologie décrivant les parents en fonction de trois styles qualitativement différents. Ces styles étaient définis sur la base de la façon dont les parents exerçaient le contrôle sur leurs enfants, soit l'exercice démocratique du contrôle, l'exercice autoritaire ou l'exercice permissif. Seize ans plus tard, Maccoby et Martin (1983) ont élargi le schéma proposé par Baumrind en suggérant une typologie qui s'appuie sur deux dimensions, considérées comme indépendantes, soit la sensibilité et le contrôle. Le croisement de ces deux dimensions recoupe les styles autoritaire et démocratique proposés par Baumrind et scinde le style permissif en deux sous-groupes, soit le style désengagé et le style permissif, qualifié aussi d'indulgent.

La figure 8.1 présente les quatre styles parentaux obtenus par la combinaison des dimensions « sensibilité » et « contrôle ».

FIGURE 8.1 Quatre styles d'autorité parentale définis selon les dimensions « sensibilité » et « contrôle »

Sensibilité

		Parents peu sensibles aux besoins de l'adolescent, centrés sur eux-mêmes	Parents sensibles aux besoins de l'adolescent
C o n t r ô l e	Contrôle actif exercé par les parents sur l'adolescent	Style autocratique	Style démocratique
	Faible contrôle parental	Style désengagé	Style permissif

Source : Inspiré de Maccoby et Martin (1983, p. 39).

La première dimension, soit la sensibilité du parent aux besoins de son enfant, fait référence à la qualité des liens parent-enfant. Des concepts tels que la chaleur, l'affection, l'acceptation, le soutien émotionnel et la proximité sont aussi utilisés en relation avec cette dimension fondamentale du rôle de parent. Cette dimension suscite peu de controverse, car les auteurs s'entendent pour affirmer qu'un jeune va bien quand ses parents l'aiment et l'acceptent, et ce, peu importe sa culture, son groupe ethnique, son âge ou son sexe (Rohner, Khaleque et Cournoyer, 2005).

La deuxième dimension, qui correspond au degré d'affirmation du contrôle par les parents, est aussi un élément majeur du style parental. Elle renvoie au rôle, plus ou moins actif, que le parent exerce sur le plan de la prescription de règles et du respect des conventions sociales. Cette dimension est plus controversée que la première, car il n'existe pas de consensus à propos de ce qui constitue un niveau optimal d'exercice du contrôle par le parent. En fait, plusieurs études empiriques montrent que le lien entre le contrôle et le développement des compétences du jeune n'est pas linéaire. Autrement dit, il semble que l'excès de contrôle ou son absence ne soit pas optimal sur le plan du développement du jeune (Claes, 2003). Il existe, en outre, des différences très importantes entre les cultures pour ce qui est de l'exercice de la discipline et des modes de sanctions imposées au moment de la transgression d'une règle (Baumrind et Thompson, 2002 ; Claes, 2003). La nature variée des indicateurs retenus pour mesurer le contrôle ajoute aussi à la confusion en rapport avec cette dimension. Par exemple, le contrôle psychologique, qui concerne les tentatives des parents pour modifier les comportements de l'adolescent à travers des tactiques telles que la culpabilité, le retrait d'amour et les attaques personnelles, est lié à des difficultés chez le jeune. Par contre, le contrôle comportemental, qui concerne les tentatives pour modifier les comportements à travers les stratégies disciplinaires et les fonctions de supervision, est associé à des indices positifs d'adaptation (Rogers, Buchanan et Winchell, 2003).

8.2.1 Le style autocratique

La combinaison d'un contrôle actif et d'une faible sensibilité donne un style parental autocratique. Pour le parent qui adopte le style autocratique, parfois nommé aussi « style autoritaire », l'obéissance est une valeur importante. Il demande beaucoup au jeune, mais n'est pas très attentif à ses besoins. Le parent autocratique privilégie la punition et les mesures disciplinaires. Il est restrictif et intrusif dans sa façon d'exercer le contrôle (Baumrind, 1991). Il n'encourage pas la discussion avec le jeune et croit que ce dernier doit accepter sans rouspéter les règles et les exigences qu'il impose. Il inculque des valeurs comme le respect de l'autorité, du travail, de l'ordre et des traditions.

Le parent autocratique affirme clairement ses exigences à l'égard de l'adolescent : « C'est moi qui suis le parent ici, je suis donc le patron, et tant que tu resteras dans ma maison, tu feras ce que je te demande de faire sans maugréer ; est-ce clair ? » Ce type de parent ne favorise pas la responsabilisation du jeune du fait qu'il décide à sa place et ne lui donne pas l'occasion d'exercer ses capacités d'autocontrôle. D'autre part, ce style parental offre l'avantage de ne laisser aucune place à l'ambiguïté. Le jeune sait à quoi s'en tenir ; il sait ce qu'il peut faire, ce qu'il ne doit pas faire, à quelle heure il doit rentrer, etc.

8.2.2 Le style désengagé

La combinaison d'une faible sensibilité et d'un faible contrôle donne lieu à un style parental désengagé, aussi appelé « style négligent ». C'est probablement le scénario le moins favorable au bon développement du jeune. Souvent débordé par ses propres problèmes, ce parent n'est pas sensible aux besoins de l'adolescent. Il est très peu engagé auprès de son adolescent, qui est laissé à lui-même, sans aucune forme de supervision. En fait, le parent désengagé n'arrive pas, pour diverses raisons, à jouer son rôle de guide parental (Rohner et coll., 2005).

Voici le type de discours que tient le parent désengagé : « J'ai assez de mes problèmes sans être constamment obligé d'être sur ses traces. Il me semble qu'à son âge elle pourrait se débrouiller par elle-même. Si elle ne se conduit pas comme il faut maintenant, elle ne le fera jamais. » Certains parents peuvent rationaliser cet état en responsabilisant l'adolescent plus qu'il ne le faut. Le contexte développemental qui en résulte est flou et instable : aucun signal clair n'est donné quant aux limites à respecter ni au soutien à attendre. L'enfant ne peut voir l'intérêt qu'il aurait à communiquer avec son parent, à l'informer de ses projets ou à lui faire part de ses craintes. Le style désengagé est un type parental que l'on trouve souvent dans le profil de la minorité de jeunes qui connaissent des problèmes sérieux à l'adolescence.

8.2.3 Le style permissif

Le style permissif, aussi appelé « style indulgent », concerne les parents qui accordent beaucoup d'attention aux besoins de leur adolescent, sans beaucoup affirmer leur autorité parentale. Le parent permissif est non punitif et est peu exigeant envers son enfant. Il évite d'exercer du contrôle sur lui. Il entrave très peu les comportements de son adolescent et ne l'incite pas à obéir à des normes. Il encourage son enfant dans son individualité, mais n'exerce pas de restrictions psychologiques ou comportementales.

Voici quelques réflexions typiques du parent permissif : « J'aime mon fils et je fais mon possible pour lui rendre la vie agréable. Il y a tellement de problèmes dans la vie que si je peux lui éviter des frustrations, je vais le faire. On n'a qu'une jeunesse à vivre ; alors, mieux vaut en profiter pleinement. » Le parent permissif permet à l'adolescent de faire ce qu'il veut, mais le résultat est que l'adolescent n'apprend pas à contrôler ses propres comportements et s'attend à ce qu'il obtienne ce qu'il désire. Ce style parental est totalement à l'écoute du jeune, sauf que la réponse arrive avant même que la demande ait été formulée. Dans son intention de bien faire et de rendre son enfant heureux, le parent permissif oublie malheureusement que la « musculature sociale » ne se construit pas sans exercice. Le jeune qui évolue dans un contexte familial de grande tolérance aura fort vraisemblablement de mauvaises surprises lorsqu'il en sortira pour faire face aux exigences de son environnement extrafamilial. Vivre dans un milieu où l'on est le centre de l'univers ne favorise pas le développement des compétences sociales. Penser aux autres, attendre son tour, supporter les frustrations, faire des efforts, voilà autant d'habiletés qui s'acquièrent d'abord dans la famille et qui seront très utiles dans tous les milieux que connaîtra le jeune. Le parent permissif n'est pas assez exigeant et ne pose pas de limites assez claires entre le permis et l'interdit. La conséquence de ce laxisme est que l'enfant ne donne pas son plein potentiel dans ses entreprises.

8.2.4 Le style démocratique

Le style démocratique combine une supervision active avec une sensibilité élevée à l'égard de l'adolescent. Les parents posent des standards élevés au jeune, touchant à l'acquisition de l'autonomie, tout en faisant preuve de flexibilité. Ils apportent aussi beaucoup de soutien sur le plan émotionnel.

Le style parental démocratique favorise l'acquisition de compétences sociales chez l'adolescent.

L'étiquette attribuée originellement par Baumrind à ce style parental est *authoritative* (partisan de l'autorité). Ce terme a été traduit en français par l'expression « style démocratique », laquelle est cependant imparfaite puisqu'elle laisse entendre que les parents et les enfants disposent exactement du même poids décisionnel dans la famille, ce qui n'est pas le cas (Born, 2005). Le parent ayant un style démocratique reste le guide de son enfant et, ultimement, il conserve le pouvoir de décider lorsqu'il n'y a pas de consensus au sein de la famille.

Les parents de ce type envoient toutefois des messages clairs quant à ce qui est permis et à ce qui est interdit, et s'occupent activement de ce qui arrive à leur jeune de façon à lui apporter le soutien requis pour atteindre les objectifs fixés. Ce style parental crée une atmosphère familiale favorable à l'acquisition des compétences sociales parce qu'il respecte la position de l'adolescent dans la prise de décisions qui le concernent ; un tel contexte de respect incite le jeune à assumer ses responsabilités, à résoudre des problèmes. Le parent démocratique est aussi favorable au développement de l'enfant parce qu'il exige de ce dernier qu'il donne sa pleine mesure, malgré les efforts que cela peut lui coûter.

Comme on peut le voir, les parents adoptant un style démocratique et ceux adoptant un style autoritaire imposent les uns et les autres des limites à leurs enfants ;

toutefois, leur façon d'exercer le contrôle est différente. Dans le style autoritaire, l'exercice du contrôle est unilatéral et les enfants doivent obéir. Au contraire, dans le style démocratique, les parents encouragent les échanges verbaux et guident les enfants en utilisant la raison.

Voici le type de discours caractéristique de ce style parental : « Je tiens à ce que mon jeune apprenne à se conduire comme un membre à part entière du milieu dans lequel il vit, en prenant toute la place qui lui revient, mais en étant aussi exigeant envers lui qu'il l'est envers les autres. »

Globalement, le style parental démocratique est associé à l'adaptation la plus positive chez le jeune. Il promeut, en effet, de meilleures performances scolaires, la maturité sociale, le sens des responsabilités, les compétences sociales, l'estime de soi et la santé mentale (Collins et Laursen, 2004 ; Sorkhabi, 2005 ; Steinberg et Silk, 2002 ; Steinberg, 2001). Pourquoi ?

■ Les parents démocratiques établissent un équilibre entre le contrôle et l'autonomie. Ils donnent à leurs enfants des occasions de développer leur indépendance tout en communiquant des attentes élevées à leur égard et en traçant des limites claires. Les parents démocratiques sont plus susceptibles de déléguer progressivement du pouvoir à l'adolescent, ce qui lui permet de gagner de l'assurance.

- Les parents démocratiques s'engagent plus dans des échanges qui permettent aux enfants d'exprimer leurs points de vue. Ce type de discussion familiale est susceptible d'aider les jeunes à comprendre les relations sociales, ce qui est requis pour devenir une personne socialement compétente. Ces discussions leur permettent également de développer leurs habiletés cognitives, leur jugement moral et leur empathie.

- La chaleur et l'engagement que manifestent les parents démocratiques rendent l'enfant plus réceptif à l'influence parentale. Le jeune dans cette situation admire son parent et s'identifie à lui; il est donc plus ouvert à ses opinions et à ses valeurs.

- La combinaison du soutien et de la régulation facilite le développement des habiletés d'autocontrôle, ce qui permet au jeune de fonctionner de manière responsable et compétente.

Précisons que ce ne sont pas nécessairement les comportements des parents démocratiques en eux-mêmes qui importent, mais bien le contexte émotionnel ou le climat dans lequel s'inscrivent ces comportements (Steinberg, 2001, 2008). Par exemple, l'engagement des parents dans les travaux scolaires de l'adolescent peut revêtir une signification tout à fait différente selon que cette pratique s'inscrit dans un climat de rejet ou dans un climat chaleureux qui tient compte des caractéristiques du jeune et de ses besoins. Si un jeune perçoit que ses parents veulent réellement son bien, l'impact positif du comportement sur lui sera beaucoup plus grand. Le climat émotionnel dans lequel se déroule l'action teinte la perception du jeune à propos des intentions des parents et cette perception modifie à son tour l'impact des pratiques parentales.

8.2.5 Les limites de la typologie des styles parentaux

La typologie des styles d'autorité parentale en quatre catégories ne manque pas d'intérêt, mais, en tant qu'outil pour situer la relation parent-adolescent, elle comporte au moins les quatre limites suivantes. Premièrement, il n'existe probablement pas de parent qui corresponde à un style « pur »; la plupart des comportements parentaux puisent dans un mélange de styles. Il est donc très difficile de classer de nombreux parents dans l'une ou l'autre des quatre catégories proposées. Deuxièmement, un parent peut adopter un style différent selon les circonstances ou l'enjeu en cause; par exemple, il se montrera autocratique pour ce qui touche aux travaux scolaires et démocratique en ce qui concerne l'argent de poche. Il est normal qu'il en soit ainsi étant donné que les situations n'ont pas toutes la même importance et que les parents ne sont pas parfaits. Troisièmement, tous les adolescents qui vivent avec deux parents savent bien qu'une communauté de vues totale n'existe pas concrètement et que dans la réalité le style du père et le style de la mère ne coïncident pas nécessairement. Certains adolescents sont d'ailleurs passés maîtres dans l'art de tirer profit de ces différences de styles entre leur mère et leur père. Quatrièmement, cette typologie ne rend pas compte du fait que le jeune exerce une influence sur le style de son parent. Même si nous avons tendance à considérer le comportement de l'adolescent comme le résultat des efforts de socialisation de ses parents, il ne s'agit pas d'une voie à sens unique (Steinberg, 2008). Un jeune qui est responsable, autonome et qui fait preuve d'autocontrôle incitera ses parents à le traiter de manière plus flexible. À l'opposé, un jeune moins mûr et plus agressif sera sans doute traité de manière plus autoritaire. Bref, si l'on tient compte de ces limites, la réalité n'est peut-être pas aussi simple que celle présentée dans le modèle de la figure 8.1.

8.3 L'exercice du rôle parental selon les contextes culturels

En 2001, Steinberg affirmait que les bénéfices liés au style parental démocratique transcendaient les différences entre les cultures, les niveaux socioéconomiques et les structures familiales. Il est vrai que le consensus qui se dégage des écrits scientifiques est très solide pour ce qui est du lien entre ce style parental et les compétences des enfants et des adolescents. Il faut noter cependant que la très grande majorité des études dans ce domaine ont été réalisées auprès de jeunes de la classe moyenne et d'origine caucasienne. Cela dit, selon Baumrind et Thompson (2002), le style parental optimal dans plusieurs cultures possède effectivement des caractéristiques qui se retrouvent dans le style démocratique : un engagement très grand dans le rôle de parent, l'amour de l'enfant et la mise en place de structures et de règles. La combinaison exacte et optimale de contrôle et de chaleur ainsi que la façon dont ces construits sont opérationnalisés subissent toutefois l'influence des contextes sociaux.

Les pratiques de socialisation qui sont normatives dans une culture donnée sont généralement bien acceptées par les enfants et permettent d'atteindre les buts de la socialisation relevés dans cette culture. Par exemple, les pratiques éducatives des Asiatiques, parfois décrites comme autoritaires, s'inscrivent, selon Chao et Tseng (2002), dans un style parental caractérisé par un contrôle élevé combiné avec un engagement élevé dans la vie de l'enfant. Ainsi, bien que le parent soit très exigeant à l'égard de son enfant sur les plans de la performance scolaire, de la conformité et de l'obéissance, il lui offre aussi beaucoup de soutien. Ces pratiques ne reflètent donc pas un style autoritaire caractérisé uniquement par un contrôle strict et dominant. Dans ce contexte, l'enfant s'identifie aux valeurs de ses parents. Bref, une pratique parentale qui peut sembler intrusive selon une perspective nord-américaine peut, au contraire, du point de vue des personnes vivant dans ces cultures, posséder des caractéristiques désirables qui seront d'ailleurs associées à des bénéfices chez les adolescents.

La dimension « sensibilité et chaleur » serait associée à un développement positif chez les enfants, peu importe la culture.

Dans la même veine, Lim et Lim (2003) soulignent que l'association entre le style parental démocratique et le développement optimal des enfants n'est pas aussi limpide dans les études dont les échantillons ne sont pas composés uniquement de Nord-Américains d'origine caucasienne. Par exemple, une étude de Steinberg, Lamborn, Darling, Mounts et Dornbusch (1994) montre que la relation entre le style autoritaire et la performance scolaire est plus grande chez les personnes d'origines caucasienne et hispanique que chez les Afro-Américains et les jeunes Américains d'origine asiatique.

Des auteurs indiquent aussi qu'il n'est pas toujours facile d'interpréter, à partir d'une perspective extérieure, ce qui constitue une démonstration d'affection et d'amour dans une autre culture que la sienne (Chao 2000 ; Lim et Lim, 2003 ; Rohner et coll., 2005). Ainsi, dans les cultures occidentales, un parent chaleureux démontrera physiquement son amour par des caresses, des baisers ou des mots doux, tandis que, dans d'autres cultures, la chaleur pourrait s'exprimer par le biais de l'engagement envers l'enfant ou par des gestes précis qui revêtent une signification échappant aux yeux des Occidentaux de même qu'à leurs instruments de mesure (Rohner et coll., 2005). Cela dit, malgré ces différences qualitatives, il semble que la dimension « sensibilité et chaleur » soit associée à un développement positif chez les enfants, peu importe la culture.

8.4 Le niveau socioéconomique des familles et les styles parentaux

Les chercheurs se sont aussi intéressés au lien entre le niveau socioéconomique des familles et l'exercice du rôle de parent. En général, il est démontré que les indicateurs économiques sont liés aux pratiques parentales. Ainsi, les parents ayant un niveau socioéconomique élevé utilisent plus de techniques de contrôle psychologique, incluant le raisonnement ainsi que la culpabilisation, alors que les parents ayant un niveau socioéconomique faible recourent davantage à des punitions physiques (Hoff, Laursen et Tardif, 2002). En outre, les parents ayant un niveau socioéconomique élevé entretiennent des relations plus égalitaires avec leur jeune que les parents ayant un niveau socioéconomique faible. Il a aussi été maintes fois démontré que les parents ayant un niveau socioéconomique faible valorisent plus l'obéissance, alors que les parents ayant un niveau socioéconomique élevé valorisent davantage l'autodirection. Les difficultés économiques nuisent au climat familial et la qualité des liens dans la famille s'en ressent. Les parents qui se trouvent dans ces conditions sont plus irritables, moins cohérents dans leur discipline et plus restrictifs (Steinberg et Silk, 2002).

Au Québec (Bellerose, Cadieux et Noël, 2002) et au Canada (Boyce, 2004), les études montrent aussi que le type de relations qu'entretiennent les parents et les adolescents est lié au niveau socioéconomique des familles.

Les indices vont dans le même sens que les études américaines. Les jeunes se sentent moins soutenus par leurs parents lorsqu'ils viennent d'une famille disposant de moins de revenus. Une étude réalisée auprès de plus de 500 élèves de la 1re à la 3e secondaire montre que les parents occupant des fonctions de professionnels ou de cadres supérieurs sont perçus par les adolescents comme étant plus démocratiques et permissifs que les parents n'occupant pas ce type de fonctions (Soucy, 1996).

Comment interpréter ces résultats ? Pour des auteurs comme Bronfenbrenner (1979), le faible statut socio-économique d'une famille constitue un terrain propice à l'apparition d'une série d'autres facteurs de risque. Et ce sont ces facteurs qui sont associés aux difficultés dans l'exercice du rôle de parent ; pensons, par exemple, à l'exiguïté des logements, au manque de ressources matérielles, au stress lié à l'argent, au fait de vivre dans des quartiers moins sécuritaires. En outre, il est bien démontré que les parents qui vivent dans la pauvreté connaissent aussi plus de détresse psychologique, ont un sentiment de contrôle sur leur vie moins élevé, éprouvent plus de problèmes de santé mentale. Ces caractéristiques sont elles-mêmes associées à la façon dont les parents exercent leur rôle (Magnuson et Duncan, 2002).

Certains auteurs font aussi appel à la notion de niche développementale afin d'illustrer le fait que les parents ajustent leurs stratégies éducatives en fonction du contexte dans lequel ils vivent (Harkness et Super, 2002). Par exemple, les pratiques parentales qui paraissent restrictives ou punitives dans un environnement relativement exempt de risque peuvent, au contraire, procurer le niveau de supervision optimale dans un quartier dangereux. Santrock (2006) souligne, en ce sens, que l'exercice d'une autorité stricte et l'exigence de l'obéissance peuvent être des stratégies adaptatives afin de prévenir l'apparition de comportements délinquants chez les jeunes qui vivent dans certains quartiers présentant un taux de criminalité élevé. Cependant, ces stratégies plus restrictives peuvent aussi avoir comme conséquence de diminuer le sens de l'autonomie du jeune (Collins, Maccoby, Eleanor, Steinberg, Hetherington et Bornstein, 2000).

Bref, il est clair que les conditions dans lesquelles les parents vivent influent sur l'exercice de leur rôle. L'ampleur des différences observées entre les familles ayant des niveaux socioéconomiques faibles et élevés ne fait toutefois pas l'unanimité. De plus, il existe des variations considérables entre les parents d'un même groupe. Les familles « pauvres » ne constituent pas un groupe homogène ; il en est de même pour les familles plus aisées. Ce constat s'applique également aux familles venant de diverses cultures. Il faut donc éviter de les voir comme des blocs monolithiques où tout le monde se comporte de la même façon.

8.5 La transformation des relations avec les parents à l'adolescence

Le passage de l'enfance à l'âge adulte se traduit, dans la famille, par une diminution de l'asymétrie et une augmentation de la mutualité entre parents et adolescent. Bien entendu, les rapports existant entre les deux générations ne deviendront jamais tout à fait égaux, mais ils tendront à s'éloigner de leurs bases de dépendance et d'autorité unilatérales pour reposer davantage sur la réciprocité et la coopération. En même temps que le jeune cessera peu à peu d'être dépendant de ses parents, ceux-ci cesseront petit à petit de le superviser.

La figure de l'autorité parentale, plus ou moins idéalisée au cours de l'enfance, est ramenée par l'adolescent à des dimensions plus humaines. Elle n'a dès lors plus uniquement des qualités, des forces et des ressources, mais aussi des défauts, des faiblesses et des besoins. À l'adolescence, l'individu prend conscience des limites de ses parents en même temps qu'il apprend à découvrir les siennes. Il se rend compte qu'il peut contribuer de façon appréciable à la satisfaction de certains besoins de son parent, que celui-ci dépend de lui pour certaines dimensions de son bonheur. Le jeune devient plus apte à comprendre que, comme lui, son parent a des émotions, des craintes, des espoirs, et qu'il n'est pas réduit à la condition de « parent » dans la famille. Pour sa part, le parent en arrive progressivement à comprendre que sa fille ou son fils n'est plus un enfant, mais une personne qui doit construire son monde indépendant et qui, pour y parvenir, a peut-être plus besoin de coopération que de commandement. Cette nouvelle compréhension réciproque entre les deux générations s'installe à la faveur d'une bonne communication. Sans échanges, sans interactions, sans dévoilements personnels, il ne saurait y avoir de rapprochement.

La qualité des rapports qui prédominent dans la famille est un élément moteur du processus de socialisation du jeune. Là où les membres partagent un sentiment d'appartenance à la famille, où règnent le respect mutuel, la chaleur et l'affection dans les relations interpersonnelles, les adolescents sont plus susceptibles d'être bien dans leur peau, d'avoir une bonne estime d'eux-mêmes et une attitude positive face à l'avenir. À l'inverse, là où prévalent la discorde, le mépris et l'hostilité, les jeunes risquent davantage de se sentir mal dans leur peau, d'avoir une faible estime d'eux-mêmes et d'être pessimistes face à l'avenir. Heureusement, la grande majorité des jeunes considèrent qu'ils ont des relations empreintes de chaleur avec leurs parents (Boyce, 2004).

8.5.1 Les conflits parents-adolescent

Malgré la croyance populaire, les recherches montrent clairement que les conflits majeurs, intenses et agressifs entre les parents et les adolescents ne sont pas la norme. Cependant, si ce type de conflits ne caractérise pas les relations de la majorité des parents et des adolescents, les désaccords et les conflits mineurs le font. Ces conflits n'ont toutefois pas pour effet de briser les liens entre les parents et leur adolescent, puisque les parents comme les jeunes affirment entretenir des relations chaleureuses et être très attachés les uns aux autres (Claes, 2003). Ils n'en constituent pas moins une source de stress quotidien pour les acteurs en présence. Cela contribue certainement à la perception des parents selon laquelle l'adolescence est une période difficile.

Quelles sont les sources de discorde entre les parents et les adolescents ? Les recherches montrent que les sujets de discorde concernent surtout des questions que l'on pourrait qualifier de mineures, comme le partage des tâches et des responsabilités dans la maison, les vêtements et l'heure de rentrée. Toutefois, même si, en apparence, ces conflits ne concernent que des questions mineures, des enjeux plus profonds peuvent leur être sous-jacents ; par exemple, les commentaires du parent à propos du choix vestimentaire de l'adolescente pour une sortie peuvent révéler une préoccupation à l'égard

Ce qui constitue pour le jeune un sujet personnel — comme l'état de sa chambre — peut, aux yeux des parents, relever d'une convention sociale.

de la sexualité et de la sécurité de la jeune fille. De même, l'heure de rentrée ou les fréquentations d'un adolescent peuvent faire l'objet d'affrontements, car le parent s'inquiète de la sécurité de son jeune et des risques qu'il peut prendre dans certains contextes. Ce qui fait que les parents peuvent considérer ces sujets de conflit comme étant importants, alors que le jeune ne s'y attardera pas réellement.

En outre, une des raisons expliquant les conflits entre les parents et les adolescents est justement leur divergence d'opinions à propos de ce qui relève de sujets personnels et de ce qui relève plutôt des conventions sociales et des enjeux moraux. Aux yeux des adolescents, les sujets personnels sont des sujets qui n'ont pas de conséquences sur les autres ; c'est le cas pour le contrôle de leur corps, de leur intimité, du choix de leurs vêtements, de leur coupe de cheveux ou de leurs activités récréatives (Fuligni, 1998 ; Smetana, 2000 ; Smetana, Metzger, Gettman et Campione-Barr, 2006). En général, les adolescents rejettent l'autorité parentale quand il s'agit de la régulation de ces sujets. Ils proclament leur pleine compétence à cet égard et ne se sentent même pas obligés d'en parler à leurs parents (Smetana et coll., 2006). Cependant, ce qui constitue pour le jeune un sujet personnel peut, aux yeux des parents, relever d'une convention sociale. Par exemple, quand un parent dit à son adolescent : « Range ta chambre, je n'en peux plus de voir tout ce désordre ! », il peut vouloir transmettre l'importance de l'ordre et de la propreté, qui sont des valeurs auxquelles il croit. Par contre, l'adolescent peut adopter un tout autre point de vue puisqu'il s'agit de « sa » chambre, donc de son intimité. En définissant l'enjeu sur le plan des valeurs, le parent peut ressentir une forme de rejet par rapport à ses efforts de socialisation ; en revanche, pour le jeune, ce sujet de conflit peut être relativement peu important.

Contrairement aux stéréotypes, toutefois, les adolescents se rebellent rarement contre leurs parents pour le seul plaisir de le faire. La plupart acceptent la légitimité des règles parentales quand ils croient que le sujet dont il est question est réellement d'ordre moral. Par exemple, les jeunes et leurs parents s'entendent sur le fait qu'il faut être honnête dans la vie. En d'autres termes, comme le souligne Steinberg (2008), plutôt que de résister à toutes les règles imposées par les parents, les adolescents font une distinction entre ce qu'ils croient que leurs aînés ont le droit d'exiger d'eux et ce qu'ils croient être hors de leur champ d'autorité.

Au début de l'adolescence, les habiletés cognitives du jeune se développent et sa façon de voir les règles familiales se transforme. Il accepte moins d'emblée le point de vue du parent à propos de ce qui est bien et de ce qui est mal, et, comme nous l'avons vu, il commence à considérer que certains sujets relèvent davantage de ses choix personnels. C'est pourquoi la fréquence des conflits entre les parents et les adolescents augmente généralement durant cette période. Elle tend toutefois à diminuer par la suite (Allison et Schultz, 2004 ; Laursen, Coy et Collins, 1998). Il faut cependant distinguer la fréquence des conflits et leur intensité, car bien que la fréquence des conflits diminue au cours de l'adolescence, les affects qui sont associés aux affrontements entre le jeune et ses parents tendent plutôt à augmenter, particulièrement vers le milieu de l'adolescence (Laursen et coll., 1998). C'est à ce moment que les adolescents sont particulièrement critiques vis-à-vis de leurs parents (Kim, Conger, Lorenz et Elder, 2001 ; McGue, Elkins, Walden et Iacono, 2005). Par exemple, l'étude longitudinale de McGue et ses collaborateurs (2005), réalisée auprès de plus de 1 000 jeunes passant de l'âge de 11 à 14 ans, montre qu'à 14 ans, les adolescents sont beaucoup moins positifs à l'égard de leurs parents et que, réciproquement, ils ont l'impression que leurs parents sont moins positifs à leur égard. Les domaines de compétence revendiqués par le jeune devenant de plus en plus nombreux et complexes, les implications des conflits qui surviennent avec les parents sont probablement plus grandes.

Évidemment, il y a beaucoup de différences individuelles ou familiales en ce qui a trait à la présence des conflits. Mais, à peu près sans exception, les recherches démontrent que les conflits ne sont pas un indicateur de problèmes sérieux et durables sur le plan des relations parents-adolescent. Même au cœur des conflits, les parents, comme les adolescents, soulignent qu'ils ont plusieurs valeurs en commun, qu'ils s'aiment et sont attachés l'un à l'autre (Claes, 2003). On assiste donc plus à un processus de transformation de la relation, le jeune revendiquant de plus en plus d'autonomie et de pouvoir décisionnel, qu'à une rupture émotionnelle.

8.6 Les relations des adolescents avec leur père et leur mère

Les recherches sur les relations familiales ont fréquemment examiné les différences entre la relation que l'adolescent établit avec son père et celle qu'il établit avec sa mère. La perspective du genre, qui met l'accent sur les distinctions entre les hommes et les femmes dans la vie sociale et familiale, pose en effet que le sexe du parent est un facteur déterminant de la nature de la relation qu'il entretient avec l'adolescent. Selon cette perspective, le genre est une dimension fondamentale de l'organisation sociale qui suscite des occasions et des contraintes façonnant les choix individuels. Dans notre société, il existe des normes sociales qui, encore de nos jours, viennent teinter la manière dont les hommes et les femmes exercent leur rôle de parent (Arendell, 2000). En plus de ces influences macrostructurelles, les différences liées au sexe peuvent s'expliquer par des facteurs biologiques et des expériences de socialisation durant l'enfance (Cloutier, 2004).

De façon générale, les études menées dans ce domaine indiquent que les adolescents sont plus près de leur mère que de leur père (Claes, 1998 ; Hawkins, Amato et King, 2006 ; Shearer, Crouter et McHale, 2005). En effet, dans plusieurs recherches effectuées sur la relation parents-adolescent, la mère ressort comme le « parent principal ». En 2002, dans le cadre d'une vaste enquête réalisée au Québec auprès de plus de 3 000 adolescents, Drapeau, Deschesnes, Lavallée et Lepage (2002) ont constaté qu'environ les trois quarts des jeunes de 13 à 16 ans estiment pouvoir obtenir du soutien de la part de leur mère, alors que cette proportion est d'environ la moitié en ce qui concerne le père. Les jeunes des deux sexes se confient plus à leur mère qu'à leur père, particulièrement pour ce qui est des sujets personnels (Boyce, 2004 ; Drapeau et coll., 2002 ; Smetana et coll., 2006). Les jeunes prêtent une influence plus grande à leur mère dans leur prise de décision, lui accordent une meilleure capacité de coopérer et sont plus satisfaits de leur relation avec elle (Cloutier et Groleau, 1988 ; Youniss et Smollar, 1985 ; Videon, 2005). L'accompagnement scolaire des adolescents et la supervision de leurs travaux sont aussi largement du ressort des mères (Deslandes et Cloutier, 2000). Cependant, et peut-être justement en raison de leur engagement plus grand auprès des enfants, les mères sont aussi plus engagées dans des interactions conflictuelles avec leurs jeunes que les pères (Steinberg et Silk, 2002).

Cela dit, la relation des adolescents avec leur père est également jugée satisfaisante par la majorité (Videon, 2005). Le père demeure un personnage central dans la famille et sa contribution unique au bien-être des adolescents ne doit pas être négligée. Chez les hommes, on observe toutefois beaucoup plus de variations dans l'exercice du rôle de parent que chez les femmes (Hawkins et coll., 2006 ; Crouter, Helms-Erikson, Updegraff et McHale, 1999). Une enquête réalisée auprès de 17 000 adolescents nés autour de l'année 1980 aux États-Unis montre, par exemple, que les conditions de vie influent grandement sur l'exercice du rôle de l'homme auprès de l'adolescent. Ainsi, un père séparé qui a la garde des enfants et qui n'est pas remarié joue un rôle très semblable à celui de la mère. Par contre, lorsque le père séparé ne réside pas avec ses enfants, son rôle est beaucoup plus distant et désengagé, ce qui n'est pas nécessairement observé chez

La dyade mère-fille est habituellement reconnue comme la plus intime dans la famille.

les mères séparées qui ne résident pas avec leur adolescent (Hawkins et coll., 2006). Dans le même sens, peu importe le nombre d'heures travaillées à l'extérieur du foyer, la mère continue de surveiller étroitement les activités de ses enfants. Par contre, le père dont la conjointe travaille plus d'heures rémunérées sera davantage au fait des activités de ses enfants que lorsque la mère travaille peu à l'extérieur (Crouter et coll., 1999).

Les normes sociales associées à l'exercice du rôle de père évoluent ; l'homme n'est plus cantonné dans un rôle de pourvoyeur de ressources matérielles. On attend de lui qu'il s'engage auprès de ses enfants et qu'il assume les tâches liées au fonctionnement de la maisonnée. Et, effectivement, de nos jours, les pères sont de plus en plus

engagés auprès de leurs jeunes (Dubeau, 2002). Néanmoins, les études montrent que les mères continuent à assumer les responsabilités premières au regard de l'éducation et des soins (Cloutier, 2004 ; Dubeau, 2002).

Bref, les enfants interagissent différemment avec leur père et avec leur mère, mais observe-t-on des distinctions sur le plan des interactions entre les garçons et les filles selon le sexe du parent ? Ce croisement effectué entre le sexe du parent et celui de l'adolescent définit quatre dyades relationnelles : 1) la relation mère-fille ; 2) la relation mère-fils ; 3) la relation père-fille ; 4) la relation père-fils. Selon Russell et Saebel (1997), qui ont réalisé une recension des écrits sur la question, environ 40 % des études publiées comportant des comparaisons entre ces quatre dyades ont trouvé des résultats significatifs. Il ne faut donc pas conclure que les résultats présentés ci-dessous sont une règle absolue. En fait, les différences sur le plan des relations familiales semblent attribuables davantage au sexe du parent qu'à celui de l'adolescent. C'est pourquoi ce sont les dyades dans lesquelles se trouve la mère qui indiquent généralement la plus grande proximité.

En premier lieu vient la dyade mère-fille, qui est habituellement reconnue comme la plus intime dans la famille puisqu'elle comprend le parent principal et le modèle sexuel de l'adolescente. Selon la perception des adolescentes, la relation mère-fille implique une combinaison d'autorité et d'égalité, d'intimité et de conflits. Comme les pères, les mères sont perçues comme des figures d'autorité, mais la distance mère-fille est moins grande, ce qui permet à l'adolescente de se confier davantage à sa mère, de lui tenir tête plus ouvertement et de lui désobéir, le cas échéant. Les filles disent aborder toutes sortes de sujets avec leur mère, même si la communication avec elle n'est pas toujours satisfaisante (Youniss et Smollar, 1985).

En deuxième lieu vient la dyade mère-fils. Malgré le croisement sur le plan du sexe, l'intimité dans la dyade mère-fils est, selon certains auteurs, plus grande que celle observée dans la dyade père-fils, car la mère constitue, comme nous l'avons vu, le parent le plus engagé auprès des enfants, et ce, peu importe leur sexe (Steinberg et Silk, 2002). En troisième lieu, la dyade père-fils est tout de même assez intime puisque, comparés aux filles, les garçons se tournent plus vers leur père pour obtenir du soutien et rapportent plus de proximité émotionnelle et d'engagement avec le père (Harris, Furstenberg et Marmer, 1998 ; Starrels, 1994).

En dernier lieu, la dyade père-fille comporterait la relation la plus distante parmi toutes les dyades (Russell et Saebel, 1997 ; Steinberg et Silk, 2002). Cette dyade concerne le parent le moins activement engagé dans la vie quotidienne de la famille tout en s'appuyant sur un croisement sur le plan du sexe, c'est-à-dire un parent et un enfant de sexes différents. C'est pourquoi les adolescentes sont relativement peu intimes avec leur père (Starrels, 1994 ; Youniss et Smollar, 1985). Selon une étude menée par Boyce (2004), seulement un tiers des filles de 15 ans estiment qu'il est facile de parler à leur père. En revanche, cette relation engendre peu de conflits. Ce profil type de la relation père-fille n'est évidemment pas applicable à toutes les familles. Les exemples de relations réussies et mutuellement satisfaisantes entre père et fille sont nombreux et ont comme caractéristiques des contacts nourris et une communication ouverte et chaleureuse (Cloutier et Groleau, 1988).

8.7 Les relations avec les frères et les sœurs

Les connaissances scientifiques disponibles sur la famille sont surtout concentrées sur les relations parents-enfants ; on dispose effectivement de beaucoup moins d'informations sur les relations entre frères et sœurs. Or, les relations entre les membres de la fratrie sont importantes, car elles exercent une influence à court et à long terme sur l'adaptation des personnes. Elles ont, en outre, le potentiel de durer au-delà même de la relation de l'enfant avec ses parents.

Au Québec, bien que le taux de natalité soit en décroissance, la proportion des jeunes de 13 ans et de 16 ans ayant au moins un frère ou une sœur est respectivement de 87 % et de 81 % (Bellerose, Cadieux, Riberdy, Rochette, Stan et Morin, 2002). La majorité des familles où vivent des adolescents comptent deux ou trois enfants. Il y a donc une proportion relativement faible des adolescents qui sont des enfants uniques.

Est-ce un avantage ou un inconvénient d'avoir des frères et des sœurs ? Il semble que les relations fraternelles comportent aussi bien des aspects positifs que des aspects négatifs. En fait, elles ont été décrites comme étant émotionnellement ambivalentes, ce qui signifie qu'une relation fraternelle typique est à la fois chaleureuse et conflictuelle. C'est cette combinaison d'émotions positives et négatives qui rend les relations fraternelles si remarquables (Deater-Deckard, Dunn et Lussier, 2002).

En outre, les relations de fratrie sont distinctes des autres relations qu'entretient l'enfant puisqu'elles se composent à la fois d'éléments de réciprocité et d'éléments de complémentarité, éléments qui sont susceptibles de favoriser le développement des habiletés nécessaires à la socialisation de l'enfant. Le degré d'intimité et d'égalité qu'on trouve dans les relations de fratrie représente des conditions favorables à la libre expression des sentiments.

Avec l'âge, les relations fraternelles se transforment. Les adolescents désirent développer leur propre identité, et leur intérêt pour le monde des amis et des relations amoureuses s'accentue. Ce développement peut entraîner une diminution de l'intérêt pour les activités conjointes avec les membres de la fratrie et une réduction des interactions, qu'elles soient positives ou négatives. En effet, les jeunes adolescents rapportent moins de conflits mais également moins de camaraderie avec leurs frères et sœurs que les enfants plus jeunes (Cole et Kerns, 2001). Toutefois, malgré une diminution des activités conjointes au cours de l'adolescence, l'intimité entre les membres de la fratrie peut demeurer forte, voire augmenter (Updergraff, McHale et Crouter, 2002).

Certains auteurs (Noller, 2005 ; McGuire, McHale et Updegraff, 1996 ; Widmer, 1999) ont proposé une typologie des relations fraternelles basée sur deux dimensions, soit la proximité ou la chaleur et l'hostilité ou le conflit. À partir de ces deux dimensions, quatre types de relations de fratrie peuvent être déterminés (voir le tableau 8.1). Dans la fratrie harmonieuse ou consensuelle, on observe une proximité élevée et une hostilité faible. La fratrie conflictuelle se distingue par une hostilité ou un conflit élevé et par une proximité ou une chaleur faible. La fratrie qualifiée d'intense ou de contrastée par Widmer se caractérise par une proximité ou une chaleur élevée et par une hostilité ou un conflit élevé. Enfin, dans la fratrie non engagée ou tranquille, il y a une proximité ou une

TABLEAU 8.1 Typologie des relations fraternelles

	Proximité affective élevée	Proximité affective faible
Conflit élevé	Fratrie intense ou contrastée	Fratrie conflictuelle
Conflit faible	Fratrie harmonieuse ou consensuelle	Fratrie non engagée ou tranquille

chaleur faible ainsi qu'une hostilité ou un conflit faible. Les études montrent que les jeunes se répartissent dans ces quatre types de manière assez égale.

La position dans la fratrie (aîné, cadet), le fait qu'elle soit composée ou non de personnes du même sexe, la différence d'âge entre les frères et les sœurs ainsi que la qualité des liens avec les parents permettent de mieux comprendre pourquoi des relations fraternelles sont plus ou moins harmonieuses et chaleureuses.

Ainsi, l'expérience d'avoir un frère ou une sœur varie grandement selon que l'on est le plus vieux ou le plus jeune. Les frères et les sœurs aînés peuvent jouer un rôle de protecteur, voire de parent substitut, auprès des cadets de la famille. Ils ont en quelque sorte une position d'autorité et de responsabilité vis-à-vis des plus jeunes. Les enfants sont plus satisfaits et se querellent moins avec leur aîné qu'avec leur cadet (Buhrmester et Furman, 1990). Les plus vieux sont aussi une source plus importante de soutien et de conseils (Seginer, 1998). Ainsi, Tucker, McHale et Crouter (2001) mentionnent que les adolescents de 13 à 16 ans décrivent les relations avec leur aîné comme étant très aidantes sur les plans familial, scolaire et social. Ces relations, lorsqu'elles sont chaleureuses, peuvent jouer un rôle extrêmement important pour l'adolescent. Le jeune qui jouit du soutien affectif d'un frère ou d'une sœur plus âgé présente plus de confiance en soi et une meilleure adaptation (Claes, 2003).

En ce qui a trait au sexe, les relations sœur-sœur sont décrites comme étant les plus intenses et offrant le plus d'intimité et de chaleur (Dunn, Slomkowski et Beardsall, 1994). Par exemple, lorsque les familles traversent des épreuves, les sœurs vont plus souvent s'entraider et partager leurs difficultés. Les dyades frère-frère, en revanche, sont considérées comme les moins intimes (Cole et Kerns, 2001; Tucker et coll., 2001). Une grande différence d'âge peut également diminuer l'intimité entre les frères et les sœurs. Par contre, cet écart plus grand peut aider les enfants à trouver leur place unique dans la famille et diminuer ainsi la rivalité et les conflits.

Les relations parents-enfants exercent également une influence sur la qualité des relations au sein de la fratrie. Ainsi, les parents peuvent influer directement sur les relations entre leurs enfants en intervenant dans celles-ci, par exemple en donnant des conseils sur la manière de résoudre les différends (McHale, Updegraff, Tucker et Crouter, 2000). Ils peuvent aussi influer indirectement

sur la relation fraternelle en servant de modèles à leur progéniture (Parke et O'Neil, 1999). Les recherches ont montré notamment que les jeunes qui ont de bonnes relations avec leurs parents rapportent moins d'hostilité et de rivalité et plus d'affection envers les membres de leur fratrie (Stocker et McHale, 1992). Par contre, il est reconnu qu'un traitement différent de la part des parents envers les enfants peut générer des conflits (Scharf, Shulman et Avigad-Spitz, 2005). Le favoritisme, qu'il soit réel ou perçu comme tel par les enfants, est généralement lié à la négativité dans les relations de fratrie, et ce, particulièrement chez les adolescents (McHale, Updegraff, Jackson-Newsom, Tucker et Crouter, 2000; Updegraff, Thayer, Whiteman, Denning et McHale, 2005).

En dépit des connaissances encore parcellaires sur les relations fraternelles, la littérature reconnaît que les frères et les sœurs sont des partenaires de vie capables non seulement de se stimuler et de se soutenir mutuellement, mais aussi de s'opposer en rivaux dans l'univers familial où chaque enfant occupe une position relationnelle distincte.

8.8   Les familles en transition

Le jeune qui apprend que ses parents envisagent de se séparer ne se trouve pas devant un événement isolé, une crise relationnelle passagère entre eux. Cette annonce signifie pour lui et les membres de sa famille une nouvelle feuille de route. Le plus souvent, toutefois, ce nouveau plan de vie n'est clair ni pour lui ni pour ses parents. Il est vrai que la séparation est habituellement vécue comme une crise qui se résorbera après un an ou deux si les conflits ne s'éternisent pas entre les ex-conjoints et si la nouvelle cellule familiale dispose du minimum vital. La liste des inconvénients associés à la séparation relevés dans la littérature est nettement plus longue que celle des avantages, mais la recherche a aussi montré que la vie dans une famille où règnent les conflits et l'hostilité est souvent plus nuisible au développement du jeune que la vie dans une famille séparée.

8.8.1   Les différents arrangements familiaux

Depuis une trentaine d'années, la transformation des familles touche tous les pays industrialisés, et particulièrement le Québec, où la famille vit de nombreuses transformations d'une ampleur et d'une rapidité surprenantes. La famille québécoise présente un nouveau visage, attribuable, entre autres, à la hausse du nombre des divorces et des séparations, à l'augmentation du nombre des familles monoparentales et recomposées, à la baisse de la fécondité, au recul du mariage et à la progression de l'union libre. Au Québec, de 1969 à 1998, l'indice de « divortialité » est passé de 8,8 % à 49 %, ce qui signifie que près de 5 unions sur 10 se sont soldées par une rupture. Ce taux se compare à celui des États-Unis et est légèrement plus élevé que les taux généralement observés dans les pays de l'Union européenne.

La figure 8.2 présente la répartition des familles québécoises avec enfants de tous âges selon la structure en 2001 (Saint-Jacques et Drapeau, à paraître). Elle permet de voir comment les familles se départagent selon la structure familiale. On constate que, encore de nos jours, la majorité des familles sont intactes ; autrement dit, elles sont constituées des parents et des enfants issus de leur union. La majorité des jeunes vivent donc avec leurs deux parents. En conséquence, il est nettement exagéré de dire qu'un jeune sur deux vit dans une famille séparée, ce que l'on entend régulièrement depuis quelques années. En revanche, il faut bien admettre que le phénomène de la séparation conjugale touche une partie importante des jeunes. En effet, près du quart des familles sont dirigées par un seul parent, dans la majorité des cas par la mère. Enfin, près de 10 % des familles au Québec sont recomposées. La recomposition familiale renvoie à la situation de personnes mariées ou vivant en union de fait, ayant une garde permanente, partagée ou occasionnelle d'un ou de plusieurs enfants issus d'une union précédente. Une famille

recomposée peut prendre trois grandes formes. La forme matricentrique, qui est la forme la plus fréquente, comprend la mère, ses enfants et un beau-père. La famille patricentrique s'organise autour du père, de ses enfants et d'une nouvelle conjointe. Enfin, la famille recomposée est dite complexe ou mixte lorsqu'elle comprend des enfants issus des unions respectives des deux partenaires ou d'un seul partenaire ainsi que des enfants issus de l'union recomposée.

Cette description des structures familiales donne un portrait intéressant mais statique de la réalité puisqu'elle ne permet pas de saisir l'enchaînement des transitions familiales que vont connaître les enfants dont les parents se séparent. Depuis les 40 dernières années, les enfants connaissent de plus en plus tôt la séparation de leurs parents, ce qui augmente nécessairement les probabilités qu'ils vivent dans une famille recomposée. Et parce que cette deuxième union a plus de chances de se terminer par une rupture, les enfants devront éventuellement vivre une deuxième séparation entre les adultes qui s'occupent d'eux. De plus, comme ces deuxièmes ruptures surviennent souvent assez rapidement — environ le tiers de ces nouvelles unions se dissolvent en dedans de cinq ans —, certains adolescents feront face à une deuxième transition avant même d'avoir fini de s'adapter à la première. Bref, loin d'être un événement isolé, la séparation conjugale s'inscrit dans le temps et peut, selon les circonstances, propulser les enfants dans une trajectoire plus ou moins mouvementée et exigeante sur le plan adaptatif.

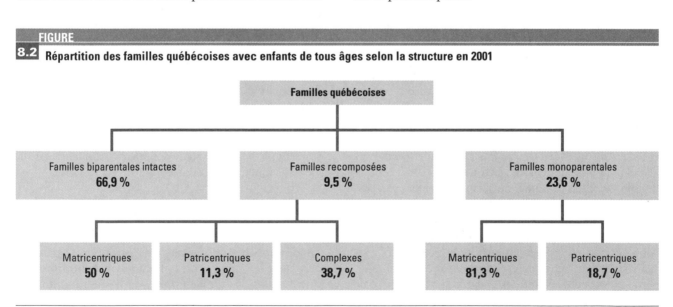

FIGURE

8.2 **Répartition des familles québécoises avec enfants de tous âges selon la structure en 2001**

Familles québécoises

Familles biparentales intactes **66,9 %**

Familles recomposées **9,5 %**

Familles monoparentales **23,6 %**

Matricentriques **50 %**

Patricentriques **11,3 %**

Complexes **38,7 %**

Matricentriques **81,3 %**

Patricentriques **18,7 %**

Source : Saint-Jacques et Drapeau (à paraître) ; compilation réalisée à partir de Statistique Canada, Cansim, tableau 112-0001 : Enquête sociale générale.

La figure 8.2 ne rend pas compte, non plus, de la circulation des enfants entre les maisonnées. De nombreux enfants qui vivent dans une famille monoparentale et dans une famille recomposée passent du temps chez leur autre parent. Le foyer d'un enfant dont les parents sont séparés peut donc comprendre deux maisonnées, dont l'une sera monoparentale matricentrique et l'autre, recomposée. En outre, environ le tiers des jeunes vivent une garde partagée (Duchesne, 2002); en d'autres termes, ils partagent leur temps relativement également entre leurs deux parents.

8.8.2 L'impact des transitions familiales

Il n'est pas exagéré de dire que des milliers de recherches ont été réalisées à propos des effets du divorce sur le bien-être et le développement des enfants. Dans les années 1970, les études mettaient en exergue la détresse des jeunes, leur anxiété, leur sentiment de perte ainsi que leurs problèmes de comportement. Cependant, ces études étaient souvent réalisées rétrospectivement à partir de petits échantillons cliniques, non représentatifs de la population. En outre, le manque de contrôle de plusieurs variables, telles que le revenu familial ou l'adaptation avant la séparation, faisait que les difficultés étaient faussement attribuées au divorce plutôt qu'aux éléments du contexte accompagnant cette transition. Dans les années 1980 et par la suite, le nombre d'études très rigoureuses sur le sujet a augmenté de façon exponentielle. De plus, comme la majorité des personnes séparées se remarient ou vivent en couple après une première rupture, les chercheurs se sont également mis à la tâche afin de mieux comprendre les effets de la recomposition familiale, et éventuellement des transitions familiales multiples, sur les jeunes qui les vivent. Nous disposons donc à l'heure actuelle d'un portrait assez complet et nuancé concernant l'expérience des jeunes qui vivent des transitions familiales.

Après des décennies de recherches sur le sujet, un consensus émerge: il existe une diversité d'expériences liées à la séparation conjugale et une diversité de trajectoires comportant plus ou moins de risque pour le bien-être et le développement des enfants. Un deuxième constat se dégage des études: la majorité des jeunes ayant vécu une séparation ou une recomposition familiale vont bien. En effet, environ les trois quarts d'entre eux ne présentent aucun problème d'adaptation et ne se distinguent pas des jeunes de familles intactes. Ce message n'est sûrement pas entendu suffisamment puisque

les médias se centrent encore trop souvent sur les conséquences irrémédiablement négatives de la séparation des parents sur les enfants. Il est vrai que les auteurs omettent régulièrement de rapporter le pourcentage des jeunes qui fonctionnent normalement, soit en deçà des seuils cliniques, pour mettre l'accent sur les différences entre les groupes d'enfants venant de différentes structures familiales.

De fait, il existe bel et bien des différences entre les jeunes issus de familles séparées et ceux issus de familles intactes; les premiers présentent nettement plus de problèmes d'adaptation que les seconds (Amato et Keith, 1991; Amato, 2000). Hetherington, Bridges et Insabella (1998) parlent d'un risque deux fois plus élevé, c'est-à-dire que de 20 % à 25 % des enfants venant de familles séparées vivraient des difficultés comparativement à environ 10 % chez les enfants se trouvant dans des familles biparentales intactes. Ces constats sont les mêmes lorsqu'on examine la situation des jeunes qui ont vécu une recomposition familiale (Coleman, Ganong et Fine, 2000; Jeynes, 1999; Saint-Jacques, 2000; Saint-Jacques, Poulin, Robitaille et Poulin, 2004). Cependant, l'ampleur des différences observées entre les structures familiales est faible (Amato, 2000). De plus, la distribution globale des scores d'adaptation des jeunes issus de familles réorganisées chevauche fortement celle des jeunes issus de familles intactes; il faut comprendre que l'appartenance à ce dernier groupe ne garantit pas l'adaptation, comme l'appartenance au premier groupe ne garantit pas non plus l'inadaptation.

8.8.3 Les problèmes d'adaptation liés aux transitions familiales

Les transitions familiales représentent certes un risque pour le développement et le bien-être des enfants qui les vivent. Il ne faut toutefois pas oublier, en relation avec ce qui a été dit précédemment, qu'un risque signifie une augmentation de la probabilité que des effets négatifs soient observés, mais en aucun cas il n'implique une certitude.

Cela dit, à court terme, il est clair que la séparation des parents est une transition bouleversante et perturbante pour tous les acteurs familiaux. Et bien que l'adolescent soit plus en mesure que l'enfant de comprendre que le désaccord chronique de ses parents risque de les amener à se séparer, c'est avec un profond sentiment de perte, de tristesse et même de colère que la plupart des jeunes vivent cette expérience. Et, pour diverses raisons, chez certains jeunes des difficultés plus sérieuses peuvent s'installer.

À ce chapitre, les effets les plus importants, trouvés de manière constante dans les différentes études, s'observent sur le plan des problèmes extériorisés, incluant l'agression, la désobéissance et les comportements antisociaux (Cyr et Carobene, 2004 ; Hetherington et Kelly, 2002 ; Kelly, 2003 ; Saint-Jacques, Drapeau et Cloutier, 2000). La consommation de cigarettes, d'alcool ou de drogues ou certains comportements sexuels à risque peuvent également être observés parmi les jeunes ayant vécu une transition familiale. Les problèmes intériorisés, tels que la dépression, l'anxiété et la baisse de l'estime de soi, sont aussi présents, mais les différences entre les enfants selon les structures familiales sont de plus faible ampleur que celles observées sur le plan des problèmes extériorisés (Kelly, 2003).

Des difficultés scolaires sont aussi notées à la suite de la rupture conjugale et de la recomposition, mais les résultats sur ce plan indiquent des différences modestes par rapport aux jeunes issus de familles intactes (Jeynes, 2006). Les jeunes dont les parents sont séparés risquent tout de même de deux à trois fois plus de décrocher du système scolaire.

Les recherches récentes montrent toutefois que plusieurs problèmes relevés dans la période suivant la rupture existaient avant celle-ci. Par exemple, les adolescents dont les parents vont éventuellement se séparer présentent déjà, avant la transition, des notes plus faibles en mathématiques et en français. Leurs parents sont aussi moins engagés dans les activités scolaires de leurs jeunes. Afin de mieux comprendre ces résultats, il faut se rappeler que la séparation n'est pas un événement isolé. Elle consiste en un processus de changement qui s'inscrit dans une période et est caractérisée par la recherche d'une nouvelle organisation au sein de la famille. Cette transition est précédée par un contexte généralement marqué par des difficultés sur les plans relationnel et personnel tant chez les parents que chez les enfants (Amato et Booth, 1997 ; Booth, 1999). Elle entraîne aussi à sa suite une série d'événements et de réorganisations qui modifient la vie de tous les membres de la famille. C'est pourquoi il peut être difficile de départager les difficultés qui résultent de la séparation, celles qui existaient avant la séparation et celles qui sont attribuables à d'autres événements dans la vie du jeune.

À plus long terme, la séparation conjugale peut inscrire les jeunes dans une trajectoire comportant des risques plus importants d'inadaptation. Pour cette raison, plusieurs auteurs s'emploient à évaluer les effets à long terme de cette transition. À partir de ces travaux, on peut conclure que les conséquences à long terme de la séparation conjugale sont complexes, que la plupart des jeunes réussissent bien leur vie adulte et que les effets des transitions sont modestes, même s'ils sont constants et notables. Cela dit, des recherches menées aux États-Unis démontrent que, comparativement aux jeunes issus de familles biparentales intactes, les jeunes issus de familles réorganisées arrivent dans la vie adulte avec une scolarité moindre, gagnent moins d'argent, possèdent moins de biens personnels, sont plus sujets à se séparer, ont moins d'affection pour leurs parents (spécialement leur père), ont moins d'échanges de services avec leur père et ont un sentiment de bien-être personnel moindre (Amato, 1999, 2000 ; Hetherington et Kelly, 2002 ; Kelly, 2003). Ces observations indiquent clairement que la séparation des parents est non seulement un événement stressant isolé que le jeune doit surmonter, mais surtout une trajectoire comportant des risques plus élevés d'inadaptation et au long de laquelle tout facteur de protection peut avoir une influence majeure.

Le tableau 8.2 résume les principales différences observées entre les jeunes qui ont connu la séparation de leurs parents ou qui ont vécu une recomposition familiale et ceux qui n'ont pas vécu ces transitions sur le plan de différents indicateurs d'adaptation.

8.8.4 La variabilité des expériences liées aux transitions familiales

Bien que les transitions familiales soient un stress pour tous, on observe que leur impact varie grandement d'un jeune à l'autre. De nos jours, les chercheurs désirent approfondir ce qui explique cette variabilité, autrement dit les facteurs susceptibles de jouer un rôle dans l'adaptation des jeunes et des parents au cours des transitions familiales (Amato, 2000 ; Bernardini et Jenkins, 2002 ; Hetherington et Stanley-Hagan, 1999 ; Saint-Jacques, Drapeau et Cloutier, 2000). Nous approfondirons ici trois ordres de facteurs pouvant expliquer cette variabilité, soit les caractéristiques individuelles des jeunes, les processus relationnels au sein de la famille et l'appauvrissement économique.

Sur le plan des problèmes extériorisés et intériorisés

■ Manifestent plus de comportements agressifs, impulsifs et antisociaux.

■ Se font plus fréquemment arrêter.

■ Ont plus de problèmes intériorisés, tels que la dépression et l'anxiété.

Sur le plan des problèmes économiques, sociaux et physiques

■ Expérimentent une diminution importante de leur niveau de vie et une plus grande instabilité économique, et ont un accès réduit aux ressources telles qu'un milieu scolaire ou un voisinage favorables.

■ Consomment plus d'alcool, de cigarettes et de drogues.

■ Sont plus à risque de donner naissance à un enfant au cours de leur adolescence.

■ Sont davantage portés à recevoir des traitements psychologiques.

Sur le plan scolaire

■ Ont une performance à l'école plus faible.

■ Sont moins assidus à l'école, regardent davantage la télévision, font moins de travaux scolaires à la maison.

■ Sont plus à risque d'abandonner l'école.

À long terme

■ Atteignent un niveau socioéconomique plus faible.

■ Ont une perception de leur bien-être plus faible.

■ Vivent plus de problèmes conjugaux.

■ Se séparent davantage.

Source : Adapté de Saint-Jacques et Drapeau (à paraître).

Les caractéristiques individuelles des jeunes

De nombreuses études ont tout d'abord tenté de clarifier le rôle de l'âge dans les réactions à la séparation conjugale, mais à ce jour, leurs résultats ne permettent pas de dégager un consensus à propos d'un âge plus critique sur le plan des difficultés rattachées à cette transition familiale. Il n'est certes pas toujours facile de départager le rôle de l'âge au moment de la rupture, celui de l'âge au moment où l'étude a été réalisée et celui du temps écoulé depuis la séparation conjugale (Cyr et Carobene, 2004 ; Emery, 1999). Quoi qu'il en soit, bien que l'on ne puisse pas affirmer que les adolescents soient plus ou moins vulnérables que les enfants plus jeunes à la séparation de leurs parents, on peut souligner que cette étape du développement constitue une période soulevant des enjeux particuliers qui sont de nature à ajouter au stress et au sentiment de confusion vécu par l'adolescent. « D'ailleurs, l'adolescence et le début de l'âge adulte sont des périodes où les difficultés d'adaptation peuvent faire surface, même lorsque le divorce s'est produit plus tôt dans l'enfance » (Cyr et Carobene, 2004, p. 11).

L'adolescent se trouve notamment dans une phase de distanciation vis-à-vis de sa famille. Il voit mieux les limites de ses parents et peut être prompt à les juger. La séparation conjugale est susceptible d'accentuer ce mouvement de distanciation, et même de favoriser une recherche d'indépendance et une autonomisation trop précoce. Cette prise de distance peut être néfaste si le jeune s'associe à des groupes antisociaux. Certains adolescents peuvent aussi vivre de l'embarras et de la révolte face au comportement « immature » que le parent en crise peut adopter (Cloutier, Fillion et Timmermans, 2001). L'adolescent étant lui-même dans une phase d'exploration de sa sexualité, il peut, entre autres, être troublé par la nouvelle liberté de ses parents sur ce plan.

En revanche, au point de vue cognitif, les adolescents sont plus à même de comprendre la situation familiale et d'évaluer la complexité des enjeux. Ils comprennent mieux les causes de la séparation, distinguent mieux ce qu'ils peuvent contrôler et ce qu'ils ne peuvent contrôler. Ils ont aussi plus de ressources pour aller chercher l'aide extérieure dont ils ont besoin. En effet, l'autonomie plus grande du jeune peut lui donner accès à une panoplie de ressources extérieures au giron familial, telles que les activités parascolaires, sportives ou artistiques et les organismes dans la communauté, qui peuvent aussi constituer des appuis au moment de la séparation (Hetherington et Elmore, 2003). Bref, la période de l'adolescence comporte à la fois des facteurs de protection et des facteurs de risque au moment de la séparation conjugale, mais on ne peut prétendre que les adolescents soient plus vulnérables à cette transition que les plus jeunes.

Il en est toutefois autrement au cours de la recomposition familiale. En effet, la plupart des études montrent que les adolescents sont plus particulièrement affectés pendant cette deuxième transition (Hetherington, 1999 ; Manning et Lamb, 2003 ; Saint-Jacques et coll., 2004). Les jeunes de cet âge ont peut-être moins à gagner que les enfants plus jeunes au cours d'une recomposition. Ils se sont adaptés à la vie dans une famille monoparentale et certains ont établi une relation de grande proximité avec le parent gardien, celui-ci devenant parfois même son confident. L'adolescence leur donne l'occasion d'accroître leur autonomie et leur indépendance. Or, ces acquis peuvent être sérieusement remis en question au moment de l'arrivée d'un nouveau conjoint, qui bouleverse l'équilibre familial.

Outre l'âge, bon nombre de travaux ont aussi cherché à déterminer qui, des garçons ou des filles, sont les plus vulnérables aux transitions familiales. Sur ce point, on a longtemps affirmé que les garçons étaient plus vulnérables à la séparation de leurs parents. Cependant, de nos jours, les auteurs insistent plutôt sur le fait que les filles et les garçons sont également affectés par les risques que comporte la séparation; ce sont plutôt leur façon de réagir qui les distingue. Typiquement, les filles intériorisent leur problème en éprouvant un sentiment d'abandon, en perdant l'estime qu'elles ont d'elles-mêmes, en sombrant dans des états dépressifs, en se retirant de la société, etc. Les garçons, de leur côté, ont tendance à extérioriser leurs émotions en faisant preuve d'agressivité, d'impulsivité et d'un faible contrôle d'eux-mêmes, et en se rebellant contre l'autorité (Hetherington et Stanley-Hagan, 1999; Saint-Jacques et coll., 2000). Les problèmes des garçons étant plus visibles et plus dérangeants que ceux des filles, cela explique peut-être pourquoi on les a crus plus touchés par la séparation parentale.

En ce qui concerne la recomposition familiale, les résultats ne sont pas tout à fait identiques. Bien que toutes les études ne concordent pas sur ce plan, il semble que les adolescentes éprouvent plus de difficultés à s'adapter à la recomposition familiale que les adolescents, et ce, particulièrement lorsqu'elles entretiennent une relation très étroite avec leur mère. Ainsi, l'adolescente qui, au cours des quatre ou cinq dernières années, a vécu très près de sa mère dans une famille monoparentale trouvera fort difficile de rompre cette intimité privilégiée et de partager sa mère avec un homme qu'elle n'a pas choisi et qui vient briser l'équilibre qui s'était progressivement installé chez elle. En revanche, le jeune garçon peut avoir plus à gagner de la venue d'une figure masculine dans la maisonnée, bien que cela exige aussi, de part et d'autre, des ajustements.

D'autres caractéristiques individuelles, telles que la personnalité et le tempérament du jeune, modèrent les effets des transitions familiales en contribuant à en estomper ou à en stimuler les séquelles : un jeune qui a un tempérament facile, qui est mûr et autonome, sera en bien meilleure posture pour faire face au stress familial qu'un jeune qui a un tempérament difficile et des problèmes de comportement. Non seulement ce dernier irritera ses parents déjà stressés, mais il aura plus de mal que les autres à se motiver pour relever ses défis et à obtenir du soutien de son réseau social.

Les processus relationnels au sein de la famille

Au sein du système familial, qu'il soit intact ou désuni, on peut distinguer au moins deux sous-systèmes relationnels, soit les relations intergénérationnelles entre les parents et les enfants et les relations entre les adultes, qui sont, malgré la rupture, toujours parents de leurs enfants. Comme nous le verrons maintenant, la qualité des processus au sein de ces deux sous-systèmes est centrale quant à l'adaptation des jeunes pendant les transitions familiales.

La qualité des relations parents-enfants

La qualité des relations entre les parents et leurs enfants constitue un des facteurs les plus puissants pour expliquer leur adaptation, peu importe la structure familiale. Or, dans la période qui entoure la rupture, il n'est pas rare d'observer des changements comportementaux chez les parents. À ce sujet, Amato (2000) rapporte, à partir de son examen des écrits sur la question, que les chefs de familles séparées sont moins disponibles, moins chaleureux, affirment moins efficacement leur autorité et sont plus en conflit avec leurs enfants. Le fait d'avoir des soucis conjugaux et matériels, d'être constamment responsable de la maisonnée et d'avoir à satisfaire seul les besoins qui s'y présentent restreint effectivement la capacité d'assurer la supervision du jeune et le rôle de parent. Dans les cas où le parent gardien réussit à préserver la qualité de sa relation avec son enfant, le risque d'inadaptation du jeune diminue parce que la compétence parentale protège des risques associés à la séparation.

Pour leur part, les parents non gardiens, majoritairement des pères, ont plus de difficulté à maintenir un engagement constant auprès de leurs enfants et à exercer pleinement leur rôle (Hawkins et coll., 2006; Hetherington et Stanley-Hagan, 2002; Quiénart et Rousseau, 2004). À long terme, au moins le quart des adolescents et des jeunes adultes perdent même tout contact avec leur père. Notons que si le rôle protecteur du lien avec le parent qui a la garde est très bien démontré, le rôle du parent non gardien (habituellement le père) est un peu plus ambigu. Cependant, les études plus récentes, soit celles réalisées dans les années 1990, indiquent plus clairement l'impact positif du parent non gardien dans l'adaptation des jeunes.

Les jeunes dont les parents se séparent font donc face à de nombreux bouleversements relationnels au sein de leur famille d'origine, et comme la séparation est généralement suivie d'une recomposition, la majorité d'entre eux auront aussi à s'adapter à l'arrivée tout au moins d'un nouvel adulte, et peut-être aussi de ses enfants. Cette arrivée oblige une réorganisation de l'ensemble du système familial afin de permettre l'intégration des nouveaux venus.

Parmi les défis particuliers que doivent relever les familles recomposées, l'exercice du rôle beau-parental est certainement un des principaux (Beaudry, Boisvert, Simard, Parent et Tremblay, 2005 ; Parent, 2005 ; Saint-Jacques et Drapeau, à paraître). Plusieurs acteurs — le père, la mère, le beau-père et la belle-mère — interviennent dans cet exercice, ce qui rend le partage de la tâche éducative très complexe. En outre, le rôle des beaux-parents auprès des enfants de l'autre n'est pas clairement défini.

> On peut penser que le beau-parent cherche à se tailler une place dans la famille recomposée, mais on ne sait pas toujours ce qu'on attend de lui sur ce plan, que le parent se demande comment partager son autorité parentale avec son partenaire, que l'ex-conjoint se manifeste, car il s'interroge sur la compétence parentale du nouveau conjoint et hésite à le laisser intervenir auprès de ses enfants, et que les enfants, peu souvent en accord avec le projet de recomposition, contribuent à rendre la tâche éducative des nouveaux conjoints relativement ardue (Beaudry et coll., 2005, p. 48).

Chose certaine, le nouveau conjoint doit éviter de jouer au parent gendarme avec l'adolescent sous peine de se faire dire : « Écoute, tu n'es pas mon père, je n'ai pas d'ordres à recevoir de toi ! » Il doit pouvoir entendre ce type de remarque sans s'emporter et répondre calmement : « C'est vrai, je ne suis pas ton père et je ne prétends pas l'être non plus, mais nous avons convenu ensemble avec ta mère que j'irais te prendre à minuit à la fin de cette soirée et non pas à deux heures du matin. » En retour, la mère ne peut pas escompter que son nouveau conjoint satisfera à toutes les attentes quant au rôle du père. La recomposition familiale repose sur une nouvelle union conjugale et non sur l'adoption des enfants par un nouveau parent. Le parent biologique continue d'être important pour le jeune (« on est parent pour la vie ») et le fait d'exercer des pressions sur celui-ci pour qu'il adopte au plus vite le nouveau parent peut créer des conflits de loyauté chez l'adolescent qui compromettront la réussite de la recomposition.

Ainsi, bien des obstacles se dressent dans l'établissement du lien entre le beau-parent et les enfants, particulièrement lorsque la recomposition a lieu pendant l'adolescence de ces derniers. En effet, cette période est propice aux conflits entre le beau-parent et le jeune qui peut être très réticent à accepter son autorité (Hetherington, 1993 ; Hetherington et Jodl, 1994). Certains jeunes peuvent aussi avoir l'impression de perdre un certain statut ainsi que des responsabilités avec la fin de l'épisode de vie dans une famille monoparentale (Coleman et coll., 2000). Cela dit, plusieurs beaux-parents consacrent beaucoup de temps à leurs beaux-enfants et sont chaleureux avec ces derniers (Hofferth et Anderson, 2003 ; Saint-Jacques et Lépine, à paraître). En outre, plusieurs études sont venues démontrer l'importance de la qualité de la relation avec le beau-parent dans l'adaptation des jeunes qui se trouvent dans des familles recomposées (Saint-Jacques, 2000 ; Saint-Jacques et coll., 2004).

Les relations entre les ex-conjoints

Généralement, la recherche indique que la séparation conjugale et les conflits conjugaux constituent des défis d'adaptation pour les jeunes (Booth et Amato, 2001 ; Peris et Emery, 2004). Cela amène plusieurs auteurs à dire que les enfants qui souffrent le plus sont ceux qui, en plus de subir la séparation de leurs parents, se trouvent engagés dans des conflits chroniques se prolongeant au-delà de la dissolution de l'union (Amato et Keith, 1991 ; Drapeau, Gagné et Hénault, 2004 ; Emery, 1999 ; Hetherington, 1999).

Les résultats des études sur le sujet mettent cependant en lumière la complexité du phénomène. En effet, pour bien comprendre l'impact de la séparation sur le jeune, il faut tenir compte du niveau de conflit qui existait avant la transition familiale. Ainsi, les jeunes bénéficient de la fin d'une union très conflictuelle ; par contre, ils souffrent de cette décision lorsque le niveau de conflit avant la séparation est peu élevé. Pour comprendre ce résultat, il importe toutefois de distinguer les conflits et l'insatisfaction conjugale. Alors que l'enfant est souvent témoin, voire partie prenante, des premiers, il peut être inconscient de la seconde.

Afin d'expliquer l'effet bénéfique potentiel de la rupture conjugale, les chercheurs croient que les jeunes qui sont témoins des conflits intenses entre leurs parents ressentent un soulagement au moment de la séparation. D'ailleurs, lorsqu'on leur accorde la parole, les jeunes disent très souvent que la fin des disputes est une amélioration importante dans leur vie à la suite de la séparation de leurs parents. Par contre, un jeune qui a été peu exposé à l'hostilité entre ses parents perçoit la transition familiale comme un événement imprévu, négatif et incontrôlable. Il s'agit donc d'une perte — relationnelle, affective, financière — qui n'est compensée par aucun gain. Ces résultats signifient que les enfants ont besoin de comprendre ce qui leur arrive, d'être rassurés à propos de leur avenir, d'être absolument certains qu'ils ne sont pas responsables de cet événement. Ces résultats signalent aussi que, pour comprendre l'impact de la séparation sur les enfants, il faut nécessairement tenir compte de l'histoire des conflits entre les parents avant qu'ils ne mettent fin à leur union.

Cette histoire ne se termine cependant pas forcément avec la séparation des conjoints. En effet, la dissolution de l'union conjugale n'est pas toujours synonyme d'une diminution des conflits. Certaines études américaines et québécoises révèlent qu'environ le tiers des familles séparées continueront à présenter un haut niveau de conflit durant les premières années suivant la séparation (Drapeau, Saint-Jacques, Gagné, Cloutier et Lépine, 2006 ; Emery, 1999 ; Maccoby et Mnookin, 1992). Il arrive malheureusement que des ex-conjoints demeurent en conflit majeur de très nombreuses années après la dissolution de leur union.

Or, les recherches montrent clairement que les conflits entre les ex-conjoints et l'absence de coopération parentale comptent parmi les facteurs les plus puissants pour prédire les difficultés d'adaptation des jeunes à la séparation. À ce chapitre, il est reconnu que les conflits hostiles, intenses et qui demeurent non résolus sont ceux qui ont l'impact le plus négatif sur l'enfant. Buehler et ses collaborateurs (Buehler, Krishnakumar, Stone, Anthony et coll., 1998) ajoutent toutefois que les conflits voilés, qui se manifestent notamment par la triangulation de l'enfant, sont aussi préjudiciables. Des études indiquent, en effet, que les conflits où l'adolescent se sent « pris » entre ses deux parents sont associés à plus de difficultés dans un contexte de divorce (Buchanan et Heiges, 2001 ; Hetherington, 1999 ; Kerig, 1996 ; Maccoby, Buchanan, Mnookin et Dornbusch, 1993).

Les conflits entre les parents représentent un risque majeur sur le plan de l'adaptation des adolescents.

En somme, un jeune dont les parents continuent d'être en conflit après la séparation ira moins bien qu'un jeune qui vit avec ses deux parents, même si ces derniers sont en conflit. En revanche, un jeune profitera de la séparation de ses parents si cette dernière entraîne une diminution des conflits. Cela dit, il ne faut évidemment pas perdre de vue que le bien-être des enfants ne tient pas qu'au conflit, mais qu'il s'agit, avec les ressources économiques, d'une de ses dimensions les plus importantes.

8.8.5 L'appauvrissement économique

Le faible revenu familial est aussi une caractéristique nettement plus probable de l'environnement de l'adolescent vivant dans une famille monoparentale, et il est largement démontré que la pauvreté a des effets négatifs importants sur le développement des jeunes, notamment parce qu'elle les surexpose à un ensemble de facteurs de risque (Cloutier, Bissonnette, Ouellet-Laberge et Plourde, 2004). Les difficultés économiques sont des freins à l'adaptation des jeunes dans la mesure où elles influent sur les pratiques des parents et les ressources disponibles dans les milieux de vie que les enfants fréquentent. Or, même si les comparaisons entre des jeunes issus de ces familles et ceux issus de familles intactes négligent souvent de contrôler l'influence du revenu familial, les recherches qui réussissent à contrôler cet effet constatent que les écarts de risque d'inadaptation s'estompent substantiellement entre les enfants de familles monoparentales et les enfants de familles biparentales (Clarke-Stewart, Vandell, McCartney, Owen et Booth, 2000 ; Piérard, Jacques, Cloutier et Drapeau, 1994 ; Patterson, Kupersmidt et Vaden, 1990). L'appauvrissement matériel de la famille après la séparation fait donc partie intégrante du risque vécu par l'enfant dans son développement.

Par ailleurs, comme le soulignent Saint-Jacques et ses collaboratrices, au sein de la famille recomposée, l'arrivée d'un nouveau conjoint entraîne normalement une hausse du revenu familial ; toutefois, « le mode de partage des dépenses de la famille et les obligations contractées par cet adulte avant la présente union peuvent diminuer les sommes qui sont effectivement injectées dans la famille » (Saint-Jacques et coll., 2004, p. 77). En outre, des difficultés financières risquent d'entraîner plus rapidement les mères séparées vers une cohabitation rapide afin de partager le fardeau des dépenses familiales, ce qui peut être associé à l'instabilité de ces nouveaux couples.

En conclusion, les transitions familiales peuvent affaiblir le soutien offert par la famille au jeune dans son cheminement personnel et l'inscrire dans une trajectoire de difficultés. La plupart du temps cependant, les adolescents dans une famille séparée ou recomposée se développent sans problème. Ils ont la chance d'avoir des parents, et des beaux-parents, capables d'exercer adéquatement leur rôle même si les situations familiales ne sont pas toujours faciles, de passer outre à leurs conflits et de coopérer pour offrir au jeune les meilleures chances de réussir.

CHAPITRE 9

Les amis et les amours

9

9.1 Considérations générales

À l'extérieur de la famille, la dynamique sociale est différente. L'adolescent est davantage laissé à lui-même et il doit se faire une place par ses propres moyens. Dans les groupes sociaux plus grands dont il est souvent appelé à faire partie, la gamme des types relationnels se déploie : des rapports s'établissent avec des plus jeunes et des plus vieux, des inconnus et des connus, des personnes que l'on aime et d'autres que l'on aime moins. Pour chacun de ces types relationnels, il existe un répertoire de comportements appropriés qu'il faut connaître pour bien réagir : on se comporte différemment avec une vague connaissance et avec un ami intime ; un garçon ne réagit pas exactement de la même façon s'il se trouve en présence d'une fille, et vice versa ; on ne dit pas n'importe quoi à un enseignant, etc. Les codes liés à chacun de ces types relationnels ne naissent pas subitement à l'adolescence ; c'est toutefois à cette période qu'on s'attend à plus de la part des adolescents, qui deviennent eux-mêmes plus exigeants à l'égard des autres, pairs ou adultes.

9.2 Les amis

Le monde indépendant de l'adolescent se construit et s'expérimente par l'entremise des relations amicales. Dans ce réseau social de pairs choisis, qui ne dépend pas des parents, le jeune est considéré pour ce qu'il est. Les amis jouent un rôle central entre 12 et 18 ans puisque c'est vers eux que se tourne l'adolescent lorsqu'il prend ses distances par rapport à ses parents. La figure 9.1 illustre l'évolution des relations sociales entre la préadolescence et l'adolescence. On peut voir que les amis occupent une place de plus en plus grande dans le réseau de soutien du jeune. À 16 ans, les amis rivalisent même avec la mère en tant que source de soutien (Drapeau, Deschenes, Lavallée et Lepage, 2002).

Mais l'amitié n'est pas toujours simple ; au-delà de la satisfaction affective, il y a les rivalités, les jalousies et la captivité dans la fausse fidélité qui empêche l'exploration d'autres relations. En contrepartie des moments de bonheur bien à soi, loin du contrôle parental, l'amitié réserve des moments de tristesse où il faut assumer seul les petites trahisons. La présente section s'intitule « Les amis », mais ceux-ci étant un sous-groupe de l'ensemble plus vaste que sont les pairs, elle porte également sur les relations avec les pairs qui ne sont pas des amis.

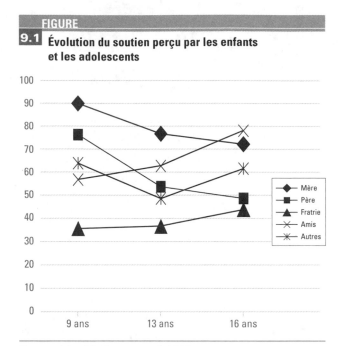

FIGURE 9.1 Évolution du soutien perçu par les enfants et les adolescents

Source : Adapté de Drapeau et coll. (2002).

9.2.1 Les bases de l'amitié

Les deux premières conditions de l'amitié sont la réciprocité et l'engagement entre des individus qui se perçoivent comme égaux (Hartup, 1989 ; Rubin, Bukowski et Parker, 2006). On distingue différents degrés de proximité dans le réseau social d'un adolescent : en périphérie, il y a les « connaissances », c'est-à-dire ceux et celles que l'on connaît bien mais qui ne sont pas vraiment proches, et, plus près de soi, il y a les intimes, souvent peu nombreux, avec qui la relation est ouverte aux confidences honnêtes et fondée sur un engagement mutuel potentiellement durable (Youniss et Smollar, 1985). Au Québec, un adolescent compte environ une douzaine de copains et trois amis intimes (Claes, 1994, 1998). Quatre-vingt-dix pour cent (90 %) des jeunes ont au moins un ami proche (Brown, 2004).

Déjà, au cours de l'enfance, l'amitié est un élément de premier ordre dans l'expérience sociale individuelle. Elle permet l'établissement de relations choisies qui reposent sur une attirance mutuelle. L'amitié se fonde sur une organisation structurée non pas selon un axe vertical hiérarchique comme c'est le cas avec les parents ou les enseignants, mais selon un axe horizontal où la réciprocité et la loyauté mutuelle prédominent. Le jeune qui vit l'amitié se sent valorisé, apprécié pour ce qu'il est et ce qu'il peut faire par lui-même, en même temps qu'il apprend à négocier des ententes avec les autres, à faire sa place dans le respect d'autrui. L'amitié permet aussi une rétroaction importante sur soi-même : les commentaires et les réactions des amis au sujet du comportement du jeune contribuent beaucoup à lui donner l'heure juste sur l'image sociale qu'il projette. Les relations d'amitié à l'adolescence constituent un laboratoire de premier choix pour vivre et explorer des rôles et des dimensions comme la tolérance, le tact, la justice, la rivalité ou la résistance aux influences des autres.

La validation consensuelle

La notion de validation consensuelle proposée par Youniss et Smollar (1985) illustre de façon intéressante les notions de réciprocité et de mutualité qui sous-tendent la relation d'amitié. Elle renvoie au processus selon lequel deux personnes travaillent ensemble à comprendre leur situation à partir d'échanges mutuels d'idées et de sentiments offerts l'un à l'autre pour être commentés, discutés et validés en vue d'un accord. Ce processus implique un échange continuel entre les acteurs, et le critère final de validation dépend de l'adhésion commune à la perspective construite à deux et non pas de la victoire d'une idée sur une autre. On voit là une nette nuance avec la situation dans laquelle un parent, ayant eu un échange de vues avec son adolescent sur un problème donné, tranche la question en imposant au jeune sa façon à lui d'interpréter les choses. La validation consensuelle repose ainsi sur l'acceptation mutuelle d'une idée que l'on reconnaît avoir construite ensemble, par coopération.

Cette réflexion partagée est une dimension importante de l'amitié entre les bons amis à l'adolescence. Elle permet de dépasser les limites de la perspective individuelle, non seulement quant aux contenus des idées, mais aussi quant à la propriété de ces idées : chacun se reconnaît au moins un peu dans le produit qui résulte de cette coopération, tout en reconnaissant aisément à l'autre les éléments qu'il a apportés en propre. Par exemple, l'adolescent ne se sentira aucunement gêné d'admettre que l'idée qui a le mieux contribué à trouver la solution adoptée en commun vient de son ami. La validation consensuelle, ou réflexion commune, donne lieu à une production dans laquelle chacun se reconnaît sans avoir peur de reconnaître l'autre. Cette expérience, bien qu'elle soit avantageusement servie par les capacités intellectuelles plus grandes dont dispose l'adolescent par rapport à l'enfant, n'est pas de nature strictement cognitive ; elle est aussi affective

et sociale étant donné qu'elle repose sur la mutualité et la coopération.

9.2.2 Le côté plus sombre de l'amitié : les conflits et les rivalités

Les rivalités, les conflits, la compétition et la trahison font aussi partie de l'univers des relations entre amis (Berndt, 2002, 2004 ; Burk et Laursen, 2005). La plupart des jeunes admettent effectivement d'emblée avoir des conflits avec leurs amis. Ces interactions négatives comptent même parmi les événements quotidiens les plus stressants vécus par les adolescents (Seiffge-Krenke, 1995). Les relations entre les amis étant volontaires, elles sont sujettes à se détériorer ou même à se rompre définitivement en cas de conflit ; il n'est donc pas surprenant que cette situation soit stressante pour le jeune (Salisch et Vogelgesang, 2005). Toutefois, lorsqu'un lien d'amitié s'est développé entre deux jeunes, leur solidarité peut dépasser les conflits temporaires, les petites mesquineries que l'un peut faire à l'autre, etc. La coopération finit par l'emporter sur la compétition ; c'est le propre de la relation d'amitié de transcender les intérêts particuliers immédiats au profit de l'intérêt commun, sinon la relation elle-même est menacée. Hartup (1989, 1996) distingue par certaines caractéristiques les conflits entre amis et les conflits entre pairs non amis.

Premièrement, les conflits entre amis pourraient être plus nombreux que les conflits entre non-amis ; en effet, la fréquence des contacts étant élevée, les risques de désaccords sont nécessairement plus grands. Deuxièmement, les amis entretiennent leurs conflits moins longtemps puisqu'ils s'en dégagent plus vite et vont ainsi moins loin dans l'escalade. Troisièmement, même s'il leur arrive de s'échauffer émotionnellement et d'être agressifs entre eux, les amis règlent en général leurs conflits d'une manière plus douce que les pairs ordinaires, leurs accrochages font moins mal et la situation qui en résulte est plus équitable (Salisch et Vogelgesang, 2005). Il est clair que ces modes de résolution des conflits contribuent à protéger les relations amicales ; ainsi, les amis ont plus de chances de rester proches l'un de l'autre (Laursen, Finkelstein et Betts Townsend, 2001). Une attitude de stricte rivalité axée sur la recherche d'une victoire la plus décisive possible ne permettrait pas d'éviter les blessures qui éloignent pour de bon. La capacité mutuelle de transcender les conflits dépend donc de la force des bases d'attachement sur lesquelles repose la relation.

9.2.3 L'évolution de l'amitié à l'adolescence

La période de l'adolescence entraîne une évolution sur le plan de la compréhension de l'amitié (Collins et Steinberg, 2006; Rubin et coll., 2006). En effet, entre 12 et 18 ans, l'amitié évolue: on observe le passage d'une amitié-activité à une amitié-réciprocité. Le tableau 9.1 présente les caractéristiques généralement associées à l'amitié au début, au milieu et à la fin de l'adolescence. On constate que l'amitié-activité du début se transforme en amitié-solidarité au milieu de l'adolescence. Ce passage témoigne d'une intériorisation croissante des fonctions sociales ainsi que d'un besoin plus intense de soutien interpersonnel face aux expériences vécues. À la fin de l'adolescence, le besoin inconditionnel de l'ami du même sexe se dissipe graduellement à mesure que la confiance en soi et l'autonomie croissent. Les relations interpersonnelles laissent alors une place plus grande au couple et l'ami du même sexe perd une part du rôle de soutien qui contribuait à satisfaire le besoin de solidarité désormais ressenti moins intensément qu'auparavant. L'individu est armé d'une confiance et d'une stabilité telles qu'il peut dorénavant axer davantage ses relations personnelles sur la réalisation de ses projets futurs.

D'après les différentes descriptions faites dans le tableau 9.1, l'intimité et la confiance entre amis croissent pendant l'adolescence. Ces descriptions reposent toutefois sur des observations d'ensemble et il est possible que, prise individuellement, l'expérience d'un adolescent donné ne reflète pas fidèlement cette évolution.

C'est par exemple le cas de la fille qui, de 14 à 17 ans, fréquente régulièrement le même garçon et dont la relation précoce l'amène à vivre plus tôt des expériences caractéristiques de la fin de l'adolescence. Par ailleurs, ses relations d'amitié, sur le plan qualitatif ou quantitatif, risquent d'être appauvries par la place occupée par le garçon. En revanche, le garçon très sportif qui, du début de l'adolescence, entretient des relations amicales multiples reposant essentiellement sur les activités sportives n'aura pas vraiment l'occasion de connaître le stade de l'amitié-solidarité, puisqu'il traverse la période correspondante en prolongeant l'étape de l'amitié-activité qui nourrit son sentiment d'appartenance d'une autre façon et l'empêche de ressentir le besoin de sécurité et de loyauté auquel répond l'amitié-solidarité, la deuxième étape du tableau 9.1.

9.2.4 Les différences selon le sexe

Les garçons et les filles présentent plusieurs différences sur le plan de leurs relations avec les amis. Typiquement, les filles rapportent plus d'intimité, de soutien, d'affection, d'acceptation et de sécurité dans leurs relations amicales que les garçons (Collins et Steinberg, 2006; Rose et Rudolph, 2006). Dans le contexte de relations avec leurs pairs, les filles se comportent aussi davantage de manière prosociale que les garçons. Quant aux garçons, ils forment des groupes d'amis plus denses que ceux des filles. Autrement dit, les amis des uns et des autres deviennent aussi des amis. Les garçons se retrouvent également plus souvent en groupe, notamment au cours d'activités sportives organisées.

TABLEAU **9.1** Évolution de l'amitié à l'adolescence	
Amitié-activité	• L'amitié est plus centrée sur les activités conjointes que sur la relation elle-même. • Les amis sont ceux avec qui on partage les activités. • Les sentiments associés à la relation d'amitié (réciprocité, engagement, loyauté, etc.) sont encore mal différenciés.
Amitié-solidarité	• La relation est basée sur la solidarité, et le désir de sécurité est prédominant. • L'ami est avant tout une personne loyale sur qui on peut compter. • L'amitié est aussi (surtout pour les filles) une relation de soutien moral et d'échange sur les nouvelles situations de vie comme les premiers rendez-vous hétérosexuels.
Amitié-réciprocité	• Le partage d'expériences devient le principal but de la relation. L'intimité est fondée sur la compréhension mutuelle plutôt que sur la satisfaction d'un besoin individuel. • L'ami est considéré selon son apport à la relation. Ses qualités personnelles sont distinguées et les différences individuelles sont appréciées telles quelles. • Le besoin d'échange demeure, mais l'importance croissante des liens hétérosexuels entraîne la diminution graduelle de celle des amis du même sexe.

Source: Inspiré de Douvan, Adelson et Coleman (1966) et de Coleman (1980).

Même si, à première vue, les filles paraissent sortir gagnantes du concours sur les qualités des relations amicales, plusieurs auteurs soulignent que la proximité plus grande des amitiés féminines n'est pas que positive (Collins et Steinberg, 2006 ; Rose et Rudolph, 2006 ; Rudolph et Conley, 2005). En effet, elle est associée à certaines caractéristiques qui entraînent des coûts sur le plan de l'adaptation. Une de ces caractéristiques est la tendance des filles à la corumination, et ce, particulièrement à l'adolescence. La corumination fait référence au fait de discuter *in extenso* d'un problème (Rose, 2002). Elle se caractérise par les encouragements mutuels à discuter, de manière répétée, des problèmes, les spéculations inlassables à propos de leurs causes et de leurs conséquences et la centration sur les émotions négatives qui y sont associées. La corumination contribuerait à la fois au sentiment de proximité éprouvé par les filles dans le contexte des relations amicales et à l'apparition, chez elles, de symptômes dépressifs et anxieux (Rose et Rudolph, 2006).

L'encadré suivant présente quelques énoncés relatifs à la corumination (Rose, 2002).

- Mes amis et moi parlons des problèmes que nous avons chaque fois que nous nous voyons.
- Quand nous nous voyons, si l'un ou l'autre a un problème, nous en parlons même si nous avions prévu faire autre chose.
- Quand mes amis ont un problème, j'essaie vraiment de les faire parler à propos de celui-ci.
- Quand j'ai un problème, mes amis essaient toujours de m'amener à donner tous les détails à propos de ce qui est arrivé.
- Quand nous parlons d'un problème, nous examinons toutes les raisons possibles de l'expliquer.

Par ailleurs, les filles étant davantage orientées vers les relations sociales, elles sont plus préoccupées par celles-ci (Rose et Rudolph, 2006 ; Rudolph et Conley, 2005). Les adolescentes accordent en effet une grande attention aux indices interpersonnels, ce qui peut contribuer à augmenter le stress vécu dans ce contexte. « Suis-je encore son amie ? Il me semble qu'elle ne m'a pas regardée quand nous nous sommes croisées l'autre jour au centre commercial. » « Est-ce que j'ai dit quelque chose que je ne devais pas dire ? » Les filles en particulier ont plus besoin de l'approbation des autres pour sentir qu'elles ont de la valeur et sont davantage inquiètes en ce qui a trait à la possibilité qu'une relation se termine.

9.2.5 Le réseau des relations avec les pairs

À l'adolescence, les relations dyadiques entre les amis n'existent pas dans un vacuum social ; elles sont plutôt insérées dans un réseau de relations avec les pairs. En effet, les adolescents sont typiquement membres d'un ou de plusieurs groupes de pairs, que l'on appelle « cliques ». Ces groupes relativement petits sont composés de 3 à 10 amis qui partagent des champs d'intérêt et font des activités ensemble (Brown et Klute, 2003). Généralement, dans ces groupes, on trouve des jeunes qui possèdent des caractéristiques similaires en ce qui concerne l'âge, les performances scolaires et les comportements tels que la prise d'alcool et la consommation de cigarettes. Au début de l'adolescence, la majorité des interactions avec les pairs se déroulent dans le contexte de ces cliques et presque tous les jeunes font partie de l'une d'elles. L'adhésion aux cliques est toutefois plutôt fluide. Il est rare qu'une clique demeure complètement inchangée au cours d'une année scolaire. Ces mouvements ne signifient cependant pas que la clique se dissout, car dans la majorité des cas, les anciens membres sont remplacés par de nouveaux.

Certaines études qualitatives ont illustré la hiérarchie qui existe dans ces petits groupes d'amis, particulièrement lorsqu'ils sont composés de filles. Ainsi, Alder et Alder (1995) ont observé les activités des cliques dans une école sur une période de sept ans, ce qui leur a permis d'en décrire les dynamiques interne et externe. L'exemple ci-dessous montre comment le leader d'un groupe peut présider à l'exclusion ou à l'inclusion d'un nouveau membre.

En 1re secondaire, il y avait Hélène. Elle était nouvelle. Il y avait des filles de notre gang qui l'aimaient bien, mais Mélissa ne l'aimait pas, donc elle n'a pas fait partie de notre gang. Elle a été dans une autre gang.

Les leaders du groupe exercent leur pouvoir notamment en ridiculisant les autres membres dont le statut est plus bas dans la hiérarchie, ce qui renforce les normes internes du groupe. Autrement dit, les leaders dictent, jusqu'à un certain point, les façons de se comporter, de s'habiller, de penser des autres. Cela peut aller jusqu'à imposer le choix des amis et des personnes qu'il ne faut surtout pas fréquenter, sous peine de se faire exclure soi-même. Les membres du groupe peuvent aussi faire preuve de méchanceté, voire de violence physique et verbale, à l'endroit des personnes qui ne font pas partie de leur clique.

Les adolescents sont typiquement membres d'un ou de plusieurs groupes de pairs, que l'on appelle « cliques ».

Bref, le portrait des cliques à l'adolescence n'est pas toujours rose. On comprend pourquoi plusieurs adultes ne ressentent pas que de la nostalgie au souvenir de cette période de leur vie. Cela dit, il ne faudrait pas oublier que ces petits groupes d'amis sont également une source de réconfort et qu'ils sont essentiels au besoin d'appartenance ressenti par les adolescents.

Au-delà des cliques, les adolescents sont aussi affiliés, parfois sans même le savoir, à des groupes plus larges (*crowds*) auxquels sont accolées des étiquettes correspondant à des catégories sociales. Certains auteurs font référence à des sous-cultures adolescentes pour rendre compte de cette fragmentation de la vie sociale des adolescents (Brown et Klute, 2003). Les étiquettes varient d'une école, d'une région ou d'une époque à l'autre, mais on trouvera ordinairement un groupe de populaires orientés vers l'image, un groupe de jeunes sportifs, un groupe de jeunes orientés vers la réussite scolaire, un groupe d'anticonformistes, un groupe de jeunes déviants et un groupe d'impopulaires (La Greca et

Moore Harrison, 2005). L'inclusion d'un adolescent dans l'un ou l'autre de ces groupes est basée sur sa réputation et sur les stéréotypes entretenus à son égard. Ce n'est donc pas le jeune qui décide par lui-même de quel groupe il fait partie, mais plutôt le consensus qui se dégage socialement à propos de lui. Ces groupes plus larges émergent habituellement vers le début et le milieu de l'adolescence et sont de moins en moins prédominants à la fin de l'adolescence.

Les implications de l'appartenance à ces groupes ne sont pas encore très bien connues. Cependant, il semble qu'elle joue un rôle sur le plan du développement identitaire, dans le sens où ces groupes aident le jeune à se définir en fonction de ce qui est attendu dans un groupe donné (Newman et Newman, 2001). Par contre, le fait d'avoir une étiquette peut contraindre l'exploration et étouffer l'expression de sa propre identité (Collins et Steinberg, 2006).

Ces groupes plus larges peuvent aussi faciliter les contacts et les interactions sociales, puisque les cliques se forment souvent à l'intérieur d'eux. À l'opposé, ils peuvent restreindre les contacts sociaux entre les adolescents puisqu'ils tracent des frontières plus ou moins perméables entre eux. En outre, certains de ces groupes font l'objet d'une stigmatisation, ce qui influe négativement sur le jugement qui sera posé sur leurs membres. Ils constituent dès lors une entrave potentielle à leur développement. Certaines études montrent effectivement que l'affiliation à des groupes ayant un statut peu élevé est associée à une estime de soi faible, à un sentiment de solitude, à l'anxiété sociale et à la dépression, tandis que l'inverse est vrai (Delsing, Ter Bogt, Engels et Meeus, 2007 ; La Greca et Moore Harrison, 2005 ; Prinstein et La Greca, 2002).

9.2.6 L'influence du groupe de pairs sur le développement et l'adaptation à l'adolescence

Bien que les amis n'aient pas autant d'influence que les parents sur le développement personnel, ils sont les meilleurs partenaires de jeu, les meilleurs confidents que l'adolescent puisse trouver. Les relations entre amis sont pour l'adolescent l'occasion par excellence de développer ses habiletés de négociation, de coopération, ses capacités de vivre la réciprocité et l'intimité, en raison de l'intensité des liens qui y ont cours et de leur caractère égalitaire.

À l'adolescence, les amis sont sans conteste la ressource sociale extrafamiliale la plus influente sur le plan du développement et de l'adaptation. Les relations amicales favorisent l'acquisition d'habiletés sociales, cognitives, motrices ainsi que le bien-être général des jeunes (Brown, 2004 ; Claes, 2003 ; Collins et Steinberg, 2006 ; Erdley, Nangle, Newman et Carpenter, 2001 ; Hartup et Abecassis, 2002). Cloutier et ses collaborateurs obtiennent une corrélation de 0,39 entre le sentiment d'être soutenu par les amis et le sentiment de bien-être personnel : autrement dit, quand tout va bien avec ses amis, l'adolescent se sent mieux dans sa peau (Cloutier, Champoux, Jacques et Lancop, 1994).

L'établissement et le maintien de relations d'amitié favorisent l'apparition d'un sentiment d'efficacité chez le jeune, de l'impression qu'il peut créer son propre monde social. Les amis, les intimes du moins, se rendent mutuellement de réels services. Grâce à eux, on peut sonder des idées, obtenir une rétroaction sur des projets, un jugement critique sur une façon d'agir, etc. Cet éclairage est d'autant plus précieux qu'il est offert dans un contexte de mutualité et d'égalité et non pas dans un cadre hiérarchique et d'autorité. L'authenticité des points de vue n'est pas altérée par une volonté de dominer l'autre ; tantôt l'ami affirmera une nette opposition, tantôt il interprétera le problème, tantôt il écoutera sans dire un mot. Le fait d'avoir quelqu'un avec qui partager sa réalité intime présente des avantages immenses, ne seraient-ce que l'augmentation de la qualité des analyses qu'il permet et la confiance affective que procurent le partage, le sentiment de ne pas être seul et l'objectivation des préoccupations. À l'inverse, un adolescent qui dispose de peu d'amis ou qui vit beaucoup de relations conflictuelles avec ses pairs risque plus d'être dépressif, de moins bien réussir à l'école et d'avoir une faible estime de lui-même (Collins et Steinberg, 2006).

Par ailleurs, comme nous l'avons mentionné précédemment, les adolescents sont très semblables à leurs amis. Cette ressemblance s'observe en ce qui a trait aux aspirations des jeunes, à leur engagement à l'école, mais aussi sur le plan des problèmes de comportement. En effet, il y a de fortes probabilités qu'un adolescent qui fréquente des pairs délinquants commette lui aussi des actes délinquants (Gifford-Smith, Dodge, Dishion et McCord, 2005). Comment expliquer ces similarités ? Est-ce que les amis s'associent à des pairs à qui ils ressemblent déjà ? « Qui se ressemble s'assemble », comme dit le dicton. Ou bien s'influencent-ils mutuellement par un processus de socialisation ?

L'état des connaissances à ce sujet permet d'affirmer que les deux processus que sont la sélection et la socialisation sont à l'œuvre pour expliquer les ressemblances entre les amis. D'une part, il est vrai que les adolescents choisissent leurs amis en fonction de leurs propres caractéristiques ; autrement dit, ils se sélectionnent sur la base de leurs similarités. Ils peuvent aussi éviter les contacts ou rompre les relations avec les personnes qui ne leur ressemblent pas, ce qu'Ennett et Bauman (1994) appellent le processus de désélection. D'autre part, la socialisation s'exerce à court terme ou à plus long terme, et ce, de plusieurs façons.

Les modes d'influence des pairs

La pression directe des amis pour prescrire ou proscrire certains comportements ou attitudes à l'intérieur d'un groupe donné est souvent celle qui préoccupe le plus les parents et les enseignants. De fait, un bon nombre de programmes s'adressant aux adolescents visent à leur apprendre à s'affirmer face à leurs pairs, à leur apprendre à dire non, bref à résister à cette pression négative qui s'exercerait sur eux. Cependant, ce ne semble pas être la façon la plus répandue dont s'exerce la pression de la part des pairs (Brown, 2004 ; Brown et Klute, 2003). Trois autres modes d'influence, plus indirects, paraissent plus fréquents. Il s'agit de la modélisation des comportements, de la régulation normative et de la structuration des occasions.

En ce qui concerne la modélisation des comportements, l'observation de ses amis et des membres de son groupe peut donner à l'adolescent des indications claires sur la façon dont il doit se comporter, s'habiller ou parler. Le désir d'être accepté et d'avoir des amis pousse les adolescents à agir comme leurs amis, particulièrement lorsque ceux-ci ont un statut élevé dans le groupe. La pression visant à se conformer est particulièrement forte au début de l'adolescence, mais elle s'atténue par la suite.

Ce processus de modélisation peut aider le jeune à adopter de nouveaux comportements. Par exemple, lorsque des couples se forment au sein d'un groupe, les autres membres apprennent comment se comporter dans ce contexte amoureux. Les pairs peuvent également servir de modèles pour les comportements prosociaux, comme s'entraider ou protéger un ami, mais aussi pour les comportements plus négatifs, comme la prise d'alcool (McNamara Barry et Wentzel, 2006). En outre, on peut apprendre par l'opposition. Ainsi, Eckert (1989) a décrit comment les membres d'un groupe pouvaient, en observant les comportements, les attitudes et les modes d'habillement d'un groupe rival, se définir exactement à l'inverse de ce dernier.

Pour ce qui est de la régulation normative, cette forme de pression s'exercerait par le biais des interactions au sein du groupe. Les adolescents se taquinent entre eux, potinent à propos des autres membres du groupe, commentent plus ou moins ouvertement les comportements des uns et des autres. « Rumeurs et médisances constituent un moyen efficace de faire rentrer les récalcitrants dans le rang » (Kaplan, 2002, p. 61). Ces interactions créent une forme de régulation normative au sein du groupe puisqu'elles donnent des balises ou des normes sur ce qui est acceptable ou souhaitable et sur ce qui ne l'est pas à l'intérieur d'un groupe donné. Même si aucune pression directe n'est exercée, les attentes n'en sont toutefois pas moins claires.

> Les adolescents qui agissent d'une certaine façon parce qu'ils croient que leurs amis attendent cela d'eux subissent la pression de leurs pairs, que cette attente soit ou non accompagnée d'une menace d'exclusion. C'est vrai aussi bien pour le fait de porter des jeans délavés à l'école que d'aller prendre une bière avec des gens plus âgés. Parfois, les adolescents veulent effectivement la même chose que leurs amis. Mais à d'autres moments, cela les oblige à faire le contraire de ce qu'ils veulent en secret, rien que pour pouvoir rester dans le groupe (Kaplan, 2002, p. 53).

Des études menées par Dishion, McCord et Poulin (1999) et Dishion, Poulin et Burraston (2000) ont permis d'illustrer ce mode d'influence. Ces auteurs, qui ont étudié des conversations entre des adolescents suivis pour des problèmes de délinquance, se sont rendu compte que les jeunes étaient plus attentifs, riaient plus et donnaient plus de signes d'approbation lorsque leurs amis racontaient des histoires à propos de leurs activités délinquantes que pour tout autre sujet de conversation. Cela renforçait l'acceptation du groupe à propos de ce type d'activités et constituait une sorte d'entraînement à la déviance.

Enfin, dans le cas de la structuration des occasions, il ne faut pas oublier que le fait de se retrouver en groupe procure aux adolescents des occasions qui ne se présenteraient pas nécessairement s'ils étaient seuls. Par exemple, la jeune fille qui fréquente un adolescent plus âgé peut être placée devant des options qui ne s'offriraient peut-être pas autrement à elle, comme fumer la cigarette ou prendre de l'alcool. En groupe, les jeunes vont être davantage prêts à prendre des risques et à expérimenter.

Bref, les amis et les pairs s'influencent mutuellement de plusieurs façons. Cependant, en se fiant seulement à la présence de similarités entre les pairs et les amis, il est facile de surestimer l'influence qu'ils ont les uns sur les autres. En effet, cette perspective ignore le fait que les amis se choisissent avec des similarités. Ce processus de sélection différentiel vient donc brouiller les cartes puisqu'un jeune aura tendance à choisir ses amis parmi les adolescents qui sont déjà comme lui, des adolescents avec qui il partage des valeurs et des champs d'intérêt. Il est donc difficile de savoir si un adolescent a été influencé par ses amis ou bien s'ils se sont influencés mutuellement compte tenu de leurs champs d'intérêt communs. En somme, la sélection et la socialisation sont toutes deux à l'œuvre (Hartup, 2005).

9.2.7 La famille et les amis

On a souvent considéré le groupe d'amis et la famille comme des rivaux par rapport aux jeunes. En effet, il existe une croyance bien ancrée voulant que plus un adolescent entretient des liens étroits avec ses amis, plus il rejette sa famille et ses valeurs. Or, il semble que, dans bon nombre de cas, les valeurs des parents soient en chevauchement avec celles du groupe d'amis, particulièrement lorsque les adolescents sont très attachés à leurs parents.

Cette hypothèse selon laquelle les parents et les amis rivaliseraient quant à l'emprise à exercer sur l'adolescent est réfutée par plusieurs travaux qui démontrent que le groupe d'amis et les parents ont des zones d'influence qui leur sont propres. L'opinion des parents est moins importante que celle des amis au chapitre des préférences musicales, des choix de films, de la mode vestimentaire, etc., tandis que les amis ont moins d'influence pour ce qui touche aux projets scolaires, aux aspirations professionnelles, aux valeurs morales, à l'explication des réalités sociales, etc. (Coleman et Hendry, 1990 ; Collins, Maccoby, Steinberg, Hetherington et Bornstein, 2000).

Les parents n'ont pas un pouvoir immédiat sur le choix des amis ; toutefois, la qualité de la relation qu'ils ont avec l'adolescent, la supervision qu'ils exercent sur les activités de leur jeune, les conseils qu'ils prodiguent de même que l'ouverture de la famille aux amis ont souvent un effet indirect, loin d'être négligeable, sur ce choix

(Bogenschneider, Wu, Raffaelli et Tsay, 1998 ; Collins et coll., 2000 ; Ladd et Pettit, 2002 ; Mounts, 2004). En fait, les adolescents tendent à s'associer avec des amis qui partagent leurs valeurs, et ces dernières sont influencées par le contexte familial. De plus, les adolescents qui viennent de familles chaleureuses ont une estime de soi plus élevée, ce qui les rend moins vulnérables à la pression éventuellement négative exercée par les pairs.

Dans les familles où règne la discorde, où les parents sont peu présents, les amis ne sont pas les bienvenus et les adolescents n'ont pas tendance à les y amener. C'est donc en marge de la vie familiale, à l'écart de la supervision parentale, que les amis se rencontrent. Pour se tenir au courant des allées et venues de leur adolescent, les parents doivent d'abord pouvoir communiquer avec lui, entretenir une relation qui favorise la franchise et non pas la dissimulation. Tout adolescent a ses secrets et il est normal que les parents ne soient pas informés de tout ce qu'il vit ; mais s'ils désirent exercer leur influence, donner leur avis, agir sur ce qui se passe, ils doivent à tout le moins être au fait des allées et venues de leur adolescent. Ce n'est qu'au-delà de ce stade d'accès à l'information qu'ils peuvent espérer émettre un avis qui sera entendu et pris en considération par le jeune.

9.2.8 L'intimidation

L'intimidation[1] renvoie à des actes agressifs (physiques ou psychologiques) qui sont intentionnels et répétés dans le but de soumettre, humilier ou blesser une victime plus faible. L'intimidation n'est donc pas simplement un conflit entre deux jeunes, ni un jeu fondé sur un consentement mutuel, puisque c'est contre la volonté de la victime que l'intimidateur exerce contre elle des gestes violents pour lui faire du tort, dans le contexte d'un déséquilibre de pouvoir entre ces deux personnes (Horne, Stoddard et Bell, 2007 ; Ross, 1998 ; CSDM, 2006 ; Olweus, 1993). Outre la souffrance liée aux mauvais traitements eux-mêmes, cette forme d'abus aurait des conséquences graves et durables pour la victime : perte de l'estime de soi, anxiété, cauchemars, phobie des situations sociales, difficultés scolaires (démotivation, absentéisme, baisse de performance, décrochage), difficultés relationnelles avec les parents, dépression et conduites suicidaires. L'encadré suivant donne un exemple de ce type de souffrance.

Quand j'avais 11 ans, ma famille (française) est venue s'établir au Québec, où mon père avait obtenu un poste pour trois ans. Au début, je me suis intégrée facilement à la petite école publique de mon quartier ; j'étais arrivée au milieu de la dernière année du cours primaire. L'année suivante, toutefois, au moment où je suis arrivée au secondaire, les choses se sont dégradées rapidement. Je devais prendre l'autobus scolaire pour me rendre à l'école que fréquentaient plus de 1 200 élèves. Dans ma classe, il y avait une fille nommée « X » qui était grande et grosse et qui a commencé à me terroriser. Elle avait remarqué mon accent français et avait commencé à se moquer de moi dès le début de l'année. Je me souviens qu'elle avait deux ans de plus que moi, qu'elle était sale, grossière et réussissait mal en classe. J'essayais autant que possible de l'éviter et de ne pas en faire de cas pour ne pas alerter les autres sur ma situation particulière de Française. Pour comble de malheur, la case que l'on m'attribua pour ranger mes affaires au sous-sol de l'école était dans la même rangée que la sienne. Chaque fois que je m'y rendais pour prendre ou porter un livre ou un vêtement, je pouvais tomber sur « X » qui non seulement m'insultait, mais en était venue à me pousser et à me frapper parce que je ne répétais pas ce qu'elle voulait que je répète et que je ne faisais pas exactement les gestes qu'elle m'obligeait à faire.

Je faisais tout ce que je pouvais pour éviter les cases, mais les livres s'y trouvaient. Je détestais ce gros monstre que je n'arrivais même pas à oublier en classe. J'étais devenue irritable à la maison et mes notes scolaires baissaient. J'ai supporté ce calvaire pendant 10 mois, jusqu'à ce qu'elle me frappe au visage et me fasse une marque à l'œil que ma mère remarqua. On me changea de classe et je terminai mon année à cette école, mais l'année suivante je m'inscrivis à l'école française privée de la ville. Je ne me suis jamais fait une seule vraie amie québécoise ; j'avais peur des gamines de mon âge, peur de leur parler. J'ai raté complètement mon insertion sociale à cause de cette fille. Encore aujourd'hui, quand ce cauchemar me traverse l'esprit, j'éprouve de l'angoisse et de la haine, mais aussi du regret et de la tristesse (Témoignage de « Y », 28 ans, recueilli par R. Cloutier).

Au Canada, on estime qu'environ 30 % des élèves sont touchés directement par ce problème : de 8 % à 14 % sont des victimes, de 7 % à 13 % sont des intimidateurs et jusqu'à 7 % sont les deux à la fois (Nansel, Craig,

---

1. Il s'agit de la traduction du terme anglais *bullying*. En Europe, on utilise aussi le terme « brimade » pour désigner l'intimidation. L'intimidation peut être provoquée par des adultes, mais notre attention se tournera ici vers l'intimidation mettant en cause des jeunes.

Overpeck, Saluja, Ruan et The Health Behavior in School-Aged Children Bullying Analyses Working Group, 2004). L'intimidation atteint un sommet au début de l'adolescence et diminue par la suite, sommet qui ne serait pas étranger au passage de l'école primaire à l'école secondaire qui fragilise certains jeunes (Rigby, 2004 ; Smetana, Campione-Barr et Metzger, 2005).

Les formes d'intimidation

L'intimidation peut prendre différentes formes susceptibles de se produire indépendamment ou conjointement ; nous en distinguons ici cinq formes (Crick, Nelson, Morales, Cullerton-Sen, Casas et Hickman, 2001 ; Cornell, 2006 ; Ross, 1998 ; CSDM, 2006 ; Olweus, 1993) :

1. L'intimidation physique : bousculer, pousser, frapper avec un objet, gifler, donner des coups de poing ou des coups de pied, lancer des objets, tordre un bras, immobiliser, écraser, enfarger, pincer, tirer les cheveux, cracher, mordre, égratigner, couper, étouffer, contraindre à manger autre chose que de la nourriture, enfermer, etc.

2. L'intimidation verbale : insulter, invectiver, se moquer, menacer, faire des remarques humiliantes liées à la race, au sexe, aux parents, etc.

3. L'intimidation relationnelle ou émotionnelle : exclure du groupe, répandre des rumeurs, ignorer, humilier, rabaisser, nuire aux relations d'amitié des autres, harceler sexuellement.

4. La cyberintimidation : utiliser les courriels, la messagerie texte ou un site Internet pour menacer, harceler, embarrasser, causer des dommages à la réputation et aux amitiés.

5. Les dommages causés à la propriété ou le taxage : endommager ou détruire les biens d'autrui (livres, vêtements), jouer de mauvais tours qui causent des préjudices (retards, pertes, etc.), voler des objets personnels (voir la sous-section suivante sur le taxage).

La nature des actes d'intimidation distingue les garçons et les filles. Ainsi, les actes directs d'intimidation (attaques verbales et physiques) sont plus fréquents parmi les garçons tandis que les actes indirects (répandre des rumeurs, ridiculiser les autres) sont plus fréquents parmi les filles (Sullivan, Cleary et Sullivan, 2004 ; Coyne, Archer et Eslea, 2006).

Les caractéristiques distinctives des intimidateurs et des victimes

Bien que souvent les intimidateurs soient plus grands et plus forts que leurs victimes, il arrive qu'en apparence l'agresseur et la victime ne soient pas si distincts l'un de l'autre, les traits de personnalité étant davantage en cause. De façon générale, les études rapportent que les intimidateurs ont tendance à être agressifs, impulsifs, hostiles, dominants, facilement antisociaux et peu coopératifs avec les autres, et à présenter peu d'anxiété ou d'insécurité (Raskauskas et Stoltz, 2007 ; Veenstra, Lindenberg, Oldehinkel, De Winter, Verhulst et Ormel, 2005). Il semble que ces jeunes croient qu'ils peuvent réussir à atteindre leurs buts au moyen de l'agression et qu'ils ne soient pas trop dérangés par la douleur et la souffrance qu'ils infligent à leurs victimes (Veenstra et coll., 2005). À l'école, les intimidateurs sont moins bien adaptés tant sur le plan de la réussite que sur celui du comportement, et leur bien-être à l'école serait moindre que celui de la moyenne des élèves (Nansel et coll., 2004).

Quant aux victimes, elles tendent à être davantage isolées socialement, plus sujettes à la détresse psychologique, à l'anxiété, à présenter un faible niveau d'estime de soi, des symptômes de dépression, à avoir des problèmes de sommeil, à avoir peur des situations d'intimidation jusqu'à développer une phobie scolaire (Horne et coll., 2007 ; Nansel et coll., 2004 ; Raskauskas et Stoltz, 2007). En ce qui concerne la prosocialité, cependant, les jeunes victimes (plus souvent des filles : 1,74 fille pour 1 garçon) sont perçues comme plus coopératives, plus aidantes et plus ouvertes au partage que les intimidateurs, et elles ne se distinguent pas des élèves qui ne sont pas impliqués dans l'intimidation (Veenstra et coll., 2005).

Dans 3 cas sur 10, les victimes ne parlent de leur problème à personne (CSDM, 2006) et leur isolement social typique augmente leur vulnérabilité à l'intimidation car elles n'ont pas d'amis pour les défendre ; une fois que le cycle du harcèlement est bien amorcé, il peut se prolonger et faire des dégâts psychologiques importants chez ces victimes silencieuses (Horne et coll., 2007).

Dans leur étude menée aux Pays-Bas en utilisant la méthode de la désignation par les pairs auprès de 1 065 préadolescents (dont l'âge moyen était de 11 ans), Veenstra et ses collaborateurs (2005) ont obtenu la répartition suivante quant aux rôles dans le

L'intimidation physique constitue l'une des formes d'intimidation plus fréquentes chez les garçons.

phénomène de l'intimidation : les intimidateurs représentaient 14 % de l'ensemble, les victimes, 15 %, les intimidateurs/victimes, 10 %, et les jeunes non impliqués dans l'intimidation, 61 %. Ces auteurs rapportent que les intimidateurs sont plus souvent de sexe masculin (2,5 garçons pour 1 fille), sont moins isolés socialement que leurs victimes, mais qu'ils sont nettement moins aimés que ces dernières dans le groupe scolaire sans pour autant être rejetés par leurs pairs. En comparant les intimidateurs, les victimes et les intimidateurs/victimes avec les jeunes qui n'étaient pas impliqués dans l'intimidation, Veenstra et ses collaborateurs (2005) ont observé que les jeunes qui participent aux deux rôles alternativement (2,5 garçons pour 1 fille) sont encore moins bien adaptés socialement que les intimidateurs ou les victimes : ils sont plus rejetés que les trois autres catégories d'élèves, ils présentent plus de comportements perturbateurs et agressifs, et ils sont associés à des indices plus élevés de vulnérabilité familiale (des parents ayant des problèmes d'abus d'alcool et/ou de drogue, des problèmes de santé mentale ou des conduites antisociales).

Dans cette étude, les jeunes qui ne sont pas impliqués dans l'intimidation se distinguent par de meilleurs indices d'adaptation personnelle et par le fait qu'ils ont tendance à venir de familles plus favorisées sur le plan socioéconomique. Les résultats de cette recherche européenne n'appuient pas l'idée que les pratiques parentales dans les familles des jeunes soient différentes d'une catégorie d'acteurs à l'autre dans le phénomène de l'intimidation ; ce sont principalement les caractéristiques personnelles des jeunes qui les distinguent selon leur rôle (Veenstra et coll., 2005).

L'intimidation représente une menace sérieuse pour les jeunes qui en sont victimes mais aussi pour les intimidateurs. Les victimes vivent des abus, et l'ampleur de ceux-ci conditionne l'importance de la blessure provoquée. Nous avons vu que certains élèves sont plus vulnérables à cette victimisation parce qu'ils sont au départ moins bien outillés pour se défendre. Cependant, dans de nombreux cas, ce sont des jeunes bien dans leur peau qui tombent dans une sorte de « cauchemar d'intimidation ». Quant aux intimidateurs, la recherche démontre qu'ils présentent beaucoup plus de risques de devenir délinquants et d'exercer des abus de toutes sortes au cours de leur vie. L'abus de pouvoir permet à l'intimidateur d'atteindre ses objectifs à court terme en contournant les moyens socialement acceptables qu'il ne développe pas, ce qui renforce l'implantation de patrons inadaptés de comportements chez lui. Une sorte de dépendance se crée face à ce type de stratagème et l'intimidateur s'enferme dans cette pratique qui le marginalise (Cornell, 2006 ; Nansel et coll., 2004 ; Veenstra et coll., 2005).

9.2.9 Le taxage

En vertu du Code criminel, le taxage est « considéré comme un vol qualifié avec menace d'extorsion ou d'intimidation » (SPQ, 2002). La frontière entre la définition du taxage et celle de l'intimidation n'est pas toujours claire puisque souvent les milieux scolaires présentent différentes composantes du harcèlement associées à l'intimidation comme faisant partie du taxage. Néanmoins, on peut dire que le taxage constitue de l'intimidation accompagnée de vol : un jeune ou une bande de jeunes intimident une victime physiquement ou psychologiquement et lui prennent de l'argent (une « taxe ») ou des objets de valeur. L'exemple typique est celui de l'élève qui se fait régulièrement prendre l'argent destiné à payer son repas du midi à l'école par un intimidateur (« il se fait taxer »). Le taxage peut aussi porter sur toutes sortes d'objets qui ont une valeur quelconque aux yeux des jeunes : crayon, disque, lecteur de CD, espadrilles, t-shirt, etc. Il découle donc de la même dynamique de violence relationnelle que l'intimidation et donne lieu à du vol.

9.2.10 Comment prévenir l'intimidation et le taxage à l'école ?

Les dégâts occasionnés par l'intimidation et le taxage, en tant que formes de violence, sont reconnus internationalement depuis plusieurs décennies dans les milieux scolaires, et différents programmes de prévention ont été mis au point au fil des ans (Beaumont et Royer, 2008 ; Olweus, 1993 ; Olweus, Limber et Mihalic, 1999). Par exemple, Wilson, Lipsey et Derzon (2003) ont recensé 221 études portant sur des programmes d'intervention afin de prévenir les comportements agressifs en milieu scolaire. Le tableau 9.2 résume les approches privilégiées par ces programmes.

Wilson et ses collaborateurs affirment que même si la violence à l'école est toujours un problème dont la pertinence ne fait aucun doute, il existe déjà des outils validés qui sont en mesure de provoquer une diminution allant jusqu'à la moitié des comportements agressifs à l'école, lorsqu'ils sont correctement implantés et suivis. Ces auteurs s'étonnent néanmoins du petit nombre de démarches évaluant les effets d'une application routinière de ces programmes : la grande majorité des recherches sont des projets visant la démonstration de

TABLEAU 9.2 Approches pour prévenir les comportements agressifs à l'école

Approche	Description
Développement des compétences sociales	Les interventions sont conçues de façon à aider les jeunes à mieux comprendre et à résoudre les conflits interpersonnels. Les techniques incluent notamment les habiletés de communication, les habiletés d'évitement des batailles et les techniques de résolution des conflits.
Développement des compétences sociales avec des composantes cognitivo-comportementales	Les interventions sont faites pour aider les jeunes à développer des compétences sociales, à comprendre et à contrôler leur propre colère, à résoudre des conflits et à utiliser par eux-mêmes des approches cognitivo-comportementales telles que la relaxation, la répétition cognitive (*cognitive rehearsal*) et l'autosuggestion.
Techniques de gestion du comportement et de la classe	Il s'agit d'utiliser différentes techniques comportementales, comme les récompenses, les contrats de contingence et les systèmes de jetons, afin d'éliminer l'agressivité et les comportements perturbateurs.
Thérapie ou services de *counseling*	Cette approche réunit toutes sortes d'interventions de type thérapeutique, incluant le suivi individuel, les groupes d'aide, etc.
Des écoles dans l'école	Il s'agit de regrouper dans des classes particulières les élèves désignés et de leur offrir une programmation, incluant le développement d'habiletés sociales, des techniques de modification du comportement, un suivi individuel, etc. Le nombre d'élèves par enseignant est habituellement moindre dans ces classes.
Médiation par les pairs	Des élèves choisis reçoivent une formation à la résolution de conflits et agissent comme médiateurs dans les conflits à l'école. (Au Québec, le programme « Vers le Pacifique » est un bel exemple d'application de cette approche.)
Services scolaires particuliers	Il s'agit d'approcher le problème au moyen d'un renforcement du soutien scolaire, comme le tutorat ou des programmes de lecture, afin d'améliorer l'adaptation des élèves agressifs à l'école. La logique de cette approche est que l'agressivité reflète un malaise dans le rôle d'élève.
Approches multimodales	Il s'agit d'interventions contre la violence qui combinent plusieurs approches en même temps. Cela peut comprendre un programme d'habiletés sociales pour les élèves, des techniques de gestion de la classe pour les enseignants, une révision complète du système de discipline dans l'école, un meilleur soutien scolaire, un programme de communication famille-école, etc.

Source : Adapté de Wilson et coll. (2003, p. 139 ; traduction libre).

l'efficacité des programmes et, une fois l'étude terminée, ces programmes sont rarement appliqués de façon régulière par la suite dans l'école.

9.3 Les amours

Une grande proportion des adolescents ont expérimenté le sentiment amoureux, d'une façon ou d'une autre. Un certain nombre de ces expériences tiennent plus de la passion que de l'attachement profond, d'autres procèdent plus du rêve romantique que de l'intimité partagée au quotidien, mais, dans chaque cas, il y a découverte.

Dans le chapitre 5 portant sur les comportements sexuels à l'adolescence, nous avons constaté qu'il existe un lien étroit entre la relation amoureuse stable et la probabilité d'être actif sexuellement. Seulement, à côté de la sexualité, la relation amoureuse met en jeu un autre aspect important, le sentiment amoureux ; c'est l'un des sentiments les plus puissants du répertoire humain et les adolescents sont capables de tout le romantisme nécessaire pour le vivre avec une intensité extrême.

9.3.1 La prévalence des relations amoureuses à l'adolescence

Une enquête réalisée au Québec auprès d'un échantillon représentatif de plus de 3 000 jeunes indique qu'environ 36 % des jeunes de 13 ans sont déjà « sortis » avec un partenaire au cours des 12 derniers mois. Cette proportion monte à 65 % chez les adolescents de 16 ans (Fernet, Imbleau et Pilote, 2002). À partir d'une vaste étude américaine réalisée auprès de 12 000 adolescents, Carver, Joyner et Udry (2003) arrivent à des résultats très semblables puisqu'ils constatent qu'environ 65 % des adolescents de 12 à 18 ans ont expérimenté une relation amoureuse au cours des 18 derniers mois. À 12 ans, cette proportion est d'environ 30 % des adolescents tandis qu'elle est près de 80 % à 18 ans.

La quinzième année semble une étape charnière sur le plan des fréquentations amoureuses. À cet âge, plus de la moitié des jeunes ont déjà eu un *chum* ou une blonde. En outre, vers 15 ans, les adolescents interagissent plus fréquemment avec leur *chum* ou leur blonde qu'avec leurs parents, leur fratrie ou leurs amis (Bouchey et Furman, 2003). Les jeunes y consacrent jusqu'à 12 heures par semaine, et ce, sans compter le temps passé à rêvasser à leur amoureux (Sauvageau, 2005).

« Les premières amours de jeunesse ne s'oublient pas. » Combien de chansons tournent autour de ce thème ? Aimer par soi-même et être aimé pour soi-même ; entrer dans l'univers de l'intimité si longtemps réservé aux modèles heureux des films ; goûter à l'extraordinaire force que donne un appui inconditionnel ; avoir du plaisir sensuel et sexuel sans éprouver de culpabilité ; être généreux sans effort ; pouvoir faire des projets de vie sérieux, convaincu avec raison que l'amour, à l'adolescence, n'est plus un jeu d'enfant puisqu'il peut durer toujours. Voilà pour le côté romantique de l'amour adolescent avec Cupidon en toile de fond. Nous savons tous pertinemment, par ailleurs, qu'il n'y a pas que des réussites totales dans l'amour adolescent ; les demi-réussites et les échecs aux trois quarts sont également bien fréquents. La recherche indique néanmoins que les bons côtés l'emportent sur les mauvais dans la perception de ceux et celles qui vivent ces relations amoureuses à l'adolescence (Bouchey et Furman, 2003).

Bien qu'une bonne partie des adolescents puissent être convaincus que leur relation amoureuse va durer toujours, qu'elle résistera à toutes les embûches que réserve l'avenir (Cloutier et coll., 1994 ; Giordano, Manning et Longmore, 2006), certaines recherches montrent que ces relations ont, en moyenne, une durée relativement courte, soit environ quatre mois chez les plus jeunes adolescents (Sauvageau, 2005). Il semble cependant que les relations amoureuses de la fin de l'adolescence soient moins éphémères que celles du début. Soixante pour cent (60 %) des jeunes de 17 et 18 ans interrogés dans l'enquête américaine Add-Health affirment que leur relation persiste depuis plus de 11 mois (Carver et coll., 2003).

Il n'existe pas de référence objective pour évaluer une « peine d'amour » dans toute sa subjectivité, mais en dépit de la tendance des adultes à considérer les peines d'amour adolescentes comme des chagrins d'enfants superficiels et éphémères, on reconnaît, à partir de certaines recherches, qu'elles peuvent causer de sérieuses dépressions chez les jeunes et même des tentatives de suicide (Bouchey et Furman, 2003 ; Welsh, Grello et Harper, 2003). Par chance, tous les chagrins amoureux ne vont pas jusqu'au désespoir et le fait de confier sa peine peut aider à la dissiper.

9.3.2 Ami ou amoureux ?

Suis-je amoureux ou est-ce seulement un ami ? Voici une question que jeunes et moins jeunes se posent fréquemment. Il n'est certes pas facile de définir ce qu'est l'amour et de savoir avec exactitude quand on éprouve ce sentiment. Pour les chercheurs, ce n'est pas non plus une mince tâche. La définition la plus répandue dans les écrits met l'accent sur la nature dyadique de cette relation et précise que, comme pour les amis, l'interaction est volontaire et mutuellement reconnue (Collins, 2003). Elle serait toutefois plus intense et marquée par l'expression de l'affection, notamment sur le plan physique. Cette définition n'inclut pas le genre, parce que les relations qui satisfont à ces critères peuvent être vécues par des personnes du même sexe ou du sexe opposé (Diamond, Savin-Williams et Dubé, 1999).

Lorsqu'on leur donne la parole, les jeunes sont capables de distinguer les relations amicales des relations amoureuses, malgré qu'il existe parfois une certaine confusion dans leur esprit, sinon dans leur cœur (Furman et Shaffer 2006). Le tableau 9.3 expose les grandes lignes de ce que plus de 1 000 jeunes américains ont dit à ce sujet dans une étude menée par Giordano et ses collaborateurs. Leurs propos seront discutés à la lumière des écrits sur cette question.

TABLEAU 9.3 Comparaison entre les relations amicales et les relations amoureuses à l'adolescence

Qualité des relations amicales	Qualité des relations amoureuses
Confort, aisance	Maladresse et gaucherie dans la communication et les relations
Assurance, stabilité	Volatilité, émotions intenses
Équilibre, réciprocité, similarités	Asymétrie et différences
Coopération	Pouvoir
Insertion dans un réseau de relations	Enjeu de l'exclusivité et de l'engagement

Source : Adapté de Giordano et coll. (2006).

En premier lieu, les jeunes nous disent à quel point ils se sentent maladroits lors des premières interactions avec leur amoureux ou amoureuse. On ne sait pas trop comment se comporter, quoi dire et comment le dire. Il s'agit, il est vrai, d'un type de relation particulier avec lequel les adolescents n'ont pas encore d'expérience. Par opposition, les relations amicales sont qualifiées de « zone de confort » ; les jeunes sont à l'aise dans ce type d'interactions. Les filles étant plus familières avec les relations d'intimité, elles ont probablement plus de facilité à

s'adapter au contexte d'une relation amoureuse que les garçons, qui sont plus habitués aux interactions de groupe. Lorsque les jeunes avancent en âge et qu'ils acquièrent de l'expérience sur le plan amoureux, les problèmes de communication s'atténuent.

En deuxième lieu, les relations amoureuses sont souvent caractérisées par l'intensité des émotions. L'expérience amoureuse est effectivement très riche en émotions de toutes sortes : euphorie, jalousie, colère, désespoir, etc. (Larson, Clore et Wood, 1999). Plus du quart des émotions fortes, positives ou négatives, ressenties par les adolescents seraient attribuables à leur relation réelle, ou imaginaire, avec leur amoureux (Wilson-Shockley, 1995, cité par Santrock, 2007). Être amoureux s'accompagne aussi de sautes d'humeur extrêmes (Larson et Richards, 1994).

En troisième lieu, comme le soulignent les jeunes interrogés dans l'étude de Giordano et ses collaborateurs (2006), l'asymétrie est plus susceptible d'être observée dans les relations amoureuses que dans les relations amicales, qui, elles, sont plus souvent basées sur la réciprocité et la symétrie. Par exemple, un des membres du couple peut investir beaucoup plus dans la relation que l'autre, ou encore un des partenaires peut être plus âgé ou plus populaire auprès de ses pairs. Cela risque de créer une certaine vulnérabilité chez l'autre partenaire.

En quatrième lieu, cette asymétrie peut aussi entraîner une inégalité dans la relation de pouvoir au sein du couple, l'un dominant l'autre, alors que la coopération est plus fréquemment à la base de la relation avec les amis. Cela dit, ce n'est évidemment pas chez tous les couples adolescents que se développent des relations de pouvoir inégales. Des interactions fondées sur le respect mutuel et l'égalité existent chez les jeunes amoureux, mais les différences individuelles et les bagages respectifs font que la notion de pouvoir est plus centrale dans la relation amoureuse que dans la relation amicale. Par exemple, dans une recherche menée par Felmlee (1994), plus de la moitié des couples de jeunes adultes interrogés affirmaient que leurs relations n'étaient pas égalitaires, les hommes étant plus souvent les détenteurs du pouvoir. D'autres auteurs n'obtiennent toutefois pas les mêmes résultats, indiquant plutôt que ce sont les femmes qui contrôlent la situation puisque ces dernières sont plus à l'aise dans un contexte d'intimité et possèdent une meilleure connaissance du monde des émotions. Cela n'est toutefois pas un gage d'égalité entre les hommes et les femmes puisque ces dernières deviennent responsables du succès de la relation amoureuse, mais aussi de son échec éventuel.

En dernier lieu, aux yeux des jeunes, l'enjeu de l'exclusivité paraît fondamental dans la relation amoureuse en comparaison de la relation amicale. On peut avoir plusieurs amis, mais, dans la culture occidentale tout au moins, les normes sociales découragent l'établissement de plusieurs relations amoureuses simultanées. L'engagement dans la relation est au cœur des questionnements des jeunes. Ces questionnements soulèvent des enjeux nouveaux tels que la jalousie, le manque de temps pour les amis et, parfois, les drames et les humiliations. Conformément à la croyance populaire, les garçons se projettent moins dans l'avenir que les filles (Giordano et coll., 2006).

Cela dit, bien que distinctes, les relations amicales et les relations amoureuses présentent plusieurs points communs. Ainsi, l'intimité est possible aussi bien dans les relations amicales que dans les relations amoureuses. De même, la dimension de la sexualité, quoiqu'elle soit généralement associée aux relations amoureuses, peut néanmoins survenir en dehors de ces relations. Les chercheurs américains utilisent l'expression *friends with benefits* pour illustrer cette réalité dont l'ampleur et la nature ne sont pas bien documentées. Enfin, les conflits et les interactions négatives ne sont pas le propre des relations amoureuses puisqu'ils peuvent surgir dans tous les types de relations.

9.3.3 Les contextes d'émergence des relations amoureuses à l'adolescence

Les relations amoureuses à l'adolescence ne se développent pas dans un vide relationnel. Elles s'inscrivent plutôt dans une continuité avec les expériences sociales du jeune avec ses pairs et sa famille.

Le groupe de pairs

La relation amoureuse à l'adolescence s'intègre aux activités existantes avec les pairs plutôt que de les remplacer abruptement. Le groupe de pairs est en quelque sorte un banc d'essai qui permet à l'adolescent de tester de nouvelles façons d'entrer en relation avec les autres.

Il y a près de 50 ans, Dunphy (1963) a proposé cinq stades de développement des interactions de groupe avec les personnes de l'autre sexe. À l'intérieur de ces stades, l'adolescent suit une séquence dans laquelle il a tout d'abord des amis du même sexe, ensuite des amis du sexe opposé, puis ses premières fréquentations amoureuses. Des recherches récentes montrent que cette proposition tient bien la route, tout au moins pour les jeunes qui ont une orientation hétérosexuelle.

Au stade 1, à la fin de l'enfance, de petits groupes unisexués sont formés. Un mur semble se dresser entre les deux sexes : les filles d'un côté, les garçons de l'autre. Ces groupes se composent de cinq ou six amis qui ont des caractéristiques semblables. Ils forment la première unité sociale hors de la famille. Ces jeunes préadolescents n'interagissent pas encore régulièrement avec les pairs de l'autre sexe bien qu'ils puissent commencer à y penser.

Au stade 2, au tout début de l'adolescence, les garçons et les filles commencent progressivement à interagir ensemble, mais par le biais des contacts entre les groupes unisexués.

> La clique de Michel a décidé de donner une soirée et a invité la clique d'Isabelle, qui a accepté. Bien entendu, la plupart des jeunes présents à la soirée sont restés, au début, dans leur propre clique, mais à mesure que la nuit avançait, les cliques se sont rejointes pour ne plus former qu'un seul groupe. De cette façon, le cercle de chacun s'est élargi et tous ont commencé à mieux socialiser. Dans la clique de Michel, Jérôme croyait qu'il ne savait pas comment parler aux filles, mais lors de la petite fête, il n'a pas semblé éprouver beaucoup de difficultés. Le groupe qui s'est formé à cette occasion l'a aidé à trouver le moyen d'établir des contacts (Kaplan, 2002, p. 40-41).

Au stade 3, vers le milieu de l'adolescence, des groupes bisexués ou mixtes apparaissent. Typiquement, les adolescents commencent donc à interagir avec les personnes de l'autre sexe dans un contexte de groupe (Connolly, Craig, Goldberg et Pepler, 2004). Ces groupes de pairs mixtes augmentent les possibilités de relations amoureuses en plaçant les jeunes devant des partenaires potentiels. Ils permettent aussi aux adolescents d'observer d'autres jeunes en interactions de couple (Connolly, Furman et Konarski, 2000). C'est à ce moment que les adolescents et les adolescentes les plus populaires commencent à se fréquenter, ce qui accroît encore leur statut au sein du groupe.

Au stade 4, les groupes bisexués sont bien formés et plusieurs petites cliques mixtes peuvent être associées les unes aux autres de manière assez lâche. Les fréquentations dyadiques amoureuses se déroulent alors généralement dans ce contexte de groupe. Elles ne remplacent pas les activités de groupe ; elles y sont plutôt intégrées.

D'une certaine façon, on peut dire que cette situation est idéale pour de nombreux jeunes. Elle comble le besoin qu'ont les garçons et les filles de se rencontrer, tout en maintenant la sécurité et le confort que donne une relation entre personnes du même sexe. Cela peut donc s'avérer le meilleur des deux mondes (Kaplan, 2002, p. 42).

Finalement, au stade 5, les groupes plus larges commencent à se désintégrer, laissant la place à des couples. Les relations amoureuses sont plus stables et plus engagées. Le jeune passe d'une relation amoureuse qui a un caractère public (fréquentations en groupe) à une relation qui a un caractère plus profond et privé.

À l'adolescence, la relation amoureuse s'intègre aux activités existantes avec les pairs.

Comme on peut le voir, le groupe de pairs fournit ainsi un contexte propice à l'amorce des relations amoureuses et facilite la progression vers l'établissement d'une relation amoureuse dyadique. L'amitié avec les personnes du sexe opposé procure un réservoir de partenaires amoureux potentiels. De plus, les relations des adolescents avec leurs amis peuvent favoriser le développement des habiletés sociales nécessaires à l'établissement et au maintien des relations amoureuses.

Cependant, il est important de rappeler que tous les adolescents ne suivront pas cette séquence de manière rigide et qu'il existe une fluidité à l'intérieur de ces stades (Connolly et coll., 2004). Par exemple, selon les circonstances de leur vie, certains jeunes feront des retours vers des stades précédents. Certains stades peuvent aussi s'éterniser et d'autres s'accélérer.

En outre, les contextes culturels colorent la façon dont les adolescents entreprennent les contacts amoureux (Booth, 2002). Les valeurs véhiculées dans une culture donnée exercent une influence sur le degré de liberté qui sera accordé à l'adolescent, et plus particulièrement à l'adolescente, sur la présence d'adultes au cours des fréquentations amoureuses, sur l'âge auquel peuvent débuter les premières relations, etc. Dans le contexte migratoire, des différences culturelles entre le pays d'accueil et le pays d'origine peuvent engendrer des conflits entre les adolescents et leurs parents.

Les expériences intrafamiliales

Outre le groupe de pairs, le lien entre les expériences intrafamiliales et la qualité des relations amoureuses à l'adolescence est souligné par plusieurs auteurs (Simon, Bouchey et Furman, 2003). Des parents chaleureux, disponibles et cohérents aident le jeune à développer ses capacités d'établir des relations intimes avec les personnes à l'extérieur de la famille (Collins et Sroufe, 1999 ; Conger, Cui, Bryant et Elder 2000). À l'inverse, des conflits entre les parents et la séparation conjugale peuvent être associés à des difficultés dans l'établissement des relations intimes plus tard dans la vie.

En s'appuyant sur les théories de l'attachement, des auteurs insistent sur la continuité qui existe entre les relations avec les parents et le développement des relations amoureuses à l'adolescence (Simon et coll., 2003). Cette continuité s'explique notamment par la persistance des représentations d'attachement tout au long de la vie.

> Les expériences relationnelles parent-enfant affectent les conceptions des relations intimes en général, qui, à leur tour, influencent les conceptions à l'égard des relations amoureuses. Les conceptions générales comportent des attentes globales à propos de soi et des autres en ce qui concerne l'intimité et la proximité, et ce sont ces attentes qui à leur tour guident l'engagement dans des relations intimes et l'interprétation des expériences relationnelles (Simon et coll., 2003, p. 310-311).

Dans le même sens, Claes (2003) précise que les modes d'attachement de l'enfance structurent les façons d'entrer en contact et de saisir les tentatives de rapprochement de l'autre. Comme l'adolescent est peu familier avec l'univers de l'amour, les conceptions qu'il a développées durant son enfance permettent d'orienter ses attentes et ses comportements à l'égard d'un partenaire amoureux. Ces conceptions l'aident à assumer ses nouveaux rôles. Les adolescents qui ont développé, par le biais de leurs relations avec leurs parents, une représentation positive des personnes de leur entourage sont à l'aise dans les relations intimes et recherchent la proximité. Une personne dont la relation avec ses figures d'attachement lui permet de croire qu'elle a de la valeur vit une moins grande anxiété liée à la séparation. Elle a aussi moins peur d'être abandonnée. Par contre, un adolescent qui n'a pas développé un attachement sécurisant peut éprouver plus de difficultés à établir une relation amoureuse intime. Il risque de sentir qu'il a moins le contrôle de ses émotions et d'avoir plus de mal à s'ouvrir à l'autre. Il ne voit pas nécessairement son partenaire comme quelqu'un de soutenant, réceptif et disponible.

9.3.4 L'évolution des relations amoureuses au cours de l'adolescence

Les fonctions et les caractéristiques des relations amoureuses chez les adolescents et chez les adultes ne sont pas identiques en tous points. Les premières notions de l'amour sont plutôt idéalisées et s'accordent avec les images romantiques projetées dans les médias (Connolly, Craig, Goldberg et Pepler, 1999). Certains jeunes adolescents peuvent même déclarer « être en amour » alors qu'ils n'ont à peu près jamais parlé à l'objet de leur désir. En fait, les adolescents plus âgés affirment qu'ils sont « tombés en amour » plus tard que ne le font les plus jeunes, ce qui implique que la conception de ce qu'est être *véritablement* amoureux change avec l'âge (Mongtomery et Sorell, 1998 ; Shulman et Scharf, 2000). Ainsi, une personne plus âgée distingue mieux un premier béguin d'un premier amour ou d'une relation amoureuse impliquant un attachement et un engagement profonds.

Au début, les relations amoureuses n'ont pas nécessairement pour fonction de combler les besoins de soutien affectif et d'attachement qu'elles combleront plus tard dans la vie. Jusqu'à un certain point, le simple fait d'« avoir » un *chum* ou une blonde importe plus que la nature de la relation elle-même. Avec le temps, toutefois, les adolescents se tournent de plus en plus vers leur amoureux ou leur amoureuse pour satisfaire leurs besoins socioémotionnels.

Brown (1999) résume l'évolution qui s'opère dans la façon dont les adolescents s'engagent dans une relation amoureuse. Au début, l'intérêt de l'adolescent est davantage centré sur lui-même que sur la relation amoureuse proprement dite. On dit alors que le jeune en est à la phase d'initiation. L'image de soi en tant que partenaire potentiel et le sentiment de compétence dans ce

nouveau rôle sont alors au cœur de ses préoccupations. Les relations amoureuses peuvent alors être de courte durée et superficielles, ce qui ne signifie pas pour autant qu'elles soient insatisfaisantes.

Au fur et à mesure que l'adolescent acquiert de la confiance en ses habiletés, il se détourne progressivement de lui-même pour diriger son attention sur sa relation avec les autres. La relation dyadique n'est toutefois pas encore l'objet principal de son intérêt ; comme nous l'avons vu, le contexte dans lequel se déroule cette relation, soit le groupe de pairs, l'est davantage. Le jeune est alors préoccupé par son image sociale et sa popularité. La relation amoureuse sera, ou non, un bon véhicule pour parvenir à ces fins. Brown (1999) appelle cette période la « phase du statut ». Le jeune peut y avoir de la difficulté à maintenir une relation amoureuse demandant un engagement dyadique soutenu, car elle l'éloigne alors de son objectif d'intégration au groupe de pairs.

Par la suite, la relation dyadique amoureuse devient réellement le centre de l'intérêt du jeune. Celui-ci en est alors à la « phase de l'affection » (Brown, 1999). La relation amoureuse existe en elle-même. Le jeune est maintenant prêt à s'investir réellement dans une relation amoureuse. Cette dernière devient de plus en plus importante et gratifiante sur les plans émotionnel et physique.

Finalement, une relation amoureuse qualifiée de « mûre » survient généralement vers le début de l'âge adulte ; c'est la « phase de l'engagement ». Un des marqueurs possibles du passage de l'adolescence à l'âge adulte est justement cette capacité de s'engager à long terme dans une relation amoureuse.

En somme, ce modèle postule que les fréquentations amoureuses du début de l'adolescence sont clairement différentes de celles de l'âge adulte. Les rencontres plus superficielles, axées d'abord sur l'image de soi, puis sur l'image sociale, font peu à peu place à des relations intimes basées sur un engagement profond.

9.3.5 L'importance des relations amoureuses sur le plan du développement et de l'adaptation des adolescents

Les relations amoureuses jouent un rôle crucial dans la vie des adolescents. Un jeune qui est amoureux semble incapable de penser à quoi que ce soit d'autre. Un autre jeune peut se sentir complètement déprimé à l'idée d'être le seul ou la seule à ne pas avoir de blonde ou de *chum*. Des chercheurs ont tenté de mettre en lumière les liens entre le fait de vivre une relation amoureuse et l'adaptation à l'adolescence. Ils affirment que l'établissement d'une relation amoureuse est loin d'être un événement négligeable sur le plan du développement psychosocial des adolescents (Collins, 2003 ; Furman et Schaffer, 2003 ; Furman, Ho et Low, 2007).

Tout d'abord, les relations amoureuses procurent au jeune un contexte social distinct des relations avec les membres de la famille. Elles peuvent dès lors promouvoir le développement de l'autonomie. En effet, ces relations aident le jeune à se distancer de ses parents et à ne plus compter entièrement sur eux pour obtenir du soutien. De plus, le développement identitaire peut être favorisé lorsque le jeune entretient une relation amoureuse. Selon Erikson (voir les chapitres 1 et 7), le développement de l'identité est une des tâches centrales de l'adolescence. Durant cette période, le jeune entretient différentes représentations de lui-même qui varient selon les contextes sociaux dans lesquels il se trouve (Harter, 1999). L'expérience amoureuse permet à l'adolescent d'explorer une facette nouvelle de sa personnalité ; il développe une sorte de *concept de soi amoureux*.

En outre, comme nous l'avons vu, l'expérience amoureuse à l'adolescence s'insère souvent dans un contexte de groupe. Le groupe de pairs favorise l'établissement des relations amoureuses et ces dernières permettent à l'adolescent de gagner un statut social au sein de son groupe. Or, l'intégration au groupe de pairs est un élément central de la conception que l'adolescent a de lui-même. De plus, Brown (1999) souligne qu'une des composantes essentielles de l'expérience amoureuse est qu'elle permet à l'adolescent d'en discuter avec ses amis. Ensemble, ils parlent de leurs béguins, confient leurs peines et leurs déceptions, s'interrogent sur les comportements à adopter ou à proscrire, etc. Ces discussions font partie du processus de socialisation et ont pour effet d'augmenter le sentiment de solidarité entre pairs.

Ce portrait des bénéfices associés aux relations amoureuses ne doit cependant pas nous faire oublier les risques qu'elles peuvent aussi entraîner. Par exemple, une étude réalisée auprès de plus de 8 000 adolescents montre que les jeunes qui ont une relation amoureuse risquent plus de vivre une dépression (Joyner et Udry,

2000). Cependant, il semble que ce soit surtout le fait d'avoir vécu une peine d'amour qui est associé à l'apparition de cet état, particulièrement chez les filles (Welsh et coll., 2003). Des études indiquent également que les adolescents qui ont un amoureux sont plus susceptibles de présenter des comportements extériorisés, de fumer la cigarette, de consommer de l'alcool ou des drogues. Les grossesses non désirées et les infections transmissibles sexuellement ou par le sang sont parfois des problèmes liés à l'expérience amoureuse.

Pour reprendre l'image employée par Furman et ses collaborateurs (2007), l'expérience amoureuse à l'adolescence, c'est comme apprendre à conduire. Conduire un véhicule moteur peut être amusant et gratifiant et, en plus, cela nous mène à un endroit où nous voulons aller. Par contre, conduire une automobile est associé à des risques, particulièrement pour un conducteur inexpérimenté.

Finalement, ce nouveau contexte relationnel est aussi associé à la victimisation. Ainsi, à partir d'une vaste enquête québécoise, Lavoie et Vézina (2002) estiment que, parmi les adolescentes qui ont eu une relation amoureuse au cours de l'année précédente, plus du quart ont subi de la violence psychologique. Ces auteurs estiment à 11 % les jeunes de 16 ans qui ont subi de la violence sexuelle. Cela correspond approximativement aux taux qu'on trouve aux États-Unis (Wolfe et Feiring, 2000). Évidemment, la qualité de la relation et les caractéristiques respectives des partenaires amoureux vont jouer un rôle dans ces associations.

9.3.6 Les relations amoureuses des adolescents appartenant à la minorité sexuelle

Comme le souligne Diamond (2003), nous ne pouvons pas généraliser les connaissances et les théories disponibles à propos du développement des relations amoureuses des adolescents hétérosexuels aux adolescents n'ayant pas cette orientation. Heureusement, depuis une dizaine d'années, la recherche sur cette population, qualifiée de minorité sexuelle (autrement dit non hétérosexuelle), s'est beaucoup développée. Cependant, lors de ces recherches, une attention disproportionnée a été accordée aux comportements sexuels de ces jeunes, à leur développement identitaire, aux risques et aux problèmes auxquels ils font face, tandis que les processus du développement normal de leurs relations amoureuses sont restés dans l'ombre (Diamond, 2003 ; Diamond et Savin-Williams, 2003).

> La maturation sexuelle à l'adolescence [des jeunes de minorité sexuelle] est habituellement étudiée indépendamment du développement émotionnel [...], et conséquemment nous ne pouvons pas dire quand et comment les adolescents commencent à percevoir les connexions entre leurs attirances sexuelles et leurs désirs émotionnels. De manière similaire, nous ne pouvons pas dire quand et comment les adolescents perçoivent et expérimentent les distinctions entre leurs amitiés intimes platoniques et leurs relations amoureuses naissantes (Diamond, 2003, p. 88 ; traduction libre).

On présume souvent que les relations intimes des adolescents homosexuels ou bisexuels sont tout simplement le miroir des relations intimes entretenues par les adolescents hétérosexuels. La réalité est cependant plus complexe. Une partie importante des jeunes d'orientation sexuelle minoritaire entretiennent des relations émotionnelles intimes avec des pairs, garçons et filles, au cours de leur adolescence. D'autres établissent des relations intimes seulement avec des personnes du même sexe qu'eux, alors que l'inverse est également possible. En outre, la distinction conventionnelle entre amis intimes et relations amoureuses perd parfois de sa netteté.

Nous avons vu l'importance du groupe de pairs sur le plan des relations amoureuses à l'adolescence. Or, jusqu'à un certain point, les adolescents appartenant à la minorité sexuelle ont des relations avec leurs pairs qui diffèrent de celles qu'établissent les adolescents hétérosexuels. En effet, peu ont eu l'occasion de faire partie d'un groupe de jeunes ayant la même orientation sexuelle qu'eux, sans compter que certains font l'objet de moqueries, voire d'ostracisme, de la part de leurs pairs hétérosexuels. Il se peut donc que le groupe de pairs ne soit pas un contexte aussi favorable au développement des fréquentations amoureuses pour le jeune ayant une orientation non hétérosexuelle. En outre, probablement

à cause de la stigmatisation associée à leur orientation sexuelle ouvertement dévoilée ou suspectée, ces jeunes adolescents ont un réseau d'amis plus petit que les adolescents hétérosexuels. Ils perdent aussi plus leurs amis que les autres, parfois à cause du dévoilement de leur orientation. Finalement, plusieurs de ces jeunes ont peur de ne jamais rencontrer quelqu'un dont ils seront amoureux (Diamond et Lucas, 2004).

Étant donné les défis supplémentaires que doivent relever ces adolescents, le maintien d'un lien amoureux peut être particulièrement important sur le plan de leur santé mentale. De fait, selon une étude qualitative menée par Savin-Williams (1998), les adolescents appartenant à la minorité sexuelle décrivent souvent leur première relation amoureuse avec une personne du même sexe comme ayant complètement transformé leur estime d'eux-mêmes et leur confiance en soi. Cette personne est parfois la seule qui connaît et accepte leur orientation ; elle devient donc une source de soutien indispensable. À l'inverse, vivre une peine d'amour est considéré par ces jeunes comme le deuxième stress le plus important après la divulgation de leur orientation sexuelle à leurs parents (D'Augelli, 1991).

Enfin, comparés à leurs pairs hétérosexuels, il semble que les jeunes homosexuels soient moins nombreux à entretenir une relation amoureuse durant leur adolescence (Diamond et Dubé, 2002). Les raisons expliquant cette différence sont multiples. Un jeune peut intentionnellement éviter les relations amoureuses avec une personne du même sexe afin de supprimer l'attirance qu'il ressent. Un autre peut désirer cacher son orientation à son entourage. Un troisième peut avoir peu d'occasions de rencontrer des pairs qui l'attirent et ayant la même orientation que lui. En outre, compte tenu de la stigmatisation dont ils font l'objet, certains jeunes peuvent se sentir peu attirants et désirables, ce qui augmente leur crainte d'être rejetés sur le plan amoureux également (Hart et Heimberg, 2001). On comprend que toutes ces possibilités n'ont pas le même impact sur le développement et l'adaptation du jeune.

L'école

10

10.1 L'école, un monde social intense

Dans la plupart des pays industrialisés, incluant le Canada, les adolescents sont obligés de fréquenter l'école jusqu'à l'âge de 16 ans. On voit par là la très grande importance que les sociétés modernes accordent à l'école comme agent de socialisation des jeunes. L'école est un partenaire majeur dans la préparation des acteurs de demain, mais les attentes très nombreuses que la société entretient vis-à-vis d'elle sont souvent déçues : trop de jeunes échouent, l'école n'arrive pas à intégrer tout le monde de façon satisfaisante (handicapés, surdoués, mésadaptés, etc.), les jeunes n'apprennent pas à se prendre en charge, on a l'impression que les diplômés ne savent rien faire au terme de leur formation, etc. De leur côté, les intervenants scolaires ont souvent le sentiment d'être démunis face aux nombreux mandats qu'on leur confie, que les conditions requises pour la réussite de leur mission ne sont pas réunies. Les parents savent à quel point la réussite scolaire est importante pour l'avenir de leur enfant, mais ils ne s'engagent pas toujours suffisamment dans la supervision du processus éducatif de leur jeune et ils ont tendance à surresponsabiliser l'école. Bref, face aux problèmes des adolescents à l'école, les adultes ont tendance à se renvoyer la balle des responsabilités.

Pour l'adolescent, l'école n'est pas seulement un ensemble de salles de classe où les élèves sont assis et doivent écouter en silence un enseignant qui leur parle. C'est aussi sa principale communauté extrafamiliale. Vu l'obligation de fréquenter l'école jusqu'à 16 ans, presque tous les jeunes, quelle que soit la classe sociale dont ils sont issus, font partie du groupe que forment les élèves du secondaire. Il n'est donc pas étonnant que 70 % des amis de l'adolescent fréquentent la même école que lui (Cloutier, Champoux, Jacques et Lancop, 1994a), même si, pour les filles, les amis de l'autre sexe viennent aussi de contextes autres que l'école (Poulin et Pedersen, 2007). Quand on veut parler aux adolescents, on a tendance à frapper à la porte de l'école puisque c'est là qu'ils se trouvent. Les nombreux programmes d'éducation sociosanitaire mis sur pied dans les écoles illustrent parfaitement ce fait. De leur côté, les chercheurs en psychologie savent bien que l'école est un partenaire incontournable dans le développement des connaissances sur les jeunes.

Au cours de ses études, l'adolescent n'apprend pas que les langues et les sciences ; il assimile aussi tout un ensemble de valeurs, de façons d'interagir avec les autres au contact d'un nombre considérable de modèles de pairs et d'adultes. Sans vouloir diminuer la valeur de l'enseignement, il faut reconnaître qu'à plusieurs égards, ce que les adolescents apprennent en dehors des cours, dans l'univers social que leur offre la communauté scolaire, influe davantage sur leur socialisation que ce qu'on leur enseigne en classe. Si on nous demandait ce qui nous vient à l'esprit lorsqu'on parle de notre première année d'école secondaire, on répondrait probablement qu'on pense d'abord à des personnes : on se souvient plus facilement des enseignants que de la matière qu'ils nous enseignaient.

L'école secondaire est le théâtre d'une multitude de phénomènes, dont plusieurs ne sont pas encore bien compris. Il reste beaucoup de réponses à trouver. Ainsi, on s'interroge encore quant à l'impact de l'école sur le développement psychosocial des jeunes, à la valeur relative des différents modèles d'éducation dans l'initiation des jeunes à leur rôle social, aux styles d'interactions enseignant-élèves et à leurs effets sur l'apprentissage, à la place de l'école dans la société, à la responsabilité de l'école dans la reproduction des classes sociales, et ainsi de suite. Pour comprendre l'effet de l'école sur les adolescents, il faut non seulement bien saisir les caractéristiques de ce contexte social intense, mais aussi intégrer les changements rapides que vivent les jeunes au cours de cette période de leur vie.

Dans ce chapitre, nous aborderons les aspects suivants de la réalité scolaire des adolescents : la transition de l'école primaire à l'école secondaire, le climat en classe et dans l'école, l'influence de la pauvreté sur la scolarisation des adolescents, le phénomène du redoublement, l'école publique et l'école privée, les filles et les garçons dans le parcours scolaire, l'interaction famille-école et, enfin, la violence à l'école.

10.2 La transition du primaire au secondaire

Transport scolaire plus long, école immense, augmentation considérable du nombre d'élèves, de classes et d'enseignants, nouvelles règles parfois difficiles à connaître et souvent appliquées de façon impersonnelle, sinon bureaucratique, voilà autant de signes apparents d'un changement qui en comporte beaucoup d'autres, moins visibles. Pour le jeune, ce changement d'organisation scolaire a pour effet de le priver de ses références au moment où il amorce l'intense période de développement qu'est l'adolescence, de le plonger dans un monde où il est maintenant le petit parmi les grands alors qu'il était devenu l'aîné de l'école primaire. Qui a eu l'idée de faire coïncider un tel changement de contexte scolaire avec une période où le jeune a un si grand besoin de stabilité et de continuité ? Ne pourrait-on pas choisir une autre période pour introduire ce changement majeur dans l'écologie scolaire du jeune ? L'hypothèse de la mauvaise correspondance développementale de l'entrée au secondaire demeure bien vivante, provoquant des débats depuis 40 ans (Eccles, 2004). En effet, dès les années 1970, des chercheurs se sont penchés sur les conséquences du passage du primaire au secondaire en tentant de départager ce qui caractérisait le début de l'adolescence et ce qui relevait de l'institution (Alspaugh, 1998 ; Blyth, Simmons et Bush, 1978 ; Eccles et Midgley, 1989 ; Eccles, Midgley, Wigfield, Buchanan, Reuman, Flanagan et MacIver, 1993 ; Zeedyk, Gallacher, Henderson, Hope, Husband et Lindsay, 2003). Les effets négatifs suivants ont été associés à ce passage : 1) les notes scolaires ont tendance à baisser au moment de l'entrée au secondaire chez les filles comme chez les garçons ; 2) la motivation scolaire et la confiance en ses capacités intellectuelles déclinent ; 3) l'attitude vis-à-vis de l'école devient plus négative ; 4) l'estime de soi décroît chez les filles, surtout lorsque cette transition coïncide avec les premières menstruations ; 5) les risques d'intimidation et de taxage augmentent ; 6) les élèves ont souvent l'impression de ne pas pouvoir s'exprimer autant qu'à la fin du primaire et d'être plus contrôlés par les enseignants (Eccles et Midgley, 1990 ; Seidman, Allen, Aber, Mitchell et Feinman, 1994 ; Smith, 2006 ; Zeedyk et coll., 2003).

Ces observations soutiennent l'hypothèse de la mauvaise correspondance développementale du passage au secondaire. Selon cette hypothèse, les besoins de sécurité, de reconnaissance et de valorisation des jeunes du début de l'adolescence trouvent plus difficilement une réponse dans la grande école secondaire plus anonyme et moins familière que l'école primaire. Le début de l'adolescence est mal indiqué pour quitter un milieu scolaire et une société de pairs devenus familiers, ainsi qu'une supervision scolaire principalement assumée par un enseignant titulaire bien identifiable et connu (même des parents), et entrer dans une école beaucoup plus grande et bureaucratisée, fréquentée par des pairs plus âgés et souvent plus négatifs que le jeune à l'égard de l'école, où les contacts avec les enseignants sont rapides, discontinus et anonymes (Eccles et Midgley, 1989).

Ce passage survient à une période où le jeune a précisément besoin d'être reconnu, écouté et valorisé en tant qu'individu indépendant et possédant sa propre identité. Or, ces exigences développementales, qui supposent des relations positives et valables avec d'autres modèles adultes que les parents, sont bien mal respectées par un environnement scolaire physiquement immense, où les rapports sociaux sont plus anonymes.

L'école secondaire, grande et anonyme, répond mal aux exigences développementales des jeunes au début de l'adolescence.

10.2.1 Des mesures à privilégier

Certes, la plupart des jeunes arrivent à surmonter les embûches énumérées précédemment, dont l'importance varie en fonction de paramètres tels que les dimensions physiques de l'école, son climat et ses caractéristiques sociodémographiques. L'encadré de la page suivante propose une série d'actions que peuvent entreprendre les directions d'école, les enseignants et les parents en vue de faciliter la transition du primaire au secondaire.

Le passage au secondaire nécessite un ajustement pour tous les adolescents ; ceux qui ont toujours réussi et dont les parents sont attentifs et valorisent les études sont toutefois plus susceptibles de s'adapter à leurs nouvelles conditions de vie que ceux dont l'estime de soi a été éprouvée par des échecs dès le début du primaire. Pour ces derniers, les risques de vivre une transition difficile sont beaucoup plus élevés du fait que le nouvel environnement répond encore moins à leurs besoins que le milieu qu'ils viennent de quitter et dans lequel ils ont déjà connu des difficultés. Il est rare, en effet, qu'un enfant qui a toujours eu des problèmes à l'école primaire commence subitement à réussir au moment

Les moyens de faciliter la bonne transition du primaire au secondaire selon la NMSA (2002)

Les directions d'écoles devraient :

- s'assurer que la planification, la mise en place et l'évaluation d'activités de soutien de la transition du primaire au secondaire font partie du programme de l'année précédant le changement de niveau ;
- commencer à préparer le passage de la structure de la classe intégrée du primaire à la structure d'équipe enseignante du secondaire dès la 5e année du primaire ;
- encourager des initiatives de collaboration entre les enseignants, les élèves et les parents des niveaux primaire et secondaire ;
- offrir des programmes d'information sur la transition aux enseignants, aux élèves, aux parents et aux frères et sœurs plus âgés qui exercent une influence sur la perception du jeune en transition ;
- se tenir informées des besoins et des préoccupations des adolescents en transition ;
- appuyer les efforts des enseignants dans leur réponse aux besoins sociaux, développementaux et scolaires des jeunes appelés à vivre le changement ;
- faire preuve de leadership dans l'établissement d'un climat de bonne communication entre école et familles.

Les enseignants du secondaire devraient :

- se concerter avec les enseignants du primaire pour assurer une transition scolaire capable de s'ajuster aux variations des programmes du primaire ;
- se tenir informés des besoins et des préoccupations des adolescents en transition ;
- renseigner les parents afin de les aider à bien composer avec les questions entourant la transition de leur enfant et valoriser leur participation au projet scolaire de leur jeune ;

- proposer aux élèves du primaire et du secondaire des consultations en vue de traiter adéquatement toute question relative à la transition ;
- offrir des activités qui aident les élèves à comprendre et à relever avec succès les défis de la transition ;
- employer des approches pédagogiques basées sur l'interaction entre les élèves ;
- s'ouvrir aux approches de collaboration entre enseignants qui favorisent la connaissance et la compréhension de chaque élève.

Les parents devraient :

- proposer à leurs enfants des tâches appropriées pour qu'ils développent des habiletés d'organisation et leur sens des responsabilités ;
- encourager leurs enfants à essayer des choses nouvelles et à considérer l'échec comme faisant partie de l'apprentissage ;
- se tenir informés des besoins et des préoccupations des adolescents en transition ;
- aider leurs enfants à transformer leurs craintes en actions positives en apprenant les règles de l'école, les horaires, les systèmes de casiers et en se familiarisant avec les services d'aide aux élèves ;
- participer à la vie de l'école et demeurer engagés face au travail scolaire des enfants ;
- soutenir leurs enfants dans leurs efforts pour devenir indépendants ;
- maintenir des liens familiaux étroits avec les jeunes adolescents ;
- être attentifs aux signes de dépression et d'anxiété chez leurs enfants et demander de l'aide au besoin.

Source : NMSA (2002) ; traduction libre.

de son entrée au secondaire. Le contraire est plus probable en raison du stress imposé par le changement d'environnement scolaire. Néanmoins, les connaissances et les outils dont le monde scolaire dispose aujourd'hui sont aptes à offrir aux jeunes un contexte favorable de passage au secondaire. Malheureusement, les ressources pour les mettre en application font encore trop souvent défaut.

10.3 De la classe à l'école

La vie scolaire de l'adolescent dépend de plusieurs systèmes interdépendants. Nous savons que ce qui se passe dans la famille peut affecter sérieusement l'adap-

tation scolaire du jeune ; l'adaptation de l'adolescent dans « son système familial » affecte son adaptation dans « son système scolaire », et réciproquement. À l'autre bout de l'univers scolaire, nous savons aussi que les décisions prises sur le plan des structures de contrôle du système d'éducation (le « macrosystème ») peuvent modifier considérablement le vécu des jeunes, qu'il s'agisse du nombre d'élèves dans la classe, des changements de programmes ou de la façon de communiquer le bulletin des résultats par matières. Cela dit, la classe et l'école demeurent probablement les deux principales couches de l'écologie scolaire pour l'adolescent, et c'est ce qui justifie l'attention particulière que nous leur prêtons dans les deux sous-sections suivantes.

10.3.1 La classe

Au Québec, l'élève du secondaire passe normalement 180 jours à l'école par an, répartis sur 36 semaines de 5 jours, chaque semaine comportant un minimum de 25 heures d'activités éducatives (MELSQ, 2007). Dans l'univers scolaire du secondaire, la classe représente le contexte d'apprentissage central, et c'est dans cet environnement que se fait, pour une bonne part, l'acquisition des contenus. Toutefois, il ne s'agit pas du seul contexte d'apprentissage et très rares sont les élèves qui peuvent réussir leurs études en limitant leur travail au temps de classe. L'étude des livres scolaires, les devoirs, les travaux de recherche et les exercices en groupe sont des exemples parmi d'autres de contextes d'apprentissage courants pour l'adolescent, en plus de la classe. Dans un monde où les systèmes de stockage d'information sont de plus en plus nombreux et où ils concentrent de plus en plus efficacement d'extraordinaires quantités d'information — que l'on pense aux baladeurs numériques, aux DVD ou à Internet —, il peut paraître étonnant que la classe occupe encore un rôle central dans le système d'apprentissage scolaire. Comment se fait-il que la classe n'ait pas encore été remplacée ? Sans prétendre répondre à cette question, nous pouvons affirmer que la classe est un univers complexe d'interactions sociales et cognitives. Le jeu des deux catégories d'acteurs que sont les élèves et les enseignants donne lieu à des résultats uniques sur le plan de l'apprentissage. Pour le meilleur ou pour le pire, les rôles et les besoins des élèves entrent en synergie avec ceux de l'enseignant pour créer un environnement unique. Une analyse approfondie des multiples connaissances disponibles sur la classe et ses enjeux d'apprentissage déborde largement la mission de ce chapitre, mais nous jetterons tout de même un regard sur les facteurs responsables du climat de la classe.

Auparavant, voyons comment l'enseignant exerce un rôle capital dans l'expérience de la classe, par l'exercice de son leadership pédagogique et en tant que médiateur du lien entre l'élève et le contenu à apprendre, entre l'élève et ses pairs. Pace et Hemmings (2006), qui ont analysé les théories sur le rapport entre l'enseignant et les élèves, constatent que la notion même d'autorité est devenue problématique parce qu'on la confond avec l'absence de démocratie en classe, ou avec un exercice abusif du pouvoir. Ces auteurs appellent à une réconciliation entre l'exercice de l'autorité et le bon fonctionnement de la classe. Les cinq postulats qu'ils formulent au regard de l'autorité de la classe nous font comprendre le caractère central de cette dimension dans la fonction pédagogique :

1. L'autorité de la classe, dans sa forme la plus vraie, dépend de la légitimité de l'enseignant, du consentement des élèves et d'un ordre moral constitué d'objectifs, de valeurs et de normes partagés.

2. L'autorité est multiple dans ses formes et dans les façons dont elle est interprétée.

3. L'autorité est exercée dans une dynamique de négociation entre les enseignants et les élèves, négociation qui implique souvent une tension entre les deux parties.

4. L'autorité est localisée dans différentes niches, comme le programme ou le discours qui prévaut dans la classe, et elle est façonnée par diverses sources d'influence en interaction, telles que : les points de vue variés sur les buts de l'éducation, les valeurs et les règles ; l'éthique scolaire et les politiques en vigueur ; les connaissances des enseignants ; les questions institutionnelles relatives à la scolarisation ; le contexte historique dominant.

5. L'autorité exerce une influence déterminante sur la vie de la classe, la réussite des élèves, le travail de l'enseignant et la démocratie qui existe (Pace et Hemmings, 2006, p. 2 ; traduction libre).

Le style de l'enseignant dans l'exercice de son leadership peut être varié, mais il doit nécessairement apporter une réponse adéquate aux besoins des élèves pour les mobiliser dans le projet d'apprentissage ; la mobilisation est la première cible de la démarche pédagogique. Selon Metz (1978), la mobilisation des élèves exige qu'ils comprennent à quoi sert ce projet d'apprentissage, qu'ils en saisissent le sens.

Le fait de combler les besoins des élèves figure sans contredit parmi les facteurs qui créent un climat positif dans la classe : si les enseignants veulent promouvoir un apprentissage signifiant en classe, ils doivent non seulement présenter la matière prévue au programme, mais le faire en cherchant à répondre aux besoins des élèves. S'inspirant des recherches disponibles, Ridley et Walther (1995) relèvent cinq besoins principaux chez les élèves, besoins qui traduisent des composantes émotionnelle et sociale marquées : 1) la sécurité émotionnelle ; 2) le plaisir d'apprendre des contenus pertinents ; 3) la confiance en soi à travers un sentiment de compétence ; 4) le sentiment d'appartenance au milieu ; 5) le pouvoir d'influer sur ce qui arrive. Les paragraphes suivants donnent plus d'information sur la nature de ces besoins et leurs implications pédagogiques.

La sécurité émotionnelle

Accepter de s'engager avec d'autres dans un processus d'exploration de ce que l'on ne connaît pas comporte certains risques, comme ceux de faire des erreurs, de montrer qu'on ne comprend pas, d'être plus lent que les autres ou d'exprimer des idées qui déplairont à certains. Chaque élève doit avoir le sentiment que ces risques existent et sont normaux, et que, de plus, tous les affrontent, y compris l'enseignant lui-même. Ce dernier doit éviter le piège de vouloir montrer qu'il sait tout et que c'est une faute irréparable d'ignorer quelque chose. Au contraire, il doit profiter des circonstances où il ne sait pas afin de montrer comment on peut développer une réponse. Les élèves doivent être à l'aise face à ces risques, ils doivent éprouver une sécurité émotionnelle dans la classe, ne pas se sentir intimidés.

L'enseignant exerce un rôle capital dans l'expérience de la classe.

Évidemment, l'émergence d'un tel climat de sécurité émotionnelle exige le respect de chacun, la reconnaissance et l'acceptation de chaque élève afin d'ajuster l'offre pédagogique aux capacités individuelles d'apprentissage. L'établissement d'un climat d'acceptation personnalisée en classe est un sérieux défi à l'école secondaire où, dans certains cas, un enseignant peut avoir affaire à plusieurs centaines d'étudiants.

Le niveau de bien-être que l'adolescent ressent dans sa classe est probablement ce qui conditionne le plus directement son amour de l'école, sa motivation à s'engager dans son travail scolaire. Pour les élèves qui ont des notes faibles, cette relation est délicate puisque le risque de vivre un sentiment d'échec est plus grand pour eux. Les enseignants doivent comprendre que, pour eux comme pour les autres, l'engagement scolaire est conditionnel à un sentiment de bien-être dans ce premier contexte d'apprentissage scolaire qu'est leur classe.

Le plaisir d'apprendre

Comment peut-on croire qu'une personne sensée puisse se mobiliser dans une tâche à raison de plus de 25 heures par semaine, à longueur d'année, si cette tâche est ennuyeuse ou détestée ? Le défi consistant à rendre la matière intéressante peut se révéler colossal dans certains contextes, mais il demeure toujours incontournable pour l'enseignant. Si l'élève s'ennuie, a l'impression de perdre son temps ou ne comprend pas l'utilité de ce qu'on lui demande de faire, il n'éprouvera sûrement pas de motivation. Et il ne suffit pas, pour l'enseignant, d'affirmer que cette matière est importante pour que les élèves aient le goût de s'engager. En fait, l'objectif de rendre la matière intéressante est probablement l'une des cibles pédagogiques les plus importantes qui soient, car c'est la clé de la mobilisation de l'élève en classe. Le tableau 10.1 fournit quelques exemples de stratégies pédagogiques bien connues, lesquelles sont très loin d'épuiser les possibilités.

La classe est un milieu social intense et potentiellement très stimulant pour les jeunes, à condition qu'ils y trouvent de l'intérêt. L'objectif de créer du plaisir dans l'apprentissage n'a pas à transformer la pédagogie en exercice de séduction, mais son atteinte passe nécessairement par la prise en considération des champs d'intérêt des élèves ; sans leur engagement, la construction des savoirs ne peut avoir lieu.

La confiance en soi face à l'apprentissage

Le sentiment de pouvoir réussir le travail scolaire est une condition nécessaire à l'engagement des élèves. Si un adolescent du secondaire croit qu'il n'est pas capable de faire la tâche qu'on lui propose en classe, il ne mettra pas ses énergies à la réaliser. C'est le concept que Bandura (1986, 1997) a appelé les « attentes d'efficacité personnelles » et qui a maintes fois été reconnu comme un principe motivationnel de base. Si vous devez cesser de fumer et que vous avez le sentiment que vous n'y arriverez pas, vous ne serez pas près d'atteindre cet objectif. Si vous êtes chargé du démarrage d'une entreprise et que vous croyez que cela ne marchera pas, il est clair que les chances de succès seront réduites par votre croyance. Si vous êtes inscrit à une formation et que vous croyez ne pas pouvoir la terminer avec succès, vos chances de réussite seront diminuées, même si la matière est très intéressante et pertinente et que vous êtes dans un groupe sympathique. L'élève est le premier

TABLEAU 10.1 Quelques exemples de stratégies pédagogiques destinées à rendre la matière intéressante pour les adolescents en classe

Objectif pédagogique	Exemples de stratégies
Adapter les tâches scolaires au langage et aux champs d'intérêt des élèves et donner à ceux-ci des responsabilités dans l'organisation des activités pédagogiques	• Un enseignant de mathématiques peut intégrer son enseignement de certaines opérations arithmétiques à une enquête menée réellement dans la classe visant à comparer les horaires de semaine avec les horaires de fin de semaine. • En histoire, un chapitre historique peut faire l'objet d'un débat organisé en classe. • En français, une communication avec une autre classe peut être le prétexte à l'élaboration collective d'un texte.
Promouvoir la participation active des élèves	• On apprend souvent mieux en faisant les choses qu'en écoutant quelqu'un les décrire. Ainsi, autour d'une notion, l'enseignant pourra chercher à mettre les élèves en situation avec leurs sens (toucher, vue, odorat, goût, ouïe), à les faire interagir, à faire une simulation par un jeu de rôle, etc., de façon à provoquer une expérience pratique et socialisée pouvant servir d'ancrage à la présentation du contenu. • Si, en histoire, les élèves doivent produire un compte rendu d'un événement historique, pourquoi ne pas leur demander de jouer un bref extrait du rôle de l'un des personnages importants dans leur événement?
Faire des liens entre la matière enseignée en classe et le monde des élèves en dehors de la classe	• L'enseignant peut utiliser les événements de l'actualité des élèves pour faire des liens avec la matière. Les élèves saisiront plus facilement la pertinence de la matière enseignée s'ils sont en mesure de faire des rapprochements avec leur vie courante. Que ce soient des contenus en français, en environnement, en biologie ou autres, l'actualité des jeunes est riche de liens à exploiter pour augmenter le sens des contenus offerts.
Proposer des choix pédagogiques en offrant une variété d'activités de classe pour atteindre des objectifs d'apprentissage	• Les adolescents n'apprennent pas tous de la même façon et la possibilité de réussir à faire son chemin dans la poursuite d'un but d'apprentissage peut être favorable à la mobilisation. Ainsi, les supports de présentation d'un travail peuvent être multiples (texte, photos, bande sonore, vidéo, maquette, objets réels, etc.), ou encore la coopération en dyades ou en petits groupes peut être favorisée, en plus d'un cheminement individuel pour une tâche donnée à faire.
Lorsque le contexte le permet, présenter les contenus en questionnant les élèves, en piquant leur curiosité, leur goût de trouver la réponse	• L'approche de la « découverte guidée » est un bel exemple de cette stratégie « interrogative ». Elle vise à accompagner les élèves dans leur recherche sur un sujet d'intérêt au moyen d'un questionnement. L'enseignant ajuste ce questionnement au cheminement des élèves, lequel est traduit par les réponses qu'ils fournissent, quitte à profiter des occasions qui se présentent pour insérer du vocabulaire nouveau, des notions, des idées, etc. La démarche repose sur le contenu apporté par les élèves et sur le bon calibrage des sous-questions par le guide. Par exemple, un enseignant pourrait construire en classe un portrait juste et précis de ce qu'est un dictionnaire à partir des réponses à la question initiale « Qu'est-ce qu'un dictionnaire? » et de toutes les autres sous-questions susceptibles de suivre et qu'il pourra adresser à différents élèves concernant le « pourquoi », le « quand », le « où », le « comment » et le « combien » du dictionnaire. L'idée est d'accompagner la construction de la réponse par les élèves plutôt que de fournir une réponse toute faite.

Source : Inspiré de Ridley et Walther (1995, p. 23 et 68 ; traduction libre) et de Raynal et Rieunier (1997).

artisan de son apprentissage et personne ne peut apprendre à sa place. Alors, si ce premier acteur ne croit pas en la réussite de l'entreprise, les chances que cela fonctionne bien sont minces.

Comment promouvoir un tel sentiment de confiance en soi face à l'apprentissage? Sachant que cette confiance dépend principalement des expériences antérieures de l'élève, il est clair qu'un apprivoisement de la réussite est souvent à faire : le jeune doit vivre des réussites, si petites soient-elles, qui lui redonneront confiance. Ici, le travail de l'enseignant peut être exigeant et, dans les écoles secondaires actuelles, sa disponibilité pour offrir une aide individualisée est souvent très limitée. Néanmoins, il existe des leviers pour soutenir l'émergence de cette confiance en soi face à l'apprentissage : l'aménagement de la matière selon le profil du jeune, la définition par le jeune lui-même d'objectifs clairs et réalistes, la rétroaction régulière et positive de la part de l'enseignant sur les progrès accomplis, l'apprentissage par l'élève de nouvelles stratégies de gestion de son travail scolaire et l'utilisation de récompenses en sont des exemples.

Le sentiment d'appartenance à son groupe

Le sentiment de faire partie d'un milieu, d'être accepté et engagé en tant que contributeur au milieu a maintes fois été lié à la satisfaction et à la réalisation personnelles chez les adultes. Les adolescents ne font pas exception à cette règle, mais l'école secondaire a souvent été perçue comme étant centrée davantage sur le rendement dans les matières de base, sur l'émulation entre les élèves et sur le mérite sélectif que sur la création d'une communauté solidaire (Certo, Cauley et Chafin, 2003 ; Osterman, 2000). Dans certaines écoles secondaires, deux élèves sur trois se disent désengagés de leur établissement (Cothran et Ennis, 2000). Dans une étude longitudinale menée auprès de 200 jeunes de 10 à 14 ans, Loukas, Suzuki et Horton (2006) ont observé que le sentiment d'affiliation à leur école (*connectedness*) était un déterminant significatif de la satisfaction à l'égard des classes (lien positif) et des problèmes de comportement subséquents (lien négatif) des élèves. Le sentiment d'appartenance à son école repose sur plusieurs composantes : le sentiment d'être accepté, respecté et soutenu par les pairs et les enseignants, la possibilité d'établir des relations interpersonnelles chaleureuses avec les enseignants et la capacité d'entrer en contact avec les pairs et les enseignants en dehors des rôles traditionnels de la classe (dans des activités parascolaires, par exemple). Ridley et Walther (1995) rapportent qu'un des points communs observés chez les jeunes mal intégrés à leur école est qu'ils ont l'impression que leurs enseignants ne s'occupent pas d'eux. Réciproquement, ces auteurs ont recensé plusieurs études montrant que les enseignants qui se soucient de leurs élèves suscitent plus efficacement l'engagement scolaire.

La gestion de la classe

L'enseignant est sans contredit le leader désigné de ce qui se passe dans la classe. La façon dont il exerce ce rôle définit en elle-même un environnement avec ses interdits, ses récompenses, ses ouvertures, ses limites, et cette atmosphère particulière qui est créée par l'enseignant fait qu'un même groupe-classe peut se comporter très différemment selon la manière dont l'enseignant gère sa classe. Certes, cette « gestion de la classe » résulte de l'interaction d'un grand nombre de facteurs, depuis les caractéristiques physiques de l'enseignant jusqu'à sa sécurité affective en passant par sa fatigue ponctuelle ou ses stratégies pédagogiques. Trop souvent, dans les écoles secondaires, une bonne gestion de la classe est assimilée au contrôle comportemental des élèves ; ainsi, un enseignant qui gère bien sa classe est celui qui ne cause aucun problème à la direction de l'école, qui garde ses élèves dans sa classe et qui ne dérange pas les autres classes. Oui, la gestion de la classe touche la qualité du comportement en classe, mais elle englobe aussi, et surtout, l'apprentissage qui s'y produit : la gestion de la classe, « cela veut dire, essentiellement, l'enseignant qui fait marcher les choses, qui maintient le rythme, qui assure la mise en scène de façon sécuritaire et suffisamment bonne pour que l'enseignement se produise et que les élèves apprennent » (DiGiulio, 1995, p. 11 ; traduction libre).

L'ensemble du projet scolaire peut se trouver compromis par un climat de classe inadéquat. À ce sujet, Potvin, Fortin, Marcotte, Royer et Deslandes (2007) rapportent qu'un environnement de classe dont les règles ne sont pas claires et qui sont appliquées de façon incohérente de même qu'un enseignant centré sur l'intervention punitive figurent parmi les facteurs qui influent sur le décrochage scolaire des adolescents. La gestion d'une classe d'adolescents n'est pas nécessairement facile, et que ceux qui en doutent aillent faire de la suppléance en 3e secondaire un vendredi après-midi... S'il ne suffit pas de faire régner le silence en classe, puisqu'il faut en plus que les élèves s'investissent personnellement dans les activités proposées, force est de constater que la gestion de la classe ne fonctionne pas bien lorsque les élèves parlent, se lancent des boulettes de papier, ignorent les directives de l'enseignant ou le défient ouvertement. Le silence du groupe ne suffit pas pour qualifier la gestion de la classe, mais les problèmes de comportement suffisent pour la disqualifier. C'est probablement ce qui explique l'importance accordée aux problèmes de comportement en éducation. Pour illustrer l'abondante littérature qu'on trouve à ce sujet, voici 15 conseils qui visent à favoriser une bonne gestion de la classe pour l'enseignant du secondaire :

1. Il faut manifester de l'intérêt pour ses élèves. Il importe d'établir un bon contact dès le départ et le maintenir par la suite. L'enseignant qui sait montrer de l'intérêt pour les personnes qui se trouvent devant lui gagne plus facilement leur attention. La relation éducative est d'abord sociale et émotionnelle, comme le laisse entendre l'énoncé suivant : « Ils ne feront pas attention à ce que vous savez jusqu'à ce qu'ils sachent que vous leur prêtez attention » (Partin, 1999, p. 21 ; traduction libre).

La gestion de la classe

2. La valorisation des élèves est cruciale. L'enseignant doit se faire un devoir de récompenser les comportements positifs et les progrès souhaités, y compris les petits, et même chez les élèves peu visibles. Non seulement le fait de renforcer les bons coups plaira aux adolescents concernés, mais cela contribuera à donner au groupe une image positive de lui face aux activités scolaires et soutiendra l'engagement des élèves, l'élément essentiel du progrès.

3. Pour pouvoir contrôler facilement sa classe, l'enseignant doit disposer d'un bon tableau de bord. Cela veut dire qu'il doit avoir des informations pertinentes et à jour sur les progrès de chaque élève de sa classe. Ainsi, l'enseignant doit non seulement être informé de ce que chacun de ses élèves fait au moment présent, mais aussi disposer de repères fiables sur leur avancement global dans le programme, sur leur niveau de maîtrise de notions importantes, etc. Le partage avec les élèves des informations concernant l'avancement du groupe, en mode rétroaction, peut s'avérer un bon outil de responsabilisation.

4. Il faut savoir soutenir le rythme des activités de la classe au fil d'une bonne planification. Les problèmes de discipline surviennent surtout dans les moments de désorganisation liés aux démarrages lents, aux transitions ambiguës, aux changements d'activités où l'enseignant ne capte plus l'attention de la classe. Voilà pourquoi il importe de maintenir la cadence dans des activités bien annoncées au moyen de consignes claires et de cibles d'action précises. Paradoxalement, ce sont les phases d'improvisation et de flottement qui créent de la tension, alors que la planification rassure et détend la classe parce que celle-ci se rend compte que l'enseignant sait où il va avec le groupe.

5. Il est souvent utile de mettre au point une gamme d'activités pédagogiques routinières avec lesquelles les élèves sont familiers : un travail individuel sur un projet à long terme, un travail en petits groupes sur une présentation prévue en fin d'année, un travail individuel sur un répertoire d'exercices à faire dans le mois, la préparation de quiz thématiques en équipes, l'avancement des devoirs de la semaine en dyades, etc. Les élèves sont habitués à s'engager dans ces activités car leur réalisation se fait par étapes, en plusieurs segments. Comme elles sont bien connues, elles peuvent être mises en place rapidement dans le contexte d'imprévus avec lesquels le leader de la classe doit composer sans délai.

6. L'enseignant doit énoncer clairement ses principes et ses règles et utiliser ceux-ci pour favoriser l'adoption d'attitudes prosociales en mode continu dans la classe (respect des autres, ponctualité, ordre, coopération, justice, etc.) plutôt que de s'en servir pour justifier une gestion du type « crime et châtiment » où il intervient après coup et de façon punitive.

7. Il faut organiser la transmission des règles sans perte de temps ni détails inutiles tout en évitant de les multiplier inutilement. Les règles sont des conventions et leur multiplication crée un fardeau pour l'enseignant qui doit les faire respecter. Il peut en faciliter le rappel par l'affichage en classe, mais sans en abuser.

8. À coup sûr, certains élèves vont tester l'autorité de l'enseignant; celui-ci doit s'y attendre. Sa capacité de faire respecter ses limites doit être évidente. Cela doit se faire calmement, sans surenchère, mais avec assurance.

9. L'enseignant doit traiter les problèmes dès qu'ils se présentent, sans avoir peur de les affronter, mais en évitant de réagir de façon disproportionnée par rapport à leur gravité. Il doit adapter les moyens à la taille des problèmes à résoudre, sans toutefois hésiter à demander de l'aide si la situation risque d'échapper à sa maîtrise.

10. Lorsque l'enseignant intervient pour condamner des façons de faire, il doit éviter de s'en prendre aux personnes : ce sont les comportements indésirables qu'il rejette et non pas les élèves.

11. Au cours des affrontements plus tendus, l'enseignant a avantage à garder son sang-froid. Perdre son calme et se mettre en colère n'augmente pas le niveau de contrôle de la situation; cela traduit plutôt une déstabilisation, qui est une forme de vulnérabilité.

12. Il faut éviter de faire perdre la face à un élève devant les autres. L'humiliation est extrêmement nuisible à la relation de confiance avec l'enseignant et à l'image de l'élève dans son groupe.

13. Autant que possible, l'enseignant doit éviter les affrontements individuels qui finissent généralement par la désignation d'un perdant qui perd la face. Ce type d'interactions doit faire l'objet d'entretiens en dehors de la classe.

14. Il ne faut pas punir toute la classe pour le méfait commis par un ou deux élèves en particulier, car il serait injuste de pénaliser ceux qui n'ont rien à voir avec le problème.

15. La bonne gestion de l'espace (parfois restreint) de la classe peut être un outil précieux de promotion d'une interaction adaptée. Il arrive parfois que seule une relocalisation puisse venir à bout des cliques d'élèves qui dérangent tout le groupe. L'enseignant ne doit pas se gêner pour procéder à des réaménagements du « plan de la classe » au cours de l'année, quitte à faire vivre aux élèves habitués à se trouver dans la première rangée l'expérience du fond de la classe pendant quelque temps.

Source : Conseils inspirés de Crawford (2004, p. 1-9), Haydn (2007, p. 47-71), Manning et Bucher (2007, p. 4-20) et Partin (1999, p. 21-26).

Le pouvoir d'influer sur ce qui arrive

Si un seul facteur devait être jugé essentiel à la réussite scolaire, il faudrait choisir l'engagement de l'élève dans son projet scolaire (Benard, 2004). Or, un engagement réel du jeune dans son projet scolaire à l'adolescence peut difficilement se concevoir sans une appropriation de ce projet ; cela doit être son affaire à lui. Pour cela, l'élève doit avoir l'impression de détenir un pouvoir minimal dans ce projet, avoir un droit de parole à propos de ce qui se passe. L'engagement autonome de l'adolescent à l'école implique qu'il dispose d'une marge de manœuvre, d'un pouvoir de décider. Lorsqu'il n'existe pas de zone de contrôle personnel, le conformisme grégaire est encouragé plutôt qu'un engagement autonome de sa part. Cela vaut pour la participation à l'ensemble de la vie à l'école et pour l'apprentissage lui-même, où le jeune peut faire sa place grâce à des choix réels, des stratégies à privilégier, des modalités de production de ses travaux personnels. Certaines études ont d'ailleurs observé une relation positive entre l'engagement dans les activités parascolaires et le rendement scolaire (Broh, 2002 ; Guest et Schneider, 2003), mais ce n'est pas toujours le cas (Stewart, 2008).

En conséquence, la mobilisation de l'élève à l'école implique le fait qu'il puisse accéder à un certain pouvoir par rapport aux situations, détenir certaines responsabilités à l'égard des événements qui lui arrivent dans la classe et à l'école, acquérir le sentiment qu'il exerce une influence, à défaut de quoi il sera enclin à obéir, à se rebeller ou à adopter des attitudes représentant un mélange d'obéissance et de rébellion.

Il semble toutefois que le dosage de cette marge de manœuvre soit difficile à faire :

> Les enseignants reçoivent des messages ambigus quant au lieu de contrôle de l'expérience d'apprentissage. Certaines personnes disent que les enseignants devraient favoriser l'autonomie et la responsabilité des élèves en partageant davantage le contrôle de la classe avec eux, alors que d'autres soulignent le grand besoin de directives claires et d'un contrôle ferme de la part de l'enseignant dans sa classe d'adolescents (Ridley et Walther, 1995, p. 57 ; traduction libre).

Est-il possible que ces deux orientations cohabitent ? Il est vraisemblable de croire à un leadership de classe qui donne une place réelle à l'élève dans son fonctionnement en tenant compte de ses critiques et de ses souhaits tout en faisant respecter les conventions et les limites.

La classe ressort donc comme le premier lieu de production des apprentissages scolaires. Son défi consiste avant tout à promouvoir l'engagement du jeune dans le travail scolaire proposé. Depuis les siècles qu'existe le modèle d'organisation scolaire basée sur le regroupement d'élèves en classe autour d'un enseignant, nous sommes encore à la recherche du meilleur modèle pédagogique, hésitant entre, d'une part, des objectifs de compétence pour tous centrés sur la maîtrise des contenus et sur l'amélioration des acquis personnels de chaque élève et, d'autre part, des objectifs de performance où il s'agit pour l'élève de faire mieux que les autres élèves, pour la classe de dépasser les autres classes et pour l'école de se démarquer dans la communauté, quitte à ce qu'il y ait des perdants à chaque niveau. Au-delà de ces tensions quant à l'orientation à privilégier, il y a un consensus sur la nécessité de mobiliser le jeune dans le projet d'apprentissage. Certains ingrédients permettant d'y parvenir sont maintenant connus : maintenir un climat de confiance émotionnelle face aux risques d'échec liés à l'apprentissage, susciter du plaisir dans les activités scolaires, alimenter le sentiment de pouvoir réussir, promouvoir un sentiment d'appartenance au groupe scolaire et donner du pouvoir à l'élève dans ce qui lui arrive à l'école.

10.3.2 Le climat de l'école

En tant que ressource sociale, l'école est une des structures les plus strictement encadrées de programmes, d'objectifs, de règles, de projets éducatifs, de conventions, de normes de toutes sortes. Aussi, l'image que la population a de l'école comprend étonnamment ces diverses composantes que tous ont bien connues : la classe, les enseignants, les élèves, les pupitres, les horaires, les corridors, la salle communautaire (qui sert souvent aussi de gymnase), la cour de l'école, etc. Chacun a sa propre image de l'école et, dans cette représentation populaire, un nombre étonnant d'éléments sont partagés. Pourtant, il n'y a pas deux écoles qui aient le même climat, la même atmosphère. De quoi cela dépend-il ?

Plusieurs facteurs sont évidemment en cause et leur énumération varie selon les sources, mais on s'accorde généralement à dire que la culture d'une école est reflétée notamment par la vision collective de l'établissement, la solidarité entre les acteurs, les valeurs partagées, les traditions qu'on y maintient actives.

La notion de « culture de l'école » renvoie ici au climat, à l'atmosphère qui règne dans l'établissement, et cela implique à peu près toutes les activités, formelles et informelles, qui s'y déroulent, la façon d'accomplir les rôles (élève, directeur, enseignant, parent, etc.) ainsi que les valeurs et les règles explicites et implicites qu'on y trouve. Une telle « culture » subit certainement l'influence des caractéristiques de la clientèle et des ressources disponibles. Comme nous le verrons dans la section 10.4, une école secondaire implantée dans un milieu très défavorisé n'accomplit pas sa mission dans les mêmes conditions qu'une école qui accueille des adolescents d'un quartier aisé, même si le programme scolaire est le même pour les deux écoles.

Dans l'examen précédent de la classe en tant que contexte scolaire, nous avons vu comment le leadership exercé par l'enseignant pouvait conditionner de nombreuses facettes de la vie des élèves dans ce milieu, y compris leurs interactions et leur sentiment de bienêtre à l'école.

À l'échelle de l'établissement, le style de leadership de la direction de l'école a souvent été considéré comme un levier important de contrôle du climat de l'école. Même si les données de recherche font plus souvent ressortir un lien indirect qu'un lien direct entre le style de leadership de la direction et l'apprentissage des élèves comme tel, elles traduisent une influence notable sur des médiateurs importants de cet apprentissage. Ainsi, la qualité du leadership et l'efficacité de l'organisation dans l'école ont été associées couramment aux caractéristiques suivantes du climat dans l'établissement : 1) le sentiment d'efficacité des enseignants ; 2) la qualité de la communication du personnel et des élèves dans l'école et avec les parents ; 3) une satisfaction plus grande du personnel et des élèves face à leurs projets scolaires ; 4) des taux moins élevés d'absentéisme et d'abandon scolaire ; 5) la perception de la qualité du travail qui est fait à l'école ; 6) le respect des règles, la ponctualité et la politesse ; 7) la qualité et le fonctionnement des équipements dans l'établissement ; 8) la communication entre la famille et l'école (Bouchamma, Langlois et Lapointe, 2006 ; Deal et Peterson, 1999 ; Eccles, 2004 ; Janson, 2003 ; Marks et Printy, 2003 ; Van der Westhuizen, Mosoge, Swanepoel et Coetsee, 2005).

Le style de leadership de la direction est donc un déterminant du climat qui règne dans l'établissement, pour les enseignants comme pour les élèves, mais le directeur ne peut pas être tenu pour responsable de tout ce qui se passe dans l'école. D'autres facteurs sont aussi générateurs de la culture de l'établissement. Ainsi, les caractéristiques personnelles des élèves, la taille de l'établissement, la qualité des lieux disponibles et les programmes d'enseignement en vigueur sont des dimensions importantes dans le résultat global qu'on appelle le climat de l'école, lesquelles ne relèvent pas de la zone de contrôle de la direction de l'école.

La culture d'une école se reflète, entre autres, dans la solidarité entre les différents acteurs.

La volonté de promouvoir des écoles saines et capables d'amener leurs élèves à apprendre constitue une préoccupation grandissante au niveau secondaire. La recherche des meilleurs programmes est constante même si les réformes s'avèrent délicates et engendrent des frustrations lorsqu'elles ne sont pas menées dans les meilleures conditions, comme en témoigne l'implantation récente de l'approche par compétences au Québec (MELSQ, 2005 ; Robitaille, 2007) ou encore la réforme *No Child Left Behind* aux États-Unis (NCLB, 2001). En fait, même à l'échelle d'une seule école, le changement de climat représente un défi complexe qu'il n'est pas facile de relever ; certains travaux témoignent néanmoins de succès intéressants en cette matière. Ainsi, Eilers et Camacho (2007) ont suivi pendant deux ans les effets d'un changement de direction de l'école, changement fermement appuyé par la communauté environnante, et observé des améliorations notables dans la culture de l'établissement sur les plans du professionnalisme des enseignants, de la collaboration dans l'école et de la qualité du travail en classe. Le tableau 10.2 présente certaines questions qui ont servi à sonder les perceptions des enseignants au sujet du climat régnant dans leur école.

Il serait impossible de faire l'inventaire de tous les effets du climat de l'école sur les acteurs en présence, mais voici quelques exemples illustrant les liens que la recherche met en évidence.

Au Royaume-Uni, Bisset, Markham et Aveyard (2006) ont observé un lien significatif entre la culture de l'école et la consommation de drogue et d'alcool chez les élèves du secondaire dans 166 écoles. Dans cette étude, la qualité de la culture de l'école était déterminée en fonction de la position relative de l'établissement sur des indicateurs de contribution éducative. Le rendement éducatif sur cinq ans de chaque école (à partir, notamment, du classement aux examens nationaux, du taux de diplomation et du taux d'abandon) était situé par rapport à la moyenne des écoles comparables sur le plan des caractéristiques socioéconomiques de la clientèle

(revenu familial, type de logement, sexe, indice de pauvreté de la communauté, habitudes de consommation d'alcool dans la famille, etc.) et des programmes offerts. Les écoles qui se situaient à un écart-type au-dessus de leur moyenne de référence étaient désignées comme présentant un climat de « promotion de la réussite » et celles qui se situaient à un écart-type en dessous de la moyenne de référence étaient considérées comme du type « laisser-faire ». Les résultats ont montré que, pour une clientèle comparable, les écoles associées à la réussite avaient des élèves moins précoces quant à la consommation d'alcool, avaient moins de cas de consommation de drogue et de forte consommation d'alcool que les écoles du type laisser-faire. Sans prétendre qu'il s'agit là d'une relation causale, les auteurs concluent à une influence de l'école sur la consommation de substances chez les adolescents.

En Belgique, Engels, Aelterman, Van Petegem et Schepens (2003) ont montré que les variables suivantes étaient les meilleurs déterminants du sentiment de bien-être des adolescents : la qualité perçue de l'atmosphère de

TABLEAU 10.2 Exemples de questions employées pour sonder les perceptions des enseignants quant au climat de leur école				
Le répondant est invité à traduire son degré d'accord avec chaque énoncé en encerclant le chiffre de son choix.	1 = tout à fait en désaccord 2 = plutôt en désaccord	3 = plutôt d'accord 4 = tout à fait d'accord		
Les membres du personnel de cette école travaillent bien ensemble.	1	2	3	4
J'obtiens toute la coopération dont j'ai besoin de la part du personnel de l'école.	1	2	3	4
Les membres du personnel travaillent ensemble à améliorer l'enseignement.	1	2	3	4
Je reçois régulièrement une rétroaction pertinente sur mon travail à l'école.	1	2	3	4
Les enseignants prennent du temps pour discuter de l'enseignement et de l'apprentissage.	1	2	3	4
Les élèves ont la possibilité de donner leur avis et on en tient compte dans les politiques de l'école.	1	2	3	4
J'ai l'occasion de discuter du travail des élèves avec d'autres enseignants dans mon école.	1	2	3	4
Le point de vue des enseignants est pris en considération dans la détermination des politiques de l'école.	1	2	3	4
Le directeur de mon école fait preuve d'un leadership fort dans l'établissement.	1	2	3	4
Les orientations de l'école sont définies en fonction de données probantes sur ce qui convient le mieux aux élèves.	1	2	3	4
Mon école dispose de critères mesurables pour évaluer la réussite des élèves.	1	2	3	4
J'ai souvent des rencontres avec les autres enseignants de l'école pour mesurer le rendement des élèves.	1	2	3	4
Les enseignants de mon école utilisent couramment les résultats des élèves pour décider des contenus à prioriser.	1	2	3	4
Cette école ressemble à une grande famille ; tout le monde y est ouvert et cordial.	1	2	3	4
Habituellement, je suis heureux à l'idée de venir travailler à l'école chaque jour.	1	2	3	4

Source : Adapté d'Eilers et Camacho (2007, p. 635-636) et de Stewart (2008, p. 191).

l'école, suivie de la qualité des contacts avec les enseignants, de l'engagement dans la classe, de la pertinence des règlements et de la qualité des infrastructures. Les auteurs indiquent dans leur conclusion que l'atmosphère de l'école peut favoriser la concentration d'un grand nombre de facteurs plus spécifiques. Dans la même veine, ces chercheurs ont constaté que le bien-être des enseignants dépendait fortement du sentiment d'efficacité personnelle qu'ils éprouvaient dans l'accomplissement de leur rôle à l'école. En retour, leurs résultats révèlent que ce sentiment d'efficacité personnelle dépend de facteurs tels que le soutien de la part des collègues, le soutien de la part du directeur, l'attitude positive du milieu face aux innovations et une orientation de travail fortement centrée sur l'élève.

Incidemment, selon cette étude, les enseignants du primaire éprouvaient un plus grand bien-être que ceux du secondaire, et c'était aussi le cas des enseignants féminins (primaire et secondaire) comparativement aux enseignants masculins (Aelterman, Engels, Van Petegem et Verhaeghe, 2007). À partir des données d'une vaste étude longitudinale nationale menée auprès de jeunes issus de 1 000 écoles aux États-Unis, Stewart (2008) a observé que la perception d'un climat de cohésion dans l'école avait une relation significative avec le rendement : les jeunes qui fréquentent une école offrant un environnement soutenant et invitant ont de meilleurs résultats.

Le climat de l'école peut apparaître comme un concept relativement flou et abstrait, mais force est de constater que sa pertinence en tant qu'indicateur n'est pas remise en question et qu'on lui attribue une série de composantes utiles à l'atteinte du premier résultat visé par la mission de l'école : l'apprentissage des élèves.

10.4 École et pauvreté

L'écart quant à la réussite scolaire observé entre les groupes défavorisés de la population et les groupes favorisés est une réalité bien connue. En fait, il s'agit d'un des aspects les mieux documentés du « déterminisme social » selon lequel un jeune né dans un milieu défavorisé fait face, dès sa naissance, à une panoplie de risques d'inadaptation que son contemporain issu d'un milieu favorisé n'a pas à affronter. Pour Machtinger (2007), trois points de vue divergents ressortent globalement du discours qui prévaut sur l'école en milieu défavorisé :

1) les ressources scolaires équitables constituent la clé de l'amélioration de l'école en milieu défavorisé ; 2) peu importent les ressources des écoles, il y a des écoles en milieu très pauvre qui fonctionnent bien ; on devrait les prendre comme exemples plutôt que de se servir de la pauvreté pour excuser les mauvaises performances de certains établissements ; 3) si des changements importants ne sont pas apportés dans les politiques sociales et la répartition de la richesse, la réforme scolaire aura un impact limité (Machtinger, 2007, p. 1 ; traduction libre).

Parmi ces trois positions, la première et la troisième partagent l'accent mis sur l'équité dans les ressources entre milieux pauvres et milieux riches, tandis que la deuxième position responsabilise davantage l'organisation des établissements. Il y a donc un consensus sur l'écart éducatif entre milieux pauvres et milieux riches, mais il existe plusieurs manières d'envisager la direction à adopter.

Il ne se passe pas une année sans que les gouvernements réaffirment l'importance de combattre la pauvreté, surtout celle qui détruit les possibilités pour les enfants de devenir des acteurs sociaux heureux et responsables. Les progrès en cette matière n'en demeurent pas moins très décevants face à cet immense facteur de risque psychologique. Evans (2004) parle d'une écologie de la pauvreté qui non seulement a un impact sur la réussite scolaire du jeune, sur ses chances de vivre des problèmes d'adaptation de toutes sortes, mais affecte sa construction même en tant qu'individu. Les conditions de vie défavorables sur les plans physique, psychologique et social que comporte la pauvreté n'entretiennent pas entre elles un simple rapport d'accumulation, mais elles ont un effet multiplicateur, la présence de l'une multipliant l'effet de l'autre (Bradley et Corwyn, 2002).

Les enfants pauvres sont placés devant de multiples inégalités environnementales. Comparativement à leurs pairs d'un milieu économiquement favorisé, ils sont sujets à vivre plus de turbulences familiales, de violence, de séparations de leur famille, d'instabilité et de perturbations dans leur environnement. Les enfants pauvres ont moins de soutien social et leurs parents sont moins sensibles et plus autocratiques. Les enfants d'un milieu à faible revenu ont moins souvent l'occasion de se faire lire des histoires, ils regardent plus souvent la télévision, ils ont moins facilement accès à des livres ou à des ordinateurs. Les parents à faible revenu sont moins engagés dans les activités scolaires de leurs enfants. L'air que ces jeunes respirent et l'eau qu'ils consomment

Le retard scolaire est plus fréquent chez les jeunes issus de milieux défavorisés.

sont plus pollués. Il y a proportionnellement plus de personnes dans leur maison qui sont plus bruyantes et moins stimulantes. Les quartiers défavorisés sont plus dangereux pour les jeunes ; ils disposent de services municipaux de moindre qualité et les équipements sont plus délabrés. Les écoles et les garderies des milieux pauvres sont de moins bonne qualité. Cette accumulation des risques environnementaux peut s'avérer un des aspects les plus pathogènes de la pauvreté des enfants (Evans, 2004, p. 77 ; traduction libre).

L'objectif de combler le déficit éducatif entre les pauvres et les riches est partagé par tous les pays développés, et toute une gamme de mesures ont été mises au point à cette fin au fil des décennies. Au Québec, par exemple, le programme d'accès aux garderies à tarifs réduits ainsi que les programmes sociosanitaires, comme OLO (soutien à la santé par l'alimentation et les habitudes de vie « œufs — lait — orange »), Naître égaux — grandir en santé (prévention périnatale par concertation intersectorielle, communautaire et une intervention individuelle) et 1, 2, 3 GO (programme de soutien aux initiatives des acteurs de la communauté destinées à favoriser le développement des petits) partagent l'objectif d'intervenir tôt dans la vie et de façon concertée, pour donner une chance aux enfants de bien grandir dans leur communauté. La réussite des adolescents à l'école est tributaire de leur trajectoire au primaire et même au préscolaire. Justement, ces initiatives découlent de la reconnaissance du fait que le jeune qui commence l'école avec un retard de développement en raison d'une stimulation inadéquate au cours de la période préscolaire est défavorisé pour toute sa vie. Comme son nom l'indique, le champ de l'éducation compensatoire est consacré aux mesures éducatives destinées à combler les retards

affectant les jeunes qui présentent un risque d'échec scolaire.

Une partie importante du domaine de l'éducation compensatoire est consacrée aux effets de la pauvreté, même si ce domaine a aussi pour mission de compenser les déficits que toutes sortes d'autres conditions défavorables produisent au départ chez l'enfant. Déficience intellectuelle, handicap physique, problème de santé mentale, conditions de vie ayant empêché ou retardé la scolarisation (guerre, déportation, etc.), voilà quelques exemples de sources de déficits éducatifs, autres que la pauvreté comme telle, ayant fait l'objet de programmes d'éducation compensatoire dans le but de rattraper le retard ou d'en réduire les méfaits.

Les jeunes de milieux défavorisés qui arrivent à l'école secondaire ont nettement plus de chances d'avoir déjà accumulé un retard scolaire que leurs pairs de milieux favorisés. La figure 10.1 permet de comparer la proportion des garçons et des filles n'ayant pas de retard à l'entrée au secondaire selon le niveau socioéconomique de leur milieu de provenance. En milieu défavorisé, le retard scolaire initial touche 15 % de garçons et 13 % de filles de plus qu'en milieu favorisé.

Au Québec, le ministère de l'Éducation, du Loisir et du Sport a mis en place le Programme de soutien à l'école montréalaise en 1997, qui vise à favoriser un cheminement scolaire progressif et continu chez les élèves issus des milieux défavorisés de l'île de Montréal des ordres d'enseignement primaire et secondaire (MELSQ, 2002). Il s'agissait d'écoles ayant un indice élevé de diversité ethnique. Dans son évaluation des effets de ce programme, Tremblay (2003) observe que comparativement à la période précédant l'implantation du Programme de

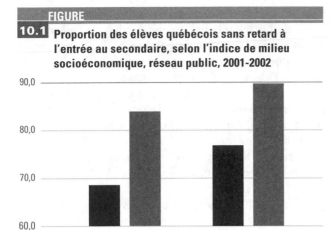

FIGURE

10.1 Proportion des élèves québécois sans retard à l'entrée au secondaire, selon l'indice de milieu socioéconomique, réseau public, 2001-2002

	Garçons		Filles	
%	68,5	84,0	76,6	89,9
	Revenu faible	Revenu élevé	Revenu faible	Revenu élevé

Source : Pelletier et Rhéault (2005, p. 3).

soutien à l'école montréalaise, ou comparativement à des écoles ne bénéficiant pas de ce programme, des effets bénéfiques importants ont été constatés pour les élèves du primaire de 1997 à 2002, mais pour les adolescents du secondaire, le programme ne semble pas avoir eu les effets escomptés ; une légère diminution de la proportion d'élèves présentant un retard scolaire a été enregistrée (baisse de 3,2 %), mais le taux de redoublement n'a pas changé et une augmentation du décrochage scolaire (sortie de l'école sans diplôme) a été observée pour les classes de 2e secondaire à 5e secondaire. L'auteur souligne la difficulté à établir une relation causale entre ce type d'intervention et l'évolution des indicateurs, plusieurs autres facteurs pouvant aussi participer aux tendances au fil des ans.

Aux États-Unis, le programme intitulé *Title 1* constitue peut-être l'effort le plus vaste d'éducation compensatoire destiné à combler l'écart quant à la réussite scolaire entre les jeunes défavorisés et les jeunes nantis. Mis en place en 1965, ce programme bénéficiait d'un budget fédéral annuel de plus de 12 milliards de dollars en 2007, dans le cadre du projet renouvelé *No Child Left Behind* (Van der Klaauw, 2008). Les objectifs initiaux de ce programme d'éducation compensatoire incluaient notamment : 1) pour les élèves à risque : tenter de répondre aux besoins éducatifs des élèves ayant un faible niveau de réussite dans les régions les plus pauvres du pays, des enfants ayant une maîtrise limitée de l'anglais, des enfants d'immigrants, des enfants qui ont des handicaps, des enfants autochtones, des enfants négligés ou des délinquants, et des jeunes enfants qui requièrent de l'aide en lecture ; 2) pour les écoles : les doter d'un matériel éducatif de qualité, de systèmes d'évaluation scolaire efficaces, de pratiques de reddition de compte régulières en tant qu'établissements et de programmes de formation des enseignants de haut niveau (U.S. Department of Education, 2004).

Les évaluations des résultats des 30 premières années de ce vaste programme ont été décevantes. En effet, elles indiquent que les objectifs de compensation n'ont pas été atteints ; plus encore, certains effets négatifs ont été documentés en relation avec *Title 1* (Borman, 2002 ; Borman et D'Agostino, 2002 ; Van der Klaauw, 2008). Au cours des premières années de son existence, ce programme national semble avoir eu beaucoup de mal à s'implanter vraiment dans les écoles, l'argent qui provenait du fédéral étant utilisé pour divers autres objectifs au niveau local. Aussi, les critères employés pour évaluer les effets ont créé plusieurs polémiques, de sorte que l'interprétation des conclusions des évaluations était difficile (Hanushek, 1998). D'un bilan négatif à l'autre, le gouvernement des États-Unis a finalement resserré sa gestion de ce programme en 2001 et les évaluations négatives ont progressivement fait place à des bilans moins négatifs de cet effort majeur pour que tous les jeunes aient les mêmes chances.

Aux États-Unis toujours, Carpenter II, Ramirez et Severn (2006) ont utilisé les données d'une étude longitudinale en éducation (*National Education Longitudinal Study* ou NELS, 2004) pour scruter les facteurs qui entrent en jeu dans les écarts scolaires entre les jeunes, selon qu'ils sont blancs, noirs ou latinos. Leur analyse des profils d'un échantillon représentatif de 15 618 élèves de 12e année fréquentant des écoles publiques ou privées leur a permis de constater que les Blancs réussissent mieux que les Latinos, lesquels réussissent mieux que les Noirs, comme prévu. Cependant, dans chaque groupe, ce sont les mêmes variables qui conditionnent la réussite scolaire. Autrement dit, la réussite des adolescents noirs, latinos et blancs dépend des mêmes facteurs : 1) le niveau socioéconomique de la famille (scolarité et profession des parents, revenu familial) ; 2) la maîtrise de l'anglais (en rapport avec l'origine ethnique) ; 3) l'engagement des parents dans le projet scolaire du jeune ; 4) le temps consacré au travail scolaire par le jeune en dehors de l'école. Les auteurs soulignent que les facteurs liés à l'école, tels que la qualification des enseignants, la densité de la population du quartier ou le statut public ou privé de l'école, arrivent après les facteurs familiaux en ce qui a trait à l'influence sur la réussite scolaire. Selon cette étude, par conséquent, le milieu familial d'origine est plus important à l'égard de la réussite que la couleur de la peau ou l'école fréquentée, et les programmes compensatoires devraient accorder plus d'importance aux facteurs familiaux qu'ils ne le font actuellement.

Notre examen sommaire de ces tentatives québécoises et américaines montre que les efforts visant à combler l'écart quant à la réussite scolaire entre les adolescents issus de milieux défavorisés et ceux venant de milieux favorisés n'ont pas donné les effets escomptés, un grand nombre de facteurs étant susceptibles de jouer dans un sens ou dans l'autre.

10.5 Le redoublement

Que faire lorsque l'élève ne possède pas les acquis minimaux attendus pour son niveau ? Ne doit-on pas lui donner « la chance de se reprendre » en lui faisant faire de nouveau le programme scolaire auquel il a échoué ? C'est sur cette logique d'échec de l'élève dans l'obtention de la note de passage globale de l'année que repose la notion de redoublement d'une année scolaire : « l'élève a échoué aux examens et on veut lui faire reprendre son année ». En usage depuis des siècles dans les systèmes scolaires, la pratique du redoublement a fait l'objet d'un sérieux questionnement au cours des 30 dernières années (Leblanc, 1991 ; Pouliot et Potvin, 2000 ; Robitaille-Gagnon et Julie, 1998 ; Jimerson et Ferguson, 2007).

Le tableau 10.3 donne une idée de l'évolution des taux de redoublement au primaire et au secondaire entre 1983 et 2005 au Québec. On y constate que, pour l'ensemble du secondaire (cheminement général), le pourcentage moyen d'élèves qui redoublent chaque année était en 2005 de 7,6 %, alors que 21 ans plus tôt, il était de 8,7 %, ce qui représente environ le double des derniers indices disponibles pour le primaire (3,1 % en 2002-2002)[1]. La faiblesse de cette baisse contraste avec l'écart qui sépare les taux d'un sexe à l'autre : de façon constante, les taux de redoublement des garçons sont une fois et demie supérieurs à ceux des filles. Donc, le redoublement n'a pas beaucoup diminué depuis 20 ans.

TABLEAU 10.3 Proportion des élèves qui redoublent une classe*, selon l'ordre d'enseignement et le sexe (en %)

	1983-1984	1993-1994	2001-2002	2002-2003	2003-2004	2004-2005
Primaire	**4,7**	**4,9**	**3,1**	–	–	–
Sexe masculin	5,9	5,9	3,8	–	–	–
Sexe féminin	3,5	3,7	2,3	–	–	–
Secondaire général	**8,7**	**9,3**	**8,0**	**7,9**	**8,0**	**7,6**
Sexe masculin	11,0	11,5	9,9	9,7	9,8	9,4
Sexe féminin	6,4	6,9	6,1	5,9	6,1	5,7
Première secondaire	**13,7**	**16,3**	**13,1**	**12,7**	**13,3**	**13,8**
Sexe masculin	16,9	19,8	15,7	15,4	16,1	16,8
Sexe féminin	10,1	12,4	10,1	9,7	10,0	10,5
Total	**6,5**	**6,9**	**4,7**	–	–	–
Sexe masculin	8,1	8,5	5,8	–	–	–
Sexe féminin	4,8	5,2	3,6	–	–	–

Parmi tous les élèves inscrits dans une classe, les redoublants et les redoublantes constituent la proportion des élèves qui étaient dans la même classe ou dans une classe supérieure l'année précédente. Les élèves de 6e secondaire en formation générale sont considérés ici comme des redoublants et des redoublantes.

Source : Bousquet (2006, p. 67).

---

1. La réforme scolaire au Québec a amené un nouveau découpage du primaire en cycles d'études rendant impossible le calcul du redoublement comme auparavant dans les indicateurs de l'éducation.

Des facteurs organisationnels peuvent cependant jouer dans la comptabilité des taux de redoublement. Dans le tableau 10.3, par exemple, on note que les taux de redoublement sont beaucoup plus élevés en 1re secondaire que dans les années suivantes. Bousquet indique que « cette situation n'est pas étonnante si l'on pense au fait que tous les élèves du primaire, y compris ceux et celles qui éprouvent des difficultés, seront tôt ou tard admis au secondaire, ne serait-ce que parce qu'ils ont atteint l'âge de 13 ans » (Bousquet, 2006, p. 67). Autrement dit, le taux de redoublement de 1re secondaire absorbe le cumul des retards du primaire.

La pratique du redoublement repose sur deux fondements principaux : elle implique d'abord que la notion d'« année scolaire » est l'unité de mesure des progrès de l'élève dans sa trajectoire scolaire ; puis elle repose sur la conviction que la reprise d'une année va aider l'élève dans sa réussite scolaire future. Or, d'une part, les systèmes scolaires modernes ont évolué vers une répartition plus différenciée de l'évaluation des acquis au lieu de s'appuyer seulement sur le critère d'une année réussie ou ratée, l'évaluation par matières en étant l'exemple typique. D'autre part, la majorité des recensions des connaissances sur les effets du redoublement laissent planer un doute sur sa valeur comme moyen d'aider les élèves à mieux réussir dans l'avenir (Jimerson, 2001 ; Pouliot et Potvin, 2000).

Jimerson et Ferguson (2007) ont effectué un suivi sur 12 ans de 72 élèves depuis la maternelle jusqu'à la fin de leur secondaire, élèves suivant l'une ou l'autre des quatre trajectoires suivantes face au redoublement : 1) des jeunes qui ont repris une année en restant deux ans dans la même classe pendant leur cours primaire ; 2) des élèves qui ont redoublé une année mais en classe spéciale ; 3) des élèves à qui on a recommandé de redoubler dans une classe spéciale mais qui ne l'ont pas fait ; 4) des élèves qui n'ont pas redoublé du tout. Leurs résultats ont montré que le fait de redoubler n'est pas une mesure qui aide les élèves à court terme ni à long terme, et que ceux à qui on avait recommandé de redoubler mais qui ne l'ont pas fait ne se distinguaient pas de ceux qui n'ont jamais redoublé au secondaire. Par ailleurs, sur le plan comportemental à l'adolescence, les redoubleurs présentaient plus d'agressivité que les non-redoubleurs. D'autres travaux ont maintes fois observé que le redoublement nuit à l'image de soi scolaire du jeune et ne stimule pas son engagement à l'école (Jimerson, 2001).

Si la recherche semble montrer qu'il y a plus d'inconvénients que d'avantages associés au redoublement, sans parler du temps consommé par la reprise et des ressources scolaires en jeu, on constate que cette pratique se perpétue d'une année à l'autre tant que le système scolaire la rend possible et que d'autres moyens de faire face au déficit de l'élève ne sont pas disponibles. À ce sujet, on peut invoquer le fait que la décision de faire redoubler un élève repose sur un jugement de pertinence au regard des options offertes : on pense qu'il s'agit du meilleur choix compte tenu de ce que l'on peut faire d'autre. Toutefois, selon Jimerson et Ferguson, on en sait assez actuellement pour se demander si le redoublement ne fait pas clairement partie des mauvaises pratiques professionnelles en éducation. Pour eux, l'argument selon lequel le redoublement est le moindre mal ne tient plus : « nous savons qu'il y a mieux à faire pour répondre aux besoins scolaires et comportementaux des élèves en difficulté, et il faut le faire » (Jimerson et Ferguson, 2007, p. 335 ; traduction libre).

10.6 École publique, école privée

Le système d'éducation offert aux adolescents se répartit en deux grands réseaux : le réseau public et le réseau privé. Les écoles secondaires publiques québécoises accueillent environ 82 % des élèves et les établissements privés accueillent les 18 % qui restent (Tremblay et Bousquet, 2007). Chaque année, au Québec, les élèves de 4e et de 5e secondaire passent des examens du ministère de l'Éducation, du Loisir et du Sport en français ou anglais langue d'enseignement, en mathématiques, en histoire, en anglais ou français langue seconde et en sciences physiques. Et chaque année, les résultats des adolescents des écoles privées sont supérieurs à ceux des adolescents des écoles publiques. Les chiffres présentés dans le tableau 10.4 montrent que, depuis 1996, les adolescents du réseau privé obtiennent une moyenne générale de 6 % à 9 % supérieure à celle des adolescents du réseau public, tandis qu'il y a plus de 10 % d'écart en leur faveur dans le taux de réussite de ces examens ministériels. Un écart comparable se retrouve dans différents pays (Braun, Jenkins et Grigg, 2006 ; Langouët et Léger, 1994 ; Tavan, 2004).

En 2006, au Québec, la moyenne obtenue aux examens du ministère de l'Éducation a été de 79,8 % dans les établissements privés et de 70,8 % dans les écoles publiques, tandis que 94,2 % des élèves des écoles privées ont obtenu la note de passage à ces examens comparativement à 80,6 % des adolescents fréquentant une école publique. À quoi peut-on attribuer cet écart constant entre les résultats des écoles publiques et ceux des écoles privées ? Les comparaisons entre les deux systèmes d'éducation peuvent porter sur plusieurs dimensions : le coût, les critères d'admission, les programmes, les enseignants, les élèves, les notes des élèves, la dimension de l'école, la dimension des classes, les équipements pédagogiques et sportifs, les programmes d'activités parascolaires, etc. Nous ne ferons pas ici la comparaison détaillée entre l'école publique et l'école privée, mais disons que le débat sur leur valeur respective pour les jeunes se poursuit depuis longtemps et qu'il ne risque pas de se terminer bientôt. Les observations suivantes permettent de résumer certains constats qui sont faits couramment :

■ L'école publique coûte généralement moins cher aux parents que l'école privée, de sorte qu'en moyenne les élèves du réseau privé sont issus de familles plus favorisées économiquement.

■ Dans le contexte de la scolarisation obligatoire, l'école publique doit accueillir l'ensemble des élèves. Ainsi, les critères d'admission de l'école publique sont généralement moins sélectifs que ceux de l'école privée ; pour cette raison, la diversité des élèves du réseau public est plus grande sur le plan du rendement scolaire.

■ Les écoles privées peuvent restreindre leur admission à un seul sexe alors que cette pratique est exceptionnelle dans les écoles publiques.

■ La direction et les enseignants de l'école publique sont soumis à un cadre d'accréditation qui exige une formation minimale de leur part compte tenu de leur rôle dans l'école. Dans le réseau privé, la direction et les enseignants ne sont pas soumis à un tel cadre de référence pour leur formation.

■ Les écoles privées comme les écoles publiques doivent être accréditées par le gouvernement pour pouvoir offrir leurs services à la population et voir leurs diplômes reconnus par l'État.

■ Les écoles privées ont une plus grande marge de manœuvre dans l'aménagement des programmes qu'elles offrent aux élèves et dans les outils pédagogiques qu'elles utilisent, comparativement aux écoles publiques qui doivent habituellement suivre les directives de leur organisation commune.

■ Le nombre d'élèves par classe — 21 en moyenne au secondaire public au Québec, selon Tremblay et Bousquet (2007), et 28 en France selon le ministère de l'Éducation nationale (MEN, 2007) — est en relation avec la réussite des élèves jusqu'à un certain point : dans les classes moins nombreuses, les élèves ont un meilleur rendement. Le réseau privé a la réputation d'avoir des classes moins nombreuses, mais les données fiables permettant de comparer le réseau public avec le réseau privé sont difficiles à réunir.

TABLEAU 10.4 Moyenne générale et taux de réussite des élèves des réseaux public et privé aux épreuves uniques, 1996-2006

	Moyenne sur 100										
	1996	1997	1998	1999	2000	2001	2002	2003	2004	2005	2006
Ensemble du Québec	72,4	71,9	76,3	75,0	75,4	73,5	73,4	73,3	75,0	73,3	72,6
Enseignement public	71,2	70,5	75,0	73,5	73,9	72,1	71,8	71,6	73,4	71,4	70,8
Enseignement privé	78,0	79,2	83,0	82,1	82,2	79,9	80,5	80,5	81,9	80,8	79,8

	Taux de réussite										
	1996	1997	1998	1999	2000	2001	2002	2003	2004	2005	2006
Ensemble du Québec	85,5	84,0	90,0	87,8	88,9	85,9	85,1	84,5	87,1	83,3	83,2
Enseignement public	83,8	82,0	88,7	86,0	87,3	84,0	83,0	82,2	85,0	80,6	80,6
Enseignement privé	93,4	94,5	97,0	96,4	96,6	94,7	95,0	94,8	95,9	94,5	94,2

Source : Élaboré à partir de Tremblay et Bousquet (2007), MELS (2006) et MEQ (2001).

La prudence est toutefois de mise dans ce type de comparaison, car les éléments ne sont pas toujours comparables. Par exemple, les écoles privées ne se trouvent pas toutes dans des milieux riches et plusieurs d'entre elles accueillent une bonne proportion d'élèves ayant des besoins spéciaux auxquels les parents tentent de trouver une meilleure réponse en choisissant le réseau privé. Réciproquement, certaines écoles publiques offrent des programmes secondaires hautement sélectifs axés sur la dimension internationale, l'apprentissage des langues, la musique ou les sports de haut niveau. Même s'il est clair que le réseau public porte un poids supplémentaire lié à son obligation d'intégrer l'ensemble de la population des jeunes de moins de 16 ans, les élèves du réseau privé ne constituent pas tous une élite triée sur le volet.

Les études qui se sont employées à faire une comparaison équitable entre le réseau public et le réseau privé, c'est-à-dire à comparer les rendements vis-à-vis des élèves comparables, n'accordent pas d'emblée un avantage à l'école secondaire privée. Aux États-Unis, Braun et ses collaborateurs (2006) ont mené une comparaison nationale des résultats des élèves de 4e et de 8e année en lecture et en mathématiques des réseaux privé et public en tenant compte de certaines caractéristiques des élèves et des écoles. Ainsi, le sexe, l'appartenance ethnique, la présence de besoins particuliers, l'histoire scolaire (le redoublement), la taille de l'école et sa localisation (au centre-ville, en banlieue, en milieu rural) ainsi que le profil du personnel ont été considérés. La recherche indique d'abord que les résultats des élèves du réseau privé dépassent ceux du réseau public de 8 points en mathématiques pour les élèves de 4e année et de 18 points en lecture pour ceux de 8e année. Toutefois, lorsque la comparaison met en présence des élèves et des écoles ayant les mêmes caractéristiques, les écarts fondent et le tableau change : les élèves du réseau public deviennent plus forts en mathématiques en 4e année et ceux de 8e année du réseau privé conservent leur avance importante en lecture, les autres écarts n'étant plus significatifs (Braun et coll., 2006).

Tavan a mené une démarche du même type au niveau du lycée (début du collégial) en tenant compte des caractéristiques des élèves et des établissements publics et privés en France. Elle conclut ceci :

> […] le fait de fréquenter un établissement privé est ainsi au mieux sans influence sur le parcours effectué dans le cadre du collège. Cet effet global varie selon la position relative du secteur privé dans l'offre scolaire locale : dans les territoires de forte implantation du privé, les trajectoires des élèves, de même que leur recrutement social, diffèrent peu entre les deux secteurs. Enfin, le secteur privé semble connaître en son sein des écarts sociaux de réussite moindres (Tavan, 2004, p. 133).

Conséquemment, lorsque des comparables sont en présence, l'écart entre le réseau privé et le réseau public est nettement moindre que les résultats bruts, qui sont généralement médiatisés. Cependant, nous avons souligné précédemment l'importance de facteurs comme l'engagement des parents dans le projet scolaire et leur encadrement du travail scolaire des jeunes à la maison. Ainsi, il est possible que l'inscription de l'adolescent dans le réseau privé soit justement un témoin d'un tel engagement parental plus grand, ce qui expliquerait au moins en partie les écarts entre le réseau public et le réseau privé, pour autant que cette inscription dans le réseau privé ne soit pas le fait de parents qui « achètent la paix avec un ado difficile »… Manifestement, le débat n'est pas terminé.

10.7 Les filles et les garçons à l'école

Les filles et les garçons sont beaucoup plus semblables que différents, heureusement sans doute. Néanmoins, un certain nombre de différences ont clairement été constatées et leur prise en considération s'avère nécessaire à la recherche du meilleur ajustement possible entre l'école et l'élève.

Sur le plan du fonctionnement et des attitudes scolaires, les filles se distinguent de plusieurs façons des garçons : 1) elles ont de meilleures notes ; 2) elles lisent davantage (les habitudes de lecture ont une forte corrélation avec le rendement scolaire lui-même) ; 3) elles ont tendance à s'intéresser moins aux mathématiques (ce qui leur ferme vraisemblablement la porte de certaines disciplines scientifiques) ; 4) elles perçoivent leur école comme plus ouverte à l'égard des élèves (plus que les garçons, elles ont le sentiment d'être à l'aise à l'école, d'y avoir un droit de parole, que les enseignants sont accessibles et à leur écoute) ; 5) elles disent vivre moins de violence verbale et physique avec les enseignants et les élèves ; 6) elles ont l'intention d'aller plus loin dans leurs études ; 7) elles sont moins nombreuses parmi les décrocheurs (avant la fin du secondaire) ; 8) elles sont effectivement plus nombreuses que les garçons à obtenir un diplôme universitaire (Baudelot et Establet, 1992 ; Cloutier et coll., 1994a ; Legault, 1994 ; Tremblay et Bousquet, 2007).

En ce qui concerne la moyenne générale obtenue à la fin du secondaire, les données du tableau 10.5 indiquent que la supériorité des filles est réelle (+1,2 %), mais elle est nettement moins marquée que celle que traduisent les résultats en français pour les adolescents dont c'est la langue d'enseignement (+6 % environ). Les taux de réussite, c'est-à-dire la proportion d'élèves qui obtiennent la note de passage, indiquent la même tendance. Tremblay et Bousquet (2007) soulignent que ces données reflètent la situation à la fin du secondaire, moment où une bonne proportion des décrocheurs ont déjà quitté l'école. Or, comme il y a deux fois plus de garçons qui abandonnent avant la fin du secondaire, cette estimation de l'écart entre garçons et filles quant à la réussite est plutôt conservatrice.

Au Québec, en 2005, 19,7 % des jeunes de 19 ans n'avaient pas obtenu de diplôme du secondaire, et les garçons étaient nettement plus nombreux dans ce groupe que les filles (Tremblay et Bousquet, 2007). Les données du tableau 10.6 permettent de mesurer l'évolution de cet écart selon le sexe entre 2002 et 2006 au Québec. Pour l'ensemble des adolescents, parmi les quelque 30 % d'adolescents décrocheurs, environ 21 % reprendront leurs études pour enfin obtenir leur diplôme d'études secondaires (5 % d'entre eux avant d'avoir 20 ans et les 16 % restants à 20 ans et plus), ce qui démontre que l'abandon sera définitif pour 9 % des jeunes dès le secondaire.

Dans les pays industrialisés, depuis que l'on n'oriente plus d'office les filles vers la maison familiale et l'éducation des enfants, comme cela se fait encore dans les pays non industrialisés, leur présence dans les classes d'études supérieures n'a cessé d'augmenter. Dès qu'elles ont pu se scolariser librement, les filles ont obtenu de meilleurs rendements que les garçons (Holmlund et Sund, 2008). En 1999, le Conseil supérieur de l'éducation du Québec écrivait :

TABLEAU 10.5 Comparaison du rendement scolaire des filles et des garçons à la fin du secondaire au Québec

Résultats aux épreuves du secondaire dans les matières pour lesquelles il y a eu des épreuves uniques, au secteur des jeunes, selon le sexe, le réseau d'enseignement et la matière, en juin 2006 (en %)

	Moyenne	Taux de réussite
Sexe masculin	72,0	82,4
Sexe féminin	73,2	84,0

Résultats à l'épreuve de français de 5ᵉ secondaire au secteur des jeunes, selon le sexe et le réseau d'enseignement, en juin 2006 (en %)

	Production écrite		Ensemble de l'épreuve	
	Moyenne	Taux de réussite	Moyenne	Taux de réussite
Sexe masculin	67,8	74,4	68,6	81,6
Sexe féminin	73,0	83,6	74,2	90,8

Source : Tremblay et Bousquet (2007, p. 91 et 95).

TABLEAU 10.6 Taux de décrochage (sorties sans qualification ni diplôme) du secondaire, en formation générale des jeunes, selon le sexe, par région administrative et ensemble du Québec (12 novembre 2007)

	2001-2002	2002-2003	2003-2004	2004-2005	2005-2006	Écart 2005-2006/ 2001-2002
Garçons	31,7	31,8	31,4	31,0	30,3	−1,4
Filles	18,6	18,5	18,5	18,3	18,4	−0,2
Ensemble du Québec	25,0	25,0	24,9	24,5	24,2	−0,8

Source : MELSQ (2008).

Depuis une quinzaine d'années, il est graduellement apparu que les filles réussissaient mieux à l'école que les garçons, tant au Québec que dans la plupart des pays développés. En effet, pour que cet écart puisse se révéler au grand jour, il a fallu d'abord instituer une base de comparaison valable avec la généralisation de la mixité scolaire. Puis, au fur et à mesure que les nouvelles cohortes de filles et de garçons franchissaient côte à côte toutes les étapes de la scolarisation, il est devenu manifeste que, par-delà l'influence centrale qu'exerce l'origine socio-économique sur la trajectoire scolaire d'un élève, la variable sexe était aussi dotée d'une autonomie propre. En effet, à origine sociale égale, les filles réussissent proportionnellement mieux que les garçons à tous les ordres d'enseignement et ce phénomène est d'autant plus apparent lorsque les élèves proviennent d'un milieu socio-économiquement défavorisé. Par ailleurs, ce constat ne doit pas nous entraîner à une opposition radicale : on retrouve aussi des garçons qui réussissent très bien de même que des filles qui ont des difficultés scolaires, le tout étant affaire de proportion (Conseil supérieur de l'éducation du Québec, 1999, p. 1).

À une époque où l'équité salariale entre les femmes et les hommes est encore loin d'être réalisée (pour un emploi comparable, les femmes sont souvent moins bien payées que les hommes), où les postes de direction sont encore très majoritairement occupés par des hommes, dans l'entreprise privée tout comme dans les organismes gouvernementaux, on constate que les garçons sont beaucoup plus nombreux à éprouver des troubles d'apprentissage et de comportement à l'école, et à abandonner l'école avant d'obtenir un diplôme. Les garçons sont plus souvent en difficulté que les filles à l'école ; c'est aussi chez les garçons qu'on observe le plus de problèmes liés à la consommation de drogue et d'alcool, à la violence et à la criminalité. Pourquoi en est-il ainsi ? Le rendement intellectuel étant du même niveau pour les deux sexes (voir la section 4.3.3), ce n'est pas la capacité d'apprendre qui est en cause. En 2005, au Canada, 69 % des enseignants du primaire et du secondaire étaient des femmes (Lin, 2006). Un bon nombre d'études ont démontré empiriquement que l'interaction en classe n'est pas la même selon le sexe de l'enseignant et celui de l'élève, la plupart de ces travaux observant que les enseignants des deux sexes ont tendance à accorder plus d'attention aux garçons en classe (Krieg, 2005). Les recherches ont aussi relevé que les enseignants masculins créent une atmosphère plus positive pour les garçons, alors que les enseignants féminins favorisent une atmosphère plus positive pour tous (Rodriguez, 2002).

À partir de leur méta-analyse des données issues de 32 études sur cette question des interactions en classe selon le sexe, Jones et Dindia (2004) ont conclu que les enseignants (des deux sexes) entretiennent un plus grand nombre d'interactions avec les garçons ainsi que plus d'interactions négatives avec eux, c'est-à-dire qu'il n'y aurait pas plus d'interactions positives avec les garçons qu'avec les filles.

Les données sur l'impact que le sexe de l'enseignant pourrait avoir sur les notes sont cependant plus rares. Aux États-Unis, Krieg (2005) a observé que les enseignants masculins n'ont pas d'impact significatif sur les résultats des garçons ou des filles. En Suède, Holmlund et Sund (2008), qui ont comparé les écarts dans les résultats des garçons et des filles en fonction de la prévalence des enseignants féminins et masculins dans différentes matières, n'ont pas trouvé d'appui solide à l'hypothèse selon laquelle la présence d'un enseignant du même sexe a pour effet d'améliorer les résultats des élèves. Pour fouiller adéquatement cette question, plusieurs facteurs associés aux caractéristiques des élèves, des matières et des écoles doivent être envisagés, car les hommes et les femmes qui enseignent aux adolescents ne se répartissent pas nécessairement de façon aléatoire dans les écoles. Pour le moment, il est difficile de conclure dans un sens ou dans l'autre.

Les pratiques de socialisation des garçons dans leur ensemble et les pressions sociales quant à la conformité aux rôles de genre en particulier sont souvent mises en cause face à notre incapacité collective de mobiliser une certaine catégorie de garçons dans leur projet scolaire (Cloutier, 2004).

10.8 L'interaction famille-école

La famille exerce une influence considérable sur le cheminement scolaire à l'adolescence, comme nous l'avons vu dans notre examen des facteurs responsables de la réussite des élèves. On sait qu'au cours de l'enfance le degré de participation des parents au projet éducatif de leur enfant est souvent crucial par rapport à sa réussite ou à son échec. Au moment du passage à l'école secondaire, alors que le jeune a souvent le sentiment d'être égaré dans un milieu qu'il comprend mal et qui l'ignore, ce suivi parental s'avère extrêmement important. Bien qu'ils ne suscitent pas une impression aussi puissante que la première année du primaire, quand l'enfant n'a que 6 ou 7 ans, les débuts du secondaire sont déterminants pour les années à venir. Si l'adolescent obtient du succès dès son entrée au secondaire, l'estime qu'il aura de lui-même sera préservée et il pourra fournir un bon rendement. Au contraire, si cette entrée est marquée par l'échec, l'inconfort risque d'être durable. Évidemment, les jeunes qui sont allés d'échec en échec à l'école primaire présentent beaucoup plus de risques de vivre difficilement cette transition que ceux qui y ont toujours bien réussi. Les parents ne doivent donc pas prendre prétexte de la prétendue maturité de leur jeune pour se désintéresser de ce qui se passe à l'école. Certes, il peut être tentant pour des parents qui ont dû faire des efforts constants pour que leur enfant satisfasse aux exigences de l'école primaire de prendre une distance vis-à-vis de ses activités scolaires en alléguant qu'il est important que le jeune « apprenne à être autonome » maintenant qu'il est au secondaire. Bref, l'adolescent dont la réussite scolaire n'est pas assurée — ce qui est le cas de la majorité des jeunes — a un grand besoin de ses parents dans ce nouveau milieu où il est souvent difficile pour les parents de parler à la « personne responsable » de leur adolescent.

On distingue trois acteurs importants dans la réussite scolaire du jeune : 1) l'élève lui-même, qui tient le premier rôle ; 2) ses parents, qui tiennent le deuxième rôle ; 3) l'école. Personne ne peut apprendre à la place du jeune et la première condition de sa réussite consiste à créer le contexte indispensable à sa mobilisation dans son propre projet. Les personnes qui savent ce que c'est que d'enseigner en même temps à des enfants qui « veulent apprendre » et à d'autres qui « ne veulent rien savoir de l'école » sont à même de témoigner de la différence. Malheureusement, et en dépit des innombrables travaux de recherche sur la motivation scolaire (intrinsèque ou extrinsèque), on n'a pas encore découvert la panacée qui donne le goût de l'apprentissage scolaire aux enfants. Certes, il existe des principes bien établis, dont celui voulant que, pour aimer l'école, il faille réussir. Pourtant, le sentiment d'échec s'avère encore très présent à l'école, bien nourri qu'il est, entre autres, par les attentes irréalistes à l'égard du rendement de l'élève. On ne saurait s'imaginer que tous les adolescents ont le même potentiel d'apprentissage et que les mauvaises notes de l'élève dépendent seulement de sa paresse. Il est en effet difficile d'estimer normales les inégalités en ce domaine. En conclusion, la réussite scolaire repose d'abord et avant tout sur la mobilisation du jeune, et cette mobilisation implique l'acquisition d'un sentiment de compétence.

Si les parents tiennent le deuxième rôle dans le projet éducatif du jeune, c'est que leur influence sur celui-ci est plus grande que celle de l'école. D'abord, c'est la culture familiale dont ils sont les promoteurs qui inspire à l'enfant la valeur relative des études dans la vie. Pour de nombreux parents, la première tâche du jeune consiste à s'acquitter de son travail scolaire et sa réussite future en dépend directement, tandis que pour d'autres, les études ne sont qu'un aspect de sa vie et il peut très bien faire son chemin sans diplôme (Ogbu, 1981, 1988). Ensuite, dans les limites bien réelles du potentiel intellectuel et comportemental du jeune, ce sont les parents qui sont les mieux placés pour réunir les conditions favorables au rendement scolaire maximal de leur enfant.

Selon Brown et Beckett (2007), notre conception de l'engagement des parents à l'école ne peut plus se résumer aux rôles d'auditoire dans les réunions, de main-d'œuvre d'appoint à la bibliothèque ou au gymnase, ou de promoteurs dans les campagnes de financement. La recherche et les pratiques modernes désignent maintenant le modèle du « soutien éducatif » comme étant la principale orientation de l'engagement des parents. L'idée est d'apprivoiser la force de l'influence parentale sur le jeune dans le but de soutenir l'enseignant et l'école tant sur le plan du comportement que sur celui du travail scolaire de l'élève. Le rapprochement des parents et de l'école autour d'objectifs clairs et partagés ne fait pas qu'augmenter le niveau de contrôle social des comportements appropriés ; il est également susceptible d'appuyer l'apprentissage scolaire comme tel (Hill et Taylor, 2004). L'établissement d'une telle coopération entre l'école et la famille représente toutefois un sérieux défi dans le contexte d'énormes écoles secondaires en milieux urbains défavorisés. La plus grande résistance des parents issus de milieux défavorisés à l'engagement scolaire est connue depuis longtemps ; ils se rendent d'ailleurs plus souvent à l'école à la suite d'une convocation en raison d'une plainte au sujet de leur adolescent que pour recevoir un prix. Ces parents ont souvent le sentiment que ce qui se passe à l'école dépend exclusivement des enseignants et qu'ils n'ont rien à voir là-dedans, eux qui n'ont pas toujours de bons souvenirs de ce milieu qu'ils ont quitté tôt et qui parle un autre langage que le leur. Sans nier le caractère difficile de l'entreprise, la recherche a démontré que la contribution des parents, même (et peut-être surtout) en milieux défavorisés, pouvait être un précieux appui, à l'école, pour la réussite du jeune (Brown et Beckett, 2007).

Il serait erroné de croire que le rôle des parents se limite à une démarche dont l'issue est à longue échéance. La supervision des travaux scolaires, le suivi des progrès accomplis et du degré de réussite dans les différentes matières, le renforcement des acquis et la détermination conjointe d'objectifs avec le jeune ainsi que la communication avec l'école sont autant d'actions à court terme essentielles à l'optimisation du succès du jeune. Si l'on fait exception de la minorité d'élèves qui ont la chance de réussir facilement et par eux-mêmes, la contribution des parents à la réussite scolaire est généralement très importante. Les enseignants qui travaillent auprès des élèves en difficulté peuvent en témoigner : sans le soutien assidu des parents, l'école est incapable de mettre en branle une dynamique de rattrapage durable chez le jeune.

Le suivi des travaux scolaires par les parents est une action à court terme qui contribue à la réussite scolaire d'un jeune.

Dans la réussite de l'adolescent, l'école est la principale responsable de la relation existant entre l'élève et la matière à apprendre. C'est elle qui possède les compétences nécessaires à l'organisation des programmes, au choix des activités d'apprentissage et à la structuration du système scolaire. Si l'élève est l'acteur principal et la famille, l'acteur de soutien, l'école est le metteur en scène, et la façon dont elle s'acquitte de ce rôle est souvent déterminante dans le succès ou l'échec scolaire

du jeune. Cette contribution, si grande et si complexe soit-elle, n'aura d'effet que dans la mesure où le potentiel d'apprentissage de l'élève sera mobilisé dans l'entreprise et où les parents auront été amenés à bien assumer leur rôle de soutien.

10.9   La violence à l'école

L'école est une petite société où un bon nombre des problèmes sociaux peuvent se retrouver à des degrés divers. Depuis que l'école existe, on a pu observer différents types de comportements déviants de la part des jeunes ou des adultes en autorité. Le vol, le vandalisme et la fraude en sont des exemples, mais la violence, incluant l'intimidation, le taxage, l'agression physique et psychologique, et même l'agression armée, fait maintenant l'objet de préoccupations majeures dans les systèmes scolaires.

Certaines écoles secondaires sont dépassées par l'ampleur de la violence qu'elles perçoivent dans leur environnement. Cette crainte n'est pas étrangère à la médiatisation extraordinaire des drames d'une extrême violence qui se sont succédé depuis une douzaine d'années (Cornell, 2006). Ainsi, Infoplease (2008) et Wikipedia (2008) ont documenté plus de 50 tueries scolaires qui sont survenues entre 1996 et 2007, dont 39 aux États-Unis, 3 en Allemagne et 2 au Canada (en avril 1999 au W.R. Myers High School de Taber, en Alberta, et en septembre 2006 au Collège Dawson de Montréal). Si l'on ajoute à ces deux dernières tueries les massacres qui se sont produits dans des universités, soit le massacre de l'École Polytechnique de l'Université de Montréal (perpétré le 6 décembre 1989 par Marc Lépine) et celui de l'Université Concordia (perpétré le 24 août 1992 par Valery Fabrikant), Montréal est à ce jour la ville ayant été le siège du plus grand nombre de tueries scolaires dans le monde. Dans une forte proportion des cas, c'est un adolescent ou un jeune adulte de sexe masculin qui a ouvert le feu sur des personnes de son école. Ces catastrophes scolaires, qui sont médiatisées à l'échelle de la planète dans l'heure qui suit leur constat, affectent sérieusement le sentiment de sécurité institutionnelle dont l'école a traditionnellement bénéficié. D'autant plus que les auteurs de ces tueries sont souvent des jeunes que l'on n'aurait jamais soupçonnés d'avoir de telles intentions. Le public a maintenant le sentiment que « tout peut survenir à l'école », qu'« on ne peut plus se fier aux jeunes ». Cependant, entre ces tragédies horribles qui ébranlent la confiance de la société et l'intimidation qui existe dans la cour de l'école secondaire, des distinctions doivent être faites, et des liens aussi peut-être...

10.9.1 La violence juvénile : rappel de quelques tendances

Entre 1995 et 2006, au Canada, la criminalité juvénile a connu une baisse globale, ainsi que l'illustre la figure 10.2. La ligne du haut du graphique montre que ce taux global de criminalité présente certaines variations d'une année à l'autre. Par exemple, il y a eu une augmentation de 3 % du taux de criminalité juvénile en 2006, année où l'ensemble des provinces ont enregistré une augmentation, sauf le Québec, qui a connu une baisse de 4 % (*Le Quotidien*, 2007). La ligne verticale à droite du graphique situe le moment de l'entrée en vigueur de la nouvelle Loi sur le système de justice pénale pour les adolescents. On peut voir que l'application de ce nouveau cadre de traitement de la criminalité a été suivie d'une baisse de la criminalité recensée au pays et d'une hausse de la proportion des « affaires classées sans mise en accusation » (ligne du bas). Cela traduit l'influence que peut avoir la façon de traiter les infractions commises au regard des statistiques. Quoi qu'il en soit, la criminalité juvénile était globalement moins élevée en 2006 qu'en 1996 ou en 1986 au Canada et pourtant « le taux de jeunes inculpés d'homicide était à son plus haut niveau depuis 1961, soit l'année où les données ont été recueillies pour la première fois » (*Le Quotidien*, 2007, p. 2).

Aux États-Unis, des données disponibles sur la criminalité spécifiquement en rapport avec l'école révèlent que les taux relatifs aux crimes violents sont demeurés stables de 2003 à 2005 (Bureau of Justice Statistics, 2007).

Le Département de la Justice des États-Unis rapporte à ce sujet que les adolescents de 12 à 14 ans étaient plus sujets à être victimes de crimes à l'école que les adolescents de 15 à 18 ans, mais qu'en dehors de l'école c'était l'inverse, les plus vieux étant plus souvent victimes. Entre juillet 2005 et juin 2006, il y a eu 14 homicides à l'école impliquant des élèves, ce qui permet de déduire des autres statistiques sur les homicides que les adolescents ont 50 fois plus de chances de se faire tuer en dehors de l'école qu'à l'école. Pour l'ensemble des crimes violents (assaut, viol, vol, etc.), les taux étaient systématiquement plus bas à l'école qu'en dehors de l'école de 1992 à 2005 (Bureau of Justice Statistics, 2007).

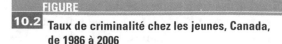

FIGURE 10.2 Taux de criminalité chez les jeunes, Canada, de 1986 à 2006

Source : *Le Quotidien* (2007, p. 2).

Les données disponibles au Canada et aux États-Unis montrent que la criminalité n'est pas en hausse chez les adolescents et que l'école n'est certainement pas un foyer privilégié pour en être victime. Il s'agit cependant d'une communauté très importante dans la vie des jeunes et elle n'échappe pas aux risques. L'école a peut-être une plus grande importance à titre d'agent de prévention de la violence qu'à titre de théâtre de la violence.

10.9.2 Les caractéristiques des jeunes qui passent à l'acte violent

Chaque incident violent qui se produit dans une école fait l'objet d'une autopsie approfondie dans le but d'apprendre à prévenir ces tragédies. Ces analyses indiquent que, dans la plupart des cas, le jeune avait déjà parlé à quelqu'un de ses problèmes d'intimidation, d'isolement ou de frustration à l'école. Le National School Safety Center, en Californie, a établi la liste suivante des caractéristiques des jeunes ayant causé une ou des morts violentes à l'école à partir de l'analyse d'incidents ayant eu cours depuis 1992 :

■ Le jeune a une histoire personnelle de crises de nerfs et de colères incontrôlables.

■ Il lance souvent des injures et utilise souvent un langage abusif.

■ Lorsqu'il est en colère, il a l'habitude de proférer de graves menaces.

- Il a déjà apporté une arme à l'école.
- Il a déjà vécu des problèmes sérieux de discipline à l'école et dans sa communauté.
- Il a des antécédents d'abus d'alcool, de drogue ou de dépendance.
- Il a très peu d'amis proches et il est plutôt marginal dans son groupe de pairs.
- Il est attiré par les armes, les explosifs ou les accélérants d'incendie.
- Il a déjà été suspendu, expulsé de l'école ou décrocheur.
- Il fait preuve de cruauté envers les animaux.
- Il n'est pas supervisé activement par ses parents ou par un adulte responsable.
- Il a déjà été témoin ou victime de violence ou de négligence à la maison.
- Il a été victime d'intimidation ou il intimide ses pairs ou des plus jeunes que lui.
- Il a tendance à blâmer les autres pour les problèmes qu'il cause lui-même.
- Il manifeste une préférence marquée pour les contenus violents dans les émissions de télévision, les films ou la musique qu'il choisit.
- Il aime lire des documents contenant de la violence, des rituels ou des abus.
- Dans ses rédactions scolaires, il exprime de la colère, de la frustration et le côté sombre de la vie.
- Il participe à une bande ou à un groupe antisocial qui n'est pas accepté des autres.
- Il est souvent déprimé ou il présente des écarts importants d'humeur.
- Il a déjà menacé ou tenté de se suicider.

Cette liste traduit manifestement toute une série de besoins non comblés ; toutefois, le fait qu'un jeune présente certaines de ces caractéristiques ne veut pas dire qu'il passera automatiquement à l'acte. De plus, il doit être clair que ce profil ne décrit pas tous les jeunes attaquants puisque certains réussissent bien à l'école et plusieurs n'ont pas de problèmes de comportement à l'école. Cornell (2006) rapporte néanmoins que, le plus souvent, le jeune a subi une perte ou un échec personnel, qu'il vit un sérieux désir de vengeance avant de commettre son geste, qu'il fait seul dans la plupart des cas. Le National School Safety Center présente cette liste de caractéristiques comme un outil pouvant être utile au dépistage de jeunes à risque et à l'orientation de ceux-ci vers les ressources appropriées qui pourront répondre à leurs besoins. Les intervenants scolaires peuvent jouer un rôle important auprès des adolescents qui cumulent plusieurs de ces facteurs de risque en prenant des mesures susceptibles de mobiliser l'entourage du jeune, et notamment sa famille, pour mieux satisfaire ses besoins et pour promouvoir le développement d'habiletés sociales adéquates chez le jeune.

Dans le prochain chapitre qui porte sur les problèmes psychosociaux à l'adolescence, nous poursuivrons notre étude des enjeux développementaux des conduites agressives, notamment par un examen des problèmes de comportement extériorisés chez les adolescents.

Les problèmes psychosociaux à l'adolescence

11

11.1 L'adolescence, une période à risque

À plusieurs reprises, dans ce livre, nous avons affirmé que l'adolescence était davantage une période de changements intenses qu'une période de crise. Les données qui existent sur le sujet montrent en effet que la grande majorité des jeunes s'en tirent bien. On estime cependant qu'entre 10 % et 15 % des jeunes éprouvent des difficultés suffisamment sérieuses pour nécessiter des interventions professionnelles, leurs capacités personnelles et celles de leur milieu étant dépassées par le problème. Dans l'ensemble de la population des jeunes, environ 4 % à 5 % des jeunes vivront un enlisement qui laissera des séquelles durables au cours de leur vie (Cloutier, Champoux, Jacques et Lancop, 1994a, 1994b; Cloutier, Bissonnette, Ouellet-Laberge et Plourde, 2004; Hetherington, Bridges et Insabella, 1998). Cette répartition de la prévalence fait qu'une proportion relativement petite de jeunes explique une proportion relativement grande des problèmes sérieux observés à l'adolescence (Steinberg, 1989, 2008; LeBlanc et Morizot, 2001).

Dans plusieurs pays, on a constaté que les risques de vivre des problèmes psychosociaux augmentent à l'adolescence, comparativement à l'enfance ou à l'âge adulte, et la probabilité d'apparition de ces problèmes est interreliée (Jessor, Turbin, Costa, Dong, Zang et Wang, 2003; Steinberg, 2008). Cette augmentation du risque est associée à l'intensité des changements qui se produisent au cours de cette période sur les plans physique, sexuel, émotionnel, cognitif et social, et elle a tendance à cesser avec l'arrivée à l'âge adulte. En fait, on observe que la plupart des problèmes de comportement recensés à l'adolescence relèvent d'une exploration transitoire plutôt que de l'adoption de patrons de conduite définitifs; la plupart de ces problèmes ont de bonnes chances de s'estomper au moment du passage à l'âge adulte. Ainsi, parmi les jeunes qui ont connu des abus d'alcool ou de drogue ou qui ont commis des actes délinquants entre 12 et 18 ans, la majorité ne présenteront plus ces problèmes une fois parvenus à l'âge adulte (Steinberg, 2008).

Toutefois, étant donné qu'ils éprouveront des problèmes plus sérieux à l'adolescence, certains individus vont s'enliser dans ces difficultés et continueront de vivre des problèmes sérieux à l'âge adulte. L'intensité du problème éprouvé par le jeune et son aggravation progressive pendant l'adolescence elle-même sont de bons indicateurs de voir le risque persister à l'âge adulte (Dodge et Pettit, 2003; Granic et Patterson, 2006).

En conséquence, la transition adolescente est une période à risque, c'est-à-dire une période où les probabilités de vivre des problèmes psychosociaux augmentent pour l'ensemble des jeunes. En voici quelques exemples. Entre 11 et 18 ans aux États-Unis, le nombre de délits sérieux serait multiplié par quatre chez les garçons et par deux chez les filles, le sommet de fréquence étant atteint à l'âge de 15 ans, suivi d'une baisse relative par la suite (Gold et Petronio, 1980; Smith et Ecob, 2007). Les adolescents courent au moins deux fois plus de risques d'être victimes de crimes violents que les adultes de 20 ans et plus (Macmillan et Hagan, 2004).

Par ailleurs, en matière de sécurité routière au Québec, les jeunes âgés de 16 à 24 ans représentent 11 % des titulaires de permis de conduire, mais ils sont impliqués dans 25 % des accidents (*Le Devoir,* 2006). Les données du tableau 11.1 permettent d'évaluer l'importance de l'implication des jeunes dans les accidents de la circulation, tandis que la figure 11.1 montre que lorsqu'on tient compte de la distance parcourue en voiture (nombre de décès par milliard de kilomètres parcourus), les jeunes de 16 à 19 ans constituent le groupe risquant le plus d'avoir des accidents mortels (Transport Canada, 2008).

TABLEAU 11.1 Décès et blessures imputables à des accidents de la circulation, Canada, 2004

Groupe d'âges	Décès	Blessures
0-4 ans	0,4 % (N = 13)	1,26 % (N = 2 729)
5-14 ans	3,0 % (N = 82)	5,5 % (N = 11 783)
15-19 ans	11,2 % (N = 306)	12,1 % (N = 25 958)
20-24 ans	14,4 % (N = 392)	13,2 % (N = 28 432)
Total de tous les âges	100 % (N = 2 725)	100 % (N = 215 248)

Source : Transport Canada (2008).

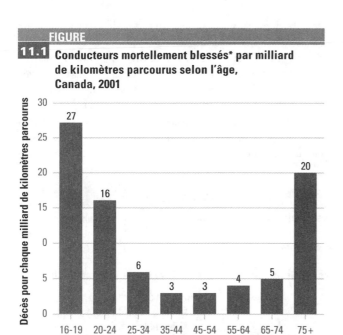

FIGURE

11.1 Conducteurs mortellement blessés* par milliard de kilomètres parcourus selon l'âge, Canada, 2001

* Comprend les conducteurs de véhicules légers mortellement blessés.

Source: Base nationale de données sur les collisions, Enquête sur les véhicules au Canada, 2001, Statistique Canada et Transport Canada (2004).

11.2 Les relations entre les problèmes psychosociaux

Un problème psychosocial ne survient pas nécessairement seul à l'adolescence et, dans certains cas, il y aurait suffisamment de relations entre une difficulté et une autre pour que l'on puisse parler d'un « syndrome de comportement à problème » (Jessor, 1993 ; Jessor et Jessor, 1977 ; Kazdin, 1992 ; Macmillan et Hagan, 2004 ; Robins et McEvoy, 1990 ; Steinberg, 2008). Selon cette perspective, les problèmes de comportement à l'adolescence tiennent d'une même façon de fonctionner par rapport aux normes sociales en vigueur et dériveraient donc d'une dynamique psychologique commune. Ainsi, la consommation de cigarettes, d'alcool, de drogue, les relations sexuelles non protégées, la conduite automobile dangereuse et la perpétration de délits sont des comportements qui font partie d'un même univers de risque. Cela ne veut pas dire que les adolescents qui consomment de la drogue éprouvent forcément les autres problèmes mentionnés, mais qu'ils sont plus exposés à les vivre que les jeunes qui ne consomment pas de drogue.

Chaque adolescent se situe à une position donnée sur le continuum des risques de vivre des problèmes graves. Cette position dépend de certains facteurs de risque, mais aussi des facteurs de protection. Les facteurs de risque sont les conditions qui augmentent les probabilités de vivre un problème, alors que les facteurs de protection sont les conditions qui protègent l'individu contre les risques et, par conséquent, diminuent les possibilités d'éprouver un problème. Par exemple, un individu qui gagne sa vie en conduisant, qu'il soit livreur, chauffeur de taxi, d'autobus ou de poids lourd, court plus de risques de perdre des points de conduite ou d'être impliqué dans des accidents qu'un individu qui n'utilise sa voiture que pour se rendre au travail et en revenir. Le temps d'exposition au danger, en tant que facteur de risque, est beaucoup plus important dans le premier cas. Par exemple, les données du tableau 11.1 montrent que ce sont les 20-24 ans qui comptent le plus de décès par accident de la route, mais si l'on considère la distance parcourue montrée dans la figure 11.1, ce sont les 16-19 ans qui présentent le risque le plus élevé. Cela dit, lorsque les personnes qui circulent toute la journée dans leur véhicule se protègent activement contre les risques, c'est-à-dire lorsqu'elles respectent le code de la route en toutes circonstances, elles diminuent les possibilités d'infractions. Dans le domaine de la santé, nous savons tous que la personne qui fume deux cigarettes par jour court moins de risques que celle qui fume deux paquets de cigarettes pendant la même période : « Le danger du tabac croît avec l'usage. »

En revanche, si la famille du fumeur ne compte aucun cas de cancer ou de maladie cardiovasculaire et si ses membres atteignent généralement 90 ans, on pourra vraisemblablement considérer le bagage génétique comme un facteur de protection contre les risques associés au tabagisme. Il existe en effet des individus qui, bien qu'ils fument, boivent et ne fassent aucun exercice physique, présentent de meilleures capacités aérobiques (tension artérielle, rythme cardiaque, capacité pulmonaire, force musculaire, etc.) que d'autres qui non seulement ne fument pas ni ne boivent, mais aussi font de l'exercice régulièrement et surveillent leur alimentation. Il s'agit là de cas isolés qui n'ont pas d'incidence sur la tendance globale puisque les risques de problèmes cardiovasculaires sont indiscutablement liés aux habitudes de vie, mais ils n'en illustrent pas moins le phénomène de la résilience dont il sera question dans la section 11.7.

Une situation de risque n'a donc pas exactement le même effet sur tous les jeunes étant donné que chacun possède son profil particulier de défense, son système personnel de protection contre les risques. Pourquoi certains jeunes se trouvent-ils beaucoup plus souvent que d'autres dans de mauvais draps ? Comment expliquer que ce soient presque toujours les mêmes qui vivent des problèmes graves ? Les caractéristiques personnelles ont certainement à voir avec cette dynamique, mais l'environnement joue aussi un rôle. Selon Jessor et ses collaborateurs (1993, 2003), une véritable compréhension des chances de vivre des problèmes de comportement exige qu'on tienne compte de l'équilibre des facteurs de risque et des facteurs de protection dans l'ensemble des domaines fonctionnels concernés. La figure 11.2 présente le modèle conceptuel de cet auteur dans lequel on trouve des exemples de facteurs de risque et de facteurs de protection qui s'opposent ainsi que leurs conséquences possibles chez l'adolescent et plus tard dans la vie, le cas échéant.

FIGURE

11.2 Facteurs de risque et de protection par rapport aux problèmes psychosociaux à l'adolescence

Facteurs de risque et de protection

Domaine de la biologie/génétique

Facteurs de risque :
- histoire familiale d'alcoolisme
- faible niveau intellectuel des parents

Facteur de protection :
- grande intelligence du jeune

Domaine de l'environnement social

Facteurs de risque :
- pauvreté
- isolement
- modèles déviants
- abus sexuels ou physiques
- occasions de délit
- famille séparée

Facteurs de protection :
- relations familiales positives
- écoles de qualité
- contrôle actif contre la déviance
- ressources communautaires
- modèles non déviants
- contrôle actif des comportements déviants

Domaine de la personnalité

Facteurs de risque :
- faible contrôle de soi
- faible estime de soi
- attirance pour les sensations fortes

Facteurs de protection :
- conformisme
- faible agressivité
- fort désir de réussite

Comportements à risque

- consommation de drogue
- consommation d'alcool
- délinquance (vol, vandalisme, agression, etc.)
- absentéisme scolaire
- conduites suicidaires
- comportements sexuels non protégés

Conséquences des risques dans la vie

Santé
- maladies
- mauvaise forme physique

Rôles sociaux
- échec scolaire
- abandon scolaire
- isolement social
- problèmes avec la police
- parentalité précoce

Développement personnel
- perception négative de soi
- dépression
- attachement superficiel aux autres
- faible désir de réussite
- immaturité émotionnelle
- suicide

Pronostic pour la vie adulte
- absence de projet de vie
- faible employabilité
- insertion sociale précaire

Source : Inspiré de Jessor (1993) et de Kazdin (1992).

11.3 Les catégories de problèmes psychosociaux à l'adolescence

À l'adolescence, on classe généralement les problèmes psychosociaux en trois grandes catégories : les problèmes extériorisés, les problèmes intériorisés et les abus de substances psychotropes. Les problèmes extériorisés se traduisent par des manifestations visibles, tournées vers l'extérieur du sujet sous forme de comportements inadaptés tels que l'agressivité, l'hyperactivité, les conduites antisociales, l'impulsivité et la délinquance. Les problèmes intériorisés se traduisent par des symptômes tournés vers l'intérieur du sujet tels que l'anxiété, l'inhibition sociale, la dépression, les cauchemars, la perte d'estime de soi et l'idéation suicidaire. Quant aux abus de substances psychotropes, ils correspondent à une utilisation inappropriée de drogues, qu'elles soient légales (tabac, alcool), illégales (marijuana, cocaïne, ecstasy, etc.) ou prescrites (stimulants, antidépresseurs, etc.) (Farington, 2004 ; Gagné, Drapeau, Melançon, Saint-Jacques et Lépine, 2007 ; Steinberg, 2008). Ici, les abus de substances forment une catégorie à part parce qu'ils peuvent tout autant conduire à des problèmes intériorisés qu'à des problèmes extériorisés, ou être le fait d'adolescents qui n'ont ni problèmes extériorisés ni problèmes intériorisés.

Les problèmes extériorisés relèvent habituellement d'un manque de contrôle de soi ; un « sous-contrôle » des pulsions se retrouve dans les diverses formes de débordements associés à cette catégorie. Ce facteur de sous-contrôle n'est pas étranger au fait que plusieurs comportements extériorisés sont souvent observés chez le même adolescent. On parle alors de « comorbidité » pour qualifier la présence simultanée de multiples problèmes chez un même sujet. Par exemple, un jeune qui en vient souvent aux poings au cours de conflits interpersonnels avec ses pairs sera plus probablement enclin à commettre des délits contre la propriété, ou encore à avoir des comportements sexuels à risque. Il s'agit de différentes manifestations d'un même sous-contrôle pulsionnel qui donne lieu à un passage à l'acte inadapté.

Dans la catégorie des problèmes intériorisés, les problèmes de comportement ont en commun une détresse psychologique se traduisant par des affects négatifs, une inhibition sociale et un « surcontrôle » comportemental. Encore ici, la comorbidité est fréquente, puisque les adolescents déprimés ont aussi tendance à se retirer socialement, à être pessimistes, à vivre de l'anxiété, à avoir des pensées suicidaires, des pertes d'appétit, des problèmes de sommeil, etc.

La comorbidité est également possible entre les problèmes intériorisés et les problèmes extériorisés puisqu'on a observé qu'un adolescent délinquant ou antisocial pouvait présenter en même temps des symptômes dépressifs (Farington, 2004 ; Gagné et coll., 2007), ce chevauchement étant plus courant chez les garçons, dont les symptômes dépressifs s'expriment de façon extériorisée, que chez les filles, dont les symptômes dépressifs s'expriment plus souvent de façon intériorisée (Siennick, 2007 ; Wade, Cairney et Pevalin, 2002). Cette tendance associée au genre, où typiquement des filles intériorisent leur détresse psychologique et des garçons l'extériorisent, se retrouve dans différents domaines, dont celui des effets de la séparation parentale, comme nous l'avons vu dans le chapitre 8.

Ce chapitre n'a pas pour objectif d'étudier la psychopathologie à l'adolescence à travers les troubles mentaux, mais de tracer le tableau de trois grandes zones de problèmes psychosociaux : la délinquance juvénile, les conduites suicidaires et l'abus de substances psychotropes. Cette sélection est justifiée par l'importance de ces trois phénomènes dans la vie des adolescents d'aujourd'hui. La délinquance juvénile fait partie de la catégorie extériorisée des problèmes de comportement, tandis que les conduites suicidaires relèvent des problèmes de comportement intériorisés. Enfin, les problèmes liés à l'abus de substances retiendront notre attention en tant que zone de risque importante dans la trajectoire des jeunes.

11.4 La délinquance juvénile

La délinquance juvénile correspond à l'ensemble des infractions commises par les individus d'âge mineur. Il s'agit d'un phénomène relatif qui concerne chaque adolescent et lui donne de ce fait une place sur le continuum de la gravité des délits. La délinquance n'est pas quelque chose que l'on a ou que l'on n'a pas ; c'est plutôt une réalité plus ou moins présente qui peut s'aggraver ou se résorber dans le temps, sous l'influence de différents facteurs.

11.4.1 La délinquance juvénile, un phénomène relatif

La notion d'infraction ou de délit est intimement liée aux règles en vigueur dans le milieu d'appartenance de l'adolescent. Certains États permettent la consommation d'alcool à 18 ans, d'autres à 21 ans seulement et d'autres l'interdisent en tout temps. Dans certains pays, on considère comme un délit criminel l'usage de la marijuana, alors que dans d'autres on le juge acceptable. Les statistiques sur la délinquance n'incluent généralement pas les infractions au code de la route, mais à certains endroits, comme au Québec, la conduite en état d'ébriété est un acte criminel.

S'il est pratique de dire que les délinquants juvéniles sont les adolescents qui ont été reconnus coupables d'une infraction par les tribunaux, on doit admettre qu'une proportion élevée des délits commis ne sont pas judiciarisés, soit parce qu'ils sont perpétrés à l'insu de la justice, soit parce qu'ils sont traités de façon informelle ou parce qu'ils sont soumis aux services sociaux plutôt qu'à la justice. On doit aussi admettre que la notion de délit couvre un large spectre de gravité. Par exemple, les enquêtes révèlent que presque tous les jeunes commettent de petits délits à un moment ou à un autre de leur adolescence (mensonge, tricherie, graffitis, bris de matériel communautaire, etc.), mais il n'y aurait que 3 % de la population adolescente impliquée dans la violence criminelle (LeBlanc, 1999). Il faut manifestement se garder de confondre la situation de l'adolescent qui a volé des cigarettes à sa mère à une ou deux occasions avec celle du jeune qui a une longue habitude du vol avec effraction.

La prudence s'impose dans l'interprétation des statistiques. Par exemple, Ouimet (2005) souligne que, dans le contexte de l'extraordinaire attrait médiatique pour les drames dans notre société, très peu de gens sont conscients de la baisse progressive de la criminalité juvénile. Et même cette baisse doit être traitée avec des nuances. Ainsi, comme c'est le cas depuis plusieurs années, Statistique Canada (2006b) rapporte que la criminalité juvénile globale au pays a diminué de 6 % en 2005, incluant une baisse de 2 % des crimes violents. Toutefois, en cette même année 2005, le taux de jeunes auteurs présumés d'homicides était le plus élevé depuis 10 ans. Cela ferait un titre de journal percutant même si cet organisme observe que, « malgré les fluctuations d'une année à l'autre, le taux d'homicides commis par des jeunes est demeuré relativement stable au cours des 30 dernières années en raison des chiffres relativement faibles » (Statistique Canada, 2006b, p. 2).

La délinquance juvénile est donc un phénomène relatif auquel participent de près ou de loin la majorité des jeunes, qui est susceptible de varier dans le temps et qui inclut des comportements d'une gravité exponentiellement différente. Sur le plan psychologique, il serait donc impensable de la considérer comme une réalité dichotomique où l'on aurait, d'un côté, les « délinquants » et, de l'autre, les « non-délinquants ». La délinquance présuppose tout un ensemble de degrés de gravité dont la prise en compte est essentielle à la compréhension des trajectoires de développement des jeunes.

11.4.2 Le continuum de la délinquance

Comment savoir si le délit commis par un adolescent est un incident isolé ou le signe avant-coureur d'une aggravation probable de ses problèmes de conduite ? Dans l'état actuel des choses, où les ressources sont comptées, comment faire pour distinguer les cas qui exigent une aide intensive de ceux qui se résorberont par eux-mêmes ? Ces questions ont un rapport avec la capacité de prédire le risque de délinquance chez les jeunes et elles requièrent une compréhension de la dynamique psychosociale du phénomène.

Certains paramètres peuvent servir de base à la formulation de réponses à ce genre de questions : 1) le type de délits commis ; 2) la gravité des méfaits ; 3) l'âge auquel l'individu a commencé à commettre les délits (précocité) ; 4) la fréquence ; 5) la durée de la pratique délictueuse (Loeber, 1987 ; LeBlanc, 1990, 1999).

Le tableau 11.2 présente une liste de délits ainsi qu'une pondération de leur gravité relative proposées par LeBlanc (1990). À l'instar de plusieurs autres, cet auteur est d'avis qu'il existe une séquence d'apparition des diverses formes d'activités délinquantes, séquence qui débute par des infractions mineures, comme les premières de la liste fournie dans le tableau 11.2, et qui évolue vers les crimes les plus graves commis contre la personne à mesure que le sujet avance en âge. Cet auteur confirme en outre l'hypothèse émise par Robins et Wish (1977) voulant que le meilleur prédicteur d'une catégorie de délits donnée corresponde à la catégorie voisine de gravité inférieure dans une échelle comme celle du tableau 11.2. Par exemple, de façon générale, il est plus probable qu'un jeune se livrera au « vol de véhicule à moteur » s'il a déjà fait des cambriolages que s'il n'a commis que des vols à l'étalage. Cette règle n'est toutefois pas absolue puisque, outre la gravité relative du délit, il faut considérer le type de comportement en jeu. Ainsi, les catégories « délit sexuel » et « trafic de drogues », tout en étant voisines, peuvent être liées moins étroitement que d'autres catégories du fait qu'elles supposent des déviances d'ordre différent et des enjeux psychosociaux distincts.

Comme nous l'avons mentionné dans le chapitre 6 lors de notre examen de l'échec de la socialisation (voir section 6.5.1), la précocité de l'activité antisociale est un prédicteur extrêmement puissant de l'évolution vers des formes plus graves de délinquance: plus le jeune commence tôt à adopter des conduites délinquantes, plus les chances qu'il se dirige vers une délinquance chronique sont grandes (Dodge et Pettit, 2003; Goldstein, Davis-Kean et Eccles, 2005; Granic et Patterson, 2006;

Loeber, 1982; Nagin et Tremblay, 1999). Par exemple, LeBlanc (1990) rapporte que les individus qui ont commencé à adopter des comportements délinquants avant l'âge de 9 ans présentent un indice médian de 800 délits à leur actif à l'âge de 20 ans, comparativement à 90 et à 65 pour ceux qui ont commencé entre 9 et 12 ans et entre 15 et 16 ans respectivement. Selon lui, la précocité est une condition nécessaire à une délinquance abondante à la fin de l'adolescence: «Il n'y a virtuellement

TABLEAU 11.2 Échelle de délits ordonnés selon la moyenne de leur gravité relative

Délit	Description	Exemples
Méfait public (1)*	Catégorie comprenant toutes sortes d'actes dérogatoires aux règlements publics	Vagabondage, présence dans un endroit interdit au public, fausse alerte d'incendie, fait de troubler la paix
Petit vol (1)	Larcins souvent observés au cours de l'enfance consistant en l'appropriation illicite d'objets de faible valeur	Vol de bonbons, de cigarettes, de crayons, de monnaie
Vandalisme (1,8)	Actes visant à détruire ou à dégrader un bien public ou privé	Graffitis dans un wagon de métro, bris de vitres, incendie criminel
Vol à l'étalage (2,2)	Vol d'objets de valeur relative dans un commerce avec connaissance du caractère illégal de la chose et préméditation	Vol de disques, de vêtements, d'appareils électroniques, etc., dans un établissement commercial
Vol et recel (5,1)	Vol d'objets divers, achat ou revente de marchandise volée, excluant les cambriolages ou les assauts sur la personne	Vol de bicyclette, d'argent, revente de matériel volé
Fraude (6)	Appropriation illicite d'un bien par fausse déclaration, usage de faux documents, duperie, tricherie, etc.	Utilisation illicite de cartes de crédit, vente de produits qui n'existent pas, usage de fausses cartes d'identité
Vol avec effraction (cambriolage) (6,4)	Tentative, réussie ou non, d'entrer par effraction dans des lieux ou des véhicules en vue de voler	Vol d'appareils électroniques dans une maison privée, tentative pour forcer la portière d'une voiture afin d'y dérober un autoradio
Vol de véhicule à moteur (6,7)	Catégorie définie par les objets volés: motos, autos, bateaux, etc.	Vol d'automobile
Vol sur la personne (7,1)	Vol d'un bien sur la personne elle-même en l'attaquant ou en dérobant son bien à son insu	Vol d'un sac à main avec menace d'agression, vol à la tire
Vol à main armée (11,5)	Vol perpétré sous la menace d'une arme	Vol de dépanneur, attaque d'une banque avec une arme à feu
Attentat contre la personne (13,2)	Attaque d'une personne sans motif de vol	Agression contre une personne avec coups et blessures, possession d'arme à feu avec intention de menacer ou d'attaquer quelqu'un
Délit sexuel (14,3)	Catégorie de méfaits liés au sexe	Exhibitionnisme, sollicitation sexuelle, viol
Trafic de drogue (17,2)	Possession de drogue en vue d'en faire la vente	Trafic de marijuana, de cocaïne, de crack, d'héroïne
Homicide (31,1)	Tous les types de meurtres ou de tentatives de meurtre	

* Les indices entre parenthèses correspondent au degré de gravité moyen de chaque catégorie de délits établi à partir de l'échelle de Sellin et Wolfgang (1964) sur les données de LeBlanc et Fréchette (1989).

Source: Inspiré de LeBlanc (1990) et de Sellin et Wolfgang (1964).

pas de chances qu'un jeune qui commence tard à commettre des délits affiche une accélération de ses méfaits puis une stabilisation par la suite » (LeBlanc, 1990, p. 89 ; traduction libre).

11.4.3 Le développement de la déviance

À partir de la petite enfance, la plupart des individus apprennent à remplacer l'agression par des comportements socialement plus appropriés, mais une minorité ne le fait pas et devient de plus en plus violente parce que le processus de socialisation en jeu est faussé par différents facteurs (Moffitt et Caspi, 2007 ; Tremblay et Hartup, 2005). Les recherches sur les modèles explicatifs des conduites antisociales ont mené à la détermination de caractéristiques individuelles, de processus et de conditions environnementales associés à la déviance comportementale chez les jeunes (Barnes, Welte, Hoffman et Dintcheff, 2005 ; Dodge et Pettit, 2003 ; Goldstein, 2005 ; Granic et Patterson, 2006 ; LeBlanc et Morizot, 2001 ; Vitaro et Gagnon, 2000). Comme nous l'avons déjà souligné, la transformation pubertaire fait augmenter le risque de vivre différents problèmes d'adaptation en raison de la demande plus grande exercée sur des mécanismes d'adaptation qui ne sont pas encore assurés chez le jeune.

> Parce que la puberté en général, et la puberté précoce en particulier, place les adolescents dans des situations exigeantes sur le plan de l'expertise cognitive (par exemple, le jugement décisionnel) et sur celui de la régulation émotionnelle (par exemple, le contrôle des pulsions sexuelles), la recherche a souvent lié la maturité précoce à différents troubles et symptômes comme la dépression, l'abus d'alcool et de drogue, les troubles de comportement, les troubles alimentaires ou les conduites suicidaires (Haynie et Piquero, 2006, p. 3-4 ; traduction libre).

Autrement dit, le développement pubertaire et les contextes sociaux plus exigeants auxquels le jeune pubère est exposé augmentent le risque d'inadaptation, et les jeunes qui disposent de ressources plus limitées peuvent alors être particulièrement touchés.

Les connaissances disponibles mettent en cause des processus biologiques, psychologiques et sociaux dans l'émergence et l'aggravation des problèmes de comportement à l'adolescence (Haynie et Piquero, 2006 ; Hill, 2002). Ces processus, en constante interaction, donnent lieu à des dynamiques complexes, et c'est ce qui explique le caractère très imparfait de notre capacité de prédire la déviance humaine. Il est clair que des facteurs biologiques jouent un rôle, mais il est aussi certain que des facteurs cognitifs, émotionnels et relationnels entrent en jeu pour façonner la trajectoire vers la déviance (Moffitt et Caspi, 2007). Quel est le lien entre la puberté et la turbulence comportementale observée à l'adolescence ? Dans quelle mesure la testostérone explique-t-elle l'écart de genre en matière de criminalité ? À l'adolescence, l'influence des amis est-elle plus forte que celle des parents ? Voilà des questions intéressantes mais qui n'ont pas encore trouvé de réponses consensuelles.

D'autres questions ont fait l'objet de constats qui méritent d'être examinés. Par exemple, comment expliquer que la plupart des adolescents rapportent avoir déjà commis des délits mais que ce phénomène se résorbe généralement à l'âge adulte ? Dans différents pays, on a observé que la prévalence des délits connaît un sommet à l'âge de 15 ans (Smith et Ecob, 2007). Agnew (2003) estime que cette augmentation des conduites délictuelles à l'adolescence résulte des conditions que vivent les jeunes dans les sociétés modernes : les adolescents ont accès à certaines libertés et responsabilités d'adultes, et cela influe sur la probabilité de commettre des actes déviants. Voici comment. D'une part, l'adolescent est attiré par de nouvelles possibilités : il dispose d'une plus grande liberté et cela s'accompagne d'une diminution de la supervision dont il est l'objet, il dispose d'une marge plus étendue pour s'affilier à des pairs de toutes sortes, et son désir d'obtenir des privilèges adultes augmente. D'autre part, les attentes à son égard augmentent sur les plans scolaire et social ; le milieu devient plus exigeant envers lui. Dans ce contexte de supervision moins affirmée, de désirs d'émancipation et d'exigences accrues du milieu, plusieurs jeunes vivent une surcharge de leur capacité de se comporter de façon légitime pour atteindre leurs buts ; la tentation de tricher en adoptant des voies illégitimes augmente alors. Selon Agnew (2003), cette dynamique de facteurs liés entre eux a pour effet d'augmenter chez les adolescents la probabilité de commettre des délits, ce qui explique la hausse typique qu'on observe dans la trajectoire de presque tous les jeunes. Et c'est parce que l'entrée dans le monde adulte se traduit habituellement par une meilleure maîtrise des tensions provoquées par les pulsions et les exigences du milieu que, sauf exception, la prévalence des délits y diminue.

LeBlanc et ses collaborateurs (LeBlanc et Fréchette, 1989, 1991 ; LeBlanc et Morizot, 2000, 2001) constatent que moins de 5 % seulement des adolescents ne démontrent aucun agir délictuel ; ils désignent ce groupe comme les « abstinents ». Pour les autres jeunes, les auteurs font état de trois formes de conduite délinquante, à savoir les trajectoires « commune », « transitoire » et « persistante ».

L'activité délinquante observée dans la trajectoire commune peut impliquer le vol à l'étalage, le vandalisme ou le désordre public ; elle est de nature occasionnelle et dépend des occasions qui se présentent à l'adolescent. Ce dernier respecte habituellement la loi et ses délits occasionnels, qui ne sont pas destinés à faire du tort, sont assimilables à une sorte de jeu pour vivre des sensations fortes. Selon LeBlanc et Fréchette (1989) et LeBlanc et Morizot (2000), les délinquants communs regroupent environ 45 % des adolescents. Ces jeunes ne correspondent pas au profil de facteurs de risque associés couramment à la délinquance transitoire ou persistante : ils sont attachés à leurs parents, ils sont engagés dans leur projet scolaire, ils ne fréquentent pas des pairs déviants, ils ont généralement un bon contrôle d'eux-mêmes et ils présentent un profil de personnalité normal. Cependant, dans les moments où ils sont laissés à eux-mêmes, sans la supervision de parents ou d'un adulte responsable, le risque de déviance occasionnelle augmente.

Dans la trajectoire « commune », l'activité délinquante est de nature occasionnelle et dépend des occasions qui se présentent à l'adolescent.

Quant à la trajectoire transitoire, elle regroupe environ 45 % des jeunes qui s'engagent de façon plus importante dans la déviance mais de façon transitoire, pendant l'adolescence. Typiquement, la délinquance survient au milieu de l'adolescence, vers 14 ans, et disparaît au début de l'âge adulte. Elle peut comprendre une grande variété de conduites délictuelles et antisociales, mais elle se particularise par le fait qu'elle est transitoire : elle apparaît et disparaît à l'adolescence. Sur le plan personnel, les jeunes délinquants transitoires vivent davantage de conflits internes et familiaux, ils sont moins stables sur le plan émotionnel. Le défaut de supervision parentale qu'ils connaissent dans leur famille peut favoriser une affiliation à des pairs déviants qui constituera un facteur important dans l'aggravation de leur agir délinquant. Les jeunes délinquants transitoires sont tout de même en mesure de fonctionner à l'école, de s'engager dans des relations interpersonnelles satisfaisantes et de répondre positivement à des relations éducatives ou rééducatives de qualité (LeBlanc et Morizot, 2000).

Enfin, la trajectoire vers la délinquance persistante implique environ 5 % de la population des adolescents et correspond à la route vers la criminalité durable. Comme cela a été mentionné dans la section 6.5.1 sur la violence, il s'agit de jeunes qui s'enracinent solidement et de façon durable dans la déviance en commettant des délits sérieux dès l'adolescence, et parfois avant.

LeBlanc et Morizot (2000) font ressortir sept caractéristiques associées habituellement à cette trajectoire de la délinquance persistante :

1) la précocité : elle débute pendant l'enfance ou tout au début de l'adolescence ;
2) la fréquence : la perpétration des délits est fréquente au cours de l'adolescence et non pas occasionnelle ;
3) la stabilité : les comportements déviants sont alors un phénomène stable dans la vie de l'individu, phénomène qui s'échelonne sur plus de 10 ans ;
4) la diversité : les comportements délinquants sont de divers ordres et peuvent comprendre plus de 10 catégories d'infractions au code criminel ;
5) les délits contre la personne : parmi les catégories de délits, il y en a au moins une qui implique des dommages causés à une personne (vol avec violence, voies de fait, etc.) ;
6) l'intensification : avec le temps, il y a augmentation de la gravité des infractions commises par le délinquant persistant ;

7) les motifs utilitaires : à la différence des trajectoires de délinquance commune ou de délinquance transitoire où les délits sont généralement commis pour des motifs hédonistes (pour le plaisir, pour le *thrill*), le délinquant persistant agit pour le gain ; il planifie ses méfaits et y utilise souvent des instruments, tout en ne craignant pas de recourir à l'intimidation de victimes (LeBlanc et Morizot, 2000, p. 304-305).

Ces auteurs proposent que les stratégies de prévention soient différenciées selon les profils : des programmes de prévention situationnelle pour les délinquants communs, des stratégies axées davantage sur les pairs pour les délinquants transitoires et des programmes multimodaux de prévention ciblée pour les délinquants persistants. Comme nous l'avons indiqué dans notre examen de la violence à l'adolescence (voir la section 6.5.2), le quotidien de ces jeunes est souvent marqué par la coercition et les comportements hostiles des parents et de l'entourage. On entend par là une tendance à attribuer à l'enfant de mauvaises intentions, une discipline parentale inefficace, des propos aversifs, des menaces, des sarcasmes, des contraintes physiques ou de la violence psychologique (Granic et Patterson, 2006 ; Snyder, Cramer, Afrank et Patterson, 2005). Ces pratiques peuvent provoquer l'émergence chez le jeune de conduites désorganisées ou perturbantes (des agressions, des crises de rage [*temper tantrum*], etc.) qui, plutôt que d'être découragées, servent de moyens efficaces d'atteindre des objectifs. Différents profils de comportements antisociaux peuvent alors se consolider (voir la section 6.5.1) en fonction, notamment, des caractéristiques personnelles du jeune et des types d'affiliations qu'il vit (Bukowski, Brendgen et Vitaro, 2007 ; Kiesner, Dishion et Poulin, 2001 ; Nagin et Tremblay, 1999).

Le groupe de pairs déviants

Le fait d'être rejeté par les pairs, d'adopter des comportements antisociaux et d'avoir des parents qui n'assument pas bien leur fonction de supervision crée des conditions très favorables à l'affiliation à un groupe déviant. En entrant en scène, le groupe de pairs déviants permet à l'adolescent de « parfaire » son entraînement antisocial et l'incite souvent à la consommation d'alcool et de drogue. Les pairs déviants fournissent non seulement les occasions de délits, mais aussi le soutien matériel, les modèles d'attitudes et les renforcements nécessaires à l'expression des comportements déviants, tout en réprimant les comportements conformes aux règles de la communauté (Bukowski et coll., 2007 ; Granic et Patterson 2006 ; Kiesner et coll., 2001).

Le groupe de pairs exerce une forte influence sur le comportement de l'adolescent (Dishion et Patterson, 2006). Cloutier, Champoux, Legault et Giroux (1991) avaient constaté que le meilleur prédicteur de la consommation d'alcool et de drogue de l'adolescent était la consommation d'alcool et de drogue du groupe d'amis. La même observation a été faite en Irlande par Morgan et Grube (1991), qui précisent en outre que si le groupe d'amis a une incidence déterminante sur l'initiation à la consommation de drogue, c'est le meilleur ami qui exerce le plus d'influence sur le maintien de cette consommation. Cependant, tous les jeunes ne présentent pas la même dépendance à cette influence des pairs. Ainsi, Gardner, Dishion et Connell (2008) ont observé que certains adolescents, pourtant mis en contact avec des pairs déviants, manifestaient une sorte de résilience à leur influence négative. Chez eux, l'autocontrôle (*self-regulation*), c'est-à-dire la capacité de réguler ses émotions, ses pulsions et ses comportements, ressortait comme un modérateur de l'émergence des conduites antisociales typiquement associées au contact des pairs déviants : les jeunes qui maîtrisent bien cette capacité d'autocontrôle sont moins influençables.

Par ailleurs, la recherche montre que la qualité de l'amitié entre les jeunes conditionne l'influence qu'ils exerceront entre eux (Piehler et Dishion, 2007). Or, les délinquants persistants ont tendance à avoir des relations de moins bonne qualité entre eux : ils ont plus de conflits, moins de mutualité (ouverture sur l'autre, partage d'affects, soutien, communication synchronisée, etc.), moins de prosocialité (souci de l'autre, entraide, coopération, etc.), et leur amitié a tendance à durer moins longtemps (Piehler et Dishion, 2007 ; Poulin, Dishion et Haas, 1999). Il y a plusieurs années, Pabon, Rodriguez et Gurin (1992) avaient aussi constaté que les membres du groupe déviant ne partageaient pas leurs sentiments ni leurs problèmes, montraient peu d'attachement entre eux et cherchaient avant tout à fuir leur solitude. Au Québec, dans leur étude comparative portant sur la qualité relationnelle de l'amitié entre jeunes délinquants et entre jeunes non délinquants, Claes et Simard affirmaient que « la plus grande présence de conflits caractérise les amitiés des délinquants et les prive des possibilités d'acquérir les habiletés sociales et le bien-être qu'amène l'amitié à l'adolescence » (Claes et Simard, 1992, p. 287 ; traduction libre). Enfin, l'importance relative des pairs déviants dans l'ensemble du réseau social du jeune joue un rôle dans l'influence qui en résulte : la présence d'affiliations saines, en plus des pairs déviants, peut freiner l'effet négatif de ces derniers.

11.5 Les conduites suicidaires

La détresse psychologique est probablement le principal moteur des problèmes de comportement intériorisés. L'adolescent qui souffre parce que ses besoins ne trouvent pas de réponses appropriées peut réagir d'une multitude de façons, y compris en extériorisant sa frustration, comme nous l'avons vu précédemment, mais souvent son malaise se traduira par des problèmes intériorisés. Anxiété, retrait social, pessimisme généralisé (affects négatifs), sentiment d'être rejeté, désir de s'échapper, la liste de symptômes peut être longue. En toile de fond, on constate souvent une démobilisation par rapport aux projets offerts dans la vie du jeune. Dans ces cas, l'école, la famille et le travail sont des contextes qui n'intéressent pas le jeune, lui qui entretient une attitude négative, sinon hostile, à leur égard. Face à ses tâches et à ses rôles, les avenues qui attireront ce jeune en détresse psychologique seront plutôt de l'ordre de l'évitement, de la fuite ou de l'exclusion sociale. À des degrés d'intensité croissants, l'abandon scolaire, la rupture des liens avec les parents, la fugue, l'itinérance et le suicide se positionnent tous sur ce grand axe appelé « décrochage ». Le suicide des jeunes, ce décrochage ultime, est une préoccupation majeure dans notre société, non seulement parce qu'il constitue une perte dramatique

de capital humain, mais aussi parce qu'il envoie un message très culpabilisant aux proches qui n'ont pu le prévenir et qui vivent alors un échec relationnel traumatique. Cependant, tous les jeunes qui ont des idées suicidaires ne passent pas à l'acte et ceux qui tentent de mettre fin à leurs jours ne meurent pas toujours. Les conduites suicidaires définissent un continuum de dangerosité dont la connaissance est essentielle à la mise en place de dispositifs préventifs efficaces.

11.5.1 L'incidence du suicide à l'adolescence

Comme c'est le cas pour un grand nombre de problèmes psychosociaux, l'incidence du suicide varie dans le temps et dans l'espace ainsi qu'en fonction du sexe. La différence entre les hommes et les femmes constitue l'une des tendances les plus remarquables en matière d'incidence du suicide dans l'ensemble de la population. Le tableau 11.3 présente les taux de suicide chez les jeunes de 5 à 24 ans dans différents pays du monde. Ces données illustrent clairement que la prédominance du suicide masculin sur le suicide féminin à l'adolescence est une réalité internationale (à l'exception de la Chine). Par ailleurs, comment expliquer que le suicide frappe quatre fois plus en Russie qu'en

TABLEAU 11.3 Taux de décès par suicide (pour 100 000) chez les garçons et les filles de 5 à 14 ans et de 15 à 24 ans dans différents pays du monde

Pays	Année	De 5 à 14 ans			De 15 à 24 ans		
		H	F	Total	H*	F	Total
Russie	2002	3,8	1,0	1,1	59,4	5,9	33,1
Nouvelle-Zélande	2000	1,0	0,3	0,7	30,4	5,7	18,2
Irlande	2000	0,3	0,0	0,2	25,3	6,5	16,1
Norvège	2001	0,0	0,0	0,0	22,1	7,6	15,0
Australie	2001	0,3	0,3	0,3	20,7	4,8	12,9
Canada	**2000**	**1,4**	**0,9**	**1,1**	**20,2**	**5,5**	**13,0**
États-Unis	2000	1,2	0,3	0,7	17,0	3,0	10,2
Japon	2000	0,9	0,3	0,6	15,8	6,9	11,5
Allemagne	2001	0,8	0,3	0,5	12,4	2,7	7,7
France	1999	0,5	0,2	0,4	12,3	3,4	7,9
Suède	2001	0,3	0,5	0,4	11,2	3,6	7,5
Royaume-Uni	1999	0,1	0,0	0,1	10,6	2,5	6,7
Chine (excluant Hong Kong)	1999	0,9	0,8	0,8	5,4	8,6	6,9

* L'ordre des rangées est établi à partir du taux des garçons de 15 à 24 ans.

Source : World Health Organization (2007) et Bridge, Goldstein et Brent (2006, p. 373).

France, ou deux fois plus au Canada qu'au Royaume-Uni ? Plusieurs facteurs sont probablement en cause, mais cela traduit certainement l'expression variable de la détresse psychologique d'une société à une autre.

Les données de la partie A du tableau 11.4 révèlent qu'au Canada, pour l'ensemble de la population, les taux de décès par suicide ont connu une légère baisse de 2000 à 2004, passant de 11,7 à 11,3 pour 100 000 habitants. Cette baisse est cependant concentrée chez les hommes puisque les taux des femmes ont légèrement augmenté pendant ces cinq années, passant de 5,2 à 5,4. Les taux des hommes demeurent toutefois beaucoup plus élevés que les taux des femmes. Il faut noter que l'écart typique selon le sexe dans les taux de suicide n'est pas présent au cours de l'enfance et que c'est chez les 15-19 ans qu'il surgit, pour culminer chez les jeunes adultes de 20 à 24 ans. Au Canada, on enregistre donc trois suicides chez des hommes pour un suicide chez des femmes, et cet écart

apparaît au milieu de l'adolescence, période où les taux présentent une augmentation fulgurante comparativement à ceux observés auparavant.

La partie B du tableau 11.4 et la figure 11.3 concernent le Québec en particulier. Les mêmes tendances que pour l'ensemble du Canada s'y retrouvent mais avec des indices beaucoup plus élevés, puisque, entre 2000 et 2005, les taux québécois de suicide ont été de 16,8 pour 100 000 en moyenne, alors qu'au Canada ils oscillaient autour de 11,5. Chez les garçons de 15 à 19 ans, une baisse notable des taux a été observée entre 2000 et 2004 (26,6 contre 16,7), tandis que ce ne fut pas le cas chez les filles, où les taux sont passés de 4,7 en 2000 à 8,9 en 2002 puis à 6,7 en 2004. Il est clair que le milieu de l'adolescence (15 ans environ) est une période critique pour le suicide dans notre société et que c'est au début de l'âge adulte que le phénomène atteint son paroxysme.

TABLEAU 11.4 Taux de suicide au Canada et au Québec de 2000 à 2004

A. Taux de suicide* selon le sexe et l'âge au Canada pour les deux sexes, de 2000 à 2004

	2000	2001	2002	2003	2004
	Taux de suicide pour 100 000 habitants				
Les deux sexes pour tous les âges	**11,7**	**11,9**	**11,6**	**11,9**	**11,3**
Hommes – tous les âges	18,4	18,6	18,4	18,5	17,3
Femmes – tous les âges	5,2	5,2	5,0	5,4	5,4
Les deux sexes de 10 à 29 ans					
10 à 14 ans	2,2	1,3	1,7	1,3	1,3
15 à 19 ans	10,9	9,9	10,1	10,2	9,9
20 à 24 ans	15,2	14,0	12,9	14,0	12,1
25 à 29 ans	13,2	13,6	12,6	11,5	12,7
Garçons					
10 à 14 ans	2,8	1,3	1,7	1,7	1,6
15 à 19 ans	16,3	14,6	14,7	14,8	14,7
20 à 24 ans	24,1	22,4	20,3	22,1	19,2
25 à 29 ans	20,4	22,3	20,3	18,3	19,9
Filles					
10 à 14 ans	1,7	1,3	1,7	0,8	1,1
15 à 19 ans	5,2	5,0	5,2	5,3	4,7
20 à 24 ans	5,9	5,2	5,1	5,4	4,8
25 à 29 ans	5,8	4,6	4,7	4,6	5,4

Source : Statistique Canada (2007b).

B. Taux de suicide* au Québec selon le groupe d'âge et le sexe, de 2000 à 2004

	2000	2001	2002	2003	2004
Les deux sexes pour tous les âges	17,5	17,6	16,8	16,8	15,3
Hommes – tous les âges	28,3	28,2	26,6	26,6	23,0
Femmes – tous les âges	7,0	7,3	7,2	7,3	7,7
10 à 14 ans (les deux sexes)	2,0	1,7	1,5	1,4	1,2
Garçons 10 à 14 ans	3,5	1,7	1,6	1,6	2,0
Filles 10 à 14 ans	0,5	1,8	1,3	1,3	0,4
15 à 19 ans (les deux sexes)	15,9	16,1	13,9	15,3	11,8
Garçons 15 à 19 ans	26,6	23,0	18,6	20,9	16,7
Filles 15 à 19 ans	4,7	8,8	8,9	9,4	6,7
20 à 24 ans (les deux sexes)	24,3	21,0	18,1	20,8	15,5
Garçons (20 à 24 ans)	38,5	34,2	30,1	32,5	26,3
Filles (20 à 24 ans)	9,3	7,2	5,6	8,4	4,0

* Taux de mortalité selon l'âge pour 100 000 personnes.

Note : Le décès correspond à la disparition permanente de tout signe de vie à n'importe quel moment après une naissance vivante.

Source : Statistique Canada (2006c).

FIGURE
11.3 **Évolution des taux de suicide au Québec chez les garçons et les filles, selon le groupe d'âge, de 2000 à 2004**

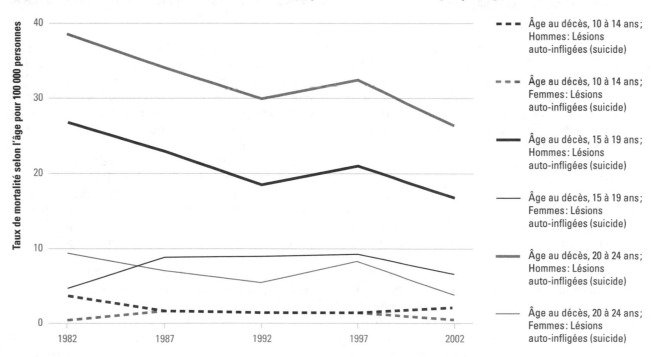

Source : Langlois et Morrison (2002, p. 16).

Les données disponibles montrent clairement que le risque de décès par suicide est nettement plus élevé chez les individus de sexe masculin, mais paradoxalement, ce sont les individus de sexe féminin qui commettent le plus de tentatives de suicide. Les données du tableau 11.5 montrent qu'à l'adolescence les taux d'hospitalisation pour tentative de suicide sont presque trois fois plus élevés chez les filles que chez les garçons. Langlois et Morrison (2002) rapportent que, au Canada, ce sont les adolescentes qui constituent le groupe le plus souvent hospitalisé à la suite d'une tentative de suicide. Mouquet et Bellamy (2006) observent la même tendance en France.

TABLEAU 11.5 Comparaison des taux d'hospitalisation pour tentative de suicide au Canada de 10 à 29 ans selon le sexe, 1998-1999

Groupes d'âge	Hospitalisations pour tentative de suicide*		
	Total	Hommes	Femmes
10 à 14 ans	40,8	15,5	67,5
15 à 19 ans	152,2	87,3	220,8
20 à 29 ans	117,9	98,0	138,4

* Taux pour 100 000 personnes de l'âge concerné

Source : Langlois et Morrison (2002, p. 16).

Comment expliquer ces tendances différentes entre garçons et filles ? Encore là, plusieurs facteurs peuvent intervenir, dont les patrons d'expression de la détresse selon le genre, le moyen utilisé pour attenter à sa vie, la dynamique psychologique sous-jacente au passage à l'acte ou encore l'effet différentiel des programmes de prévention du suicide.

La réussite de l'acte suicidaire est évidemment liée étroitement au caractère plus ou moins létal du moyen utilisé. Il s'agit là d'un motif très souvent avancé pour expliquer le fait que les garçons se suicident davantage, bien que les tentatives soient plus fréquentes chez les filles. En effet, au Canada en 1998, les trois premiers moyens utilisés pour commettre les suicides réussis chez les hommes étaient la suffocation (40,0 % des cas), l'arme à feu (26,2 %) et l'empoisonnement (22,1 %), alors que chez les femmes l'empoisonnement venait en tête (41,3 % des cas), suivi de la suffocation (33,9 %) et de l'arme à feu (6,6 %) (Langlois et Morrison, 2002).

À l'adolescence, les tentatives de suicide reposent sur des moyens qui, dans environ la moitié des cas, ont une létalité de faible à modérée si aucun soin n'est apporté. Comme l'empoisonnement a un effet plus lent et potentiellement réversible, il permettrait un plus grand nombre d'interventions fructueuses chez les filles (Spirito, Plummer, Gispert, Levy, Kurkjian, Lewander, Hagberg et Devost, 1992). Cette tendance observée chez les individus de sexe féminin à utiliser des moyens moins létaux pour s'enlever la vie peut connaître des changements. Par exemple, les données américaines montrent que, de 1990 à 2003, le taux de suicide chez les jeunes de 10 à 24 ans a baissé de 28,5 %, mais que, de 2003 à 2004, il a subitement augmenté de 8,0 %. Un des facteurs en cause dans ce renversement serait la proportion significativement plus grande de l'utilisation de la pendaison et de l'empoisonnement violent chez les filles de 10 à 19 ans (CDC, 2007). Les raisons de ces changements comportementaux dans les conduites suicidaires des filles ne sont pas bien connues, mais elles pourraient s'inscrire dans un ensemble de tendances révélant des changements sociologiques dans la détresse féminine. L'augmentation de 25 % observée au Canada dans la participation des adolescentes à des crimes violents entre 1991 et 2003, alors que celle des garçons baissait de 9 % au cours de la même période (Statistique Canada, 2005), ferait partie de ce type de tendances.

Les tentatives de suicide des adolescents ont été l'objet de toutes sortes d'interprétations, la plus courante étant celle du « cri d'alarme » lancé pour attirer sur soi l'attention des personnes importantes. L'adolescence est certainement une période soumise à une forte dose de stress étant donné l'importance des changements personnels qu'elle provoque. Si la grande majorité des jeunes réussissent à passer au travers de ces turbulences sans en garder de séquelles, cela ne les empêche pas, à certains moments, d'éprouver un sentiment de désespoir qui peut les amener à penser en finir avec cette vie pénible. Ces jeunes ont assurément besoin d'aide et l'aveu de leur projet suicidaire ou leur tentative de suicide ne peuvent être pris à la légère. L'encadré de la page suivante, tiré de Pommerleau (2001), offre une description intéressante de la spécificité de l'idéation suicidaire à l'adolescence.

Bien que le rapport existant entre le nombre de décès et le nombre de tentatives soit faible, la dangerosité des moyens utilisés s'accroît généralement d'une tentative de suicide à l'autre. Cette progression comprend habituellement quatre étapes : 1) les idées suicidaires ; 2) les menaces de se suicider ; 3) les tentatives de suicide ; 4) le suicide. Bridge et ses collaborateurs (2006) rapportent qu'entre 15 % et 25 % des adolescents auraient déjà eu des idées suicidaires et qu'au cours des 12 derniers mois 6,0 % des filles et 2,3 % des garçons auraient fait un plan pour passer à l'acte.

« L'idéation suicidaire à l'adolescence doit être distinguée des préoccupations plus ou moins morbides qui répondent aux interrogations existentielles caractéristiques de cette période de la vie (goût prononcé pour les symboles de mort, phénomènes d'attraction/répulsion pour les événements horribles, etc.). Penser à la mort est nécessaire et structurant à cet âge qui est celui du deuil de l'enfance et des images parentales révolues, de la question des origines, du devenir de tout un chacun. De même, les idées de suicide ne doivent pas être sommairement assimilées aux représentations fugaces qui traversent l'esprit dans les moments difficiles, quand la mort apparaît dans toute son évidence comme le seul vrai terme à quelque entreprise humaine que ce soit. Il y a lieu enfin de ne pas confondre les idées de suicide avec les rêveries éveillées au cours desquelles s'élabore parfois tel ou tel scénario mortuaire (obsèques, deuil de l'entourage, etc.). Ces pensées font circuler de riches représentations et affects, liés au réseau associatif, et donc physiquement contenus, même si de telles rêveries comportent une tonalité triste que l'on peut considérer comme une satisfaction régressive. L'idéation suicidaire est, elle, bien différente. Elle ne correspond pas à un questionnement philosophique, car elle ne se pense pas. Profondément morbide, elle résulte de la concentration d'"idées noires" qui s'expriment lorsque la pensée n'est plus en mesure d'articuler ni son langage intérieur, ni son discours. Ce peut être en raison d'une désorganisation psychique structurelle, d'un vide dépressif interne ou du sentiment d'effondrement qu'entraîne tout vécu réel ou supposé de perte indépassable. Se sentir vide, sans consistance, avoir la conviction de n'avoir "jamais eu" ou — ce qui revient au même — d'avoir "tout perdu", se conjuguent souvent sans que le sujet n'ait directement accès aux fondements de cette souffrance. [...] Un point est essentiel : malgré la lutte qu'il tente d'engager contre l'idéation suicidaire dont il est la proie, et bien que certains accès soient spontanément résolutifs, le sujet a besoin d'aide pour sortir de l'impasse dans laquelle il se trouve et ne pas avoir à revivre cette expérience à court terme » (Pommerleau, 2001, p. 32-33).

11.5.2 Les facteurs associés aux conduites suicidaires

Une grande variété de facteurs ont été associés, directement ou indirectement, au risque de conduites suicidaires, et l'importance accordée à chacun varie en fonction de la grille théorique employée. Le lien entre les conduites suicidaires et la psychopathologie a été observé à maintes reprises. Après un examen de plusieurs recherches sur le sujet, Bridge et ses collaborateurs (2006) affirment qu'un trouble mental est présent chez plus de 80 % des jeunes qui se suicident, la dépression majeure étant le plus fréquent.

On utilise généralement la méthode de l'autopsie psychologique pour établir les facteurs de risque du suicide. Celle-ci consiste à reconstituer le profil psychologique des adolescents suicidés à partir d'entrevues effectuées auprès des membres de la famille et de pairs. Les facteurs de risque couramment associés au suicide sont les suivants : 1) la dépression et les troubles maniaco-dépressifs ; 2) la tentative de suicide antérieure ; 3) la consommation de drogue et d'alcool chez l'adolescent ; 4) une histoire de comportement suicidaire dans la

La grande majorité des jeunes réussissent à passer au travers le stress vécu à l'adolescence, mais ils éprouvent parfois un sentiment de désespoir qui peut les amener à penser au suicide.

famille ; 5) le fait de vivre du stress sur le plan de la réussite ou sur celui des relations amoureuses ; 6) le fait de vivre un rejet de la part du parent ; 7) la disponibilité d'une arme à feu (Bridge et coll., 2006 ; Garland et Zigler, 1993 ; Steinberg, 2008). Ce profil psychosocial, bien qu'il soit très utile à la compréhension de la dynamique suicidaire, n'est pas assez précis pour aider réellement à prédire les conduites individuelles : plusieurs adolescents possèdent une ou plusieurs des caractéristiques susmentionnées, mais ne feront jamais de tentative de suicide.

De façon plus particulière, au-delà des ces facteurs de risque, des travaux ont montré que certaines catégories d'adolescents présentaient plus de risques quant aux conduites suicidaires. Les jeunes en difficulté sérieuse sont de ce nombre. La relation entre les abus sexuels et les tentatives de suicide chez les filles a souvent été observée (Bridge et coll. 2006 ; Cloutier et coll., 1994b ; Hoberman et Garfinkel, 1988 ; Pronovost et Leclerc, 2002 ; Shaffer, 1988 ; Tousignant, Bastien et Hamel, 1993). Les garçons qui découvrent leur orientation homosexuelle à l'adolescence risquent aussi davantage de tenter de se suicider en raison du défi psychosocial qui se pose à eux pour la vie (Borowsky, Ireland et Resnick, 2001 ; Dionne, 2002). Par ailleurs, certains adolescents qui n'ont pas de problèmes manifestes sont également susceptibles de passer à l'acte suicidaire. Il suffit de penser, par exemple, aux jeunes très perfectionnistes et très rigides qui, sans présenter de problèmes comportementaux ou scolaires, deviennent extrêmement vulnérables au moment d'une perte importante (deuil, chagrin d'amour, etc.) ou d'un changement majeur dans leur milieu de vie, comme la séparation de leurs parents (Pommerleau, 2001).

11.5.3 La prévention du suicide à l'adolescence

Comme c'est le cas pour la plupart des problèmes psychosociaux, les initiatives de prévention peuvent être réparties en trois grandes catégories : la prévention primaire, la prévention secondaire et la prévention tertiaire.

La prévention primaire du suicide regroupe les programmes offerts à l'ensemble de la population qui combattent les risques avant qu'ils ne se traduisent en conduites suicidaires comme telles. Les programmes de prévention destinés aux élèves du secondaire sont peut-être les mieux connus. Typiquement, ces programmes se donnent pour objectifs : 1) de conscientiser davantage les élèves vis-à-vis du suicide à l'adolescence ; 2) de donner aux jeunes les moyens de reconnaître les adolescents qui correspondent au profil type du « candidat » au suicide dans leur milieu ; 3) de renseigner les participants sur les attitudes à adopter face aux personnes suicidaires et sur les ressources disponibles (Pelkonen et Marttunen, 2003). Certaines études ont toutefois montré que ce type de sensibilisation offerte à tous pouvait avoir des effets pervers en provoquant des réactions de valorisation du suicide et d'incitation chez certains élèves ayant une histoire de conduites suicidaires. Garland et Zigler (1993) soulignent que dans ce type de programmes où l'on démythifie le suicide, on

lui confère de cette manière un caractère de normalité qui en fait une réaction légitime aux stresseurs de la vie adolescente et on omet d'expliquer clairement que les jeunes qui font des tentatives de suicide ont des problèmes personnels graves. On y fait état des facteurs précipitants (échec sentimental ou scolaire, absence de communication avec les parents, drogue, anxiété, rejet, etc.), mais on ne donne aucune information sur la psychopathologie (dépression, carence socioaffective, comportement antisocial ou agressif, etc.) si souvent observée dans le profil personnel du jeune suicidaire. Cette normalisation du suicide comme réaction à des événements stressants est aussi susceptible de réduire la force des tabous protecteurs, c'est-à-dire les interdits habituellement rattachés à la zone de conduites suicidaires, zone qu'il n'est pas « normal » d'explorer même si on a des problèmes. Dans le domaine de la psychothérapie des enfants victimes d'inceste, Van Gijseghem et Gauthier (1992) ont bien mis en relief le danger lié à la levée de ce type de tabou. Dans son avis sur la prévention du suicide chez les jeunes, l'Institut national de la santé publique du Québec (INSPQ) rapporte ceci :

> La recension a montré des effets négatifs (augmentation de désespoir, stratégies d'adaptation inadéquates, attitudes inappropriées face au suicide ou face à l'aide à apporter à un pair, opinions défavorables face au programme) des programmes de sensibilisation chez certains groupes de jeunes, et en particulier chez des jeunes qui avaient déjà fait une tentative de suicide ou chez des groupes de garçons (Julien et Laverdure, 2004, p. 31).

À la lumière de ces observations, l'INSPQ ne recommande pas la mise en œuvre d'activités de sensibilisation à la réalité du suicide pour des groupes de jeunes. Ce type de constats sur les effets pervers de certaines initiatives de prévention primaire a incité les milieux scolaires à recourir à des programmes moins spécifiquement axés sur le suicide au profit de démarches orientées vers le développement de l'estime de soi, des habiletés sociales, des habiletés de résolution de problèmes, de valorisation de la recherche d'aide, etc. (Pelkonen et Marttunen, 2003).

La prévention secondaire rassemble les démarches destinées à dépister les jeunes présentant un plus haut risque suicidaire et à intervenir pour éviter le passage à l'acte. Un moyen répandu de prévention de type secondaire correspond au soutien téléphonique, où l'on écoute l'individu en détresse et le dirige au besoin vers des services spécialisés. Ainsi, au Québec et au Canada, en milieu urbain, il existe plusieurs centres de prévention du suicide offrant notamment un service d'écoute téléphonique 24 heures par jour, en plus de services d'aide individuelle ou en groupe. Aux États-Unis, selon Garland et Zigler (1993), on trouverait plus de 1 000 centres de ce type. Les études portant sur les effets de ces services indiquent une différence légère mais sensible des taux de suicide entre les milieux qui en sont dotés et ceux qui ne le sont pas (Shaffer, Garland, Fisher, Bacon et Vieland, 1990 ; Shaffer et Craft, 1999). Il semble cependant que les adolescents ayant un haut risque de suicide (notamment les garçons) ne sont pas nécessairement enclins à rechercher ce type d'aide téléphonique et que c'est à leurs pairs qu'ils sont plus susceptibles de s'ouvrir (Gould et Kramer, 2001).

Dans leur revue de plus de 300 programmes de prévention de différents types, Price, Cowen, Lorion et Ramos-McKay (1989) constatent que les programmes les plus efficaces, d'une part, se fondent directement sur les connaissances empiriques existantes, ce qui inclut les données claires sur les risques et les problèmes que les jeunes peuvent vivre, et, d'autre part, comprennent une évaluation des effets de leur action afin de corriger leur tir. Malheureusement, selon ces auteurs, il semble que, dans la plupart des cas, les programmes ne satisfont pas à ces deux exigences de base.

Bref, il ne suffit pas d'avoir de bonnes intentions pour prévenir les conduites suicidaires chez les jeunes, et les initiatives prises à cet égard devraient se donner comme règle d'évaluer leurs effets le plus objectivement possible sur les clientèles cibles. Ces dernières, au demeurant, risquent de n'être que partiellement atteintes puisqu'une bonne proportion des jeunes suicidaires se trouvent en dehors de la clientèle scolaire régulière (décrocheurs, fugueurs, jeunes contrevenants placés en centres d'accueil, etc.) (Cloutier et coll., 1994b ; Pronovost et Leclerc, 2002).

Une autre avenue de prévention secondaire activement empruntée au cours des dernières décennies dans la lutte contre le suicide chez les jeunes a été l'intervention auprès des jeunes dépistés comme ayant une symptomatologie dépressive manifeste. Les figures 11.4 et 11.5 donnent une idée de la proportion d'adolescents canadiens qui rapportent des sentiments dépressifs et l'évolution de cette proportion de 1994 à 2002. On peut voir dans la figure 11.5 que l'adolescence apporte une augmentation nettement plus importante des symptômes dépressifs chez les filles que chez les garçons, et cette situation est restée à peu près la même entre 1994 et 2002.

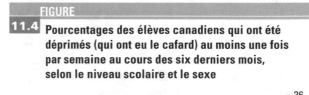

FIGURE 11.4 Pourcentages des élèves canadiens qui ont été déprimés (qui ont eu le cafard) au moins une fois par semaine au cours des six derniers mois, selon le niveau scolaire et le sexe

Source : Boyce (2004, p. 113).

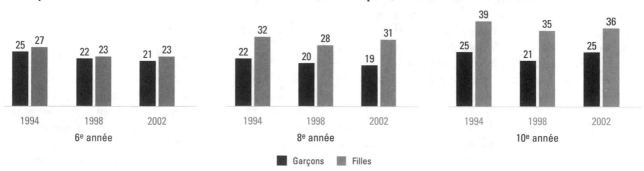

FIGURE 11.5 Pourcentages moyens des élèves canadiens du secondaire qui ont été déprimés (qui ont eu le cafard) au moins une fois par semaine au cours des six derniers mois, selon l'année de l'enquête, le niveau scolaire et le sexe

Source : Boyce (2004, p. 113).

La psychothérapie cognitive-behavioriste a été jugée efficace pour traiter la dépression par plusieurs études empiriques comprenant des groupes témoins (Pelkonen et Marttunen, 2003). Il s'agit d'une approche qui vise à remplacer les préjugés et les affects négatifs prévalant chez le jeune par des perceptions réalistes tout en l'amenant à apprendre de nouveaux comportements qui provoquent des expériences positives, des réussites, de l'intérêt et de l'espoir. Progressivement, l'adolescent est entraîné à renforcer son contrôle sur ses pensées négatives envahissantes et sur sa détresse émotionnelle tout en s'engageant dans des activités qui lui démontrent sa capacité de réussir. L'approche cognitive-behavioriste est généralement fondée sur des programmes structurés d'activités dont le rythme est adapté aux progrès individuels. Les activités peuvent être individuelles, familiales ou faire appel à un groupe de pairs. D'autres approches, telles que la psychothérapie interpersonnelle basée sur différentes techniques comme l'analyse de la communication, les jeux de rôles, la reconnaissance et l'expression des affects, sont utilisées afin de développer les capacités relationnelles de l'individu. La dépression y est abordée comme un problème de capacité relationnelle et les objectifs consistent à développer la capacité de résolution de conflits interpersonnels, les habiletés à composer avec les changements de rôles qu'impose le développement humain, à s'adapter aux pertes et aux deuils et à combler les déficits personnels en renforçant les habiletés sociales (Kelly, Cyranowski et Frank, 2007; Mufson, Weissman et Moreau, 1999).

Dans leur démarche de dépistage des adolescents suicidaires dans les Centres jeunesse du Québec, Pronovost et Leclerc (2002) distinguent les manifestations suicidaires indirectes des manifestations suicidaires directes; le tableau 11.6 présente la liste des manifestations ainsi relevées chez les adolescents.

La prévention tertiaire du suicide vise à traiter les jeunes qui ont un agir suicidaire afin d'éviter la récidive et l'aggravation de la situation et aussi de soigner les séquelles de problèmes avérés. La médication (antidépresseurs), l'hospitalisation, la réadaptation dans des centres spécialisés et la psychothérapie font partie des mesures utilisées pour s'attaquer aux comportements suicidaires chez les jeunes.

Comme l'affirme Pommerleau (2001), en matière de conduites suicidaires à l'adolescence, il ne faut pas confondre la « crise adolescente » couramment invoquée avec l'« adolescence en crise ». En fait, une grande part de la compétence en matière d'intervention pour

TABLEAU 11.6 Manifestations directes et indirectes en relation avec le risque suicidaire chez l'adolescent

Manifestations en relation directe avec les conduites suicidaires

- Parle de suicide ou de départ
- Pense souvent à la mort
- A fait une ou plusieurs tentatives de suicide
- S'automutile
- Se renseigne sur des moyens de se suicider
- Menace de s'enlever la vie
- Présente des comportements dangereux ou autodestructeurs
- Vit dans une famille où il y a des antécédents de comportements suicidaires

Manifestations en relation indirecte avec les conduites suicidaires

- Se trouve mauvais, se dévalorise
- Se sent seul
- Se dit incompris, non désiré
- Est pessimiste
- A peur de l'échec
- Est désespéré, découragé
- Vit de la dépression
- A une estime de soi pauvre
- N'a pas de buts ni d'orientations futures
- Pleure souvent
- Est facilement inquiet, préoccupé
- Vit dans une famille où il y a de la violence

Source : Adapté de Pronovost et Leclerc (2002, p. 96).

prévenir les conduites suicidaires à l'adolescence consiste à reconnaître le danger à temps et à gérer le risque sans l'amplifier artificiellement, à intervenir de façon suffisamment intensive pour répondre adéquatement aux besoins du jeune en danger, tout en évitant de le placer sur la voie de la dépendance face à ses défis développementaux personnels.

11.6 Le tabac, l'alcool et la drogue

Fumer la cigarette ou prendre une bière ne sont pas des crimes et il n'est pas dans notre intention de prétendre que ces actions dénotent des problèmes de comportement. Si nous associons ces pratiques à l'adolescence, c'est que la consommation de drogue est un problème psychosocial, que la consommation d'alcool peut en devenir un et qu'il existe une relation non négligeable entre l'usage du tabac, celui de l'alcool et celui de la

Il existe une relation entre l'usage du tabac, celui de l'alcool et celui de la drogue : ils constituent les premiers jalons du continuum de la consommation de psychotropes.

drogue : ils constituent les premiers jalons du continuum de la consommation de psychotropes. Tous les jeunes qui fument la cigarette ne prennent pas nécessairement de drogue, mais il existe une relation significative entre ces comportements. Le tableau 11.7 donne un aperçu des corrélations obtenues entre différents comportements et la consommation de marijuana chez les adolescents canadiens ; le lien entre les comportements à risque ressort clairement.

Les coefficients de corrélation supérieurs à 0,45 permettent d'affirmer que « cigarette, alcool et drogue » font partie d'une même grappe de comportements et qu'ils présentent un lien avec d'autres conduites à risque comme les relations sexuelles non protégées. Tous les adolescents qui fument la cigarette ou boivent de l'alcool ne consomment pas nécessairement de la drogue, mais ceux qui en consomment se retrouvent plus souvent parmi les fumeurs ou les consommateurs d'alcool.

11.6.1 La consommation de tabac chez les adolescents

On ne saurait mettre dans le même sac tous les adolescents qui consomment des substances psychotropes. Certains fument une cigarette par jour, d'autres 20 ; certains boivent une bière par semaine, d'autres 24 ; etc. L'âge et le sexe jouent aussi un rôle dans ces habitudes.

TABLEAU 11.7 Facteurs associés à la consommation de marijuana chez les élèves canadiens de 10e année* au cours des 12 derniers mois

	Coefficient de corrélation**
S'enivre souvent	0,64
Boit de la bière	0,55
Boit des spiritueux	0,55
Fume du tabac	0,50
A des amis ou amies qui ont des comportements à risque	0,52
A des relations sexuelles	0,46
N'a pas utilisé de condom au moment de ses dernières relations sexuelles	0,45
Passe plus de soirées par semaine avec ses amis ou amies	0,31
A des relations difficiles avec ses parents***	0,30
N'est pas satisfait ou satisfaite de sa vie	0,24
N'aime pas l'école	0,23

* La 10e année correspond à la 4e secondaire au Québec.

** Coefficient de corrélation : faible (inférieur ou égal à 0,20) ; modéré (entre 0,21 et 0,39) ; fort (égal ou supérieur à 0,40).

*** Note établie selon une échelle.

Source : Boyce (2004, p. 59).

Il est vrai que les bases de comparaison directe sont rares, mais il ne semble pas que la consommation de cigarette, d'alcool et de drogue chez les adolescents d'aujourd'hui soit plus importante que celle d'il y a 20 ans. La figure 11.6, tirée de l'*Enquête québécoise sur le tabac, l'alcool, la drogue et le jeu chez les élèves du secondaire* (Dubé et Camirand, 2007), révèle que, de 1998 à 2006, le pourcentage des élèves du secondaire qui ont fait usage de la cigarette au cours des 30 derniers jours a baissé considérablement, passant de 34,1 % à 14,9 % chez les filles et de 26,8 % à 13,0 % chez les garçons.

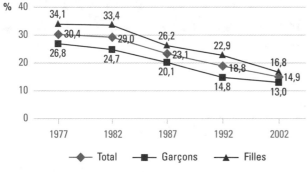

FIGURE

11.6 Évolution de l'usage de la cigarette selon le sexe, élèves du secondaire du Québec, de 1998 à 2006

Source : Dubé et Camirand (2007, p. 44).

Les adolescents qui fument tous les jours (désignés « fumeurs quotidiens » dans ces enquêtes) sont passés de 12 % en 1998 à 5,7 % en 2006 (les filles : de 13,5 % à 6,7 % ; les garçons : de 10,6 % à 5,7 %) (Dubé et Camirand, 2007). La situation s'est donc nettement améliorée chez les adolescents québécois en ce qui a trait au tabagisme au cours des 10 dernières années.

11.6.2 La consommation d'alcool chez les adolescents

Les données de la figure 11.7 permettent de situer l'âge approximatif de l'initiation à la consommation d'alcool chez les adolescents québécois. Si près de 80 % des jeunes de 12 ans ou moins font partie des abstinents, 90 % des jeunes de 17 ans ou plus font partie des consommateurs, la période de transition de la majorité étant à 13-14 ans.

La proportion d'adolescents québécois consommant régulièrement de l'alcool a connu une baisse progressive entre 2000 et 2006. Les données du tableau 11.8 révèlent en effet que cette catégorie que l'on peut désigner comme étant « à risque » est passée de 20 % à 14,5 % dans l'ensemble de la population des élèves du secondaire, les deux sexes suivant la même tendance. Ces données globales ne distinguent pas la consommation selon l'âge, mais elles traduisent néanmoins une évolution importante de la culture de consommation adolescente.

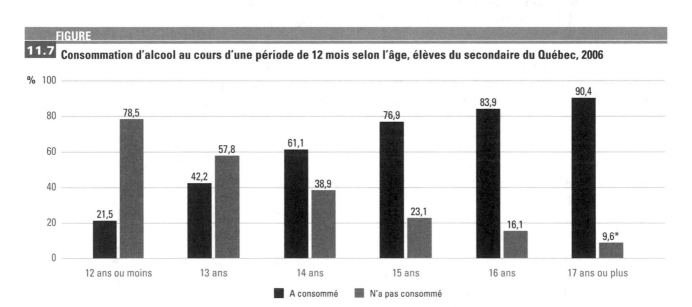

FIGURE

11.7 Consommation d'alcool au cours d'une période de 12 mois selon l'âge, élèves du secondaire du Québec, 2006

* Coefficient de variation entre 15 % et 25 % ; interpréter avec prudence.

Source : Dubé et Camirand (2007, p. 91).

TABLEAU 11.8 Évolution du type de consommateurs d'alcool selon le sexe, élèves du secondaire du Québec, de 2000 à 2006

	2000			2002			2004			2006		
	Tous	Garçons	Filles	Tous	Garçons	Filles	Tous	Garçons	Filles	Tous	Garçons	Filles
Abstinents	**28,7**	28,2	29,2	**31,1**	31,3	30,8	**36,5**	37,3	35,8	**39,6**	40,3	39,0
Expérimentateurs	**11,1**	10,2	12,0	**12,3**	11,9	12,6	**10,1**	9,5	10,7	**8,1**	8,4	7,7
Occasionnels	**39,9**	39,2	40,6	**38,3**	36,2	40,5	**36,6**	34,4	38,8	**37,6**	34,5	39,8
Réguliers	**20,0**	21,8	18,1	**18,1**	20,2	15,9	**16,5**	18,4	14,6	**14,5**	15,6	13,5
Quotidiens	**0,4***	0,6**	–	**0,3***	0,4**	–	**0,3****	0,5**	–	**0,2****	0,4**	–

* Coefficient de variation entre 15 % et 25 % ; interpréter avec prudence.

** Coefficient de supérieur à 25 % ; estimation imprécise fournie à titre indicatif seulement.

– Donnée infime.

Note : Les consommateurs « expérimentateurs » ont bu de l'alcool « juste une fois pour essayer » au cours des 12 derniers mois ; les « occasionnels » ont consommé une fois par mois ou moins ; les « réguliers » ont consommé « la fin de semaine ou plusieurs fois dans la semaine » sans pour autant en consommer tous les jours, contrairement aux consommateurs « quotidiens ».

Source : Dubé et Camirand (2007, p. 89).

11.6.3 La consommation de drogue chez les adolescents

Les données canadiennes sur la consommation de drogue placent la marijuana très loin devant les autres drogues comme l'ecstasy, la cocaïne ou l'héroïne que 9 jeunes et plus sur 10 se sont abstenus de consommer au cours des 12 derniers mois. La figure 11.8 présente, pour l'ensemble des élèves de 10e année au Canada (équivalente à la 4e secondaire au Québec), les proportions de jeunes selon les fréquences de consommation. Chez les garçons d'environ 17 ans, 55 % n'ont pas consommé de marijuana au cours de la dernière année tandis que 65 % des filles du même âge s'en sont abstenues. Cependant, presque 1 garçon sur 5 et 1 fille sur 10 en ont consommé 20 fois ou plus au cours de la dernière année. Ceux-ci font partie de la catégorie « jeune à risque » en matière de drogue, car c'est presque toujours dans leurs rangs que se trouvent les futurs consommateurs de drogues dures comme la cocaïne, l'héroïne ou le LSD (Boyce, 2004 ; Zapert, Snow et Tebes, 2002).

Les données de la figure 11.9 permettent d'apprécier l'évolution de la consommation de drogue chez les élèves du secondaire entre 2000 et 2006 au Québec. Comme c'était le cas pour la consommation de tabac et d'alcool, c'est la baisse des pourcentages de consommateurs qui est la tendance la plus notable et elle se manifeste à tous les niveaux du secondaire. Les pourcentages représentent la proportion d'élèves rapportant

FIGURE 11.8 Fréquence de consommation de marijuana chez les élèves de 10e année au cours des 12 derniers mois (%)

Source : Boyce (2004, p. 58).

avoir consommé de la drogue au moins une fois au cours des 12 derniers mois. Le groupe de consommateurs augmente régulièrement avec l'âge, l'âge moyen d'initiation à la drogue étant de 13,2 ans chez les garçons comme chez les filles dans cette enquête québécoise (Dubé et Camirand, 2007). Il faut noter qu'en 2006, en 5e secondaire, il y avait tout de même un adolescent sur deux qui n'avait pas touché à la drogue au cours de la dernière année.

11.9 **Évolution de la proportion (%) d'élèves ayant consommé de la drogue au cours des 12 derniers mois selon l'année d'études, élèves du secondaire du Québec, de 2000 à 2006**

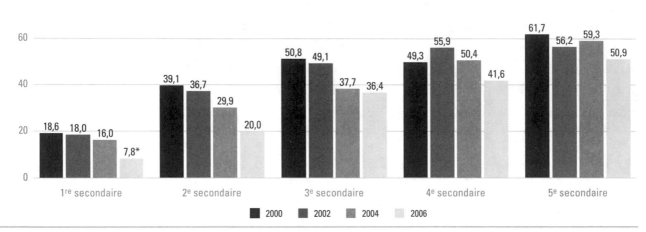

* Coefficient de variation entre 15 % et 25 % ; interpréter avec prudence.

Source : Dubé et Camirand (2007, p. 95).

Est-ce que la jeunesse va de plus en plus mal ? Est-ce qu'« avant c'était mieux » ? Les indicateurs canadiens et québécois disponibles nous disent que non. Nous l'avons constaté à plusieurs reprises dans ce livre, en tant que groupe social, les adolescents d'aujourd'hui font mieux que leurs aînés sur plusieurs plans. Cela ne veut pas dire qu'il n'y a pas de problèmes puisqu'il existe une minorité de jeunes dont l'inadaptation est suffisamment sérieuse pour que cela entretienne l'image médiatique négative que la société conserve encore des 12-18 ans. Chose certaine, les adolescents offrent une diversité de profils : certains d'entre eux ont toutes les chances de leur côté et vivent pourtant de sérieux problèmes psychosociaux, tandis que d'autres sont exposés à d'importants facteurs de risque et, par résilience, se retrouvent dans les groupes qui évoluent sans problèmes.

11.7 La résilience à l'adolescence

Pourquoi certains adolescents s'en sortent-ils mieux que d'autres, qui sont pourtant exposés aux mêmes conditions de vie (pauvreté, négligence, agressions physiques ou sexuelles, etc.) ? Ces jeunes qui s'en sortent malgré les coups du sort sont qualifiés de résilients. Le pédopsychiatre français Cyrulnik (1999) a certainement fait beaucoup pour propager la notion de résilience auprès

du public. Il désigne celle-ci comme la capacité de réussir, de vivre, de se développer en dépit de l'adversité.

Dans le même esprit, des chercheurs américains définissent la résilience comme une adaptation positive malgré un contexte de risque (Masten et Coatsworth, 1998). Cette définition comporte deux composantes essentielles. Selon la première composante, pour qu'on puisse parler de résilience, il doit y avoir des risques ou des épreuves, autrement dit une situation adverse. Ces conditions peuvent être de diverses natures. Par exemple, les chercheurs de ce domaine ont étudié des situations extrêmes comme les camps de concentration ou la guerre. Ils se sont aussi intéressés à des populations comme les jeunes sans domicile fixe, les jeunes ayant subi des agressions sexuelles ou physiques, les jeunes hébergés en milieu substitut ou les jeunes vivant dans des quartiers dangereux.

La deuxième composante de la résilience implique qu'il doit y avoir une adaptation réussie. Le jeune doit être parvenu à surmonter l'adversité et être bien adapté. Une fois cela dit, il est essentiel de se demander ce qu'est une adaptation réussie. En effet, les comportements jugés compétents et adaptés dans un environnement donné peuvent être considérés comme tout à fait inadaptés dans un autre environnement. Par exemple, un jeune peut présenter des comportements antisociaux dans un contexte où les actes délinquants confèrent un statut social élevé. Afin de contrer cette difficulté à définir l'adaptation, les auteurs qui veulent porter un regard sur la résilience se réfèrent généralement à un certain nombre de compétences nécessaires à la poursuite du développement. Pour l'adolescent, ces compétences consistent, par exemple, à développer son autonomie, à assumer des rôles d'adulte ou à établir des liens amoureux.

Cette définition de la résilience implique donc un jugement social, normatif, basé sur la présence de compétences attendues chez des personnes faisant face à de multiples risques. De ce point de vue, dans l'exemple donné précédemment, les comportements antisociaux du jeune, bien qu'ils puissent être une stratégie de survie dans son environnement et une façon d'acquérir un contrôle sur sa vie, ne seraient pas considérés comme un indicateur de résilience, sur le plan comportemental tout au moins. Toutefois, les qualités de débrouillardise ou d'intelligence qui sont associées à cette stratégie pourraient être des points d'appui à partir desquels se développera la résilience de ce jeune.

Actuellement, il existe un débat quant aux meilleurs critères pour définir la résilience puisque celle-ci est tributaire du contexte socioculturel dans lequel la personne se situe (Harvey et Delfabbro, 2004; Masten et Powell, 2003; Rutter, 2000). Comme le souligne Ungar (2001, 2006), des jeunes peuvent aussi se percevoir comme étant résilients et capables de surmonter les multiples risques auxquels ils font face, sans pour autant être perçus comme étant résilients par les adultes qui prennent soin d'eux ou par la société en général. Ce point de vue sur la résilience peut être particulièrement intéressant quand il s'agit d'intervenir auprès des jeunes, car il permet de miser sur leurs forces, leur motivation et le sens qu'ils accordent à leurs comportements (Ungar, 2006). Cependant, il ne permet pas de distinguer ce qui aide le jeune à poursuivre sa route et la qualité de la route empruntée. En d'autres termes, cette route peut être cahoteuse et entraîner le jeune vers une trajectoire de marginalisation et de difficultés d'insertion sociale. Il importe donc, selon nous, de distinguer ces deux visions tout en comprenant que le point de vue des adolescents qui sont plongés dans une situation peut différer du point de vue plus normatif des experts ou des intervenants.

Dans les premiers travaux concernant ce domaine, le concept de résilience était surtout compris de manière unidimensionnelle; on parlait alors de l'invulnérabilité des enfants. Ce terme a par la suite été remplacé par celui de résilience. Plus qu'un changement d'ordre sémantique, il reflète une meilleure compréhension de ce que recouvre la résilience. Premièrement, il est désormais reconnu que les enfants résilients ne sont pas invulnérables dans le sens où ils ne seraient pas du tout atteints par l'adversité (Garmezy, 1993; Masten et Coastworth, 1998). Des travaux montrent en effet que l'enfant résilient peut vivre une grande détresse émotionnelle. Deuxièmement, dans plusieurs recherches récentes, l'évaluation de diverses sphères de compétence a permis de constater la nature multidimensionnelle du concept. Une proportion relativement faible des jeunes est résiliente dans toutes les sphères; pour la majorité, la résilience s'observe dans quelques domaines spécifiques (Luthar, 1997). Par exemple, un jeune peut très bien réussir sur le plan scolaire, mais être moins compétent dans ses relations avec ses pairs.

Les termes « facteurs de risque » et « facteurs de protection » sont associés au terme de résilience; c'est pourquoi il s'avère essentiel de les définir. Tout d'abord, un facteur de risque prédispose les individus ou les groupes à l'apparition de conséquences négatives. Souvent, les facteurs de risque se cumulent dans la vie des personnes; autrement dit, un risque arrive rarement seul. Par exemple, un adolescent issu d'une famille pauvre vivra dans un logement plus exigu, dans un quartier plus défavorisé, offrant moins l'accès à des parcs. Il sera plus exposé à des environnements dangereux pour sa santé, en ce qui a trait notamment au bruit, à la qualité de l'air ou au plomb. Ses parents vivront plus de stress, seront plus préoccupés et risqueront aussi davantage d'éprouver des problèmes de santé mentale. Il est démontré que cette accumulation de risques est étroitement associée à la présence de difficultés d'adaptation (Sameroff, Gutman et Peck, 2003).

Les facteurs de protection, quant à eux, diminuent la probabilité d'apparition des conséquences négatives en présence du risque. Ils permettent d'expliquer pourquoi certains jeunes s'en sortent mieux que d'autres, autrement dit ce qui crée la différence. Le terme « facteurs de protection » est parfois réservé uniquement aux facteurs qui contrent l'effet négatif des risques; il est également utilisé plus largement pour désigner les facteurs qui promeuvent une bonne adaptation, peu importe le niveau de risque. Par exemple, comme nous l'avons vu dans le chapitre 8, une relation parent-adolescent de qualité est à la fois un facteur de protection dans le cas d'une séparation conjugale et un facteur lié à une bonne adaptation dans un contexte familial stable. Il est donc parfois difficile de distinguer ce qui constitue une ressource favorisant le développement en général et ce qui constitue une protection face aux risques. Mais on peut tout de même supposer que ce ne sont pas tous les facteurs qui jouent ces deux rôles. Par exemple, l'utilisation du condom protège contre les risques de contracter une infection transmissible sexuellement ; par contre, ce comportement n'a pas la propriété d'améliorer le potentiel de développement de la personne.

Ces 30 dernières années, un nombre considérable de recherches portant sur divers problèmes complexes ont permis d'établir une « courte » liste des facteurs de protection liés à la résilience (O'Dougherty Wright et Masten, 2005). Le tableau 11.9 présente la liste de ces facteurs. Cette liste montre clairement que la résilience n'est pas attribuable seulement à des caractéristiques individuelles, mais bien aussi à un ensemble d'autres facteurs qui touchent à la fois l'environnement familial, l'entourage et la société de manière plus générale. La résilience n'est donc pas un trait individuel que certains possèdent et que d'autres, moins chanceux, n'ont pas, mais la résultante d'un processus complexe d'interactions entre plusieurs facteurs qui relèvent de la personne et de son environnement.

D'une manière générale, si ces facteurs sont désormais assez bien connus, il reste qu'ils ne s'appliquent pas nécessairement à tous les contextes de risque ni à tous les jeunes peu importent leurs caractéristiques. Ainsi, ce qui peut constituer un facteur de protection durant l'enfance n'aura pas nécessairement le même effet durant l'adolescence. Par exemple, un parent qui supervise étroitement les activités de son enfant de 6 ans quand il va au parc municipal jouera un rôle de protection ; par contre, à l'adolescence, une supervision aussi étroite pourra représenter un risque sur le plan du développement de l'autonomie du jeune. Il ne suffit donc pas de dire que telle ou telle variable protège ou rend vulnérable, il faut se demander dans quel contexte elle intervient, et surtout comment elle intervient. Dans les études actuelles, presque tous les auteurs soulignent, en ce sens, la nécessité d'étudier les processus menant à la résilience afin de mieux comprendre comment les facteurs de protection et les facteurs de risque interagissent les uns avec les autres pour mener, ou non, le jeune vers une trajectoire positive (Masten et Reed, 2005).

| TABLEAU 11.9 | Facteurs de protection dans la résilience |

Caractéristiques du jeune

- Habiletés sociales
- Intelligence
- Perception de soi positive
  (estime de soi, confiance, sentiment d'efficacité)
- Capacité de résoudre des problèmes
- Stratégies d'adaptation efficaces
- Empathie
- Tempérament facile durant l'enfance
- Espoir, sens donné à la vie
- Caractéristiques valorisées dans la société
  (humour, apparence physique, talent particulier)

Caractéristiques familiales

- Environnement familial stable et soutenant
- Faible degré de discorde
- Relation chaleureuse avec un parent
  ou une figure parentale
- Parent de style démocratique
- Relations fraternelles positives
- Relations positives et aidantes avec les membres
  de la parenté
- Engagement des parents dans l'éducation
- Parents qui possèdent les qualités individuelles
  énumérées ci-dessus
- Avantages socioéconomiques
  (scolarité, revenu, emploi)
- Affiliation religieuse ou spirituelle

Caractéristiques de la communauté

- Voisinage sécuritaire
- Logement abordable
- Accès à des parcs et à d'autres équipements
  de loisir
- Air et eau de qualité
- Écoles de bonne qualité
- Enseignants bien formés et dévoués
- Programmes d'activités parascolaires
- Occasions d'emploi pour les parents et les jeunes
- Services de santé de qualité
- Lien avec des adultes prosociaux, mentors

Caractéristiques culturelles et sociétales

- Politiques favorables aux enfants et aux familles
- Valeurs et ressources dédiées à l'éducation
- Prévention de l'oppression et de la marginalisation
- Intolérance de la société vis-à-vis de la violence

Source : Adapté d'O'Dougherty Wright et Masten (2005, p. 24).

À ce chapitre, Rutter (1990) propose quatre mécanismes par lesquels les facteurs de protection favorisent la résilience. Un facteur favorise la résilience quand : 1) il réduit l'impact du risque, soit par le biais d'une modification de la signification du risque pour la personne, soit par une modification de l'exposition au risque (par exemple, une supervision parentale stricte dans un quartier dangereux) ; 2) il brise une réaction négative en chaîne (par exemple, une intervention qui permet de soutenir les compétences d'une mère adolescente de manière à protéger notamment le développement de son enfant) ; 3) il promeut l'estime de soi et le sentiment d'efficacité personnelle (par le biais de la présence de personnes significatives et du succès dans la réalisation de tâches) ; 4) il procure de nouvelles occasions stimulantes pour les jeunes. Pour illustrer ces processus, mentionnons les travaux intéressants qu'ont réalisés Rutter et ses collaborateurs (Rutter, Quinton et Hill, 1995 ; Rutter et Quinton, 1984). Ces chercheurs ont observé sur une longue période des jeunes qui ont été suivis par les services de protection de la jeunesse afin de comprendre les éléments de continuité et de discontinuité dans leur trajectoire de vie. Consécutivement à leurs rencontres avec des adultes ayant vécu en institution durant leur enfance et leur adolescence, ces auteurs ont mis en lumière certains facteurs centraux qui, s'enchaînant les uns aux autres, contribuent à changer le cours du développement vers des directions plus positives. Ainsi, pour un jeune, le fait de pouvoir vivre des expériences positives, entre autres dans le domaine scolaire, est associé à des croyances élevées en ses capacités d'exercer un contrôle sur sa vie et, en conséquence, de planifier sa vie, spécialement dans le domaine professionnel. Dans le cas plus particulier des adolescentes, cette planification est associée au choix, plus tard dans la vie, d'un partenaire de vie non déviant. Cette impression de contrôle et cette planification permettent au jeune d'agir positivement plutôt que de seulement réagir passivement à ce qui lui arrive.

La résilience est un concept qui offre une lueur d'espoir et une bouffée d'optimisme dans des situations qui paraissent pourtant désespérées. Cependant, ce concept est aussi galvaudé car il est très souvent compris de façon réductrice, ou pire encore comme une démonstration, *a contrario,* de la défaillance intrinsèque du jeune qui ne s'en sort pas alors que cet autre a « réussi » à demeurer sur le droit chemin malgré toutes les épreuves. Pour illustrer cette distorsion de sens, Garbarino (2005) citait de manière très éloquente un juge qui s'exprimait à propos d'un jeune délinquant : « Qu'est-ce qui ne va pas avec ce garçon ? Pourquoi n'est-il pas résilient ? » Cela dit, ce n'est pas le concept en soi ni ses applications potentielles qui paraissent problématiques, mais la compréhension incomplète, voire trompeuse, qui en est véhiculée.

Certains auteurs (Werner, 2005 ; Sesma, Mannes et Scales, 2005) signalent aussi deux dangers auxquels s'exposent les utilisateurs potentiels du concept de résilience dans l'intervention. Le premier danger consiste à croire que l'on a découvert, ou que l'on découvrira, les ingrédients d'une sorte de « potion magique » qui agirait toujours avec tous de la même façon. Cela laisse croire que des actions simples, voire simplistes, qui n'ont pas la flexibilité nécessaire pour tenir compte des contextes et des personnes, sont suffisantes pour soutenir la résilience.

Dans la même perspective, le deuxième danger consiste à miser uniquement sur des programmes destinés aux jeunes, en oubliant que ces derniers ne doivent pas être la seule cible du changement — ni même la première —, ce qui reviendrait à leur faire porter le poids de ce changement et donc à les blâmer pour l'absence de changement. Or, il est clair que les contextes dans lesquels vivent ces jeunes contribuent à leur maintien dans des trajectoires de difficultés ou, au contraire, de résilience. Bref, il faut penser à des actions systémiques dont les effets se feront sentir sur les contextes dans lesquels ces jeunes s'insèrent.

Bibliographie

ADAM, E.K., SNELL, E.K. et PENDRY, P. (2007). « Sleep Timing and Quantity in Ecological and Family Context : A Nationally Representative Time-Diary Study ». *Journal of Family Psychology, 21*, 4-19.

AELTERMAN, A., ENGELS, N., VAN PETEGEM, K. et VERHAEGHE, J.-P. (2007). « The Well-Being of Teachers in Flanders : The Importance of a Supportive School Culture ». *Educational Studies, 33*, 285-297.

AGENCE DE LA SANTÉ PUBLIQUE DU CANADA (2006). *Actualités en épidémiologie sur le VIH/sida*, Division de la surveillance et de l'évaluation des risques, Centre de prévention et de contrôle des maladies infectieuses.

AGENCE DE LA SANTÉ PUBLIQUE DU CANADA (2007). « Déclaration sur le vaccin contre le virus du papillome humain ». *Relevé des maladies transmissibles au Canada, 33*, Comité consultatif.

AGLIATA, D. et TANTLEFF-DUNN, S. (2004). « The Impact of Media Exposure on Males' Body Image ». *Journal of Social and Clinical Psychology. Special Issue : Body Image and Eating Disorders, 23* (1), 7-22.

AGNEW, R. (2003). « An Integrated Theory of the Adolescent Peak in Offending ». *Youth & Society, 34*, 263-299.

ALDER, P.A. et ALDER, P. (1995). « Dynamics of Inclusion and Exclusion in Preadolescent Cliques ». *Social Psychology Quarterly, 58* (3), 145-162.

ALIBEU, S. (2007). « Sondage : les jeunes Japonais et les voitures, une histoire de désamour ». *Caradisiac,* 29 août. http://ecologie.caradisiac.com/Sondage-les-jeunes-Japonais-et-les-voitures-une-histoire-de-desamour-731, consulté le 3 octobre 2007.

ALLISON, B. et SCHULTZ, J.B. (2004). « Parent-Adolescent Conflict in Early Adolescence ». *Adolescence, 39* (153), 101-119.

ALSPAUGH, J.W. (1998). « Achievement Loss Associated with the Transition to Middle School and High School ». *Journal of Educational Research, 92*, 20-25.

ALVAREZ, A.N., JUANG, L. et LIANG, C.T. (2006). « Asian Americans and Racism : When Bad Things Happen to Model Minorities ». *Cultural Diversity & Ethnic Minority Psychology, 12*, 477-492.

ALVIN, P. (2006). « Contraception chez l'adolescente : le grand paradoxe ». *Archives de pédiatrie, 13*, 329-332.

ALVIN, P. et MARCELLI, D. (2005). *Médecine de l'adolescent*, Paris : Masson.

AMATO, P.R. (1999). « Children of Divorced Parents as Young Adults ». Dans E.M. HETHERINGON (dir.), *Coping with Divorce, Single Parenting, and Remarriage : A Risk and Resiliency Perspective,* Mahwah (N.J.) : Lawrence Erlbaum Associates, 147-164.

AMATO, P.R. et BOOTH, A. (1997). *A Generation at Risk : Growing Up in an Era of Family Upheaval,* Cambridge (Mass.) : Harvard University Press.

AMATO, P.R. et KEITH, B. (1991). « Parental Divorce and the Well-being of Children : A Meta-analysis ». *Psychological Bulletin, 110*, 26-46.

AMSO, D. et CASEY, B.J. (2006). « Beyond What Develops When : Neuroimaging May Inform How Cognition Changes with Development ». *Current Directions in Psychological Science, 15*, 24-29.

ANDERSON, C.A., CARNAGY, N.L. et EUBANKS, J. (2003). « Exposure to Violent Media : The Effects of Songs with Violent Lyrics on Aggressive Thoughts and Feelings ». *Journal of Personality and Social Psychology, 84*, 960-971.

ANDERSON, D.R., HUSTON, A.C., SCHMITT, K., LINEBARGER, D.L. et WRIGHT, J.C. (2001). « Early Childhood Television Viewing and Adolescent Behaviour : The Recontact Study ». *Monographs of the Society for Research in Child Development, 66* (n° de série : 264).

ANDERSON, N. (1995). « Behavioral and Sociocultural Perspectives on Ethnicity and Health : Introduction to the Special Issue ». *Health Psychology, 14*, 589-591.

ANGOLD, A., COSTELLO, E.J. et WORTHMAN, C. (2003). « Puberty and Depression ». Dans C. HAYWARD (dir.), *Gender Differences in Puberty*, New York : Cambridge University Press.

ARCHER, J. (2006). « Testosterone and Human Aggression : An Evaluation of the Challenge Hypothesis ». *Neuroscience and Biobehavioral Reviews, 30*, 319-345.

ARENDELL, T. (2000). « Conceiving and Investigating Motherhood : The Decade's Scholarship ». *Journal of Marriage and the Family, 62* (4), 1192-1207.

ARNETT, J.J. (1999). « Adolescence Storm and Stress, Reconsidered ». *American Psychologist, 54* (5), 317-326.

ASSELIN, S. (2005). « Conditions de travail et rémunération ». Dans INSTITUT DE LA STATISTIQUE DU QUÉBEC, *Données sociales du Québec, Édition 2005*, Québec.

ASTINGTON, J.W. et BAIRD, J. (2005). *Why Language Matters for Theory of Mind*, New York : Oxford.

AUCHUS, R.J. et RAINEY, W.E. (2004). « Adrenarche : Physiology, Biochemistry and Human Disease ». *Clinical Endocrinology, 60* (3), 288-296.

AULSLANDER, B.A., ROSENTHAL, L.S. et BLYTHE M.J. (2006). « Sexual Development and Behaviors of Adolescents ». *Psychiatric Annals, 36* (10), 694-702.

BAKAGIANNIS, S. et TARRANT, M. (2006). « Can Music Bring People Together ? Effects of Shared Musical Preference on Intergroup Bias in Adolescence ». *Scandinavian Journal of Psychology, 47,* 129-136.

BALDWIN, A.L. (1980). *Theories of Child Development,* 2e éd., New York : Wiley.

BALDY, R. (2007). « L'intelligence des élèves, sa mesure et l'hétérogénéité des classes ». *Cahiers pédagogiques, no 454,* dossier « Enseigner en classe hétérogène », Paris : Centre de recherche et d'action pédagogiques.

BANDURA, A. (1986). *Social Foundation of Thought and Action : A Social Cognitive Theory,* Englewood Cliffs (N.J.) : Prentice Hall.

BANDURA, A. (1997). *Self Efficacy : The Exercise of Control,* New York : W.H. Freeman.

BARKER, R.G. (1963). *The Steam of Behavior,* New York : Appleton-Century Crofts.

BARKER, R.G. (1968). *Ecological Psychology,* Stanford (Calif.) : Stanford University Press.

BARKER, R.G. et GUMP, P.V. (1964). *Big School, Small School : High School Size and Student Behavior,* Stanford (Calif.) : Stanford University Press.

BARKER, R.G. et WRIGHT, H.F. (1955). *Midwest and Its Children,* New York : Harper & Row.

BARNES, G.M., WELTE, J.W., HOFFMAN, J.H. et DINTCHEFF, B.A. (2005). « Shared Predictors of Youthful Gambling, Substance Use and Delinquency ». *Psychology of Addictive Behaviors, 19,* 165-174.

BARON-COHEN, S. (2003). *The Essential Difference : The Truth about the Male and Female Brain,* New York : Basic Books.

BARQUERO, B., ROBINSON, E.J. et THOMAS, G.V. (2003). « Children's Ability to Attribute Different Interpretations of Ambiguous Drawings to a Naïve vs. a Biased Observer ». *International Journal of Behavioral Development, 27,* 445-456.

BARTHOLOMEW, D.J. (2004). *Measuring Intelligence. Facts and Fallacies.* Cambridge (R.-U.) : Cambridge University Press.

BAUDELOT, C. et ESTABLET, R. (1992). *Allez-y les filles !,* Paris : Éditions du Seuil.

BAUMEISTER, R.F. (2000). « Gender Differences in Erotic Plasticity : The Female Sex Drive as Socially Flexible and Responsive ». *Psychological Bulletin, 126* (3), 347-374.

BAUMRIND, D. (1975). « Early Socialization and Adolescent Competence ». Dans S.E. DRAGASTIN et G. ELDER (dir.), *Adolescence in the Life Cycle,* Washington (D.C.) : Hemisphere.

BAUMRIND, D. (1978). « Parental Disciplinary Patterns and Social Competence in Children ». *Youth and Society, 9* (3), 239-276.

BAUMRIND, D. (1991). « The Influence of Parenting Style on Adolescent Competence and Substance Use ». *Journal of Early Adolescence, 11,* 56-95.

BAUMRIND, D. (2005). « Patterns of Parental Authority and Adolescent Autonomy ». Dans J.G. SMETANA (dir.), *New Directions for Child Development : Changing Boundaries of Parental Authority during Adolescence,* San Francisco : Jossey-Bass.

BAUMRIND, D. et THOMPSON, R.A. (2002). « The Ethic of Parenting ». Dans M.H. BORNSTEIN (dir.), *Handbook of Parenting* (vol. 5, 2e éd.), Mahwah (N.J.) : Lawrence Erlbaum Associates.

BAUMRIND, D. (1991). « Parenting Styles and Adolescent Development ». Dans J. BROOKS-GUNN, R. LERNER et A.C. PETERSEN (dir.), *Encyclopedia of Adolescence,* New York : Garland.

BEAUDRY, M., BOISVERT, J.-M., SIMARD, M., PARENT, C. et TREMBLAY, P. (2005). « Les couples dans les familles recomposées : un défi particulier ». *Divorce et Séparation, 2,* 29-54.

BEAUMONT, C. et ROYER, É. (2008). *Observatoire canadien pour la prévention de la violence à l'école,* Sherbrooke : Université de Sherbrooke, Faculté d'Éducation, http://www.prevention violence.ca/html/selection.html, consulté le 18 janvier 2008.

BECHARA, A., DAMASIO, A.R., DAMASIO. H. et ANDERSON, S.W. (1994). « Insensitivity to Future Consequences Following Damage to Human Prefrontal Cortex ». *Cognition, 50,* 7-15.

BECHARA, A., DAMASIO. H., TRANEL, D. et DAMASIO, A.R. (2005). « The Iowa Gambling Task and the Somatic Marker Hypothesis : Some Questions and Answers ». *Trends in Cognitive Sciences, 9,* 159-162.

BEILIN, H. et PUFALL, P. (1992). *Piaget's Theory,* Hillsdale (N.J.) : Erlbaum.

BELLEROSE, C., CADIEUX, É. et NOËL, Y. (2002). « Interaction parent-enfant ». Dans *Enquête sociale et de santé auprès des enfants et des adolescents québécois 1999,* Québec : Institut de la statistique du Québec, chap. 6.

BELLEROSE, C., CADIEUX, É., RIBERDY, H., ROCHETTE, M., STAN, S. et MORIN, C. (2002). « Milieu familial et milieu de garde ». Dans *Enquête sociale et de santé auprès des enfants et des adolescents québécois 1999,* Québec : Institut de la statistique du Québec, chap. 3.

BELSKY, J. (1981). « Early Human Experience : A Family Perspective ». *Developmental Psychology, 17,* 2-23.

BELSKY, J., STEINBERG, L. et DRAPER, P. (1991). « Childhood Experience, Interpersonal Development, and Reproductive Strategy : A Revolutionary Theory of Socialization ». *Child Development, 62,* 647-670.

BEM, S.L. (1974). « The Measurement of Psychological Androgyny ». *Journal of Consulting and Clinical Psychology, 42,* 155-162.

BEM, S.L. (1977). « On the Utility of Alternative Procedures for Assessing Psychological Androgyny ». *Journal of Consulting and Clinical Psychology, 45,* 196-205.

BEM, S.L. (1985). « Androgyny and Gender Schema Theory : A Conceptual and Empirical Integration ». Dans T.B. SONDE-REGGER (dir.), *Psychology and Gender,* Nebraska Symposium on Motivation, *32,* Lincoln : University of Nebraska Press.

BENARD, B. (2004). *Resiliency : What We Have Learned,* San Francisco : WestEd.

BENEDICT, R. (1934). *Patterns of Culture,* Boston : Houghton Mifflin.

BENEDICT, R. (1938). « Continuities and Discontinuities in Cultural Conditioning ». *Psychiatry, 1,* 161.

BÉRARD, A.-M. (2007). « Désirer ou avoir un enfant à l'adolescence : mieux saisir le sens et les enjeux ». *Ça sexprime. Le magazine des intervenants menant des activités d'éducation à la sexualité auprès des jeunes du secondaire,* Québec : Ministère de la Santé et des Services sociaux.

BERLIN, I.N. (1986). «Psychopathology and Its Antecedents among American Indian Adolescents». Dans B.B. LAHEY et A.E. KAZDIN (dir.), *Advances in Clinical Child Psychology* (vol. 9), New York: Plenum.

BERNARDINI, S.C. et JENKINS, J.M. (2002). *Vue d'ensemble des risques et des facteurs de protection pour les enfants touchés par la séparation et le divorce*, Ottawa: Ministère de la Justice du Canada.

BERNDT, T.J. (2002). «Friendship Quality and Social Development». *Current Directions in Psychological Science*, 11 (1), 7-10.

BERNDT, T.J. (2004). «Children's Friendships: Shifts over a Half Century in Perspectives on Their Development and Their Effects». *Merrill-Palmer Quarterly*, 50 (3), 206-223.

BEYERS, W., GOOSSENS, L., VAN CALSTER, B. et DURIEZ, B. (2005). «An Alternative Substantive Factor Structure of the Emotional Autonomy Scale». *European Journal of Psychological Assessment*, 21, 147-155.

BEYERS, W., GOOSSENS, L., VANSANT, I. et MOORS, E. (2003). «A Structural Model of Autonomy in Middle and Late Adolescence: Connectedness, Separation, Detachment and Agency». *Journal of Youth and Adolescence*, 32, 351-361.

BIALYSTOK, E. (2001). *Bilingualism in Development: Language, Literacy and Cognition*, Cambridge (R.-U.): Cambridge University Press.

BIBBY, R.W. (2001). *Canada's Teens. Today, Yesterday, and Tomorrow*, Toronto: Stoddart.

BIBBY, R.W. et POSTERSKI, D.C. (2000). *Teens Trends. A Nation in Motion*, Toronto: Stoddart.

BINET, A. (1903). *L'étude expérimentale de l'intelligence*, Paris: Schleicher et Frères.

BINET, A. et SIMON, T. (1905). «Méthodes nouvelles pour le diagnostic du niveau intellectuel des anormaux». *L'Année psychologique*, 11, 191-244.

BIRO, F.M. et DORN, D.L. (2006). «Puberty and Adolescent Sexuality». *Psychiatrics Annals*, 36 (10), 685-690.

BISSET, S., MARKMAN, W.A. et AVEYARD, P. (2007). «School Culture As an Influencing Factor of Youth Substance Use». *Journal of Epidemiology and Community Health*, 61, 485-490.

BLATT, M.M., COLBY, A. et SPEICHER-DUBIN, B. (1974). *Hypothetical Dilemmas for Use in Moral Discussion, Moral Education and Research Foundation*, document miméographié.

BLAU, G.M. et GULLOTTA, T.P. (1993). «Promoting Sexual Responsibility in Adolescence». Dans T.P. GULLOTTA, G.R. ADAMS, et R. MONTEMAYOR (dir.), *Adolescent Sexuality. Advances in Adolescent Development*, vol. 5., Thousand Oaks (Calif.): Sage.

BLOS, P. (1962). *On Adolescence: A Psychoanalytic Interpretation*, New York: The Free Press.

BLOS, P. (1979). *The Adolescent Passage*, New York: International Universities Press.

BLYTH, D.A., SIMMONS, R.G. et BUSH, D.M. (1978). «The Transition into Early Adolescence: A Longitudinal Comparison of Youth in Two Educational Contexts». *Sociology and Education*, 51, 149-162.

BOGENSCHNEIDER, K., WU, M.Y., RAFFAELLI, M. et TSAY, J.C. (1998). «Parent Influences on Adolescent Peer Orientation and Substance Use: The Interface of Parenting Practices and Values». *Child Development*, 69 (2), 1672-1688.

BOOTH, A. (1999). «Causes and Consequences of Divorce: Reflections on Recent Research». Dans R.A. THOMPSON et P.R. AMATO (dir.), *The Postdivorce Family: Children, Parenting, and Society* (p. 3-28), Thousand Oaks (Calif.): Sage.

BOOTH, A. et AMATO, P.R. (2001). «Parental Predivorce Relations and Offspring Post-divorce Well-being». *Journal of Marriage and the Family*, 63, 197-212.

BOOTH, A., JOHNSON, D.R., GRANGER, D.A., CROUTER, A. et McHALE, S. (2003). «Testosterone and Child and Adolescent Adjustment: The Moderating Role of Parent-Child Relationships». *Developmental Psychology*, 39, 85-98.

BOOTH, M. (2002). «Arab Adolescents Facing the Future: Enduring Ideals and Pressures to Change». Dans B.B. BROWN, R.W. LARSON et T.S. SARASWATHI (dir.), *The World's Youth Adolescence in Eight Regions of the Globe*, New York: Cambridge University Press.

BORMAN, G. (2002). «Title I: The Evolution and Effectiveness of Compensatory Education». *Yearbook of the National Society for the Study of Education*, New York: Blackwell Synergy, Wiley Interscience, 1001, 1-288.

BORMAN, G. et D'AGOSTINO, J.V. (1996). «Title I and Student Achievement: A Meta-Analysis of Federal Evaluation Results». *Educational Evaluation and Policy Analysis*, 18, 309-326.

BORN, M. (2005). *Psychologie de la délinquance*, Bruxelles: De Boeck.

BOROWSKY, I.W., IRELAND, M. et RESNICK, M.D. (2001). «Adolescent Suicide Attempts: Risks and Predictors». *Pediatrics*, 107, 485-493.

BOSWELL, J. (1980). *Christianity, Social Tolerance and Homosexuality*, Chicago: University of Chicago Press.

BOUCHAMMA, Y., LANGLOIS, L. et LAPOINTE, C. (2006). *Leadership des directions d'écoles et réussite scolaire des jeunes*, Projet de recherche soumis au Conseil de recherches en sciences humaines du Canada, Québec: Université Laval, Faculté des sciences de l'éducation.

BOUCHARD, C. (2007). «Les années lumières». Conférence prononcée dans le cadre du Congrès 2007 de la Société internationale de psychiatrie et de psychologie de l'adolescent, Montréal, juillet.

BOUCHARD, J. et BRAULT, M. (2003). *Le lien entre le dossier de conduite et la présence d'alcool et/ou de drogue chez les conducteurs décédés*, Québec: Direction des études et stratégies en sécurité routière, Société d'assurance automobile du Québec.

BOUCHARD, P. et ST-AMANT, J.-C. (2002). «Identité de sexe, conformisme social et rendement scolaire». *Résonances, 8*, mensuel de l'École valaisane, Suisse, avril, 10-11. http://www.ordp.vsnet.ch/fr/resonance/2002/doc/No%2008-Resonances%20avril%2002.pdf

BOUCHARD, T.J. et LOEHLIN, J.C. (2001). «Genes, Evolution, and Personality». *Behavior Genetics*, 31, 243-273.

BOUCHARD, T.J. et McGUE, M. (1981). « Familial Studies of Intelligence : A Review ». *Science, 212*, 1055-1059.

BOUCHARD, T.J. et SEGAL, N.L.K. (1985). « Environment and IQ ». Dans B.B. WOLMAN (dir.), *Handbook of Intelligence : Theories, Measurements and Applications*, New York : Wiley.

BOUCHEY, H.A. et FURMAN, W. (2003). « Dating and Romantic Experiences in Adolescence ». Dans G.R. ADAMS et M.D. BERSONSKY (dir.), *Blackwell Handbook of Adolescence*, Malden (Mass.) : Blackwell.

BOUSQUET, J.-C. (2006). *Les indicateurs de l'éducation, édition 2006*, Québec : Gouvernement du Québec, Ministère de l'Éducation, du Loisir et du Sport, http://www.mels.gouv.qc.ca/stat/indic06/docum06/Indic06_472829.pdf

BOYCE, W. (2004). « Les jeunes au Canada : leur santé et leur bien-être ». Dans HBSC, *Les comportements de santé des jeunes d'âge scolaire : une étude multi-nationale de l'Organisation mondiale de la santé*, Ottawa : Santé Canada, http://www.phac-aspc.gc.ca/dca-dea/publications/hbsc-2004/pdf/hbsc_report_2004_f.pdf, consulté le 25 février 2008.

BOYCE, W., DOHERTY, M., FORTIN, C.V. et MacKINNON, D. (2003). *Étude sur les jeunes, la santé sexuelle, le VIH et le sida au Canada : facteurs influant sur les connaissances, les attitudes et les comportements*, Toronto : Conseil des ministres de l'Éducation, http://www.masexualite.ca

BOYCE, W., DOHERTY-POIRIER, M., MacKINNON, D., FORTIN, C., SAAB, H., KING, M. et GALLUPE, O. (2006). « Sexual Health of Canadian Youth : Findings from the Canadian Youth, Sexual Health and HIV/AIDS Study ». *The Canadian Journal of Human Sexuality, 15* (2), 59-68.

BRADLEY, R.H. et CORWYN, R.F. (2002). « Socioeconomic Status and Child Development ». *Annual Review of Psychology, 53*, 371-399.

BRAINERD, C.J. (1978). *Piaget's Theory of Intelligence*, Englewood Cliffs (N.J.) : Prentice Hall.

BRAINERD, C.J. (2003). « Jean Piaget, Learning Research, and American Education ». Dans B.J. ZIMMERMAN et D.H. SCHUNK (dir.), *Educational Psychology : A Century of Contributions*, Mahwah (N.J.) : Lawrence Erlbaum.

BRATBERG, G.H., NILSEN, L.I.T., HOLMEN, T.L. et VATTEN, L.J. (2005). « Sexual Maturation in Early Adolescence and Alcohol Drinking and Cigarette Smoking in Late Adolescence : A Prospective Study of 2 129 Norwegian Girls and Boys ». *European Journal of Pediatry, 164*, 621-625.

BRAUN, H., JENKINS, F. et GRIGG, W. (2006). *Comparing Private Schools and Public Schools Using Hierarchical Linear Modeling (NCES 2006-461)*, U.S. Department of Education, National Center for Educational Statistics, Institute of Education Sciences, Washington (D.C.) : U.S. Government Printing Office.

BRAUNER, R. (1999). « Les étapes de la puberté et de la croissance pubertaire ». Dans P. BOUGNÈRES (dir.), *Puberté et croissance*, Paris : Doin éditeurs.

BREHENY, M. et STEPHENS, C. (2007). « Irreconcilable Differences : Health Professionals' Constructions of Adolescence and Motherhood ». *Social Science & Medicine, 64*, 112-124.

BRENNAN, P. et RAINE, A. (1997). « Biosocial Bases of Antisocial Behavior : Psychophysiological, Neurological, and Cognitive Factors ». *Clinical Psychology Reviews, 17*, 589-604.

BRIDGE, J.A., GOLDSTEIN, T.R. et BRENT, D.A. (2006). « Adolescent Suicide and Suicidal Behavior ». *Journal of Child Psychology and Psychiatry, 47*, 372-394.

BRIM, O.G. Jr. (1965). « Adolescent Personality as Self-Other Systems ». *Journal of Marriage and the Family, 27*, 156-162.

BRIM, O.G. Jr. (1966). « Socialization through the Life Cycle ». Dans O.G. BRIM Jr. et S. WHEELER (dir.), *Socialization after Childhood*, New York : Wiley.

BRIM, O.G. Jr. (1976). « Life-span Development of the Theory of Oneself : Implications for Child Development ». Dans H.W. REESE (dir.), *Advances in Child Development and Behavior, 11*, New York : Academic Press.

BRODZINSKY, D.M. (1987). « Adjustment to Adoption : A Psychological Perspective ». *Clinical Psychology Review, 7*, 25-47.

BRODZINSKY, D.M. (1990). « A Stress and Coping Model of Adoption Adjustment ». Dans D.M. BRODZINSKY et M.D. SCHECHTER (dir.), *The Psychology of Adoption*, New York : Oxford University Press.

BROH, B.A. (2002). « Linking Extracurricular Programming to Academic Achievement : Who Benefits and Why ? ». *Sociology of Education, 75*, 69-95.

BRONFENBRENNER, U. (1970). *Two Worlds of Childhood : U.S. and U.S.S.R.*, New York : Russell Sage Foundation.

BRONFENBRENNER, U. (1979). *The Ecology of Human Development : Experiments by Nature and Design*, Cambridge (Mass.) : Harvard University Press.

BRONFENBRENNER, U. (1995). « Developmental Ecology through Space and Time : A Future Perspective ». Dans P. MOEN, G.H. ELDER Jr. et K. LÜCHER (dir.), *Examining Lives in Context : Perspectives on the Ecology of Human Development*, Washington (D.C.) : American Psychological Association.

BRONFENBRENNER, U. (2001). « The Bioecological Theory of Human Development ». Dans N.J. SMELSER et P.B. BALTES (dir.), *International Encyclopedia of the Social and Behavioral Science*, Oxford : Elsevier.

BRONFENBRENNER, U. et MORRIS, P.A. (1998). « The Ecology of Developmental Process ». Dans W. DAMON et R.M. LERNER (dir.), *Handbook of Child Psychology. Vol. 1 : Theoretical Models of Human Development* (5e éd., p. 593-1028), New York : Wiley.

BROOKS-GUNN, J. (1988). « Antecedents and Consequences of Variations in Girls' Maturation Timing ». Dans E.R. McARNEY et M. LEVINE (dir.), *Early Adolescent Transitions*, New York : Heath.

BROOKS-GUNN, J. (1991). « Antecedents of Maturational Timing in Variations in Adolescent Girls ». Dans R.M. LERNER, A.C. PETERSEN et J. BROOKS-GUNN (dir.), *Encyclopedia of Adolescence*, New York : Galand.

BROOKS-GUNN, J. et FURSTENBERG, F.J. Jr. (1989). « Adolescent Sexual Behavior ». *American Psychologist, Special Issue : Children and Their Development : Knowledge Base, Research Agenda, and Social Policy Application, 44* (2), 249-257.

BROOKS-GUNN, J. et WARREN, M.P. (1988). « Mother-Daughter Differences in Menarcheal Age in Adolescent Girls Attending National Dance Company Schools and Non-Dancers ». *Annals of Human Biology, 15* (1), 35-43.

BROWN, A.L. (1978). « Skills, Plan and Self-Regulation ». Dans R.S. SIEGLER (dir.), *Children's Thinking : What Develops ?,* Hillsdale (N.J.) : Lawrence Erlbaum.

BROWN, B.B. (1999). « "You're Going Out with Who ?" : Peer Group Influences on Adolescent Romantic Relationships ». Dans W. FURMAN, B. BROWN BRADFORD et C. FEIRING (dir.), *The Development of Romantic Relationships in Adolescence,* New York : Cambridge University Press.

BROWN, B.B. (2005). « Moving forward with Research on Adolescence : Some Reflections on the State of JRA and the State of the Field ». *Journal of Research on Adolescence, 15,* 657-673.

BROWN, B.B. et KLUTE, C. (2003). « Friendships, Cliques, and Crowds ». Dans G.R. ADAMS et M.D. BERSONSKY (dir.), *Blackwell Handbook of Adolescence,* Malden (Mass.) : Blackwell.

BROWN, J.D. (2000). « Adolescents' Sexual Media Diets ». *Journal of Adolescent Health, 27,* 35-40.

BROWN, J.D. (2002). « Mass Media Influences on Sexuality ». *The Journal of Sex Research, 39* (1), 42-45.

BROWN, L.H. et BECKETT, K.S. (2007). « Parent Involvement in an Alternative School for Students at Risk of Educational Failure ». *Education and Urban Society, 39,* 498-523.

BROWN, R.T. (2004). « Introduction : Changes in the Provision of Health Care to Children and Adolescents ». *Handbook of Pediatric Psychology in School Settings,* Mahwah (N.J.) : Lawrence Erlbaum Associates.

BUCHANAN, C.M. et HEIGES, K.L. (2001). « When Conflict Continues after the Marriage Ends ». Dans J.H. GRYCH et F.D. FINCHAM (dir.), *Interparental Conflict and Child Development,* Cambridge (Mass.) : Cambridge University Press.

BUEHLER, C., KRISHNAKUMAR, A., STONE, G., ANTHONY, C. et coll. (1998). « Interparental Conflict Styles and Youth Problem Behaviors : A Two-sample Replication Study ». *Journal of Marriage and the Family, 60,* 119-132.

BUHRMESTER, D. et FURMAN, W. (1990). « Perceptions of Sibling Relationships during Middle Childhood and Adolescence ». *Child Development, 61,* 1387-1398.

BUKOWSKI, W.M. BRENDGEN, M. et VITARO, F. (2007). « Peers and Socialization : Effects on Externalizing Problems ». Dans J.E. GRUSEC et P.D. HASTINGS (dir.), *Handbook of Socialization. Theory and Research,* New York : Guilford Press.

BURK, W.J. et LAURSEN, B. (2005). « Adolescent Perceptions of Friendship and Their Associations with Individual Adjustment ». *International Journal of Behavioral Development, 29* (2), 156-164.

BUSSERI, M.A., WILLOUGHBY, T., CHALMERS, H. et BOGAERT, A.R. (2006). « Same-Sex Attraction and Successful Adolescent Development ». *Journal of Youth Adolescence, 35,* 563-575.

BYRNES, J.-P. (1988). « Formal Operations : A Systematic Reformulation ». *Developmental Review,* 8, 66-87.

CAFRI, G., YAMAMIYA, Y., BRANNICK, M. et THOMPSON, K.J. (2005). « The Influence of Sociocultural Factors on Body Image : A Meta-Analysis ». *Clinical Psychology : Science and Practice, 12* (4), 421-433.

CAMERON, J.L. (2004). « Interrelationships between Hormones Behavior, and Affect during Adolescence. Understanding Hormonal, Physical, and Brain Changes Occurring in Association with Pubertal Activation of the Reproductive Axis ». *Annals of New York Academic Sciences, 1021,* 110-123.

CAMPBELL, A.A. (1968). « The Role of Family Planning in the Reduction of Poverty ». *Journal of Marriage and the Family, 30,* 236-245.

CAMPBELL, F.A. et RAMEY, C.T. (1994). « Effects of Early Intervention on Intellectual and Academic Achievement : A Follow-Up Study of Children from Low-Income Families ». *Child Development, 65,* 684-698.

CANTIN, S. et BOIVIN, M. (2004). « Change and Stability in Children's Social Network and Self-Perceptions during Transition from Elementary to Junior High-School ». *International Journal of Behavioral Development, 28,* 561-570.

CARLO, G., EISENBERG, N. et KNIGHT, G.P. (1992). « An Objective Measure of Adolescent Prosocial Reasoning ». *Journal of Research on Adolescence, 2,* 331-349.

CARON, C. (2003). « Que lisent les jeunes filles ? Une analyse thématique de la "presse ados" au Québec ». *Pratiques psychologiques, 3,* 49-61. http://archiveSIC.ccsd.cnrs.fr

CARON, H.A. et CARONIA, L. (2005). *Culture mobile. Les nouvelles pratiques de communication,* Montréal : Les Presses de l'Université de Montréal.

CARPENDALE, J. et LEWIS, C. (2006). *How Children Develop Social Understanding,* Malden (Mass.) : Blackwell.

CARPENTER II, D.M., RAMIREZ, A. et SEVERN, L. (2006). « Gap or Gaps. Challenging the Singular Definition of the Achievement Gap ». *Education and Urban Society, 39,* 113-127.

CARSKADON, M.A., ACEBO, C. et JENNI, O.G. (2004). « Regulation of Adolescent Sleep Implications for Behaviour ». *Annals of New York Academy of Sciences, 1021,* 276-291.

CARVER, K., JOYNER, K. et UDRY, J.R. (2003). « National Estimates of Adolescent Romantic Relationships ». Dans P. FLORSHEIM (dir.), *Adolescent Romantic Relations and Sexual Behavior, Theory, Research, and Practical Implications,* Mahwah (N.J.) : Lawrence Erlbaum Associates.

CASENAVE, C., MARTIN, J.-C. et RENONDEAU, Y. (2000). *Puberté et adolescence,* Paris : Masson, coll. « Pédiatrie au quotidien ».

CASEY, B.J., TOTTENHAM, N., LISTON, C. et DURSTON, S. (2005). « Imaging the Developing Brain : What Have We Learned about Cognitive Development ? ». *Trends in Cognitive Science, 9,* 104-110.

CASH, T. (2005). « The Influence of Sociocultural Factors on Body Image : Searching for Constructs ». *Clinical Psychology : Science and Practice, 12* (4), 438-442.

CDC (Centers for Disease Control and Prevention) (2007). « Suicide Trends among Youths and Young Adults Aged 10-24 Years, United States, 1990-2004 ». *MMWR Morb Mortal Wkly Rep. 56,* 905-908.

CECI, J.S. et WILLIAMS, W.M. (1997). « Schooling, Intelligence and Income ». *American Psychologist, 52*, 1051-1058.

CENTERS FOR DISEASE CONTROL AND PREVENTION (2006). « Youth Risk Behaviour Surveillance ». *Surveillance Summaries, 55* (SS-5), États-Unis.

CERTO, J.L., CAULEY, K.M. et CHAFIN, C. (2003). « Student's Perspectives on Their High School Experience ». *Adolescence, 38*, 9-31.

CHAMAY-WEBER, C., NARRING, F. et MICHAUD, P.A. (2005). « Partial Eating Disorders among Adolescents : A Review ». *Journal of Adolescent Health, 37* (5), 417-427.

CHAO, R.K. (2000). « The Parenting of Immigrant Chinese and European American Mothers : Relations between Parenting Styles, Socialization Goals, and Parental Practices ». *Journal of Applied Development Psychology, 21*, 233-248.

CHAO, R.K. et TSENG, V. (2002). « Parenting Asians ». Dans M.H. BORNSTEIN (dir.), *Handbook of Parenting* (vol. 5, 2ᵉ éd.), Mahwah (N.J.) : Lawrence Erlbaum Associates.

CHARBONNEAU, C. (1995). *Les facteurs associés au rythme d'automatisation de l'enfant dans son milieu de vie*, thèse de doctorat non publiée, Québec : Université Laval.

CHARBONNEAU, J. (1999). « La maternité adolescente », *Magazine Réseau, INRS-Urbanisation et Centres Jeunesse de la Montérégie*, 14-19.

CHARBONNEAU, J. (2003). *Adolescentes et mères. Histoires de maternités précoces et soutien social*, Québec : Les Presses de l'Université Laval.

CHÉNÉ, H. (1973), *Interprétation clinique des tests d'intelligence.* Québec : Les Presses de l'Université Laval.

CHOATE, L.H. (2005). « Toward a Theoretical Model of Women's Body Image Resilience ». *Journal of Counseling & Development, 83*, 320-330.

CHOI, Y., HARACHI, T.W., GILLMORE, M.R. et CATALANO, R.F. (2007). « Are Multiracial Adolescents at Greater Risk ? Comparisons of Rates, Patterns, and Correlates of Substance Use and Violence between Monoracial and Multiracial Adolescents ». *American Journal of Orthopsychiatry, 76*, 86-97.

CHOQUET, M. et LEDOUX, S. (1994). *Adolescents, enquête nationale*, enquête épidémiologique réalisée en partenariat avec le ministère de l'Éducation nationale, Paris : Les éditions INSERM.

CHOQUET, M. et LEDOUX, S. (1998). *Attentes et comportements des adolescents*, Paris : Les éditions INSERM.

CLAES, M. (1994). « Le réseau social d'un échantillon d'adolescents québécois : proximité des relations et adaptation personnelle ». *Santé mentale au Québec, 19* (2), 1-9.

CLAES, M. (1998). « Adolescents' Closeness with Parents, Siblings and Friends in Three Countries : Canada, Belgium and Italy ». *Journal of Youth and Adolescence, 27*, 165-184.

CLAES, M. (2003). *L'univers social des adolescents*, Montréal : Les Presses de l'Université de Montréal.

CLAES, M. et SIMARD, R. (1992). « Friendship Characteristics of Delinquent Adolescents ». *International Journal of Adolescence and Youth, 3*, 287-301.

CLARKE-STEWART, A.K., VANDELL, D.L., McCARTNEY, K., OWEN, M.T. et BOOTH, C. (2000). « Effects of Parental Separation and Divorce on Very Young Children ». *Journal of Family Psychology, 14*, 304-326.

CLEARY, S.D. (2000). « Adolescent Victimization and Associated Suicidal and Violent Behavior ». *Adolescence, 35*, 671-682.

CLOUTIER, R. (1994a). « La dynamique des conduites extrêmes chez les jeunes ». *Frontières, 6*, 18-22.

CLOUTIER, R. (1994b). *Mieux vivre avec nos adolescents*, Montréal : Le Jour.

CLOUTIER, R. (2004). *Vulnérabilités masculines. Une approche biopsychosociale*, Montréal : Éditions de l'Hôpital Sainte-Justine.

CLOUTIER, R. et GROLEAU, G. (1988). « Communication et responsabilisation : les clés de l'adolescence ». *Santé mentale au Québec, 12*, 59-68.

CLOUTIER, R., BISSONNETTE, C., OUELLET-LABERGE, J. et PLOURDE, M. (2004). « Monoparentalité et développement de l'enfant ». Dans M.-C. SAINT-JACQUES, S. DRAPEAU, D. TURCOTTE et R. CLOUTIER (2004), *Séparation, monoparentalité et recomposition familiale. Bilan d'une réalité complexe et pistes d'action*, Québec : Les Presses de l'Université Laval.

CLOUTIER, R., CHAMPOUX, L., JACQUES, C. et LANCOP, C. (1994a). *Ados, familles et milieux de vie*, enquête menée dans le cadre de l'Année internationale de la famille et comparant les élèves du secondaire avec les jeunes en difficulté, en collaboration avec l'Association des Centres jeunesse du Québec, Québec : Centre de recherche sur les services communautaires de l'Université Laval.

CLOUTIER, R., CHAMPOUX, L., JACQUES, C. et LANCOP, C. (1994b). *Nos ados et les autres*, enquête menée dans le cadre de l'Année internationale de la famille et comparant les élèves du secondaire avec les jeunes en difficulté, en collaboration avec l'Association des Centres jeunesse du Québec, Québec : Centre de recherche sur les services communautaires de l'Université Laval.

CLOUTIER, R., CHAMPOUX, L., LEGAULT, G. et GIROUX, L. (1991). *Les habitudes de vie des élèves du secondaire*, Québec : Service de la recherche du ministère de l'Éducation du Québec.

CLOUTIER, R., FILION, L. et TIMMERMANS, H. (2001). *Les parents se séparent… pour mieux vivre la crise et aider son enfant*, Montréal : Éditions de l'Hôpital Sainte-Justine, coll. « Parents ».

CLOUTIER, R., GOSSELIN, P. et TAP, P. (2005). *Psychologie de l'enfant*, Montréal : Gaëtan Morin Éditeur.

COBB, N.J. (2007). *Adolescence Continuity, Change, and Diversity*, 6ᵉ éd., Boston : McGraw-Hill.

COLE, A. et KERNS, K.A. (2001). « Perceptions of Sibling Qualities and Activities of Early Adolescents ». *Journal of Early Adolescence, 21* (2), 204-227.

COLEMAN, J.C. (1974). *Relationships in Adolescence*, Boston et Londres : Routledge et Paul Kegan.

COLEMAN, J.C. (1980). *The Nature of Adolescence*, Londres : Methuen.

COLEMAN, J.C. et HENDRY, L. (1990). *The Nature of Adolescence*, Londres : Routledge.

COLEMAN, J.S. (1980). « Friendship and the Peer Group in Adolescence ». Dans ADELSON, J. (dir.), *Handbook of Adolescent Psychology,* New York : Wiley.

COLEMAN, J.S. et coll. (1966). *Equality of Educational Opportunity Study (Coleman Study)*, Washington (D.C.) : U.S. Department of Health, Education, and Welfare.

COLEMAN, J.S. et HENDRY, L.B. (1990). *The Nature of Adolescence*, New York: Routledge.

COLEMAN, M., GANONG, L. et FINE, M.A. (2000). « Reinvestigating Remarriage: Another Decade of Progress ». *Journal of Marriage and the Family, 62*, 1288-1307.

COLES, R. (1970). *Erik H. Erikson: The Growth of His Work*, Boston: Atlantic-Little Brown.

COLLINS, A.W. (2003). « More than Myth: The Developmental Significance of Romantic Relationships during Adolescence ». *Journal of Research on Adolescence, 13*(1), 1-24.

COLLINS, A.W. (2005). « Parsing Parenting: Reining Models of Parental Influence during Adolescence ». *Monographs of the Society for Research in Child Development, 70*, 138-145.

COLLINS, A.W. et SROUFE, A.L. (1999). « Capacity for Intimate Relationships: A Developmental Construction ». Dans W. FURMAN, B. BROWN BRADFORD et C. FEIRING (dir.), *The Development of Romantic Relationships in Adolescence*, New York: Cambridge University Press.

COLLINS, A.W. et STEINBERG, L. (2006). « Adolescent Development in Interpersonal Context ». Dans N. EISENBERG (dir.), *Handbook of Child Psychology*. Vol. 3: *Social, Emotional, and Personality Development* (6e éd.), Hoboken (N.J.): John Wiley & Sons.

COLLINS, A.W., MACCOBY, E.E., STEINBERG, L., HETHERINGTON, M.E. et BORNSTEIN, M.H. (2000). « Contemporary Research on Parenting: The Case for Nature and Nurture ». *American Psychologist, 55*(2), 218-232.

COLLINS, E.M. (1991). « Body Figure Perceptions and Preferences among Preadolescent Children ». *International Journal of Eating Disorders, 10*(2), 208-217.

COLLINS, W.A. et LAURSEN, B. (2004). « Changing Relationships, Changing Youth: Interpersonal Contexts of Adolescent Development ». *Journal of Early Adolescence,* Special Issue: *Memorial Issue: Adolescence: The Legacy of Hershel and Ellen Thornburg, 24*(1), 55-62.

COLLINS, W.A., MACCOBY, W., ELEANOR, E., STEINBERG, L., HETHERINGTON, E.M. et BORNSTEIN, M.H. (2000). « Contemporary Research on Parenting. The Case for Nature and Nurture ». *American Psychologist, 55*(2), 218-232.

COMITÉ PERMANENT DE LA SANTÉ DE LA CHAMBRE DES COMMUNES (2007). *Des enfants en santé: une question de poids*, rapport n° 7 sur l'obésité juvénile, Ottawa: Chambre des communes. http://cmte.parl.gc.ca/cmte/CommitteePublication. aspx?COM=10481&Lang=2&SourceId=199311, consulté le 3 octobre 2007.

CONGER, J.J. (1991). *Adolescence and Youth*, 4e éd., New York: Harper Collins.

CONGER, R.D., CUI, M., BRYANT, C.M et ELDER, G.H. Jr. (2000). « Competence in Early Adult Romantic Relationships: A Developmental Perspective on Family Influences ». *Journal of Psychology and Social Psychology, 79*(2), 224-237.

CONNOLLY, J., CRAIG, W., GOLDBERG, A. et PEPLER, D. (1999). « Conceptions of Cross-Sex Friendships and Romantic Relationships in Early Adolescence ». *Journal of Youth and Adolescence, 28*(4), 481-494.

CONNOLLY, J., CRAIG, W., GOLDBERG, A. et PEPLER, D. (2004). « Mixed-gender Groups, Dating, and Romantic Relationships in Early Adolescence ». *Journal of Research on Adolescence, 14*(2), 185-207.

CONNOLLY, J., FURMAN, W. et KONARSKI, R. (2000). « The Role of Peers in the Emergence of Heterosexual Romantic Relationships in Adolescence ». *Child Development, 71*, 1395-1408.

CONNOR. J.M. et SERBIN, L. (1977). « Behaviorally Based Masculine-and-Feminine-Activity-Preference Scales for Prescholers: Correlates with Other Classroom Behaviors and Cognitive Tests ». *Child Development, 48*, 1411-1416.

CONSEIL CANADIEN DE LA SANTÉ (2006). *Leur avenir commence maintenant: des choix sains pour les enfants et les jeunes au Canada*, Canada.

CONSEIL PERMANENT DE LA JEUNESSE (2007). *Recherche-avis Sortons l'homophobie du placard... et de nos écoles secondaires*, Québec: Gouvernement du Québec.

CONSEIL SUPÉRIEUR DE L'ÉDUCATION DU QUÉBEC (1999). *Pour une meilleure réussite scolaire des garçons et des filles. Synthèse*, Québec: Gouvernement du Québec, Conseil supérieur de l'éducation, http://www.cse.gouv. qc.ca/FR/Panorama1999-11-1-SY/index.html, consulté le 21 janvier 2008.

CORMIER, N. et BOUCHARD, C. (2004). *Renforcer une culture de bienveillance et de collaboration autour du bien-être des tout-petits. Évaluation d'une initiative communautaire*, Montréal: Université du Québec à Montréal, GRAVE-ARDEC.

CORNELL, D.G. (2006). *School Violence: Fears versus Facts*, Mahwah (N.J.): Lawrence Erlbaum Associates.

CÔTÉ, J.E. et SCHWARTZ, S.J. (2002). « Comparing Psychological and Sociological Approaches to Identity: Identity Status, Identity capital, and the Individualization Process ». *Journal of Adolescence, 25*, 571-586.

COTHRAN, D. et ENNIS, C. (2000). « Building Bridges to Student Engagement: Communicating Respect and Care for Students in Urban High Schools ». *Journal of Research and Development in Education, 33*, 106-117.

COYNE, S.M., ARCHER, J. et ESLEA, M. (2006). « "We're Not Friends Anymore! Unless...": The Frequency and Harmfulness of Indirect Relational, and Social Aggression ». *Aggressive Behavior, 32,* 294-307.

CRAWFORD, D.C., MEADOWS, K.L., NEWMAN, J.L., TAFT, L.F., PETTAY, D.L., GOLD, L.B. et coll. (1999). « Prevalence and Phenotype Consequence of FRAXA and FRAXE Alleles in Large, Ethnically Diverse, Special Education-Needs Population ». *American Journal of Human Genetics, 64*, 495-507.

CRAWFORD, G.B. (2004). *Managing the Adolescent Classroom. Lessons from Outstanding Teachers*, Thousand Oaks (Calif.): Corwin Press et Sage.

CRICK, N.R., NELSON, D.A., MORALES, J.R., CULLERTON-SEN, C., CASAS, J.F. et HICKMAN, S.E. (2001). « Relational Victimization in Childhood and Adolescence: I Hurt You through the Grapevine ». Dans J. JUVONEN et S. GRAHAM (dir.), *Peer Harassment in School: The Plight of the Vulnerable and Victimized*, New York: Guilford Press.

CROCKETT, L.J., RAFFAELLI, M. et MOILANEN, K.L. (2003). « Adolescent Sexuality : Behavior and Meaning ». Dans G.R. ADAMS et M.D. BERZONSKY (dir.), *Blackwell Handbook of Adolescence. Blackwell Handbooks of Developmental Psychology*, Malden (Mass.) : Blackwell.

CROUTER, A.C., HELMS-ERICKSON, H., UPDEGRAFF, K. et McHALE, S.M. (1999). « Conditions Underlying Parents' Knowledge about Children's Daily Lives in Middle Childhood : Between- and Within-Family Comparisons ». *Child Development, 70* (1), 246-259.

CSDM (2006). *Intimidation*, documents de prévention de la violence, Montréal : Commission scolaire de Montréal, Centre de documentation, http://www.csdm.qc.ca/Csdm/Administration/pdf/Depl_intimidation.pdf, consulté le 18 janvier 2008.

CYR, F. et CAROBENE, G. (2004). « Le devenir des enfants du divorce : résilients mais pas invulnérables ». Dans M.-C. SAINT-JACQUES, S. DRAPEAU, D., TURCOTTE et R. CLOUTIER (dir.), *Séparation, monoparentalité et recomposition familiale. Bilan d'une réalité complexe et pistes d'action*, Québec : Les Presses de l'Université Laval.

CYRULNIK, B. (1999). *Un merveilleux malheur*, Paris : Éditions Odile Jacob.

DAHLBERG, L.L. et T.R. SIMON (2006). « Predicting and Preventing Youth Violence : Developmental Pathways and Risk ». Dans J.R. LUTZKER (dir.), *Preventing Violence : Research and Evidence-Based Intervention Strategies*, Washington (D.C.) : American Psychological Association.

DALE, L.G. (1970). « The Growth of Systematic Thinking : Replication and Analysis of Piaget's Just Chemical Experiment ». *Australian Journal of Psychology, 22*, 277-286.

DARLING, N. et STEINBERG, L. (1993). « Parenting Style as Context : An Integrative Model ». *Psychological Bulletin, 113*, 487-496.

DARWIN, C. (1859). *On the Origin of Species by Means of Natural Selection, or the Preservation of Favoured Races in the Struggle for Life (L'Origine des espèces)*, Londres : John Murray.

DARWIN, C. (1868). *The Variation of Animals and Plants under Domestication*, Londres : John Murray, 2 vol.

DARWIN, C. (1871). *The Descent of Man, and Selection in Relation to Sex*, Londres : John Murray, 2 vol.

DASEN, P.R. (1972). « Cross Cultural Piagetian Research : A Summary ». *Journal of Crosscultural Psychology, 3*, 23-29.

DASEN, P.R. et MISHRA, R.C. (2000). « Cross-Cultural Views on Human Development in the Third Millenium ». *International Journal of Behavioral Development, 24*, 428-434.

D'AUGELLI, A.R. (1991). « Teaching Lesbian/Gay Development : From Oppression to Exceptionality ». *Journal of Homosexuality*, Special Issue : *Coming Out of the Classroom Closet : Gay and Lesbian Students, Teachers, and Curricula, 22* (3-4), 213-227.

DAVIS, A. (1944). « Socialization and Adolescent Personality ». *Adolescence Yearbook of the National Society for the Study of Education*, vol. 43, partie 1.

DAWSON, G., ASHMAN, S.B. et CARVER, L.J. (2000). « The Role of Early Experience in Shaping Behavioral and Brain Development and Its Implications for Social Policy ». *Development and Psychopathology, 12*, 695-712.

De LISI, R. et STAUDT, J. (1980). « Individual Differences in College Students' Performance on Formal Operations Tasks ». *Journal of Applied Developmental Psychology, 1*, 163-174.

DEAL, T.E. et PETERSON, K.D. (1999). *Shaping School Culture : The Heart of Leadership*, San Francisco : Jossey-Bass.

DEATER-DECKARD, K., DUNN, J. et LUSSIER, G. (2002). « Sibling Relationships and Social-Emotional Adjustment in Different Family Contexts ». *Social Development, 11* (4), 571-590.

DELEMARRE- van de WAAL, H.A. (2005). « Secular Trend of Timing of Puberty ». Dans H.A. DELEMARRE- van de WAAL (dir.), *Abnormalities in Puberty Scientific and Clinical Advances*, New York : Karger.

DELL, C.A. et BOE, R. (2001). « Les jeunes délinquantes au Canada », édition révisée. *Forum : Recherche sur l'actualité correctionnelle, 13* (2), Ottawa : Service correctionnel du Canada.

DELSING, J.J., TER BOGT, T.F.M., ENGELS, R.C. et MEEUS, W.H. (2007). « Adolescents' Peer Crowd Identification in the Netherlands : Structure and Associations with Problems Behaviours ». *Journal of Research on Adolescence, 17* (2), 467-480.

DEMETRIOU, A., CHRISTOU, C., SPANOUDIS, G. et PLATSIDOU, M. (2002). « The Development of Mental Processing : Efficiency, Working Memory, and Thinking ». *Monography of the Society for Research in Child Development, 67* (1).

DEROSE, L. et BROOKS-GUNN, J. (2006). « Transition into Adolescence : The Role of Pubertal Process ». Dans L. BALTER et C.S. TAMIS-LEMONDA (dir.), *Child Psychology : A Handbook of Contempory issues*, 2e éd., New York : Taylor and Francis Group.

DESLANDES, R. (1996). *Collaboration entre l'école et les familles : influence du style parental et de la participation parentale sur la réussite scolaire au secondaire*, thèse de doctorat non publiée, Québec : Université Laval.

DESLANDES, R. et CLOUTIER, R. (2000). « Engagement parental dans l'accomplissement scolaire et réussite des adolescents à l'école ». *Bulletin de psychologie scolaire et d'orientation, 2*, 53-72.

DEVOIR (LE) (2006). « Accidents de la route : plus de jeunes meurent faute d'avoir bouclé leur ceinture ». Montréal : *Le Devoir*, 28 décembre.

DIAMOND, L.M. (2003a). « Love Matters : Romantic Relationships among Sexual-Minority Adolescents ». Dans P. FLORSHEIM (dir.), *Adolescent Romantic Relations and Sexual Behavior, Theory, Research, and Practical Implications*, Mahwah, (N.J.) : Lawrence Erlbaum Associates.

DIAMOND, L.M. (2003b). « New Paradigms for Research on Heterosexual and Sexual-Minority Development ». *Journal of Clinical Child and Adolescent Psychology, 32*, 490-498.

DIAMOND, L.M. et DUBÉ, É.M. (2002). « Friendship and Attachment among Heterosexual and Sexual-Minority Youths : Does the Gender of your Friend Matter ? ». *Journal of Youth and Adolescence, 31*, 155-166.

DIAMOND, L.M. et LUCAS, S. (2004). « Sexual-Minority and Heterosexual Youths' Peer Relationships : Experiences, Expectations, and Implications for Well-Being ». *Journal of Research on Adolescence, 14* (3), 313-340.

DIAMOND, L.M. et SAVIN-WILLIAMS, R.C. (2003). « The Intimate Relationships of Sexual-minority Youths ». Dans G.R. ADAMS et M.D. BERZONSKY (dir.), *Blackwell Handbook of Adolescence*, Malden (Mass.) : Blackwell.

DIAMOND, L.M., SAVIN-WILLIAMS, R.C. et DUBÉ, É.M. (1999). « Sex, Dating, Passionate Friendships, and Romance : Intimate Peer Relations among Lesbian, Gay and Bisexual Adolescents ». Dans W. FURMAN, B. BROWN BRADFORD et C. FEIRING (dir.), *The Development of Romantic Relationships in Adolescence*, New York : Cambridge University Press.

DIAMOND, N. (1982). « Cognitive Theory ». Dans B.B. WOLMAN (dir.), *Handbook of Developmental Psychology*, Englewood Cliffs (N.J.) : Prentice-Hall, chap. 1.

DICK, D.M., ROSE, J.R., PULKKINEN, L ET KAPRIO, J. (2001). « Measuring Puberty and Understanding its Impact : A Longitudinal Study of Adolescent Twins ». *Journal of Youth and Adolescence, 30* (4), 385-399.

DiCLEMENTE, R.J., SALAZAR, L.F. et CROSBY, R.A. (2007). « A Review of STD/HIV Preventive Interventions for Adolescents : Sustaining Effects Using an Ecological Approach ». *Journal of Pediatric Psychology*, août.

DiGUILIO, R. (1995). *Positive Classroom Management. A Step-by-Step Guide to Successfully Running the Show without Destroying Student Dignity*, Thousand Oaks (Calif.) : Corwin Press et Sage.

DIONNE, É. (2002). *Le suicide chez les adolescents homosexuels*, mémoire de maîtrise, Québec : École de psychologie de l'Université Laval.

DIRECTION DE LA SANTÉ PUBLIQUE (2003). *Prévenir la grossesse à l'adolescence. Prévention en pratique médicale*, Montréal : Régie régionale de la santé et des services sociaux de Montréal-Centre.

DISHION, T.J. et PATTERSON, G.R. (2006). « The Development and Ecology of Antisocial Behavior ». Dans D. CICCHETTI et D.J. COHEN (dir.). *Developmental Psychopathology*, vol. 3 : *Risk, Disorder, and Adaptation*, New York : Wiley.

DISHION, T.J., McCORD, J. et POULIN, F. (1999). « When Interventions Harm Peer Groups and Problem Behaviour ». *American Psychologist, 54* (9), 755-764.

DISHION, T.J., POULIN, F. et BURRASTON, B. (2000). « Peer Group Dynamics Associated with Iatrogenic Effects in Group Interventions with High-Risk Young Adolescents ». Dans D.W. NANGLE et C.A. ERDLEY (dir.), *The Role of Friendship in Psychological Adjustment. New Direction for Child and Adolescent Development*, vol. 91, San Francisco (Calif.) : Jossey-Bass.

DODGE, K.A. et PETTIT, G.A. (2003). « A Biopsychosocial Model of the Development of Chronic Conduct Problems in Adolescence ». *Developmental Psychology, 39*, 349-371.

DODSON, F. (1987). *Tout se joue avant six ans*, Paris : Robert Laffont.

DOLTO, F. et DOLTO-TOLITCH, C. (1989). *Paroles pour adolescents*, Paris : Hatier.

DONALD, M. (2001). *A Mind so Rare : The Evolution of Human Consciousness*, New York : Norton.

DORAIS, M. (2000). *Mort ou fif. La face cachée du suicide chez les garçons*, Montréal : VLB éditeur.

DORAIS, M. et VERDIER, É. (2005). *Sains et saufs. Petit manuel de lutte contre l'homophobie à l'usage des jeunes*, Montréal : VLB éditeur.

DORN, L.D. et ROTENSTEIN, D. (2004). « Early Puberty in Girls : The Case of Premature Adrenarche ». *Women's Health Issues, 14* (6), 177-183.

DORN, L.D., SUSMAN, E.J. et PONIRAKIS, A. (2003). « Pubertal Timing and Adolescent Adjustment and Behaviour : Conclusions Vary by Rater ». *Journal of Youth and Adolescence, 32* (3), 157-167.

DOUVAN, E., ADELSON, J. et COLEMAN, J.S. (1966). *The Adolescent Experience,* New York : Wiley.

DOWNS, A.C. (1990). « The Social Biological Constructs of Social Competency ». Dans T.P. GULLOTTA, G.R. ADAMS et R. MONTEMAYOR (dir.), *Developing Social Competency in Adolescence*, New York : Sage.

DOWNS, A.C. et ABSHIER, G.R. (1982). « Conceptions of Physical Appearance among Young Adolescents : The Interrelationships among Self-Judged Appearance, Attractiveness Stereotyping and Sex-Typed Characteristics ». *Journal of Early Adolescence, 2*, 255-265.

DOWNS, A.C. et SCARBOROUGH HILLJE, L. (1993). « Historical and Theoretical Perspectives on Adolescent Sexuality : An Overview ». Dans T.P. GULLOTTA, G.R. ADAMS et R. MONTEMAYOR (dir.), *Adolescent Sexuality*, New York : Sage.

DRAPEAU, S., DESCHESNES, M., LAVALLÉE, C. et LEPAGE, L. (2002). « Soutien social ». Dans *Enquête sociale et de santé auprès des enfants et des adolescents québécois 1999*, Québec : Institut de la statistique du Québec, chap. 7.

DRAPEAU, S., GAGNÉ, M.-H. et HÉNAULT, R. (2004). « Conflits conjugaux et séparation des parents ». Dans M.-C. SAINT-JACQUES, S. DRAPEAU, R. CLOUTIER et D. TURCOTTE (dir.), *La vie après la séparation des parents*, Québec : Les Presses de l'Université Laval, 175-193.

DRAPEAU, S., SAINT-JACQUES, M.-C., GAGNÉ, M.-H., CLOUTIER, R. et LÉPINE, R. (2006). « Conjugal Conflict and Parental Separation ». Dans K. ÖSTERMAN et K. BJÖRKQVIST (dir.). *Contemporary Research on Aggression*. Proceedings of the XVI World Meeting of the International Society for Research on Aggression, Santorini, Grèce, 2004, Åbo Akademi University, Finlande, 198-203.

DRYFOOS, J.G. (1990). *Adolescents at Risk. Prevalence and Prevention*, New York : Oxford University Press.

DUBÉ, G. et CAMIRAND, J. (2007). *Enquête québécoise sur le tabac, l'alcool, la drogue et le jeu chez les élèves du secondaire, 2006*, Québec : Institut de la statistique du Québec, http://www.stat.gouv.qc.ca/publications/sante/pdf2007/tabac _alcool2006c3.pdf, consulté le 26 février 2008.

DUBEAU, D. (2002). *Tendances contemporaines de la famille. Portrait des pères*, Ottawa : Institut Vanier de la famille.

DUCHESNE, L. (2002). « Les enfants et le divorce : de plus en plus de garde partagée ». *Données sociodémographiques en bref*, Gouvernement du Québec : Institut de la statistique du Québec.

DUFORT, F., GUILBERT, É. et SAINT-LAURENT, L. (2000*). La grossesse à l'adolescence et sa prévention : au-delà de la pensée magique !*, Québec : Régie régionale de la santé et des services sociaux de Québec et Direction de la santé publique de Québec.

DUNGER, D.B., AHMED, M.L. et ONG, K.K. (2005). « Effects of Obesity on Growth and Puberty ». *Best Practice & Research Clinical Endocrinology & Metabolism, 19* (3), 375-390.

DUNN, J., SLOMKOWSKI, C. et BEARDSALL, L. (1994). « Sibling Relationships from the Preschool Period through Middle Childhood and Early Adolescence ». *Developmental Psychology, 30* (3), 315-324.

DUNPHY, O.C. (1963). « The Social Structure of Urban Adolescent Peer Groups ». *Sociometry, 26*, 230-246.

DYKENS, E.M., HODAPP, R.M. et FINUCANE, B.M. (2000). *Genetics and Mental Retardation Syndromes : A New Look at Behavior and Intervention*, Baltimore : Brookes.

ECCLES, J.S. (2004). « Schools, Academic Motivation, and Stage-Environment Fit ». Dans R.M. LERNER et L. STEINBERG (dir.), *Handbook of Adolescent Psychology* (2e éd.), Hoboken (N.J.) : Wiley.

ECCLES, J.S. et MIDGLEY, C. (1989). « Stage/Environment Fit : Developmentally Appropriate Classrooms for Young Adolescents ». Dans R.E. AMES et C.A. AMES (dir.), *Research on Motivation in Education*, vol. 3, New York : Academic Press.

ECCLES, J.S. et MIDGLEY, C. (1990). « Changes in Academic Motivation and Self-perception during Early Adolescence ». Dans R. MONTEMAYOR, G.R. ADAMS et T.P. GULLOTTA (dir.), *From Childhood to Adolescence : A Transitional Period ?*, New York : Sage.

ECCLES, J.S., MIDGLEY, C., WIGFIELD, A., BUCHANAN, C.M., REUMAN, D., FLANAGAN, C. et MacIVER, D. (1993). « Development during Adolescence : The Impact of Stage-Environment Fit on Adolescents Experiences in Schools and Families ». *American Psychologist, 48*, 90-101.

ECKERT, P. (1989). *Jocks & Burnouts. Social Categories and Identity in the High School*. New York : Teachers College Press.

EGAN, S.K. et PERRY, D.G. (2001). « Gender Identity : A Multidimensional Analysis with Implications for Psychosocial Adjustment ». *Developmental Psychology, 37*, 451-463.

EILERS, A.M. et CAMACHO, A. (2007). « School Culture Change in the Making. Leadership Factors that Matters ». *Urban Education, 42*, 616-637.

EISENBERG, N. et FABES, R.A. (1998). « Prosocial Development ». Dans N. EISENBERG et W. DAMON (dir.), *Handbook of Child Development. Vol. 4 : Social, Emotional and Personality Development* (5e éd.), New York : Wiley.

EISENBERG, N. et MORRIS, A.S. (2004). « Moral Cognitions and Prosocial Responding in Adolescence ». Dans R.M. LERNER et L. STEINBERG (dir.), *Handbook of Adolescent Psychology*, 2e éd., Hoboken (N.J.) : John Wiley.

ELDER, G.H. Jr. (1968). « Adolescent Socialization and Development ». Dans E. BORGOTTA et W. LAMBERT (dir.), *Handbook of Personality Theory and Research*, Chicago : Rand McNally.

ELDER, G.H. Jr. (1975). « Adolescence in the Life Cycle : An Introduction ». Dans S.E. DRAGASTIN et G.H. ELDER (dir.), *Adolescence in Life Cycle*, Washington (D.C.) : Hemisphere.

ELDER, G.H. Jr. (1980). « Adolescence in Historical Perspective ». Dans J. ADELSON (dir.), *Handbook of Adolescent Psychology*, New York : Wiley-Interscience.

ELLIS, B.J. (2004). « Timing of Pubertal Maturation in Girls : An Integrated Life History Approach ». *Psychological Bulletin, 130*, 920-958.

ELLIS, B.J., McFAYDEN-KETCHUM, S., DODGE, K.A., PETIT, G.S. et BATES, J.E. (1999). « Quality of Early Family Relationships and Individual Differences in the Timing of Pubertal Maturation in Girls : A Longitudinal Test of an Evolutionary Model ». *Journal of Personality and Social Psychology, 77*, 387-401.

EMERY, R.E. (1999). *Marriage, Divorce, and Children's Adjustment*, 2e éd., Thousand Oaks (Calif.) : Sage.

ENDLEMAN, R. (1989). *Love and Sex in Twelve Cultures*, New York : Psyche.

ENGELS, N., AELTERMAN, A., Van PETEGEM, K. et SCHEPENS, A. (2003). « Factors which Influence the Well-Being of Pupils in Flemish Secondary Schools ». *Educational Studies, 30*, 127-143.

ENNETT, S.T. et BAUMAN, K.E. (1994). « The Contribution of Influence and Selection to Adolescent Peer Group Homogeneity : The Case of Adolescent Cigarette Smoking ». *Journal of Personality and Social Psychology, 67* (4), 653-663.

ERDLEY, C.A, NANGLE, D.W., NEWMAN, J.E. et CARPENTER, E.M. (2001). « Children's Friendship Experiences and Psychological Adjustment : Theory and Research ». Dans D.W. NANGLE et C.A. ERDLEY (dir.), *The Role of Friendship in Psychological Adjustment. New Direction for Child and Adolescent Development*, vol. 91, San Francisco (Calif.) : Jossey-Bass.

ERIKSON, E.H. (1956-1959). « The Problem of Ego Identity ». *Journal of the American Psychoanalytic Association, 4*, 56-121 ; *Psychological Issues, 1*, 101-164.

ERIKSON, E.H. (1959). « Identity in the Life-Cycle : Selected Papers ». *Psychological Issues Monographs*, New York : International Universities Press, série no 1.

ERIKSON, E.H. (1968). *Identity : Youth and Crisis*, New York : Norton.

ERIKSON, E.H. (1975). *Life History and the Historical Moment*, New York : Norton.

ERIKSON, E.H. (1982). *The Life Cycle Completed : A Review*, New York : Norton.

ESKIN, M., KAYNAK-DEMIR, H. et DEMIR, S. (2005). « Same-Sex Sexual Orientation, Childhood Sexual Abuse, and Suicidal Behavior in University Students in Turkey ». *Archives of Sexual Behavior, 34*, 185-195.

EVANS, G.W. (2004). « The Environment of Childhood Poverty ». *American Psychologist, 59*, 77-92.

FARINGTON, D. (2004). « Conduct Disorder, Aggression, and Delinquency ». Dans R. LERNER et L. STEINBERG (dir.), *Handbook of Adolescent Psychology*, New York : Wiley.

FECHNER, P.Y. (2003). « The Biology of Puberty : New Developments in Sex Differences ». Dans C. HAYWARD, *Gender Differences at Puberty*, New York : Cambridge University Press.

FEDER, J., LEVANT, R.F. et DEAN, J. (2007). « Boys and Violence : A Gender-Informed Analysis ». *Professional Psychology : Research and Practice, 38*, 385-391.

FEINGOLD, A. et MAZZELLA, R. (1998). « Gender Differences in Body Image Are Increasing ». *Psychological Science, 9* (3), 190-195.

FELMLEE, D.H. (1994). « Who's on Top ? Power in Romantic Relationships ». *Sex Roles, 31* (5-6), 275-295.

FERNET, M., IMBLEAU, M. et PILOTE, F. (2002). « Sexualité et mesures préventives contres les MTS et la grossesse ». Dans *Enquête sociale et de santé auprès des enfants et des adolescents québécois 1999*, Québec : Institut de la statistique du Québec, coll. « La santé et le bien-être », Gouvernement du Québec.

FEUERSTEIN, R. (1979). *The Dynamic Assessment of Retarded Performers*, Baltimore : University Park Press.

FEUERSTEIN, R. (1980). *Instrumental Enrichment : An Intervention Program for Cognitive Modifiability*, Baltimore : University Park Press.

FIELD, E. CAMARGO, C.A., TAYLOR, B., BERKEY, C.S., ROBERTS, S.B. et COLDITZ, G.A. (2001). « Peer, Parent, and Media Influences on the Development of Weight Concerns and Frequent Dieting among Preadolescent and Adolescent Girls and Boys ». *Pediatrics*, 107 (1), 54-60.

FIELD, E., CHEUNG, L., WOLF, A., GORTMAKER, S.L. et COLDITZ, G. (1999). « Exposure to the Mass Media and Weight Concerns among Girls ». *American Academy of Pediatrics, 103*, 36.

FINKELSTEIN, J.W., SUSMAN, E.J., CHINCHILLI, V.M., KUNSELMAN, S.J., D'ARCANGELO, M.R., SCHWAB, J., DEMERS, L.M., LIBEN, L.S., LOOKINGBILL, G. et KULIN, H.E. (1997). « Estrogen or Testosterone Increases Self-reported Aggressive Behaviors in Hypogondal Adolescents ». *The Journal of Clinical Endocrinology and Metabolism, 82* (8), 2433-2438.

FISHER, J.D., FISHER, W.A., BRYAN, A.D. et MISOVICH, S.J. (2002). « Information-Motivation-Behavioral Skills Model-Based HIV Risk Behavior Change Intervention for Inner-City High School Youth ». *Healthy Psychology, 21* (2), 177-186.

FISHKIN, J., KENISTON, K. et MacKINNON, C. (1978). « Moral Reasoning and Political Ideology ». *Journal of Personality and Social Psychology, 27*, 109-119.

FLANAGAN, D.P. et HARRISON, P.L. (2005). *Contemporary Intellectual Assessment, Theories, Tests and Issues*, 2ᵉ éd., New York : Guilford.

FLAVELL, J.H. (1963). *The Developmental Theory of Jean Piaget*, New York : Van Nostrand Reinhold.

FLAVELL, J.H. (1979). « Metacognition and Cognitive Monitoring : A New Area of Cognitive Development Inquiry ». *American Psychologist, 34*, 906-911.

FLAVELL, J.H. (1981). « Cognitive Monitoring ». Dans W.P. DICKSON (dir.), *Children's Oral Communication Skills*, New York : Academic Press.

FLAVELL, J.H. (1985a). *Cognitive Development*, 2ᵉ éd., Englewood Cliffs (N.J.) : Prentice Hall.

FLAVELL, J.H. (1985b). « Développement métacognitif ». Dans J.BIBEAU et M. RICHAELLE (dir.), *Psychologie développementale. Problèmes et réalités*, Bruxelles : Mardaga.

FLAVELL, J.H. (2000). « Development of Children's Knowledge about the Mental World ». *International Journal of Behavioral Development, 24*, 15-23.

FLAVELL, J.H. (2004). « Theory-of-Mind Development : Retrospect and Prospect ». *Merrill-Palmer Quarterly, 50*, 274-290.

FLAVELL, J.H. et MILLER, P.H. (1998). « Social Cognition ». Dans W. DAMON (dir. Series), D. KUHN et R.S. SIEGLER (dir.), *Handbook of Child Psychology. Vol. 2 : Cognition, Perception, and Language* (5ᵉ éd., p. 851-898), New York : Wiley.

FLYNN, J.R. (1984). « The Mean IQ of Americans : Massive Gains 1932 to 1978 ». *Psychological Bulletin, 95*, 29-51.

FLYNN, J.R. (1998). « IQ Gains over Time : Toward Finding the Causes ». Dans U. NEISSER (dir.), *The Rising Curve : Long Term Gains in IQ and Related Measures*, Washington (D.C.) : American Psychological Association.

FORD, C. et BEACH, F. (1951). *Patterns of Sexual Behavior*, New York : Harper & Row.

FORD, M., HEINEN, B. et LANGMAKER, K. (2007). « Work and Family Satisfaction and Conflict : A Meta-Analysis of Cross-Domain Relations ». *Journal of Applied Psychology, 92*, 57-80.

FRALEY, C. et ROBERTS, R.W. (2005). « Patterns of Continuity : A Dynamic Model for Conceptualizing the Stability of Individual Differences in Psychological Constructs across the Life Course ». *Psychological Review, 112*, 60-74.

FRENCH, D.C. et DISHION, T.J. (2003). « Predictors of Early Initiation of Sexual Intercourse among High-Risk Adolescents ». *Journal of Early Adolescent, 23* (3), 295-315.

FRENCH, S.E., SEIDMAN, E., ALLEN, L. et ABER, J.L. (2000). « Racial/ethnic Identity, Congruence with the Social Context, and the Transition to High School ». *Journal of Adolescent Research, 15*, 587-602.

FREUD, A. (1958). « Adolescence ». *Psychoanalytic Study of the Child, 13*, 255-278.

FROSCHL, M. et SPRUNG, B. (2005). *Raising and Educating Healthy Boys : A Report on the Growing Crisis in Boy's Education*, New York : Educational Equity Center.

FULIGNI, A.J. (1998). « Authority, Autonomy, and Parent-Adolescent Conflict and Cohesion : A Study of Adolescents from Mexican, Chinese, Filipino, and European Backgrounds ». *Developmental Psychology, 34*, 782-792.

FURMAN, W. et SHAFFER, L. (2003). « The Role of Romantic Relationships in Adolescent Development ». Dans P. FLORSHEIM (dir.), *Adolescent Romantic Relations and Sexual Behavior, Theory, Research, and Practical Implications*, Mahwah (N.J.) : Lawrence Erlbaum Associates.

FURMAN, W. et SHAFFER, L. (2006). « The Slippery Nature of Romantic Relationships : Issues in Definition and Differentiation ». Dans A.C. CROUTER et A. BOOTH (dir.), *Romance and Sex in Adolescence and Emerging Adulthood : Risks and Opportunities. The Penn State University Family Issues Symposia Series*, Mahwah (N.J.) : Lawrence Erlbaum Associates.

FURMAN, W., HO, M.J. et LOW, S.M. (2007). « The Rocky Road of Adolescent Romantic Experience : Dating and Adjustment ». Dans R. ENGELS, M. KERR et H. STATTIN, (dir.), *Friends, Lovers and Groups Key Relationships in Adolescence*, Mississauga (Ont.) : John Wiley & Sons.

FURSTENBERG, F.F. (2000). « The Sociology of Adolescence and Youth in the 1990s : A Critical Commentary ». *Journal of Marriage and the Family, 62*, 896-910.

GAGNÉ, M.-H. et BOUCHARD, C. (2004). « Family Dynamics Associated with the Use of Psychologically Violent Parental Practices ». *Journal of Family Violence, 19* (2), 117-130.

GAGNÉ, M.-H., DRAPEAU, S., MELANÇON, C. SAINT-JACQUES, M.-C. et LÉPINE, R. (2007). « Links between Parental Psychological Violence : Other Family Disturbances, and Children's Adjustment ». *Family Process, 46*, 523-542.

GALLATIN, J. (1980). « Theories of Adolescence ». Dans J. ADAMS (dir.), *Understanding Adolescence*, 4e éd., Boston : Allyn & Bacon.

GARBARINO, J. (2005). « Resilience in a Socially Toxic Environment ». Communication présentée dans le cadre de la *Conference of the Rural Justice Institute : Building Resiliency in Youth At-risk*, Corning (N.Y.) : Alfred University, mai.

GARDNER, T.W., DISHION, T.J. et CONNELL, A.M. (2008). « Adolescent Self-Regulation as Resilience : Resistance to Anti-Social Behavior within the Deviant Peer Context ». *Journal of Abnormal Child Psychology, 36*, 273-284.

GARLAND, A.F. et ZIGLER, E. (1993). « Adolescent Suicide Prevention ». *American Psychologist, 48*, 169-182.

GARMEZY, N. (1993). « Children in Poverty : Resilience Despite Risk ». *Psychiatry, 56*, 127-136.

GARRIGUET, D. (2005). « Early Sexual Intercourse ». *Health Reports, 16* (3), 9-18.

GAUTHIER, M. (2003). *La jeunesse au Québec*, Québec : Éditions de l'Institut québécois de recherche sur la culture et Les Presses de l'Université Laval.

GE, K., KIM, I.J., BRODY, G.H., CONGER, R.D., SIMONS, R.L., GIBBONS, F.X. et CUTRONA, C.E. (2003). « It's about Timing and Change : Pubertal Transition Effects on Symptoms of Major Depression among African American Youths ». *Developmental Psychology, 39* (3), 430-439.

GIBBS, J.C. (2006). « Should Kohlberg's Cognitive Developmental Approach to Morality Be Replaced with a More Pragmatic Approach ? Comment on Krebs and Denton (2005) ». *Psychological Review, 113*, 666-671.

GIBBS, J.T. (1998). « High-Risk Behaviours in African American Youth : Conceptual and Methodological Issues in Research ». Dans V.C. McLOYD et L. STEINBERG (dir.), *Studying Minority Adolescents : Conceptual, Methodological and Theoretical Issues*, Mahwah (N.J.) : Erlbaum.

GIES, F. et GIES J. (1989). *Marriage and the Family in the Middle Ages*, New York : Harper & Row.

GIFFORD-SMITH, M., DODGE, K.A., DISHION, J.T. et McCORD, J. (2005). « Peer Influence in Children and Adolescents : Crossing the Bridge from Developmental to Intervention Science ». *Journal of Abnormal Child Psychology, 33* (3), 255-265.

GILBERT, J.J. (2003). « Love, Intimacy and Mourning : Sex Education and Adolescent Development in the Times of AIDS (Immune Deficiency) ». *Dissertation Abstracts International. Section A : Humanities and Social Sciences, 64* (1-A), 76.

GILLIGAN, C. (1977). « In a Different Voice : Women's Conceptions of Self and Morality ». *Harvard Education Review, 47*, 481-517.

GILLIGAN, C. (1982). *In a Different voice : Psychological Theory and Women's Development*, Cambridge (Mass.) : Harvard University Press.

GILLIGAN, C. et WIGGINS, G. (1987). « The Origins of Morality in Early Childhood Relationships ». Dans J. KAGAN et S. LAMB (dir.), *The Emergence of Morality in Young Children*, Chicago : University of Chicago Press.

GIORDANO, P.C., MANNING, W.D. et LONGMORE, M.A. (2006). « Adolescent Romantic Relationships : An Emerging Portrait of Their Nature and Development Significance ». Dans A.C. CROUTER et A. BOOTH (dir.), *Romance and Sex in Adolescence and Emerging Adulthood : Risks and Opportunities*, Mahwah (N.J.) : Lawrence Erlbaum Associates.

GOLD, M. et PETRONIO, R.J. (1980). « Delinquent Behavior in Adolescence ». Dans J. ADELSON (dir.), *Handbook of Adolescent Psychology*, New York : Wiley.

GOLDSTEIN, S.E., DAVIS-KEAN, P.E. et ECCLES, J.S. (2005). « Parents, Peers, and Problem Behavior : A Longitudinal Investigation of the Impact of Relationship Perceptions and Characteristics on the Development of Adolescent Problem Behavior ». *Developmental Psychology, 41*, 401-413.

GOLSWORHY, R. et COYLE, A. (1999). « Spiritual Beliefs and the Search for Meaning among Older Adults Following Partner Loss ». *Morality, 4*, 21-40.

GOULD, M.S. et KRAMER, R.A. (2001). « Youth Suicide Prevention ». *Suicide and Life Threatening Behavior, 31*, 6-31.

GOULET, C., MARCIL, I., KAMDOM, C. et TOUSSAINT-LACHANCE, M. (2001). « Le point sur les mères adolescentes au Québec ». *Ruptures, revue transdisciplinaire en santé, 8* (2), 21-34.

GRABER, J.A. (2003). « Puberty in Context ». Dans C. HAYWARD (dir.), *Gender Differences at Puberty*, New York : Cambridge University Press.

GRABER, J.A. et SONTAG, L.M. (2006). « Puberty and Girls' Sexuality : Why Hormones Are Not the Complete Answer ». *New Directions for Child and Adolescent Development, 112*, 23-38.

GRABER, J.A., ARCHIBALD, A.B. et BROOKS-GUNN, J. (1999). « The Role of Parents in the Emergence, Maintenance, and Prevention of Eating Problems and Disorders ». Dans N. PIRAN, M.P. LEVINE et C. STEINER-ADAIR (dir.), *Preventing Eating Disorders : A Handbook of Interventions and Special Challenges*, Philadelphie : Brunner/Mazel.

GRABER, J.A., BROOKS-GUNN, J. et WARREN, M.P. (1995). « The Antecedents of Menarcheal Age : Heredity, Family Environment, and Stressful Life Events ». *Child Development, 66*, 346-359.

GRABER, J.A., SEELEY, J.R., BROOKS-GUNN, J. et LEWINSOHN, P.M. (2004). « Is Pubertal Timing Associated with Psychopathology in Young Adulthood ? ». *Journal of American Academy of Child and Adolescent Psychiatry, 43* (6), 718-726.

GRANIC, I. et PATTERSON, G.R. (2006). « Toward a Comprehensive Model of Antisocial Development: A Dynamic Systems Approach ». *Psychological Review, 113*, 101-131.

GRANIC, I. et PATTERSON, G.R. (2006). « Toward a Comprehensive Model of Antisocial Development: A Dynamic Systems Approach ». *Psychological Review, 113*, 101-131.

GREENFIELD, P.M., KELLER, H., FULIGNI, A. et MAYNARD, A. (2003). « Cultural Pathways through Universal Development ». *Annual Review of Psychology, 54,* 461-490.

GREENO, J.G. (1989). « A Perspective on Thinking ». *American Psychologist, 44*, 134-141.

GREENO, J.G. (1998). « The Situativity of Knowing, Learning, and Research ». *American Psychologist, 53*, 5-26.

GROESZ, L.M., LEVINE, M.P. et MURNEN, S.K. (2002). « The Effect of Experimental Presentation of Thin Media Images on Body Satisfaction: A Meta-Analystic Review ». *International Journal of Eating Disorders, 31*, 1-16.

GROSS, E.F. (2004). « Adolescent Internet Use: What We Expect, What Teens Report ». *Journal of Applied Developmental Psychology, 25*, 633-649.

GRUBER, H. et VONÈCHE, J. (1977). *The Essential Piaget*, New York: Basic Books.

GRUSEC, J.E., DAVIDOV, M. et LUNDELL, L. (2002). « Prosocial and Helping Behaviour ». Dans P.K. SMITH et C.H. CRAIG (dir.), *Blackwell Handbook of Childhood Social Development*, Malden (Mass.): Blackwell.

GUEST, A. et SCHNEIDER, B. (2003). « Adolescents' Extracurricular Participation in Context: The Mediating Effects of Schools, Communities, and Identity ». *Sociology of Education, 76*, 89-109.

GUILBERT, É., DUFORT, F. et SAINT-LAURENT, L. (2004). « Les représentations sociales de la grossesse à l'adolescence: une étude québécoise ». *Revue canadienne de santé publique, 95* (4), 281-284.

GUILMAN, R. (2001). « The Relationship between Life Satisfaction, Social Interest, and Frequency of Extracurricular Activities among Adolescent Students ». *Journal of Youth and Adolescence, 30*, 749-767.

HALFORD, G. (1989). « Reflections on 25 Years of Piagetian Cognitive Developmental Psychology, 1963-1988 ». *Human Development, 32*, 325-357.

HALL, G.S. (1904). *Adolescence: Its Psychology and its Relations to Physiology, Anthropology, Sociology, Sex, Crime, Religion, and Education*, New York: Appleton, vol. 1 et 2.

HALL, J.A. et HALBERSTADT, A.G. (1980). « Masculinity and Femininity in Children: Development of the Children Attributes Questionnaire ». *Developmental Psychology, 16*, 270-280.

HALPERN, C.T., UDRY, J.R. et SUCHINDRAN, C. (1998). « Monthly Measures of Salivary Testosterone Predict Sexual Activity in Adolescent Males ». *Archives of Sexual Behavior, 27* (5), 445-465.

HALPERN, D. (2000). *Sex Differences in Cognitive Abilities*, 3ᵉ éd., Mahwah (N.J.): Erlbaum.

HAMANN, S. (2002). *Analyse qualitative des récits de 46 adolescentes enceintes de 5 mois ou plus sur les circonstances entourant le début de leur grossesse et sa poursuite et sur l'impact de la grossesse sur la relation à leur mère*, thèse de doctorat non publiée, Montréal: Université du Québec à Montréal.

HAMILTON, S.F. et HAMILTON, M.A. (2004). « Contexts for Mentoring: Adolescent-Adult Relationships in Workplaces and Communities ». Dans R.M. LERNER et L. STEINBERG (dir.), *Handbook of Adolescent Psychology* (2ᵉ éd., chap. 13, p. 395-428), New York: Wiley.

HANUSHEK, E.A. (1998). « Conclusions and Controversies about the Effectiveness of School Resources ». *Economic Policy Review,* New York: Federal Resource Bank of New York, *4*, 11-27.

HARGREAVES, A.D. et TIGGEMANN, M. (2004). « Idealized Media Images and Adolescent Body Image: "Comparing" Boys and Girls ». *Body Image, 1* (4), 351-361.

HARKNESS, S. et SUPER, M.C. (2002). « Culture and Parenting ». Dans M.H. BORNSTEIN (dir.), *Handbook of Parenting* (vol. 5, 2ᵉ éd.), Mahwah (N.J.): Lawrence Erlbaum Associates.

HARRIS, K.M., FURSTENBERG, F.F. et MARMER, J.K. (1998). « Paternal Involvement with Adolescents in Intact Families: The Influence of Fathers over the Life Course ». *Demography, 35*, 201-216.

HART, T. et HEIMBERG, R.G. (2001). « Presenting Problems among Treatment-Seeking Gay, Lesbian, and Bisexual Youth ». *Journal of Clinical Psychology, 57* (5), 615-627.

HARTER, S. (1999). *The Construction of the Self. A Developmental Perspective*, New York: The Guilford Press.

HARTUP, W.W. (1989). « Social Relationships and Their Significance ». *American Psychologists, 44*, 120-126.

HARTUP, W.W. (1996). « The Company They Keep: Friendships and Their Developmental Significance ». *Child Development, 67* (1), 1-13.

HARTUP, W.W. (2005). « Peer Interaction: What Causes What? ». *Journal of Abnormal Child Psychology, 33* (3), 387-394.

HARTUP, W.W. et ABECASSIS, M. (2002). « Friends and Enemies ». Dans P.K. SMITH et C.H. HART (dir.), *Blackwell Handbook of Childhood Social Development. Blackwell Handbooks of Developmental Psychology*, Malden (Mass.): Blackwell.

HARVEY, J. et DELFABBRO, H. (2004). « Psychological Resilience in Disadvantaged Youth: A Critical Overview ». *Australian Psychologist, 39*, 3-13.

HAVIGHURST, R.J. (1972). *Human Development and Education*, 3ᵉ éd., New York: McKay.

HAWKINS, D.H., AMATO, R.P. et KING, V. (2006). « Parent-Adolescent Involvement: The Relative Influence of Parent Gender and Residence ». *Journal of Marriage and the Family, 68*, 125-136.

HAYDN, T. (2007). *Managing Pupil Behaviour. Key Issues in Teaching and Learning*, Londres: Routledge.

HAYNIE, D.L. et PIQUERO, A.R. (2006). « Pubertal Developmental and Physical Victimization in Adolescence ». *Journal of Research in Crime and Delinquency, 43* (1), 3-35.

HEBB, D.O. (1974). Communication personnelle, Montréal: Université McGill, Département de psychologie.

HERMAN-GIDDENS, M.E., WANG, L., KOCH, G. (2001). « Secondary Sexual Characteristics in Boys ». *Archives of Pediatrics & Adolescent Medicine*, 155, 1022-1028.

HERMAN-GUIDDENS, M.E. (2006). « Recent Data on Pubertal Milestones in United States Children: The Secular Trend toward Earlier Development ». *International Journal of Andrology, 29,* 241-246.

HETHERINGTON, E.M. (1993). « An Overview of the Virginia Longitudinal Study of Divorce and Remarriage with a Focus on Early Adolescence ». *Journal of Family Psychology, 7*, 39-56.

HETHERINGTON, E.M. (1999). « Social Capital and the Development of Youth from Nondivorced, Divorced, and Remarried Families ». Dans W.A. COLLINS, L. BRETT et coll. (dir.), *Relationships as Developmental Contexts* (p. 177-209), Mahwah (N.J.) : Lawrence Erlbaum Associates.

HETHERINGTON, E.M., BRIDGES, M. et INSABELLA, G.M. (1998). « What Matters, What Does Not ? Five Perspectives on the Association between Marital Transitions and Children's Adjustment ». *American Psychologist*, 53, 1671-1684.

HETHERINGTON, E.M. et ELMORE, A.M. (2003). « Risk and Resilience in Children Coping with Their Parents' Divorce and Remarriage ». Dans S.S. LUTHAR (dir.), *Resilience and Vulnerability Adaptation in the Context of Childhood Adversities* (p. 192-212), New York : Cambridge University Press.

HETHERINGTON, E.M. et JODL, K.M. (1994). « Stepfamilies as Settings for Child Development ». Dans A. BOOTH et J. DUNN (dir.), *Stepfamilies : Who Benefits ? Who Does Not ?*, Hillsdale (N.J.) : Lawrence Erlbaum Associates, 55-79.

HETHERINGTON, E.M. et KELLY, J. (2002). *For Better of for Worse*, New York : Norton.

HETHERINGTON, E.M. et STANLEY-HAGAN, M. (1999). « The Adjustment of Children with Divorced Parents : A Risk and Resiliency Perspective ». *Journal of Child Psychology and Psychiatry*, 40, 129-140.

HETHERINGTON, E.M. et STANLEY-HAGAN, M. (2002). « Parenting in Divorced and Remarried Families ». Dans M.H. BORNSTEIN (dir.), *Handbook of Parenting* (vol. 5, 2ᵉ éd.), Mahwah (N.J.) : Lawrence Erlbaum Associates.

HETHERINGTON, E.M., HENDERSON, S.H. et REISS, D. (1999). « Adolescent Functioning in Stepfamilies : Family Functioning and Adolescent Adjustment », *Child Development Monograph, 64*, 1-222.

HETHERINGTON, E.M., STANLEY-HAGAN, M. et ANDERSON, E.R. (1989). « Marital Transitions : A Child Perspective ». *American Psychologist*, 44, 303-312.

HETHERINGTON, M.E., BRIDGES, M. et INSABELLA, G.M. (1998). « What Matters ? What Does Not ? Five Perspectives on the Association between Marital Transitions and Children's Adjustment ». *American Psychologist, 53*, 167-184.

HIGGINS, E.T. et BARGH, J.A. (1987). « Social Cognition and Social Perception ». *Annual Review of Psychology, 38*, 369-425.

HILL, J. (2002). « Biological, Psychological and Social Processes in the Conduct Disorders ». *Journal of Child Psychology and Psychiatry, 43*, 133-164.

HILL, J. et HOLMBECK, G. (1986). « Attachment and Autonomy during Adolescence ». Dans G. WHITEHURST (dir.), *Annals of Child Development*, Greenwich (Conn.) : JAI Press.

HILL, N.E. et TAYLOR, L.C. (2004). « Parental School Involvement and Children's Academic Achievement : Pragmatics and Issues ». *Current Directions in Psychological Science, 13*, 161-164.

HOBERMAN, H.M. et GARFINKEL, B.D. (1988). « Completed Suicide in Children and Adolescents ». *Journal of the American Academy of Child and Adolescent Psychiatry, 27*, 689-695.

HOFF, E., LAURSEN, B. et TARDIF, T. (2002). « Socioeconomic Status and Parenting ». Dans M.H. BORNSTEIN (dir.), *Handbook of Parenting* (vol. 5, 2ᵉ éd.), Mahwah (N.J.) : Lawrence Erlbaum Associates.

HOFFERTH, S.L. et ANDERSON, K.G. (2003). « Are All Dads Equal ? Biology Versus Marriage as a Basis for Paternal Investment ». *Journal of Marriage and the Family, 65*, 213-232.

HOLMLUND, H. et SUND, K. (2008). « Is the Gender Gap in School Performance Affected by the Sex of the Teacher ? ». *Labour Economics, 15*, 37-53.

HOOPER, C.J., LUCIANA, M., CONKLIN, H.M. et YARGER, R.S. (2004). « Adolescents' Performance on the Iowa Gambling Task : Implications for the Development of Decision Making and Ventromedial Prefrontal Cortex ». *Developmental Psychology, 40*, 1148-1158.

HORNE, A.M., STODDARD, J.L. et BELL, C.D. (2007). « Group Approaches to Reducing Aggression and Bullying in School ». *Group Dynamics : Theory, Research and Practice, 11*, 262-271.

HOUDÉ, O. (2006). « La psychologie de l'enfant, quarante ans après Piaget ». *Les Nouvelles Psychologies / Musée du Quai Branly, Grands Dossiers nᵒ 3*, juin-juillet-août. http://www.sciences-humaines.com/articleprint2.php?lg=fr&id_article=14714 http://stat.gouv.qc.ca/publications/sante/tabac06.htm

HUET, N., LARIVÉE, S. et BOUFFARD, T. (2007). « La métacognition : modèles et techniques d'évaluation ». Dans S. LARIVÉE (dir.), *L'intelligence*, Montréal : Éditions du Renouveau Pédagogique.

HUIZINK, A.C., MULDER, E.J.H. et BUITELAAR, J.K. (2004). « Prenatal Stress and Risk for Psychopathology : Specific Effects or Induction of General Susceptibility ». *Psychological Bulletin, 130*, 115-142.

HUMPHREYS, P. et PAXTON, S.J. (2004). « Impact of Exposure to Idealized Male Images on Adolescent Boys' Body Image ». *Body Image, 1*, 253-266.

HYDE, J.S. (2005). « The Gender Similarities Hypothesis ». *American Psychologist, 60.* 581-592.

INFOPLEASE (2008). « A Time Line of Recent Worldwide School Shootings », http://www.infoplease.com/ipa/A0777958.html, consulté le 16 janvier 2008.

INSTITUT DE LA STATISTIQUE DU QUÉBEC (1999). *Enquête sociale et de santé auprès des enfants et des adolescents québécois*, Québec.

INSTITUT DE LA STATISTIQUE DU QUÉBEC (2000). *Données statistiques*, http://www.stat.gouv.qc.ca/donstat/demograp/naissance/index.htm

INSTITUT DE LA STATISTIQUE DU QUÉBEC (2001). *Portrait social du Québec : données et analyses*, Québec.

INSTITUT DE LA STATISTIQUE DU QUÉBEC (2004). *Enquête québécoise sur le tabagisme chez les élèves du secondaire, 1998, 2000 et 2002 et Enquête sur le tabac, la drogue et le jeu chez les élèves du secondaire, 2004*, Québec.

INSTITUT DE LA STATISTIQUE DU QUÉBEC (2005a). « Panorama des conditions de vie des québécois ». Communiqué de presse, Québec : 16 juin 2005. http://www.stat.gouv.qc.ca/salle-presse/communiq/2005/juin/juin0516a.htm

INSTITUT DE LA STATISTIQUE DU QUÉBEC (2005b). *Enquête québécoise sur le tabac, l'alcool, la drogue et le jeu chez les élèves du secondaire, 2004. Quoi de neuf depuis 2002 ?*, Québec.

INSTITUT DE LA STATISTIQUE DU QUÉBEC (2006). *Enquête québécoise sur le tabac, l'alcool, la drogue et le jeu chez les élèves du secondaire, 2006.* Québec.

INSTITUT DE LA STATISTIQUE DU QUÉBEC (2007). *Le Québec chiffres en main, édition 2007*, Québec.

IRWIN, C.E. (2005). « Pubertal Timing : Is There Any New News ? ». *Journal of Adolescent Health, 37*, 343-344.

JACKSON, S. et BOSMA, H.A. (1992). « Developmental Research on Adolescence : European Perspectives for the 1990s and Beyond ». *British Journal of Psychology, 10*, 319-332.

JAFFARI-BIMMEL, N., JUFFER, F., IJZENDOORN, M.H. van, BAKERMANS-KRANENBURG, M. et MOOIJAART, A.B. (2006). « Social Development from Infancy to Adolescence : Longitudinal and Concurrent Factors in an Adoption Sample ». *Developmental Psychology, 42*, 1143-1153.

JAFFEE, S. et HYDE, J.S. (2000). « Gender Differences in Moral Orientation : A Meta-Analysis ». *Psychological Bulletin, 126*, 703-726.

JANSON, C.A. (2003). « The Organizational Culture of the School ». Dans P.C. Van der WESTHUIZEN (dir.), *Schools as Organizations* (2e éd.), Pretoria (Afrique du Sud) : Van Schaik.

JESSOR, R. (1993). « Successful Adolescent Development among High-Risk Settings ». *American Psychologist, 48*, 117-126.

JESSOR, R. (1998). *New Perspectives on Adolescent Risk Behavior*, Cambridge (R.-U.) : Cambridge University Press.

JESSOR, R. et JESSOR, S.L. (1977). *Problem Behavior and Psychosocial Development : A Longitudinal Study of Youth*, San Diego (Calif.) : Academic Press.

JESSOR, R., TURBIN, M.S., COSTA, E., DONG, Q., ZANG, H. et WANG, C. (2003). « Adolescent Problem Behavior in China and the United States : A Cross-National Study of Psychosocial Protective Factors ». *Journal of Research on Adolescence, 13*, 329-360.

JEYNES, W.H. (1999). « The Role of Family Residential Mobility in Explaining the Lower Academic Achievement of High School Children from Reconstituted Families ». *Journal of Divorce and Remarriage, 32*, 123-143.

JIMERSON, S. (2001). « Meta-Analysis of Grade Retention Research : Implications for Practice in the 21st Century ». *School Psychology Review, 30*, 420-437.

JIMERSON, S. et FERGUSON, P. (2007). « A Longitudinal Study of Grade Retention : Academic and Behavioral Outcomes of Retained Students through Adolescence ». *School Psychology Quarterly, 22*, 314-339.

JOHNSON, D. (2005). « Vision for the Net Generation Media Center ». *Learning and Leading with Technology, 33*, 25-26.

JOHNSON, W., McGUE, M. et IACONO, W.G. (2006). « Genetic and Environmental Influences on Academic Achievement Trajectories during Adolescence ». *Developmental Psychology, 42*, 514-532.

JONES, D.C. (2004). « Body Image among Adolescent Girls and Boys : A Longitudinal Study ». *Developmental Psychology, 40* (5), 823-835.

JONES, D.C. et CRAWFORD, J.K. (2005). « Adolescent Boys and Body Image : Weight and Muscularity Concerns as Dual Pathways to Body Dissatisfaction ». *Journal of Youth and Adolescence, 34* (6), 629-636.

JONES, D.C., VIGFUSDOTTIR, T.H. et LEE, Y. (2004). « Body Image and the Appearance Culture among Adolescent Girls and Boys : An Examination of Friend Conversations, Peer Criticism, Appearance Magazines, and the Internalization of Appearance Ideals ». *Journal of Adolescent Research, 19* (3), 323-329.

JONES, R.M. (1992). « Ego Identity and Adolescent Problem Behaviour ». Dans G.R. ADAMS, T.P. GULLOTTA et R. MONTEMAYOR (dir.), *Adolescent Identity Formation : Advances in Adolescent Development*, Newbury Park (Calif.) : Sage.

JONES, S.M. et DINDIA, K. (2004). « A Meta-Analytic Perspective on Sex Equity in the Classroom ». *Review of Educational Research, 74*, 443-471.

JOYNER, K. et UDRY, J.R. (2000). « You Don't Bring Me Anything but Down : Adolescent Romance and Depression ». *Journal of Health and Social Behavior, 41* (4), 369-391.

JULIEN, M. et LAVERDURE, J. (2004). *Avis scientifique sur la prévention du suicide chez les jeunes*, Montréal : Institut national de santé publique.

KALAFATICH, A. (1975). « Adolescence, a Separate Stage of Life ». Dans A. KALAFATICH (dir.), *Approaches to the Care of Adolescents*, New York : Appleton-Century Crofts.

KALTIALA-HEINO, R., MARTTUNEN, M., RANTANEN, P. et RIMPELÄ, M. (2003). « Early Puberty Is Associated with Mental Health Problems in Middle Adolescence ». *Social Sciences and Medicine, 57*, 1055-1064.

KAMPHAUS, R.W. (2005). *Clinical Assessment of Child and Adolescent Intelligence*, 2e éd., New York : Springer.

KAPLAN, L. (2002). *Survivre à l'influence des autres*, Outremont : Les Éditions Logiques.

KATCHADOURIAN, H.A. (1977). *The Biology of Adolescence*, San Francisco : Freeman, 41, 44, 73, 81.

KATCHADOURIAN, H.A., LUNDE, D.T. et TROTTER, R. (1982). *La sexualité humaine*, Montréal : Les Éditions HRW (trad. L. Villeneuve).

KAZDIN, A.E. (1992). « Child and Adolescent Dysfunction and Paths toward Maladjustment : Targets for Intervention ». *Clinical Psychology Review, 12*, 795-817.

KEATING, D.P. (1980). « Thinking Processes in Adolescence ». Dans J. ADELSON (dir.), *Handbook of Adolescent Psychology*, New York : Wiley.

KEATING, D.P. (2004). « Cognitive and Brain Development ». Dans R.M. LERNER et L. STEINBERG (dir.), *Handbook of Adolescent Psychology* (2e éd.), Hoboken (N.J.) : John Wiley.

KELLY, J.B. (1998). « Marital Conflict, Divorce and Children's Adjustment ». *Child and Adolescent Psychiatric Clinics of North America, 7*, 259-271.

KELLY, J.B. (2003). « Changing Perspectives on Children's Adjustment Following Divorce. A View from United States ». *Childhood, 10*, 237-254.

KELLY, M.A., CYRANOWSKI, J.M. et FRANK, E. (2007). « Sudden Gain in Interpersonal Psychotherapy for Depression ». *Behaviour Research and Therapy, 45*, 2563-2572.

KERIG, P.K. (1996). « Assessing the Links between Interparental Conflict and Child Adjustment: The Conflicts and Problem-Solving Scales ». *Journal of Family Psychology, 10* (4), 454-473.

KIESNER, J., DISHION, T.J. et POULIN, F. (2001). « A Reinforcement Model of Conduct Problems in Children and Adolescence: Advances in Theory and Intervention ». Dans J. HILL et B. MAUGHAN (dir.), *Conduct Disorders in Childhood and Adolescence*, Cambridge (R.-U.): Cambridge University Press.

KIM, K. et SMITH, P.K. (1998a). « Childhood Stress, Behavioural Symptoms and Mother-Daughter Pubertal Development ». *Journal of Adolescence, 21*, 231-240.

KIM, K. et SMITH, P.K. (1998b). « Retrospective Survey of Parental Marital Relations and Child Reproductive Development ». *International Journal of Behavioral Development, 22*, 729-751.

KIM, K.J., CONGER, R.D., LORENZ, F.O. et ELDER, G.H. Jr. (2001). « Parent-Adolescent Reciprocity in Negative Affect and its Relation to Early Adult Social Development ». *Developmental Psychology, 37*, 775-790.

KINSEY, A.C. (1953). *Sexual Behavior in the Human Female*. Philadelphie: Saunders.

KINSEY, A.C., WARDELL, B.P. et MARTIN, C.E. (1948). *Sexual Behavior in the Human Male*, Philadelphie: Saunders.

KIROUAC, G. (1993). « Les émotions ». Dans R.J. VALLERAND et E. THILL (dir.), *Introduction à la psychologie de la motivation*, Laval: Éditions Études Vivantes.

KITCHENER, R.F. (2002). « Folk Epistemology: An Introduction ». *New Ideas in Psychology, 20*, 89-105.

KITZMANN, K.M., GAYLORD, N.K., HOLT, A.R. et KENNY, E.D. (2003). « Child Witnesses to Domestic Violence: A Meta-Analytic Review ». *Journal of Consulting and Clinical Psychology, 71*, 339-352.

KNUTSON, K.L. (2005). « The Association between Pubertal Status and Sleep Duration and Quality among a Nationally Representative Sample of U.S. Adolescents ». *American Journal of Human Biology, 17*, 418-424.

KOHLBERG, L. (1958). *The Development of Modes of Moral Thinking and Choice in the Years Ten to Sixteen*, thèse de doctorat non publiée, Chicago: University of Chicago.

KOHLBERG, L. (1969). « Stage and Sequence: The Cognitive Developmental Approach to Socialization ». Dans D.A. GOSLIN (dir.), *Handbook of Socialization: Theory and Research* (p. 347-480), Chicago: Rand McNally.

KOHLBERG, L. (1972). « A Cognitive Developmental Approach to Moral Education ». *The Humanist, 32*, 13-16.

KOHLBERG, L. (1973). *Continuities in Childhood and Adult Moral Development*, document miméographié, Université Harvard, p. 1-70.

KOHLBERG, L. (1979). *Measuring Moral Judgment*, Worcester (Mass.): Clark University Press.

KOHLBERG, L. (1981). *Essays on Moral Development. Vol. 1: The Philosophy of Moral Development*, San Francisco: Harper & Row.

KOHLBERG, L. (1984). *Essays on Moral Development. Vol. 2: The Psychology of Moral Development*, San Francisco: Harper & Row.

KOHLBERG, L. et KRAMER, R. (1969). « Continuities and Discontinuities in Childhood and Adult Moral Development ». *Human Development, 12*, 93-120.

KOPLOWITZ, H. (1990). « Unitary Consciousness and the Highest Development of Mind: The Relation between Spiritual Development and Cognitive Development ». Dans M. COMMONS, C. ARMON, L. KOHLBERG, F. RICHARDS, T. GROTZER et J. SINNOTT (dir.), *Adult Development*, vol. 2, New York: Praeger.

KREBS, D.L. et DENTON, K. (2005). « Toward a More Pragmatic Approach to Morality: A Critical Evaluation of Kohlberg's Model ». *Psychological Review, 112*, 629-649.

KRIEG, J.M. (2005). « Student Gender and Teacher Gender: What Is the Impact on High Stakes Test Scores? ». *Current Issues in Education, 8*, 1-15.

KROHN, M.D., THORNBERRY, T.P., RIVERA, C., LOEBER, R. et LeBLANC, M. (2001). « Later Delinquency Careers ». Dans R. LOEBER et D.P. FARRINGTON (dir.), *Child Delinquents: Development, Intervention and Service Needs*, Thousand Oaks (Calif.): Sage.

L'ACTUALITÉ (2004). *Enquête sur les 15-18 ans*, sondage L'Actualité-CROP-Enjeux, *29* (9), Montréal, juin.

LA GRECA, A. et MOORE HARRISON, H. (2005). « Adolescent Peer Relations, Friendships, and Romantic Relationships: Do They Predict Social Anxiety and Depression? ». *Journal of Clinical Child and Adolescent Psychology, 34* (1), 49-61.

LABELLE, J. et CLOUTIER, R. (1981). « Influence de la méthode de cotation dans l'évaluation du jugement moral ». *Revue canadienne des sciences du comportement*, automne.

LABERGE, C. et VENNE, S. (2006). « Hausse des ITS, émergence de nouvelles ITS: a-t-on perdu la maîtrise de la situation? ». *Le Médecin du Québec, 41* (1), 47-52.

LABRE, P.M. (2002). « Adolescent Boys and the Muscular Male Body Ideal ». *Journal of Adolescent Health, 30*, 233-242.

LACOURSE, E., CLAES, M. et VILLENEUVE, M. (2001). « Heavy Metal Music and Adolescent Suicidal Risk ». *Journal of Youth and Adolescence, 30*, 321-332.

LADD, G.W. et PETTIT, G.S. (2002). « Parenting and the Development of Children's Peer Relationships ». Dans M.H. BORNSTEIN (dir.), *Handbook of Parenting*, vol. 5, Mahwah (N.J.): Lawrence Erlbaum Associates.

LAGACÉ, M. (1981). *La pensée formelle chez les étudiants du collège 1. Objectif ou réalité?*, Québec: Cégep Limoilou.

LALWANI, S., REINDOLLAR, R.H. et DAVIS, A.J. (2003). « Normal Onset of Puberty Have Definitions of Onset Changed? ». *Obstetrics and Gynecology Clinics of North America, 30*, 279-286.

LANGLOIS, S. et MORRISON, P. (2002). « Suicides et tentatives de suicide ». *Rapport sur la santé, 13*, Statistique Canada, n° 82-003, http://www.statcan.ca/francais/studies/82-003/feature/hrar2002013002s0a01_f.pdf, consulté le 21 février 2008.

LANGOUËT, G. et LÉGER, A. (1994). *École publique ou école privée? Trajectoires de réussites scolaires*, Paris: Éditions Fabert.

LARIVÉE, S. (2007). *L'intelligence*, Montréal : Éditions du Renouveau Pédagogique.

LARSON, R.W. et RICHARDS, M.H. (1994). « Family Emotions : Do Young Adolescents and Their Parents Experience the Same States ? ». *Journal of Research on Adolescence, 4* (4), 567-583.

LARSON, R.W., MONETA, G., RICHARDS, M.H. et WILSON, S. (2002). « Continuity, Stability, and Change in Daily Emotional Experience across Adolescence ». *Child Development, 73* (4), 1151-1165.

LARSON, W.R., CLORE, G.L. et WOOD, G.A. (1999). « The Emotions of Romantic Relationships : Do They Wreak Havoc on Adolescents ? ». Dans W. FURMAN, B. BROWN BRADFORD et C. FEIRING (dir.), *The Development of Romantic Relationships in Adolescence*, New York : Cambridge University Press.

LAUMANN, E.O., GAGNON, J., MICHAEL, R.T. et MICHAELS, S. (1994). *The Social Organization of Sexuality : Sexual Practices in United States*, Chicago : University of Chicago Press.

LAURSEN, B., COY, K.C. et COLLINS, W.A. (1998). « Reconsidering Changes in Parent-Child Conflict across Adolescence : A Meta-Analysis ». *Child Development, 69*, 817-832.

LAURSEN, B., FINKELSTEIN, B.D. et BETTS TOWNSEND, N. (2001). « A Developmental Meta-Analysis of Peer Conflict Resolution ». *Developmental Review, 21*, 423-449.

LAVALLÉE, M. et PELLETIER, R. (1992). « Ecological Value of Bem's Gender Schema Theory ». *Psychological Reports, 70,* 79-82.

LAVOIE, F. et VÉZINA, L. (2002). « Violence dans les relations amoureuses à l'adolescence ». Dans *Enquête sociale et de santé auprès des enfants et des adolescents québécois 1999*, chap. 21. Québec : Institut de la statistique du Québec.

LE BRETON, D. (2004). « Conduites à risque, le grand écart ». *La Santé de l'Homme,* (372), 8-10. http://www.inpes.sante.fr/SLH/articles/372/02.htm#

LE QUOTIDIEN (2007). « Statistiques de la criminalité » (18 juillet 2007). Ottawa : Statistique Canada, 1-10, http://www.statcan.ca/Daily/Francais/070718/q070718b.htm, consulté le 17 janvier 2008.

LEBLANC, J. (1991). *Développement d'un plan d'action préventif du redoublement chez les élèves d'école primaire ayant des difficultés d'apprentissage scolaire*, thèse de doctorat non publiée, Montréal : Université de Montréal.

LeBLANC, M. (1990). « Two Processes of the Development of Persistent Offending : Activation and Escalation », dans L. ROBINS et M. RUTTER (dir.), *Straight and Devious Pathways from Childhood to Adulthood,* New York : Cambridge University Press.

LeBLANC, M. (1999). « Les comportements violents des adolescents, un phénomène particulier ». Dans J. PROULX, M. CUSSON et M. OUIMET (dir.), *Les violences criminelles*, Québec : Les Presses de l'Université Laval.

LeBLANC, M. et FRÉCHETTE, M. (1989). *Male Criminal Activity, from Childhood through Youth : Multilevel and Developmental Perspectives*, New York : Springer-Verlag.

LeBLANC, M. et FRÉCHETTE, M. (1991). « L'évolution des comportements délinquants et agressifs chez les adolescents et les jeunes adultes ». Dans R.E. TREMBLAY (dir.), *Les enfants agressifs*, Ottawa : Agence d'Arc.

LeBLANC, M. et MORIZOT, J. (2000). « Trajectoires délinquantes commune, transitoire et persistante. Une stratégie de prévention différentielle ». Dans F. VITARO et C. GAGNON (dir.), *Prévention des problèmes d'adaptation chez les enfants et les adolescents,* tome II : *Les problèmes externalisés*, Sainte-Foy : Presses de l'Université du Québec.

LeBLANC, M. et MORIZOT, J. (2001). « La personnalité des délinquants de la latence à l'âge adulte : stabilité ou maturation ? ». *Revue internationale de criminologie et de police technique et scientifique, 54*, 35-68.

LEDOUX, M., MONGEAU, L. et RIVARD, M. (2002). « Poids et image corporelle ». Dans *Enquête sociale et de santé auprès des enfants et des adolescents québécois 1999*, Québec : Institut de la statistique du Québec, Gouvernement du Québec, chap. 14.

LEFEBVRE-PINARD, M. et PINARD, A. (1985). « Taking Charge of One's Cognitive Activity : A Moderator of Competence ». Dans E.D. NEIMARK, R. LISI et J.L. NEWMAN (dir.), *Moderators of Competence*, Hillsdale (N.J.) : Lawrence Erlbaum.

LEFRANÇOIS, G.R. (1981). *Adolescents*, 2ᵉ éd., Belmont (Calif.) : Wadsworth.

LEGAULT, G. (1994). « Une réalité à rétablir. Les habitudes de lecture des élèves du secondaire ». *Vie pédagogique, 88*, 16-18.

LÉGER MARKETING (2005). *Sondage d'opinion auprès des Canadiens : perception et opinion des Canadiens à l'égard de l'homosexualité.*

LEIT, R.A., GRAY, J.J. et POPE, H.G. (2002). « The Media's Representation of the Ideal Male Body : A Cause for Muscle Dysmorphia ? ». *International Journal of Eating Disorders, 31* (3), 334-338.

LENHART, A., MADDEN, M. et HITLIN, P. (2005). *Teens and Technology : Youth Are Leading the Transition to a Fully Wired and Mobile Nation*, Washington (D.C.) : Pew Internet & American Life Project.

LERNER, R.M. et STEINBERG, L. (2004). « The Scientific Study of Adolescent Development ». Dans R.M. LERNER et L. STEINBERG (dir.), *Handbook of Adolescent Psychology*, 2ᵉ éd., New York : Wiley.

LEVANT, R.F. (1995). « Toward the Reconstruction of Masculinities ». Dans R.F. LEVANT et W.S. POLLACK (dir.), *A New Psychology of Men*, New York : Basic Books.

LEVANT, R.F. (1998). « Desperately Seeking Language : Understanding, Assessing, and Treating Normative Male Alexithymia ». Dans W. POLLACK et R.F. LEVANT (dir.). *New Psychotherapy for Men,* New York : Wiley.

LEVANT, R.F., GOOD, G.E., COOK, S.W., O'NEIL, J.M., SMALLEY, K.B., OWEN, K. et RICHMOND, K. (2006). « The Normative Male Alexithymia Scale : Measurement of a Gender-Linked Syndrome ». *Psychology of Men and Masculinity, 7,* 212-224.

LEVANT, R.F., GOOD, G.E., COOK, S.W., O'NEIL, J.M., SMALLEY, K.B., OWEN, K. et RICHMOND, K. (2007). « The Normative Male Alexithymia Scale : Measurement of a Gender-Linked Syndrome : Correction to Levant et al. (2006) ». *Psychology of Men and Masculinity, 8*, 199-200.

LEVENTHAL, T. et BROOKS-GUNN, J. (2004). « Diversity in Developmental Trajectories across Adolescence : Neighborhood Influences ». Dans R.M. LERNER et L. STEINBERG (dir.), *Handbook of Adolescent Psychology* (2e éd.), Hoboken (N.J.) : John Wiley.

LEVINE, M.P. et SMOLAK, L. (2002). « Body Image Development in Adolescence ». Dans T.F. CASH et T. PRUZINSKY (dir.), *Body Image : A Handbook of Theory, Research, and Clinical Practice* (p. 74-82), New York : The Guilford Press.

LEWIS, C.C. (1981). « The Effects of Firm Control : A Reinterpretation of Findings ». *Psychological Bulletin, 90,* 547-563.

LIM, S.L. et LIM, K.B. (2003). « Parenting Style and Child Outcomes in Chinese and Immigrant Chinese Families : Current Findings and Cross-Cultural Considerations in Conceptualization and Research ». *Marriage and Family Review, 35* (3) 21-43.

LIN, J. (2006). « Les enseignants : tendances de 1999 à 2005 ». *Enquête sur la population active*, Ottawa : Statistique Canada.

LINN, M.C. et SONGER, N.B. (1991). « Cognitive and Conceptuel Change in Adolescence ». *American Journal of Education*, août, 379-415.

LISAK, D. et BESZTERCZEY, S. (2007). « The Cycle of Violence : The Life Histories of 43 Death Row Inmates ». *Psychology of Men and Masculinity, 8,* 118-128.

LOCURTO, C. (1991). *Sense and Nonsense about IQ : The Case for Uniqueness*, New York : Praeger.

LOEBER, R. (1982). « The Stability of Antisocial and Delinquent Child Behavior : A Review ». *Child Development, 53,* 1431-1446.

LOEBER, R. (1987). « Natural Histories of Conduct Problems, Delinquency and Associated Substance Use : Evidence from Developmental Progressions ». Dans B.B. LAHEY et A.E. KAZDIN (dir.), *Advances in Clinical Child Psychology* (vol. 10), New York : Plenum.

LORANGER, M. et PÉPIN, M. (2003). « La mesure de l'intelligence ». Dans M.-J. TASSÉ et D. MORIN (dir.), *Manuel professionnel sur la déficience intellectuelle*, Montréal : Gaëtan Morin Éditeur.

LOUKAS, A., SUZUKI, R. et HORTON, K.D. (2006). « Examining School Connectedness as a Mediator of School Climate Effects ». *Journal of Research on Adolescence, 16,* 491-502.

LOURENÇO, O. et MACHADO, A. (1996). « In Defense of Piaget's Theory : A Reply to 10 Common Criticisms ». *Psychological Review, 103,* 143-164.

LUNA, B., GARVER, K.E., URBAN, T.A., LAZAR, N.A. et SWEENEY, J.A. (2004). « Maturation of Cognitive Processes from Late Childhood to Adulthood ». *Child Development, 75,* 1357-1372.

LUNA, B., THULBORN, K.R., MUNOZ, D.P., MERRIAM, E.P., GARVER, K.E., MINSHEW, N.J., KESHAVAN, M.S., GENOVESE, C.R., EDDY, W.F. et SWEENEY, J.A. (2001). « Maturation of Widely Distributed Brain Function Subserves Cognitive Development ». *Neuroimage, 13,* 786-793.

LUTHAR, S.S. (1997). « Sociodemographic Disadvantage and Psychosocial Adjustment : Perspectives from Developmental Psychopathology ». Dans S.S. LUTHAR, J.A. BURACK, D. CICCHETTI et J.R. WEISZ (dir.), *Developmental Psychopathology, Perspectives on Adjustment, Risk, and Disorder*, New York : Cambridge University Press, 459-485.

MACCOBY, E.E. et MARTIN, J.A. (1983). « Socialization in the Context of the Family : Parent-Child Interaction ». Dans P.H. MUSSEN (dir.), *Handbook of Child Psychology, Socialization, Personality and Social Development* (vol. 4, 4e éd.), New York : Wiley.

MACCOBY, E.E. et MNOOKIN, R.H. (1992). *Dividing the Child : Social and Legal Dilemmas of Custody*, Cambridge (Mass.) : Harvard University Press.

MACCOBY, E.E., BUCHANAN, C.M., MNOOKIN, R.H. et DORNBUSCH, S.M. (1993). « Post-divorce Roles of Mothers and Fathers in the Lives of Their Children ». *Journal of Family psychology, 7,* 24-38.

MACHTINGER, H. (2007). « What Do We Know about High Poverty Schools ? Summary of the High Poverty Schools Conference at UNC-Chapel Hill ». *High School Journal, 90,* 1-8.

MACKINTOSH, N.J. (2004). *QI et intelligence humaine*, Bruxelles : De Boeck (trad. A. Brossard).

MACMILLAN, R. et HAGAN, J (2004). « Violence in the Transition to Adulthood : Adolescent Victimization, Education, and Socioeconomic Attainment in Later Life ». *Journal of Research on Adolescence, 14,* 127-158.

MAGNUSON, K.A. et DUNCAN, G.J. (2002). « Parents in Poverty ». Dans M.H. BORNSTEIN (dir.), *Handbook of Parenting* (vol. 5, 2e éd.), Mahwah (N.J.) : Lawrence Erlbaum Associates.

MAGUEN, S. et ARMISTEAD, L. (2006). « Abstinence among Female Adolescents : Do Parents Matter above and beyond the Influence of Peers ? ». *American Journal of Orthopsychiatry, 76,* 260-264.

MAHONEY, J.L., STATTIN, H. et LORD, H. (2004). « Unstructured Youth Recreation Centre Participation and Behaviour Development. Selection Influence and the Moderating Role of Antisocial Peers ». *International Journal of Behavioral Development, 28,* 553-560.

MALLORY, M.E. (1989). « Q-sort Definition of Ego Identity Status », *Journal of Youth and Adolescence, 18,* 399-412.

MALYON, A.K. (1981). « The Homosexual Adolescent : Developmental Issues and Social Biais ». *Child Welfare, 60,* 321-330.

MANLOVE, J., FRANZETTA, K., RYAN, S. et MOORE, K. (2006). « Adolescent Sexual Relationships, Contraceptive Consistency, and Pregnancy Prevention Approaches ». Dans A.C. CROUTER et A. BOOTH (dir.), *Romance and Sex in Adolescence and Emerging Adulthood : Risks and Opportunities*, Mahwah (N.J.) : Lawrence Erlbaum.

MANLOVE, J., TERRY-HUMEN, E., PAPILLO, A.R., FRANZETTA, K., WILLIAMS, S. et RYAN, S. (2001). « Background for Community-Level Work on Positive Reproduction Health in Adolescence : Reviewing the Literature on Contribution Factors ». *Child Trends*, projet préparé pour la fondation John S. et James L. Knight.

MANNING, L.M. et BUCHER, K.T. (2007). *Classroom Management. Models, Applications and Cases*, 2e éd., Upper Saddle River (N.J.) : Pearson, Merrill, Prentice Hall.

MANNING, W. et LAMB, K. (2003). « Adolescent Well-Being in Cohabiting, Married, and Single-Parent Families ». *Journal of Marriage and the Family, 65,* 876-893

MARCIA, J.E. (1966). « Development and Validation of Ego Identity Status ». *Journal of Personality and Social Psychology, 3,* 551-558.

MARCIA, J.E. (1980). « Identity in Adolescence ». Dans J. ADELSON (dir.), *Handbook of Adolescent Psychology,* New York : Wiley.

MARCIA, J.E. (1988). « Common Processes Underlying Ego Identity, Cognitive/Moral Development, and Individuation ». Dans D.K. LAPSKY et F.P. CLARK (dir.), *Self, Ego and Identity,* New York : Springer-Verlag.

MARCIA, J.E. (1989). « Identity and Self-development ». Dans R.M. LERNER, A.C. PETERSEN et J. BROOKS-GUNN (dir.), *Encyclopedia of Adolescence* (vol. 1), New York : Garland.

MARCIA, J.E. (1993). « The Ego Identity Approach to Ego Identity ». Dans J.E. MARCIA, A. WATERMAN, D. MATTESO, S. ARCHER et J. ORLOFSKY (dir.), *Ego Identity,* New York : Springer-Verlag.

MARKS, H.M. et PRINTY, S.M. (2003). « Principal Leadership and School Performance: An Integration of Transformational and Instructional Leadership ». *Educational Administration Quarterly, 39,* 370-397.

MARKSTROM-ADAMS, C. (1992). « A Consideration of Intervening Factors in Adolescent Identity Formation ». Dans G.R. ADAMS, T.P. GULLOTTA et R. MONTEMAYOR (dir.), *Adolescent Identity Formation: Advances in Adolescent Development,* New York : Sage.

MARSHALL, K. (2007). « La vie bien chargée des adolescents ». *L'emploi et le revenu en perspective, 8,* 5-17, Statistique Canada, Division de l'analyse des enquêtes sur le travail et les ménages, document n° 75-001-XIF, mai.

MARSHALL, K. et WYNNE, H. (2003). « Contre vents et marées ». *L'emploi et le revenu en perspective,* n° 75-001-XIF, Ottawa : Statistique Canada.

MARSHALL, W. et TANNER, J.M. (1969). « Variations in the Pattern of Pubertal Changes in Girls ». *Archives of Disease of Childhood, 44,* 291-303.

MARTINO, S.C., COLLINS, R.L., ELLIOTT, M.N., STRACMAN, A., KANOUSE, D.E. et BERRY, S.A. (2006). « Exposure to Degrading versus Non Degrading Music Lyrics and Sexual Behaviour among Youth ». *Pediatrics, 118,* 430-441. http://pediatrics. aappublications.org/cgi/reprint/118/2/e430

MASEXUALITE.CA. *Fait et statistiques : santé sexuelle et jeunes canadiens,* http://masexualite.ca, consulté le 11 septembre 2007.

MASTEN, A.S. et COATSWORTH, J.D. (1998). « The Development of Competence in Favorable and Unfavorable Environments: Lessons from Research on Successful Children ». *American Psychologist, 53,* 205-220.

MASTEN, A.S. et POWELL, J.L. (2003). « A Resilience Framework for Research, Policy, and Practice ». Dans S.S. LUTHAR (dir.), *Resilience and Vulnerability: Adaptation in the Context of Childhood Adversities* (p. 1-25), New York : Cambridge University Press.

MASTEN, A.S., REED, M.G.J. (2005). « Resilience in Development ». Dans C.R. SNYDER et S.J. LOPEZ (dir.), *Handbook of Positive Psychology* (p. 74-88), New York : Oxford University Press.

McCABE, M.P. et RICCIARDELLI, L.A. (2005). « A Prospective Study of Pressures from Parents, Peers, and the Media on Extreme Weight Change Behaviors among Adolescent Boys and Girls ». *Behaviour Research and Therapy, 43,* 653-668.

McCREARY, D.R., RHODES, N.D. et SAUCIER, D.M. (2002). « A Confirmatory Factor Analysis of the Short Form Sex Role Behavior Scale ». *Sex Roles, 47,* 169-177.

McGUE, M., ELKINS, I., WALDEN, B. et IACONO, W.G. (2005). « Perceptions of the Parent-Adolescent Relationship: A Longitudinal Investigation ». *Developmental Psychology, 41* (6), 971-984.

McGUIRE, S., McHALE, S. et UPDEGRAFF, K. (1996). « Children's Perceptions of the Sibling Relationship in Middle Childhood: Connections within and between Family Relationships ». *Personal Relationships, 3* (3), 229-239.

McHALE, S.M., UPDEGRAFF, K.A., JACKSON-NEWSOM, J., TUCKER, C.J. et CROUTER, A.C. (2000). « When Does Parents' Differential Treatment Have Negative Implications for Siblings ? ». *Social Development, 9* (2), 149-172.

McHALE, S.M., UPDEGRAFF, K.A., TUCKER, C.J. et CROUTER, A.C. (2000). « Step in or Stay out? Parents' Roles in Adolescent Siblings' Relationships ». *Journal of Marriage and the Family, 62* (3), 746-760.

McKAY, A. (2004). « Oral Sex among Teenagers: Research, Discourse, and Education ». *The Canadian Journal of Human Sexuality, 13* (3-4), 201-203.

McLEAN, K.C. (2005). « Late Adolescent Identity Development: Narrative Meaning Making and Memory Telling ». *Developmental Psychology, 41,* 683-691.

McNAMARA BARRY, C. et WENTZEL, K.R. (2006). « Friend Influence on Prosocial Behaviour: The Role of Motivational Factors and Friendship Characteristics ». *Developmental Psychology, 42* (1), 153-163.

MEAD, M. (1928). *Coming of Age in Samoa,* New York : Blue Ribbon Books.

MEAD, M. (1933). « The Primitive Child ». Dans C. MURCHISON (dir.), *A Handbook of Child Psychology,* 2e éd., Worchester (Mass.) : Clark University Press.

MEAD, M. (1973). *Une éducation en Nouvelle-Guinée,* Paris : Payot (trad. Alain Gazio).

MEEUS, W., IEDEMA, J., HELSEN, M. et VOLLEBERGH, W. (1999). « Patterns of Adolescent Identity Development: Review of Literature and Longitudinal Analysis ». *Developmental Review, 19,* 419-461.

MELS (2006). *Résultats aux Épreuves Uniques de Juin 2005 et Diplomation.* Québec : Ministère de l'Éducation du Loisir et du Sport. http://www.mels.gouv.qc.ca/sanction/epreuv2005/ epreuve_2005.pdf

MELSQ (2002). *Le Programme de soutien à l'école montréalaise : une première analyse de la situation démographique, de la mobilité des élèves et de leur cheminement scolaire,* Québec : Gouvernement du Québec, Ministère de l'Éducation, du Loisir et du Sport.

MELSQ (2005). *Programme de formation de l'école québécoise. Enseignement secondaire, premier cycle,* Québec : Gouvernement du Québec, Ministère de l'Éducation, du Loisir et du Sport, http://www.mels.gouv.qc.ca/lancement/prog_formation_ sec1ercycle/

MELSQ (2007). *Renseignements sur les services éducatifs du primaire et du secondaire*, Québec : Gouvernement du Québec, Ministère de l'Éducation, du Loisir et du Sport, http://www.mels.gouv.qc.ca/rens/brochu/serv-edu.htm# primaire, consulté le 8 janvier 2008.

MELSQ (2008). « Taux de décrochage (sorties sans qualification ni diplôme) du secondaire, en formation générale des jeunes, selon le sexe, par région administrative et ensemble du Québec (12 novembre 2007) », Québec : Gouvernement du Québec, Ministère de l'Éducation, du Loisir et du Sport, Direction de la recherche, des statistiques et des indicateurs, http://www.bdso.gouv.qc.ca, consulté le 15 janvier 2008.

MEN (2007). « Évolution du nombre moyen d'élèves par classe (1980-2006) ». *Media Éducation*, Paris : Ministère de l'Éducation Nationale, http://media.education.gouv.fr/file/03/9/7039.pdf, consulté le 15 janvier 2008.

MEQ (2001). Résultats aux Épreuves Uniques de Juin 2000 par Commission Scolaire et par École pour les Secteurs Public et Privé. Québec : Ministère de l'Éucation. http://www.mels.gouv.qc.ca/sanction/epreuv2000/epreuv2000.pdf

METCALFE, J. et GREENE, M.J. (2007). « Metacognition of Agency ». *Journal of Experimental Psychology : General, 136*, 184-199.

METCALFE, J. et SHIMAMURA, A.P. (1994). *Metacognition : Knowing about Knowing*, Cambridge (Mass.) : MIT Press.

METZ, M.H. (1978). *Classrooms and Corridors : The Crisis of Authority in Desegregated Secondary Schools*, Berkeley (Calif.) : University of California Press.

MEYER, I.H. (2003). « Prejudice, Social Stress, and Mental Health in Lesbian, Gay, and Bisexual Populations : Conceptual Issues and Research Evidence ». *Psychological Bulletin, 129*, 674-697.

MILLER, B.C., BENSON, B. et GALBRAITH, K.A. (2001). « Family Relationships and Adolescent Pregnancy Risk : A Research Synthesis ». *Developmental Review, 21*, 1-38.

MILLER, B.C., NORTON, M.C., CURTIS, T., HILL, E.J., SCHVANEVELDT, P. et YOUNG, M.H. (1997). « The Timing of Sexual Intercourse among Adolescents : Family, Peer, and Other Antecedents ». *Youth and Society, 29*, 54-83.

MILLER, B.C., SAGE, R. et WINWARD, B. (2005). « Adolescent Pregnancy ». Dans T.P. GULLOTTA et G.R. ADAMS (dir.), *Handbook of Adolescent Behavioral Problems Evidence-Based Approaches to Prevention and Treatment*, New York : Springer.

MILLER, P.A. (1989). *Theories of Developmental Psychology*, 2e éd., New York : Freeman.

MINGRONI, M.A. (2007). « Resolving the IQ Paradox : Heterosis as a Cause of the Flynn Effect and Other Trends ». *Psychological Review, 114*, 806-829.

MINISTÈRE DE L'ÉDUCATION (2002). *Jeunes filles enceintes et mères adolescentes : un portrait statistique*, Québec : Gouvernement du Québec.

MINISTÈRE DE L'ÉDUCATION, DU LOISIR ET DU SPORT DU QUÉBEC (2006). *Taux de décrochage (sorties sans qualification ni diplôme) du secondaire, en formation générale des jeunes, selon le sexe*, Québec : Direction de la recherche, des statistiques et des indicateurs.

MINISTÈRE DE LA SANTÉ ET DES SERVICES SOCIAUX (1993). *Accouchement et naissances*, Québec : Gouvernement du Québec.

MINISTÈRE DE LA SANTÉ ET DES SERVICES SOCIAUX (2003a). *Bien vivre son orientation sexuelle. Les femmes et l'homosexualité*, Québec : Gouvernement du Québec.

MINISTÈRE DE LA SANTÉ ET DES SERVICES SOCIAUX (2003b). *Bien vivre son orientation sexuelle. Les hommes et l'homosexualité*, Québec : Gouvernement du Québec.

MINISTÈRE DE LA SANTÉ ET DES SERVICES SOCIAUX (2007). *Grossesse à l'adolescence*, Québec : Gouvernement du Québec.

MIRANDA, D. (2007). *Les préférences musicales et la dépression à l'adolescence : une perspective développementale tenant compte également des traits de personnalité, des pairs et du coping*, thèse de doctorat non publiée, Montréal : Université de Montréal.

MIRANDA, D. et CLAES, M. (sous presse). « Musical Preference and Depression in Adolescence ». *International Journal of Adolescence and Youth*.

MITCHELL, K.J., WOLAK, J. et FINKELHOR, D. (2007). « Trends in Youth Reports of Sexual Solicitations, Harassment and Unwanted Exposure to Pornography on the Internet ». *Journal of Adolescent Health, 40*, 116-126.

MOFFITT, T.E. (2005). « The New Look of Behavioral Genetics in Developmental Psychopathology : Gene-Environment Interplay in Antisocial Behaviors ». *Psychological Bulletin, 13*, 533-554.

MOFFITT, T.E. et CASPI, A. (2007). « Evidence from Behavioral Genetics for Environmental Contributions to Antisocial Conduct ». Dans J.E. GRUSEC et P.D. HASTINGS (dir.), *Handbook of Socialization. Theory and Research*, New York : Guilford Press.

MOFFITT, T.E., CASPI, A., BELSKY, J. et SILVA, P.A. (1992). « Childhood Experience and the Onset of Menarche : A Test of a Sociobiological Model ». *Child Development, 63*, 47-58.

MOLDEN, D.C. et DWECK, C.S. (2006). « Finding "Meaning" in Psychology : A Lay Theories Approach to Self-Regulation, Social Perception, and Social Development ». *American Psychologist, 61*, 192-203.

MONTGOMERY, M.J. et SORELL, G.T. (1998). « Love and Dating Experience in Early and Middle Adolescence : Grade and Gender Comparisons ». *Journal of Adolescence, 21* (6), 677-689.

MORGAN, M. et GRUBE, J.W. (1991). « Closeness and Peer Group Influence ». *British Journal of Social Psychology, 30*, 159-169.

MOSHER, W.D., CHANDRA, A. et JONES J. (2005). *Sexual Behavior and Selected Health Measures : Men and Women 15-44 of Age, United States, 2002*, Advance Data U.W., Department of Health and Human Services, Centers for Disease Control and Prevention National Center for Health Statistics.

MOUNTS, N.S. (2004). « Adolescents' Perceptions of Parental Management of Peer Relationships in an Ethnically Diverse Sample ». *Journal of Adolescent Research, 19* (4), 336-467.

MOUQUET, M.-C. et BELLAMY, V. (2006). « Suicides et tentatives de suicide en France ». *Études et Résultats, 488*, Paris : Direction de la recherche, des études, de l'évaluation et des statistiques, Ministère de l'Emploi, de la Cohésion sociale et du Logement et Ministère de la Santé et des Solidarités.

MUFSON, L., WEISSMAN, M.M. et MOREAU, D. (1999). « Efficiency of Interpersonal Psychotherapy for Depressed Adolescents », *Archives of General Psychiatry, 56*, 573-579.

MURAMOTO, Y. (2003). « An Indirect Self-Enhancement in Relationships among Japanese ». *Journal of Cross-Cultural Psychology, 34*, 552-566.

MUSTANSKI, B.S., VIKEN, R.J., KAPRIO, J., PULKKINEN, L. et ROSE, J.R. (2004). « Genetic and Environmental Influences on Pubertal Development : Longitudinal Data from Finnish Twins at Ages 11 and 14 ». *Developmental Psychology, 40* (6), 1188-1198.

MUUSS, R.E. (1975). *Theories of Adolescence*, 3e éd., New York : Random House.

MUUSS, R.E. (1996). *Theories of Adolescence*, 6e éd., New York : McGraw-Hill.

NAGIN, D. et TREMBLAY, R.E. (1999). « Trajectories of Boys' Physical Aggression, Opposition, and Hyperactivity on the Path to Physically Violent and Nonviolent Juvenile Delinquancy ». *Child Development, 70*, 1181-1196.

NANSEL, T.R., CRAIG, W., OVERPECK, M.D., SALUJA, G., RUAN, W.J. et THE HEALTH BEHAVIOR IN SCHOOL-AGED CHILDREN BULLYING ANALYSES WORKING GROUP (2004). « Cross-National Consistency in the Relationship between Bullying Behaviors and Psychosocial Adjustment ». *Archives of Pediatrics & Adolescent Medicine, 158,* 730-736.

NCLB (2001). *No Child Left Behind Act*, Public Law 1070110, Washington (D.C.) : House of Representatives, http://clerk.house.gov/evs/2001/roll145.xml

NELS (2004). *National Education Longitudinal Study : Base Year through Fourth Follow-up, 1988-2000*, Washington (D.C.) : U.S. Department of Education, National Center for Education Statistics, et Ann Arbor (Mich.) : Inter-University Consortium for Political and Social Research, 2004.

NEWCOMBE, N. et DUBAS, J. (1987). « Individual Differences in Cognitive Ability : Are They Related to Timing of Puberty ? ». Dans R. LERNER et T. FOCH (dir.), *Biological-Psychosocial Interactions in Early Adolescence*, Hillsdale (N.J.) : Erlbaum.

NEWCOMER, S. et UDRY, J.R. (1987). « Parental Marital Status Effects on Adolescent Behavior ». *Journal of Marriage and the Family, 49*, 235-240.

NEWMAN, B.M. et NEWMAN, P.R. (2001). « Group Identity and Alienation : Giving the We its Due ». *Journal of Youth and Adolescence, 30* (5), 515-538.

NISBETT, R.E. (2005). « Heredity, Environment, and Race Differences in IQ. A Commentary on Rushton and Jensen (2005) ». *Psychology, Public Policy, and Law, 11*, 302-310.

NMSA (2002) NATIONAL MIDDLE SCHOOL ASSOCIATION. « Supporting Students in Their Transition to Middle School ». A Position Paper Jointly Adopted by National Middle School Association and the National Association of Elementary School Principals. http://www.nmsa.org/AboutNMSA/PositionStatements/TransitioningStudents/tabid/283/Default.aspx Consulté le 22 février 2008.

NOELTING, G. (1980). « The Development of Proportional Reasoning and the Ratio Concept ». *Educational Studies in Mathematics, 11*, 217-253.

NOLLER, P. (2005). « Sibling Relationships in Adolescence : Learning and Growing Together ». *Personal Relationships, 12*, 1-22.

O'DONNELL, W.T. et WARREN, S.T. (2002). « A Decade of Molecular Studies of Fragile X Syndrome ». *American Review of Neuroscience, 25*, 315-338.

O'DOUGHERTY WRIGHT, M. et MASTEN, A.S. (2005). « Resilience Processes in Development ». Dans S. GOLDSTEIN et R.B. BROOKS (dir.), *Handbook of Resilience in Children,* New York : Kluwer Academic/Plenum, 17-37.

OGBU, J.U. (1981). « Origins of Human Competence : A Cultural Ecological Perspective ». *Child Development, 52*, 413-429.

OGBU, J.U. (1988). « Culture, Development and Education ». Dans A.D. PELLEGRINI (dir.), *Psychological Basis for Early Education*, New York : Wiley.

OLWEUS, D. (1993). *Bullying at School : What We Know and What We Can Do*, Oxford (Angl.) : Oxford Blackwell.

OLWEUS, D., LIMBER, S. et MIHALIC, S.F. (1999). *Blueprints for Violence Prevention, Book Nine. Bullying Prevention Program*, Boulder (Colo.) : Center for the Study and Prevention of Violence.

ORGANISATION DES NATIONS UNIES (2004). « Juvenile Delinquency ». Dans *World Youth Report : The Global Situation of Young People*, New York : United Nations Publications, chap. 7.

OSTERMAN, K. (2000). « Students' Need for Belonginess in the School Community ». *Review of Educational Research, 70*, 323-367.

OTIS J., MEDICO D. et LÉVY, J.J. (2000). « La prévention des maladies sexuellement transmissibles et du VIH-sida ». Dans F. VITARO et C. GAGNON, *La prévention des problèmes d'adaptation chez les jeunes*, Montréal : Les Presses de l'Université de Montréal.

OUELLET, F. et coll. (2000). « L'empowerment ». Dans *Naître égaux : grandir en santé*, Montréal : Direction de la santé publique de Montréal-Centre, février.

OUIMET, M. (2005). *La criminalité au Québec durant le vingtième siècle*, Québec : IQRC et Les Presses de l'Université Laval.

OVERMIER, K. (1990). « Biracial Adolescents : Areas of Conflict and Identity Formation ». *Journal of Applied Social Sciences, 10*, 246-259.

PABON, E., RODRIGUEZ, O. et GURIN, G. (1992). « Clarifying Peer Relations and Delinquency ». *Youth & Society, 24*, 149-165.

PACE, J.L. et HEMMINGS, A. (2006). *Classroom Authority. Theory, Research and Practice*, Mahwah (N.J.) : Laurence Erlbaum Associates.

PARENT, C. (2005). « La beau-parentalité remise en question ». *Divorce et séparation, 2*, 91-104.

PARENT, V., LORANGER, M. et SIROIS, K. (2007). « Rendement en lecture et vitesse du traitement de l'information chez les enfants de 6 à 8 ans ». *Revue canadienne des sciences du comportement, 39*, 60-72.

PARKE, R.D. et O'NEIL, R. (1999). « Social Relationships across Contexts : Family-Peer Linkages ». Dans W.A. COLLINS et B. LAURSEN (dir.), *Relationships as Developmental Contexts. The Minnesota Symposia on Child Psychology* (vol. 30), Mahwah (N.J.) : Lawrence Erlbaum Associates.

PARTIN, R.L. (1999). *Classroom Teacher's Survival Guide*, San Francisco: Jossey-Bass.

PATTERSON, C.J., KUPERSMIDT, J.B. et VADEN, N.A (1990). « Income Level, Gender, Ethnicity, and Household Composition as Predictors of Children's School-Based Competence ». *Child Development, 61*, 485-494.

PATTERSON, G.R., DeBARYSHE, B.D. et RAMSEY, E. (1989). « A Developmental Perspective on Antisocial Behavior ». *American Psychologist, 44*, 329-335.

PATTERSON, S.J., SOCHTING, I. et MARCIA, J.E. (1992). « The Inner Space and Beyond: Women and Identity ». Dans G.R. ADAMS, T.P. GULLOTTA et R. MONTEMAYOR (dir.), *Adolescent Identity Formation: Advances in Adolescent Development*, New York: Sage.

PELKONEN, M. et MARTTUNEN, M. (2003). « Child and Adolescent Suicide. Epidemiology, Risk Factors, and Approaches to Prevention ». *Pedriatric Drugs, 5*, 243-265.

PELLETIER, J. (2007). *Entre les transformations, les frissons, les passions... et toutes les questions. Petit guide à l'usage des parents pour discuter de sexualité avec leur adolescent*, Québec: Direction des communications du ministère de la Santé et des Services sociaux, Gouvernement du Québec.

PELLETIER, M. et RHÉAULT, S. (2005). *La réussite scolaire des garçons et des filles. L'influence du milieu socioéconomique. Analyse exploratoire*, Québec: Gouvernement du Québec, Ministère de l'Éducation, du Loisir et du Sport.

PELLETIER, R. (1990). *Masculinité et féminité: conceptions personnelles et sociales en transformation,* mémoire de maîtrise non publié, Québec: Université Laval.

PÉPIN, M. et LORANGER, M. (1994). *Le Tai-adolescents et adultes (Test d'aptitudes informatisé). Guide d'utilisation*, Charlesbourg: Le Réseau Psychotech.

PÉPIN, M., LORANGER, M. et LAPORTE, P. (2006). *Le test informatisé des fonctions attentionnelles (TIFA)*, Québec: Le Réseau Psychotech.

PEPLAU, L.A. et GARNETS, L.D. (2000). « A New Paradigm for Understanding Women's Sexuality and Sexual Orientation ». *Journal of Social Issues, 56* (2), 329-350.

PEPLER, D.J., MADSEN, K.C., WEBSTER, C.D. et LEVENE, K.S. (2005). *The Development and Treatment of Girlhood Aggression*, Mahwah (N.J.): Lawrence Erlbaum Associates.

PERFECT, T.J. et SCHWARTZ (2002). *Applied Metacognition*, Londres: Cambridge University Press.

PERRIS, T.S. et EMERY, R.E. (2004). « A Prospective Study of the Consequences of Marital Disruption for Adolescents: Pre-disruption Family Dynamics and Post Disruption Adolescent Adjustment ». *Journal of Clinical and Adolescent Psychology, 33*, 694-704.

PERRY, D.G. et BUSSEY, K. (1984). *Social Development,* Englewood Cliffs (N. J.): Prentice-Hall.

PERSSON, A., KERR, M. et STATTIN, H. (2007). « Staying in or Moving away from Structured Activities: Explanations Involving Parents and Peers ». *Developmental Psychology, 43*, 197-207.

PETERSEN, A.C. et TAYLOR, B. (1980). « Puberty: Biological Change and Psychosocial Adaptation ». Dans J. ANDELSON (dir.), *Handbook of Adolescent Psychology*, New York: John Wiley.

PETERSEN, A.C., CROCKETT, L.J., RICHARDS, M. et BOXER, A.M. (1988). « A Self-Report Measure of Pubertal Status: Reliability, Validity, and Initial Norms ». *Journal of Youth and Adolescence, 17*, 117-133.

PETERSON, G.W. et LEIGH, G.K. (1990). « The Family and Social Competence in Adolescence ». Dans T.P. GULLOTTA, G.R. ADAMS et R. MONTEMAYOR (dir.), *Developing Social Competency in Adolescence*, Newbury Park (Calif.): Sage.

PHINNEY, J.S. (1992). « The Multigroup Ethnic Identity Measure: A New Scale or Use with Diverse Groups ». *Journal of Adolescent Research, 7*, 156-176.

PHINNEY, J.S. (2007). « Conceptualization and Measurement of Ethnic Identity: Current Status and Future Directions ». *Journal of Counseling Psychology, 54*, 271-281.

PIAGET, J. (1932-1973). *Le jugement moral chez l'enfant*, 4e éd., Paris: Presses Universitaires de France.

PIAGET, J. (1963). *La naissance de l'intelligence*, 4e éd., Paris: Presses Universitaires de France.

PIAGET, J. (1970). « Piaget's Theory ». Dans P.H. MUSSEN (dir.), *Carmichael's Manual of Child Psychology* (vol. 1, 3e éd., p. 703-732), New York: Wiley.

PIAGET, J. (1983). *Le possible et le nécessaire: L'évolution du nécessaire chez l'enfant*, Paris: Presses Universitaires de France.

PIAGET, J. (1986). « Essay on Necessity ». *Human Development, 29*, 301-314.

PIAGET, J. et INHELDER, B. (1955). *De la logique de l'enfant à la logique de l'adolescent*, Paris: Presses Universitaires de France.

PIEHLER, T.F. et DISHION, T.J. (2007). « Interpersonal Dynamics within Adolescent Friendships: Dyadic Mutuality, Deviant Talk, and Patterns of Antisocial Behavior ». *Child Development, 78*, 1611-1624.

PIÉRARD, B., JACQUES, C., CLOUTIER, R. et DRAPEAU, S. (1994). « Le lien entre la séparation conjugale et le comportement de l'enfant: le rôle du revenu familial ». *Revue québécoise de psychologie, 15*, 87-108.

PINARD, A. (1986). « "Prise de conscience" and Taking Charge of One's Own Cognitive Functioning ». *Human Development, 29*, 341-354.

PINQUART, M. et SILBEREISEN, R.K. (2005). « Understanding Social Change in Conducting Research on Adolescence ». *Journal of Research on Adolescence, 15*, 395-405.

PLOMIN, R. (1989). « Environment and Genes ». *American Psychologist, 44*, 105-111.

PLOMIN, R. et SPINATH, F.M. (2004). « Intelligence: Genetics, Genes and Genomics ». *Journal of Personality and Social Psychology, 86*, 112-129.

POLLACK, W.S. (1998). *Real Boys*, New York: Henry Holt.

POLLACK, W.S. (2006). « The "War" for Boys: Hearing "Real Boys" Voices, Hearing Their Pain ». *Psychology and Professional Psychology: Research and Practice, 37*, 190-195.

POMMERLEAU, X. (2001). *L'adolescent suicidaire*, Paris : Dunod.

POPPEN, P. (1974). « Sex Differences in Moral Judgment ». *Personality and Social Psychology Bulletin, 1*, 313-315.

POTVIN, P., FORTIN, L., MARCOTTE, D., ROYER, É. et DESLANDES, R. (2007). *Guide de prévention du décrochage scolaire*, Québec : Centre de transfert pour la réussite éducative du Québec.

POULIN, F. et PEDERSEN, S. (2007). « Developmental Changes in Gender Composition of Friendship Networks in Adolescent Girls and Boys », *Developmental Psychology, 43*, 1484-1496.

POULIN, F., DISHION, T.J. et HASS, E. (1999). « The Peer Influence Paradox : Relationship Quality and Deviancy Training in Male Adolescent Friendships ». *Merrill-Palmer Quarterly, 45*, 42-61.

POULIOT, L. et POTVIN, P. (2000). « La puce à l'oreille au sujet du redoublement ». *Vie Pédagogique, 116*, 49-53.

PRICE, R.H., COWEN, E.L., LORION, R.P. et RAMOS-McKAY, J. (1989). « The Search for Effective Prevention Programs : What We Learned along the Way ». *American Journal of Orthopsychiatry, 59*, 49-58.

PRINSTEIN, M.J. et LA GRECA, A.M. (2002). « Peer Crowd Affiliation and Internalizing Distress in Childhood and Adolescence : A Longitudinal Follow-Back Study ». *Journal of Research on Adolescence, 12* (3), 325-351.

PRONOVOST, G. et ROYER, C. (2004). *Les valeurs des jeunes*, Québec : Presses de l'Université du Québec.

PRONOVOST, J. et LECLERC, D. (2002). « L'évaluation et le dépistage des adolescent(e)s suicidaires en Centres jeunesse ». *Revue de psychopédagogie et d'orientation, 31*, 81-100.

QUÉNIART, A. et ROUSSEAU, N. (2004). « L'exercice de la paternité à la suite d'un divorce : un parcours semé d'obstacles ». Dans M.-C. SAINT-JACQUES, S. DRAPEAU, D. TURCOTTE et R. CLOUTIER (dir.), *Séparation, monoparentalité et recomposition familiale. Bilan d'une réalité complexe et pistes d'action* (p. 101-126), Québec : Les Presses de l'Université Laval.

QUINTANA, S.M. (2007). « Racial and Ethnic Identity : Developmental Perspectives and Research ». *Journal of Counseling Psychology, 54*, 259-270.

QUINTANA, S.M., ABOUD, F.E., CHAO, R.K., CONTRERAS-GRAU, J., CROSS, W.E. JR., HUDLEY, C. et coll. (2006). « Race, Ethnicity, and Culture in Child Development : Contemporary Research and Future Directions ». *Child Development, 77*, 1129-1141.

RABINOVITZ, R. (2003). « La dictature des cotes d'écoute ». Montréal : *La Presse*, 23 octobre. http://www.friendscb.org/News/Friends_News/archives/articles10230307.asp

RAMEY, C.T. (1992). « High-Risk Children and IQ : Altering Intergenerational Patterns ». *Intelligence, 16*, 239-256.

RAMEY, S.L. et RAMEY, C.T. (1999). « Early Experience and Early Intervention for Children "at Risk" for Developmental Delay and Mental Retardation ». *Mental Retardation and Developmental Disabilities Research Review, 5*, 1-10.

RAMIREZ, J.M. (2003). « Hormones and Aggression in Childhood and Adolescence ». *Aggression and Violent Behavior, 8*, 621-644.

RASKAUSKAS, J. et STOLTZ, A.D. (2007). « Involvement in Traditional and Electronic Bullying among Adolescents », *Developmental Psychology, 43*, 564-575.

RAUSCHER, F.H., SHAW, G.L. et KY, K.N. (1993). « Music and Spatial Task Performance ». *Nature, 365*, 611.

RAYNAL, F. et RIEUNIER, A. (1997). *Pédagogie : dictionnaire des concepts clés*, Paris : ESF Éditeur.

REGROUPEMENT D'ENTRAIDE POUR LA JEUNESSE ALLOSEXUELLE DU QUÉBEC. http://www.rejaq.org, consulté le 17 août 2007.

RÉSEAU ÉDUCATION-MÉDIAS (2007). « Tout savoir sur les messageries textuelles ». *Série Tout savoir sur...*, Ottawa. http://www.media-awareness.ca/francais/index.cfm, consulté le 28 septembre 2007.

RICE, K.G. et MULKEEN, P. (1995). « Relationships with Parents and Peers : A Longitudinal Study of Adolescent Intimacy ». *Journal of Adolescent Research, 10*, 338-357.

RICE, P.F. et DOLGIN, K.G. (2005). *The Adolescent Development, Relationships, and Culture*, 7e éd., New York : Pearson Education.

RIDLEY, D.S. et WALTHER, B. (1995). *Creating Responsible Learners : The Role of a Positive Classroom Environment. Psychology in the Classroom*, Washington (D.C.) : American Psychological Association.

RIEGEL, K. (1975). « Toward a Dialectical Theory of Human Development ». *Human Development, 18*, 50-64.

RIGBY, K. (2004). « Bullying in Childhood ». Dans P.K. SMITH et C.H. HART (dir.), *Blackwell Handbook of Childhood Social Development*, Malden (MA) : Black Publishing.

RIGBY, K. (2004). « Addressing Bullying in Schools : Theoretical Perspectives and Their Implications ». *School Psychology International*, 25, 287-300.

ROBERTS, R.W. et DelVECCHIO, W.F. (2000). « The Rank-Order Consistency of Personality Traits from Childhood to Old Age. A Quantitative Review of Longitudinal Studies ». *Psychological Bulletin, 126*, 3-25.

ROBERTS, R.W. et FOEHR, U.G. (2004). *Kids and Media in America*, New York : Cambridge University Press.

ROBERTS, R.W., WALTON, K.E. et VIECHTBAUER, W. (2006). « Patterns of Mean-Level Change in Personality Traits across the Life Course : A Meta-Analysis of Longitudinal Studies ». *Psychological Bulletin, 132*, 1-25.

ROBINS, L.N. et McEVOY, L. (1990). « Conduct Problems as Predictors of Substance Abuse ». Dans L. ROBINS et M. RUTTER (dir.), *Straight and Devious Pathways from Childhood to Adulthood*, New York : Cambridge University Press.

ROBINS, L.N. et WISH, E. (1977). « Childhood Deviance as a Development Process : A Study of 233 Urban Black Men from Birth to 18 ». *Social Forces, 56*, 448-483.

ROBITAILLE, A. (2007). « La ministre Courchesne craint la réforme au secondaire ». *Le Devoir*, 16 octobre.

ROBITAILLE-GAGNON, N. et JULIEN, R. (1998). *Les pratiques du redoublement à l'école primaire*, document de travail, Québec : Gouvernement du Québec, Ministère de l'Éducation, du Loisir et du Sport.

RODRIGUEZ, N. (2002). « Gender Differences in Disciplinary Approaches ». *ERIC Document* SP041019.

ROGERS, K.N., BUCHANAN, C.M. et WINCHELL, M.E. (2003). « Psychological Control during Early Adolescence : Links to Adjustment in Differing Parent/Adolescent Dyads ». *Journal of Early Adolescence, 23* (4), 349-383.

ROHNER, R.P., KHALEQUE, A. et COURNOYER, D.E. (2005). « Parental Acceptance-Rejection : Theory, Methods, Cross-Cultural Evidence, and Implications ». *ETHOS, 33* (3), 299-334.

ROSARIO, M., SCHRIMSHAW, E.W., HUNTER, J. et BRAUN, L. (2006). « Sexual Identity Development among Lesbian, Gay, and Bisexual Youths : Consistency and Change over Time ». *The Journal of Sex Research, 43* (1), 46-58.

ROSE, A.J. (2002). « Co-Rumination in the Friendships of Girls and Boys ». *Child Development, 73* (6), 1830-1843.

ROSE, A.J. et RUDOLPH, K.D. (2006). « A Review of Sex Differences in Peer Relationship Processes : Potential Trade-Offs for the Emotional and Behavioral Development of Girls and Boys ». *Psychological Bulletin, 132* (1), 98-131.

ROSE, S. (2000). « Heterosexism and the Study of Women's Romantic and Friend Relationships ». *Journal of Social Issues, 56* (2), 315-328.

ROSS, P.N. (1998). *Arresting Violence : A Resource Guide for Schools and Their Communities*, Toronto : Ontario Public School Teachers' Federation.

ROTERMANN, M. (2005). « Sex, Condoms and STDS among Young People ». *Health Reports, 16* (3), 39-45.

ROWE, R., MAUGHAN, B., WORTHMAN, C.M., COSTELLO, E.J. et ANGOLD, A. (2004). « Testosterone, Antisocial Behavior, and Social Dominance in Boys : Pubertal Development and Biosocial Interaction ». *Biological Psychiatry, 55*, 546-552.

ROY, J. (2006). *Regard sur les logiques sociales et la réussite scolaire des cégépiens*, Québec : Éditions de l'IQRC et Les Presses de l'Université Laval.

ROY, J., GAUTHIER, M., GIROUX, L. et MAINGUY, N. (2003). *Des logiques sociales qui conditionnent la réussite*, Québec : Cégep de Sainte-Foy. http://www.cdc.qc.ca/pdf/729428_roy_2003_PAREA.pdf

ROY, J., MAINGUY, N., GAUTHIER, M. et GIROUX, L. (2005). *Étude comparée sur la réussite scolaire en milieu collégial selon une approche d'écologie sociale*, Québec : Programme d'aide à la recherche sur l'enseignement et l'apprentissage, Cégep de Sainte-Foy.

RUBIN, K.H., BUKOWSKI, M.W. et PARKER, J.G. (2006). « Peer Interactions, Relationships, and Groups ». Dans N. EISENBERG (dir.), *Handbook of Child Psychology.* Vol. 3 : *Social, Emotional, and Personality Development* (6e éd.), Hoboken (N.J.) : John Wiley & Sons.

RUDOLPH, K.D. et CONLEY, C.S. (2005). « The Socioemotional Costs and Benefits of Social-Evaluative Concerns : Do Girls Care Too Much ? ». *Journal of Personality, 73* (1), 115-137.

RUSHTON, J.-P. et ANKNEY, C.D. (1996). « Brain Size and Cognitive Ability : Correlations with Age, Sex, Social Class and Race ». *Psychonomic Bulletin and Review, 3,* 21-36.

RUSHTON, J.-P. et JENSEN, A.R. (2005). « Thirty Years of Research on Race Differences in Cognitive Ability ». *Psychology, Public Policy, and Law, 11*, 235-294.

RUSSELL, A. et SAEBEL, J. (1997). « Mother-Son, Mother-Daughter, Father-Son, and Father-Daughter : Are They Distinct Relationships ? ». *Developmental Review, 17*, 111-147.

RUTTER, M. (1990). « Psychosocial Resilience and Protective Mechanisms ». Dans J. ROLF, A. S. MASTEN, D. CICCHETTI, K.H. NUECHTERLEIN et S. WEINTRAUM (dir.), *Risk and Protective Factors in the Development of Psychopathology,* New York : Cambridge University Press, 181-214.

RUTTER, M. (2000). « Children in Substitute Care : Some Conceptual Considerations and Research Implications ». *Children and Youth Services Review, 22*, 685-703.

RUTTER, M. et QUINTON, D. (1984). « Long-Term Follow-up of Women Institutionalized in Childhood : Factors Promoting Good Functioning in Adult Life ». *British Journal of Developmental Psychology, 2*, 191-204.

RUTTER, M., QUINTON, D. et HILL, J. (1995). « Adult Outcome of Institution-Reared Children : Males and Females Compared ». Dans L. ROBINS et M. RUTTER (dir.), *Straight and Devious Pathways from Childhood to Adulthood,* New York : Cambridge University Press, 135-157.

RYAN, G. (2000). « Childhood Sexuality : A Decade of Study, Part 1 : Research and Curriculum Development ». *Child Abuse and Neglect, 24* (1), 33-48.

SAINT-JACQUES, M.-C. (2000). *L'ajustement des adolescents et des adolescentes dans les familles recomposées : étude des processus familiaux et des représentations des jeunes,* Québec : Centre de recherche sur les services communautaires, Université Laval.

SAINT-JACQUES, M.-C. et DRAPEAU, S. (à paraître). « Dans quel type de familles grandiront les enfants québécois en 2020 ? Un examen de la diversité familiale et des défis qui y sont associés ». Dans *Avis du Conseil de développement de la recherche sur la famille et Conseil de la famille et de l'enfance. La famille à l'horizon de 2020,* Québec : Presses de l'Université du Québec, chap. 5.

SAINT-JACQUES, M.-C. et LÉPINE, R. (à paraître). « Se sentir accepté ou rejeté par son beau-père : perceptions des jeunes de familles recomposées et impact sur leurs problèmes de comportement ». *Revue canadienne de service social.*

SAINT-JACQUES, M.-C., DRAPEAU, S. et CLOUTIER, R. (2000). « La prévention des problèmes d'adaptation chez les jeunes de familles séparées ou recomposées ». Dans F. VITTARO et C. GAGNON (dir.), *Prévention des problèmes d'adaptation chez les enfants et les adolescents,* tome 1, Québec : Presses de l'Université du Québec.

SAINT-JACQUES, M.-C., POULIN, A., ROBITAILLE, C. et POULIN, I. (2004). « L'adaptation des enfants et des adolescents de familles recomposées ». Dans M.-C. SAINT-JACQUES, S. DRAPEAU, D. TURCOTTE et R. CLOUTIER (dir.), *Séparation, monoparentalité et recomposition familiale. Bilan d'une réalité complexe et pistes d'action,* Québec : Les Presses de l'Université Laval.

SAINT-JACQUES, M.-C., TURCOTTE, D., DRAPEAU, S. et CLOUTIER, R. (2004). *Séparation, monoparentalité et recomposition familiale,* Québec : Les Presses de l'Université Laval.

SALISCH, M. et von VOGELGESANG, J. (2005). « Anger Regulation among Friends : Assessment and Development from Childhood to Adolescence ». *Journal of Social and Personal Relationships, 22* (6), 837-855.

SAMEROFF, A., GUTMAN, L.M. et PECK, S.C. (2003). « Adaptation among Youth Facing Multiple Risks : Prospective Research Findings ». Dans S.S. LUTHAR (dir.), *Resilience and Vulnerability Adaptation in the Context of Childhood Adversities* (p. 364-391), New York : Cambridge University Press.

SANCHEZ, D. et CROCKER, J. (2005). « Why Investment in Gender Ideals Affect Well Being : The Role of External Contingencies ». *Psychology of Women Quarterly, 29*, 63-77.

SANDERS, S., REINISCH, A. et MACHOVER, J. (1999). « Would You Say you "Had Sex" if... ? ». *Journal of American Medical Association, 281* (3), 275-277.

SANI, F. (sous presse). *Self-Continuity : Individual and Collective Perspectives*, New York : Psychology Press.

SANTÉ CANADA (2003). *Lignes directrices nationales pour l'éducation en matière de santé sexuelle*, Division des infections acquises dans la collectivité, Centre de prévention et de contrôle des maladies infectieuses et Direction générale de la santé de la population et de la santé publique.

SANTELLI, J.S., LINDBERG, D.L., ABMA, J., McNEELY, C.S. et RESNICK, M. (2000). « Adolescent Sexual Behaviour : Estimates and Trends from Four Nationally Representative Surveys ». *Family Planning Perspectives, 32* (4), 156-165.

SANTROCK, J.W. (2006). *Life-Span Development*, 10e éd., New York : McGraw-Hill.

SANTROCK, J.W. (2007) *Adolescence*, 11e éd., New York : McGraw-Hill.

SAUVAGEAU, G. (2005). *Profil d'implication hétérosexuelle et ajustement psychosocial à l'adolescence*, thèse présentée à l'École de psychologie, Québec : Université Laval.

SAVIN-WILLIAMS, R.C. (1998). « The Disclosure to Families of Same-Sex Attractions by Lesbian, Gay, and Bisexual Youths ». *Journal of Research on Adolescence, 8* (1), 49-68.

SAVIN-WILLIAMS, R.C. (2003). « Boy-on-Boy Sexuality ». Dans N. WAY et J.Y. CHU (dir.), *Adolescent Boys Exploring Diverse Cultures of Boyhood*, New York : New York University Press.

SAVIN-WILLIAMS, R.C. (2006). « Who's Gay ? Does it Matter ? ». *Current Directions in Psychological Science, 15* (1), 40-44.

SAVIN-WILLIAMS, R.C. et DIAMOND, L. (2004). « Sex ». Dans R.M. LERNER et L. STEINBERG (dir.), *Handbook of Adolescent Psychology* (2e éd.), Hoboken (N.J.) : John Wiley & Sons.

SAVIN-WILLIAMS, R.C. et RODRIGUEZ, R.G. (1993). « Lesbian, Gay, and Bisexual Youths ». Dans T.P. GULLOTTA, G.R. ADAMS et R. MONTEMAYOR (dir.), *Adolescent Sexuality*, New York : Sage.

SAX, L. (2005). *Why Gender Matters*, New York : Doubleday.

SCHARF, M., SHULMAN, S. et AVIGAD-SPITZ, L. (2005). « Sibling Relationships in Emerging Adulthood and in Adolescence ». *Journal of Adolescence, 20* (1), 64-90.

SCHELLENBERG, E.G. (2004). « Music Lessons Enhance IQ ». *Psychological Science, 15*, 511-514.

SCHELLENBERG, E.G. (2005). « Long-Term Positive Associations between Music Lessons and IQ ». *Journal of Educational Psychology, 98*, 457-468.

SCHNEIDER, B. H., FRENCH, D.C. et CHEN, X. (2006). « Peer Relationship in Cultural Perspective : Methodological Reflexions ». Dans X. CHEN, D.C. FRENCH et B. H. SCHNEIDER (dir.). *Peer Relationship in Cultural Context.* Cambridge : Cambridge University Press.

SEDIKIDES, C. et GREGG, A. (2003). « Portraits of the Self ». Dans M.A. HOGG et J. COOPER (dir.), *Sage Handbook of Social Psychology*, Londres : Sage.

SEDIKIDES, C., GAERTNER, L. et TOGUCHI, Y. (2003). « Pancultural Self-Enhancement ». *Journal of Personality and Social Psychology, 84,* 60-79.

SEGINER, R. (1998). « Adolescents' Perceptions of Relationships with Older Sibling in the Context of Other Close Relationships ». *Journal of Research on Adolescence, 8* (3), 287-308.

SEIDAH, A. et BOUFFARD, T. (2007). « Being Proud of Oneself as a Person or Being Proud of One's Physical Appearance : What Matters for Feeling Well in Adolescence ? ». *Social Behavior and Personality, 35,* 255-268.

SEIDMAN, E., ALLEN, L., ABER, J.L., MITCHELL, C. et FEINMAN, J. (1994). « The Impact of School Transitions in Early Adolescence on the Self-Esteem and Perceived Social Context of Poor Urban Youth ». *Child Development, 65*, 507-522.

SEIFFGE-KRENKE, I. (1995). *Stress, Coping, and Relationships in Adolescence. Research Monographs in Adolescence*, Hillsdale (N.J.) : Lawrence Erlbaum Associates.

SELLIN, T. et WOLFGANG, M.E. (1964). *The Measurement of Delinquency,* New York : Wiley.

SELMAN, R.L. (1980). *The Growth of Interpersonal Understanding*, New York : Academic Press.

SESMA, A., MANNES, M. et SCALES, P.C. (2005). « Positive Adaptation, Resilience, and the Developmental Asset Framework ». Dans S. GOLDSTEIN et R.B. BROOKS (dir.), *Handbook of Resilience in Children* (p. 281-296), Boston : Kluwer Academic/Plenum.

SHAFFER, D. (1988). « The Epidemiology of Teen Suicide : An Examination of Risk Factors ». *Journal of Clinical Psychiatry, 49*, 36-41.

SHAFFER, D. et CRAFT, L. (1999). « Methods of Adolescent Suicide Prevention ». *Journal of Clinical Psychiatry, 60*, 70-74.

SHAFFER, D., GARLAND, A., FISHER, P., BACON, K. et VIELAND, V. (1990). « Suicide Crisis Centers : A Critical Reappraisal with Special Reference to the Prevention of Youth Suicide ». Dans F.E. GOLDSTON, C.M. HEINICKE, R.S. PYNOOS et J. YAGER (dir.), *Prevention of Mental Health Disturbance in Childhood*, Washington (D.C.) : American Psychiatric Association Press.

SHANTZ, C.U. (1975). « The Development of Social Cognition ». Dans E.M. HETHERINGTON (dir.), *Review of Child Development Research*, vol. 5. Chicago : University of Chicago Press.

SHANTZ, C.U. (1983). « Social Cognition ». Dans J.H. FLAVELL et E.M. MARKMAN (dir.), *Handbook of Child Psychology : Cognitive Development*, vol. 3, New York : Wiley.

SHAYER M., GINSBURG, D. et COE, R. (2007). « Thirty Years On – a Large Anti-Flynn Effect ? The Piagetian Test *Volume & Heaviness* Norms 1975-2003 ». *British Journal of Educational Psychology, 77*, 25-41.

SHEARER, C.L., CROUTER, A.C. et McHALE, S.M. (2005). « Parents' Perceptions of Changes in Mother-Child and Father-Child Relationships during Adolescence ». *Journal of Adolescent Research*, 20 (6), 662-684.

SHULMAN, S. et SCHARF, M. (2000). « Adolescent Romantic Behaviors and Perceptions : Age-and-Gender-Related Differences, and Links with Family and Peer Relationships ». *Journal of Research on Adolescence*, 10 (1), 99-118.

SHURE, M.B. (1981). « Social Competence as a Problem-Solving Skill ». Dans J.D. WINE et M.D. SMYE (dir.), *Social Competence*, New York : Guilford.

SIENNICK, S.E. (2007). « The Timing and Mechanisms of the Offending-Depression Link ». *Criminology, 45*, 583-615.

SIMMONS, R.G. et BLYTH, D.A. (1987). *Moving into Adolescence : The Impact of Pubertal Change and School Context*, New York : Aldine de Gruyter.

SIMON, V., BOUCHEY, H.A. et FURMAN, W. (2003). « La construction sociale des représentations des relations amoureuses à l'adolescence ». Dans G.M. TARABULSY, S. LAROSE, D.R. PEDERSON et G. MORAN (dir.), *Attachement et développement, le rôle des premières relations dans le développement humain*, Québec : Presses de l'Université du Québec.

SINGH, S.A. et DARROCH, J.E. (2000). « Adolescent Pregnancy and Childbearing : Levels and Trends in Developed Countries ». *Family Planning Perspective, 32*, 14-23.

SINNOTT, J. (1984). « Postformal Reasoning : The Relativistic Stage ». Dans M. COMMONS, F. RICHARDS et C. ARMON (dir.), *Beyond Formal Operations*, New York : Praeger.

SMETANA, J.G. (2000). « Middle-Class African American Adolescents' and Parents' Conceptions of Parental Authority and Parenting Practices : A Longitudinal Investigation ». *Child Development, 71* (6), 1672-1686.

SMETANA, J.G., CAMPIONE-BARR, N. et METZGER, A. (2006). « Adolescent Development in Interpersonal and Societal Contexts ». *Annual Review of Psychology, 57*, 255-284.

SMETANA, J.G., METZGER, A., GETTMAN, D.C. et CAMPIONE-BARR, N. (2006). « Disclosure and Secrecy in Adolescent-Parent Relationships ». *Child Development, 77*, 201-217.

SMITH, D.J. et ECOB, R. (2007). « An Investigation into Causal Links between Victimization and Offending in Adolescents ». *The British Journal of Sociology, 58*, 633-659.

SMITH, J.S. (2006). « Transition from Middle School to High School ». Research Summary, National Middle School Association, Westerville (Ohio), http://www.nmsa.org/Research/ResearchSummaries/TransitionfromMStoHS/tabid/1087/Default.aspx, consulté le 8 janvier 2008.

SMITH, L. (2004). « Piaget's Model ». Dans U. GOSWANI (dir.), *Blackwell Handbook of Childhood Cognitive Development*, Malden (Mass.) : Blackwell.

SNYDER, J., CRAMER, A., AFRANK, J. et PATTERSON, G.R. (2005). « The Contributions of Ineffective Discipline and Parental Hostile Attributions of Child Misbehavior to the Development of Conduct Problems at Home and School ». *Developmental Psychology, 41*, 30-41.

SORKHABI, N. (2005). « Applicability of Baumrind's Parent Typology to Collective Cultures : Analysis of Cultural Explanations of Parent Socialization Effects ». *International Journal of Behavioral Development, 29* (6), 552-563.

SOUCY, N. (1996). *Relations entre le style parental et les attitudes, perceptions et comportements scolaires d'élèves du secondaire*, mémoire de maîtrise non publié, Québec : Université Laval.

SPENCER, M.B. et DORNBUSCH, S.M. (1993). « Challenges in Studying Minority Youth ». Dans F.S. SHIRLEY et G.R. ELLIOTT (dir.), *At the Threshold : The Developing Adolescent*, Cambridge (Mass.) : Harvard University Press.

SPIEGEL, L.A. (1951). « A Review of Contributions to a Psychoanalytic Theory of Adolescence : Individual Aspects ». Dans R.S. EISSLER et coll. (dir.), *The Psychoanalytic Study of the Child*, New York : International Universities Press, vol. 6.

SPIRITO, A., PLUMMER, B., GISPERT, M., LEVY, S., KURKJIAN, J., LEWAMDER, W., HAGBERG, S. et DEVOST, L. (1992). « Adolescent Suicide Attempts : Outcome at Follow-up ». *American Journal of Orthopsychiatry, 62*, 464-468.

SPQ (2002). *Les jeunes et le taxage au Québec*, Québec : Gouvernement du Québec, Ministère de la Sécurité publique, Criminalité et prévention, http://www.msp.gouv.qc.ca/prevention/prevention.asp?txtSection=publicat&txtCategorie=taxage, consulté le 18 janvier 2008.

STANFORD, J.N. et McCABE, M.P. (2005). « Sociocultural Influences on Adolescent Boys' Body Image and Body Change Strategies ». *Body Image, 2* (2), 105-113.

STARRELS, M.E. (1994). « Gender Differences in Parent-Child Relations ». *Journal of Family Issues, 15* (1), 148-165.

STATISTIQUE CANADA (2004). *Le Quotidien*, 9 décembre. http://www.statcan.ca/Daily/Francais/041209/q041209b.htm

STATISTIQUE CANADA (2005a). « Écoute de la télévision. Les jeunes passent moins de temps devant le petit écran ». Ottawa : *Le Quotidien, 31 mars*. http://www.statcan.ca/Daily/Francais/050331/q050331b.htm

STATISTIQUE CANADA (2005b). « Les carrières devant les tribunaux d'une cohorte de naissance canadienne », produit n° 85-561 au catalogue de Statistique Canada, *Série de documents de recherche sur la criminalité et la justice*, n° 6, Ottawa : Centre canadien de la statistique juridique.

STATISTIQUE CANADA (2005c). L'exploration des tendances de la criminalité au Canada, n° 85-561-MWF2005005, Ottawa : Centre canadien de la statistique juridique, « Série de documents de recherche sur la criminalité et la justice », n° 005, http://www.statcan.ca/francais/research/85-561-MIF/2005005/figures/figure5_f.htm

STATISTIQUE CANADA (2006a). « La population canadienne selon l'âge et le sexe ». *Le Quotidien*, 1er juillet.

STATISTIQUE CANADA (2006b). « Homicides ». Ottawa : *Le Quotidien*, édition du 8 novembre. http://www.statcan.ca/Daily/Francais/061108/q061108b.htm, consulté le 8 février 2008.

STATISTIQUE CANADA (2006c). « Statistique de l'état civil du Canada. Bases de données sur les naissances et sur les décès et Division de la démographie (estimations de population) ». Ottawa : Statistique Canada, http://cansim2.statcan.ca/cgi-win/CNSMCGI.PGM, consulté le 8 février 2008.

STATISTIQUE CANADA (2007a). « Écoute de la radio ». *Le Quotidien,* 26 juin. Ottawa : Statistique Canada.

STATISTIQUE CANADA (2007b). « Taux de suicide selon le sexe et l'âge au Canada pour les deux sexes de 2000 à 2004 ». CANSIM, produit n° 84F0209X au catalogue, dernières modifications apportées : 9 mai 2007, http://www40.statcan.ca/l02/cst01/perhlth66a_f.htm, consulté le 8 février 2008.

STATISTIQUE CANADA (2007c). « Décès selon certains groupes de causes, le groupe d'âge et le sexe (Québec) ». CANSIM, tableau 102-0551, http://cansim2.statcan.ca/cgi-win/CNSMCGI.PGM, consulté le 8 février 2008.

STATTIN, H., KERR, M., MAHONEY, J., PERSSON, A. et MAGNUSSON, D. (2005). « Explaining Why Leisure Context is Bad for Some Girls and Not for Others ». Dans J.L. MAHONEY, R.W. LARSON, et J.S. ECCLES (dir.), *Organized Activities as Contexts of Development : The Condition of Education,* Washington (D.C.) : Government Printing Office.

STEINBERG, L. (1989). *Adolescence,* 2e éd., New York : Knopf.

STEINBERG, L. (2001). « We Know Some Things : Parent-Adolescent Relationships in Retrospect and Prospect ». *Journal of Research on Adolescence, 11,* 1-19.

STEINBERG, L. (2008). *Adolescence,* 8e éd., New York : McGraw-Hill.

STEINBERG, L. et MORRIS, A.S. (2001). « Adolescent Development ». Dans S.T. FISKE, D.L. SCHACTER et C. ZAHN-WAXLER (dir.), *Annual Review of Psychology, 52* (p. 83-110), Palo-Alto (Calif.) : Annual Reviews.

STEINBERG, L. et SILK, J.S. (2002). « Parenting Adolescents ». Dans M.H. BORNSTEIN (dir.), *Handbook of Parenting* (vol. 1, 2e éd.), Mahwah (N.J.) : Lawrence Erlbaum Associates.

STEINBERG, L. et SILVERBERG, S. (1986). « The Vicissitudes of Autonomy in Early Adolescence ». *Child Development, 57,* 841-851.

STEINBERG, L., LAMBORN, S.L., DARLING, N., MOUNTS, N.S. et DORNBUSCH, S.M. (1994). « Over-Time Changes in Adjustment and Competence among Adolescents from Authoritative, Authoritarian, Indulgent, and Neglectful Families ». *Child Development, 65,* 754-770.

STERNBERG, R.J. (2000). « The Concept of Intelligence ». Dans R.J. STERNBERG (dir.), *Handbook of Intelligence,* New York : Cambridge University Press.

STERNBERG, R.J. (2003). « Construct Validity of the Theory of Successful Intelligence ». Dans R.J. STERNBERG, J. LAUTREY et T.I. LUBART (dir.), *Models of Intelligence : International Perspectives,* Washington (D.C.) : American Psychological Association.

STERNBERG, R.J., GRIGORENKO, E.L. et KIDD, K.K. (2005). « Intelligence, Race and Genetics », *American Psychologist, 60,* 46-59.

STEWART, E.B. (2008). « School Structural Characteristics, Student Effort, Peer Associations, and Parental Involvement : The Influence of School- and Individual-Level Factors on Academic Achievement ». *Education and Urban Society, 40,* 179-204.

STICE, E. (2003). « Puberty and Body Image ». Dans C. HAYWARD (dir.), *Gender Differences at Puberty,* New York : Cambridge University Press.

STICE, E. et WHITENTON, K. (2002). « Risk Factors for Body Dissatisfaction in Adolescent Girls : A Longitudinal Investigation ». *Developmental Psychology, 38,* 669-678.

STOCKER, C.M. et McHALE, S.M. (1992). « The Nature and Family Correlates of Preadolescents' Perceptions of Their Sibling Relationships ». *Journal of Social and Personal Relationships, 9* (2), 179-195.

STRACHEY, J. (dir.) (1953-1974). *Standard Edition of the Complete Psychological Works of Sigmund Freud,* Londres : Hogarth Press.

STURM, T. et ASH, M.G. (2005). « Roles of Instruments in Psychological Research ». *History of Psychology, 8,* 3-34.

SUBRAHMANYAM, K., GREENFIELD, P.M. et TYNES, B. (2004). « Constructing Sexuality and Identity in an Online Teen Chat Room ». *Applied Developmental Psychology, 25,* 651-666.

SUBRAHMANYAM, K., SMAHEL, D. et GREENFIELD, P.M. (2006). « Connecting Developmental Constructions to the Internet : Identity Presentation and Sexual Exploration in Online Teen Chat Rooms ». *Developmental Psychology, 42* (3), 395-406.

SULLIVAN, K., CLEARY, M. et SULLIVAN, G. (2004). *Bullying in Secondary Schools : What it Looks Like and How to Manage it,* Londres : Paul Chapman et Corwin Press.

SUSMAN, E.J. et ROGOL, A. (2004). « Puberty and Psychosocial Development ». Dans R.M. LERNER et L. STEINBERG (dir.), *Handbook of Adolescent Psychology,* 2e éd., Hoboken (N.J.) : John Wiley & Sons.

TANNER, J.M. (1961). *Education and Physical Growth,* Londres : University of London Press.

TANNER, J.M. (1962). *Growth at Adolescence,* 2e éd., Oxford : Blackwell.

TANNER, J.M. (1972). « Sequence, Tempo and Individual Variation in Growth and Development of Boys and Girls Aged from Twelve to Sixteen ». Dans J. KAGAN et R. COLES (dir.), *12 to 16 : Early Adolescence* (p. 1-24), New York : Norton.

TANNER, J.M. (1973). « Growing Up ». *Scientific American, 229,* 34-43.

TANNER, J.M., WHITEHOUSE R.M. et TAKAISHI M. (1965), « Standards from Birth to Maturity for Height, Weight, Height Velocity, and Weight Velocity : British Children », I & II. *Arch. Dis. Child, 41,* 454-471.

TAVAN, C. (2004). « École publique, école privée. Comparaison des trajectoires et de la réussite scolaires ». *Revue Française de Sociologie, 45,* 133-165.

THELEN, E. et ADOLPH, K.E. (1992). « Arnold L. Gesell : The Paradox of Nature and Nurture ». *Developmental Psychology, 28,* 368-380.

THOMAS, E.J. (1968). « Role Theory Personality and the Individual ». Dans F. BORGOTTA et W. LAMBERT (dir.), *Handbook of Personality Theory and Research,* Chicago : Rand McNally.

THOMPSON, J.K., HEINBERG, L.J., ALTABE, M. et TANTLEFF-DUNN, S. (1999). *Exacting Beauty : Theory, Assessment and Treatment of Body Image Disturbance,* APA.

TIGGEMANN, M. (2002). « Media Influences on Body Image Development ». Dans T.F. CASH et T. PRUZINSKY (dir.), *Body Image : A Handbook of Theory, Research, and Clinical Practice,* New York : Guilford Press.

TOLMAN, D.L., SPENCER, R., HARMON, T., ROSEN-REYNOSO, M. et STRIEPE, M. (2003). « Getting Close, Staying Cool ». Dans N. WAY et J.Y. CHU (dir.), *Adolescent Boys*, New York : New York University Press.

TOUBLANC, J.-E. (1993). « La puberté humaine ». Dans P. GUTTON, J.-P. MIALOT et J.-E. TOUBLANC (dir.), *La puberté*, Paris : Presses universitaires de France, coll. « Que sais-je ? », n° 1447.

TOUSIGNANT, M., BASTIEN, M.-F. et HAMEL, S. (1993). « Suicidal Attempts and Ideations among Adolescents and Young Adults : The Contribution of the Father's and Mother's Care and Parental Separation ». *Social Psychiatry and Psychiatric Epidemiology, 28*, 256-261.

TRANSPORT CANADA (2004). « Enquête sur les véhicules au Canada, 2001 ». Base nationale de données sur les collisions, Ottawa : Transport Canada, http://www.tc.gc.ca/securiteroutiere/stats/apercu/2004/menu.htm, consulté le 6 février 2008.

TRANSPORT CANADA (2008). « Les jeunes et la sécurité routière ». Base nationale de données sur les collisions, Ottawa : Transport Canada, http://www.tc.gc.ca/accrodesecuriteroutiere/Les Jeunes.htm, consulté le 6 février 2008.

TREMBLAY, J. et BOUSQUET, J.-C. (2007). *Les indicateurs de l'éducation, édition 2007*, Québec : Gouvernement du Québec, Ministère de l'Éducation, du Loisir et du Sport.

TREMBLAY, L. et FRIGON, J.-Y. (2005a). « Precocious Puberty in Adolescent Girls : A Biomarker of Later Psychosocial Adjustment Problems ». *Child Psychiatry and Human Development, 36* (1), 73-94.

TREMBLAY, L. et FRIGON, J.-Y. (2005b). « The Interaction Role of Obesity and Pubertal Timing on the Psychosocial Adjustment of Adolescent Girls : Longitudinal Data ». *International Journal of Obesity, 29*, 1204-1211.

TREMBLAY, R.E. et HARTUP, W.W. (2005). *Developmental Origins of Aggression*, New York : Guilford Press.

TREMBLAY, V. (2003). *Programme de soutien à l'école montréalaise. Analyse du cheminement scolaire des élèves en fonction du profil des écoles ciblées et comparaisons avec des groupes témoins*, Québec : Gouvernement du Québec, Ministère de l'Éducation, du Loisir et du Sport, http://www.mels.gouv.qc.ca/ecolemontrealaise/pdf/cheminement_scolaire.pdf, consulté le 21 janvier 2008.

TUCKER, C.J., McHALE, M.S. et CROUTER, A.C. (2001). « Conditions of Sibling Support in Adolescence ». *Journal of Family Psychology, 15* (2), 254-271.

TUDGE, J. et SCRIMSHER, S. (2003). « Lev S. Vygotsky on Education : A Cultural-Historical, Interpersonal, and Individual Approach to Development ». Dans B.J. ZIMMERMAN et D.H. SCHUNK (dir.), *Educational Psychology : A Century of Contributions*, Mahwah (N.J.) : Lawrence Erlbaum.

U.S. DEPARTMENT OF EDUCATION (2004). *No Child Left Behind. Executive Summary. Archived Information*, http://www.ed.gov/nclb/overview/intro/execsumm.html

U.S. DEPARTMENT OF JUSTICE (2007). « Indicators of School Crime and Safety ». Washington (D.C.) : Bureau of Justice -Statistics, Office of Justice Programs, http://www.ojp.usdoj.gov/bjs/pub/press/iscs07pr.htm, consulté le 28 février 2008.

UNGAR, M. (2001). « The Social Construction of Resilience among "Problem" Youth in Out-of-Home Placement : A Study of Health-Enhancing Deviance ». *Child & Youth Care Forum, 30*, 137-154.

UNGAR, M. (2006). *Strenghts-Based Counseling with At-Risk Youth*, Thousand Oaks (Calif.) : Corwin Press.

UPDEGRAFF, K.A., BOOTH, A. et THAYER, S.M. (2006). « The Role of the Family Relationship Quality and Testosterone Levels in Adolescents' Peer Experiences : A Biosocial Analysis ». *Journal of Familial Psychology, 20* (1), 21-29.

UPDEGRAFF, K.A., McHALE, S.M. et CROUTER, A.C. (2002). « Adolescents' Sibling Relationship and Friendship Experiences : Developmental Patterns and Relationship Linkages ». *Social Development, 11* (2), 182-204.

UPDEGRAFF, K.A., THAYER, M.S., WHITEMAN, S.D., DENNING, J.D. et McHALE, S.M. (2005). « Relational Aggression in Adolescents' Sibling Relationships : Links to Sibling and Parent-Adolescent Relationship Quality ». *Family Relations, 54*, 373-385.

VALKENBURG, P.M. et PETER, J. (2007). « Preadolescents' and Adolescents' Online Communication and Their Closeness to Friends ». *Developmental Psychology, 43*, 267-277.

VAN DER KLAAUW, W. (2008). « Breaking the Link between Poverty and Low Student Achievement : An Evaluation of Title 1 ». *Journal of Econometrics, 142*, 731-756.

VAN WESTHUIZEN, P.C., MOSOGE, M.J., SWANEPOEL, L.H. et COETSEE, L.D. (2005). « Organizational Culture and Academic Achievement in Secondary Schools ». *Education and Urban Society, 38*, 89-109.

VAN GIJSEGHEM, H. et GAUTHIER, L. (1992). « De la psychothérapie de l'enfant incestué : les dangers d'un viol psychique ». *Santé mentale au Québec, 17*, 19-30.

VAN GOOZEN, S H., FAIRCHILD, G., SNOEK, H. et HAROLD, G.T. (2007). « The Evidence for a Neurobiological Model of Childhood Antisocial Behavior ». *Psychological Bulletin, 133*, 149-182.

VEENSTRA, R., LINDENBERG, S., OLDEHINKEL, A.J., DE WINTER, A.F., VERHULST, F.C. et ORMEL, J. (2005). « Bullying and Victimization in Elementary Schools : A Comparison of Bullies, Victims, Bully/Victims, and Uninvolved Preadolescents », *Developmental Psychology, 41*, 672-682.

VERNON, P.E. (1969). *Intelligence and Cultural Environment*, Londres : Methuen.

VIDEON, T.M. (2005). « Parent-Child Relations and Children's Psychological Well-Being. Do Dads Matter ? ». *Journal of Family Issues, 26* (1), 55-78.

VIGNOLES, V.L., REGALIA, C., MANZI, C., GOLLEDGE, J. et SCABINI, E. (2006). « Beyond Self-Esteem : Influence of Multiple Motives on Identity Construction ». *Journal of Personality and Social Psychology, 90*, 308-333.

VITARO, F. et GAGNON, C. (2000). *Prévention des problèmes d'adaptation chez les enfants et les adolescents*, tome II : *Les problèmes externalisés*, Sainte-Foy : Presses de l'Université du Québec.

VYGOTSKY, L.S. (1929). « The Problem of the Cultural Development of the Child ». *Journal of Genetic Psychology, 36*, 415-434.

WADE, T.J., CAIRNEY, J. et PEVALIN, D.J. (2002). « Emergence of Gender Differences in Depression during Adolescence: National Panel Results from Three Countries ». *Journal of the American Academy of Child and Adolescent Psychiatry, 41,* 190-198.

WARD, S.L. (1989). « Moral Development in Adolescence ». Dans R. LERNERM, A.C. PETERSEN et J. BROOKS-GUNN (dir.), *Encyclopedia of Adolescence,* vol. 2, New York: Garland.

WARDLE, J. et COOKE, L. (2005). « The Impact of Obesity on Psychological Well-Being ». *Best Practice & Research Clinical Endocrinology & Metabolism, 19* (3), 421-440.

WARK, G. et KREBS, D.L. (1996). « Gender and Dilemma Differences in Real-Life Moral Judgment ». *Developmental Psychology, 32,* 220-230.

WATERMAN, A.S. (1992). « Identity as an Aspect of Optimal Psychological Functioning ». Dans G.R. ADAMS, T.P. GULLOTTA et R. MONTEMAYOR (dir.), *Adolescent Identity Formation: Advances in Adolescent Development,* New York: Sage.

WATERMAN, A.S. (1993). « Developmental Perspectives on Identity Formation: From Adolescence to Adulthood ». Dans J.E. MARCIA, A. WATERMAN, D. MATTESO, S. ARCHER et J. ORLOFSKY (dir.), *Ego Identity,* New York: Springer-Verlag.

WATERS, E. et SROUFE, L.A. (1983). « Social Competence as a Developmental Construct ». *Developmental Review, 3,* 79-97.

WECHSLER, D. (1967). *Manual for the Preschool and Primary Scale of Intelligence,* San Antonio (Calif.): The Psychological Corporation.

WECHSLER, D. (1975). « Intelligence Defined and Undefined: A Relativistic Appraisal ». *American Psychologist, 30,* 135-139.

WECHSLER, D. (1981). *WAIS-R Manual: Wechsler Intelligence Scale Revised,* New York: The Psychological Corporation.

WELLMAN, H.M. et LIU, D. (2004). « Scaling of Theory of Mind Tasks ». *Child Development, 75,* 523-541.

WELSH, D.P., GRELLO, M.C. et HARPER, M.S. (2003). « When Love Hurts: Depression and Adolescent Romantic Relationships ». Dans P. FLORSHEIM (dir.), *Adolescent Romantic Relations and Sexual Behavior, Theory, Research, and Practical Implications,* Mahwah (N.J.): Lawrence Erlbaum Associates.

WENDORF, C.A. (2001). « History of American Morality Research, 1894-1932 ». *History of Psychology, 4,* 272-288.

WERNER, E.E. (2005). « What Can We Learn about Resilience from Large-Scale Longitudinal Studies? ». Dans S. GOLDSTEIN et R.B. BROOKS (dir.), *Handbook of Resilience in Children,* New York: Kluwer Academic/Plenum, 91-106.

WERNER, H. (1957). « The Concept of Development from a Comparative and Organismic Point of View ». Dans D.B. HARRIS (dir.), *The Concept of Development,* Minneapolis: University of Minnesota Press, 125-148.

WETHERILL, R.R. et FROMME, K. (2007). « Perceived Awareness and Caring Influences Alcohol Use by High-school and College Students ». *Psychology of Addictive Behaviors, 21,* 147-154.

WHITE, J.M. (2000). « Alcoholism and Identity Development: A Theoretical Integration of the Least Mature Status with the Typologies of Alcoholism ». *Alcoholism Treatment Quarterly, 18,* 43-59.

WHITE, S.H. (1968). « The Learning-Maturation Controversy: Hall to Hull ». *Merrill-Palmer Quarterly, 14,* 187-196.

WIDMAN, L., WELSH, D.P., McNULTY, J.K. et LITTLE, K.C. (2006). « Sexual Communication and Contraceptive Use in Adolescent Dating Couples ». *Journal of Adolescent Health, 39,* 893-899.

WIDMER, E.D. (1999). *Les relations fraternelles des adolescents,* Paris: Presses Universitaires de France.

WIDOM, C.S. (2000). « Motivation and Mechanisms in the "Cycle of Violence" ». Dans D.J. HANSEN (dir.), *Motivation and Child Maltreatment. Vol. 46 of the Nebraska Symposium on Motivation,* Nebraska: University of Nebraska Press.

WIGHT, D., WILLIAMSON, L. et HENDERSON, M. (2006). « Parental influences on Young People's Sexual Behaviour: A Longitudinal Analysis ». *Journal of Adolescence, 29,* 473-494.

WIKIPEDIA (2008). « List of School-Related Attacks », http://en.wikipedia.org/wiki/School_massacre#Secondary_school_incidents, consulté le 16 janvier 2008.

WILLIAM, K.R., GUERRA, N.G. et ELLIOTT, D.S. (1997). *Human Development and Violence Prevention: A Focus on Youth,* Boulder (Colo.): Center for the Study and Prevention of Violence, Institute for Behavioral Science.

WILSON, S.J., LIPSEY, M.W. et DERZON, J.H. (2003). « The Effects of School-Based Intervention Programs on Aggressive Behavior: A Meta-Analysis ». *Journal of Consulting and Clinical Psychology, 71,* 136-149.

WIMMER, H. et PERNER, J. (1983). « Beliefs about Beliefs: Representation and Constraining Function of Wrong Beliefs in Young Children's Understanding of Deception ». *Cognition, 13,* 103-128.

WOLAK, J., MITCHELL, K.J. et FINKELHOR, D. (2006). *Online Victimization of Youth: Five Years Later,* Alexandria (Va.): National Center for Missing & Exploited Children.

WOLFE, D.A. et FEIRING, C. (2000). « Dating Violence through the Lens of Adolescent Romantic Relationships ». *Child Maltreatment, 5,* 360-363.

WORLD HEALTH ORGANIZATION (2007). *Suicide Rates and Absolute Number of Suicide by Country (2002).*

YOUNISS, J. et SMOLLAR, J. (1985). *Adolescent Relations with Mothers, Fathers, and Friends,* Chicago: University of Chicago Press.

ZABINSKI, M.F., NORMAN, G.J., SALLIS, J.F., CALFAS, K.J. et PATRIC, J.K. (2007). « Patterns of Sedentary Behavior among Adolescents ». *Health Psychology, 26,* 113-120.

ZACHARIAS, L., RAND, W.M. et WURTMAN, R.J. (1976). « A Prospective Study of Sexual Development and Growth in American Girls: The Statistics of Menarche ». *Obstetrical and Gynecological Survey, 31,* 323-337.

ZAPERT, K., SNOW, D.L. et TEBES, J.K. (2002). « Patterns of Substance Use in Early through Late Adolescence ». *American Journal of Community Psychology, 30,* 835-852.

ZEEDYK, M.S., GALLACHER, J., HENDERSON, M., HOPE, G., HUSBAND, B. et LINDSAY, K. (2003). « Negotiating the Transition from Primary to Secondary School: Perceptions of Pupils, Parents, and Teachers ». *School Psychology International, 24,* 67-79.

Index des auteurs

Index des sujets

psychodynamiques de
l'adolescence, 20-23
selon l'anthropologie culturelle,
27-29
Thérapie, 204
Timidité, 136
Tissus adipeux, 42
Trafic
de drogue, 6, 244-245
humain, 6
Trahison entre amis, 195
Traits
de personnalité, 131-133, 202
féminins, 161
masculins, 161
Transcendance, 24, 27
Transformations
cognitives, 84
physiques, voir Changement(s)
physiques
Transition
du primaire au secondaire,
214-215
familles en, 183-191
Traumatisme, 149-150
Travail rémunéré, 130
Troubles, voir aussi Problème(s)
alimentaires, 48, 246
d'apprentissage, 233
de comportements, 246
à l'école, 233
de la conduite, 48
maniaco-dépressifs, 253
mentaux, 253
Tueries dans les écoles, 235

U Utérus, 39

V Vaccin, 121
Valeurs
collectives, 78
commerciales, 9
de la minorité ethnique, 167-168
des adolescents, 9-11, 158
des amis, 201
des parents, 200
éducatives, 9
éthiques, 78, 169
intériorisées, 81
personnelles, 159
Validation consensuelle, 195
Valorisation
besoin de _, 215
de l'adolescent au sein
de la famille, 167
des élèves, 221
des relations sexuelles, 111
Vandalisme, 235, 242, 245, 247
Vésicules séminales, 39
Victimisation, 5-6, 105, 150, 203, 210
Vidéos personnelles, 137
VIH-sida, 121
Viol, 105, 236
Violence, 3, 146-148, 168, 204, 225
à l'école, 235-237
à la télévision, 134-135, 147
contre les autres, 6
contre soi-même, 6
criminelle, 244

cycle intergénérationnel
de la _, 149-150
envers les jeunes de la diversité
sexuelle, 118
garçons et _, 150
physique, 150, 198
psychologique, 210
envers l'adolescent, 248
sexuelle, 210
verbale, 198
Virus du papillome humain
(VPH), 121
Vitalité sociale, 131-132
Voix, mue de la, 40
Vol, 202-204, 235-236, 242, 245
à l'étalage, 245, 247
à main armée, 245
avec effraction, 244-245
sur la personne, 245
Vulnérabilité
familiale, 203
individuelle, 53

W Werner, H., 31

Sources iconographiques